KB161553

마키아벨리(1469~1527)   크리스토파노 델 알티시모

▲마키아벨리의 집
피렌체 근교 페르
쿠시나의 산탄드
레아

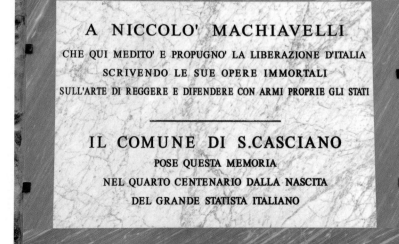

A NICCOLO' MACHIAVELLI

CHE QUI MEDITO' E PROPUGNO' LA LIBERAZIONE D'ITALIA
SCRIVENDO LE SUE OPERE IMMORTALI
SULL'ARTE DI REGGERE E DIFENDERE CON ARMI PROPRIE GLI STATI

IL COMUNE DI S.CASCIANO

POSE QUESTA MEMORIA
NEL QUARTO CENTENARIO DALLA NASCITA
DEL GRANDE STATISTA ITALIANO

1512년, 메디치 3
남 줄리아노가 귀
환하고 장관직에
서 쫓겨난 마키아
벨리는 이듬해 반
메디치 음모로 투
옥되었다가 교황
레오 10세 취임
특별 사면으로 풀
려난 뒤 이 집으
로 들어와 죽을
때까지 살았다.
오늘날 박물관으
로 쓰이고 있다.

◀기념 명판

교황 알렉산데르 6세(1431~1503, 재위 1492~1503)

체사레 보르자(1475~1507) 보르자는 교황 알렉산데르 6세의 사생아로 정치권력에 매달렸던 교활하고 야심 많고 사악한 기회주의자였다. 그러나 마키아벨리는 교황군의 총지휘자였던 그를 이상적인 군주 본보기로 예시했다.

▲시뇨리아 광장에서 화형당하는 사보나롤라(1498)

▶사보나롤라(1452~1498)
1494년, 프랑스군 피렌체 침공으로 메디치 가문이
폐망하고 사보나롤라가 피렌체공화국을 통치하게
된다. 그가 교황 알렉산데르 6세의 부패를 공개적
으로 고발하자, 파문과 함께 이단으로 유죄판결을
받고 화형에 처해졌다.

▼사보나롤라가 화형된 곳에 설치된 표지

피에로 소데리니(1450~1522) 사보나롤라가 처형되고 이어 피렌체공화국 수장이 된 소데리니는 마키아벨리를 중요한
자리에 기용하여 그의 외교 재능을 발휘하게 한다.

마키아벨리 초상화 산티 디 티토. 1498년 사보나롤라의 처형 일주일 뒤, 피렌체 정부청사에서 실시된 투표에서 마키아벨리가 피렌체 외교담당 제2서기장으로 선출된다.

교황 율리우스 2세(1443~1513, 재위 1503~1513) 1506년 교황이 피렌체에 용병을 요청하자, 마키아벨리가 사절로 파견된다. 그는 피렌체에 '국민군' 창설의 절실함을 느끼고 법령을 마련한다.

POTENTISSIMVS MAXIMVS ET INVICTISSIMVS CÆSAR MAXIMILIANVS
QVI CVNCTOS SVI TEMPORIS REGES ET PRINCIPES IVSTICIA PRVDENCIA
MAGNANIMITATE LIBERALITATE PRÆCIPVE VERO BELLICA LAVDE ET
ANIMI FORTIDVDINE SVPERAVIT NATVS EST ANNO SALVTIS HVMANÆ
M CCCC LIX DIE MARCII IX VIXIT ANNOS LIX MENSES IX DIES XXV
DECESSIT VERO ANNO M D XIX MENSIS IANVARII DIE XII QVEM DEVS
OPT MAX IN NVMERVM VIVENCIVM REFERRE VELIT

막시밀리안 1세(1459~1519, 재위 1486~1519) 신성로마 황제·독일 군주·오스트리아 대공. 1507년, 루이 12세가 이탈리아를 침입하자, 막시밀리아 1세도 남하하면서 피렌체에 남하비용을 요구했다. 피렌체는 부담금 경감을 위해 마키아벨리를 사절로 파견했다.

루이 12세(1462~1515, 재위 1498~1515) 프랑스 왕·밀라노 공작·나폴리 군주. 1507년, 루이 12세가 이탈리아를 침입했다. 1510년, 피렌체는 프랑스와 교황 사이의 선택을 강요받는다. 마키아벨리는 프랑스에 사절로 파견되어 피렌체의 중립을 지켜낸다.

로렌초 디 피에로 데 메디치 우르비노 공작(1492~1519) 마키아벨리는 《군주론》 최종판을 우르비노 공에게 헌정했다.

프랜시스 베이컨(1561~1626) 영국의 정치·철학·법률·문학·과학자. "우리는 인간이 해야 할 일과 하지 말아야 할 일을 쓴 마키아벨리를 포함한 여러 사람들에게 많은 신세를 졌다."

존 애덤스(1735~1826, 재임 1797~1801) 제2대 미국 대통령. 존 애덤스는 국정운영의 실제에 관하여 합리적으로 기술한 마키아벨리를 존경했으며, 군주제·귀족제·민주제가 혼합된 정치 체제에 찬성하는 마키아벨리의 저작을 활용했다.

피렌체 우피치미술관 바깥 회랑의 벽감에 있는 마키아벨리상

TANTO. NOMINI. NVLLVM. PAR. ELOGIVM
NICOLAVS. MACHIAVELLI
OBIT. AN. A. P. V. CIƆIƆXXVII.

피렌체 산타 크로체 성당 안에 있는 마키아벨리 무덤

DISCORSI DI NICOLO' MACHIA=
VELLI, FIRENTINO, SOPRA
LA PRIMA DECA DI
TITO LIVIO,

*Nuouamente corretti, & con somma
diligenza ristampati.*

AL   DVS

M.   D.   XL.

《로마사론=로마사 이야기》(1540) 속표지

World Book 11

Niccolò Machiavelli
DISCORSI SOPRA LA PRIMA DECA DI TITO LIVIO

마키아벨리 로마사이야기

마키아벨리/고산 옮김

동서문화사

아우구스투스 황제(BC 63~AD 14)의 친위대. 아우구스투스 황제의 개인적인 보디가드로 창설된 친위대로 그 후에 수도를 관리하는 중요한 군사조직이 되었다.

로마란 무엇인가
고산

오오 《로마》여, 나의 조국 나의 마음의 서울이여! /사라져 가고 만 여러 제국의 쓸쓸한 어머니여! /마음의 고아인 나는 그대에게 매달려/갤 날 없는 내 가슴의 잔잔한 슬픔을 가라앉히리라/우리의 비애 우리의 고뇌란 어떤 것이고/와보라, 사삼(絲杉 ; 사이프러스)을. 부엉이여, 듣고 더듬어 가거라/너희 고뇌는 짧은 날의 불행과도 같으리/보아라, 발 밑에 우리 몸과도 같이 놓인 저 세상을//사라져 가고 만 나라들의 어머니 《나이오비》여/지금은 한 자식도 없고 왕관도 없고 말도 없이 홀로 서서/주름잡힌 두 손에 안고 있는 속 빈 골상자/그 존귀한 재도 없어진 지 오래고/《시피오》 가문의 선령(先靈)도 지금은 그 몰골조차 없어지고//널려 무덤에는 그 옛날 씩씩하던 사나이들이 잠자고 있지 않다/《티벨》 강의 오래인 흐림이여, 그대는 대리석 쌓인 폐허 사이로 가는가/그 물결 높아져 왕비의 괴로움을 씻으리라.

바이런/로마

로마의 탄생

고대 그리스문명 등장으로 기원전 5세기 세계 역사는 하나의 전환점을 맞이한다. 그 뒤 서양세계의 역사는 지중해를 중심으로 전개되고 로마제국의 출현을 거쳐 '유럽세계'라는 개념을 형성하게 된다.

본디 지중해문명의 발상지는 에게해를 중심으로 한 동지중해이며 서지중해는 동부에 비하면 오랫동안 뒤처진 지역으로 머물러 있었다. 교역에 익숙했던 페니키아인이나 그리스인이 활발하게 상업활동과 식민지 건설을 하고 있었으나 전체적으로 보면 여전히 후진적인 지역이었던 것이다.

그런데 이탈리아반도에 살던 아주 작은 부족인 로마인의 활약으로 서지중해는 세계사의 전면에 등장한다. 기원전 6세기에는 이웃한 그리스인에게조차 잘 알려져 있지 않았던 로마인이 기원전 3세기 끝무렵 이탈리아반도에서 동방으로 진출하기 시작한 시점에 역사는 새로운 시대를 맞이하게 되었다.

이어지는 그 200년 사이에 로마는 '제정(帝政)'이란 독자적인 통치 체계를 확립하고 헬레니즘세계(그리스문명권)뿐만 아니라 서유럽 대부분을 포함한 거대한 통일제국을 수립한다. 그것은 어느 의미에서 알렉산드로스대왕의 후계국이라고도 할 수 있는 거대국가였다. 그리고 결과적으로 알렉산드로스를 능가하는 범위의 영토를 지배해 훨씬 큰 발자취를 세계사에 남긴다.

그 가운데서 주목해야 할 것은 이 제국에서 발전한 그리스도교가 뒤에 정치적인 지배구조에 녹아들어 하나의 사회적 시스템으로 기능하게 된 점이다. 이로 인해서 훨씬 뒤에 탄생하는 유럽문명의 기본적인 성격이 결정되었다고도 말할 수 있다. 오늘날 유럽 대도시 대부분은 그 기원이 로마시대의 식민시였다. 또 그리스도교의 존재가 광대한 지역을 하나로 통합하고 있었다. 로마제국은 문화나 제도와 같은 직접적인 유산은 말할 것도 없고 인류 역사에 '제국'이란 거대한 성공의 예와 '유럽세계'란 새로운 개념을 가져왔다.

문제는 로마가 어떻게 제국이 될 수 있었느냐 하는 것이다. 그것을 가능하게 한 요인에 대해서 주목해 본다.

로마는 어떻게 제국이 되었을까?

'로마가 광활한 영토를 지니고 많은 사람들을 지배할 수 있었던 까닭'은 이미 로마의 팽창기인 기원전 2세기부터 관심이 쏠린 테마였다. 로마가 멸망하기까지 '로마는 처음부터 제국성립을 지향해 행동하고 있었던 것인가?' '그 동기는 무엇이었을까?' '그것을 가능하게 한 요인은 무엇인가?' 이런 문제가 논의되었다. 그리고 영원할 것 같던 로마가 멸망하자 후세 사람들은 멸망의 요인과 함께 대제국의 '흥망론'을 이야기하며 오늘날에 이르기까지 역사학은 말할 것도 없고 여러 분야에서 논의가 끊이지 않고 있다.

일반적으로 로마가 대외진출을 추진해 가는 과정과 획득한 해외 영토를 지배·유지하는 행위에 대해 '제국주의'라는 용어를 적용한다. 특히 로마사 연구 분야에서는 로마가 왜, 무슨 동기로 기원전 3세기 이후 잇따라 카르타고나 그리스 세계 국가들과 전쟁을 하고 결국 지중해 전역에 그 패권을 주장하기에 이르렀는지에 대해서 활발하게 이야기되어 왔다. 이것이 '로마제국주의논쟁'이다.

로마의 전쟁은 정당한 싸움이었을까

로마제국 성립에 대해서 대부분의 로마사 연구가가 몰두한 문제는 로마의 전쟁은 정당한 것이었을까 하는 물음이었다. 즉 로마의 수많은 대외전쟁에는 침략적 의도가 있었는지, 또는 자기 방위를 위한 것이었는지가 논의의 초점이 되었다. 현존하는 사료는 로마측 주장을 대변하는 것이 대부분이었으므로, 그 정보에 의거해 고찰하면 결론은 자연히 로마의 정당성이 인정될 수밖에 없었다.

그래서 이제까지 로마의 대외 전쟁은 자신들, 또는 동맹국의 안전을 확보하기 위한 방위적·수동적인 의미가 큰 것이었다는 설이 우세했다. 이를 '방위적 제국주의'라고 한다. 즉 대외적인 위협을 제거하기 위한 행동이었다고 간주하는 것이다.

그러나 이 견해는 위에서 말한 사료의 문제와 함께, 이 논의가 전개된 때가 바로 서양 열강의 제국주의 시대이고 동시대적 경험이 논증에 커다란 영향을 주고 있는 것이 지적되고 있다. 즉 로마제국의 성립 과정과 명분을 내세워, 자신들의 식민지정책에 대한 정당성을 내세운 것이다.

로마의 군사적 자질과 가치관

오늘날 새롭게 떠오르는 시점은, 개개의 전쟁이 로마에게는 정당했느냐 하는 논의에서 대외 활동에 성격을 부여해 가는 것이 아니고, 전쟁과 연관될 때에 로마사회의 특성 그 자체에 눈을 돌린 것이다. 로마 초기 역사는 전쟁의 연속이었다. 그것은 지칠 줄 모르고 대제국의 성립으로까지 이어진다. 왜 로마는 이처럼 싸움을 계속했는가에 주목하는 것이다. 정당한 전쟁만을 하고 있었다면 이토록 끊임없이 싸울 일은 없었을 것이다.

로마는 왜 전쟁을 계속했는가?

그것은 로마라는 사회가 지닌 군사적 성격에 그 원인이 있었던 것이 아닌가 생각된다. 그들의 가치관에서 군사에 관한 것은 매우 중요하게 평가되었다. 특히 지도자층에서 두드러졌다. 예를 들어 '칭찬(라우다티오 laudatio)'이나 '영예(디그니타스 dignitas)'란 언어는 오로지 군사적인 영역에 속한 것이었다. 뛰어난 지도자란 무엇보다도 먼저 군사적 자질이 뛰어난 사람을 말한다.

따라서 이 자질은 그들의 사회적 출세에 중요한 평가 기준이 되었다. 지도자층은 지도자층대로 치열한 경쟁사회에 놓여 있어, 명문가에 태어난 것만으로는 사회적 출세가 약속되지 않았다.

로마의 지도자층은 30세 전후에 재무관에 취임하는 것을 첫 단계로 호민관, 안찰관(按察官), 법무관, 집정관으로 승진단계를 밟아 나간다. 그것이 그들의 출세코스였다. 하지만 로마의 대외발전기 당시, 재무관 정원이 10명이 넘은 데 반해 집정관은 2명이므로 누구나 이 코스를 끝까지 거칠 수는 없었다.

그리고 이러한 관직에 오르기 위해서는 선거에서 승리해야 할 필요가 있었다. 그 때문에 그들은 자신에게 뛰어난 자질이 있음을 보여 줘야 했으며, 그 자질은 군사적인 재능을 의미했다.

이를 통해 로마의 관직은 오늘날처럼 행정적인 면이 아닌 군사적인 측면에 큰 가치를 두고 있었다는 것을 알 수 있다. 당시 집정관의 가장 중요한 직무는 무엇보다도 군단의 사령관이었기 때문이다. 따라서 지도자층은 스스로 그 자질이 있음을 보여 줄 장이 필요했다.

그리고 그 장이야말로 전쟁터였다. 결국 그들은 전쟁 없이는 자신의 능력을 내보일 수가 없었다. 이 점이 로마의 정책 결정에서 소홀히 해서는 안 될 점일 것이다. 즉 지도자층에서는 상대가 누구이건 전쟁이란 기회를 가능한 한 (마땅히 승산이 있어야만 하는데) 원하는 성향을 품고 있었다.

지도자층에 전쟁터에서 자신의 능력을 보이고 지위 향상을 바라는 경향이 있었다면 로마의 제도에는 그들에게 절실한 문제가 존재했다. 그들의 임기는 1년이고 중임은 인정되지 않으며 재차 그 관직에 취임하기 위해서는 10년의 공백이 있어야만 했다. 그러므로 군사적인 활약에 의해 그 명성을 올릴 시간에는 한계가 있었다. 특히 집정관과 같은, 군사 작전권과 명령권을 가진 관직인 경우에 개선식 거행의 권리가 있는 만큼 심리적인 압박감은 더욱 컸을 것이다.

그 무렵 지도자층 가문에 태어났다면 사회적으로 높은 지위를 얻고 존경받을 수 있도록 행동하는 것은 당연한 일이고, 이것에 등을 돌리는 것은 허용되지 않았다. 이는 반드시 출세보다도 자신의 생활을 소중하게 여기는 사람이 늘고 있는 오늘날 세태와 크게 다른 점이다. 그러나 그즈음 로마사회에서는 가문의 번영을 위해 필요했던 것이다. 군사적인 활약을 한 자를 몇 대에 걸쳐 배출하지 못하면 그 가문은 아무리 과거에 명성을 얻었어도 지도자층 그룹에서 탈락할 운명에 있었다.

그러므로 활약이 인정되기 쉬운 상황이 도래하면 그들은 주저하지 않고 그것을 활용했을 것이다. 전쟁이야말로 능력을 인정받을 수 있는 가장 좋은 기회였다. 로마의 지도자층에게 전쟁에 대한 거부감은 없었으며, 오히려 국가의 이익과 자신의 명성에 이익이 된다는 확신만 서면 그들은 망설임 없이 구실을 붙여 전쟁을 감행했다.

이탈리아 중부는 본디 개방성을 가진 인구이동이 심한 사회였다. 그러나 끊임없는 인구이동의 물결 속에서 무조건 받아들이기에는 한계가 있었으므로 로마는 그런 사람들의 침입을 저지할 필요가 있었던 것으로 생각된다. 그 결과 계속적인 전쟁을 강요당한 현실이 그곳에 있었던 것이 아니었을까.

사실 그들의 1년 달력에는 전쟁을 시작하는 제사와 끝내는 제사를 지내는 날이 기록되어 있었다. 역사적 기록에도 주변의 여러 세력들과 싸움이 많았다고 전해진다. 여러 전쟁의 진위에 관해서 이제 와 확인할 방법은 없지만, 남아 있는 기록들로 짐작해 볼 수 있다. 공화정을 수립한 이래 전쟁에서 대승리를 거둔 사령관들의 목록을 근거로 공화정 끝무렵에 서술된 기록에는, 기원전 5세기까지 주변 부족과의 전쟁으로 30번 가까이 대개선식이 거행된 것으로 전해진다. 이를 볼 때 공화정 초기에는 주변 세력과의 다툼이 잦았던 것으로 생각된다. 이러한 전쟁의 연속은 당연히 로마사회 내부의 상황에도 영향을 주었을 것이다.

이와 같은 상황에서 커뮤니티의 리더로서 요구되는 자질은 재정 관리나 공공사업 추진 따위가 결코 아니고, 분명 군사적인 것이었음이 틀림없다. 이 자질이 결여된 자를 지도자로 하면 로마 사회에 존폐 위기가 오기 때문이다. 그렇게 생각하면 로마의 지도자층에게 있어서 군사적 자질이나 그 성과에 높은 가치가 매겨지고, 정무관의 임무로 군사적 자질이 우선 요구되었다는 사실도 납득이 가는 것이다.

또 공화정 개시 이후 평민과 귀족 사이에 있었던 신분투쟁에도 이 상황은
영향을 주고 있다. 대외전쟁에서 평민은 군사력을 위해 꼭 필요했으므로 귀
족이 평민에게 양보할 필요가 있었던 점은 로마의 군제를 보면 명확할 것이
다. 그러므로 귀족은 평민을 철저하게 탄압할 수는 없었다. 한편 평민도 극
단적으로 저항해 귀족의 지도를 무시하면 외적에게 공격하게 할 빌미를 주
게 되어 사회 그 자체가 붕괴될지도 모르므로 그 투쟁의 격화에는 제동이 걸
렸을 것이다. 그들도 자신들의 생활을 지켜 주는 지도자야말로 가장 바라는
인재였을 것이므로, 평민의 입장에서도 군사적 요소가 지도자에게 있어서
중요한 요소가 되었던 것으로 생각된다. 이러한 점을 통해서도 지도자층이
군사적 면을 중요시하는 환경이 형성되는 원인을 꿰뚫어 볼 수 있지 않을까.
여기에 더해서 전쟁이 가져오는 부(富)도 군사적 사회의 형성에서 간과해서
는 안 될 점이다.

로마 전쟁이 가져오는 것

전쟁은 전리품을 비롯해서 막대한 부를 로마에 가져왔다. 이제까지의 논
의 가운데서 제국 형성의 목적으로서 경제적 이익을 상정하는 주장과 그것
을 부정하는 주장이 있고, '방위적 제국주의'의 논의에서 이 동기는 부정되
어 왔다. 그것은 로마가 패전국을 속주로 편입하지 않고 주저하는 경우도 많
았으며, 경제적 착취가 노골적으로 이루어진 것은 지중해의 패권을 손에 쥔
뒤의 일이므로 전쟁이나 해외진출의 동기로서는 생각할 수 없다는 의견이
주류를 이루고 있었던 것이다.

확실히 경제적 이익을 좇아서 대외적인 개입을 했다거나 전쟁을 일으켰다
는 사실을 명확하게 증명하는 정보는 거의 없다. 그러나 되풀이해서 말하고
있는 바와 같이, 현존하는 사료는 로마인의 의견을 대변한 것이 태반이고 그
들이 드러내 놓고 그 동기를 말했다고는 생각되지 않으므로, 사료에서 도출
되는 결론은 그대로 받아들일 수는 없다.

그러나 근년의 연구 성과에서는 다른 각도에서 이와 같은 동기가 무의식
중에라도 존재한 것은 부정할 수 없다. 따라서, 로마사회의 특징으로 상정하
는 의견이 나오고 있다. 그것은 로마사회 형성기의 경험과, 해외로 진출하는

많은 노예가 이탈리아로 흘러들어 옴으로써 형성된 경제구조로 눈을 돌리는 때문이기도하다.

로마 평민의 불만

신분투쟁의 원인으로서 평민의 경제적 곤궁이 있었던 것은 그 해소와 전쟁이 크게 연관을 지니고 있는 것으로 생각된다. 로마는 기원전 4세기 초에 에트루리아인의 도시 베이를 공략하자 그 땅을 공유지로 한 것으로 전해진다. 이 점은 사회 내부의 대립을 생각하는 데 있어서 중요하다. 귀족들은 평민의 경제적 곤궁을 덜어 줄 방법으로 자신의 희생이 아닌 외적의 영지를 평민에게 부여하는 것을 선택했기 때문이다.

그 뒤에도 격파한 적의 영지 일부를 공유지로 몰수해 그곳에 로마시민이나 라틴동맹의 시민을 정착시켰다. 이러한 행위를 통해서 평민의 불만 해소를 진행해 나간 것으로 추측할 수 있다. 그리고 전쟁 포로를 노예로 함으로써 노동력을 어느 정도 확보할 수 있게 되어, 채무로 시민을 노예신분으로 낮추어 매각할 필요도 없어져 시민의 노예 전락 불안을 제거하는 것도 가능하게 했을 것이다.

이러한 경험을 통해 전쟁에 의한 승리는 경제적인 이익을 가져다 준다는 점을 실감케 한 것으로 생각된다. 전쟁이 평민의 경제적 곤궁을 구하고 그들의 불만을 잠재우는 데 도움이 된다면, 지도자층이나 평민에게 전쟁은 기피해야 할 것이 아니고 환영해야 할 일인 것이다. 평민 입장에서도 그와 같은 이익을 가져오는 지도자, 즉 군사적 재능이 풍부한 지도자야말로 그들이 원하는 인재가 되는 것이다.

앞서 말한 바와 같이 그 개방성 때문에 이민이 많은 상황이었다면, 그 인구 증가에 맞추어 토지가 충족되는 일은 없었을 것이 틀림없다. 그렇다면 멈추지 않고 전쟁을 적극적으로 수행할 필요가 있지 않았을까. 이와 같이 경제적인 견지에서도 초기 단계에서 전쟁으로 향하기 쉬운 체질의 형성을 추진할 환경이 있었다고 볼 수 있을 것이다.

로마 노예제 구조의 형성

로마가 대외적으로 발전한 결과, 방대하게 흘러들어 오는 노예를 노동력으로 하는 대토지소유제의 농장을 유력자가 운영하게 되었다. 그 무렵 전쟁에서 포로가 된 자는 몸값을 지불하면 해방되고 지불하지 않으면 노예로 팔려 나갔다. 몸값을 지불할 수 있는 사람은 일부뿐이었으므로 전쟁이 빈발할 때는 시장에 노예가 넘치는 결과가 되었다. 또는 전후의 조치로서 주민을 노예로 하는 경우도 있었다. 예를 들면 카르타고를 함락한 뒤, 남성은 모두 죽이고 여성이나 아이는 노예로 삼았다. 또 기원전 168년 제3차 마케도니아전쟁 때에 마케도니아에 가담한 에페이로스는 전후 로마의 보복으로 15만 명의 주민이 노예가 된 것으로 알려져 있다.

이와 같이 로마에서는 대외전쟁을 계속하면 비교적 싼 값으로 노예를 손에 넣을 수가 있었다. 이것이 그리스와는 크게 다른 점일 것이다. 같은 노예제 사회라고는 하지만 그리스에서는 노예의 값이 비싸고 대규모 노예제가 형성되어 있지 않아, 일반시민은 기껏 한두 명을 소유하는 것이 고작이었던 것 같다. 아마도 그리스 세계에서는 로마처럼 대규모의 대외전쟁이 빈발하지 않았기 때문이었을 것이다.

그러나 노예제에는 커다란 제약이 있었다. 즉 원칙적으로 제국형성기에 노예는 가정을 가질 수가 없었으므로 아이가 태어날 일이 없어, 노예에게는 재생산할 시스템이 없었다(단 공화정 끝무렵부터는 반드시 그렇지도 않았다). 여성노예의 경우 주인의 아이를 낳는 경우도 있었겠지만(그 경우 아이는 해방노예가 될 때도 많았다). 주된 노동력이 되는 남성노예인 경우 그 반대의 경우는 그다지 없었던 것이 틀림없다. 즉 노예는 일회용에 불과해 쓸모없게 되면 재구입할 필요가 있었던 것이다.

처음에는 노예를 획득하기 위한 수단으로 전쟁을 생각지 않았다고 해도, 일단 전쟁에 의해 다량으로 가져오게 되는 노예가 불가결한 경제구조의 요소로 되어 버리면 이번에는 이 구조를 유지하기 위해서라도 전쟁은 그들에게 빼놓을 수 없게 되어 버린다. 그들이 끊임없이 전쟁을 되풀이해 나가는 사회적 구조의 원인이 여기에 있었다고 여길 수 있는 것이다. 일찍이 막스 베버는 고대세계가 몰락한 요인으로, 로마의 평화에 의해 노예유입이 중단되었기 때문에 소작제로 경제구조를 바꾸지 않을 수 없었던 현실을 주목했다. 베버의 주장이 오늘날에는 여러 문제를 안고 있지만 로마사회의 특성이란 점에서는 중요한 시사점을 포함하고 있는 것으로 생각된다.

로마 패자(霸者)로서의 입장

마지막으로 또 하나, 로마가 전쟁을 필요로 한 상황으로서 그들의 동맹관계, 즉 그 대외적 지배의 양상이 주목되고 있다. 그들은 패배시킨 상대에 대해서 지배적인 정책을 취하는 일 없이 역으로 이제까지 상황의 태반을 유지하게 하면서도 군사적인 동맹국으로 대우했다. 영토의 일부가 로마의 공유지로서 접수되거나, 얼마간의 공납을 의무화한 경우도 있었는데, 패배한 이민족들이 대체로 로마에 대해서 지니고 있었던 의무는 로마의 전쟁 때 군대를 제공하는 정도밖에 없었던 것이다.

이와 같은 관계에 있다면 전쟁이란 기회가 없는 한 로마는 그 산하의 커뮤니티와 연관이 되는 일도 거의 없었다. 로마와 개개 민족의 역관계는 전쟁에서 제공한 군대를 로마인 지휘관이 이끄는 경우에만 형성되었다. 즉 전쟁이라는 기회가 적으면 적을수록 서로의 관계는 불확실해져 누가 리더인지도 알 수 없게 되어 가는 것이었다. 그러므로 로마의 지도자층은 대외적인 관계에서 자신들의 지위를 과시하기 위해서라도 전쟁이란 기회를 계속 원했던 것이 아닌가 생각된다.

정복한 지역의 지도자들 또한 자기들의 권력 기반을 로마와의 결부에 두려 했다. 자신들과 로마의 결부를 나타내는 최선의 기회가 전쟁이었으므로, 그들로부터도 전쟁에 대한 압력이 로마에 가해졌다고도 상정할 수 있다. 이처럼 패자로서의 입장을 유지해 나가려고 한다면 또한 전쟁이란 기회가 불가결한 환경이었다고 여기는 것도 가능하다.

로마의 정당한 전쟁(벨룸 유스툼 bellum justum)

로마는 선전포고를 할 때, 적국과의 경계에서 페티알레스(fetiales)로 불리는 신관단(新官團)이 선전포고를 하는 규정된 수속을 하고 유피테르에게 자신의 정당성을 말한 경우에만 '정당한 전쟁'으로 인정되었다.

로마 전쟁을 불러일으키는 구조

그러나 아무리 로마인들에게 전쟁을 원하는 성향이 있었음을 인정할 수 있다고 해도 무언가의 구실이 없으면 전쟁을 시작할 수는 없었을 것이다. 로마는 전쟁을 시작함에 있어서 점(占) 따위의 종교적인 수속을 거칠 필요가 있었다. 그리고 개전의 이유가 정당하지 않으면, 즉 그것이 '정당한 전쟁'이 아니라면 신의 가호를 받을 수 없는 것으로 생각하고 있었다. 그러므로 로마 측의 주장에만 귀를 기울인다면 당연히 로마의 정당성은 증명되는 것이다.

이와 같은 상황이면서 왜 로마에게는 잇따라 전쟁 상대가 나타난 것일까. 몇 가지 이유가 있을 것이다. 먼저 생각되는 것은 로마가 대외적으로 그 위세가 두드러지게 되면 될수록 로마의 세력을 의지해 지원을 청하는 무리가 증가하는 경향이 있었다.

이웃국가와의 싸움이나 강대한 세력에 대한 저항 따위의 이유로 로마에게 의지하는 약소민족은 끊이지 않았다. 특히 그리스인은 타국에 지원을 요청하는 것이 자신들의 주권을 침해한다거나, 지원을 받음으로써 패권을 행사하지 않을까 하는 것을 그다지 생각하지 않는 사람들이었다. 때문에 로마의 위상이 높아지면 높아질수록 계속 지원과 재정(裁定)을 요구하는 사절이 찾아오게 되었다. 그러므로 로마로서는 전쟁을 시작할 명분은 충분했던 것이다.

그러므로 공을 세울 기회가 채워져 있지 않으면 그 호소에 따라서 군을 동원했을 것이고, 이미 채워져 있다고 느끼는 집정관이나 다른 지도자가 많으면 그것에는 응하지 않았을 것이다. 전부터 로마의 전쟁 이유로서 동맹자의 보호를 상정하는 방위적 제국주의 입장을 취하는 연구자를 괴롭힌 것은, 로마가 일관해서 동맹자의 보호에 적극적이지 않았다는 점이었다. 이를 로마인의 기회주의라고 말하는 연구자도 있었는데 이것도 위와 같이 생각하면 이치에 맞는 것이 아닐까.

로마와 국제관계

더욱 이를 생각할 경우에 주의해야 할 것은 그 무렵의 국제관계가 근대 이후와 크게 다르다는 것이다. 유럽에서 각국이 제각기 국가의 주권을 존중해 국제관계를 전개하게 된 것은 30년전쟁이 끝날 때에 체결된 1648년의 베스트팔렌조약 이후부터이다. 그 이전에 상대국 주권을 존중해 외교가 전개되었다고 생각하는 것은 상황의 오해로 이어질 위험성이 있다는 것이다.

로마인의 자치와 자유에 관한 의식 연구는 이 점을 명확히 한다. 그들에게 있어서 위엄(dignitas)이 있는 자가 그 자에게 갖추어진 권위(auctoritas)로 명령하는 것은 상대가 누구이건 문제 있는 행위로는 전혀 생각되지 않고, 그

관계에는 우리가 상식적으로 생각하는 평등이나 대등과 같은 감각은 결여되어 있었다. 그러므로 로마인은 자신에게 권위가 있다면, 그곳이 로마의 세력 범위가 아니라도 필요하면 개입하는 것이 의무라 생각했다. 그리고 타국의 자치를 침해하고 있다고는 조금도 생각하지 않은 것 같다. 그러나 이와 같은 행동은 당연히 현지의 주요 세력에게는 주제넘은 행위이고 알력(軋轢)을 낳게 했을 것이다. 즉 이곳에도 개전에 이르는 계기는 존재했던 것이다.

역으로 권위가 없는데 쓸데없이 참견을 하는 것은 월권으로 생각했다. 제3차 마케도니아전쟁 때에 로도스는 고전하는 로마를 위해 마케도니아와의 중개를 제의했는데, 그것이 로마인의 분노를 사 자칫 전쟁을 일으킬 뻔했다. 이것이 로마로서는 권위가 없는 로도스가 로마에 대해서 어떤 영향을 미치려는 것을 용납할 수 없었던 것이다. 이와 같은 관계는 근대 이후의 국제관계를 염두에 두고서는 결코 이해할 수 없는 것이다.

로마의 방대한 군사력

이제까지 기술해 온 바와 같이 로마에는 전쟁을 원하는 고도로 군사적인 사회구조와 전쟁을 불가피하게 하는 경제구조가 있으며 또한 전쟁을 불러일으킬 환경이 있었다. 그러나 전쟁을 아무리 추구해도 승리하지 못하면 의미가 없었다. 그들은 어떻게 잇따라 일으키는 전쟁에서 승리했을까. 그 뛰어난 군대와 전법과 함께 주목해야 할 것은 거대한 군사력이었다.

이미 왕정기에 라티움지방에서 빼어나게 큰 세력으로 다른 민족을 압도하고 있었던 것 같다. 그리고 그 강대함 때문에 라티움지방의 지도적 지위를 얻은 그들은 기원전 338년에 라틴동맹의 재편 결과 그 직할령이 어느 학자의 산정에 따르면 5525km², 자유인 인구가 34만 7300명, 그 세력 아래에 있는 나라를 포함하면 8505km², 48만 4000명을 거느리는 큰 세력이 된다.

더욱이 기원전 3세기 전반 이탈리아 전 국토를 산하에 둔 단계에서 로마의 세력 아래 놓인 영역은 13만 3120km²에 가까웠고 기원전 264년에는 성인 남자의 시민 수가 29만 2000명에 달했다고 사료는 전한다. 또 기원전 225년에 관한 사료에서는 동맹군의 동원수가 37만 5000명으로 되어 있다. 동맹국의 동원은 가능 동원수의 반이므로 동맹국이 총동원하면 75만이 되어 로마 시민군과 합쳐서 로마는 100만의 군대를 전개할 수 있는 힘을 이 단계에서 지니게 되었다고 말할 수 있다.

이 숫자를 어느 정도 신뢰할 수 있는지는 확언할 수 없지만, 만일 이 수에 상당한 시민이 있었다면 그 가족을 합쳐 로마의 인구도 100만에 가까웠음을 추정할 수 있다. 전성기의 아테네 시민 수가 5만에 달한 적이 없고, 또 알렉산드로스대왕의 동정(東征)에서 동원한 군세가 5만 정도였음을 고려한다면 이 숫자가 그 무렵 얼마나 큰 것이었는지 이해할 수 있을 것이다. 기원전 3세기 말에 로마가 동원할 수 있는 군사력은, 실질적인 면에서 지중해 세계에서는 발군(拔群)의 수로 생각해도 좋을 것이다.

뛰어난 전술과 동맹군을 포함한 막강한 동원력이 있었기에 연속되는 전쟁, 일시에 곳곳에서 벌어지는 전투를 하면서도 그것을 문제시하지 않고 많은 지도자에게 공을 세울 기회를, 그리고 모든 시민에게 경제적 이득의 기회를 제공하게 되었다. 이 강대한 군대가 전쟁을 필요로 하는 사회구조와 잘 맞아떨어졌으므로 역사상 유례가 없는 대제국을 만들어 냈다고 생각할 수 있는 것이다.

로마인의 등장

　로마제국의 영광을 말해 주는 수많은 유적이 지금도 지중해 연안과 유럽에서 소아시아에 이르는 광범한 지역에 남아 있다. 수도 로마는 말할 것도 없고 그 밖에도 '유적의 보고'로 불리는 도시가 다수 존재한다. 어떻게 이처럼 많은 유적이 이 넓은 지역에 남겨졌는지, 그것을 설명하려면 로마의 천년에 걸친 역사를 읽어 볼 필요가 있을 것이다.

　고대 로마문명이 성취한 위업과 그 번영이 인류역사에서 특기할 만한 것임에는 그 누구도 이론이 없을 것이다. 하지만 한편으로 유적이나 유물을 상세하게 조사해 문헌을 통해서 그 무렵 사람들의 실태를 알면 알수록 고대 로마인은 매우 평범한 보통 사람이었음을 알 수 있다. 위대한 고대 로마문명과 그것을 만들어 낸 사람들 사이에 커다란 차이점을 느낄 때가 있는 것이다.

　그러나 그와 같은 이른바 '보통 사람들'이 놀랄 만한 위업을 성취했다는 사실에 역사의 의문을 푸는 하나의 열쇠가 있는지도 모른다. 그들은 그리스 문명에서 세계사 주역의 자리를 이어받아 서양세계에 첫 통일문명을 가져왔다. 그 세력범위는 북은 멀리 브리튼 섬(영국)에서 남은 사하라 사막, 서는 대서양에서 동은 유프라테스 강까지 미치는 전무후무(前無後無)한 것이었다. 그리고 무엇보다도 주목해야 할 것은 어느 시기 이후, 그들이 의식적으로 그것을 성취했다는 것이다.

　뒤에 제국이 '쇠망'의 길로 향하기 시작했을 때에도 로마인이 자신을 잃는 일은 없었다. 그들은 자신들이 위대한 문명을 구축했던 무렵의 로마인과 아무런 변함이 없는 '특별한 존재'로 생각하고 있었던 것이다. 그 생각에 객관성이 있었는지의 여부는 별개로 치고 이 의식에는 대단히 중요한 의미가 담겨 있다. 로마문명이 후세에 남긴 최대의 유산은 그 호화로운 건축물이나 미술작품이 아니라 로마라는 제국의 '특별한 시스템' 속에 있었기 때문이다.

　그러면 그 '특별한 시스템'이 어떤 것이었는지를 이제부터 로마의 약 1,

000년 역사를 뒤돌아보면서 살펴보기로 하자.

건국신화

로마 건국신화에는 유명한 로물루스와 레무스란 쌍둥이 형제와 한 마리의 암컷 늑대가 등장한다. 군신 마르스와 알바롱가의 왕 누미토르의 딸 레실비아 사이에 태어난 로물루스와 레무스는 왕위를 빼앗은 엉큼한 숙부에 의해 테베레강에 버려지고 만다. 그러나 그들을 넣은 바구니가 무화과나무 가지에 걸리게 되었다. 그곳에서 암 늑대 한 마리가 다가와 두 갓난아기에게 젖을 빨게 했다는 것이다.

그 뒤, 성장한 형제는 세력을 확대하고 싸움에 승리해 도시를 건설한다. 이윽고 둘 사이에 다툼이 생겨 레무스를 죽인 로물루스에 의해서 기원전 753년 로마가 건설되었다고 전해진다.

물론 이 이야기는 뒤에 만들어졌겠지만, 건국자인 형제가 늑대에게 키워졌다는 에피소드는 중요한 의미를 지니고 있다. 그 무렵 이탈리아반도에 크게 세력을 확장하고 있던 에트루리아인에게는 늑대를 숭배하는 풍습이 있었다. 건국신화에 늑대가 등장하는 것은 초기 로마가 에트루리아인에게서 얼마나 강한 영향을 받고 있었는지를 말해 주는 증거라고 해도 좋을 것이다.

에트루리아인

에트루리아인은 비문을 포함한 많은 고고학 사료를 남기고 있는데, 그들의 문명 실태는 아직도 의문에 싸여 있다. 문명이 탄생한 시기에 대해서도 기원전 10세기에서 기원전 7세기까지에 걸쳐 연구자에 따라서 의견이 다양하다. 도대체 에트루리아인이 어디에서 왔는지조차 확실하지 않다. 소아시아 등 몇 개의 설이 있는데 모두가 확실한 증거는 없다.

이탈리아반도에는 본래 토착민이 살고 있었던 것 같다. 그곳에 기원전 2000년 이후, 어느 시점에서 북방으로부터 인도·유럽어족이 남하해 왔다. 이어지는 1000년 사이에 일부 지역에서는 고도의 문화를 낳게 되고 기원전 1000년 무렵에는 철기 제작도 시작된다. 에트루리아인은 어쩌면 그와 같은 문화권 중 하나인 빌라노바문화(현재의 볼로냐 근교에 있는 유적의 이름에서 그렇게 불리고 있다)에서 철기를 만드는 방법을 배운 뒤, 고도의 야금술을 발달시켜 나간 것 같다.

철제 무기를 휴대한 에트루리아인은 드디어 이탈리아반도 최대의 세력이 되고 전성기에는 북부의 포 강에서 남부의 캄파니아평야에 이르는 광범한 지역을 지배했다. 상세한 것은 알 수 없으나, 왕이 있는 몇 개의 도시국가가 느슨한 연합체를 형성하고 있었던 것 같다. 에트루리아인은 문자도 틀림없이 남 이탈리아의 그리스 식민시에서 배운 것으로 생각되는 그리스문학의 알파벳을 쓰고 있었다. 그 언어의 해명은 아직 진전되지 않고 있으나 그들의 생활상이 당시로서는 상당히 풍요로웠던 것만은 거의 확실한 것 같다.

왕정에서 공화정으로

기원전 6세기로 접어들자 에트루리아인은 테베레 강 남안으로 세력을 확장하고 라틴인 일파인 로마인과 접촉한다. 라틴인이란 일찍부터 이탈리아 중앙부인 라티움지방에 살며 라틴어 또는 같은 계통의 언어를 쓰고 있었던 사람들을 말하고, 기원전 7세기에는 복수의 도시국가 사이에서 '라틴동맹'을 결성하고 있었다. 로마의 왕도 초기에는 라틴계였다가 뒤에 에트루리아인 왕이 등장한다. 뛰어난 건설기술을 지닌 에트루리아계의 세력이 추가됨으로써 기원전 6세기 말의 왕정 말기에 로마는 라티움지방에서 가장 큰 도시국가가 된다.

전해지는 바에 따르면, 3대가 계속된 에트루리아계 마지막 왕이 추방되고 로마가 공화정 국가가 된 것은 기원전 509년의 일이었다. 다소의 오차는 있어도 거의 이 정도 시기에 에트루리아인을 대신해 로마인이 세력을 강화한 것은 거의 틀림이 없을 것이다. 그 무렵의 에트루리아인은 오랫동안 계속된 그리스인과의 항쟁으로 상당히 피폐해 있었기 때문이다.

이후 에트루리아문명은 쇠퇴 일로를 걷는데, 역사의 뒤안길로 사라진 뒤에도 그 문화적 영향은 로마를 통해서 여러 가지 형태로 전해지게 된다. 그 하나가 '백인조'로 불리는 군사제도와 선거제도의 기초가 되는 중요한 사회제도이다. 그 밖에 유명한 예로서는 검투경기나 개선식, 산 제물의 내장을 사용한 점(占) 등, 로마는 다양한 문화를 에트루리아문명에서 물려받은 것 같다.

초기의 공화정

기원전 500년 무렵에 탄생한 고대 로마의 공화정은 450년 정도 이어진 뒤, 사실상의 군주정(이른바 제정)으로 이행한다. 그러나 상당히 장기에 걸쳐서 명목상으로는 공화정 정치체제가 존속했다. 로마 사람들에게 시민이 왕정을 타도한 공화정 초기는 자랑할 만한 '좋은 시대'였으므로, 후세에 제정으로 불리게 된 시대에도 예전의 정치체제가 이어지는 형태를 취하려고 노력을 계속했기 때문이다.

이 '공화정으로 위장한 군주정〔帝政〕'에 의해서 로마는 영토를 크게 확대하고 그 토양에서 그리스도교 문명과 뒤에 유럽세계가 탄생하게 된다. 그리고 고대 로마문명의 유산(그 대부분은 로마를 통해서 후세에 전해지게 되었다)과 함께 훨씬 후세에 출현하는 근대사회의 토대를 구축하게 된 것이다.

공화정의 변천

공화정시대인 로마에서 발생한 변화의 대부분은 시대의 흐름 속에서 필연적으로 야기된 것이었다. 시대가 진전되고 영토가 비약적으로 확대됨에 따라서 종래의 제도(공화정)가 서서히 쇠퇴를 보이기 시작한 것이다. 작은 도시국가를 운영하는 데 알맞은 제도가 거대한 제국으로 성장하던 시기에 걸맞지 않게 된 것은 당연한 것이고, 최종적으로는 사회 전체가 붕괴 위기에 직면하게 된 것이다.

그 위기를 구한 것이 뒤에 카이사르와 아우구스투스에 의해서 창시된 '제정'이란 통치시스템이었다고 말할 수 있을 것이다. 그러나 기원전 3세기 말부터 이탈리아반도 밖으로 진출하기 시작한 로마가 최종적으로 제정이란 새로운 통치시스템을 확립하기까지에는 약 2세기 정도의 시간과 다양한 '출산의 고통'에 직면할 필요가 있었다.

왜 로마가 공화정에서 제정으로의 이행 단계에 그처럼 고통을 겪었느냐하면, 로마 공화정의 본래 목적이 왕정(군주제) 부활을 저지하는 체제구축에 있었기 때문이다. 시민이 왕정을 타도한 것에 긍지를 지닌 공화정 로마에서는 정권을 운영하는 집정관(콘술)의 임기가 1년이고 반드시 두 사람이 취임해 서로 거부권을 갖는 등, 권력의 집중을 막기 위한 다양한 장치가 마련되어 있었던 것이다.

공화정 로마의 이념을 나타내는 표현으로서 '원로원과 로마시민(Senatus Populusque Romanus)'이란 어구가 자주 쓰인다(로마를 여행한 적이 있는 분은 로마의 길목에서 그 머리글자인 'SPQR'이란 문자를 다양한 형태로 목격했을 것이다). 공화정시대를 통해서 로마의 정치는 정권의 자문기관인 원로원과 로마시민이라는 2대 세력을 축으로 해서 펼쳐지게 되었다. 제도상으로는 시민이 언제나 최고 권한을 가지고 모든 시민이 참여하는 복수의 집회(민회)에서 다양한 결정이 이루어지고 있었다. 그러나 국가의 방침을 정하고 정권을 운영하는 인재를 공급하는 등, 실질적인 권력을 장악하고 있었던 것은 귀족들을 주체로 하는 원로원계급이었던 것이다.

과두정 (寡頭政)

물론 공화제 초기에 여러 가지 혼란과 정쟁은 있었다. 그러나 원로원계급과 시민의 대립은 대체로 평온하게 수습된 것 같다. 그리고 큰 흐름으로 보면 다툼을 수습할 때마다 시민들의 권리가 확대되어 간 것이다. 정치의 실권을 원로원이 장악한 상황에 변함은 없었으나 기원전 300년쯤부터는 귀족에 더해서 유복한 시민들까지도 원로원의 구성원으로 참여할 수 있게 되었다.

로마의 공화정이란 실질적으로는 원로원의원에 의한 과두정(소수지도제)이었다고 해도 좋을 것이다. '원로원'이라고 하면 장로의 모임과 같은 이미지를 줄지도 모르나, 실제로 위원의 자격은 30세 이상으로 젊고 기본적으로는 종신제였다(즉 한 번 선택된 뒤에는 웬만한 일이 없으면 계속 원로원으로 머물 수가 있었던 것이다). 공화정 초기에는 300명밖에 없었던 이 엘리트집단 가운데서 다양한 공직에 인재가 공급되고, 그 가운데서 특별히 뛰어난 사람들이 공직의 최고위인 집정관(콘술)으로 선발된 것이다.

기원전 6세기 말에 왕정이 폐지된 뒤 왕을 대신하는 국정과 군사의 최고 책임자로서 자리매김한 것이 이 집정관이었다. 이미 말한 바와 같이 집정관의 임기는 1년이고 동시에 2명의 인물이 선출되어 원로원의 조언을 받으면서 국가를 운영하고 있었다. 집정관으로 선출되기 위해서는 재무관과 법무관이란 두 요직의 경험이 필요했으므로, 언제나 정치적 경험을 쌓은 우수한 인물이 집정관에 취임했다.

이와 같이 로마의 정계에는 하위의 직무로 경험을 쌓고 유능하다는 것이 입증된 사람 가운데서 고위의 행정관이 선출되는 훌륭한 시스템이 완성되어 있었다. 그 때문에 언제나 유능한 정권을 구성할 수가 있었던 것이다. 이 시스템은 장기간에 걸쳐 대단히 잘 운영되어 로마정계에는 우수한 인재가 잇따라 등장하게 된다.

그러나 그곳에는 역시 함정도 있었다. 과두정은 때때로 계급적인 대립을 불러일으키는 제도로 로마도 예외는 아니었다. 평민이 아무리 권리를 쟁취해도 사회적인 과실을 수중에 넣을 수 있는 것은 극히 일부 부유층으로 한정되어 있었다. 공직에 올라 국가를 운영하는 것은 말할 것도 없고, 민회에서의 투표구조조차 부유층에게 유리한 구조로 짜여 있었던 것이다.

사회기반

로마는 일찍부터 주변지역의 정복에 나서고 있는데, 다른 국가와 달랐던 것은 싸움에서 진 상대국 주민에게도 로마시민권을 부여했던 것이다. 그 때문에 로마시민의 수는 계속 증가했다.

로마시민의 태반은 농민이고 로마사회도 농업과 농민에 의해서 지탱이 된 사회였다. 토지 측정방법이 황소 두 마리로 하루에 경작할 수 있는 면적을 단위로 하고 있었던 것을 보아도 얼마나 농업이 사회에서 중요한 역할을 하고 있었는지 알 수 있다.

뒤에 토지에 대해서는 다양한 개혁이 이루어지는데, 공화정시대의 로마가 언제나 농업국이었던 것에 변함은 없었다. 후세의 우리가 흔히 이 점을 소홀히 여기게 되는 것은 제국시대인 로마의 이미지가 너무도 강렬했기 때문이다.

시민계급

그러나 대부분이 농민이었다고 해도 공화정시대인 로마의 자유민 사이에는 커다란 빈부의 차가 존재하고 있었다. 그 무렵의 사회상황을 전해 주는 것이 재산등록의 기록이다. 그 기록에 따르면 로마의 자유민은 무기와 갑옷을 스스로 조달해 전쟁에 참가하는 유산계급, 아이 이외에는 재산을 갖지 않는 무산계급, 그리고 재산도 가족도 없는 사람들로 나뉜다(그와 같은 자유민 밑에는 노예가 있었다).

기원전 3세기부터 기원전 2세기에 걸쳐서 로마의 영토가 확대되자 소규모 농업을 영위하는 평민들이 몰락하기 시작하는 한편으로, 귀족계급은 정복에 의해서 가져오게 되는 부를 이용해 대규모 농장경영에 나서게 된다. 이와 같은 변화는 서서히 진행된 것 같은데 어쨌든 이것이 농업국가 로마의 근간을 뒤흔드는 큰 문제가 된 것이다.

더욱이 정복한 도시(동맹시)의 주민에게도 로마시민권을 부여하게 되자 상황은 더욱 복잡한 양상을 보이기 시작한다. 시민의 수는 서서히 증가하는데 계급으로서의 힘은 약해지는 엉뚱한 결과를 낳고야 만 것이다.

평민

시민계급의 힘이 약해진 원인이 대규모 농장의 출현 때문만은 아니었다. 로마에서 멀리 떨어진 동맹시의 주민에게도 시민권을 부여했으므로, 시민이 직접 참여해 결의를 행하는 민회(시민집회)의 시스템이 잘 기능하지 않게 된 것이다. 광역국가를 운영하는 모든 기능이 로마로 집중하고 있었음에도 이탈리아 각지의 로마시민은 말할 것도 없고, 로마에 사는 시민의 의사조차 효과적으로 반영할 수 없게 되고 말았다. 그 때문에 평민(귀족 이외의 시민)들은 병역을 거부하거나 로마 이외의 다른 도시 건설을 계획하는 따위의 요구를 통해 원로원으로부터 양보를 받아 내려고 했다.

그와 같은 대립의 결과 기원전 367년 '리키니우스법'이 제정되어 모든 공직이 평민에게 개방되고, 기원전 287년의 '호르텐시우스법' 이후에는 평민회(평민만의 시민집회)의 결의만으로도 법률을 제정할 수 있게 되었다. 또 이와 같은 개혁의 결과, 평민에 의해서 선출되는 호민관 10인의 권한을 확대해 지배계급에 보이지 않는 압력을 가하게 되었다. 호민관은 법률을 발의할 권리와 거부권을 가지고(거부권은 한 표라도 성립했다), 행정관으로부터 부당한 취급을 당한 시민을 위해 밤낮을 가리지 않고 교대로 임무에 임했던 것이다.

호민관이 특별히 중요한 역할을 수행한 것은 심각한 사회불안이 발생했을 때나 원로원 내부에서 의견이 심각하게 대립했을 때였다. 그와 같은 때에는 정치가들도 호민관의 협력을 필요로 했으므로, 공화정시대를 통해서 호민관은 집정관이나 원로원의원들과 대체로 좋은 관계를 유지할 수 있었던 것 같다.

이렇게 여러 가지 문제는 있었으나, 기본적으로 로마 초기의 공화정은 조금씩 평민들에게 양보하고 권리를 부여해 감으로써 비교적 안정된 체제를 유지할 수 있었다. 또 지도자들 내에서도 공화정 초기의 집정관이나 원로원 의원 중에는 우수한 인재가 많아 전쟁 따위의 비상시에도 뛰어난 지도력을 발휘했다. 그 때문에 뒷날 심각한 사회문제가 발생해 공화정이 완전히 쇠퇴하기까지 원로원계급이 강대한 권한을 계속 누릴 수 있게 된 것이다.

초기의 정복

공화정 초기에 존재한 뛰어난 정치시스템 덕택에 로마에는 폭력적인 혁명은 일어나지 않고 사회는 평온한 가운데 변화를 계속해 나갔다. 더욱이 로마의 공화정은 대규모 영토 확장에 성공한 것으로도 평가되고 있다. 기원전 5세기에 로마는 인근 도시를 잇따라 정복해 영토를 배로 확대한다. 그 뒤에는 라틴계 도시에도 지배를 확대하고 기원전 4세기 중반에는 라티움지방을 거의 세력 하에 두는 데 성공했다(이 무렵 이탈리아반도의 상황은 100년 전에 아테네가 에게해에서 패권을 확대했을 때의 상황과 비슷한 점도 있다).

로마는 정복한 도시를 '동맹시'로 하고 자치를 인정하는 대신에 로마의 외교정책에 따를 것과 로마군에 병사를 제공할 것을 요구했다. 그 대신 각지의 지배계급을 그대로 두고 일반 시민들에게도 일정한 조건을 충족하면 시민권을 부여했다.

이와 같은 대외정책에 의해서 로마는 그때까지 이탈리아반도에 크게 세력을 확대하고 있었던 에트루리아인을 대신해 반도 중부의 지배자로서 군림하게 된 것이다.

로마의 확대

정복을 거듭함에 따라 로마군은 차츰 더욱더 강대해지고 있었다. 로마에서는 징병제가 채용되어, 재산을 소유한 남성시민은 소집이 있으면 전원 병역에 복무할 의무가 지워져 있었던 것이다. 병사들은 5,000명을 단위로 하는 군단에 속해 긴 창을 손에 들고 사각형의 밀집된 대형을 이루며 싸워 나갔다.

그러나 주변 도시를 잇따라 정복해 나간 로마에 기원전 390년 큰 사건이 발생한다. 북방에서 침입한 켈트인(로마인은 그들을 갈리아인으로 불렀다)과의 싸움에 패해 로마시가 점거되고 만 것이다. 켈트인은 7개월 뒤에 다량의 황금을 수중에 넣고 철수했는데, 이민족에게 정복된 상처는 오랫동안 남았다.

하지만 그 뒤 앞에서도 언급한 기원전 367년의 '리키니우스법' 등으로 평민계급의 힘을 키운 로마는 태세를 다시 갖추고 세력을 확대해 나간다. 그리고 기원전 4세기 말에 남이탈리아의 산악민족 삼니움인과의 싸움에 승리함으로써 이탈리아반도 중남부에 널리 패권을 확립하게 된 것이다.

그리고 드디어 로마군이 싸워야 할 상대는 이탈리아남부와 시칠리아섬에서 번영을 구가하는 그리스식민시가 되었다. 한편 로마의 위협을 느낀 그리스식민시는 강대한 군사력을 자랑하는 그리스 본토의 에페이로스 왕 피루스에게 지원을 요청했다. 이 요청을 받아들여 피루스는 기원전 280년, 로마에 대항하는 원정군을 파견한다.

그러나 초기 전투에는 승리했으나 많은 희생자를 낸 피루스는 결국 철수하고 만다. 그리고 그리스식민시는 그 뒤에도 로마의 위협을 계속 받다가 몇 년 뒤에는 서지중해 전역을 뒤흔든 로마와 카르타고의 전쟁에 본의 아니게 말려들게 되는 것이다.

포에니전쟁

로마와 카르타고가 정면으로 충돌한 포에니전쟁은 2세기에 걸친 장기간의 싸움이 되었다('포에니'란 라틴어로 '페니키아인'을 말한다. 카르타고는 페니키아인이 건설한 강대한 도시국가였다).

포에니전쟁은 3회에 걸쳐서 전투가 이루어졌는데 처음 2회에서 승패는 정해진다.

제1차 포에니전쟁(기원전 264~241년)은 로마군이 종전에 경험한 적이 없는 대규모 해전이 되었다. 그러나 새롭게 건조한 함선을 몰고 시칠리아섬, 사르데냐섬, 코르시카섬을 잇따라 점령한 로마는 그리스 식민지인 시라쿠사와 카르타고의 동맹을 파기시키고 기원전 227년에는 시칠리아섬 서부와 코르시카섬을 수중에 넣었다. 이때 로마는 처음으로 '해외' 영토를 손에 넣고 그것을 '속주'로 한 것인데, 이것이 그 뒤 수세기에 걸쳐 로마가 제국으로 나아가는 도정을 결정했다고 말할 수 있을지도 모른다.

첫 번째 전투에서 승부가 나지 않았으므로 두 나라는 기원전 218년에 다시 격돌한다. 유명한 카르타고의 명장 한니발이 등장하는 제2차 포에니전쟁 (기원전 218~201년)은 첫 번째 전투를 훨씬 능가하는 대규모 전쟁이 되었다.

싸움이 개시된 곳은 에스파냐(이베리아반도)였다. 로마의 동맹시인 그리스식민시 사군툼을 카르타고의 젊은 장군 한니발이 공격한 것을 계기로 제2차 포에니전쟁이 시작된 것이다.

에스파냐에서의 싸움 뒤, 한니발은 놀랄 만한 작전으로 나온다. 코끼리부대를 이끌고 북쪽에서 알프스를 넘어 이탈리아반도로 침입한 것이다.

한니발은 트라시메누스호반 싸움(기원전 217년)과 칸나에 싸움(기원전 216년)에서 2배의 병력을 지닌 로마군을 괴멸시켰다. 로마의 패권은 이 두 전투에서 큰 타격을 입게 되었다. 반도 중부의 도시는 로마에 대한 충성을 지켰는데 남부에서는 거의 모든 도시가 카르타고 쪽에 붙고 만 것이다.

로마군은 열세에 몰리면서도, 병력이 모자라는 한니발군이 로마를 포위하지 못한 탓에 장기전에 견딜 수 있었다. 한편 한니발군은 본국으로부터의 보급이 차질을 빚자 차츰 물자부족에 시달리게 된다. 로마에 반기를 든 카푸아가 가차 없이 파괴되었을 때에도 한니발은 지원에 나서지 못했다.

이윽고 로마는 에스파냐에 있는 카르타고 영토에 공격을 가하는 대담한 작전으로 전환해 기원전 209년에 '신카르타고(오늘날의 카르타헤나)'의 공략에 성공한다. 그리고 기원전 207년 로마군은 지원군으로 알프스를 넘어 달려온 한니발의 동생 하스둘바르를 격파하고 공격 방향을 카르타고의 본토인 북아프리카로 돌렸다. 결국 한니발도 북아프리카로 철수하지 않을 수 없게 되고 마지막에는 기원전 202년 자마에서의 결전에서 젊은 장군 스키피오가 이끄는 로마군에 패하고 만다. 이렇게 해서 제2차 포에니전쟁은 로마군의 승리로 끝난 것이다.

제2차 포에니전쟁은 군사적인 승패뿐만 아니라 서지중해지방의 미래 운명을 결정한 대사건이었다. 그 뒤 기원전 2세기 초에 로마는 북부의 포 강 유역을 정복하고 마침내 이탈리아반도 전체를 지배하에 둔다. 그리고 카르타

고에 대해서는 매우 가혹한 화평조건을 들이대는 것과 동시에 전후에도 한
니발을 계속 추격했다.

결국 한니발은 시리아로 몸을 피하고 그 뒤 소아시아 북서부인 비티니아
로 도피한 뒤 자살하였다. 또 시칠리아섬 마지막 그리스식민시였던 시라쿠
사는 전쟁 중에 카르타고와 또다시 동맹을 맺었으므로 전후 로마에 의해서
자치를 박탈당했다. 이렇게 해서 시칠리아섬 전토가 로마 지배하에 들어가
고 에스파냐 남부도 로마의 속주가 된다.

동방정책

이와 같은 로마의 세력 확대는 서지중해 지방에만 그치지 않았다. 제2차
포에니전쟁 종결 뒤 로마는 지중해의 동서에서 대조적인 움직임을 보였다.
서방에서는 정치 정세의 안정을 도모하는 한편으로 동방에서는 영토 확장에
나선 것이다. 물론 이것은 좀 지나치게 단순한 설명일지도 모른다. 이 무렵
이미 동지중해지방과 서지중해지방은 복잡하게 뒤엉켜 단순하게 나눌 수 없
게 되고 있었기 때문이다.

예를 들면 기원전 228년에 로마는 그리스의 이스트모스 제전에 대한 참가
가 인정되고 있었다. 이것은 로마가 헬레니즘세계(그리스 문명권)의 일원으
로서 인정된 것을 의미했다. 그런데 그 헬레니즘세계에서 카르타고와 동맹
관계에 있는 마케도니아가 포에니전쟁에 참전했으므로, 반대로 로마는 마케
도니아와 대립하는 그리스의 도시국가를 지원하고 그것을 계기로 그와 같은
나라의 내정에도 간섭하기 시작한다. 기원전 200년에 아테네, 로도스섬, 페
르가몬왕국이 지원을 요청했을 때에 로마는 이미 동방진출에 대한 기운이
고조되고 있었다. 하지만 결국은 로마가 헬레니즘세계(그리스문명권) 전체를
지배하게 될 것이라고 예상한 사람은 이 시점에서는 아직 아무도 없었던 것
이 틀림없다.

그러나 이 무렵이 되자 로마인의 세계관에 중대한 변화가 일어나기 시작
하고 있었다. 포에니 전쟁이 시작되었을 때 원로원 의원 태반은 그것을 '방
위를 위한 전쟁'으로 받아들이고 있었다. 그 무렵 로마의 유력한 정치가 카
토는 한 연설에서, 전쟁과 관계 없는 연설 내용에도 불구하고 마지막에 '그
래도 카르타고는 멸망시켜야만 한다'는 말을 덧붙였다고 한다. 그것도 결국

은 강대한 카르타고에 대한 공포심에서 나온 말이었을 것이다.

그런데 전쟁을 통해서 잇따라 영토를 획득하는 사이에 로마인은 새로운 이익의 존재를 깨닫고 새로운 영토획득에 의욕을 불태우기 시작한다. 시칠리아섬이나 사르데냐섬, 에스파냐에서 보내오는 노예와 황금이 로마인의 야심을 일깨운 것이다. 이탈리아본토의 도시와 달리 이와 같은 지역의 도시는 로마의 동맹도시로는 간주되지 않고, 동맹시에는 부과되지 않았던 직접세도 징수되었다. 해외에서의 싸움에 승리한 장군들이 전리품의 일부를 개인적으로 병사들에게 나누어 줄 수 있게 된 것도 이 무렵의 일이다. 명백히 그때까지 공화정에서는 내포할 수 없는 복잡한 상황을 여러 국면에서 낳고 있었던 것이다.

제국의 길

제2차 포에니전쟁에 승리하고 서지중해의 패권을 확립한 로마는 기원전 2세기 후반, 동방의 이른바 오리엔트세계에 적극적으로 진출한다. 물론 거기에는 여러 가지 우여곡절이 있었는데 그 대체적인 흐름은 비교적 간단히 설명할 수가 있다.

기원전 148년 로마는 그리스 북부의 마케도니아왕국을 멸망시켜 속주로 편입했다. 일찍이 알렉산드로스대왕 하에서 세계를 지배한 마케도니아왕국이지만, 그 무렵에는 우수한 지휘관이나 중무장한 보병군단도 이미 존재하지 않았다. 마케도니아 원정도상에 위치하는 그리스계의 도시국가도 로마의 속국이 되어, 수도 로마에 너나없이 조공을 바치고 있었다.

같은 무렵 시리아와의 대립을 계기로 해서 로마는 처음으로 소아시아에 군을 진출시킨다. 그 뒤에는 아탈로스 3세의 죽음에 임해서 페르가몬왕국의 유증(遺贈 ; 기원전 133년), 에게해의 제패, 속주 아시아의 설치(기원전 129년)와 로마의 진격이 이어졌다.

동방 이외의 지역에서도 로마는 잇따라 새로운 영토를 획득한다. 북서부가 바라다보이는 에스파냐 전토의 정복, 발칸반도 서부 일리리아의 조공속국화, 남프랑스의 속주화(기원전 121년) 등에 성공하고 지브롤터해협에서 그리스 동부의 테살리아에 이르는 광대한 지역을 제패했다. 기원전 149년에 시작된 제3차 포에니전쟁도 3년 뒤에 로마군의 압승으로 끝나고 카르타고는 철저하게 파괴되고 만다. 그리고 북아프리카에 있었던 카르타고의 지난날 영토는 로마의 새로운 속주 아프리카가 된 것이다.

제국지배

이렇게 해서 로마는 공화정의 정치시스템 체제에서 '로마제국'을 탄생시켜 나갔다. 뒤에 그들은 로마형의 사회를 확대하는 것에 긍지를 느끼게 되는데 그 시초는 어디까지나 우연에 의한 것이었다. 처음에는 강대한 카르타고에 대한 공포, 그 뒤에는 속주의 획득에 따른 경제적인 이익이 원동력이 되어 훨씬 멀리 진군한 결과 광대한 영토를 계속 획득해 나아가는 것에 성공했다고 할 수 있다.

영토를 계속 확대함으로써 로마는 강대한 군사력을 유지할 수가 있었다. 포에니전쟁의 승리를 보아도 알 수 있듯이, 수많은 동맹시에서 언제라도 병사를 조달할 수 있는 로마의 통치시스템은 군사적으로도 대단히 뛰어난 것이었다. 그리고 새롭게 로마영토가 된 지역에는 공화정의 시스템이 도입되어 질서와 안정을 가져왔다. 각 속주에는 로마에서의 집정관과 똑같은 권한이 부여된 속주총독이 1년 임기로 부임해 행정에 임했다. 이렇게 해서 '공화정을 위장한 제국'인 로마는 빠르게 패권을 확대해 나간 것이다.

그러나 그런 한편으로 중대한 문제도 생기고 있었다. 첫째로 가난한 시민의 정치참여가 더욱 어려워지고 있었던 것이다. 길어지는 전시체제 하에서 원로원계급의 힘이 지나치게 강대해진 것이 그 큰 원인 중 하나였다(실제로 포에니전쟁에서 원로원계급은 훌륭한 지도력을 발휘).

새롭게 발생한 또 하나의 문제는 유력한 장군이나 속주 총독 등, 개인적으로 막대한 부를 손에 넣는 인물이 나타나게 된 것이다. 특히 타국의 침략에 성공한 장군들은 상상을 초월할 정도의 부를 손에 쥐었다. 에스파냐의 남미 정복이나 동인도회사의 설립 이전에 이처럼 많은 부를 개인에게 가져다 준 일은 달리 예가 없을 것이다.

그와 같은 부의 태반은 합법적으로 획득한 것인데 개중에는 약탈이나 도둑질에 의해서 부를 얻은 속주 총독도 있었다. 기원전 149년에는 관리에 의한 위법축재를 재판하기 위한 특별법정이 창설되었을 정도이다. 어쨌든 이와 같은 부를 손에 넣을 수 있었던 것은 엘리트계급뿐이었다. 속주총독을 비롯해서 로마의 중요한 공직 대부분은 원로원의원 중에서 선출되고 있었기 때문이다.

제도상의 문제

제도적인 문제도 더욱 커지고 있었다. 매년 실시되어야 할 공직선거를 실시하지 못하는 해가 차츰 늘고 있었던 것이다. 뛰어난 행정 수완을 지닌 집정관이라도 전쟁이나 속주의 반란과 같은 비상사태에는 대처하지 못할 때도 있다. 그 결과 풍부한 군사 경험을 지닌 특정 '장군들'에게 커다란 권한을 계속 맡길 수밖에 없게 된 것이다.

다만 공화정시대의 장군들을 오늘날과 같은 직업군인의 이미지로 파악하면 안 될 것이다. 그들은 원로원 계급이란 엘리트층에 속하는 사람들이고 전쟁이 끝나면 로마로 돌아가 정치가나 재판관, 변호사 등으로 활약했다. 이와 같이 전문화를 피해 개인에게 커다란 권한을 집중시키지 않는 것은 로마행정의 장점이기도 했다.

그러나 차츰 상황은 변화해 갔다. 공화정 말기에는 긴 전쟁이 이어졌으므로 여러 해 같은 군단을 이끈 장군들에게 병사들은 개인적인 충성을 맹세하게 되었다. 종전의 장군들에 비해서 그들은 훨씬 강력한 힘을 지닌 존재가 되고 있었던 것이다.

속주총독의 임기가 기본적으로 1년이었던 것은 그와 같은 폐해를 피하기 위한 것이었는데 뜻밖에도 그 임기 1년이란 제약이 문제를 초래하는 결과가 되었다. 재임 중에 서둘러 사복을 채우려고 한 총독이 적지 않았기 때문이다. 이렇게 해서 행정에 종사하는 자에게 부패를 낳게 되는 한편으로 오랫동안 실전을 지휘한 유능한 장군들은 병사들로부터 개인적인 충성을 얻을 수 있게 되었다. 그 결과 공화정 시스템 그 자체가 붕괴 위기에 직면하고 로마는 제정이란 새로운 통치시스템을 향해 모색을 계속하게 되었던 것이다.

헬레니즘화(化)

뒤에 로마제국이 광대한 영토를 획득하자 그 결과로서 헬레니즘(그리스)문화가 서양 세계에 널리 퍼져 갔다. 단, 헬레니즘문화라고 한마디로 해도 거기에는 여러 가지 정의가 있다. 로마가 이탈리아반도 내에 머물러 있던 시대부터 이미 로마 문화는 헬레니즘화되어 있었다고도 말할 수 있는 것이다.

그러나 동방으로 진출해 헬레니즘세계와 직접 접촉하게 됨으로써 비로소 얻은 것도 물론 많이 있었던 것이 틀림없다. 한편 그 무렵 그리스인의 눈에 로마인은 카르타고와 같은 정도로 감당할 수 없는 '야만인'으로 비치고 있었던 것 같다. 로마인의 야만성을 말해 주는 에피소드로서 유명한 것이, 위대한 수학자 아르키메데스의 최후이다. 그 에피소드에 따르면 아르키메데스는 모래 위에서 기하학 문제를 풀고 있던 중에 그의 업적을 전혀 모르는 로마 병사에게 살해되고 말았다는 것이다.

헬레니즘의 영향

로마군이 동방으로 진출해 헬레니즘세계와 직접 맞닿게 되자 다양한 물자와 지식이 이탈리아반도로 흘러들어오게 되었다. 예를 들면 로마인은 후세 사람들이 놀랄 정도로 목욕을 좋아했는데 이것도 본래는 동방의 헬레니즘세계에서 전해진 관습이었다. 또 로마 초기의 문학작품은 그리스의 극을 번역한 것이고 라틴어로 쓰인 최초의 희극도 그리스희극을 모방한 것이었다. 예술에 이르러서는 약탈하거나 훔치거나 해서 그리스에서 다량의 작품을 가지고 돌아왔다. 그리스의 예술양식, 그 가운데서도 건축양식은 서방의 그리스 식민시를 통해서 이미 로마에 도입이 되고 있었다.

사람의 왕래도 활발해졌다. 기원전 2세기에 그리스의 도시국가에서 많이 데리고 온 포로 가운데, 로마의 흥륭기(興隆期)(기원전 220~146)를 《역사》라는 저작을 정리한 폴리비오스가 있다. 그 가운데서 그는 카르타고와 헬레니즘세계에 대한 로마의 승리를 새로운 시대의 개막으로 자리매김하고 있다. 로마에 의한 지중해세계의 통일에 의해서 알렉산드로스대왕이 지향한 '세계의 문명화'가 완성된 것을 처음으로 간파한 사람이 바로 폴리비오스였다.

안정

이렇게 해서 지중해 세계의 통일과 함께 광대한 지역에 평화가 찾아오고 그 가운데서 로마문명은 수많은 위업을 달성해 나가게 된다. 이 시대는 지중해 끝에서 끝까지를 아무런 장애도 없이 자유롭게 오갈 수 있었던 시대였다.

그와 같은 평화와 안정을 지탱한 것이 공화정시대에 이미 완성되어 있었던 속주 통치 시스템이다.

그리고 '코스모폴리타니즘(세계시민주의)' 사상이 더욱 발달한 결과 로마는 피정복민들에게 로마인과 똑같은 삶의 방식을 강요하지 않았으며, 세를 징수하고 법률에 따라서 치안이 유지되고 있기만 하면 그 밖의 면에서는 관용정책을 취하도록 하고 있었다. 유명한 로마법을 완성하는 것은 먼 훗날의 일이 되는데, 기원전 450년 무렵에 제정된 '12표법'에 의해서 이미 그 뒤 법정비의 도정이 정해져 있었다고 해도 좋을 것이다.

공화정의 쇠퇴

사상 유례가 없는 규모로 이루어진 영토 확대는 뒤에 로마의 약점이 되고 최종적으로는 기원 5세기에 서로마제국을 멸망으로 이끌게 된다. 그러나 그것은 꽤 나중의 이야기이므로 여기에서는 우선 공화정시대의 로마가 어디까지 판도를 확대했는지를 확인해 두자.

3면이 바다로 둘러싸인 이탈리아반도의 패자 로마에 있어서 육지로 이어진 위협은 북방의 갈리아뿐이었다. 갈리아란 그리스인이 켈트인으로 부른 (로마인은 갈리아인으로 부르고 있었다) 이민족이 사는 토지이고 오늘날의 밀라노 등을 포함한 북이탈리아와 프랑스, 벨기에 등을 포함한 광대한 지역을 가리킨다.

기원전 121년에 로마는 갈리아 나르보네시스(오늘날의 남프랑스)를 속주로 했는데 그 뒤에도 종종 켈트인의 침입으로 시달림을 받았다. 기원전 89년에는 갈리아 키사르피나(알프스 이쪽의 갈리아 : 루비콘강 이북의 북부 이탈리아)의 속주화에 성공한다. 약 40년 뒤인 기원전 51년에는 카이사르가 그 밖의 갈리아지방(오늘날의 프랑스북부와 벨기에)을 정복하고 로마는 켈트인의 위협에서 겨우 벗어나게 되었다.

그동안 동방에서도 정복이 이어지고 기원전 133년에는 소아시아 북서부의 페르가몬왕국을 획득했다. 더욱이 기원전 1세기 초에는 소아시아 남동부의 키리키아를, 이어서 흑해 연안의 폰토스왕국을 미트리다테스왕과 전쟁을 벌인 끝에 획득한다.

이와 같은 로마에 의한 일련의 정복 결과 지중해 세계의 세력권이 완전히 바뀌고 에스파냐에서 지중해 동안에 이르는 광대한 지역이 로마 지배 하에 들어가게 되었다.

국내 위기

공교롭게도 이렇게 해서 동서에서 잇따라 새로운 영토를 획득하는 한편 로마 국내에는 차츰 긴장이 고조되어 갔다. 가장 큰 문제는 이미 언급한 바와 같이 공직을 엘리트계급이 독점하게 된 것이다. 그 원인으로는 오랜 시일에 걸쳐서 진행된 두 사회 현상이 있었다.

하나는 공화정 초기에 로마시민의 태반을 차지하고 있었던 소규모 농민계급이 몰락하기 시작했다는 것이다. 여기에는 몇 가지 원인을 생각할 수 있는데 근본적으로는 오랫동안 이어진 제2차 포에니전쟁의 영향이었다. 농민들이 장기간 전쟁에 내몰린 데다가, 싸움의 무대가 된 이탈리아 남부가 커다란 피해를 입었던 것이다. 그런 한편으로 전쟁을 이용해 부를 축적한 사람들은 토지를 앞 다투어 매수해 그 결과 각지에 대규모 농장이 출현하게 된다.

그와 같은 농장에서는 전쟁에 의해서 싸게 손에 넣은 노예들을 사용해 농작물을 다량으로 생산할 수 있게 되었다. 한편 토지를 잃은 소작농은 도시로 나가 최저한의 생활 수준으로 살 수밖에 없었던 것이다. 이렇게 해서 실질적인 무산계급으로 전락한 로마시민에게는 그래도 선거권이 남아 있었다. 한편 그것을 노린 자산가들은 표를 매수해 보수가 많은 공직에 오르려고 하였다.

이렇게 해서 로마의 정치는 차츰 금권 체질로 빠져들고 있었다. 더구나 로마뿐이 아니고 이탈리아의 모든 도시가 그 영향을 받게 되었다. 표가 돈이 되는 것을 알자 로마의 무산시민들은 동맹시 주민들에게 시민권이 확대되는 것을 혐오하게 되었기 때문이다.

병역

선거제도와 정치의 실태가 동떨어지고 만 또 하나의 이유는 군대의 변화에 있었다. 400년 이상의 역사를 지닌 로마군의 변화를 요약하는 것은 대단히 어렵다. 굳이 한마디로 말한다면 시대와 함께 차츰 '직업군단화' 되어 갔다고 말할 수 있을 것이다. 포에니전쟁 이후, 농한기에 시민(농민)들을 징병하는 방법으로는 더 이상 방대한 로마군을 유지할 수 없었다. 시민들에게 있어서도 병역의 부담은 크고 차츰 반감이 고조되고 있었던 것이다. 더욱이 싸움의 무대가 해마다 멀어지고 정복한 토지에 때로는 수십 년이나 주둔부대를 둘 필요가 생기게 되자 로마군조차도 충분한 병력을 확보할 수 없게 되었다.

이와 같은 상황을 타개하기 위해 기원전 107년에 병역에 관한 재산조건이 철폐되고(종전에는 어느 정도의 재산을 가지고 있지 않으면 병역을 수행할 수가 없었다), 무산시민 지원병을 채용하게 되었다. 이 대담한 개혁을 실행한 것이 군인 출신 집정관 마리우스이다. 그리고 이 개혁의 결과 많은 가난한 사람들이 병역을 지원했으므로, 여러 해 계속되던 병사 부족은 단숨에 해소되었다. 그 뒤 로마는 연전연승을 계속해 나갈 수 있게 된다.

그때까지 각 사회 계층마다 제각기 달랐던 군기(軍旗)를 폐지하고 로마군 전체 군기로서 유명한 '독수리 군기'를 만든 것도 마리우스였다. 뒤에 로마 제국의 상징도 되는 이 군기는 병사들의 단결을 높이는 데 커다란 역할을 수행했다.

이와 같은 다양한 변화와 함께 군대는 차츰 정치적인 힘을 갖기 시작하고 마리우스로 대표되는 유능한 장군들은 커다란 권력을 장악하게 된다(마리우스는 한 군단에게 그에 대한 충성까지 맹세하게 한 것으로 알려져 있다).

이와 같은 장군이나 병사들의 정치적 발언력의 증대는 결국 공화정을 붕괴시키는 한 원인이 된다. 그들은 원로원의 권한제한, 평민계급의 등용 따위를 감행해 빈부 차의 시정에 나섰다. 그리고 그라쿠스형제가 모두 보수세력에 의해서 죽음으로 내몰리게 되고, 그 뒤 로마의 정계에서 민중파와 원로원파의 대립이 단숨에 격화되어 갔다. 공화정 최후의 100년은 그와 같은 두 파의 다툼이 정점에 도달한 시대였다.

마리우스의 정권 탈취

기원전 112년 북아프리카의 누미디아왕국에서 내란이 발생해, 현지에 주재하고 있던 로마 상인이 많이 살해되었다. 이 사건을 계기로 전쟁이 발발해 공화정 로마는 큰 혼란에 빠진다. 이윽고 북방에서도 이민족이 침입을 되풀이해 갈리아지방에서 로마를 위협하기 시작했다. 이 긴급사태에 활약한 자가 전에도 언급한 집정관 마리우스였다. 그는 군정을 개혁하고 적군을 잇따라 격파한 뒤 공화정 로마의 전통에 반해서 5년 연속으로 집정관에 선출되었다.

공화정 말기의 로마를 한마디로 표현한다면 이와 같은 마리우스를 비롯한 유력한 장군들이 잇따라 커다란 권력을 장악한 시대였다고 말할 수 있을 것이다(그 뒤 술라, 폼페이우스, 카이사르 등이 등장한다). 또 때마침 같은 시기에 이탈리아 각지의 동맹시에서 로마시민권을 요구하는 목소리가 높아져, 기원전 90년에 로마에 대해서 반란(동맹시전쟁)을 일으켰다. 그 결과 로마는 이탈리아반도에 사는 거의 모든 주민에게 시민권을 인정하는 커다란 양보가 불가피해졌다. 이와 함께 로마의 민회는 최고결정기관으로서의 역할을 완전히 잃게 되고 만다.

그 뒤 흑해 해안 폰토스왕국의 미트리다테스왕과 새로운 전쟁이 시작되고, 마리우스의 부하로 일한 적도 있는 술라가 정치적인 야심을 품고 전면에 등장한다. 그 뒤 술라와 마리우스 사이에 대립이 생겨 로마는 내란상태로 빠져든다. 결국 마리우스는 사망하고, 그리스와 소아시아 서안을 제패하고 로마로 돌아온 술라가 기원전 82년 사상 처음으로 임기에 제한이 없는 '독재관(獨裁官)'으로 취임하게 된다('독재관'에 대해서는 카이사르 편에서 설명한다).

술라는 적대자의 이름을 '처벌자 목록'에 올리는 잔인한 수단을 통해 (목록에 적힌 사람을 살해해도 처벌받지 않았으며 오히려 그 행위를 부추겼다) 반대파의 세력을 억압하고 대담한 국정개혁을 행하였다. 그 기본적인 방침은 원로원의 권력을 강화하고, 망할 징조가 보인 공화정을 재건하려는 것이었다.

폼페이우스

술라는 많은 개혁을 한 뒤, 무기한으로 취임한 독재관을 2년 남짓에 사임한다. 그리고 곧 은퇴한 뒤 죽었다. '무기한의 독재관'이란 절대적인 권력을 장악하면서도 불과 2년 만에 죽은 것을 보면 술라의 목적이 개인적인 야심은 없고 어디까지나 공화정의 재건에 있었음을 알 수 있다.

그 술라의 눈에 띈 것이 폼페이우스란 젊은이였다. 폼페이우스는 술라의 각별한 후원으로 일찍부터 두각을 나타내 기원전 70년에 집정관으로 선발된다. 뛰어난 군사적 재능을 지닌 폼페이우스는 그 3년 뒤에 지중해에 출몰하는 해적을 일소하고 더 나아가 폰토스와의 전쟁에서 승리해 소아시아에 광대한 영토를 획득한다. 이윽고 폼페이우스는 그 젊음과 남다른 공적 때문에 '미래의 독재자 후보'로서 원로원파로부터 경계의 대상이 되었다.

그런 한편으로 로마의 정정은 더욱더 혼미를 거듭하고 있었다. 로마의 도시는 질서를 잃고 지배자층 사이에는 부패가 만연하고 있었다. 그리고 독재자의 출현에 대한 불안에서 민중파도 원로원파도 서로 의심이 고조되고 있는 가운데, 아무도 깨닫지 못하는 사이에 다른 곳에서 '새로운 독재자 후보'가 서서히 그 모습을 드러내고 있었다.

율리우스 카이사르

기원전 59년 집정관에 선출된 이는 마리우스의 아내의 조카뻘 되는 율리우스 카이사르였다. 폼페이우스와 카이사르는 처음에는 좋은 관계를 유지하여 폼페이우스는 카이사르의 딸 엘리아와 결혼까지 하였다.

카이사르는 집정관을 지낸 이듬해부터 갈리아원정군을 지휘해 7년간 눈부신 전적을 올리고 드디어 갈리아지방을 완전히 정복했다. 그런데 그가 없는 사이에 수도 로마에서는 폭력과 부패와 살인이 만연하고 원로원의 권위는 실추되고 만다. 그와는 달리 갈리아의 평정에 성공한 카이사르는 막대한 부를 손에 넣고 병사들로부터 절대적인 신뢰를 받게 되었다.

카이사르는 냉정하면서 인내심이 강하고 대담한 성격을 지닌 인물이었다. 그가 젊은 시절, 해적에게 잡혔을 때 유명한 에피소드가 있다. 포로가 된 카이사르는 해적들과 심심풀이로 도박을 하고 있는 와중에 '내가 자유의 몸이 되면 그대들을 책형(磔刑 : 기둥에 묶어 세워놓고 창으로 찔러 죽이는 형벌)에 처하겠다'고 농담 비슷하게 말했다는 것이다. 그때 해적들은 코웃음을 쳤는데, 카이사르는 자유의 몸이 되자 곧바로 그들을 붙잡아 정말로 책형에 처한 것으로 전해지고 있다.

갈리아지방을 완전히 제압한 뒤 카이사르는 현지에 남아서 다음 집정관 선거까지 군대를 계속 지휘하려고 했다. 이 움직임에 대해서 일부 원로원 의원이 경계심을 높여 나갔다. 카이사르의 적대자들은 어떻게든 그를 로마로 불러들여 집정관시대의 불법행위를 거론해 재판에 회부, 추궁하려고 했다. 거기에서 카이사르는 그 자신도 깨닫지 못한 채 결과적으로 공화정을 붕괴로 내모는 행동으로 나왔다. 군대를 이끌고 속주와 로마 본국의 경계인 루비콘강을 건너 수도 로마까지 진군한 것이다. 기원전 49년 1월의 사건이었다.

카이사르는 그것을 로마를 지키기 위한 군사행동이라고 주장했으나, 그의 행동은 명백히 공화정에서의 위법 행위였다. 로마 국법에는 군대가 본국 내로 들어오는 것은 인정되지 않고 반드시 루비콘강 강변에서 군을 해산해야 했기 때문이다.

카이사르의 권력 장악

놀란 원로원은 마지막 수단으로 '또 한 사람의 독재자 후보'인 폼페이우스에게 지원을 요청했다. 폼페이우스는 카이사르를 맞아 싸우기 위해 우선 아드리아해 연안에 병력을 집결하기로 한다. 이때 현직 집정관과 많은 원로원 의원이 폼페이우스와 함께 로마를 떠났으므로 결국 로마를 둘로 나누는 '내란의 시대'가 막을 올리게 된 것이다.

폼페이우스의 움직임을 본 카이사르는 급거 에스파냐로 군을 진격시켜 폼페이우스파의 군을 격파한다. 이때 카이사르는 가능한 많은 병사를 귀순시키기 위해 적병에 대해서 관대한 태도를 취했다. 냉철하고 때로는 잔혹하기조차 했던 카이사르지만, 자신에게 이익이 되는 일이라면 적에게 관용을 베푸는 용의주도함도 아울러 지니고 있었던 것이다. "나는 술라가 아니다(술라와 같은 잔학한 보복은 하지 않는다)." 카이사르는 이렇게 몇 번이고 공언했다고 한다.

그 뒤 카이사르는 폼페이우스를 쫓아 이집트로 들어가 폼페이우스의 죽음을 확인한다(폼페이우스는 이집트 궁정인들에 의해 살해되었다). 그 뒤에도 이집트에 머물러 내란의 진압에 관여한 뒤 전설적 미녀 클레오파트라(이집트 여왕)와 사랑에 빠졌다. 그 뒤 소아시아로 건너가 폰토스와 파르케나스를 쉽게 물리치고 '왔노라, 보았노라, 이겼노라'란 유명한 보고를 한다.

그리고 그리스를 거쳐 일단 로마로 돌아왔다가, 곧 아프리카로 되돌아가 폼페이우스의 잔당을 토벌했다. 마지막으로 다시 한 번 에스파냐로 건너가 폼페이우스의 아들들이 이끄는 군단을 격파하고 로마 세계를 완전히 장악하는데 성공한다. 루비콘강을 건넌 뒤 4년 후인 기원전 45년의 일이었다.

카이사르는 전쟁에 뛰어난 장군이자 정치가로서도 역사상 드문 자질의 소유자였다. 이집트에서 일단 로마로 돌아왔을 때 단기간의 체재이면서도 열정적으로 지지자를 모아 원로원을 자기편으로 만드는 데 성공한 것에서도 그 정치적 수완을 엿볼 수 있다. 연전연승의 군사적 승리에 의해서 그가 막대한 명예와 권력을 수중에 넣은 것은 말할 것도 없다.

이윽고 그는 '종신 독재관'으로 선출된다. '독재관'이란 국가의 긴급시에 지명되는 독재적인 집정관을 말하며, 보통 집정관이 권력의 집중을 피하기 위해 반드시 2명이 선출되는 반면 독재관은 혼자서 모든 권한을 장악하는 지위였다. 그 때문에 임기는 6개월로 한정되고 있었음에도 카이사르는 '종신 독재자'가 된다. 이것은 그가 사실상의 군주가 되고 로마의 공화정이 실질적으로 끝났음을 의미하고 있었다.

카이사르는 수많은 개혁에 착수했는데, 그중에서도 '율리우스달력'의 도입은 후세 유럽에 커다란 유산으로 승계되었다. 이 달력은 알렉산드리아에서 쓰고 있던 것을 카이사르가 로마에 도입한 것이다. 로마의 오래고 복잡한 달력을 대신해 1년을 365일로 정하고 4년마다 1일을 추가하기로 한 이 새로운 달력은 16세기 그레고리우스달력 채용까지 실로 1600년에 걸쳐서 쓰게 되었다.

공화정의 종언

그런데 새로운 달력이 쓰인 지 불과 15개월 뒤인 기원전 44년 3월 15일 카이사르는 권력의 절정에서 살해되고 만다. 원로원 의장에서 벌어진 이 유명한 암살 배후에는 다양한 입장에 있는 사람들의 복잡하게 뒤엉킨 동기가 존재하고 있었다.

때마침 이 무렵 카이사르는 파르티아국왕 토벌을 위한 원정을 떠나기 직전이었다. 만일 카이사르가 원정을 떠나면 크게 승리를 거두고 돌아올 것이 확실하고 그렇게 되면 실질적으로 군주라고 할 수 있는 카이사르가 더욱 큰 권력을 추구할 것이 뻔했다. 로마시민 중에는 카이사르가 왕이 되어 헬레니즘제국과 같은 전제정치를 펴게 되지 않을까 우려하는 사람들이 있었던 것이다.

이와 같은 배경에 더해서, 이미 거대한 권력을 손에 넣고 있었던 카이사르가 공화정의 전통에 집착하는 사람들에게 도발을 하는 듯한 태도를 취했다고 전해진 것도 이유의 하나였다고 말할 수 있을 것이다. 실제로 카이사르는 낡은 체제를 조금 무시했던 것뿐인데, 그럼에도 몇몇 사람들은 적개심을 고조시켜 결국 불만을 품은 보수파 사람들이 하나가 되어 카이사르를 살해하기에 이른 것이다.

살해에는 성공했을망정 암살자들에게는 카이사르의 뒤를 이을 만한 역량이 없었고, 모처럼 손에 넣은 권력도 오래 지켜낼 수 없었다. 공화정의 부흥을 선언하는 한편으로 카이사르가 제정한 여러 가지 법률을 계승한 것을 보아도 그들에게 확고한 비전이 없었음을 알 수 있다. 암살자들은 시민들에게 적대시되자 곧 로마에서 몸을 피해야 했다. 그리고 카이사르 살해 2년 뒤에는 암살자들 모두가 생명을 잃고, 오히려 카이사르는 국가에서 정식으로 신격화되어 신으로서 존경을 받게 된다.

이렇게 해서 로마 공화정은 카이사르 암살자들의 죽음과 함께 문자 그대로 빈사상태가 되었다. 카이사르가 루비콘강을 건너기 훨씬 전부터 로마 공화정은 완전히 약체화되어 아무리 부흥에 힘써도 그 제도는 이미 사라져 가고 있었던 것이다. 그러나 공화정의 신화는 거대제국이 된 로마에서 여전히 생존을 계속하게 된다. 로마인이 공화정이라는 정치 시스템을 시대에 뒤처진 것으로 인정하고 그것과 결별하는 데는 실로 오랜 세월이 걸린 것이다.

로마제국의 위업

그리스인이 과학이나 예술 분야에서 인류역사에 위대한 공헌을 한데 대해서 로마인은 주로 '실용적인 분야'에서 뛰어난 재능을 발휘한 것으로 평가된다. 확실히 로마법이나 도시, 도로 건설 등, 고대 로마가 남긴 문화유산은 그 뒤 사회에 커다란 영향을 미치고 있다.

그러나 무엇보다도 로마문명의 가장 큰 공적은 로마라는 거대제국의 통치 체계 그 자체에 응축되어 있다고 해도 좋을 것이다. 그리고 위대한 로마제국의 통치 체계는 그 대부분이 뛰어난 한 사내에 의해서 만들어진 것으로 여겨진다. 카이사르의 양자 옥타비아누스가 그 인물이다.

아우구스투스(옥타비아누스)의 시대

옥타비아누스는 카이사르가 죽은 뒤 각지를 옮겨 다니며 100년 간에 걸친 로마의 내란을 종결시키고, 기원전 27년에는 '아우구스투스(존엄한 자)'라는 존칭을 원로원으로부터 받게 된다. 그 며칠 전에 그는 '국가 비상시 내 한 몸에 집중돼 있던 모든 권력을 원로원과 로마시민에게 반환한다' 말하고 공화정의 부흥을 선언한다. 그러나 후세의 역사가들은 거꾸로 이해를 정식 제정시대의 개막으로 일컫고 아우구스투스를 초대 로마황제로 자리매김하고 있다. 상세한 것은 이 뒤에 설명하는데, 이 모순된 대정치드라마에 훗날 로마제국 번영의 비밀이 숨겨져 있었던 것이다.

그를 모방해 뒤로 이어지는 황제들도 '아우구스투스'란 칭호로 일컫게 되었다. 황제의 칭호라고 하면 '엠페러'의 어원이 된 '임페레이터(최고사령관)'나 '카이저', '찰리'의 어원이 된 '카이사르'가 유명한데 오히려 이 '아우구스투스' 쪽이 로마황제를 나타내는 정식칭호라고 말할 수 있다.

로마 초기의 수도 상주군인 근위군 창설에서 통화제도 확립까지 제정시대의 로마를 지탱한 제도는 모두 아우구스투스가 만든 것처럼 오해가 되고 있는데, 그 이유는 그가 뛰어난 정치선전 능력의 소유자였던 점에 있을 것이다. 역대 로마 황제 가운데서 그와 그 가신들의 탁월한 선전 능력을 엿볼 수 있다.

카이사르의 친족이었다고는 하지만 옥타비아누스(뒤에 아우구스투스)는 본래 카이사르의 여동생 율리아의 손자에 지나지 않고 혈통도 그다지 진한 것은 아니었다. 그러나 그가 18세 때에 암살된 카이사르는 유언에서 옥타비아누스를 상속자로 지명했으며 그 때문에 옥타비아누스는 막대한 재산에 더해서 유력한 후원자와 병사들의 지지도 얻을 수가 있었던 것이다.

한동안 옥타비아누스는 카이사르 밑에서 활약한 유능한 장군 마르크스 안토니우스와 손잡고, 카이사르 암살에 가담한 자들을 '처벌자 목록'에 올려 가차없이 공격했다. 그런데 안토니우스가 파르티아 원정에 실패한 뒤 카이사르의 애인이었던 클레오파트라와 결혼하자, 옥타비아누스는 이를 기회로 안토니우스에 대해 공격을 가하기 시작한다. 안토니우스가 동방적인 전제군주가 되려고 획책하고 있다는 이유를 들어 원로원과 시민들의 지지를 얻어 공화정 로마의 이름하에 싸움을 건 것이다.

결국 기원전 31년 악티움해전에서 옥타비아누스에게 패한 안토니우스와 클레오파트라는 그 이듬해에 자살했다고 한다. 이를 계기로 프톨레마이오스 왕조는 붕괴하고 이집트는 로마에 병합되어 그 속주가 되었다.

집정관 아우구스투스

100년에 걸친 내전을 종결시킨 옥타비아누스는 로마로 귀환하자 집정관으로 선출되었다. 강대한 군사력을 손에 넣은 그는 만일 자신이 원한다면 어떤 독재적 권력도 장악하는 것이 가능했을 것이다. 그러나 양부인 카이사르의 암살을 교훈으로 삼은 옥타비아누스는 굳이 그와 같은 행동은 취하지 않고 원로원의 양해 하에 권력을 장악하는 길을 택한다.

기원전 27년 옥타비아누스는 앞에서도 언급한 바와 같이 '공화정의 부흥'을 선언하고 비상시에 부여되었던 독재적인 권한을 모두 '원로원'과 '로마시민'에게 반환한다고 선언해 열광적인 지지를 얻는다. 그러나 그의 진정한 목적은 후세에서 볼 때 명백히 '공화정을 가장한 제정'을 확립하는 데 있었다고 말할 수 있다. '공화정의 부흥' 뒤에 옥타비아누스가 보유하고 있었던 권한을 잘 살펴보면 그 하나하나는 어디까지나 종래 공화정 테두리 안에서의 합법적인 것이었는데, 그것이 이상할 정도로까지 한 개인에게 집중해 있다는 점에서는 실질적인 군주정을 의미하는 것이었기 때문이다.

이렇게 해서 옥타비아누스는 공화정을 열망하는 로마인을 만족시키면서 실질적으로 '제정'을 수립하는 일에 훌륭하게 성공했다. 그 뒤 로마제국이 성취한 여러 가지 위업을 뒤돌아볼 때 그의 정치력이 얼마나 걸출한 것이었는지 놀랄 만하다.

이제부터 그를 '아우구스투스제'로 표기하도록 한다. 그 뒤에도 아우구스투스제는 전 로마군에 대한 지휘권이나 호민관직권(정책결정에 대해서 거부권을 가지고 있었다) 등 여러 가지 권한을 획득해 나갔다. 기원전 23년에 집정관에서 물러난 뒤에도 집정관과 동등한 권한을 획득하고 원로원에서는 그의 제안에 우선권이 주어졌다. 기원전 12년에는 의부인 카이사르와 마찬가지로 종교면에서의 최고직인 대신지관(大神祗官)에도 취임한다. 시민에 의한 선거제도는 존속하고 있었을망정 현실로는 모든 요직에 아우구스투스제가 정한 인물이 선출되고 있었다.

정이 많은 독재자

사실상의 전제군주였다고는 하지만 아우구스투스제의 치세는 선정으로 알려져 있다. 이를테면 속주로 파견하는 관리의 보수를 급료제로 해서 부정한 축재를 배제했다. 공화정시대의 전통이나 축제를 부활시킨 것도 이 시대의 커다란 특징 가운데 하나이다.

도덕 윤리의 확립도 아우구스투스제 치세의 중요한 과제였다. 이 무렵 오랜 로마의 미덕이 되살아났다고 느낀 로마인들도 많았을 것이다. 사랑과 쾌락을 노래한 시인 오비디우스는 아우구스투스제의 딸 율리아에게 스캔들을 일으킨 것을 구실로 흑해 근처로 추방되고 말았다.

이와 같은 엄격함에 더해서 오랫동안 평화가 유지되고 뛰어난 건축물이 잇따라 완성된 것을 생각하면 아우구스투스제의 시대가 후세에 높이 평가되는 것이 당연한 일이라고 말할 수 있을 것이다. 아우구스투스제는 기원 14년에 죽은 뒤 율리우스 카이사르와 똑같이 신격화되었다.

군주정과 내란

아무리 공화정의 형태를 답습하고 있다고 해도 로마가 실질적으로 군주정 국가(제정)로 이행한 것은, 5대째인 황제 네로까지 약 100년에 걸쳐서 제위가 답습되고 있었던 것에서 명백히 드러난다. 아우구스투스제의 자식은 딸인 율리아뿐이었으므로 그녀의 세 번째 남편이며 클라우디우스가 출신인 티베리우스가 아우구스투스의 뒤를 이어 2대째 황제가 되었다. 그 뒤 악정으로 알려진 5대째의 황제 네로가 68년에 자살할 때까지 이 율리우스 클라디우스조는 이어지게 된 것이다.

아우구스투스제는 41년간의 통치 끝에 77세로 천수를 다했지만, 그의 '왕조' 후계자들은 결코 안전하다고 할 수 없는 삶을 강요당하게 되었다. 2대째인 황제 티베리우스의 죽음에는 석연치 않은 점이 있었다고 하고, 3대째인 칼리굴라와 4대째인 클라우디우스는 암살되었으며, 5대째인 네로는 자살로 내몰렸다.

이것은 아우구스투스제가 남긴 정치체제의 약점을 반영한 것이었는지도 모른다. 원로원의 세력이 외견상이라고는 하지만 그대로 남아 있었으므로, 아우구스투스제의 후계자들 시대로 접어든 뒤에도 황제 일족에 대한 암살 가능성은 언제나 존재하고 있었던 것이다.

그렇지만 원로원이 공화정시대와 같은 권위를 회복할 가능성은 이제 없었다. 그 뒤 제국을 지탱하는 것은 결국 군대임이 차츰 명확해지고, 정계가 혼란하거나 매사를 결정하지 못할 때에는 군대의 의향으로 결말이 지어지게 되었다. 네로황제가 사망한 이듬해 기원 69년에 발생한 내란이 그 좋은 예다(불과 1년 사이에 비텔리우스 등 세 사람의 황제가 난립했다). 그리고 제국을 뒤흔든 이 내란을 수습해 황제에 오른 것은, 평민 출신의 유능한 군사령관이며 휘하의 군단에 의해서 옹립된 베스파시아누스였다.

오현제(五賢帝) 시대

베스파시아누스제의 두 아들은 모두 황제의 자리에 올랐는데, 96년에 차남 도미티아누스제가 암살된 것을 계기로 이 일족(플라비우스조)은 역사의 뒤안길로 사라지게 된다. 새롭게 황제가 된 것은 61세의 원로의원 네르바였다.

네르바는 그 무렵 이미 노령이고 건강도 좋지 않지만 로마 제국의 역사에 위대한 공헌을 하게 된다. 아들이 없었던 네르바제는 세습제를 폐지하고 양자에 의한 계승을 제도화한다. 그 결과 이어지는 트라야누스제, 하드리아누스제, 안토니누스·피우스제, 마르크스 아우렐리우스제의 4황제에 의해 약 80년에 걸쳐서 선정이 이루어지게 된다. 네르바제의 짧은 치세까지 포함한 이 시대(기원 96~180년)를 '오현제의 시대'로 부른다. 유명한《로마제국 흥망사》를 쓴 영국 역사가 E. 기번은 이 1세기 남짓한 기간을 '인류사상 가장 행복한 시대'로 정의하고 있다.

네르바에 이어지는 4명의 '현제'들은 모두가 속주 출신 가계에 속하는 인물이었다. 이것은 헬레니즘 이래의 전통인 '코스모폴리타니즘(세계시민주의)이 로마세계에 깊게 침투하고 있었던 것의 표출이라고 말할 수 있다. 또 양자제도에는 군, 속주, 원로원 모두가 납득하는 후보자를 발견하기 쉽다는 이점이 있었다. 그러나 이 행복한 오현제시대는 마르크스 아우렐리우스제의 뒤를 아들인 코모두스가 계승한 뒤에 막을 내리게 된다.

그 뒤 역시 세습제가 원활하지 않은 것이 증명된다. 코모두스는 악평 속에서 192년 암살되고 69년과 같은 상황이 벌어진다. 암살 이듬해에 제각기 군을 이끈 4명의 '황제 후보'가 줄지어 선 것이다. 그리고 최종적으로는 속주 판노니아(오늘날의 헝가리) 총독이며 북아프리카 출신 장군인 세프테미우스 세베르스가 황제 자리에 올랐다. 그 뒤에는 기원 3세기를 통해서 병사들에 의해 옹립된 황제가 이어지고 기나긴 암흑시대가 막을 열게 되었다.

로마제국의 국경

아우구스투스제의 시대 이후에도 로마제국은 꾸준히 영토를 확대해 나갔다. 북방에서는 일찍이 카이사르가 오늘날의 영국과 독일에 해당하는 지방까지 진군했는데, 최종적으로는 영불해협과 라인강을 국경(바위라인)으로 정해 갈리아를 뒤로 하고 있었다. 아우구스투스제의 시대로 접어들자 로마군은 다시 오늘날의 독일로 원정해 다뉴브강까지 침공했다. 그 뒤 다뉴브강과 라인강이 제국의 주요 국경이 되는데, 라인강을 넘어 영토를 확장하고 엘베강을 새로운 국경으로 삼으려고 했던 계획은 뜻대로 되지 않았다.

그런데 기원 9년에는 로마군의 자신감을 근저에서부터 뒤흔드는 대사건이 발생한다. 엘베강 방면으로 진출했던 로마의 3개 군단이 게르만인에게 괴멸된 것이다. 그 뒤에도 형세는 역전되지 않았고, 패배를 맛본 3개 군단의 군단번호는 불길하다고 해서 두 번 다시 쓰이지 않았다. 그 뒤 아우구스투스제는 역시 제국의 국경을 라인강과 다뉴브강으로 할 것을 결정하고 라인강 방면에는 8개 군단을, 다뉴브강 방면에는 7개 군단을 배치한다.

그러나 그 밖의 지역에서 로마의 패권은 더욱 확대되어 갔다. 43년 클라우디우스제가 브리튼섬(오늘날의 영국) 정복에 나서고, 약 80년 뒤에는 제국의 북쪽 경계선이 되는 '하드리아누스제의 장성(長城)'이 완성된다. 남방의 아프리카에서도 42년에 마우레타니아(오늘날의 알제리와 모로코 일부)가 속주로 포함되었다. 105년에는 트라야누스제가 다시 다뉴브강을 건너 다키야(오늘날의 루마니아)를 정복한다.

로마와 파르티아

한편 로마는 동방의 국경에서 오랫동안 시달렸다. 로마가 처음 동방의 강적인 파르티아와 접촉한 것은, 공화정시대인 기원전 92년에 술라가 이끄는 군대가 유프라테스강 유역으로 원정했을 때의 일이었다. 그 뒤 한동안은 큰 움직임이 없었으나 30년 후에 로마군이 아르메니아로 진격한다. 아르메니아와 파르티아 사이에는 국경분쟁이 끊이질 않아 한때는 폼페이우스가 두 나라의 중재에 나선 일도 있었다.

그 뒤 카이사르, 폼페이우스와 어깨를 나란히 한 실력자였던 크라수스가 유프라테스강을 건너고, 기원전 53년에 파르티아 영내로 군대를 진격시켰다. 그러나 얼마 지나지 않아 크라수스는 파르티아군에 패하여 목숨을 잃고, 로마군기는 빼앗기고 4만의 로마군이 괴멸하고 말았다. 이것은 로마 역사상 최악의 원정으로 평가되고 있다.

이제 동방에 새로운 강적이 나타난 것이 명백했다. 파르티아군의 병사는 말 위에서 활을 쏠 뿐만 아니라 빼어난 중기병대를 가지고 있었다. 이들이 사람도 말도 휘장을 달고 무거운 창으로 돌진해 온 것이다. 파르티아군 기병은 멀리 떨어진 중국에까지 그 이름이 알려졌을 정도로 우수했다고 한다.

그 뒤 약 1세기 동안 로마제국의 동쪽 국경인 유프라테스강 주변에는 안정된 상태가 이어졌다. 그러나 파르티아인은 여전히 로마에게는 골치 아픈 존재였다. 로마의 내란에 깊이 관여하고 시리아를 공격하거나 팔레스티나의 유대인에게 폭동을 부추기곤 했기 때문이다. 아우구스투스제의 라이벌 마르크스 안토니우스는 기원전 36년 파르티아 원정에서 대패하고 3만 5천의 병사를 잃은 끝에 아르메니아로 퇴각했다. 한편 파르티아 내부에서도 내분이 발생해 불안정한 상태가 이어졌다.

일찍이 크라수스가 빼앗겼던 로마군기를 기원전 20년 아우구스투스제가 되찾게 되자 이제 명예를 위해 파르티아를 공격할 필요는 없어졌다. 그렇지만 아르메니아에 대한 서로의 의도나 파르티아의 정정 불안을 생각하면 두 나라가 다시 충돌할 가능성이 없어진 것은 아니었다. 그로부터 100년 이상 지나서, 다키아(오늘날의 루마니아)를 정복한 것으로도 유명한 트라야누스제는 기원 116년에 파르티아의 수도 쿠테시폰을 정복하고 페르시아만까지 전역을 확대했다. 그런데 이어지는 하드리아누스제가, 정복한 토지의 태반을 파르티아에 반환하고 가까스로 전투에 종지부를 찍게 된다.

로마의 평화

이렇게 해서 라인강과 다뉴브강에 국경을 정해 그 외부로부터 이민족의 침입을 막고 '팍스로마나'로 불리는 평화를 실현한 덕택에 제국 내의 모든 주민이 혜택을 받았다고 고대 로마인은 자랑스럽게 기술하고 있다. 실제로는 피정복민의 저항운동이 각지에서 일어나고 있었지만 로마인의 주장에는 귀를 기울여야 할 점이 있다. 사실 일찍이 없었을 정도의 질서와 평화를 지중해를 중심으로 한 광대한 범위에 가져오고 있었던 것이다.

그 가운데서도 컸던 것은 라인강이 로마제국의 방위라인으로 확정된 일일 것이다. 이에 따라 로마인과 게르만족과의 경계를 확정하고 뒤의 유럽사에도 커다란 영향을 미치게 되는 것이다.

각지의 정세가 안정됨에 따라서 각 지역의 지배자계급이 차츰 로마화되고 공통의 문명이 널리 고루 미치게 되었다. 이와 같은 변화를 촉진한 것이 도로 정비이다. 처음에는 군대의 이동을 위해 정비된 도로를 따라 사람이나 물품이 종래보다도 훨씬 빠르게 이동할 수 있게 되었다. 19세기 초 나폴레옹의 급사보다도 1세기 로마황제의 급사가 파리와 로마 사이를 더 짧은 기간에 오갈 수 있었다고 할 정도이다.

제국의 행정기구

이와 같이 광대한 영토를 안은 로마제국은 그리스인이나 페르시아인이 직면한 적이 없는 다양한 문제에 대처해야 했다. 그 결과 제국을 통치하기 위한 거대 관료기구가 출현하게 된다. 예를 들어 로마에서는 '백인대장(중대의 지휘관)' 이상의 모든 고급장교에 관한 기록이 중앙에 모아져 있었다고 한다.

제국의 행정을 지탱하고 있었던 것은 속주의 관리들이고 대개의 경우 그들은 군의 협력을 얻어 임무에 임했다. 통치 방침은 아주 단순명쾌한 것이었다. 속주행정의 가장 큰 목적은 제국재정의 유지에 있었기 때문이다. 세금만 들어오면 다른 일에는 상관하지 않고 각자의 관습을 존중하는 것이 로마제국의 방침이었다. 로마의 이민족 지배가 관용이었던 것으로 알려진 이유의 하나이다.

그래도 정복지 사람들에게 문명에 접할 환경을 제공함으로써 로마는 토착의 제도나 관습을 서서히 배제시키는 데 성공했다. 아우구스투스제의 시대에는 행정개혁도 시작되고 그 뒤에도 변함없이 원로원이 많은 인사에 관여했을망정, 변경인 속주에는 필요하면 황제의 부관이 파견되어 황제의 지지 하에 임무를 수행했다. 로마의 제정시대는 행정의 구조도 그 실태도 공화정시대의 마지막 1세기와는 비교도 되지 않을 정도로 진보하고 있었던 것이다.

피정복민이 로마지배에 협력적인 태도를 보인 것은 거기에 커다란 가치가 존재했기 때문이다. 로마는 공화정시대부터 피정복민에게 로마시민권을 부여함으로써 영토를 확대해 나갔다. 이는 그 무렵 로마시민권을 갖는 것은 커다란 특권을 손에 넣음을 의미하고 있다(하나 예를 들자면, 누구나 불만이 있으면 로마황제에게 상소할 수가 있었다).

각지의 귀족은 시민권을 받는 대신 로마에 충성을 맹세했다. 그 결과 원로원에서도 수도 로마에서도 해마다 비로마인의 수가 증가하였으며, 기원 212년에는 드디어 제국 내 모든 자유민에게 시민권을 인정하게 된 것이다.

코스모폴리타니즘(세계시민주의)

시민권의 확대를 보면 로마가 얼마나 관용하면서 수용능력이 뛰어난 제국이었는지 알 수 있다. 로마제국도 로마문명도 그 기반에는 '코스모폴리타니즘' 정신이 존재하고 있으며 방대한 제국행정 중에는 놀랄 정도로 다양한 요소가 포함되어 있었다. 그것을 하나로 통합하고 있었던 것은 로마의 엘리트 층이나 관료들의 능력이 아니고, 지방의 지배자층을 받아들여 로마화하는 독자의 통치 체계였던 것이다.

로마가 타민족에 대해서 매우 관용적이었던 것은 기원 1세기 이후에는 본국 출신의 원로원 수가 계속 감소하고 있었던 것으로도 알 수 있다. 로마제국은 결코 속주의 이민족을 배제하지 않고 거꾸로 그들을 받아들임으로써 광대한 제국의 통일을 유지하고 있었던 것이다. 하지만 그러한 로마에서 유대인만은 종교 밑에 결속해 민족의 독자성으로 일관했다.

그리스문명의 유산

로마가 추진한 동서문명의 융합은 본래 알렉산드로스대왕으로 시작되는 헬레니즘시대에 기원이 있다. '코스모폴리타니즘'을 포함해서 로마의 기본적인 문화 대부분은 그리스에서 배운 지식을 토대로 해서 구축한 것이다(다만 로마인이 접촉한 것이 전성기 그리스인이 아니고 주로 헬레니즘시대의 그리스인이었던 것을 기억해 둘 필요가 있다). 교양이 있는 로마인은 모두 라틴어에 그리스어까지 말할 수가 있었다.

라틴어는 로마제국의 공용어이고 군대에서 쓰이는 언어이기도 했다. 제국 서부에 상당히 널리 보급되어 있었던 것이 군의 기록으로 밝혀지고 있다. 한편 그리스어는 동방의 속주에서 쓰는 공통어이고 관리나 상인들은 모두 말할 수가 있었다. 소송 당사자가 원하면 법정에서도 그리스어를 쓸 수가 있었고, 교양이 있는 로마인은 아이 때부터 그리스어 고전작품에 친숙했다. 그리스문학과 같은 수준의 작품을 쓰는 것이 로마 작가들의 오랜 꿈이었다. 이 목적은 기원전 1세기에 등장한 로마의 국가 시인 베르길리우스에 의해서 거의 실현될 수 있게 되었다.

보수적인 로마의 사상가들이 무엇보다도 중요시한 것이 그와 같은 그리스문명의 유산과 공화정시대부터 이어지는 도덕적·정치적인 전통이었다. 이와 같은 '회고적인 경향'은 제국의 현실적인 상황이 급속하게 변화하는 가운데 얼마쯤 부자연스런 형태로나마 살아남아 있게 된다.

예를 들어 정규 학교교육은 내용도 교육방법도 몇 세기 동안 거의 변화하지 않았다. 로마 건국에서 기원전 9년까지를 전 142권의 《로마사》(현존하는 것은 3분의 1정도이다)로 정리한 위대한 역사가 리비우스의 저작을 보아도 공화정의 장점만을 강조할 뿐이고, 공화정에 대한 비판이나 새로운 견해는 보이지 않는다. 또 로마사회가 완전히 도시화된 뒤에도 로마인들은 이제 거의 존재하지 않게 된 자작농의 삶을 찬양하고, 유복한 사람들도 도시생활보다도 소박한 시골생활을 동경하고 있었던 것 같다.

조각을 보아도 로마의 작품은 그리스 조각의 모방에 지나지 않았다. 철학도 에피쿠로스학파와 스토아학파를 중심으로 그리스의 사상을 계승한 것에 지나지 않는다. 새롭게 등장한 것에는 신 플라톤주의가 있었다. 이것은 오리엔트지방에서 전해진 것이었다. 그리고 또 하나 오리엔트지방에서 전해져 온 것에 비교(祕敎)가 있었으니 이것은 로마문화에 커다란 영향을 끼치게 된다.

법률, 토목공사, 도시계획

그런 한편으로 로마인은 법률과 건축이라는 두 가지 실용적인 분야에서 그야말로 위대한 창조력을 발휘했다. 법률에 대해서는 기원 2세기부터 3세기 전반에 걸쳐서 법학자가 사건기록을 모으기 시작해, 이것이 6세기에 동로마제국(비잔틴제국)의 유스티니아누스 1세에 의해서 《로마법대전》으로서 편찬되고 중세 유럽에 계승하게 된다.

한편 토목과 건축의 고도기술은 법률보다도 훨씬 일찍부터 눈에 보이는 형태로 나타나고 있었다. 로마인에게 토목과 건축은 그리스인을 능가한다고 자부할 수 있는 얼마 안 되는 분야라고 해도 좋을 것이다.

현장 공사를 지탱한 것은 값싼 노동력이었다. 수도 로마에서는 노예를, 속주에서는 평시에 군단을 동원해 댐이나 다리, 도로 따위의 대규모 건조물을 잇따라 완성시켰다. 고대 로마에서의 도시계획은 대서양에서 유프라테스강에 이르는 광대한 영토를 통치하기 위한 정치적 수단이기도 했던 것이다.

로마가 발명한 콘크리트와 둥근 천장은 건물 형태를 크게 변화시켰다. 건물 내부가 단순한 공간 이상의 가치를 지니게 된 것도 로마인의 공적이다. 입체감과 빛의 효과라는 요소가 건축의 테마에 더해지고 뒤에 그리스도교의 바실리카성당에서 건물 내의 공간이 예술적인 표현의 장이 된다.

고대 로마의 건조물은 지금도 동으로 흑해 연안, 북으로 영국(하드리아누스제의 장성 등), 남으로 북아프리카의 아틀라스산맥 등, 광범한 지역에서 발견되고 있다. 물론 수도 로마에는 최고급 건조물이 남아 있고 그 호화로운 장식이나 마무리의 훌륭함에, 그 무렵 로마제국의 풍요로움을 엿볼 수가 있다. 빈틈없이 깔린 대리석, 무거운 석재를 뒤덮는 화장회반죽, 호화로운 장식화 따위는 다른 어느 문명의 사람들까지도 압도했을 것이다.

그러나 한편으로 로마의 건축물은 전체적으로 세련된 이미지와는 거리가 멀었다. 그것이 그리스건축과의 커다란 차이였다. 로마문명은 최고의 건축물에서도 어딘지 물질주의적인 인상을 벗어나지 않고 있는 것이다.

사회의 구분

로마문명의 커다란 특징 가운데 하나인 그와 같은 물질주의는 어느 의미에서 로마사회의 실태를 반영하는 것이었다고 말할 수 있을 것이다. 고대 세계의 예에서 벗어나지 않게 로마에서도 빈부의 차는 심하고, 수도에서도 생활수준의 격차는 일목요연했다.

빈부의 차가 가장 여실히 나타나 있었던 것이 주택이다. 신흥 부유계급은 호화로운 저택에 살고 자택에서도 농장에서도 수많은 노예를 부리고 있었다. 그에 비해 무산계급은 허술한 공동주택에 무리지어 살고 있었던 것이다.

로마에서는 그와 같은 격차의 존재를 당연한 것으로 생각하고 있었던 것 같다. 다른 문명에도 물론 그와 같은 경향이 있는데, 제정시대의 로마에서는 특히 빈부 격차가 어느 문명보다도 뚜렷하게 나타난다. 그러나 기묘하게도 부유층의 생활실태는 아직도 의문에 싸여 있다. 구체적인 예로서는 원로원 의원이었던 소 플리니우스의 재정 상태가 드러나고 있는데 그친다.

도시생활

수도 로마에서 발달한 로마인의 생활양식은 제국 내의 모든 대도시에 보급되었다. 이른바 로마문명이란 그와 같은 로마식 도시생활에 의해서 지지된 문명이었다고 말할 수 있을 것이다. 속주에 있는 로마식 도시는 피정복민들의 토지에 흩어져 있는 문화센터와 같은 존재이고, 어느 도시에서나 수도 로마를 본보기로 해서 놀랄 정도로 비슷한 시가와 행정 구조가 형성되어 갔다. 공공광장이나 신전, 극장, 목욕탕 등이, 일찍부터 있었던 도시에 건설되거나 정복 뒤에 재건된 도시에 도입되거나 했던 것이다.

각 도시의 행정은 '클리어'로 불리는 도시평의회에서 선출된 '클리어리스'란 평의원(현지의 유력자들)에게 맡겨져 있었다. 그들은 적어도 트라야누스제 시대까지는 상당한 권한이 인정되고 있었던 것 같다. 알렉산드리아나 안티오키아, 재건된 카르타고 같은 여러 대도시도 세워졌다. 물론 제국 최대의 도시는 로마이고 전성기의 인구는 100만 이상이었던 것으로 추측되고 있다.

제국 각지에 건설된 원형투기장은 로마문명의 야만성과 잔혹함을 말해 주는 상징이라고 해도 좋을 것이다. 사이비 도덕가들이 말하는 로마의 '퇴폐상'을 너무 과대하게 파악하는 것은 적절하다고 할 수 없으나, 그와 같은 측면이 있었던 것을 무시하는 것 또한 적절하지 않다.

로마문명이 일면에서 비판을 받기 쉬운 것은, 근대 이전의 문명으로서는 드물게 오락을 통해서 그 무렵 대중의 심리를 잘 알 수 있기 때문이다. 그 오락의 대표적인 것이 검투사와 맹수가 싸우는 잔혹한 흥행이었다. 그리스의 고전극이 지식계급의 오락이었던 것과는 대조적으로 이와 같은 로마의 흥행은 바로 대중을 위한 오락이었던 것이다.

어느 시대나 대중을 위한 오락은 신경질적인 '양식파'에게는 눈살을 찌푸리게 하는 것인데, 로마는 대형투기장까지 건설해 그들을 경악케 할 흥행을 낳게 했다. 더구나 그것은 정치적인 도구로서도 쓰이고 있었다. 자산가인 정치가들은 대중에게 화려한 오락을 제공함으로써 지지를 얻으려 했던 것이다. 이집트나 아시리아에서 어떤 오락이 성행했건 역시 로마의 검투경기나 맹수사냥은 과거에 예를 볼 수 없는 규모의 잔혹한 오락이었다. 규모를 능가하는 오락은 20세기에 영화가 탄생하기까지 나타나지 않았다고도 말할 수 있을지 모른다.

검투경기가 흥행에 성공한 것은 로마사회가 도시화되어 종래에는 생각조차 못했던 수의 관객을 모을 수 있게 되었기 때문이다. 검투경기는 본디 에트루리아인이 시작한 것인데, 도시화가 진행하고 정치적인 의도도 연관이 되어 로마문화를 대표하는 대규모 흥행으로 발전해 갔다.

노예제

로마사회에는 또 하나 노예제라는 '사회악'이 존재했다. 그러나 이것은 그리스문명의 설명에서도 언급한 대로 고대 사회에서는 매우 당연한 일이었다. 로마의 노예 대부분은 임금을 받고 있었으며 개중에는 재산을 모아 자신의 자유를 재물로 산 자도 있었다. 그들에게는 법적인 권리도 인정되었다.

대규모 농장의 발달로 1세기 무렵에는 노예제가 강화되었다. 그래도 로마의 노예가 다른 고대 사회의 노예보다 잔혹하게 다루어지고 있었던 것은 아니다. 노예제를 반대하는 사람도 얼마쯤 있었으나 그와 같은 의견은 어디까지나 예외적인 것이었다. 도덕가임을 자처하는 사람도, 뒤의 그리스도교도 대부분도 모두 마음 편하게 노예를 소유하고 있었던 것이다.

종교

근대 이전 사람들의 정신세계에 대해서 현재 알고 있는 것의 대부분은 종교를 통해서 전해진 것들이다. 물론 고대 로마에서도 종교가 사람들의 삶에 커다란 영향을 주고 있었지만 그것을 현대의 감각으로 생각하면 잘못된 해석을 하고 말지도 모른다. 고대 로마의 종교는 현대의 대부분의 종교처럼 인간의 구제를 목적으로 한 것이 아니고, 또 개인의 행위를 바로잡기 위한 것도 아니었다. 로마에서 종교는 공적인 것, 즉 국가를 운영하기 위한 시스템의 하나이고, 일련의 종교의식도 국가의 안녕을 유지하기 위한 것이었다.

모든 시대의 문명을 보아도 상당히 이례적인 것이 있다. 고대 로마에는 전문적인 신관계급이 존재하지 않았다(일부의 신전에는 무녀 등이 존재했다). 다른 공직과 마찬가지로 선거로 선출된 보통 시민이 행정관으로서 의식을 집행하고 있었던 것이다. 특별한 교리도 없고, 사람들에게 요구된 것은 정해진 의식을 종전의 방식으로 행하는 것뿐이었다. 특히 무산시민에게 있어서는 축일에 일을 해서는 안 된다는 것 이외에 종교는 일상의 삶에 거의 관여하지 않았다.

그런 한편으로 신전 관리와 종교의식을 행하기 위해 많은 관리가 일하고 있었다. 올바르게 의식을 집행하는 것에는 매우 현실적인 목적이 있었기 때문이다. 어느 집정관이 한 말을 리비우스가 기록하고 있다. 신들은 '종교의식'이 올바르게 집행되고 있는 것을 기뻐하고 거기에 따라서 우리나라는 전성기를 맞이할 수 있었던 것이다. 즉 로마인에게 종교는 국가의 번영을 위해 필요했던 것이다.

고대 로마인은 아우구스투스제 시대의 평화에 대해서 신들을 올바르게 공경한 것에 대한 보상임을 진심으로 믿고 있었다. 그러나 그 무렵의 지식인키케로는 얼마간 빈정거리는 듯한 어조로 '신들은 사회의 혼란을 피하기 위해 필요하다'고 말했다. 이것도 또 로마인의 현실적인 사고방식을 나타내는하나의 예라고 말할 수 있을 것이다. 그들은 국가를 운영하는 시스템으로서의 종교의 중요성을 일찍부터 깨닫고 있었던 것이다.

그렇지만 로마인은 결코 신심이 없는 사람들은 아니었다. 점쟁이에게 징조의 해석을 부탁하거나 중요한 정책에 대해서 판단을 부탁하고 있었던 것을 보아도 그들이 신을 진지하게 숭배하고 있었음을 알 수 있다. 그러나 로마의 종교가 결코 신비적인 것은 아니고 여러 가지 의미에서 매우 현실적인신앙이었음은 틀림이 없다.

여러 신앙들

로마의 국가종교는 새롭게 도입된 그리스의 신들과, 일찍부터 농촌에서숭계되어 온 원시적인 의식이나 제사가 합쳐진 것이었다고 말할 수 있다(12월의 사트르나리아제(祭)는 나중에 그리스도교의 크리스마스로 바뀌었다고한다).

공적인 제의 외에도 여러 가지 신앙이 존재했다. 로마인이 지닌 종교관의가장 큰 특징은 관용과 코스모폴리타니즘이다. 공공 질서에 반하거나 공적인 제의의 방해를 하지 않는 한 어떤 신앙도 허용되고 있었던 것이다.

농민의 대부분이 토착의 자연신을 계속 믿는 한편으로 도시에서는 정기적으로 새로운 신앙이 유행했다. 지식인들은 그리스의 신들을 받아들여 국가종교를 확산하는 한편으로, 씨족이나 가족 가운데서는 독자의 신을 받들어모시고 출산이나 결혼, 질환, 죽음과 같은 중요한 일 때마다 특별한 의식을행하고 있었다. 어느 가정에나 신령을 모시는 감실이 있고 거리 모퉁이에는신상이 모셔지고 있었던 것 같다.

황제숭배

그런데 헬레니즘문화의 유입과 함께 그와 같은 전통적인 신앙은 서서히쇠퇴하기 시작한다(기원전 2세기에는 일찌감치 그와 같은 상황이 나타나고 있었던 것 같다). 사태를 중대시한 아우구스투스제는 로마 고대 신앙의 부활을 지향해 황제 스스로 대신지관에 취임했다. 이렇게 해서 로마황제는 정치와 종교 두 분야 최고 권력자가 되고 그와 동시에 황제숭배의 중요성도 높아진 것이다.

본디 로마의 국가종교는 로마인에게 본래 갖추어져 있는 보수적인 감정, 즉 선조 대대의 삶이나 습관을 소중하게 여기는 기풍에 꼭 들어맞는 것이었다. 카이사르나 아우구스투스제가 '신격화'된 것도 걸출한 인물이나 사건을 기념해 상찬하고 싶다는 그들의 소박한 심정에서 낳게 되었을 것이다.

그러나 그 한편으로 왕권의 신수적(神授的)인 관념을 강하게 지닌 동방의 속주 주민들은 일찍부터 로마인 총독에 대한 신전을 건설하고 있었다. 이 점에서도 신중했던 아우구스투스제는 자기 자신에 대한 개인숭배는 금지한다고 하면서도 자신과 국가 로마의 공통명의의 신전 건립은 오히려 적극적으로 장려했다. 그 결과 황제 숭배라는 풍습이 동방의 속주에서 서방의 속주로, 그리고 로마 본국으로도 확산이 된 것이다. 그리고 그것이 수도 로마에까지 완전히 침투한 것은 기원 3세기 이후의 일이고 그곳에 로마인의 공화정에 대한 강한 집념을 볼 수가 있다.

외국으로부터의 영향

황제들의 신격화 외에도 로마는 동방으로부터 다양한 영향을 받았다. 기원 2세기 무렵에는 순수한 로마종교와 제국 내에 존재하는 다른 종교를 구별하는 것이 사실상 불가능했다. 그리스의 신들과 똑같이 로마의 신들도 다양한 신앙과 제의로 도입이 되고 있었기 때문이다. 주술에서 스토아철학이 주장한 철학적 일신교에 이르기까지 로마의 신들은 실로 다양한 분야에 깊이 파고들고 있었던 것이다.

제정시대의 로마문명은 종교건 지식이건 절조가 없을 정도로 다양한 것을 받아들인 문명이었다. 그러나 그들의 표면적인 실용주의에 현혹되어서는 안 된다. 실용적인 사람들이 반드시 합리적이라고 할 수는 없기 때문이다. 그리스문명의 유산조차 로마인이 이성적으로 받아들였다고는 말할 수 없을 지도 모른다. 기원전 1세기 로마에서 그리스 철학자는 영감을 받아 신에게 몸을 바친 사람들로 오해될 만큼, 그리스철학 가운데서도 신비적인 가르침이 가장 인기를 모았다. 전통적인 부족의 신들도 각지에서 변함없이 열성적인 신으로 받들어지고 있었다. 고대 로마사회가 근대인으로부터 때로는 격렬하게 비판받는 원인은 이와같이 절도 없는 종교생활 때문일지도 모른다.

로마 사회는 숫자상으로는 확실히 농민이 우세한 사회였다. 그들 사이에서 발달한 신앙이나 습관은 도시화한 문명에는 걸맞지 않은 것이었다. 전통적인 제사의 대부분은 농촌에서부터 시작되고 있다. 그 가운데에는 제를 지내는 신 그 자체를 잊어버리고 있었던 예도 있었다. 한편 도시의 주민들은 차츰 복잡해지는 사회 속에서 일상의 삶에 편안함을 가져다 주는 것이라면 무엇이건 가리지 않고 매달리게 되었다. 그 결과 오래된 미신이 부활하거나 새로운 신앙이 유행하거나 한 것이다.

그 하나가 이집트의 신들이다. 지중해 세계에 평화가 찾아오고 쉽게 여행을 할 수 있게 되자 이집트의 신들은 단숨에 제국 각지로 확산되어 갔다(기원 2세기 말에 즉위한 북아프리카 태생의 세베르스제는 이집트의 신들을 보호한 것으로 알려져 있다).

로마문명은 다양한 신앙에 무한한 호기심을 내포한 문명이었다. 기원 1세기의 신 피타고라스파의 철학자이고 소아시아의 튀나 출신인 아폴로니오스는 각지를 편력해 다양한 기적을 행하고 인도의 바라몬과 함께 수행에 힘쓴 것으로 되어 있다. 그는 만능의 구세주로서 많은 사람들로부터 찬양을 받은 것으로 전해지고 있다. 어쩌면 기원 1세기의 로마인에게도 예수 그리스도에 열광한 동시대의 유대인과 비슷한 '구세주 소망'이 있었는지도 모른다.

비교(祕敎)

동방에서 전해진 신앙 가운데에는 다양한 '비교'도 포함되어 있었다. 비교란 비밀의식에 의해서 신자에게 특별한 힘을 부여한다는 종교이다. 유명한 것으로는 병사들 사이에서 확산된 조로아스터교의 미트라신앙 등이 있다.

비교는 일반적으로 물질세계에 대해서는 비관적이고 내세에서의 영원한 행복을 추구하는 경향이 있다. 고대 사람들에게 있어서 비교에는 오래된 신들로부터는 얻을 수 없는 깊은 만족감을 주는 요소가 있었던 것 같고, 그러한 이유로 수많은 사람들이 비교에 매혹되어 갔다. 거기에는 뒤에 많은 개종자를 얻게 되는 그리스도교와 공통의 매력이 있었는지도 모른다. 사실 그리스도교는 탄생 뒤 얼마 동안 비교의 하나로 여겨졌다.

제국의 동요

로마는 패자에게 관용했던 것으로 알려져 있지만 모든 피정복민이 언제나 그 지배에 만족하고 있었던 것은 아니다. 이탈리아반도 내에서조차 기원전 73년의 시점에 여전히 반란이 일어나고 있었던 것에서 알 수 있다. 공화정 말기의 혼란기에 노예가 대규모 반란을 일으켜 정부군은 그 진압에 3년이란 세월이 걸렸다. 붙잡힌 노예들은 로마에서 남으로 뻗는 도로를 따라 책형에 처해졌는데 그 수는 6천 명에 이르렀다고 한다.

물론 속주에서도 가혹한 지배가 이루어질 때마다 반란이 일어났다. 유명한 것으로 브리튼(영국)의 보디츠카의 반란이나 아우구스투스제 시대의 판노니아의 반란이 있다. 알렉산드리아에서 발생한 유대인의 반란처럼 민족으로서의 독립을 되찾으려는 시도도 있었다.

그 무렵 유대인의 반란에는 뒤의 민족주의로 통하는 감정이 이미 나타나 있다. 유대인의 저항역사는 로마지배가 시작되기 전인 기원전 170년까지 거슬러 올라간다. 이때 유대인은 '서양화'를 진행하는 헬레니즘제국에 대해 격렬하게 저항했다. 그 헬레니즘제국의 '서양화' 정책을 뒤에 승계한 것이 로마였던 것이다.

제정시대로 접어들자 황제숭배로 인해서 상황은 더욱 악화되었다. 로마에 세금을 납부하는 것을 받아들이고 있던 유대인조차, 로마황제를 신으로 떠받들어 그 제단에 산 제물을 바치는 의식을 행하는 것은 유대의 신을 모독하는 행위라고 격노했기 때문이다. 그들은 기원전 66년에는 대규모 반란을 일으키고 트라야누스제와 하드리아누스제의 시대에도 반란을 되풀이하게 된다.

제국 각지에서 유대인 거주지구는 화약고가 되어 갔다. 기원 30년 무렵 속주 유대에서 유대인 지도자들이 예수 그리스도의 처형을 요구하는 사건을 일으켰다. 이때 속주 총독인 빌라도가 예수의 법적인 권리를 무시하고 십자가형을 인정하고 만 것도 유대인의 폭발직전인 민족감정을 고려했기 때문이었는지도 모른다.

세금과 경제

광대한 로마제국을 운영하기 위한 재원은 말할 것도 없이 세수로 충당하고 있었다. 그것을 지탱하고 있었던 것이 성장을 계속한 로마경제이다(다키아의 금광을 획득하는 행운도 따랐다). '팍스로마나'에 의해서 교역이 확대되고 국경지대에도 새로운 시장이 탄생함으로써 새로운 산업이 많이 육성되어 간 것이다. 각지의 유적에서 출토되는 다량의 와인 단지는 식품이나 향료, 직물 등, 그 무렵의 활발한 상업활동의 한 예를 보여 주고 있는 것에 지나지 않는다. 로마제국 경제의 기본은 그래도 농업에 있었다. 그러나 물론 현대의 기준으로 보면 결코 풍요로운 수확이 있었다고는 말할 수 없다. 초보적인 농경기술밖에 없고, 기원 5세기에 서로마제국이 붕괴했을 때까지도 물레방아는 아직 거의 쓰이지 않고 있었다.

고대 농촌의 삶은 냉혹하고 힘이 드는 것이었다. 또 그렇기 때문에 '팍스로마나'는 없어서는 안 되는 것이었다. 평화로웠으므로 농지가 침략자에게 엉망으로 망가지는 일 없이 농민들은 약간의 잉여농작물을 세로 납부할 수 있었기 때문이다.

군대의 역할

제정시대의 로마에서는 어떤 문제이건 최종적으로 결말을 내는 것은 군대의 몫이었던 것 같다. '팍스로마나'를 지탱한 것도 군대였는데, 로마의 군제는 제정시대를 통해서 몇 번이나 크게 변화한다.

아우구스투스제 시대에는 모든 시민의 의무였던 병역이 폐지되고 로마군은 직업군인에 의한 상비군이 되었다. 병사의 임기는 20년이고 속주 출신의 병사가 차지하는 비율이 차츰 높아져 갔다. 로마군의 훈련은 매우 엄격하다고 알려져 있었으나 로마시민권을 얻을 수 있는 등 장점이 컸으므로 속주로부터의 지원자가 많았던 것이다. 게르마니아(오늘날의 독일)에서 패배를 맛본 뒤 국경을 따라 28개 군단이 배치되었다. 병력수는 모두 16만에 이르렀다. 군단을 지휘하는 것은 변함없이 원로원 의원이었으며 (황제의 직할이었던 속주 이집트를 제외) 그 직위를 둘러싸고 격렬한 공방이 펼쳐지게 된다. 로마에 주둔하는 근위군도 황제를 선택할 때에는 큰 역할을 수행했다. 기본적으로 국경지대의 군단 안에야말로 로마제국 권력의 중심이 있었기 때문이다.

마키아벨리 로마사이야기
차례

차노비 부온델몬티와 코시모 루첼라이에게
올리는 글

보잘것없는 선물을 삼가 두 분께 드리려 합니다. 두 분이 베풀어주신 호의에 비할 바는 못 되지만, 니콜로 마키아벨리로서는 감히 이보다 더 나은 선물은 바칠 수 없을 것입니다. 여기에는 저의 모든 지식과 오랜 세월에 걸친 경험, 그리고 세상사에 대한 끊임없는 탐구를 통해 얻을 수 있었던 모든 것이 들어 있기 때문입니다.

두 분과 다른 모든 이들도 제 능력에 넘치는 것을 요구하는 것은 무리이니, 제가 더 이상의 힘을 기울이지 못한 것을 너무 나무라지는 마십시오. 제정신의 빈약함으로 하여 무익하고 쓸데없는 논의가 되었다면, 또는 저의 미흡한 판단으로 논제가 너무 잡다해지거나 무언가 실수가 있다면, 아무리 안타깝게 여기시더라도 하는 수 없는 일일 것입니다. 비록 이러한 결과물이 되었다 하더라도, 사실 저의 평소 능력으로 보아서는 선택하지 않았을 논제를 두 분의 강력한 권고로 쓰지 않을 수 없었습니다. 그렇다면 그 책임이 과연 어느 쪽에 있는지, 또 졸작에 대해 불만을 느끼시더라도 책임을 느껴야 하는 것은 과연 두 분인지 저인지, 저는 잘 모르겠습니다.

그렇다면 이렇게 하는 것이 어떨까요? 세상 사람들이 선물을 받을 때 그 가치에 상관하지 않고 그것을 보낸 사람의 마음을 기쁘게 받아들이는 것처럼, 두 분 또한 이 졸작을 그런 마음으로 받아들여주시기 바랍니다.

저는 지금까지 수많은 과오를 범해왔지만, 이번에 저의 이 《사론》[1]을 두 분께 바치는 뜻만은 결코 과오가 아님을 자신하며 남몰래 매우 만족하고 있으므로 그 점만은 알아주셨으면 합니다. 그것은, 이것을 헌정함으로써 두 분

---

1) 이 책 《로마사론＝로마사이야기》를 말한다. 일반 학자들도 이 책의 약칭 제목을 《사론(史論)》으로 사용하고 있다.

께 입은 은혜에 약간이나마 보답하는 동시에, 세상의 수많은 저술가들처럼 자신의 책을 어떤 군주에게 바치면서, 그들의 야망이나 탐욕에는 눈을 가리고 비천하기 짝이 없는 온갖 말을 동원하여 아첨을 떨며 군주의 악덕을 일깨우기는커녕 군주가 지닌 사소한 미덕을 호들갑스럽게 찬양하는 악습을 단호하게 거부했기 때문입니다. 그러한 오류에 빠지지 않기 위해, 이것을 실제로 군주의 자리에 있는 사람들이 아니라 진정한 군주가 될 만한 덕망이 높으신 분, 저에게 높은 지위와 관직, 또는 부를 주는 사람이 아니라 그러한 능력은 없지만 가능하다면 아낌없이 주고자 하는 마음을 지닌 분에게 바치는 것입니다.

무릇 인간이 올바른 판단을 내리기 위해서는, 실제로 관대하게 베푸는 자와 관대하게 베풀 수 있는 능력만 가진 자를, 또 나라를 다스릴 능력을 가진 자와 나라를 다스릴 능력이 없으면서도 뻔뻔스럽게 나라를 다스리고 있는 자를 명확하게 판별할 줄 알아야 합니다. 그러므로 역사가들이 시라쿠사의 히에론[2]을 마케도니아의 페르세우스[3]보다 존중하는 것은, 히에론에게 군주로서 부족한 점은 단지 최고 권력을 가지지 않았다는 것뿐이지만, 페르세우스가 지닌 왕자(王者)로서의 자격은 단순히 왕권을 가졌다는 것뿐이기 때문입니다.

그러나 두 분이시여, 선악에 대해서는 잠시 접어두고, 두 분이 친히 원하여 얻게 된 이것을 받아주십시오. 저의 탐구가 다행히 두 분의 마음을 즐겁게 해드릴 수 있다면, 일찍이 두 분에게 맹세한 약속을 지켜, 나머지 역사론도 심혈을 기울여 완성할 생각입니다.

두 분께 머리 숙여 인사드립니다.

2) 참주이기는 하지만 훌륭한 군주로서, 문예를 장려하고 에트루스키 족을 격파했다. 상세한 것은 《군주론》 제6장 참조.

3) Perseus(기원전 178~167년). 친형 데메트리오스에게 부왕을 살해했다는 누명을 씌워 살해했다. 탐욕 때문에 맹방을 배반한 뒤 로마인에게 쓰러졌다. 이 책 제3권 제35장을 참조.

마키아벨리
로마사이야기
제1권

카피톨리노의 암이리(부분). 카피톨리노언덕, 로마. 롱가의 왕 누미토르의 딸 레아 실비아와 군신(軍神) 마르스 사이에 태어난 쌍둥이 형제 로물루스와 레무스는 티베르 강에 버려졌으나 암이리의 젖을 먹고 자란다. BC 753년 로물루스는 로마를 건설하고 초대왕이 되었다. '로마'라는 명칭은 그의 이름을 따서 붙였다고 한다.

제1권
역사의 가치

본디, 인간이란 그 본성이 가진 물욕 때문에, 미지의 육지와 해양을 찾을 때와 마찬가지로 위험을 무릅써서라도 새로운 방법과 질서를 찾으려 한다. 게다가 그 일이라는 것 또한, 인간의 본성에 따라 남의 행위를 칭찬하기보다 비난하기에 더 바쁜 법이다. 나 자신도 이러한 본성적인 욕구에 이끌려 공익이 된다고 믿는 일만 하려고 늘 다짐하며 공익 외에는 어떠한 것도 생각한 적이 없다. 그래서 나는 주저 없이 이제까지 그 누구도 가보지 못한 길을 개척하기로 결심한 것이다.

사실 거기에는 상당한 권태와 고난이 기다리고 있을 것이 틀림없지만, 이 일을 사려 깊은 눈으로 지켜보는 사람들의 격찬에 의해 반드시 보답받을 수 있을 거라고 나는 믿고 있다.

또 설령 나의 어설픈 재능과 최근에 일어난 일에 대한 경험 및 고대에 대한 지식의 부족으로 인하여, 이 시도가 한가로운 사람의 무모한 헛수고로 끝나더라도, 앞으로 더욱 용감하고 웅변과 지식을 갖춘 인물이 이 뜻을 이어받고자 할 때, 적어도 그들이 길을 개척하는 일에 도움이 될 것은 분명하다. 그러므로 이 일로 명예를 얻지는 못한다 하더라도, 적어도 이 일 때문에 경멸을 당하는 일은 없을 것이다.

오늘날 세상 한쪽에서는 고대를 존중한 나머지 많은 것을 버리고 돌아보지 않고 있다. 옛 조상(彫像)의 한 조각을 그것과 같은 무게의 금을 주고 손에 넣어 늘 곁에 두거나 집안을 장식하고, 그 뛰어난 예술을 모방하거나 고대의 것을 복제하는 것을 직업으로 하는 사람들이 얼마나 많은가. 또 한편으로 역사서가 전하는 숭고한 위업들, 고대 왕국과 공화국에서 국왕과 장군·시민·입법자들, 그 밖에 조국의 발전을 위해 노력한 모든 사람에 의해 성취된 것에 대해서는, 사람들이 전혀 본보기로 삼지 않고 그저 입으로만 칭찬할 뿐, 그것을 모방하기는커녕 오히려 고대인의 능력[1]은 존경할 가치가 없는 것으로 여기고 그것을 기리려 하지 않는 것을 보면 놀랍고 안타까운 마음을 금할 수가 없다.

게다가 더욱 놀라운 것은, 시민들 사이에 일어나는 사적인 분쟁과 인간이 걸리는 질병에 대해, 언제나 옛사람이 내린 판단이나 처방에만 의지하고 있다는 사실이다.

오늘날의 민사법이라는 것도 실은 고대의 판관들이 선고한 판결을 법전으로 정리하여 그것에 따라 그 시대의 판관이 재결을 내리고 있을 뿐이고, 의술 자체도 고대의 의사들이 경험한 것을 토대로 한 것이어서 그 덕분에 오늘날 의사들이 진단을 내리고 있는 형편이 아닌가? 그런데 공화국의 질서·국력의 유지·군대의 명령·전쟁 처리·민권의 용인 같은 문제에 있어서는, 군주·공화국·장군·시민·누구 한 사람도 옛날의 선례를 따르지 않는 것이다. 아마도 그 원인은 오늘날 우리의 잘못된 교육에 의해 사람들이 나약해졌거나, 그리스도교 제국과 도시들에서 볼 수 있는 교만한 나태에 있겠지만, 그보다도 진실한 역사정신을 무시하고 있는 데서 비롯된 것이다.

따라서 역사책을 읽는다 해도, 그저 거기에 그려진 수많은 사건을 목격하는 데만 재미를 느낄 뿐, 그것을 모범으로 삼고 그 선례에 따르는 것은 매우 어려운 일, 아니 도저히 불가능한 일이라고 단정하고 있다. 마치 하늘, 태양, 원소(元素), 그리고 인간들이 지금은 옛날과 완전히 달라졌고 그 운행과 능력도 옛날과 완전히 달라지기라도 한 것처럼 말이다.

그래서 나는 사람들이 이 잘못된 생각에서 벗어나게 해야겠다고 결심했다. 이를 위해 '시간'의 흐름에 따라 일부가 없어지기는 했지만, 티투스 리비우스의 책을 이해하는 데 도움을 줄 것으로 생각되는 것을, 고금의 예와 아울러 생각하며 쓸 필요가 있다고 생각했다. 그것도 나의 《사론》을 읽는 독자들이 이것을 통해 역사연구에서 얻을 수 있는 이익을 챙기기를 바라는 마음에서이다. 그러므로 이 시도가 고난으로 가득 차 있다 하더라도, 내가 이

---

1) Virtueù. 보통은 미덕이라는 뜻이지만, 이미 말한 것처럼 마키아벨리의 경우에는 언제나 인간이 가진 모든 힘, 즉 심신의 능력을 가리킨다. 이것은 《군주론》의 서두에서 볼 수 있듯이, 대부분의 경우 윤리 관념에 제한받지 않는 힘이다. 여기서는 그 일례로 무통제에 통제를 가져다줄 수 있는 실력을 말하며, 결코 동양의 '덕(德)'과 같지는 않지만, 오직 한 군데 《군주론》 제8장에서 아가토클레스를 논할 때의 용법은 이것과 완전히 같다.

무거운 짐을 질 수 있도록 격려해 준 모든 사람들의 도움으로 긴 여로를 나아가다 보면, 조금은 목적지와 가까운 곳에 도달할 수 있을 것이라 믿는다. 그래서 장차 뜻하는 목적을 달성하고자 하는 사람들이 너무 긴 여행을 하지 않아도 되기를 기대하고 있다.

제1장
로마는 어떻게 시작되었을까

현자의 통치를

　로마 창조의 기원, 그 입법자와 정치 구조 등에 대해 이제부터 읽으실 분들은, 이 도시에서 모든 덕이 몇 세기나 되는 긴 세월 속에서도 사라지지 않고 존속하다가, 이윽고 그 광대한 제국이 되는 튼튼한 기초를 쌓은 것을 보더라도 더 이상 놀라지 않을 것이다.

　우선 그 기원에 대해 얘기해보겠다. 이를 위해 모든 도시는 그곳 토지의 토착민 또는 외래인이 창건한다는 것부터 얘기하고자 한다.

　도시가 건설되기 전 그 지역에는 본디 토착민들이 작은 집단을 이루어 여기저기 흩어져 있었다. 그 지방의 풍습과 주민의 수가 몇 안 된다는 점을 아울러 생각하면, 그 중 어느 하나도 침입해 오는 적에 자력으로 대항할 수 있는 집단이 없으므로 안심하고 살 수 없다는 걸 깨달을 때 도시를 건설한다. 즉, 적이 눈앞에 시시각각 다가오고 있는데도 모든 사람들이 함께 모여 방어할 시간이 없거나, 만약 그럴 시간적 여유가 있다 하더라도 그것을 위해 거의 모든 사람들이 자신의 은신처를 버리고 와야 할 의무도 없으며, 만약 그렇게 하다가는 즉각 적의 먹이가 되는 경우이다. 그래서 그러한 위험을 피하기 위해 자발적이든, 아니면 부족 전체의 권위자의 명령에 의해서이든, 그들은 살기 편하고 방어하기도 쉬운 일정한 장소에 모여 살기로 결심한다.

　여러 도시 가운데 아테네와 베네치아가 특히 그 두드러진 예[1]이다. 아테네는 테세우스의 권위에 의해, 여기저기 흩어져 있던 주민들을 하나로 통합하기 위한 목적으로 건설되었다. 베네치아는 이탈리아에서 일상적으로 일어나는 전쟁과 로마제국이 쇠퇴한 이후 야금야금 다가오는 야만족의 난을 피해 아드리아 해 끝에 있는 섬들로 이주한 사람들이, 특별한 통치자도 없이

---

1) 상세한 것은 《군주론》 제6장 및 《피렌체의 역사》 제1권 1331년 항목 참조.

자신들의 생활에 가장 적합한 법을 정하고 거기에 따라 살기 시작함으로써 생긴 것이다. 그 시도가 매우 성공적이었던 것은 오랫동안의 평화, 즉 바다로 온통 에워싸여 통로가 없는 지형으로 인해, 이탈리아 전역을 휘젓고 다니던 야만족도 선대(船隊)가 없어서 침범할 수 없었기 때문이다. 그러한 까닭에 이 도시는 비록 그 기초는 참으로 미약했지만 지금과 같은 번영을 누릴 수 있게 된 것이다.

다음에, 외래인이 건설한 도시는 사실상 자유인이나 한 나라에 예속된 민중에 의해 세워진 경우를 말한다. 이 두 번째 부류로는, 공화국 또는 군주가 자기 나라의 과잉인구를 처리하거나, 새로운 정복지를 적은 비용으로 더욱 확고하게 확보하기 위해 보내는 식민을 들 수 있다. 로마인은 영토 곳곳에 수많은 도시를 건설했다.

또 한 가지 특이한 도시가 있다. 그것은 군주가 창설하는 도시로, 그곳에 살기 위한 것이 아니라 오로지 자신의 위엄과 권위를 과시하기 위한 것이며, 알렉산드로스[2]가 창설한 알렉산드리아가 바로 그 경우이다. 이러한 도시는 처음부터 자유의 전통이 없기 때문에, 그 세력이 매우 융성해지거나 나라 안에서 손꼽히는 대도시가 되는 일은 거의 없는 것이 보통이다. 피렌체의 기원도 이러한 종류에 속한다. 술라의 군사들이든 피렌체의 주민들이든, 옥타비아누스[3] 덕분에 전 세계에 오랫동안 평화가 계속되어 그들이 아르노 강변의 평야에 모여 살기 시작한 것이므로, 로마제국의 힘이 있어서 가능했던 일이다. 그러므로 그 창립 당시에는 세력을 신장한다고 해보았자 오직 군주한테서 땅을 하사받는 것뿐이었다.

한 도시가 존속하기 위해서는 자유인의 힘이 있어야 한다. 민중이 역병과 기근과 전쟁을 견디지 못하고, 자발적이든 군주의 명령에 의해서든, 조상 대대의 땅을 버리고 새로운 안주의 땅을 찾아 움직일 때는 더 말할 것도 없다. 이러한 민중은 모세스[4]처럼 무력으로 빼앗은 나라의 도시에 들어가서 주

---

2) 일명 알렉산더대왕. 본 장 후반 참조.
3) Octavianus, Gaius Julius Caesar. 《군주론》 제19장 로마제정에 대한 주(註) 참조. 피렌체 시의 기원에 대해서는 《피렌체의 역사》 제2권 서두에 상세히 나와 있다.
4) 《군주론》 제6, 26장 참조.

거를 정하거나 아이네이아스[5]처럼 완전히 새로운 도시를 건설하기도 한다. 새로운 도시를 건설하는 경우, 도시를 창설하는 자의 예지가 위대하면 할수록 창립자의 식견과 창립사업의 성과가 더욱 빛나게 된다. 이 예지의 힘은 두 가지로 나타난다. 그 하나는 장소의 선정이고, 또 하나는 법적 질서이다.

하나의 도시를 옮길 경우에는, 선택한 토지가 황무지여서 사람들이 반드시 일하지 않으면 살아갈 수 없기 때문에 게으름에 빠지는 일도 적고, 가난 때문에 전보다 더욱더 일치단결하여 서로 의지할 수 있는 장소인지 아닌지를 깊이 생각할 필요가 있다. 그것은 라구사와 그 밖에 많은 도시가 그와 같은 토지에 건설된 것을 보아도 알 수 있다. 그리하여 인간이 자신이 가지고 있는 것에 만족하고 더 이상 영지를 넓히려 하지 않는다면, 이러한 선택방법도 물론 현명하고 유익한 방법일 것이다. 그러나 인간의 운명은 누구도 아닌 자기 자신의 힘에 의해서만 개척할 수 있는 법이므로,[6] 척박한 땅을 피해 풍요로운 토지에 정착한 뒤 대지의 혜택을 누리며 외적을 막고, 자신들의 번영을 방해하는 것은 물리치지 않을 수 없게 된다.

그 지방의 풍요로운 풍토 때문에 나약해진다는 점에 있어서는, 법률을 제정하고 시행해 대지의 혜택에 익숙해진 사람들을 강제적으로 일하게 해야 한다. 어떤 현인들은 풍요로운 토지에 살게 되면, 일상적인 일에도 서툰 나약한 인간을 만들지 않기 위해, 무기를 들 의무를 가지고 있는 자들을 끊임없이 훈련시켰다. 이러한 규칙 덕분에 토지가 척박한 나라의 병사들보다 훨씬 뛰어난 군대를 가질 수 있었다. 수많은 나라들 중에서 특히 이집트가 그런 경우였다. 이 나라는 산물도 풍부하지만 그 제도가 지극히 준엄했기 때문에, 토지의 영향을 극도로 완화할 수 있었고 모든 방면에 걸출한 인물을 배출할 수 있었다. 그들 중 오랜 세월이 흐른 뒤에도 잊혀지지 않는 사람이 단한 명이라도 남아 있다면, 알렉산드로스대왕을 비롯하여 아직도 사람들이

---

5) 《군주론》 제17장 참조. 고난 끝에 라티누스 왕의 딸과 결혼한 뒤 야만족과 싸워 패권을 차지하고 로마 시의 창건자가 되었다는 전설.

6) 《군주론》 제6, 제25장 및 이 책 1권 13장, 제2권 29장, 제3권 제9장 참조.

알렉산드로스 대왕(재위 BC 336~323). 이소스 전투
를 그린 폼페이 출토 모자이크(부분), 나폴리 국립미
술관 소장. 그는 BC 334년부터 동방원정을 시작하
여 아케메네스 왕조 페르시아제국을 멸망시키고 중앙
아시아와 인도 북서부에 이르는 드넓은 세계제국을
건설하였다.

기억하고 있는 수많은 영웅들은 발밑에도 미치지 못할 정도로 높이 찬양받
았을 것이 분명하다. 투르크 왕 셀림[7]이 파괴하기 전의 교주정치(教主政
治), 노예병(마멜루크)[8] 제도, 민군의 훈련 등을 살펴보면, 누구라도 금방
그 군사들이 어떤 조련을 받고 있었는지 알 수 있고, 또 군사들이 온화한 기
후의 영향 때문에 생기는 나태한 풍습을 얼마나 두려워했는지 알 수 있다.
어쨌든 기후의 영향을 엄격한 법률로 억제하지 않으면 곧바로 폐풍이 만연
한다. 그러므로 나는 주거 선택의 가장 현명한 방법은, 법률이 토지의 영향

---

7) Selim. 별명은 냉혹자라고 한다. 《군주론》 제19장 주에 설명한 것을 참조하기 바란다.
   1517년 이집트를 정복하여 마멜루크의 세력을 소멸시켰다.
8) Mamalucchi. 칭기즈 칸이 동유럽을 석권했을 때 노획한 포로를 술탄인 메레크 살리가
   사들여 노예로 만든 뒤, 이를 조련하여 일종의 친위병으로 이집트 각 도시에 주둔시킨
   것에서 시작되었다. 나중에 이 노예병이 세력을 드러내어 이집트의 지배권을 장악하고,
   이미 말한 것처럼 셀림에게 정복될 때까지 부르지 맘리크 왕국으로서 구프리를 왕으로
   받들며 무명(武名)을 떨쳤다.

을 적당히 제한할 수 있을 때에 한하여 풍요로운 토지를 선택하는 것이라고 생각한다.

알렉산드로스대왕은 자신의 명성을 기념하기 위한 도시를 건설하고자 계획을 세웠다. 그때 건축가 디노크라테스가 배알을 청하여, 아토스 산 위라면 아무런 조작 없이 건설할 수 있다고 건의했다. 그 이유는 그곳은 자연의 힘을 느낄 수 있을 뿐만 아니라, 산의 모양을 인간의 모습으로 바꿔 천하에 보기 드문 위업을 이룬 대왕의 권세에 어울리도록 할 수 있는 곳이라는 것이었다. 알렉산드로스대왕이 대관절 그곳에는 몇 명이나 살 수 있느냐고 묻자, 거기까지는 아직 생각해 보지 않았다고 대답하였다. 대왕은 웃으면서 아토스 산을 포기하였다. 그리고 주민들이 기뻐하며 주거를 마련할 수 있게, 바다와 나일강의 혜택을 받고 있는 풍요로운 토지를 선택하여 알렉산드리아의 초석을 둔 것이다.

거기서 로마의 기원으로 거슬러 올라가, 가령 아이네이아스를 시조로 생각한다면 그것은 외래인에 의해 세워진 도시가 된다. 한편, 로물루스⁹⁾가 건설했다고 한다면 토지의 원주민이 건설한 도시가 된다. 그런데 그 어느 쪽이든 도시의 기원은 누구에게도 종속되지 않은 자유로운 행동에 의해 시작된 셈이다. 그 뒤에 볼 수 있듯이, 로물루스, 누마¹⁰⁾ 그 밖에 입법자가 제정한 법률이 민중을 얼마나 억압하고 있었는지 알 수 있다. 이리하여 그 풍요로운 토지와 해로(海路)의 편의성·거듭되는 승전·국가의 융성에도 불구하고, 몇 세기 동안 결코 그 풍습이 부패하지 않고 로마 전체가 활력과 정기를 띠고 있었다는 점에서는, 그 어떤 공화국도 도저히 로마를 따를 수 없었던 것이다.

티투스 리비우스가 찬양한 로마가 이룬 위업은 도시 안팎에 걸쳐 공사(公私) 양쪽으로 해방을 실시한 결과이므로, 무엇보다 먼저 정치적 해방의 결과 도시 속에서 이루어진 일에 대한 이야기를 하겠다. 그렇다 해도 여기서는 가장 주목할 만한 가치가 있는 것에만 한정하되, 그 원인이 된 주변 사정도 빠짐없이 논의해 갈 생각이다. 그것이 이 제1권을, 아니, 이 첫 편을 대상으로 하는《논의》전체의 목적도 되는 것이다.

---

9) Romulus. 로마의 시조. 재위 기원전 753~716년.《군주론》제6장 참조.
10) Numa Pompilius(기원전 714~671년). 제2대 로마 왕. 이 책 제1장 참조.

제2장
로마공화국은 어떤 국가에 속하는가

군주정 귀족정 공화정

그 기원이 다른 나라에 의존하는 도시에 대해서는 논의하지 않겠다. 여기서는 어떠한 외국의 지배도 받지 않고 자유롭게 창설된 도시, 다음으로 직접 자신의 의사에 따라 공화국 또는 군주국으로서 정치가 시행된 도시, 이 중첩된 원인에 의해 다양한 법령이 정해진 도시 등에 대한 논의에 한정하기로 한다. 어떤 도시는 창건 당시, 또는 그 직후부터, 마치 리쿠르고스[1]의 스파르타처럼 단 한 사람이 단 한 번에 국법을 제정하지만, 다른 어떤 도시는 로마처럼 어떤 일이 일어날 때마다 몇 번이고 되풀이하여 법률을 정비해 간다.

공화국은 행복한 나라라고 할 수 있다. 이러한 나라에는 다행히 매우 신중한 인물이 있어서, 그 심사숙고 덕택에 법률도 매우 적절하게 제정되어 사람들은 모두 평온한 생활을 유지하면서 개혁 소동을 일으킬 필요가 없다. 그러한 이유로, 스파르타는 8세기가 넘는 동안 법률을 지키며 그것을 개정할 필요를 느끼지 않고, 또 위험한 혼란 사태에 빠진 적도 없었다.

이에 비해, 현명한 입법자의 지도를 받지 못하고 스스로 내부 질서를 다시 세워야 하는 도시는 불행하다고 해야 할 것이다. 그 중에서도 가장 불행한 것은 질서고 뭐고 아무것도 없는 도시로, 이렇게 질서가 서지 않은 도시의 제도는 당연히 정도에서 벗어나게 되어, 진실한 목적을 향해 순조롭게 나아갈 수 없게 마련이다. 그도 그럴 것이 이러한 상태에서는 도시 질서를 다시 정비해주는 최적의 사건은 좀처럼 일어날 수 없기 때문이다. 이와 반대로, 법령은 아직 불완전하지만 정신은 뛰어나서 개선의 여지가 있는 도시는, 사건이 진행됨에 따라 점차 완성에 도달할 수 있다. 그러나 혁신에는 반드시

---

1) Lykurgos. 기원전 9세기 무렵의 입법자. 전설적인 영웅으로 이른바 스파르타주의의 실천과 그 제도를 창시한 사람. 이 책 제1권 제9장, 제2권 제3장 참조.

위험이 따른다는 것을 늘 염두에 두어야 한다. 새로운 법률이 도시에 새로운 사물의 구조를 만들어낸다 해도 그것을 따를 필요성을 느끼지 않는 한, 인간은 십중팔구 그 새로운 법률에 결코 복종하려 하지 않기 때문이다. 더욱이 이러한 필요를 느끼게 하는 데는 반드시 위험이 뒤따르므로, 질서를 다시 세우기도 전에 공화국은 멸망하게 되는 것이다. 피렌체가 바로 그 놀라운 증거이다. 이 도시는 1502년 아레초의 모반[2] 뒤 다시 일어섰지만, 1512년의 프라토 명도[3] 뒤 또다시 혼란에 빠지고 말았다.

로마의 정권은 어떤 것인지, 또 로마는 어떻게 환경의 도움을 받아 완성에 이르렀는지에 관하여 논하기 전에, 일반적인 국가의 조직에 대해 알아보도록 하자.

우선 정체(政體)에는 군주정, 귀족정, 민주정 세 종류가 있다. 도시 질서를 세우고자 한다면 누구나 이 세 가지 가운데 자신의 생각과 가장 가까운 것을 하나 선택해야 한다.

일류학자로 정평이 나있는 사람들[4]은 정체에는 여섯 가지가 있으며 그 가운데 셋은 완전히 나쁜 것으로 생각했다. 다른 셋은 원래 양질의 것이지만, 쉽게 부패하기 쉽고 심지어 위험한 것이 되기도 한다고 말했다. 좋은 정체는 방금 위에서 말한 세 가지이고, 나쁜 것은 그것이 변형된 것이다. 그러므로 후자는 각각 원래의 것과 매우 비슷해서 자칫 혼동하기 쉽다. 이러한 이유로 군주정은 전제정으로 변형되고, 귀족정은 과두정으로 전락하며, 민주정은 금세 폭정으로 변한다.

모든 입법자는 국가를 위해 양질의 세 정체 가운데 하나를 채택하지만 그 구조가 존속하는 것은 아주 잠시 동안뿐이다. 그것은, 어떤 조처를 하더라도

---

2) 아레초 시의 반란은 체잘레 보르지아의 북이탈리아 정복전의 모략에 의해 일어난 이른바 키아나 계곡 지방민의 반란으로, 이 선집(選集) 제4권에 수록된 이 사건에 대한 저자의 논문을 참조하기 바란다.
3) 그 뒤에 메디치 집안의 복위, 피렌체 공화국의 멸망, 마키아벨리의 실직이 잇달아 일어난다.
4) 이미 말한 아리스토텔레스, 플라톤, 특히 폴리비오스 같은 정체순환론자(政體循環論者)들.

반대의 정체로 급변하는 힘을 저지할 수 없는 데다, 좋고 나쁜 것조차 구별할 수 없을 만큼 비슷한 정체이기 때문이다.

이렇듯 다양한 정체가 태어나는 것은 단지 우연에 의한 것일 뿐이다. 원래 인간 세계가 시작될 때는 지상의 주민들도 몇 되지 않았고, 오랫동안 동물처럼 각자 흩어져 살고 있었다. 그러다가 인구가 점차 늘어나 공동체를 이루게 되자, 자신들을 지키기 위해 동료 가운데 완력과 담력이 가장 뛰어난 자를 우두머리로 뽑아 그에게 복종하게 된다. 그리하여 위험하고 유해한 요소는 제거되고, 유익하고 선량한 인간이 존경받게 되는 것이다. 자신의 은인에게 위해를 가하는 자를 보면, 사람들은 압제자를 미워하고 그 희생자에게 동정심을 품게 된다. 은혜를 모르는 자들은 배척당하고 은혜를 잊지 않는 사람들은 존경받는다. 그리고 남이 입은 피해가 자신에게도 돌아오지 않도록 하기 위해 고심하고 궁리한 끝에, 법률의 성채를 쌓아 그러한 재앙에 대비하고 그 성채를 넘어오려는 자에게 형벌을 가하기도 한다. 이것이 정의관의 효시이다.

우두머리를 선택할 때, 사람들은 가장 용감한 자보다는 가장 현명하고 특히 가장 공명정대한 사람을 선택한다. 그러나 그 군주는 나중에 민중의 투표가 아닌 상속권을 통해 지배하게 되는데, 그 상속인이 조상과는 판이한 타락상을 보여주기 시작했다. 군주로서의 덕성은 모두 잊어버리고 온갖 사치에 빠져 나약해진 끝에, 자신이 할 일은 모든 쾌락을 추구하는 것뿐이라는 듯이 행동하게 된다.

군주는 민중의 증오를 도발하기 시작하고, 증오를 사게 되면 학정을 방패로 자신의 몸을 보호하려 한다. 그리하여 군주는 눈앞의 공포 때문에 공격적이 되어 폭군정치를 거리낌 없이 휘두른다. 이러한 원인이 쌓이고 쌓여 폭발하면 결국 그 군주는 멸망한다. 그때 군주를 향해 음모와 간계를 꾸미는 사람은 힘없는 겁쟁이가 아니라, 역량과 기개가 높고 재력과 혈통도 보통 사람보다 뛰어나 그러한 군주의 횡포를 견디지 못하는 사람들이라는 점이 특히 눈길을 끈다. 대중은 이러한 호족을 자신들의 구세주로 여기고 그들에게 복종한다.

이 구세주들은 군주라는 이름조차 거부하고 자기들끼리 정부를 구성한다. 처음에는 모든 일을 자신들이 정한 법령에 어긋나지 않도록 처리한다. 즉 자신들의 사익보다 공익을 존중하고, 올바른 정치의 길을 지키며, 공사의 이익이 평등하게 돌아가도록 노력한다. 그런데 그 정권이 자식의 손에 넘어가면, 운명의 변덕을 알지 못하고 불행한 일을 당한 적도 없는 그들은 아무래도 개인 사이의 평등에 만족하지 못하게 된다. 그래서 제멋대로 탐욕을 드러내어 과욕을 부리고 남의 아내를 빼앗으며, 급기야 그때까지의 귀족정치를 과두정치로 바꿔버리고 시민의 권리를 일체 인정하지 않기에 이른다. 그렇게 되면 곧 폭군정치와 같은 말로를 걷게 된다. 즉, 그들의 지배에 심신이 지쳐버린 대중은 압제자를 쓰러뜨리려는 자가 있으면 그게 누구든 무조건 복종하며 그 도구가 되기를 마다하지 않는 것이다. 그러면 이내 한 사람이 일어나 민중의 지지 속에서 호족을 쓰러뜨린다.

군주의 그 포악상과 이제 막 쓰러진 과두정치의 폐해를 생생하게 기억하는 시민들은, 또다시 단 한 사람에게 권력을 주는 것은 거부한다. 즉 민중정치 쪽을 지향하여 민주정을 수립함으로써, 소수의 호족과 한 사람의 군주는 아무런 권위도 가지지 못하게 한다. 어떤 정부도 그 시작은 상당히 훌륭하게 마련이므로 민중정치도 처음에는 당당하게 시행되지만, 그것도 오래 가지 못하며 고작 그 정치를 세운 세대가 사라질 때까지 유지될 뿐이다. 인간이란 어느 정도 시간이 지나면, 어떠한 상황에서든 또다시 혼란 상태에 빠지지 않을 수 없기 때문이다. 이러한 난맥상이 드러나면, 평민이든 공인이든 아무것도 두려운 것이 없어진다. 그리하여 또다시 사람들은 방자하기 짝이 없는 생활로 돌아가, 매일같이 온갖 악행을 되풀이한다. 그러다가 필연적으로 더 이상 견디지 못하게 되거나, 누군가 현명한 사람의 충고와 계몽을 받으면, 그러한 혼란에 지칠 대로 지친 사람들은 다시금 누군가 한 사람의 지배를 받고 싶어한다. 이것이 다시 몰락에 몰락을 거듭하면서, 똑같은 방식과 똑같은 원인에 의해 새롭게 통제할 수 없는 혼란 상태에 빠지는 이유이다.

지금까지 존재한 나라 또는 아직도 존재하고 있는 모든 나라는 이러한 순환을 되풀이한다. 그러나 정확하게 그 출발점으로 되돌아오는 경우는 극히 드물다. 그것은 어떤 나라도 같은 방향으로 되풀이해 나아가면서 그 존재를 계속 유지할 수 있는 힘이 없기 때문이다. 대부분의 경우, 지혜와 재능도 없고 국력도 사라진 공화국이 혼란에 빠지게 되면, 그 나라보다 훌륭한 정치가 이루어지고 있는 이웃나라의 속국이 되어 버리는 게 보통이다. 만약 그러한

일이 일어나지 않으면, 그 나라는 오랜 세월에 걸쳐 같은 혁신의 순환을 되풀이하게 되는 것이다. [5]

여기서 이들 정체에는 어느 것이나 동등하게 불리한 점이 있다고 말하고 싶다. 앞의 셋은 영속성을 가지고 있지 않고, 뒤의 셋은 부패의 요소를 안고 있기 때문이다. 그러므로 그 예지로 인해 사람들의 칭송을 받을 만한 입법자는, 그 각각에 내재한 폐해를 충분히 인식하고 각각의 정체를 그대로 사용하지 않도록 유의한다. 그 중에서 모든 사람이 참여할 수 있는 정체를 가장 견고하고 영속성이 있는 것으로 판단하고 선택한다. 무릇 군주와 호족과 민중이 하나가 되어 나라를 다스리면, 서로가 서로를 쉽게 견제할 수 있기 때문이다. 이러한 정치구조를 통해 명성을 떨친 입법자 중에서 가장 칭송받을 만한 사람이 리쿠르고스이다. 그가 스파르타에 공포한 법령만 보아도, 국왕과 호족과 민중, 각각의 권력이 매우 균형을 잘 이루고 있기 때문에, 국가는 800년이 넘도록 평화를 잃지 않고 존속했고, 그는 큰 명예를 얻을 수 있었다.

솔론[6]은 그 반대였다. 아테네에 법령을 공포했지만, 오직 민중정치만 수립하고 다른 것은 돌아보지 않았기 때문에 단명으로 그쳐, 그가 죽기도 전에 벌써 페이시스트라토스[7]의 폭군정치가 출현했다. 물론 폭군의 후손은 40년 뒤에 추방되고 아테네는 자유를 회복했지만, 그때도 그저 솔론의 정치로 돌아가는 데 머물렀다. 때문에, 솔론이 전혀 주목하지 않았던 두 가지 폐해, 즉 호족의 오만과 대중의 방종을 애써 교정하고 도시의 보강에 힘껏 노력했음에도 불구하고 겨우 백 년 동안 존속했을 뿐이었다. 이렇게 군주와 호족의 권력을 완전히 배제하지는 않았기 때문에, 아테네는 스파르타에 비하면 아주 짧은 생명밖에 유지할 수 없었다.

이제 로마를 살펴보자. 이 도시에는 건국 당시 리쿠르고스 같은 사람이 한

---

5) 《군주론》 제9장 마지막 단의 주 참조.

6) Solon(기원전 약 639~558년). 7현인의 한 사람. 개혁을 시도한 것은 594년 무렵. 그가 제안한 제도도 실제로 시행되지는 않았다는 설도 있다.

7) Peisistratos(기원전 600년 무렵~527년). 아테네의 참주. 솔론의 개혁 뒤 동요를 틈타 561년 무렵 정권을 찬탈했으나, 아테네의 산업입국 방침을 실행하고 이상적인 선정시대를 이루어냈다.

사람도 없어서, 법령을 공포하고 그 자유를 오랫동안 유지할 수 있는 정치를 수립하지 못했다. 그러나 민중과 호족이 서로 끊임없이 반목하여 사건이 일어날 때마다, 입법자가 만들어내지 못한 것을 저절로 손에 넣게 되었다. 따라서 로마는 앞에서 말한 첫 번째 이익은 누리지 못했지만 적어도 2차적인 이익은 얻고 있었던 셈이다. 즉, 맨 처음 법률은 결점투성이였지만, 그것을 완성으로 이끄는 길에서는 한 번도 벗어난 적이 없었던 것이다. 사실 로물루스와 그 밖에 국왕들은 다수의 훌륭한 법령, 자유정체에서도 넘칠 정도로 훌륭한 법령을 제정했다. 그러나 그 주된 목적은 공화국이 아니라 왕국을 창설하는 데 있었기 때문에, 이 도시가 다시 독립했을 때 자유의 요구를 만족시키기 위해서는 국왕들이 생각해본 적도 없는 규칙을 수없이 만들어야 한다는 것을 알았다. 더욱이 이 국왕들은 위에서 말한 것과 같은 원인과 경과에 의해 왕관을 잃어버리기는 했지만, 그들을 추방한 사람들은 즉각 국왕 대신 두 사람의 집정관을 두고, 로마에서 국왕의 칭호를 금했을 뿐 그 권력을 금하지는 않았다. 그리하여 공화국은 그 태내에 집정관과 원로원을 품은 채, 군주정과 귀족정이 혼합된 양상을 드러낸 것에 지나지 않았다. 거기에 민중정체를 도입하기만 했으면 금상첨화였을 것이다. 그러나 로마 귀족은 위에서 말한 원인에 의해 오만해졌고, 이윽고 그들에 대한 민중의 적개심도 높아지기 시작한다. 그래서 권력을 송두리째 잃지 않기 위해서는 그 일부를 할애하지 않을 수 없게 된다. 한편 원로원과 집정관은 국내에서 차지하고 있는 높은 지위를 잃지 않으려고 권력을 쥐고 놓으려 하지 않았다.

이것이 원인이 되어 호민관 제도[8]가 시작되었는데, 그 덕분에 공화국은 정치의 3요소가 각각 일정한 권력을 갖게 되어 더욱 공고해졌다. 로마는 이러한 행운 덕분에, 왕정과 귀족정을 거쳐 민주정으로 변천했음에도 불구하고, 왕권의 권위를 모조리 빼앗아 호족에게 주지도 않았고, 호족의 것을 빼앗아 민중을 기쁘게 해주지도 않았다. 오히려 세 권력이 균형을 잘 이루어 완전한 공화국이 탄생하게 된 것이다. 다음의 두 장에서 충분히 설명하겠지만, 이러한 완성에 도달한 원인은 다름 아닌 평민과 원로원의 반목에 있었다.

---

8) 기원전 494년 무렵, 평민이 귀족의 횡포에 저항하여 이를 획득했다. 후단 참조.

제3장
호민관의 창설과 공화국 정치의 완성

모든 인간은 사악한가

국가를 건설하고 국법을 제정하는 자는 무엇보다 먼저, 인간은 모두 사악하며, 제멋대로 행동할 기회가 있으면 주저 없이 그 무도함을 드러내어 사욕을 채우려 한다는 것을 늘 염두에 둘 필요가 있다. 설령 사악한 마음이 잠시 동안 모습을 드러내지 않더라도, 그것은 지금까지의 경험으로는 정체를 알 수 없는 미지의 원인에 의한 것일 뿐, 언젠가 모든 진리의 아버지라 불리는 '시간'에 의해 교묘하게 모습을 드러내게 마련이다.

타르퀴니우스[1]를 추방한 뒤 민중과 원로원은 더할 나위 없는 협조관계를 유지하고 있었고, 귀족들도 오만함을 청산하고 평화로운 기분을 가장했기 때문에 최하층 계급에게도 반감을 사지 않았다. 이러한 겉으로의 단결도 타르퀴니우스 왕가가 살아남아 있는 동안만, 뭔가 알 수 없는 원인으로 유지되고 있었다. 이 왕가를 두려워한 귀족들은, 민중을 학대하면 보복을 당할지 모른다는 두려움 때문에 자신들을 위해 겸양의 태도를 보이고 있었다. 그러나 타르퀴니우스 왕가가 단절되어 귀족의 걱정거리가 사라지자마자, 가슴에 품고 있던 독기를 민중에게 발산하며 갖은 방법으로 고통을 주고 괴롭히기 시작한다. 이것이 바로 위에서 말한, 인간은 필요에 따라 마지못해 선을 행한다는 것을 확실하게 입증하는 것이다.

이렇게 되면 인간은 너나없이 제멋대로 행동하게 되어 마침내 남행(濫行)에 이르게 되는데, 눈 깜짝할 사이에 모든 곳이 극도의 혼란과 무질서에 빠진다. 그래서 인간은 기아와 빈곤에 내몰리지 않으면 근면한 마음이 일어나

---

1) Lucius Tarquinius Superbus(?~기원전 510?). 기원전 6세기 왕정시대의 마지막 왕. 에트루리아 족 출신으로 아버지를 시해하고 즉위한 뒤, 폭정을 가하면서 평민의 권리를 빼앗고 귀족을 사형하고 추방했다. 기원전 510년 그 아들의 비행에 의해 로마에서 추방당하여 에트루리아로 돌아간다. 티투스 리비우스 《로마사》 제1권 제35장 이하.

지 않고, 법이 없으면 선인이 될 수 없다고 하는 것이다. 어떤 원인이 법률의 힘을 빌리지 않고도 선한 결과를 낳는다면 당연히 법률은 필요하지 않다. 그러나 이러한 좋은 소지가 없으면 법률은 절대적으로 필요하게 된다.

호족을 공포 속에 내몰던 타르퀴니우스 왕가가 사라지자, 새로운 제도를 고안하여 거기에 타르퀴니우스 왕가의 존재와 같은 효과를 주지 않으면 안 되었다. 그 과정에서 분쟁과 끊임없는 불평 등, 위기 상황이 일어나기 시작하여, 평민과 귀족은 오랫동안 논쟁을 되풀이한 끝에 민중의 안전을 확보하기 위한 호민관을 창설했다. 이 새로운 관리들은 여러 가지 명예와 특권을 얻어 권세를 떨치며, 민중과 원로원 사이에서 끊임없이 양쪽을 중재하고 귀족들의 방약무인함을 억제했다.

제4장

로마공화국 번영과 자유의 원인

좋은 군대는 좋은 정부

나는 로마에서 타르퀴니우스가 죽었을 때부터 호민관 제도가 창설될 때까지 이어진 내분에 대해, 한 마디도 하지 않고 넘어가고 싶지는 않다. 사실 로마는 난잡한 공화국에 불과했다. 다행히 운이 좋고 무용(武勇)이 발달한 덕분에, 국내의 폐습(弊習)을 가까스로 고칠 수 있었다. 그러나 로마가 비슷한 나라들에 비해 대단히 열등했다는 일부 주장에는 단호히 반박하고자 한다. 물론 행운과 단련 덕분에 로마인이 그럴 힘을 키운 것을 결코 부정하려는 것은 아니다. 그러나 아무리 훌륭한 훈련이라 해도 실은 좋은 법령을 지켜야만 실시할 수 있는 것이고, 좋은 법령이 지배하는 곳이면 어디든 행운이 뒤따른다는 것에 주의해야 할 것이다.

이번에는 더욱 다른 특수성으로 눈을 돌려보자. 호족과 민중의 끊임없는 싸움을 비난하는 것은, 로마의 자유를 유지한 원인 자체를 비난하는 것과 같은 것이며, 그들은 그 싸움에 의해 태어났다는 것과, 그럼에도 그것이 낳아준 고마운 결과는 알지 못한 채 고함치는 소리와 소동 쪽에만 정신을 빼앗기고 있는 것이라고 말하고 싶다. 이러한 사람들은 모든 정체에 반드시 두 가지 대립 원인, 즉 민중과 호족 각각의 이익이 존재하는 것과 자유를 늘리기 위해 제정된 법령이라면 어떤 것이든 사람들의 알력을 불러일으킨다는 것을 간과하는 것이다. 또한 그들은 타르퀴니우스 왕가와 그라쿠스 왕가[1] 사이에 3백 년 이상의 세월이 흐르고 있지만, 그동안 성벽 안에서 일어난 쟁란에 의해 추방된 자도 적고, 유혈참사는 더더욱 적었던 것도 인정하려 하지 않는다. 그렇기 때문에 이 분쟁을 불행이라거나 그것으로 인해 국가가 완전히 분

---

1) Gracchus, Tiberius Sempronius(기원전 223~150년 무렵) 및 같은 이름의 아들(기원전 162~131), 그 아우 카이우스 Caius(기원전 152~121). 《군주론》 제9장 및 이 책 제1권 38장 이하 참조.

로마의 원로원에서 카탈리나를 탄핵하는 키케로(BC 106~43). 원로원은 로마 왕정시대의 통치기관이었다. 민회·집정관 이하의 정무관과 함께 국정을 장악하였다. 의원수는 처음에는 300명이었으나 BC 1세기에는 600명으로 늘어났으며 AD 4세기에는 2000명이나 되었다.

열했다고는 말할 수 없다. 특히 그 오랜 세월 동안 반목의 결과로 추방된 자는 겨우 8, 9명뿐이었고, 재산을 몰수당한 자는 그보다 더 적었으며, 사형에 처해진 자도 겨우 몇몇이었던 경우에는 더욱더 그렇게 생각할 수 없다.

수많은 선행과 미덕의 예를 보여주는 공화국을 목격한다면 도저히 무질서라고 말할 수 없는 것이다. 왜냐하면 훌륭하고 모범적인 행위는 올바른 교육에서 나오고, 올바른 교육은 좋은 법령[2]에서, 좋은 법령은 대다수 사람들이 아무 생각 없이 비난하는 이 무질서 상태에서 태어났기 때문이다. 실제로 결말을 잘 조사해보면, 공익을 위해 추방이나 폭행은 한 번도 행사된 적이 없고, 오히려 대립과 분쟁 덕분에 모든 사람의 자유를 위한 합당한 법규가 태어났음을 알게 될 것이다.

누군가가 가령 다음과 같이 말했다고 치자.

---

2) 선법(善法)과 양병(良兵)의 관계에 대해서는《군주론》제12장 서두의 주 및《피렌체 국 군제 논의》참조. 마키아벨리의 진실한 주장이 여기에 있다.

로마의 40인 위원회. 원로원과의 상호견제를 목적으로
창설되었으며, 로마의 재정과 사법을 담당하였다.

"민중이 다 같이 원로원을 비난하고, 원로원과 민중과 시민이 소란스럽게
도시를 휘젓고 다니며, 가게문을 닫고 도시를 떠나는 것은 불온하고 야만적
인 행동이 아닌가? 이런 일은 누구든 깊이 생각하지 않는 독자를 놀라게 할
것이다."

이에 대해 나는 이렇게 대답하겠다. 어떤 나라에도 각각 고유의 관습이 있
고, 그것에 따라 민중은, 특히 중요한 사항은 민중의 생각에 의해 좌우되는
도시에서라면, 그 야심을 채우는 법이라고. 로마는 그 관습으로서 민중이 법
령을 제정하려고 할 때는, 극단적인 행동에 이르거나, 전쟁을 위해 병적에
등록하는 것을 거부하기도 했다. 그래서 민중을 달래려면 어떻게든 그들을
만족시켜야 했다. 국민이 독립을 간절히 원해도 그 때문에 자유가 침해되는
일은 거의 없다고 해도 무방하다. 자유의 열망은 억압을 받고 있거나 억압을
받을 우려가 있는 경우에 일어나기 때문이다. 게다가 국민이 과오를 범하게
되면, 공개연설이라는 것이 있어서 그들의 생각을 선도해준다. 즉 현자가 나
서서 그 길이 잘못되었음을 가르쳐 주면 되는 것이다. 키케로도 말했듯이 민
중은 아무리 무지몽매한 군중이라도 진리를 이해할 힘을 가지고 있어서, 충
분히 신뢰할 수 있는 인물이 그것을 가르쳐주기만 하면 아무런 저항 없이 승

복하는 법이기 때문이다.

그러므로 로마공화국의 좋은 결과에는 모두 훌륭한 원인이 있다는 것에 충분히 주의를 기울여야 한다. 호민관의 시작이 내분에 있다고 한다면, 그것이 있었기 때문에 민중은 정치에 한 몫을 담당할 수 있게 되었고, 호민관은 로마인의 자유를 지키는 파수꾼이 된 것이므로, 내분 자체도 찬양할 만한 가치가 있는 것이다. 이것이 바로 다음 장에서 얘기하고자 하는 문제이다.

제5장
귀족과 민중, 어느 쪽에 의지해야 확실하게 자유를 지킬 수 있을까

희망 취득 상실의 공포

나라를 세우는 데 있어서 현명함으로 칭송받는 사람들은 대부분의 제도 가운데 자유의 수호역을 가장 중요하게 여겼고, 이 옹호가 잘 되는 경우 민중은 다소 오랫동안 자유를 누릴 수 있었다. 단, 귀족과 평민 어느 쪽에 자유의 수호역을 맡기는 것이 이를 더욱 확실하게 지켜낼 수 있을지 문제가 되었다. 옛날 스파르타인(지금의 베네치아인)은 그것을 귀족의 손에 맡겼다. 그런데 로마인들은 평민의 생각대로 움직였다. 그럼 이들 공화국 가운데 어느 나라가 그 선정을 가장 잘못했는가에 대해 조사해 볼 필요가 생긴다. 동기에 대해서는 양쪽에서 얼마든지 주장하고 싶은 말이 있겠지만, 그 결과를 생각하면 귀족에게 맡기는 것이 좋다는 결론에 도달할 것이다. 그것은 로마보다 스파르타와 베네치아에서 훨씬 오랫동안 자유가 존속되었기 때문이다.

나 역시, 어떠한 경우에도 재물에 가장 담백한 자가 자유를 옹호해야 한다고 말하고 싶다. 그 이유를 생각해 보기 위해 먼저 로마인을 예로 들어 보자. 실제로 귀족과 평민이 지향하는 바를 생각하면, 전자는 지배욕에 불타고 후자는 그 이하로 전락하지 않는 것이 오직 한 가지 소망이므로, 전자보다 후자가 자유로운 생활을 더욱 간절히 원하고 있음을 알 수 있다. 생각건대 평민은 귀족 못지않게 권력의 탈취를 원하고 있기 때문이다. 그러므로 평민이 자유의 수호역을 맡으면, 당연히 그들은 다른 자들보다 날카로운 눈으로 그것을 감시하며, 자신들의 힘만으로는 권력을 손에 넣을 수 없으므로 자연히 다른 자가 독점하는 것도 허용하지 않을 거라고 생각할 수 있다.

한편, 스파르타와 베네치아에서 기존의 질서를 수호하는 사람들은, 그 역할을 유력자에게 맡기면 국가에 두 가지 이익이 있다고 말한다. 그 첫 번째 이익은 공화국에서 으뜸가는 세력가와, 무기를 들고 권력을 지키며 그 무력을 통해 자신의 몫을 차지하려는 자들의 야심을 조금이라도 만족시켜주는 것이고, 두 번째 이익은 천성적으로 안정감이 없는 평민들이 권력을 휘두르지 않게 하는 것이다. 로마 자체가 그 적절한 예로 제시된다. 호민관이 권력을 쥐자, 민중은 한 사람의 평민 출신 집정관에 만족하지 않고 두 사람으로 늘리고 싶어했다. 거기에 이어서 감찰관(켄소르)을, 고급정무관(프라이토르)을, 그리고 마침내 모든 정부의 역할을 요구했다. 뿐만 아니라 언제나 그랬듯이 그들은 권력을 미워하는 마음에 사로잡혀, 시간이 흐름에 따라 귀족을 누를 만한 힘이 있다고 믿어지는 인물을 우상화하게 된다. 그것이 바로 마리우스[1]의 권력이었고, 거기서 로마의 멸망이 시작되었다.

이 두 가지 문제에서 일어나는 논의를 모조리 조사하면, 이러한 자유를 도대체 누구에게 지키게 하는 것이 좋을지 쉽사리 결정할 수 없게 된다. 왜냐하면, 어떤 사람들이 공화국에 가장 유해한지, 자신이 가지지 않은 것을 갖고자 하는 자들인지, 아니면 이미 가지고 있는 명예를 결코 잃지 않으려 하는 자들인지를 분명하게 결정할 수 없기 때문이다. 그것을 깊이 생각하면 아마 다음과 같은 결론에 도달할지도 모른다. 이를테면 로마처럼 영토를 획득하려는 공화국과, 자국의 보전만을 목적으로 하는 공화국 어느 한쪽에 의해 결정된다는 것이다. 전자의 경우에는 로마에서 한 것처럼 할 필요가 있다. 후자의 경우에는 그 동기와 방법에 있어서, 다음 장에서 얘기하겠지만 스파르타와 베네치아를 모방하면 된다.

공화국에서 어떤 사람들이 가장 위험한지, 자신이 갖지 않은 것을 갖고자 하는 자들인지, 아니면 이미 가지고 있는 것을 잃지 않으려 하는 자들인지 하는 문제에 대해서는 다음과 같이 말하고 싶다. 즉 마르쿠스 메네니우스와 마르쿠스 풀비우스는 둘 다 평민 출신이었다. 그러나 전자는 독재관에, 후자는 기사장(騎士長)에 임명되어, 한 모반인(謀叛人)의 아들을 한 사람도 빠짐없이 색출하게 되었다. 이 모반인은 카파에서 로마공화국에 반기를 든 자였다. 민중은 이 두 사람에게, 로마 시내에서 술책과 폭력으로 집정관직 또

---

1) Gaius Marius(기원전 156~86년). 107년 집정관이 되어, 유구르타의 난을 평정하고 킴블리 인과 테우토니 인의 침입을 차례로 막아 신망을 얻었다. 나중에 술라와 다투고, 자기의 권세욕을 충족시키기 위해 당쟁을 조장한다. 그래서 저자는 이 인물을 비난의 대상으로 삼고 있다.

는 그 밖에 공직을 얻으려 하는 모든 사람의 행동을 감시할 수 있는 권한을 주었다. 그러자 귀족은, 이 독재관에게 주어진 권력이 바로 자신들을 겨냥하고 있다는 것을 알고 당장 온 로마에 소문을 퍼뜨려, '음모와 폭력을 동원하여 권력을 손에 넣으려 하는 것은 귀족이 아니라 평민이다, 그들은 가문이나 그것에 상응하는 신분에 만족하지 않고, 무력을 써서라도 권력을 차지하고 싶어 한다'고 떠들었다. 특히 그 이야기에서 겨냥하고 있는 것은 독재관이었다. 이러한 비난을 듣자 메네니우스의 마음은 크게 동요하여, 귀족에게 심한 비난을 당한 것을 호소하는 연설을 한 다음, 독재관직을 사임하고 민중 재판에 부쳐달라고 요구했다. 그는 결국 변호를 받고 무죄 판결을 얻었다.

그 판결에 앞선 변론에서, 몇 번이나 되풀이하여 과연 누가 가장 야심가인지, 아무것도 잃지 않으려는 자인지, 아니면 가지지 않은 것을 가지고자 하는 자인지 하는 문제가 논의되었다. 왜냐하면 이 두 가지 욕망으로 인해 비참한 분쟁이 일어나기 때문이었다. 그러나 분쟁을 일으키는 것은 거의 언제나 가진 자들이었다. 즉, 가진 것을 잃을지도 모른다는 불안이 일어나면, 뭔가를 손에 넣으려 하는 욕심이 마음속에 일어나는 것이다. 인간의 본성에서 보아, 자신이 가지고 있는 것이 안전하다고 생각되는 건, 단지 자신이 이미 가지고 있는 것에 다른 것을 더 보탤 수 있을 때뿐인 것이다. 게다가 인간은 가진 것이 많을수록 그 세력이 더욱 커져서, 더 쉽게 나라를 움직일 수 있다. 그런데 한심한 것은 그들의 끝없는 야심이, 소유욕이 전혀 없는 사람들의 마음마저 불온한 방향으로 부추기고 있는 점이다. 즉, 적을 약탈하여 분풀이를 하거나 눈앞에서 남용되고 있는 명예와 재산을 자신들도 차지하고 싶어지는 것이다.

제6장
평민과 원로원의 대립을 종식시키는
정치가 어떻게 수립되었는가

어떤 악을 선택할 것인가

앞 장에서는 평민과 원로원의 대립에 의해 생긴 결과에 대해 설명했다. 이 대립은 그라쿠스 시대까지 계속되어 자유를 잃게되는 결과를 만들었는데, 이러한 대립이 없었더라면 로마도 좀더 더 큰일을 이룰 수 있지 않았을까 하는 느낌이 든다. 그러나 로마에서 과연 이 알력의 소지를 모조리 제거할 수 있는 정치를 수립할 수 있었을지에 대해서는 깊이 검토해볼 문제이다. 이에 대해 올바른 판단을 내리기 위해서는, 적개심이니 대립이니 하는 것과는 상관없이, 오랜 세월 동안 자유를 잃지 않았던 다른 공화국을 한번 살펴볼 필요가 있다. 즉, 그 나라들의 정치는 어떠했는지, 또 그것을 과연 로마에 도입할 수 있었는지 하는 점이다.

앞에서와 마찬가지로, 고대에는 스파르타, 현대에는 베네치아를 그 예로 들자. 스파르타는 한 국왕과 소수의 원로원이 다스리고 있었다. 베네치아에서는 권력이 다양한 신분의 사람들에게 분할되어 있지 않았고, 정치에 참여한 것은 한결같이 '신사'라는 이름으로 불리는 사람들이었다.

이러한 정체(政體)는 입법자의 능력 덕분이라기보다 우연의 결과였다. 많은 사람들이 이웃나라에 쫓겨 난을 피해 암초 위에 모였고, 그곳에 현재의 베네치아가 건설되었다. 시민들의 수가 매우 늘어나 함께 살려면 법률을 마련하지 않으면 안 될 정도가 되자 그들은 일종의 정부를 만들었던 것이다. 그들은 도시의 이해(利害)에 대해 종종 모여서 토론을 했다. 그들은 자신들의 수가 상당히 늘어나 힘이 생겼다고 생각하자, 앞으로 누구한테도 동료로 가담하여 정치에 참여할 수 있는 자격을 인정해 주지 않기로 했다. 그리고 그 특권을 가지지 않은 자가 엄청난 수에 이르렀기 때문에, 정치에 참여하는 사람들을 존중하기 위해 그들에게는 신사, 그 밖에 사람들에게는 평민이라는 이름을 붙인 것이다.

이러한 정체는 아무런 갈등 없이 시작되어 존속한다. 그것은, 그 시작 당시 베네치아에 살고 있던 사람들은 모두 권력을 함께 나눠 가짐으로써, 아무도 그것에 대해 불평하지 않도록 했기 때문이다. 그 뒤에 이 도시에 들어온 사람들은 이미 정체가 완성되어 있는 것을 보고, 반란을 일으킬 생각도 하지 않았고, 또 그럴 수도 없었다. 그런 생각을 하지 않았던 것은 세금을 전혀 거두지 않았기 때문이다. 또한 정치를 하는 사람들이 정권을 꼭 쥐고, 평민들에게 한 번도 권력있는 역할을 맡긴 적이 없었기 때문에 반란을 일으켜봤자 소용없었다. 한편, 그 뒤에 베네치아에 들어온 사람들은 인원수가 적어서 지배자와 피지배자 사이의 균형을 깨뜨릴 만한 힘이 전혀 없었다. 신사들의 수가 그들보다 많지는 않았지만, 그렇다고 적지도 않았던 것이다. 이러한 이유에서 베네치아는 그 정체를 만들 수 있었고, 단결도 잃지 않았다. [1]

스파르타는 이미 말한 것처럼 한 사람의 국왕과 소수의 원로원이 다스렸고 마찬가지로 이 체제는 오랫동안 지속되었다. 왜냐하면 스파르타에서는 주민의 수도 적은 데다 외래인은 모두 거부했고, 리쿠르고스가 제정한 법률을 존중하며 잘 복종하고 있었기 때문이다. 그래서 알력이 전혀 일어나지 않고 오랫동안 일치 단결할 수 있었다. 리쿠르고스의 그 제도는 스파르타에 부의 평등이나 신분의 불평등을 만든 것이 아니라 오히려 평등하게 가난한 생활을 하게 했다. 그리하여 민중과 시민들은 야망을 품거나 권력을 원하지 않았고, 귀족들도 남에게 그 권력을 박탈하고 싶은 기분이 들게 하는 행동은 일체 하지 않았다.

스파르타가 그러한 이익을 얻은 것은 모두 국왕 덕분이었다. 왕과 귀족 중심인 그들의 권위가 힘을 가지는 것도, 실은 민중을 보호하고 어떤 손해도 입히지 않으려고 노력했기 때문이다. 그 결과 민중은 권력을 두려워하거나 바라지 않고, 권력을 가지려 하거나 갈망하지도 않으며, 알력의 소지가 전혀 없으므로 민중과 귀족 사이에 불화가 생길 일도 없었다. 이리하여 그들은 오랫동안 지극히 완전하게 일치단결하는 생활을 계속했다. 이 친화에는 두 가

---

1) 《군주론》 제12장, 《병법7서》 제1권, 《피렌체의 역사》 제2권 참조.

지 원인이 있었다. 첫 번째는 스파르타의 주민이 얼마 안 돼 그들을 다스리는 관리도 적은 수로 충분했던 것, 두 번째는 공화국 안에 외국인이 들어오는 것을 일체 금지한 것이다. 따라서 민중은 부패하는 원인을 전혀 몰랐고 인구 증가가 제한된 결과, 지배받는 몇몇 사람들에게 정치의 중압감은 견딜 수 없는 것이 되어버렸을 정도였다.

이 공화국을 잘 살펴보면, 로마의 입법자들이 평화로운 나라를 만들기 위해서는 베네치아인이 한 것처럼 민중을 동원하여 싸움을 하지 않거나 스파르타인이 한 것처럼 외국인을 시민으로 받아들이지 않았어야 한다. 하지만 그들은 이 두 가지 수단을 다 취했기 때문에 민중의 세력과 수가 늘어났고 따라서 분쟁의 원인이 배가되었다. 로마공화국이 좀더 평화가 계속되었더라면, 그 결과 아마도 이 나라의 약점은 더욱 커져서 언젠가는 도달할 번영에의 길을 자신의 손으로 막아버리는 불리한 양상이 되었을 것이다. 또한 로마가 국내의 분쟁을 근절하려고 생각했더라면 스스로 대국이 될 수단을 남김없이 잃어버리는 결과가 되었을 것이다.

이 세상에 일어나는 일을 유심히 살펴보면, 결함을 하나 메우면 반드시 또 하나의 결함이 생긴다는 것을 알 수 있다. 영토 구석구석에 흩어져 있는 다수의 용감한 민중을 하나로 뭉치고자 한다면, 언젠가 이 민중은 좀처럼 뜻대로 움직여주지 않게 된다는 것을 명심해야 한다. 그들을 편하게 다스리기 위해 좁은 지역 속에 몰아넣고 무기를 빼앗아 맨손으로 만드는 데 성공한다 해도, 그 정복지를 하나로 유지할 수 없거나 국가가 매우 허약해져서 외부로부터 공격을 당하면 손 쓸 사이도 없이 먹잇감이 되고 말 것이다. 그러므로 우리가 충분히 검토하고 결정해야 하는 것은 어떤 수단이 가장 불편이 적은가 하는 것이다. 비교적 불리한 점이 적은 것이 가장 좋은 수단이다. 세상에 완전무결하거나 아무런 해악도 없는 것은 결코 존재하지 않기 때문이다.

로마가 스파르타의 예에 따라 선거로 뽑은 국왕과 소수의 원로원을 가질 수 있었다면, 또 광대한 영토를 얻고 싶어하지도 않았다면, 다른 도시처럼 주민의 수를 제한할 수 있었을 것이다. 그렇게 되면 종신제 국왕과 소수의 원로원의원에게 큰 힘이 돌아가지는 않았겠지만 시민의 단결은 잘 유지되어 갔을 것이다.

그러므로 새롭게 공화국을 건설하고자 하는 자는, 로마처럼 영토와 국력을 신장할 것인지 아니면 그것을 적절한 한도 내로 제한할 것인지를 먼저 생각해 보아야 한다. 전자의 경우에는 나라를 로마처럼 조직하여 가능하면 국내의 내분이나 투쟁에는 관여하지 않기로 하고 다만 그 소동이 큰 국란으로 발전하지 않도록 해야 한다. 그것은 많은 수의 주민과 좋은 무기가 없으면 어떤 공화국도 결코 크게 팽창할 수 없고 설사 대국이 되어도 유지할 수 없기 때문이다. 후자의 경우에는 스파르타와 베네치아처럼 조직하면 된다. 그러나 영토가 커지면 대부분의 경우 나라가 망하게 되기 때문에 가능하면 새 영토를 획득하지 않도록 하는 것이 좋다. 허약한 나라가 넓은 영토에 짓눌려 뿌리째 파괴되는 것이 보통이기 때문이다. 스파르타와 베네치아가 그 좋은 예이다. 스파르타는 그리스 전역을 정복했지만 아주 사소한 계기로 그 허약한 기반을 드러내고 말았다. 펠로피다스[2]가 앞장선 테베의 반란을 시작으로 다른 도시들도 잇따라 궐기하여 나라가 완전히 무너지고 말았던 것이다. 베네치아도 마찬가지로 이탈리아 대부분을 점령했지만, 그것은 재력과 계략에 의한 것이지 전쟁을 통해 빼앗은 것은 거의 없었다. 그러므로 국력을 보여주려고 시도한 단 한 번의 전쟁에서 그때까지 가지고 있던 영토를 송두리째 잃고 말았다.

오랫동안 존속할 수 있는 공화국을 건설하는 가장 좋은 방법은, 나라 안을 스파르타나 베네치아처럼 조직하고 상당히 견고한 요해지에 도시를 건설하여 아무도 쉽사리 공격할 수 없도록 수비를 튼튼히 하는 것이다. 한편으로 국력이 너무 강하여 이웃나라들을 위협하는 일이 있어서는 안 된다. 그렇게 하면 오랫동안 나라를 유지할 수 있다. 왜냐하면 공화국을 상대로 싸움을 하는 데는 대체로 다음의 두 가지 동기가 있을 뿐이기 때문이다. 그 하나는 그 나라를 지배하기 위해, 또 하나는 자국이 지배당하지 않기 위해서이다. 앞에서 말한 방법은 이 두 가지 요인을 완전히 제거할 수 있다. 그 나라가 공격하기 어렵고 수비가 늘 견고하다면, 설령 그 나라를 정복하려는 자가 있다 해도 매우 드물 것이다. 또 늘 적정한 한계를 지키고 야심이 없는 나라라는

---

2) Pelopidas(기원전 364년 사망). 379년 테베 반란을 주도하고, 371년 스파르타군을 격파했다. 《군주론》 제5장, 이 책 제1권 제6, 제21장, 특히 제3권 제6, 제13장 참조.

걸 경험적으로 알면, 이웃나라가 위협을 느껴 싸움에 도전하는 일은 결코 없다. 더욱이 그러한 신뢰를 얻은 뒤에 나라의 법령으로 영토 확장을 금지하고 있으면 더욱 안전하다.

사실 이러한 균형만 잘 유지하면 민중은 더할 나위 없는 사회생활을 누릴 수 있고, 도시는 둘도 없는 평화를 즐길 수 있을 것이다. 그런데 인간 세상에 영원히 변하지 않는 것은 아무것도 없고, 모든 것은 머물러 있지 않는 법이기 때문에, 아무래도 잘 되거나 아니면 잘못되거나, 둘 중 하나일 수밖에 없다. 우리는 이성의 명령에 의해서가 아니라, 어쩔 수 없는 사정으로 많은 일을 포기하는 것이 보통이다. 그러므로 정복을 시도하지 않아도 유지할 수 있도록 어떤 공화국을 건설했다 해도, 의도하지 않게 영토를 확장하게 되면 그것 때문에 당장 기초가 흔들려 나라는 무너지게 된다. 그런 한편, 하늘이 자비를 내려 전쟁의 참화를 겪게 하지 않고 둘 때도, 게으름의 폐풍이 만연하여 국내가 유약해지거나 분열이 일어난다. 때로는 이 두 가지 화가 한꺼번에 나타나 나라를 망치는 원인이 되기도 한다.

완전무결하고 올바른 균형 상태가 영원히 지속되는 일은 거의 없다. 그러므로 공화국을 건설할 때는 가장 공명정대한 방법에 의거하고, 설령 필요상 어쩔 수 없이 영토를 확장할 경우에도 그 정복지를 유지할 수 있도록 대비해 두어야 한다. 그래서 나는 맨 처음 논의로 돌아가서, 나라를 세울 때는 로마 국헌에 모범을 구하고 다른 공화국을 모방해서는 안 된다고 생각한다. 왜냐하면 이들 두 정체의 중간적 형태는 있을 수 없고, 또 민중과 원로원 사이에 일어날 수 있는 반목을 로마에 번영을 가져다주는 필요악으로 여기고 간과해서는 안 되기 때문이다.

호민관의 권력이 자유를 지키는 데 없어서는 안 되는 것이라고 설명했지만, 이내 사람들이 깨닫는 것은 호민관직 역할의 하나인 고소권을 통해 이득을 얻고 있다는 점이다. 이에 대해서는 다음 장에서 설명하겠다.

제7장
공화국에서 탄핵권의 필요성

자유를 보호하기 위한 필수조건

어떤 한 나라에서 자유의 수호자에게 주어지는 권능 가운데 가장 유효하고 또 필요한 것은, 민중에 대해 또는 공직자나 어떤 재판소에 대해, 자유를 침해하는 시민을 고소할 수 있는 권한이다. 이 권한에 의해 공화국 내에서 매우 중요한 두 가지 효과가 나타난다. 그 하나로서, 시민은 고소당하는 것이 두려워서 감히 국가의 안녕을 어지럽히는 행위를 하지 않게 된다. 설령 뭔가를 기도하더라도 그 대역행위에 즉각 준열한 형벌이 가해지는 것이다. 또 다른 효과는 몇몇 시민에 대하여 끊임없이 국내에서 빚어지는 열정을 해소할 수 있는 수단을 제공한다는 것이다. 이러한 열정을 합법적으로 해소하지 못하면, 그 열정은 결국 비상수단에 호소하여 공화국을 뿌리째 전복시키게 된다. 이와 반대로, 국내에 끓어오르는 열정을 적당히 발산할 수 있도록 조장하여 국법이 인정하는 방향으로 돌파구를 찾을 수 있게 되면, 세상에 이보다 더 국가를 강화해주는 것은 없다. 이것이 바로 수많은 전례, 특히 티투스 리비우스가 쓴 코리올라누스[1]에 대한 이야기로 입증된 사항이다.

그 이야기에 의하면, 로마 귀족은 민중이 먼저 그 권리의 수호역인 호민관을 창설한 이래 너무 많은 권력을 쥐고 있는 것을 질투하고 있었다. 바로 그 무렵, 로마에서는 몇 번의 예에서 볼 수 있는 것처럼 심한 기근이 덮쳤기 때문에 원로원은 도시에 필요한 곡물을 구하러 시칠리아로 사람을 보냈다. 그 때 민중파의 적 코리올라누스는 지금이야말로 민중을 벌하고 그들이 장악한 권력을 탈환할 때이며, 그러기 위해서는 밀의 분배를 금지하여 굶주림에 시

---

1) Caius Marcius Coriolanus. 기원전 494년에 콜리오리 시를 탈취한 용장. 곡물분배 때문에 원한을 사서 추방당했다. 티투스 리비우스의 《로마사》 제2권 제32장 이하. 특히 제40장. 또한 이 책 제3권 제13장 참조.

달리게 하면 된다고 주장했다. 이 연설이 민중의 귀에 들어가자 민중은 격분하였고 호민관이 코리올라누스에게 출두를 명하여 사건을 해명하도록 했다. 만약 그러지 않았으면 결국 폭동 속에 그는 목숨을 잃었을지도 모른다. [2]

이 사건은 앞에서 말한 사항, 즉 공화국에서 민중이 한 시민에 대한 의분을 합법적으로 나타낼 수 있도록 수단을 제공하는 것이 국법으로 필요하다는 주장의 논거가 된다. 통상적인 방법을 더 이상 찾을 수 없게 되면 어떻게든 비상수단에 호소하지 않을 수 없다. 그렇게 되면 후자가 전자보다 훨씬 큰 피해를 부르는 것은 의심할 여지가 없다. 실제로 한 시민이 설령 부당한 처분이라 하더라도 정식으로 처단당하고 나면 국내에는 아무런 혼란이 일어나지 않거나 일어난다 해도 가볍게 끝난다. 왜냐하면 이러한 억압책은 거의 언제나 자유의 파멸을 초래하는 원인이 되는 개인의 힘, 또는 외국의 세력을 빌리지 않고 이루어지기 때문이다. 즉 그것이 사용하는 힘은 다름 아닌 국법과 국헌의 힘이고 그 특유의 한계도 알고 있으므로, 그것이 발동해도 공화국을 멸망시키는 일은 결코 없다.

이 의견을 증명하는 데는 고대 코리올라누스의 예만으로 충분하다고 생각한다. 그가 만일 민중의 폭동에 의해 살해되었더라면 아마도 로마공화국에 온갖 폐해가 초래되었을 것이다. 그로 인해 개인들의 말다툼이 시작되면 언쟁은 위구심을 낳고, 위구심에 사로잡히면 스스로 방어태세를 굳히기 위해 같은 무리를 끌어모으게 되며, 같은 세력끼리 뭉치고 나면 도시는 당파로 갈라져서 결국 국가를 멸망시키게 된다. 그런데 그 원인이 된 자가 국법상의 권력에 의해 처리된다면 잇따라 발생했을 모든 폐해를 예방할 수 있는 것이다.

현대에는 우리가 지금 보고 있는 대로, 피렌체 공화국이 엄청난 피해를 입고 있다. 피렌체 민중은 시민의 한 사람인 프란체스코 발로리[3]가 도시의 영주처럼 군림하는 것을 보고 분개했지만, 그 분노를 합법적으로 발산하지 못했다. 발생했다. 피렌체 시민들은 거의 모두 그의 야심을 간파하고, 국법을 무시하는 만행에 분노를 참지 못하고 비난을 퍼부었다. 그런데 공화국으로서는 당파의 힘으로 그에게 대항하는 것 외에는 길이 없었다. 발로리에게 두

---

2) 티투스 리비우스의 《로마사》 제2권 제34장.
3) 마키아벨리와 동시대인으로 메디치 일파의 우두머리. 1494년 이후에는 피렌체의 독립을 위해 힘쓴다. 마키아벨리는 그의 《인물비평》 속에 그에 대해 짧은 글을 남겼다.

려운 건 비상수단뿐이었으므로 그때부터 자신을 보호해줄 동조자들을 불러 모은다. 한편, 그와 싸우는 사람들도 법률의 힘으로는 그를 누르지 못하고 비상수단을 취하는 수밖에 없어서 무기를 들고 일어서게 되었다. 여기서 만일 합법적으로 그를 저지할 수 있었더라면 그 한 사람이 권력을 잃는 것으로 끝났겠지만, 법률이 아닌 실력으로 몰아낼 수밖에 없어 끝내 수많은 시민을 잃는 결과가 되고 말았다.

이러한 관찰은 피에로 소데리니와 관련하여 피렌체에서 일어난[4] 사건을 보면 더욱 뚜렷해진다. 그 사건은 공화국에서 너무 많은 권력을 가진 한 시민의 야심을 억제할 수 있는 적절한 수단이 없어서 일어난 일이었다. 그것은 불과 8명의 판관으로 구성되는 법정이 권력자를 심판할 수 있다고 생각했기 때문이다. 이러한 판관은 다수가 아니면 안 된다. 아무래도 다수의 의사에 굴종하기 쉽기 때문이다. 실제로 국가에 이러한 방위수단이 있었다면, 소데리니가 범죄행위를 저질렀을 때 시민들은 일부러 에스파냐 군대의 힘을 빌리지 않더라도 충분히 그를 응징할 수 있었을 것이다. 또 반대로 그의 행위가 합법적이었다면, 민중은 자신들이 고소당하는 것이 두려워 감히 그를 고소하는 대담한 행동은 취하지 못했을 것이다. 그랬더라면 그렇게 큰 사건을 일으키지 않고도 끓어오르는 분노를 진정시킬 수 있었을 것이다.

지금까지 논한 것을 요약하면, 어떤 도시가 분열되어 당파의 어느 한쪽이 외국세력의 도움을 빌릴 때는, 어떤 경우에도 그 나라의 조직이 나쁘기 때문이라고는 할 수 없다. 또 인간의 증오심을 적당히 발산시킬 수 있는 제도가 없기 때문이라고도 할 수 없다. 이런 폐해를 방지하려면, 상당히 많은 수의 판관으로 재판소를 구성하여 고소를 받아들이고 그 고소를 존중하면 된다. 로마에서는 이 제도가 훌륭하게 운용되어 오랜 세월에 걸친 민중과 원로원의 분쟁 속에서도 원로원이나 민중, 일개 시민이 외국의 힘에 의지하려고 생각한 적이 단 한 번도 없을 정도였다.

---

4) 1512년 에스파냐의 세력을 이용한 메디치파가 프랑스파인 소데리니에 반대하여 그를 추방하고 메디치가를 복위시킨 사건(이에 대해서는 이 책 제2권 제27장 참조). 이미 말한 것처럼, 이 정변에 의해 마키아벨리는 피렌체 공화국과 운명을 같이 하여 공적 생활에서 쫓겨났다. 이 책 제1권 제52장 참조.

앞에서 말한 예들에서 내가 논하고자 하는 것이 충분히 입증되었지만 티투스 리비우스의 역사서에서 볼 수 있는 실례를 한 가지 더 덧붙이고 싶다. 토스카나 지방에서 가장 유명한 도시 중 하나였던 쿠르시움에서 한 부족왕(라쿠몬)[5]이 아론[6]의 누이동생을 범하였다. 그 오빠는 복수를 하려고 해도 적이 너무 강하여, 그 당시 오늘날의 롬바르디아 지방을 점령하고 있던 갈리아인을 찾아가서 도움을 청했다. 그들은 자신들의 손으로 복수를 대신해주면 큰 이득을 볼 수 있다는 계산 하에 당장 쿠르시움에 군대를 보내주기로 약속했다. 이때 만일 아론이 자기 도시의 법률에 근거하여 복수를 할 수 있었더라면 야만족의 힘은 전혀 빌릴 필요가 없었을 것이다. 어쨌든 공화국에서 이러한 고소가 유용해질수록 참소는 그만큼 더 유해한 것이 된다. 다음 장에서 이에 대해 논하겠다.

---

5) Lacumon. 고대 에트루리아 족은 12부족으로 구성되어 있었는데 그 각각의 부족장에 이러한 이름을 붙였다.
6) Aron. 에트루리아 쿠르시움(지금의 키우시)의 왕 보르세나의 아들. 티투스 리비우스의 《로마사》 제5권 제33장.

제8장
탄핵은 소중하나 중상은 해롭다

중상은 법에 따라 처리되어야

푸리우스 카밀루스[1]는 뛰어난 무용으로 갈리아인을 물리치고 로마를 구함
으로써 그 공적을 찬양받았다. 모든 로마 시민은 그에게 명예와 직위를 주어
도 특별히 자신들의 지위가 손상된다고는 생각하지 않았다. 그런데 이에 반
해, 만리우스 카피톨리누스[2]는 이 위인이 최고의 명예를 얻는 것이 무척이
나 탐탁지 않았다. 자신도 푸리우스 못지않게 신전의 구원자로서 도시의 복
지에 공헌했다고 믿고 있었고, 전략과 전술에 있어서도 결코 상대보다 못하
지 않다고 생각했던 것이다. 질투에 이성을 잃은 그는 푸리우스의 위세에 화
가 끓어올랐지만, 그렇다고 원로원의원들에게 분쟁의 씨앗을 뿌려 서로 으
르렁거리게 만들 수도 없어, 민중을 이용하여 참으로 추악한 악평을 시민들
사이에 퍼뜨리기 시작했다.

온갖 참소 중에서도 특히 그가 역설한 것은, 갈리아인에게 주기 위해 모은
돈이 그들에게 전해지지 않고 몇몇 시민들이 가로챘으며, 그것을 되찾아서
공익을 위해 쓴다면 민중의 세금부담을 덜 수 있고, 아니면 빚의 일부분이라
도 갚을 수 있다는 것이었다. 이 선동에 처음에는 민중도 부화뇌동하여 집회
를 열고 소동을 일으키려 했다. 여기에 분개한 원로원은 국가가 위기에 처했

---

1) Marcus Furius Camillus(기원전 446~365년). 명장이자 대정치가이며 귀족주의의 대표
   자. 기원전 390년 아르데아스에 은퇴해 있을 때 갈리아인이 로마를 점령하자 즉시 출전
   하여 물리친 덕분에 '제2의 건국자'라는 칭호를 얻었다. 티투스 리비우스의 《로마사》 제
   5권 36장 이하, 특히 제49장 참조.
2) Marcus Manlius Capitolinus(기원전 392~384년). 명문귀족 출신. 기원전 363년 갈리아
   인을 격파하고 신전(카피톨리노)을 지켰기 때문에 카피톨리누스로 명명되었다. 카밀루
   스와 싸워 체포되었을 때의 독재관은 코르넬리우스 코수스이다. 그는 만리우스를 일단
   체포했지만 민중의 요구에 위협을 느끼고 방면했다. 상세한 것은 티투스 리비우스의
   《로마사》 제6권 제14~16장 참조.

다 보고, 독재관을 임명하여 이 소동을 처리하고 만리우스의 폭거를 제지하게 했다. 독재관은 날을 정하여 만리우스를 소환했다. 그 날이 되자 이 두 사람은 동시에 광장에 나타났다. 독재관은 귀족들에게 만리우스는 민중들에게 둘러싸여 서로 대결하게 되었다. 독재관은 만리우스에게 그가 문제로 삼는 돈이 지금 누구에게 있는지, 원로원과 민중 모두가 그것을 자세히 알고 싶어하니 설명하라고 요구했다. 그런데 그는 구체적인 설명은 한 마디도 하지 못하고, 그 일은 세상 사람들도 다 알고 있는 사실이니 새삼스럽게 말할 것도 없다고 얼버무렸다. 그러자 독재관은 그 자리에서 그를 체포하여 감옥에 집어넣어 버렸다.

이것만 보아도, 자유를 누리는 도시는 물론이고 그 밖에 모든 정체 하에서 참소가 얼마나 가증스러운 것인지 확실히 알 수 있고, 그것을 억제하는 제도를 존중하는 것이 참으로 중요하다는 것이 명백해진다. 그런데 참소를 근절하는 데 가장 좋은 방법은, 다름 아닌 고소를 할 수 있는 수단을 충분히 마련하는 것이다. 이러한 고소가 공화국에 유익하다면 그만큼 참소는 유해한 것이 된다. 참소에는 증인도 증거도 필요 없고 누구든지 닥치는 대로 모든 시민을 대상으로 할 수 있다. 고소는 확실한 물증을 제시하거나 명확하게 상황을 얘기하고 입증하지 않으면 안 되는 데 비해, 참소는 전혀 딴판인 것이다. 시민을 고소하려면 행정관이나 재판정에 호소하지만 참소는 광장이나 사적인 모임에서 떠들기만 하면 된다. 그래서 고소가 거의 사용되지 않거나 고소할 수 있는 제도가 없는 나라에서는 특히 참소가 성행하게 마련이다.

이러한 이유에서, 공화국의 건설자는 아무런 두려움이나 위험을 느끼지 않고 시민이라면 누구라도 고소할 수 있다는 것을 국시(國是)로 확립해야 하는 것이다. 이 권리가 확립되어 존중받는다면 참소자는 준엄하게 처벌되어야 한다. 오직 사적인 모임에서 참소하는 것 외에는 방법이 없던 자들에게 당당하게 고소할 수 있는 곳을 마련해 준다면 참소로 인해 처벌을 받더라도 불평할 수가 없게 되며, 사람들은 더 이상 참소를 하지 않게 된다. 이러한 합법적인 제도가 없는 곳은 어디든 어김없이 극심한 혼란상태에 빠진다. 참소를 당한 사람들은 화는 낼지언정 반성하지는 않기 때문이다. 그러므로 화가 난 사람들은 지금까지와 같은 태도를 고수할 것이며, 사람들은 참소를 두려움의 대상이 아닌 증오의 대상으로 인식하기 마련이다.

이러한 일에 대해 로마에서는 적절한 제도가 설치되어 있었지만, 그렇지 않았던 피렌체는 혼란에 빠져 말할 수 없이 비참한 재앙을 초래했다. 이 도시의 역사를 읽는 사람들은 뭔가 중요한 정무에 몰두하는 시민들은 언제나 참소 때문에 큰 고통을 당하고 있었다는 것을 알게 된다. 어떤 사람에게는 국가의 돈을 가로챘다고 말하고, 다른 사람에게는 나라를 배반하여 일부러 싸움에 졌다고 욕을 하고, 또 다른 사람에게는 야심 때문에 이러이러한 비리를 저질렀다는 소문을 퍼뜨린다. 결국 모두에게 적개심만 커지도록 만드는 것이다. 이러한 공공연한 싸움은 당파싸움으로 번지고 당파싸움이 커지면 나라를 멸망시키는 원인이 된다.

만일 피렌체에서도 시민에게 고소권을 주고, 참소인을 처벌해도 된다는 법률이 시행되고 있었더라면, 참소로 인해 도시 속에서 폭발하는 내분은 보지 않아도 되었을 것이다. 어떤 시민이 처벌을 받든 사면이 되든, 국가에는 사소한 위험이 미치지 않고 끝날 수 있다. 원래 고소당하는 사람이 참소당하는 사람보다 훨씬 적은 것이 보통이다. 왜냐하면 앞에서도 말했듯이 고소하는 것은 참소하는 것처럼 간단하지 않기 때문이다. 출세를 지향하는 야심가가 중요하게 여기는 수단 가운데 참소가 전혀 유효하지 않은 수단이라고 말할 수는 없다. 이러한 야심가들은 자신들의 과욕에 반대하는 유력자의 악평을 교묘하게 퍼뜨리고 그것을 자신들의 기도에 이용한다. 그들이 민중 속에 가담하여 누구든 출세하는 자를 시기하며 험담을 퍼뜨리면, 민중은 쉽게 그들 편을 들기 때문이다. 그런 예를 얼마든지 증거로 보여줄 수 있지만,[3] 여기서는 다음의 한 예만을 들기로 한다.

피렌체 군대는 조반니 구이차르디니 사령관의 명령에 따라 루카를 공격했다. 그런데 그 명령이 잘못되었는지, 아니면 피렌체인의 운이 나빴는지, 루카의 공략은 실패로 끝났다. 그러자 사람들은, 결과가 이렇게 된 것은 조반니 사령관의 실책 때문이며 틀림없이 루카인에게 매수당한 것이라고 비난

---

3) 《피렌체의 역사》는 그가 말하는 풍부한 예를 보여주고 있다. 다음 단락에서 설명하는 한 예도 루카 공격 때의 사건이다. 같은 책 제4권 1430년 항 참조.

했다. 물론 적 쪽에서도 이 참소를 부추기는 바람에 사령관은 까딱하다가는 돌이킬 수 없는 운명에 내몰릴 판이었다. 아무리 해명해도 소용이 없었고 끝내 피렌체인들의 손에 걸려 죄수가 된 채 모든 사실을 얘기하고 누명을 벗을 기회를 단 한 번도 얻지 못했다. 무엇보다 이 공화국에는 그런 것을 가능하게 하는 수단이 없었던 것이다. 그리하여 피렌체 귀족의 거의 전부를 차지하고 있던 조반니 사령관의 친구들과 정변을 기다리고 있던 자들 사이에 심각한 동요가 일어났다. 게다가 방금 말한 원인뿐만 아니라 다른 일까지 겹쳐져서 이 적개심은 날이 갈수록 높아졌고 그것은 마침내 나라를 몰락시키는 불쏘시개가 되었다.

만리우스 카피톨리누스는 참소자이지 고소인은 아니었고, 로마인은 이 기회에 하나의 뚜렷한 예를 보여주어 참소자는 탄핵되어야 함을 가르쳤다. 즉 누군가를 고소할 때는 공개적으로 해야 하며 그 고소에 타당성이 있으면 상을 받고, 근거가 없다는 것이 밝혀지면 만리우스처럼 처벌당한다는 것을 보여준 것이다.

제9장
왜 한 사람의 지배가 필요한가

현자는 비전을 제시한다

이 글을 읽는 사람들은 지금까지 내가 공화국을 건설한 사람들이나, 종교와 군사훈련 등과 관련된 제도에 대해서는 얘기하지 않고 너무 로마의 역사만 파고들었다고 생각할지도 모르겠다. 나로서도 그런 사항에 대한 논의를 듣고 싶어하는 사람들의 마음을 너무 오랫동안 모른 척할 수는 없으므로 많은 사람이 나쁜 전례라고 생각하고 있는 것, 즉 이를테면 로물루스처럼 먼저 자신의 동생을 죽이고 이어서 손을 잡고 함께 왕위에 올랐던 티투스 타티우스 사비누스[1]를 살해하는 데 찬성한 자유정치의 시조에 대해 살펴보기로 한다. 이러한 군주의 전례에서 고무받은 민중이 자신의 야망이나 지배욕을 행동으로 옮길 때는, 자신의 권력에 맞서는 자들을 아무렇지도 않게 억압하게 될 거라고 생각하는 것도 무리가 아닐 것이다.

그러나 이러한 생각은 로물루스가 살인을 하기에 이른 동기를 미처 생각하지 못해서 일어나는 것이다.

일반적인 법칙으로서 어떤 공화국이나 왕국도 한 인물에 의해 조직되지 않는다면, 처음부터 완벽하게 조직되거나 예전의 제도들을 고려하지 않은 채 철저히 개혁되는 경우란 거의 없거나 결코 없다. 어떤 나라에서도 개혁의 형식을 결정하는 것은 단 한 사람이어야 하며, 그 한 사람의 정신에 의해 그 조직이 좌우되어야 한다.

이러한 이유에서, 어떤 입법자이든 사욕을 위해서가 아니라 공익을 위해 수고하고, 자신의 유산을 위해서가 아니라 모든 사람들과 공통되는 조국을 위해 몸을 아끼지 않고 일하고 싶다면, 자기 한 사람의 손으로 모든 권력을

---

1) 사비니인의 왕. 속아서 로마의 신전에 유인되어 습격당했지만, 사비니인의 중재로 로물루스와 함께 사비니인 및 로마인을 공동으로 지배하게 되었다. 그러나 기원전 739년 라비니움에서 암살당했다. 티투스 리비우스의 《로마사》 제1권 제10장 이하.

장악해야 한다.

따라서 학식이 있는 사람이라면 어느 누구도 왕국을 세우고 공화국을 건설하기 위해 무도한 행위에 이르더라도, 그것을 비난하지는 않을 것이다. 실제로 인간의 행위는 나빠도 그 결과만 좋으면 된다. 그 결과가 로물루스의 예에서 볼 수 있는 것처럼 성공하면 그 죄과는 언제나 용서된다. 단, 여기에는 같은 폭력행위라도 파괴를 위한 것이 아닌 적어도 개선을 목적으로 하는 행위만 대상으로 해야 한다.

군주는 총명하게 신중을 기하여 자신이 찬탈한 권력을 상속재산으로 물려주지 않도록 해야 한다. 인간은 선보다 악으로 기울기 쉽기 때문에, 선대의 군주가 오로지 덕을 중시하고 행사했던 권력을 그 상속인은 사욕이 움직이는 대로 남용하게 될 것이 뻔하기 때문이다. 한편 설령 한 사람이 국가를 정비할 수 있는 힘을 갖추고 있더라도, 계속해서 혼자 그 무거운 짐을 떠맡아야 한다면 그 국가는 오래 갈 수 없다. 그러나 많은 사람들이 국가의 수호자가 되어, 또 많은 사람들이 그 존속에 관심을 가지고 있는 경우에는 국가는 영속할 수 있다. 물론 그 인원수가 많으면 건국의 위업을 성취할 수는 없다. 그것은 사공이 많으면 배가 산으로 올라가는 것과 같다. 즉 많은 사람이 유익하다는 걸 알아도 뭔가를 과감하게 중지할 경우에는 모두의 의견이 일치하는 일이 결코 없기 때문이다.

로물루스가 그 형제와 협력자를 죽인 것은 범죄가 아니라 공공의 복지를 위한 행동이었다. 개인적인 야심으로 움직인 것이 아니라는 증거로, 그는 바로 그 뒤에 원로원을 설치하여 조언을 듣고 거기에 따라 행동한 점을 들 수 있다. 로물루스가 쥐고 있던 권력을 자세히 살펴보면, 전쟁이 시작되었을 때 군대를 지휘할 수 있는 권한과 원로원의 소집권뿐이었음을 알 수 있다. 분명히 그 덕분에 로마는 타르퀴니우스 왕가를 추방하고 자유를 회복할 수 있었다. 그렇다고 굳이 구정체를 완전히 바꿔버릴 필요는 없었기 때문에 종신제 국왕 대신 1년마다 교체되는 집정관 두 사람을 새롭게 임명하는 데 그쳤다. 이것으로도 로마 최초의 제도가 전제적인 폭군정치보다 자유로운 민중정치에 적합했음이 훌륭하게 입증된다.

나는 얼마든지 예를 들어 앞에서 말한 내 의견을 강조할 수 있다. 이를테면 모세, 리크루고스, 솔론 그 밖에 수많은 공화국 또는 왕국의 건국자들은 민중

카피톨리노의 암이리. 카피톨리노 언덕, 로마. 롱가의 왕 누미토르의 딸 레아 실비아와 군신(軍神) 마르스 사이에 태어난 쌍둥이 형제 로물루스와 레무스는 티베르 강에 버려졌으나 암이리의 젖을 먹고 자란다. BC 753년 로물루스는 로마를 건설하고 초대왕이 되었다. '로마'라는 명칭은 그의 이름을 따서 붙였다고 한다.

에게 절대적인 권력을 행사할 수 있었기 때문에 공공의 복지를 증진하는 법률을 제정하는 데 성공할 수 있었다. 그것에 대한 선례는 모두 다 알고 있는 사실이므로 생략한다. 그중에서 단 한 사람, 가장 알려지지 않은 이 사람에 대해서만 이야기하고 넘어가고자 한다. 적어도 뛰어난 입법자가 되고자 하는 사람은 이를 잘 음미하고 반성해야 할 것이다.

그 예는 다음과 같다.

스파르타의 왕 아기스[2]는 리크루고스가 제정한 법률을 다시 스파르타인들

---

2) 재위 기원전 245~241년. 스파르타 지주들의 독점을 개선하기 위해 리크루고스의 법에 따라 토지의 평균소유, 가난한 자의 부채탕감을 시도했기 때문에 레오니다스 2세의 앞잡이가 된 스파르타의 다섯 장관(본문대로 번역하자면, 에포로이는 그리스어로 '감시한다'는 뜻)에게 살해되었다. 나중에 레오니다스 2세의 아들이자 아기스 4세의 미망인과 결혼한 사람이 클레오메네스(Cleomenes) Ⅲ인데, 본문대로 아기스의 뜻을 이어받는다. 재위 기원전 235~219년

에게 적용하려고 시도했다. 그는 스파르타가 그 법률을 잊었기 때문에 옛날의 미풍이 완전히 사라지고 따라서 국력도 땅에 떨어진 것이라고 생각했던 것이다. 그리하여 자신의 계획을 실행으로 옮기려고 하는 찰나, 그는 감독관(에포로이)들에 의해 폭군정치 수립의 야망을 품었다는 구실로 살해되고 만다. 그런데 그 후계자인 클레오메네스도 아기스와 같은 소망을 품고 있었다. 이 왕이 자신의 구상과 지도정신을 써 남긴 책을 통해 자신이 모든 권력을 장악하지 않으면 조국에 행복을 줄 수 없으며, 극소수 사람들의 이익에 방해를 받으면 아무리 대망을 품은 사람이라도 공공의 복지를 증진하기 위한 일을 할 수 없다는 걸 확실하게 깨달았기 때문이다. 결국 클레오메네스는 기회를 노려 감독관은 물론 누구든 자신의 생각에 반대하는 자는 모조리 제거하고 리크루고스의 구법(舊法)을 부활시켰다. 이 폭거를 통해 스파르타의 국위를 크게 떨칠 수 있었다.

여기서 마케도니아 세력과 그리스의 다른 국가들의 무력함으로 그의 시도가 좌절되지 않았더라면 틀림없이 리크루고스와 마찬가지로 큰 명예를 얻었을 것이다.

그런데 이 개혁 직후 훨씬 강세를 자랑하는 마케도니아의 공격을 받아 도움을 청할 세력이 없는 가운데 격파되었고, 그의 계획은 나무랄 데 없이 올바르고 찬양받을 만한 것이었지만 끝내 성취되지 못하고 만다.

이러한 생각을 모두 충분히 고려한 뒤에 결론을 내리면, 공화국을 건설할 때는 한 사람이 모든 것을 주관해야 하며 또 로물루스가 레무스[3]와 타티우스를 살해한 행위는 용서받아 마땅하다고 해도 무방할 것이다.

---

3) 로물루스의 쌍둥이 동생. 로마건국 뒤인 기원전 715년 무렵, 로물루스와 의견이 맞지 않아 결국 살해되었다. 티투스 리비우스의 《로마사》 제1권 제7장.

10장

참주정치의 시조는 지탄과 비난을 받기 마련이다

훌륭한 지도자는 인민의 사랑이 지켜준다

모든 인간 가운데 가장 찬양받아 마땅한 인물, 가장 추모를 받아야 할 사람은 모든 종교의 우두머리이자 창시자이고, 그 다음이 공화국 또는 왕국의 건국자이다. 그리고 그 다음에는 군대의 지휘자로, 왕국이나 조국의 영토를 넓힌 사람들일 것이다. 또한 학문과 문학에 뛰어난 사람들을 들 수 있다. 거기에는 다양한 분야가 있으므로, 모두 각각의 분야에서 영예가 주어진다. 수없이 많은 개인의 기량 또는 직업에 대한 공적도 찬양하는 것을 잊어서는 안 될 것이다. 이와는 반대로 종교의 파괴자, 자신에게 맡겨진 공화국 또는 왕국을 자신의 손으로 멸망시키는 자, 도덕과 학문, 기술 등 무릇 인간에게 유익하고 명예가 되는 것을 해치는 자는 미움과 경멸을 당한다. 이러한 무리는 사악하고 어리석으며 게으르고 겁쟁이여서 한 푼의 가치도 없는 인간이다. 터무니없이 어리석은 자, 뛰어난 재주를 지닌 자, 한없이 썩어빠진 자, 용감하기 그지없는 자 그 누구든 보는 눈은 다 비슷하기 마련이어서, 이 두 부류의 인간을 놓고 판단해보라고 하면 존경해야 할 자를 존경하지 않고 비난해야 할 자를 비난하지 않는 사람은 거의 없을 것이다.

그러나 인간은 가식적인 선이나 헛된 명예에 현혹되어 숭고한 인간의 도리를 벗어나 스스로 나아가거나, 또는 무지한 탓에 방황하다가 결국 오욕의 길로 빠져든다. 그리하여 공화국 또는 왕국을 건설하고 불후의 명성을 얻을 수 있는 자조차 폭군정치에 빠지게 된다. 그 결정에 의해 자신들이 얼마나 많은 평판과 명성, 영예, 일신의 안전, 그리고 마음의 평화와 만족을 잃어버리게 될 것인지 모르며, 그리하여 또 얼마나 모멸당하고, 비난받고, 매도당하고, 신변의 위험과 불안을 느끼게 될 것인지를 전혀 깨닫지 못하게 되고 만다.

공화국의 일반 시민이나 또는 행운과 담력에 의해 군주가 된 사람들이 역사책을 읽고 과거의 사건에서 뭔가 교훈을 얻는다면, 시민으로 사는 경우에는 그 조국에 있어서 스키피오 같은 인물보다 카이사르¹⁾처럼 살고 싶다고 생각할 것이다. 군주의 경우에는 나비스, ²⁾ 파랄리스, ³⁾ 디오니시오스⁴⁾ 같은 인물보다 아게실라오스, ⁵⁾ 티몰레스, ⁶⁾ 디온⁷⁾ 같은 군주가 되기를 원치 않는 사람은 없을 것이다. 왜냐하면 전자는 모멸당하고 있음을 쉽게 알 수 있고 후자는 명성을 떨치고 있기 때문이다. 또 티몰레온이나 다른 인물들이 조국에서 디오니시오스나 파랄리스보다 훨씬 큰 명예를 얻었을 뿐만 아니라, 비교도 할 수 없을 만큼 안온한 생애를 보낸 사실도 익히 알고 있기 때문이다.

---

1) 스키피오 집안의 명사들 가운데 여기서 말하는 것은 Pubicus Cornelius Scipio(기원전 185~132년 무렵)을 가리킨다. 명장이자 학문의 장려자. 카이사르는 물론 명성과 아울러 전제군주가 된 율리우스 카이사르를 말한다. 마리우스와 나란히 마키아벨리가 가장 미워했던 폭군의 한 사람이다.

2) Nabis(기원전 205~192년) 스파르타의 참주가 되어, 여행자를 위협하여 재물을 약탈한 악명 높은 왕. 마케도니아와 손잡고 로마와 싸워 패배한 뒤 부장에게 살해되었다. 《군주론》제9장 참조.

3) Pharalis(기원전 570~554년 무렵) 시칠리아의 아크라가스(지금의 아그리젠토)의 참주. 지금도 이곳에 남아 있는 제우스 신전의 건조를 주관하고, 그 기술자들을 아군에 끌어들여 왕이 된 뒤 네로 같은 폭군의 모습을 보여준다.

4) Dionysios 시라쿠사의 폭군. 아버지(기원전 405~368년), 아들(기원전 367~343년 집정)과 함께 잔인 포악한 인물. 아들은 디온의 후견인이 되어 그를 몰아내고 그 아내를 빼앗았다. 성정이 방탕하고 무뢰하여 기원전 357년 끝내 디온에게 축출되었다. 나중에 귀국했지만 기원전 343년 티몰레온에게 다시 쫓겨났다.

5) AgesilaosⅡ(기원전 399~361년) 신탁에 의해 즉위한 절름발이 스파르타 왕. 그리스 도시국가들의 자유를 수호하고 페르시아에 항거하여 소아시아 각지에서 싸움을 벌였다. 플루타르코스《아게실라오스전》참조.

6) Timoleon(기원전 410~337년 무렵) 코린트의 무장. 참주정치를 극단적으로 증오했다. 경쟁 상대인 친형 티모파노스가 참주가 되려 하는 것을 만류했지만 받아들여지지 않자, 결국 365년 형을 죽이고 조국의 자유를 지켰다. 그것 때문에 추방되었으나 시라쿠사에 초빙되어 그 도시의 압제자들을 물리치고, 이어서 시칠리아의 다른 그리스 도시에서 참주를 몰아낸 뒤 민중정치를 수립하여 사실상의 지배자가 된다.

7) Dion(기원전 409~353년) 시라쿠사의 디오니시오스의 친척. 플라톤 학파에 속하는 귀족. 플라톤을 초대하여 그 후견인인 디오니시오스의 재교육을 꾀했기 때문에 추방되었으나, 나중에 재기하여 시라쿠사에 패권을 확립한다. 참주정치를 폐하고 자유정치를 실시한 사람.

트라야누스 황제(재위 AD 98~117). 그는 원로원과의 협조자세를 유지하고, 빈민자녀의 부양정책, 이탈리아의 도시·농촌 회복시책을 추진하였다. 다키아·나바타이·아시리아 등을 속주로 만들었고 로마제국 최대의 판도를 과시하였다.

사람은 누구나 카이사르의 명예, 특히 글을 쓰는 사람들이 한결같이 바치는 찬사에 현혹되기 쉽지만 그래서는 안 될 것이다. 왜냐하면 그를 찬미하는 자들은 돈에 매수되었거나 아니면 그 패권이 영원히 지속되어 언제까지나 그의 이름으로 지배를 계속할 것이라고 믿고 있었기에, 단지 그 권력을 두려워했던 것이기 때문이다. 그래서 글을 쓰는 사람들은 생각하는 대로 자유롭게 글을 쓸 수 없었다. 그러나 카르사르에 대해 자유롭게 표현할 수 있었다면 어떻게 얘기했을지 알고 싶다면, 그들이 카틸리나[8]에 대해 얘기하는 것을 보면 된다. 거기서는 카이사르도 격렬한 증오의 대상이 되고 있는데, 죄를 저지른 자보다 그것을 계획한 자 쪽이 죄가 더 무거운 것으로 인식되고 있다. 또 브루투스[9]에 대해 얼마나 찬사를 바치고 있는지 관찰할 수 있다. 이는 카이사르의 권세에 눌려 그를 비난하지는 못하였기에 그 대신 자연히 그 적을 찬양하고 있음을 짐작할 수 있을 것이다.

---

8) Lucius Sergius Catilina(기원전 108~62년). 귀족 출신의 재사이지만 방탕하여 신세를 망치고 키케로와 싸워 집정관이 되려다가 실패한다. 또 로마 시의 방화와 관리 암살을 기도하다가 키케로에게 탄핵당하고, 뜻을 이루지 못한 채 낙향하여 피스토이아에서 죽었다. 상세한 것은 이 책 제3권 제6장 참조.
9) Marcus Junius Brutus(기원전 85년 무렵~42년). 카이사르 암살의 주모자.

공화국에서 지도자가 된 자는 다음을 생각해보아야 한다. 제국이 된 뒤의 로마 사람들이 법률을 잘 지켜 명군의 이름을 더럽히지 않은 황제들을 그 반대로 산 자들에 비해 얼마나 존경하였는지. 티투스, 네르바, 트라야누스, 하드리아누스, 안토니우스, 마르쿠스 아우렐리우스 황제들[10]이 원로원 소속의 군사들이나 구름 같은 군단의 힘을 필요로 하지 않았던 것도, 그들의 철저한 생활모습과 민중의 존경, 원로원의 옹호가 가장 튼튼한 보루가 되어주었기 때문이다. 또 칼리굴라, 네로, 비텔리우스[11] 등 그 밖에 수많은 왕관을 쓴 악당들은, 동서 로마의 모든 군대로도 그들 자신의 악행과 광포성에 분노하여 덤벼드는 적을 감당하지 못했음을 알 수 있다. 지금 그 사악한 자들의 역사서가 충분히 연구된다면, 군주들에게 영광과 오욕, 안전과 위험, 그 어느 한쪽에 이르는 길을 가르쳐 주는 교훈서가 될 것이다.

사람들이 알고 있는 바와 같이, 카이사르에서 막시미누스에 이르는 26명의 황제 가운데 16명은 암살당하고 10명은 수명대로 살았다. 암살당한 자 중에 갈바와 페르티낙스 같은 선인이 있었지만, 그들은 선대 황제들이 군대를 퇴폐시킨 것이 원인이 되어 죽은 것이다. 반대로 수명대로 산 사람 중에는 세베루스 같은 악당도 있지만, 그것은 타고난 행운과 용맹심이 드물게 결합하여 몇몇 인간만이 은혜를 입는 호조건에 의해 수명을 유지할 수 있었던 것일 뿐이다.

이러한 역사를 읽음으로써 군주들은 어떻게 해야 더 좋은 왕국을 건설할 수 있을지 이해할 수 있게 될 것이다. 세습에 의해 제위에 오른 황제들은 티

---

10) Titus(재위 79~81년), Nerva(재위 96~98년), Trajanus(재위 98~117년), Hadrianus (재위 117~138년), Antonius Pius(재위 138~161년), Marcus Aurelius(재위 161~180년). 여기에 Commodus(재위 180~192년)를 추가하여 로마제정의 황금시대라고 일컫는다. 여기에 유의해야 하는 것은 이들 황제가 티투스 이후 마르쿠스 아우렐리우스에 이르기까지, 원로원이나 군대의 추천에 의해, 또는 양사자(養嗣者)로서 제위에 오른 점이다.

11) Caligula(재위 37~41년), Nero(재위 54~68년)의 뒤를 이어 Galba가 국민과 원로원의 추대로 황제가 되자, Vitellius가 게르마니아 군대의 추대를 받고 일어나서 싸운 결과, 69년에 원로원의 승인을 얻어 제위에 올랐다. 그러나 로마에 입성하여 사치스러운 생활에 빠진 끝에 Vespasianus(재위 69~79년)에게 토벌되었다. 티투스는 이 베스파시아누스의 아들이다.

하드리아누스 황제(재위 AD 117~138). 그는 브리타니아에 장성을 구축하고 게르마니아의 방벽을 강화하는 등 국방의 충실에 힘썼다. 여러 제도의 기초를 닦았으며 로마법의 학문적 연구를 촉진시켰다.

투스를 제외하고 모두 악당들뿐인데, 이와는 반대로 양자(養子)로서 제위에 오른 자는 네르바에서 마르쿠스 아우렐리우스까지 이어진 5대의 황제를 보아도 알 수 있듯이 모두 선인이었다. 제위를 상속받은 군주는 이내 파멸의 구렁텅이에 빠져버린 것이다. 이러한 점에서 세상의 모든 군주들이 네르바에서 마르쿠스 아우렐리우스에 이르는 시대를 끊임없이 눈앞에 떠올리며, 그것과 그 이전 또는 이후의 시대를 비교하고 자신들도 그렇게 살면서 민중을 다스릴 수 있다면 얼마나 행복할까 하고 생각해 보길 바란다.

그렇다면 군주들은 선량한 황제의 치세에서 무엇을 발견하게 될까? 거기에는 일신이 안전한 가운데 군주가 온화한 민중들의 존경을 받으면서, 올바른 정치로 영위되는 평화로운 세계에 안주하고 있다. 또 원로원은 그 권위를 유지하고 관리들은 위엄을 잃지 않으며, 여유로운 시민은 부를 즐기고 있는 것을 볼 수 있다. 귀족의 지위는 그 인덕으로 인해 존경받고 어디에 가든 행복과 조용함이 감돌고 있을 뿐이다. 그 다음에는 다시 황금시대가 되살아나 누구를 막론하고 아무런 두려움 없이 자신의 생각을 말하고 주장할 수 있는 시대가 되는 것을 본다. 마지막에 사람들은 승리를 거두고 군주는 존경과 명예를 한몸에 받으며 행복한 민중이 군주를 존경하여 모여드는 광경을 목격할 것이다.

그러고 나서 다른 황제들의 정치를 하나하나 자세히 조사해 보면, 그 황제들은 참담한 전쟁에 피투성이가 되어 평시든 전시든 끊임없는 참화에 허덕이다. 결국 음모에 의해 살해되는 모습이 눈에 띈다. 대부분의 군주들은 참수형을 당해 목숨을 잃는다. 어디에 가도 내란이 끊이지 않으며 그렇지 않으면 외국과 전쟁이 벌어진다. 이탈리아는 슬픔 속에 날마다 새로운 재앙의 먹잇감이 된다. 모든 도시가 파괴되어 폐허로 변하고 로마는 잿더미가 된다. 신전은 다름 아닌 시민의 손에 의해 산산이 파괴된다. 유서 깊은 사원은 더럽혀지고 제사와 수행(修行)은 제대로 이루어지지 않으며 모든 도시에서 타락한 민중이 활개를 친다. 로마에는 만행이 끊임없이 자행되고 도시는 생기를 잃고 있다. 무엇보다도 기품과 명예, 부, 그리고 약간의 재능만 보이면 이것이 죄로 인식되어 당장 교수형과 감옥이 기다리고 있다. 참소를 하면 상을 받고 노예는 타락하여 주인을 배반하며, 적을 두지 않은 자들도 친구에게 살해된다.

그때가 되면 로마, 이탈리아 그리고 온 세계가, 카이사르에게 얼마나 많은 빚을 지고 있는지 확실히 깨닫게 된다. 만에 하나라도 그가 다시 인간으로 태어난다면 후세 사람들이 그 가증스러운 자신의 정치를 흉내 내고 있는 것에 질겁할 것이다. 아마 그조차 올바른 정치를 부활시키고자 하는 열의를 가슴 가득 품게 될 것이다.

군주로서 명예를 얻고자 한다면 부패한 도시를 갖기를 소망해야 한다. 단, 카이사르처럼 전적으로 파멸하기 위해서가 아니라 로물루스처럼 개혁하기 위해서 말이다. 하늘이 인간에게 차라리 불사의 생명을 줄지언정 이보다 더 좋은 기회를 내려주는 일은 없으며, 또 인간으로서도 이보다 더 절묘한 기회를 바라서도 안 될 것이다.

어떤 군주가 국가를 재건하려는 열망을 품고 일어섰지만, 최고의 지위에서 전락하는 것이 두려워 개혁안을 철회한다면 조금은 너그럽게 봐줄지 모른다. 그러나 왕위를 유지하면서 국정을 개혁할 수 있는 경우라면 그 군주가 용서받는 일은 절대로 없다.

이런 이유에서, 하늘의 은혜를 입어 둘도 없는 좋은 기회를 붙잡은 사람들은

마르쿠스 아우렐리우스 황제(재위 AD 161~
180년). 당시의 로마제국은 경제적·군사적으
로 어려운 시기여서 변방에는 외적의 침입이
잦았으며, 특히 다뉴브강 쪽에서는 마르코만
니족 및 쿠아디족이 자주 침입하여 그 방비에
힘썼다. 철학자이기도 한 그는 저서《명상록》
을 남겼다. 《명상록》은 진중에서 쓴 것으로
스토아적 철인의 사색과 황제의 격무라는 모
순에 갈등하는 인간의 고뇌가 담겨 있다.

모두 눈앞에 뻗어 있는 두 개의 길 가운데 하나를 선택해야 한다. 그 하나는
행복하고 평온한 치세를 통해 천하에 명성을 떨치며 천수를 누리는 길이고,
또 다른 하나는 끊임없는 위협과 전쟁으로 세월을 보내고, 죽은 뒤에는 오로
지 영원히 씻을 수 없는 악평만을 사람들의 뇌리에 새겨 넣게 되는 길이다.

제11장
로마인의 종교에 대하여

개혁가들은 신에 호소한다

로마는 그 창건자인 로물루스에 의해 마치 아들처럼 큰 은혜를 입고 태어나 양육되었다. 그런데 하늘은 로물루스의 제도만으로는 이 나라의 위대한 운명을 이끄는 데 부족하다 여기고, 로마 원로원에 계시하여 그 후계자로 누마 폼필리우스를 선택하게 했다. 그것은 제정하지 못한 법률을 모두 누마에게 만들게 하기 위한 것이었다.

이 왕은 민심이 흉흉하기 짝이 없는 것을 보고 그들이 평온하게 생업을 즐길 수 있게 하고, 사회적 복종이라는 칼을 씌워 복종하게 만들기 위해 종교로 눈을 돌렸다. 그는 이것이 사회 유지를 위해 가장 필요한 것으로 여기고 그것을 견고한 기초 위에 수립한 결과, 일찍이 어떤 공화국도 이 나라만큼 신들을 숭배한 예가 없을 정도가 되었다. 이로 하여금 로마의 원로원과 위인들은 아무런 어려움 없이 무슨 일이든 마음 놓고 추진할 수 있었다.

로마의 모든 민중이나 일개 시민들의 무리가 성취한 위업을 조사하는 사람은 누구나, 로마인들은 법률보다 자신들의 맹세를 어기는 것을 극도로 두려워하며, 신들의 위력이 인간의 위력을 훨씬 능가한다는 진리를 확신하고 있었음을 깨달을 것이다. 특히 그 뚜렷한 예는 스키피오[1]와 만리우스 토르크아투스[2]이다. 스키피오는 칸나에에서 한니발이 로마군을 격파했을 때, 이

---

1) Publius Cornelius Scipio(Aficanus Major) (기원전 236~기원전 184). 대(大) 아프리카누스는 한니발이 알프스를 넘어왔을 때 그 유명한 칸나에 전투에 참가했다가 로마군의 참패로 목숨만 겨우 건져 카누시움으로 피신했다. 이 피난자 가운데 4명의 군사 호민관이 있었는데, 그들이 로마를 버리고 '어딘가의 국왕에게 regem aliquem' 달아나려고 의논하자 스키피오는 그들을 격려했다. 티투스 리비우스의 《로마사》 제22권 제55장.

2) Titus manlius Torquatos, 기원전 362년 갈리아의 거인과 일 대 일로 싸워 황금목걸이를 빼앗았다(이 책 제2권 제34장). 티투스 리비우스의 《로마사》 제7권 제5장.

패배에 놀라 두려움에 떨던 시민들이 수없이 모여들어 시칠리아로 달아나려는 계획을 세우고 있다는 얘기를 듣게 된다. 그는 즉시 그곳으로 달려가, 손에 시퍼런 칼을 들고 그곳에 모인 자들을 위협하여 절대로 조국을 버리지 않겠다고 신께 맹세하도록 했다. 또한, 티투스 만리우스의 아버지 루키우스 만리우스는 나중에 목걸이(토르크아투스) 만리우스라는 별명을 얻은 사람으로, 어느 날 호민관 마르쿠스 폼포니우스에게 고소당한 적이 있었다. 재판에 앞서서 티투스는 마르쿠스를 찾아가, 아버지에 대한 고소를 취하하지 않으면 칼에 맞아 죽게 될 거라고 위협하며 어떻게 해서든 그것을 신께 맹세시키려 했다. 두려움에 질린 폼포니우스는 맹세를 하고 고소를 취하했다.

이 두 가지 예를 보면 그 하나는 애국심과 법률로도 이탈리아에 묶어둘 수 없던 민중을, 불과 한 마디 맹세를 세운 것만으로 꼼짝 못하도록 만들었다. 또한 폼포니우스는 만리우스에 대한 증오와 그 아들로부터 받은 모욕, 그리고 자신의 체면마저 깡그리 잊어버리고 말았다. 이렇게 신앙을 바탕으로 최선을 다해 맹세를 지키고자 하는 마음, 바로 그것이 누마가 이 도시에 심어놓은 종교 정신이었다.

로마사의 정신을 들여다보면, 종교가 군대를 지휘하고 민중을 융화시키는데 큰 역할을 하고 선인에게는 평화를 주며, 악당들에게는 그 죄를 부끄럽게 여기도록 했음을 알 수 있다. 로마가 가장 큰 은혜를 입은 군주가 누구인지, 로물루스인지 아니면 누마인지 결정해야 한다면 나는 당연히 누마를 선택할 것이다. 종교가 만능의 힘을 가지는 나라에서는 무예를 중시하는 기풍을 함양하는 데 아무런 어려움도 없지만, 반대로 싸움은 좋아하지만 내세를 믿지 않는 민중에게 종교를 심어주는 것은 상당히 어렵다. 사실 사람들이 보는 것처럼 로물루스는 원로원을 조직하고 사회와 군대의 조직을 만드는 데 신들의 도움에 의지할 필요를 느끼지 않았지만, 누마는 신들의 가호에 의해 일을 성취할 수 있었다. 물의 요정을 만나 민중을 이끄는 데 대한 조언을 받았다고 했지만, 그것은 그가 새로운 법률과 관습을 자신의 나라에 도입하는 데 자기 한 사람의 권력만으로는 충분하지 않다고 생각했기 때문이다.

사실 지금까지 어떤 입법자도 신의 힘을 빌리지 않고 특별한 국법을 제정한 적이 한 번도 없다. 그렇게 하지 않으면 사람들을 납득시킬 수 없었기 때문이다. 실제로 그 결과가 큰 이득이 있다는 것은 알고 있지만, 그 뚜렷한 증거를 제시할 수 없어서 다른 사람들의 공감을 이끌어낼 수 없었던 일도 있었다. 따라서 현명한 사람들은 신에 호소한다. 리크루고스, 솔론, 그 밖에 같은 목적을 가진 사람들이 그랬다.

누마의 힘과 예지를 찬양하고 있던 로마인들은 앞다투어 그 제도에 복종했다. 그야말로 그 무렵의 정치는 종교를 통해 이뤄지고 있었기 때문에, 사람들의 마음을 교화시키고 싶었던 누마는 아무런 어려움 없이 마음먹은 대로 일을 추진할 수 있었고, 사람들도 새로운 인상을 순순히 받아들일 마음자세가 되어 있었던 것이다. 이와 마찬가지로 현대의 입법자가 국가를 건설하고자 할 경우, 아직 문명화되지 않은 소박한 산골 사람들을 상대로 하는 편이, 타락한 풍습에 물든 도시 사람들을 상대로 하는 것보다 훨씬 쉽다는 것[3]도 거의 의심할 여지가 없다. 이와 같은 이치에서, 조각가는 서툰 솜씨로 사전작업을 해둔 대리석보다 자연 그대로의 원석을 다룰 때 훨씬 더 훌륭한 조각상을 만들 수 있는 것이다.

이 모든 것을 충분히 고려해 볼 때 누마에 의해 로마에 이식된 종교가 이 도시에 행복을 가져온 것이라고 결론지을 수 있다. 종교 덕분으로 로마에 공헌하는 규칙이 태어났고, 그 다음에는 행운이 문을 열게 되었으며 그 행운을 얻은 결과 도시의 사업은 무엇의 힘도 빌리지 않고 끝없이 성공하게 되었다. 이렇게 어디까지나 고귀한 신앙을 지니고 있으면 그것은 국가를 기운차게 일으키는 기초가 된다. 반대로 종교에 무관심하면 그것은 국가 파멸의 원인이 된다. 신의 권위를 두려워하지 않는 나라는 국위가 실추하게 되고, 아니면 종교에서 결여된 것을 군주에 대한 두려움으로 보충함으로써 왕권이 유지될 수밖에 없기 때문이다. 그러나 군주의 수명에도 한계가 있기 때문에 그의 덕성이 뒷받침해주지 않으면 나라는 하루아침에 무너지는 수도 있다. 즉, 단 한 사람의 예지에 운명이 달려 있는 왕국은, 국왕의 수명과 함께 군주의 덕성도 빛을 잃으므로 결코 오래 가지 않는 것이다. 더구나 후계자가 선왕

---

3) 저자는 1499년에 독립하여 무장한 공화국으로서 찬탄의 대상이 된 스위스 연방을 떠올리고, 고국 이탈리아의 폐풍을 탄식한다. 스위스 연방제에 대해서는 이 책 제2권 제4장. 그 군제에 대해서는 같은 권 제18장 및 《병법7서》 제2권, 제3권 참조.

의 덕성을 체득하는 경우는 매우 드물다. 그래서 단테는 다음과 같이 적절히 말한 바 있다.

사람의 미덕이 가지 끝까지 전달되는 일이란 거의 없으니
이는 그것을 나누어 준 신의 뜻이기도 할지어다
미덕은 하나님으로부터 하사받는 것이어라.

그러므로 군주가 자신이 살아 있는 동안 아무리 현명한 정치를 펼친다고 해도 공화국이나 왕국을 행복으로 구원했다고는 결코 말할 수 없다. 어떻게 되든, 자신의 생명이 없어져도 정치는 변함없이 활기차게 영위되도록 나라를 조직해 두어야 하는 것이다. 아직 야만적인 인간에게 질서의 좋은 점과 새로운 제도의 혜택을 누리게 하는 것은 조금도 어려운 일이 아니다. 또한 문명인 내지 문명인이라고 자부하는 자들을 똑같은 것으로 기쁘게 하는 것도 불가능한 일은 아니다. 피렌체인은 스스로 무지하다거나 교양을 배우지 못했다고 생각하지 않는다. 그런데도 가톨릭 수도사 지롤라모 사보나롤라[4]가 신과 교류했다고 설교하자 금방 설득당하여 철저하게 믿어버렸다.

나는 그 수도사의 말이 거짓인지 아닌지를 가릴 생각은 없다. 그토록 위대한 인물에 대해서는 우러러보며 존중하는 것이 마땅하기 때문이다. 여기서는 다만 수많은 명사들이 사람들에게 실제로 기적을 보이며 그 신념을 실증한 게 아니라는 것만 말해두겠다. 즉 그 수도사의 온 생애와 학식, 설교 등은 사람들에게 그것을 믿게 하는 데 충분한 것이었다. 그러나 다른 사람들이 지금까지 여러 번 성공한 시도를 자신은 실패한다고 해서 낙심할 필요는 없다. 이미 머리말에서 말했듯이 인간이란 옛날이나 지금이나 변하지 않는 동등한 하나의 본성을 가지고 태어나고 살고 죽는 존재이기 때문이다.

---

4) 사보나롤라는 앞에서도 이미 말한 것처럼(《군주론》 제6장 주) 1480년 피렌체에 들어가, 당시의 사치를 꾸짖으며 교황을 '거만한 계집'이라고 모욕하고, 교황과 나폴리 왕의 죽음, 메디치가의 몰락에 대해 예언했다. 크게 인기를 얻고 피렌체의 정권을 장악하여 신권정치(神權政治)를 펼쳤으나 1498년 민심의 이반과 교황의 압박에 의해 화형에 처해졌다. 이 책 제1권 제45장, 제3권 제30장 참조.

제12장

종교의 힘에 의지하는 것이 왜 중요한가

종교의 해악은 어떻게 스며드나

군주국이든 공화국이든 나라의 자멸을 방지하기 위해서는, 특히 종교상의 의식을 통해 형성되는 경신(敬神)의 미풍을 무슨 일이 있어도 잃지 않도록 해야 한다. 종교의식을 소홀히 하는 것만큼 확실한 망국의 징후는 없기 때문이다. 그것은 사람이 태어난 근본인 종교가 무엇을 토대로 하고 있는지 생각하면 금방 알 수 있다. 어떤 종교든지 중요한 제도와 함께 기본적인 생활의 주된 원리에 토대를 두고 있기 때문이다.

귀족의 신앙 생활은 신의 계시나 점술사의 점괘를 토대로 하고 있으며, 제사와 희생, 축제도 모두 거기에 뿌리를 두고 있다. 그들은 미래의 길흉을 예언하는 신들이 복을 내려준다는 것을 추호도 의심하지 않고 믿고 있었다.[1] 그러므로 신전과 희생, 기원, 그 밖에 모든 의식은 모두 신들을 경배하기 위한 것이었다. 그리하여 델로스의 신탁이나 유피테르, 아몬의 신전, 그 밖에 그리 알려지지 않은 것 등이 일반인들에게 숭배 신앙의 대상이 되고 있었다. 그런데 시간이 지나자 이러한 신탁도 권력자가 뜻하는 대로 응답하게 되었고, 그로 인해 그 거짓됨이 밝혀지자 민중들은 더 이상 신을 믿지 않게 되었으며, 모든 좋은 제도에 반항하는 마음이 싹트기 시작했다.

이러한 이유에서 공화국 또는 군주국의 주인인 자는 반드시 그 나라 종교

---

[1] 이 점술에는 두 가지가 있다. 그 하나는 하늘에 상상의 선을 긋고 새가 나는 방향과 그 선의 관계를 통해, 또 단순히 새 우는 소리나 짐승의 걸음걸이 등을 통해 길흉을 점친다. 다른 하나는 제물로 바친 동물의 창자를 보고 점친다. 둘 다 에트루스키 족한테서 배워 로마 귀족의 독점적 직업이 되었다. 제2차 포에니 전쟁 이후, 노예의 수가 모든 인구의 9할을 차지하며 사회적 상황이 크게 바뀌고, 평민의 세력이 증대한 것과 함께 정벌전쟁을 통해 이민족의 신앙도 침투하여 변화했지만, 나중에 귀족의 정치적 독점이 약화되면서 종래의 신앙도 함께 힘을 잃었다.

의 기초를 지키는 것이 좋다. 그러면 종교적인 국가를 유지할 수 있으며, 그에 따라 좋은 풍습을 잃지 않고 일치단결하는 것은 조금도 어려운 일이 아니다. 그리고 이러한 신앙을 널리 함양할 수 있는 것이라면 설령 그것이 잘못된 것이라고 생각되는 경우에도, 그것을 받아들여 모든 신앙을 장려하고 활성화되도록 해야 한다. 이러한 사항에 대한 지식이 많아지면 많아질수록 그들은 그와 같은 일을 더 적극적으로 실천하게 될 것이다.

현자와 학자들이 이러한 자세가 되어야만, 거짓 종교를 비롯한 모든 종교의 기적에 대해 사람들은 더욱 깊은 믿음을 갖게 된다. 현자가 스스로 나아가 그 기원에 천착하지 않고 오로지 이러한 기적을 퍼뜨린다면 그의 권위만으로 다른 민중들은 충분히 따라서 믿게 된다. 로마에는 이러한 종류의 기적이 산더미처럼 많이 있다. 그 중에서 다음과 같은 것을 예로 들어보자.

로마병사가 베이[2]를 휩쓸었다. 그 중 몇 명이 유노[3] 신전에 들어가 그 신상을 향해 물었다. "로마에 오시지 않겠습니까? Bis Benire Romam?" 그때 어떤 병사는 신상이 고개를 끄덕이는 것 같았다 말했고 다른 병사들은 이 여신이 "좋다"고 대답하는 소리를 들었다고 말했다. 티투스 리비우스가 설명한 것처럼, 그 군사들은 신앙심이 깊었기 때문에 신전에 들어갈 때도 무례한 행동을 하지 않고 경건하고 공손한 태도로 들어갔으며, 아마도 그들의 억측이었겠지만 어쨌든 여신이 그들의 물음에 응답한 것으로 굳게 믿었다. 그래서 카밀루스를 비롯한 도시의 지도자들은 이 기회를 놓치지 않고 그 신앙에 기름을 부어 더욱 널리 소문을 퍼뜨리도록 했다.

그리스도교 공화국에서, 종교가 그 신성한 창시자가 건설한 그대로 힘을 계속 유지하고 있었더라면, 그 가르침을 받드는 나라들은 분명히 지금의 모습보다 훨씬 더 행복했을 것이다. 그런데 이 무슨 타락한 모습이란 말인가! 그 퇴폐를 가장 뚜렷하게 보여주는 것은 로마교회이다. 즉 우리 종교의 대사

---

2) Veii는 로마에서 16km 떨어진 곳에 있는 에트루리아인의 도시. 로마 건국 초기부터 로마가 노리던 도시로, 몇 번이나 공격을 당하다가 기원전 405년부터 10년에 걸친 공격 끝에 카밀루스에 의해 함락되었다. 티투스 리비우스의 《로마사》 제5권 제1~제19장.
3) Juno는 천공(天空)의 신 유피테르(주피터)의 아내. 여성의 수호신으로 임신을 인격화한 것. 티투스 리비우스의 《로마사》 제22장.

성 베드로 바실리카 광장. 교황축복의 풍경. 1590년.
로마교황청은 전세계의 가톨릭 신도를 통치하는 기구
로서 독립국가인 바티칸시국의 행정기구도 겸한다.

원 바로 옆에 사는 민중이 어느 누구보다 가장 불신자라는 사실이다. 지금 이 종교의 원시적 정신을 돌아보고 실상이 그 정신에서 얼마나 멀리 떠나 있는지를 본다면, 지금 우리는 그야말로 파멸하거나 그렇지 않으면 하늘의 심판을 받을 시대에 들어간 것이라고 단정할 것이 틀림없다.

그런데 어떤 사람들은 이탈리아가 복 받은 것은 로마 교회가 있기 때문이라고 말한다. 여기서 나는 이 생각에 대항하여 생각나는 몇 가지 이유를 얘기하고자 한다. 그 중에도 가장 중요한 이유가 두 가지 있으며, 그것에 대해서는 어느 누구도 반대를 주장할 수 없을 거라고 생각한다.

첫째, 이 나쁜 모범을 수없이 보여주고 있기 때문에 이 나라의 모든 경건함과 신앙심은 완전히 사라졌고, 그것으로 인해 수많은 재앙과 격심한 혼란이 일어나고 있다. 종교가 지배하는 곳이면 어디든지 틀림없이 좋은 일이 일어나고 있을 거라고 생각해야 하는 것과 같은 이유로, 종교가 소멸한 곳은 그곳이 어디든 모두 죄악의 세계로 생각해야 한다. 그러므로 교회와 성직자들 덕분에 이탈리아인은 모두 마찬가지로 신의 길을 잊고 방탕하고 무도한 생활을 누리고 있다. 뿐만 아니라 우리의 파멸의 근원이 되는 것까지 누리고 있다. 여기에 두 번째 이유가 있는데, 즉 교회가 매일같이 이 불행한 나라에 끊임없는 내분을 일으켰고 지금도 분열을 일으키고 있다는 점이다.

현재 프랑스와 에스파냐가 눈앞에 실례를 보여주고 있는 것처럼, 단 하나의 정부, 또는 단 한 사람의 군주에게 지배받지 못하면 진정으로 일치단결되거나 행복해질 수 없다. 이탈리아가 그 나라들(프랑스나 에스파냐)과 상황이 같지 않고 왕정이든 공화정이든 하나의 정부에 의해 지배되고 있지 않은 원인은 오직 교회 때문이다. 교회가 세속의 권력을 쥐고 그것을 누리고 있지만 이탈리아 내 다른 지방의 패권을 주장할 만한 실력도 그럴 용기도 갖추지 못하고 있다. 그렇다고 교회의 정권을 잃을까 우려하여, 이탈리아 내의 다른 지방에서 무섭도록 권세를 장악하기에 이른 군주에게 또 다른 군주의 힘을 빌려 대항할 수 있는 상황도 아니었다.

과거에도 그런 전례는 얼마든지 있다. 맨 먼저 교회는 샤를 대제의 도움으로 당시에 이탈리아 대부분을 석권하고 있던 롬바르디아 세력을 몰아냈다. 또 오늘날에는 프랑스인의 도움을 빌려 베네치아인한테서 권세를 빼앗고, 그 다음에는 스위스인의 원조를 얻어 프랑스인을 몰아냈다. 이렇게 교회는 온 이탈리아를 점령할 만큼 강력하거나, 다른 자가 그것을 빼앗는 것을 용납할 만큼 허약하지도 않았기 때문에, 이 나라는 단 한 사람의 주인 밑에 통일하고 싶어도 그러지 못하였다. 이탈리아의 이러한 분열과 무기력 때문에 세력이 있는 야만족뿐만 아니라, 누구든지 공격할 수 있는 힘을 가진 자에게는 당장 먹잇감이 되어버릴 수 있는 상황에 이른 것이다.

다시 말해 이탈리아가 이렇게 된 것은 다름 아닌 바로 교회 때문이다. 누구든지 이 사실을 입증하는 것은 그리 어려운 일이 아니다. 커다란 권력으로 로마교황청을 위협하여, 온 이탈리아에 휘두르던 권세를 그대로 남겨둔 채 스위스로 이주하게 만들면 된다. 그렇게 되면, 원래 스위스인은 당대의 모든 국민 가운데 종교와 군사제도에 있어서 고대인을 연상시키는 유일한 민족이지만, 도덕이 땅에 떨어진 교황청은 눈 깜짝할 사이에 모든 분쟁 중에서도 가장 격렬한 내분을 그 나라에 일으킬 것이다. 결국 비참하기 그지없는 사태를 초래하게 되는 것은 시간문제이다.

제13장

로마인은 종교를 어떻게 활용하였나

민중을 다루는 종교

여기서 몇 가지 예를 들어, 로마인이 국정개혁의 수행에, 또 자신들의 국 책을 관철하는 데 종교를 어떻게 활용했는지 얘기하는 것도, 이 글의 주제에 서 그다지 벗어나는 일은 아니라고 생각한다. 티투스 리비우스는 수많은 실 례를 들고 있는데 여기서는 다만 다음의 예만을 들기로 한다.

집정관을 대신하여 그 권력이 주어진 군사호민관이 등장했을 무렵, 로마 민중은 호민관을 한 사람을 제외하고는 모두 평민 중에서 뽑은 적이 있다. 그런데 이 해에는 흑사병이 창궐한 데다 기근까지 발생하여 그 피해가 이루 말할 수 없을 정도였다. 바로 그때가 호민관을 다시 선출해야 하는 시기였기 때문에, 귀족들은 그 사회상을 이용하여 '로마가 신의 권위를 얕보았기 때문 에 신들이 노한 것이다, 신들의 분노를 달래려면 앞으로 호민관을 제대로 된 방법으로 선출하는 수밖에 없다'고 엄포를 놓았다. 이에 민중은 크게 놀라 신앙을 거스르는 것은 무서운 행위라 반성하고 새로운 호민관을 모조리 귀 족 중에서 선출했다. [1]

베이를 공격한 것은 군대의 대장들이 군사들의 신앙심을 이용해 군무에 충실하도록 조종한 좋은 예이다. 이해 알바누스 호수에 대홍수가 일어났고, 게다가 로마군은 오랜 세월에 걸친 포위에 지쳐 로마로 돌아가고 싶어했다. 그때 아폴로와 그의 신들이, 베이는 알바누스 호수의 물이 기슭을 넘을 정도 로 불어나는 해에 반드시 함락될 거라고 계시했다는 소문이 퍼졌다. 그러자 군사들에게 곧 성이 함락될 거라는 희망이 솟아나, 오랜 전투와 지루한 공격 을 끝까지 참아내야겠다는 의지가 생겼다. 그리하여 기꺼이 군무에 임했고,

---

1) 기원전 439년 무렵. 티투스 리비우스의 《로마사》 제5권 제21장.

결국 카밀루스가 독재관이 되어 그 대망을 달성할 때까지 10년 동안이나 지치지 않고 버텨낼 수 있었던 것이다. 이렇게 교묘하게 신앙심을 활용한 덕분에 매우 유효하게 그 도시를 탈취할 수 있었고, 귀족들의 뜻대로 호민관을 선출하는 데도 도움이 되었다. 그런 방법을 사용하지 않았으면 이 두 사건은 의심할 여지 없이 크나큰 골칫거리가 되었을 것이다.

그리고 또 하나의 예를 놓쳐서는 안 될 것이다. 호민관 테렌틸루스[2]로 인해 로마에서 많은 소동이 일어난 적이 있다. 그는 나중에 설명할 동기에 의해 하나의 법률을 제정하고자 했기 때문이다. 그것을 막기 위해 귀족들은 온갖 수단을 다 썼는데 그 중에서 종교가 가장 효과가 있었다. 더욱이 그것은 일거양득의 결과를 가져왔다.

그들은 맨 처음 신탁의 서적 《시비르》를 참고하도록 요청하였다. 그 책에는 온 도시에 내분이 일어나면 그해 안에 도시가 자유를 잃어버릴 위험에 처한다는 예언이 있었다. 물론 호민관은 그 속임수를 간파하고 있었지만, 민중들 사이에는 매우 극심한 공포가 일어나 호민관을 지원하려던 열기가 금세 식어버리고 말았다.[3] 귀족들은 그 호기를 놓치지 않고 실익을 거두었다.

다른 방법은 다음과 같은 것이었다. 아피우스 헤르도니우스라는 사람이 무려 4천 명에 이르는 유형자(流刑者)와 노예를 이끌고 밤을 틈타 신전을 빼앗았다. 그러자 로마 시민은, 로마인의 오랜 원수 아이퀴 족과 볼스키 족이 로마를 습격해 온 것이 아닌가 하고 두려움에 떨었다. 그런데 호민관은 도시를 위협하고 있는 위기 같은 건 들을 가치가 없는 헛소리라고 호언장담하며, 여전히 테렌시틸루스 법을 반드시 공포해야 한다고 완강하게 주장하며 물러서지 않았다.[4] 그러자 푸블리우스 루베티우스라는 중후하고 사려 깊

---

2) Caius Terentillus Arsa. 평민 출신의 호민관. 기원 462년, 집정관의 전제에 반항하여 일어나, 그 횡포를 저지하기 위해 집정관의 재판권을 억제하는 성문법과, 평민을 곤경에서 구하기 위해 소유농지의 공평한 분배를 실행하는 농지법(Lex agrariae)을 요구했다. 테렌틸루스 법이란 바로 이 농지법을 말한다(이 책 제1권 제37장 참조). 티투스 리비우스의 《로마사》 제3권 제9장.

3) 이듬해인 461년 호민관이 일치하여 테렌틸루스 법을 제출하자 귀족들은 그 성립을 방해하기 위해 신앙을 이용하여 전조에 대한 온갖 예언을 퍼뜨렸다. 티투스 리비우스 《로마사》 제3권 제10장.

은 시민이 원로원에서 나와 민중들 앞에 서서, 위협하기도 하고 달래기도 하면서 도시가 위험에 처해 있는 실정을 얘기하고, 민중의 시국을 분별하지 못하는 요구는 부당하다는 것을 가르쳤다. 그리하여 그는 민중들로부터 집정관의 명령을 추호도 위배하지 않겠다고 맹세하게 만들었다. 대중은 그에 따라 카피톨리노 신전을 무력으로 탈환했다.

집정관 푸블리우스 발레리우스는 그 와중에 살해되고,[5] 티투스 퀸티우스가 그 자리에서 그 후임으로 임명되었다. 그는 민중에게 테렌틸루스 법을 생각할 여유를 주지 않기 위해, 민중이 집정관의 지휘에 무조건 복종하겠다고 맹세한 것을 구실로, 그들에게 로마를 떠나 볼스키 인을 향해 진격하라는 명령을 내렸다. 이에 대해 호민관은, 그 서약은 죽은 집정관을 상대로 한 것이지 그에 대한 것은 아니라며 반대했다.[6] 그러나 티투스 리비우스는 민중은 맹세에 대한 신앙을 어기는 것을 매우 두려워하여, 그럴 바에는 차라리 자신들의 호민관보다 집정관의 명령에 따르는 편이 낫다고 생각했음을 밝혔다. 그리고 다음과 같은 말을 인용하여 고대 종교를 찬양했다.[7] "그 시대에는 신들을 무시하는 풍조가 일반인에게 퍼져 있었지만 그래도 극에 달해 있지는 않아서, 모든 사람이 사리사욕에 따라 자신의 서약을 해석하거나 법을 어지럽히지는 않았다 Nondum haec quae nunc tenet saeculum, negligentia Deum venerat, nec interpretando sibi quisque jusjurandum et leges aptas faciebat."

결국 호민관은 자신들의 위신이 실추될 것이 두려워 집정관과 타협하고 그 명령에 따르는 것에 동의한 뒤, 1년 동안은 민중을 싸움에 동원하지 않는다는 조건으로 그 기간 중에는 테렌틸루스 법을 묵살하기로 했다. 그리하여 원로원은 종교의 도움이 없었으면 결코 해결하지 못했을 난관을 가까스로 수습할 수 있었던 것이다.

---

4) 다시 1년을 그 테렌틸루스 법에 대한 논쟁으로 보내고 460년이 되었으나 정세가 전혀 변하지 않자, 귀족 측은 사비니 인인 Appius Herdonius를 선동하여 로마를 습격하게 했다. 티투스 리비우스 《로마사》 제3권 제15장.

5) 티투스 리비우스 《로마사》 제3권 제18장.

6) 티투스 리비우스 《로마사》 제3권 제19장. 기원전 460년 12월을 가리킨다.

7) 티투스 리비우스 《로마사》 제3권 제20장.

제14장
로마인은 신앙을 경시하는 자들에게 형벌을 가했다

새점〔鳥占〕의 속임수

이미 말한 것처럼 점술은 대개 귀족들 종교의 기초였을 뿐만 아니라 나아가서 로마공화국 번영의 근본을 이루고 있었다. 이렇게 로마인이 무엇보다 중요하게 여겼던 제도는 모두 종교적 제도 위에 서 있었다. 민회를 열거나 어떤 국사를 시작할 때, 또 군대가 전장에 나가서 싸움을 시작할 때 등, 요컨대 정치상이든 군사상이든 모든 중요한 국무를 집행할 때는 반드시 점을 쳤다. 또한 원정을 할 때도 군사들에게 신들이 아군의 승리를 약속했다고 신의 가호를 납득시키는 일을 절대로 빠뜨리지 않았다.

그들은 특히 풀라리라고 하는 점술사들을 닭과 함께 데리고 가서 진막에 상주시키고 있었다. 적에게 공격을 가하기 전에는 이 풀라리들이 새점을 친다. 닭이 모이를 잘 쪼아 먹으면 대길(大吉)이라 하여 병사들은 확신을 가지고 싸운다. 반대로 모이를 먹으려 하지 않을 때는 무기를 들고 맞서는 것을 중지한다. 그러나 어쩔 수 없이 싸워야 하는 이유가 있을 때는, 새점이 반대로 나와도 상관하지 않고 싸운다. 그때는 신앙을 무시했다는 비난을 듣지 않기 위해 세심한 조치를 취한다.

이를테면 집정관 파피리우스[1]는 삼니움 인과 천하를 가르는 중요한 전투에서 그 힘을 꺾어 이 무서운 일족을 격파했다. 파피리우스는 삼니움 군 정면에 진을 치고 있었다. 이길 것이 뻔한 전투였다. 이 유리한 형세를 생각하니 빨리 싸우고 싶어서 풀라리에게 명령하여 새점을 치게 했다. 그런데 닭은 모이를 거들떠보지도 않는 것이 아닌가! 풀라리는 군사들이 이미 싸우려고 작정했을 뿐만 아니라 모든 장졸들이 필승을 확신하고 있다는 것을 알고, 둘

---

1) Licinius Papirius Cursor. 같은 이름의 부자인 로마 장군 가운데, 여기서 말하는 것은 아들 쪽. 아버지 파파리우스와 마찬가지로 삼니움 인을 상대로 용맹을 떨친 사람. 이 이야기는 기원전 272년의 일. 티투스 리비우스의 《로마사》제10권 제38~제40장.

도 없는 대승리의 기회를 놓치고 싶지 않았다. 그래서 집정관에게 점괘가 대길로 나왔다고 보고했다. 그러나 파피리우스가 군사들을 더욱 움직여 진형을 새로 갖추자, 두세 명의 풀라리들이 일부 병사들에게 닭이 모이를 쪼아먹지 않은 사실을 말해버리고 말았다. 그것을 들은 병사는 집정관의 조카 스푸리우스 파피리우스에게 그 사실을 귀띔했고, 그는 숙부에게 그것을 전했다. 파피리우스는 그 자리에서 대답하기를, 자신은 의무를 다해야 하며 군대와 자신에게 새점은 군대 규율의 일종이기 때문에, 만일 풀라리들이 거짓 점괘를 일러줬다면 그 자가 천벌을 당할 것이라고 말했다.

그리고 과연 점괘가 맞는지 어떤지 실증하기 위해 부장에게 명령하여 풀라리들을 군대의 선두에 세웠다. 드디어 적에게 공격을 감행했을 때, 한 로마 병사가 던진 창이 우연히 풀라리의 우두머리에게 맞아 죽고 말았다. 이 보고를 들은 집정관은 "이것으로 모든 문제가 해결되었다. 거짓말쟁이를 제물로 바쳤으니 신들도 노여움을 풀 것이다. 신들의 분노는 놈의 피로 진정되었으니 더 이상 군대에는 화가 미치지 않는다. 돌격하라!" 소리쳤다. 이렇게 지혜를 짜내어 자신의 계획과 신탁을 교묘하게 부합시켰기 때문에, 전투를 하더라도 아군 병사들은 대장이 종교상의 신성한 규칙을 위반했다는 생각은 털끝만큼도 하지 않았다.

제1차 포에니전쟁 때, 시칠리아에서 아피우스 풀케르[2]는 이것과 완전히 반대되는 경우를 보여주었다. 카르타고 군과 싸우기 위해 새점을 치게 했는데, 모이를 쪼려 하지 않는다는 보고를 듣고, 그렇다면 물은 마시는지 시험해 보자며 닭을 바다 속에 던져 넣고 말았다. 결과는 싸움에서 지고 말았다. 파피리우스의 경우에는 칭송받았지만 풀케르의 행동에 대해 로마에서는 비난의 목소리가 높았다. 이렇게까지 여론이 다른 이유는 한쪽은 이기고 다른 쪽은 졌기 때문이 아니라, 한쪽은 신탁을 조심스럽게 다뤘지만 다른 쪽은 가볍게 그것을 무시했기 때문이다. 이렇게 새점을 쳐서 신의 뜻을 묻는 것은, 병사들을 격려하여 확신을 품고 전장으로 돌진하게 하는 것 외에는 아무런

---

2) 여기서 말하는 것은 2대째 풀케르. 사건은 제1차 포에니전쟁 중이던 기원전 249년 드레파네 섬 부근에서 하스드루발를 상대로 싸웠을 때의 이야기. 티투스 리비우스 《서간》 19. 키케로의 《신점(神占)에 대하여 De Divinatione》 제1권 제16절. 제2권 제8절 등.

목적도 없었다. 확신은 언제나 승리를 부르기 때문이다. 이것은 로마인만 사용한 방법이 아니라, 외국사람들도 활발하게 사용했던 방법이다. 다음 장에서 그 일례를 살펴보자.

제15장

삼니움인은 어떻게 종교의 힘을 빌려 의지했는가

실패한 종교에의 호소

삼니움인은 수없이 로마인에게 정벌당한 끝에, 마침내 토스카나에서 더 이상 재기할 수 없을 만큼 참패를 당했다. 그 군사와 대장들은 한 사람도 남김없이 살해되었고, 동맹국인 토스카타인, 갈리아인, 움브리아인도 각각 그 참화에 말려들었다.[1] "그들은 비참한 상황에 빠져 자력으로는 물론 대항하지 못하고, 그렇다고 우방의 원군도 기대할 수 없게 되었는데도 그들의 전의는 전혀 사그라지지 않았다. 그들은 자유의 방어가 성공적이지 못할지언정 자유를 포기하지 않았고, 정복을 당할지언정 승리에 대한 집념을 포기하지 않았기 때문이다. Nec suis nec externis viribus jam stare poterant, tamen bello non adstinebant, adeo ne infeliciter quidem defensae libertatis ta edebat, et vinci quam non tenrare vicloriam malebant." 그러므로 그들은 마지막 힘을 다해 싸우기로 했다.

그들은, 승리는 대개 군사들의 완강한 끈기에 의해 좌우되며, 또 그렇게 하는 데 가장 확실한 수단은 종교의 힘을 빌리는 것임을 잘 알고 있었다. 때문에, 대사제인 오비우스 파키우스를 이용해 산 제물을 바치는 고대의 의식을 부활시키려고 그 축전의 식차를 다음과 같이 정했다.[2] 즉, 산 제물을 바치는 제사를 장엄하게 거행한 뒤, 군대의 모든 지휘자들을 모두 모이게 해서 목을 벤 산 제물의 시체와 신불이 타오르는 제단 사이에 서게 하고, 무슨 일이 있어도 싸움에서 달아나지 않겠다고 맹세하게 했다. 그리고 제단 앞에 칼을 들고 서 있는 백인대장들 사이에 서서, 우선 이제부터 보고 듣는 것을 두 번 다시 되풀이하게 하지 않겠다고 맹세하게 한 뒤, 소름끼치는 저주의 말과

---

1) 티투스 리비우스 《로마사》 제10권 제31장. 사건은 기원전 293년이 일.
2) 티투스 라비우스 《로마사》 제10권 제38장

함께 더없이 처절한 선서식을 올렸다. 대장이 명령하는 곳이면 어디든지 달려가고, 기회만 있으면 핑계를 대어 싸움터에서 달아나려던 짓은 절대로 하지 않을 것이며, 달아나는 자는 누구든 보이는 대로 베어버리겠다고 신들에게 맹세하고, 이 맹세를 어기는 자에게는 그 직계는 물론이고 자자손손에 이르기까지 천벌을 내려달라고 기도하게 했다. 그 중에 몇 명이 겁에 질려 맹세를 하고 싶어 하지 않자, 휘하 백인대는 그 자들을 그 자리에서 참살했다. 이 무서운 광경을 본 나머지 병사들은 간담이 서늘해져서 입을 맞춰 맹세의 말을 했다.

4천 명이나 되는 병사들이 모인 이 의식을 더욱 성스럽게 보이기 위해, 병사들은 흰 옷을 입고 깃털을 장식한 투구를 쓰고 아퀼로니아 부근까지 말을 급히 몰아 진격했다. 파피리우스는 이 병사들을 바라보며 아군을 격려하기 위해 큰 소리로 이렇게 외쳤다. [3] "새의 깃털 따위에는 상처를 입지 않는다, 놈들의 방패는 색칠을 하고 광을 내어 번쩍거리기는 하지만 우리 로마군의 창 앞에서는 여지없이 무너진다 Non enim cristasvulnera facere et picta atque aurata scuta transire romanum pilum." 그리고 적군의 맹세에 아군이 겁을 먹지 않도록, 아군의 사기를 고무하기보다 적의 간담을 서늘하게 만들어주겠다고 큰소리쳤다. 왜냐하면, 그들은 자신들이 한 맹세 때문에 시민과 신들의 위력이 두려워 결국 적군조차 두려워할 것이 틀림없기 때문이었다. 이렇게 하여 싸움이 시작되었는데 결국 삼니움인이 패했다. 그것은 로마군의 용맹한 모습과 지금까지 거듭된 아군의 패전에 기세가 꺾여 완전히 사기를 잃어버렸기 때문으로, 모처럼의 종교의 힘도 신 앞에서의 맹세도 전혀 효과가 나타나지 않았다.

그러나 이러한 삼니움들의 침체된 사기를 북돋우기 위해서는 그것 말고는 어떤 수단도 방법도 없다는 걸 알고 있었음을 엿볼 수 있다. 즉 이것을 통해 신앙을 올바르게 이용하면 어떠한 확신도 품게 할 수 있다는 것을 충분히 입증해 준다.

이 장에서 내가 실례로 든 것은 물론 로마사와는 상관없는 일이지만, 어쨌

---

3) 티투스 리비우스 《로마사》 제10권 제40장. Aquilonia는 오늘의 카르보나라 Carbonara를 가리킨다.

든 이 공화국에서도 가장 중요한 제도의 하나와 결부되어 있기 때문에, 논제를 분산시키거나 다시 이 이야기를 되풀이하지 않기 위해 여기서 논의해 두어야 한다고 생각했다.

제16장
군주 지배에 길들여진 민중은 자유를 얻어도 이를 유지하기 어렵다

군주는 법에 따라 다스려야

고대의 역사적 사실과 수많은 전례로 비춰보아 한 사람의 군주 밑에서 사는 데 익숙해진 민중은, 타르퀴니우스 왕가를 추방한 뒤의 로마처럼 우연한 행운으로 자유를 얻는다 해도 그것을 계속 지켜내기가 매우 어렵다. 어쩌면 그것은 당연한 일이다. 즉 이러한 민중의 습성은 얼이 빠진 짐승처럼 사나운 본성을 지니고 숲에서 태어났음에도 불구하고, 오랫동안 우리 속에 갇혀 노예처럼 사육되고 있다가 뜻밖에 자유로워져서 들판에 방목되면, 먹잇감이 어디 있는지 보금자리인 동굴이 어디 있는지, 그저 어리둥절하여 주위를 두리번거리다가 누군가가 다시 잡으러 오면 즉시 그 먹잇감이 되어버리는 이치와 같다. 타인의 명령하에 사는 데 익숙해진 민중이 바로 그와 같은 처지가 되는 것이다. 그들은 자신의 몸을 보호할 기술도, 또 나라를 지키고 적에게 손가락 하나 건드리지 못하게 할 방법도 모르고 있다. 그러한 상황에서 군주가 사라져 버렸으니 민중은 순식간에 또다시 멍에를 지고, 몰아낸 군주의 정치보다 훨씬 가혹한 상황을 견뎌내야 하는 처지에 빠지는 것이 보통이다.

그러나 이러한 위험에 빠지는 것도 대체로 민중이 아직 완전히 부패하지 않은 나라에서만 일어난다. 사회 전체에 해독이 퍼져 있는 민중에게는, 자유 같은 게 잠시라도 실현되기는 고사하고 그 흔적조차 찾아볼 수 없기 때문이다. 여기에 대해서는 곧 뒤에서 논증할 것이다. 내가 언급하고자 하는 것은, 부패가 아직 고질병이 되지 않은 국민에 대해서이며 이러한 사람들 사이에서는 선이 악을 이기게 마련이다.

앞에서 말한 어려움에는 아무래도 또 다른 한 가지 어려움이 뒤따른다. 그것은 자유를 회복한 나라에서는 열렬한 적은 있지만 열렬한 동맹은 없다는 점이다. 폭정의 치마폭에 숨어서 군주의 재물을 얻어먹고 있던 적들은 그 군주를 이용할 수 있는 수단이 없어지면, 무슨 수를 써서라도 폭군정치를 부활시켜, 그것을 자신들의 권세를 되찾는 수단으로 이용하려고 한다. 그런데 국가의 편에 서는 사람들은 결코 당파를 만들지 않는다. 자유로운 정치가 이뤄지는 곳에서는 오직 올바른 행위에 의해서만 보상과 명예를 약속받고, 도리에 어긋난 자들은 누구도 보상과 명예를 얻지 못하기 때문이다.

또한 누군가가 그 신분에 상응하는 명예나 이익을 얻었을 경우에도, 그것을 주는 사람들에게 고마움을 느낄 필요가 없다고 생각한다. 이 공익은 누구나 똑같이 누릴 수 있는 것이므로, 사람들은 특별히 자기만 가지고 있다고는 느끼지 않는 것이다. 그 공익이란 아무 거리낌 없이 자유롭게 자신의 재산을 누릴 수 있고, 자신의 아내와 자녀들, 그리고 자기 자신의 명예가 손상될 우려가 없는 것을 말한다. 그러므로 이 이익을 침해하지 않는 자에 대해 특별히 감사해야 할 의무는 결코 없다는 것이다.

이러한 이유로 자유로운 정치 또는 새롭게 자유정치를 펼치는 자는, 적이 당파를 만드는 데 상관없이 그 자신은 전혀 당파를 가지지 않는다. 이러한 원인에 의한 무질서를 근절하는 데는, 이 방법보다 훨씬 더 강력하고 건전하며 필수적인 처치는 아무것도 없다. 이 방법이란 다름 아닌 브루투스의 자식들[1]을 죽이는 일이다.

브루투스의 자식들은 역사가 가르치고 있는 것처럼 로마의 청년들을 유혹하여 조국을 등지게 했다. 그 이유는 오직, 집정관 치하에서는 국왕 밑에 있을 때와 같이 불법의 권세를 장악할 수 없다는 것뿐이었다. 이렇게 이들에게는, 민중의 자유는 자신들을 속박하는 것으로밖에 보이지 않았다.

공화제이든 군주제이든 대중을 다스리고자 하는 자가 단명하는 정부를 만들지 않기 위해서는, 새로운 제도와 문물에 적대하는 자를 제거해야만 한다.

---

1) 로마공화제의 시조로 알려진 루키우스 브루투스 Lucius Brutus의 두 아들 티투스와 티베리우스는 타르퀴니우스 일족을 추방한 직후의 로마에서, 국왕의 치하에서 맛보았던 사치와 음탕한 생활을 잊지 못하고, 같은 생각을 가진 젊은 귀족들과 작당하여 공화정치를 전복하려는 음모를 꾸미지만 배반자 때문에 체포되어 처형되었다. 티투스 리비우스의 《로마사》 제2권 제3, 제4장 참조.

실제로 군주가 대중을 적으로 돌리고, 어쩔 수 없이 비상수단에 호소하다 스스로 자신의 권위를 약화시키는 것을 보면, 그것이야말로 진정한 불행이라고 생각하지 않을 수 없다. 실제로 적이라고 해야 몇몇에 불과한 군주는 아무런 어려움 없이, 시끄러운 소동도 일으키지 않고 자신의 안전을 유지할 수 있다. 그런데 일반인에게 증오의 대상이 되고 있는 군주는 한시도 평안을 얻을 수 없다. 그러면 자신의 안전을 위해 자연히 잔인한 수단을 많이 사용하게 되고, 그럴수록 자신의 왕국은 더욱 허약해진다. 그러므로 무엇보다 확실하고 안전한 길은 민중의 사랑을 얻는 것이다.

지금 말한 것이, 이 장의 논제와 그다지 관련이 없다는 것은 잘 알고 있지만 나중에 또다시 같은 이야기를 꺼내지 않기 위해 여기서 좀더 사족을 붙여두고 싶다.

군주가 자신에게 적의를 품는 민중에게 환심을 사고 싶을 때는 (여기서는 자신의 고향에서 권력을 손에 넣은 군주에 대한 얘기지만), 무엇보다 먼저 민중이 원하는 것이 무엇인지를 깊이 생각해야 한다. 그러면 항상 그들이 두 가지를 원하고 있다는 것을 깨닫게 될 것이다. 그 하나는 자신들을 속박하고 노예로 만든 자에게 복수를 하는 것, 또 하나는 자신들의 자유를 회복하는 것이다.

군주로서 첫 번째 희망은 충분히 만족시켜 줄 수 있고, 두 번째 것은 그 일부를 만족시켜줄 수 있다. 첫 번째 것에 대해서는 다음의 실례를 살펴보자.

헤라클레아의 참주 클레아르코스[2]가 추방되어 유배생활을 보내는 동안, 그 도시에서는 민중과 귀족 사이에 갈등이 일어났다. 귀족들은 자신들의 무력함을 깨닫고 클레아르코스를 간판으로 세우기로 했다. 그래서 그와 담합한 뒤, 민중파가 자유의 적으로서 그를 반대하는 것을 무릅쓰고 데리고 돌아왔다. 클레아르코스가 오만한 귀족들을 만족시키지 않는 사이, 미친 듯한 증오를 품은 민중은 자유를 빼앗겼다며 폭동을 일으켰다. 이 두 파 사이에 낀 그는 대번에 귀족의 방해를 물리치고 민중의 여망을 이뤄주겠다고 결심했

---

2) 헤라클레아(Heracleia)는 클레아르코스(Clearchos)의 고향. 이 사람은 플라톤의 제자였지만 그 나라의 참주가 되었다. 본문에 인용한 사건에 따라 기원전 365년에 귀국한 클레아르코스는 12년 뒤 같은 플라톤의 제자인 키온(Cion)의 손에 죽었다.

다. 그리하여 절호의 기회를 포착하자 당장 귀족들을 철저하게 몰아내어 대중의 갈채를 얻는 동시에, 그들의 가장 강렬한 욕구인 복수도 이뤄주었다.

군주는 자유를 회복하고자 하는 민중의 요구에 대해서는 그 일부분밖에 만족시켜줄 수 없기 때문에, 그들이 어떤 이유로 자유를 요구하는지를 잘 헤아려야 한다. 그러면 자유를 원하는 사람 가운데 몇몇만이 지배욕을 품고 있으며, 다른 수많은 민중은 생활의 안정을 위해 자유를 원하고 있다는 것을 깨닫게 될 것이다. 지배의 야망을 키우는 민중은, 어떻게 조직되어 있는 공화국이든 많아야 4, 50명 정도에 불과하다. 그 인원수가 상당히 적어서 가볍게 몰살할 수도 있고, 그렇지 않으면 반대로 여러 가지 명예를 주어 현재의 지위에서 어느 정도까지 만족시켜 줌으로써, 군주는 자신의 안전을 도모할 수도 있다. 한편, 그저 안심하고 살 수 있기만 바라는 사람들을 만족시켜주는 것은 일도 아니다. 법률제도를 만들어 그것을 통해 군주의 권력과 만인의 안녕이 조화를 이루게 하면 된다. 군주가 이러한 조치를 취하는 동시에, 민중 역시 결코 위법 행위를 하지 않겠다고 굳게 결심한다면 곧 행복하고 평화로운 생활을 할 수 있게 된다.

그 현저한 예를 프랑스 왕국에서 볼 수 있다. 이 나라가 평온한 것은 다름 아닌 국왕이 신민의 안태만을 목적으로 한 법률을 매우 엄격하게 지키고 있기 때문이다. 이 왕국[3]의 입법자들은 자신들의 국왕이 군대와 돈을 마음대로 사용하는 것은 무방하지만, 그 밖의 일들은 모두 법률에 따라야 한다고 생각하고 있다.

이를 통해 보건대, 군주 또는 공화국은 통치 초기에 그 권력을 강화하지 못했다면, 로마인과 같이 둘도 없는 기회를 포착하여 그것을 놓치지 않고 국가를 강화하는 데 활용해야 한다. 이 기회를 놓친 자는 오랜 세월 동안 깊은

---

3) 말할 것도 없이 루이12세(1462~1515년)의 프랑스를 말한다. 저자가 가장 잘 알고 있는 근대국가 프랑스는 이 시대에 르네상스의 기운을 만났다. 루이12세는 신흥 도시상인들의 지원을 얻어 왕권확립을 실현하고, 그들의 요구를 받아들여 법치주의 정치를 추진했다. 각지에 고등법원을 설치하고 사법제도와 경찰행정을 개선했으며, 삼부회를 주도하여 조세제도에 공정을 기하고, 산업과 학문을 장려하고 이탈리아 문화의 수입에 노력하여 프랑스인의 생활을 향상시켰다. 그리하여 1506년 투르의 삼부회에서 '국민의 아버지'라는 칭호가 부여되었다.

후회를 남기게 될 것이다. 로마인이 그 자유를 되찾았을 때는 아직 심하게 부패되기 전이었다. 브루투스의 아들들이 죽고 타르퀴니우스 왕가가 멸망한 뒤에는, 앞에서 말한 것처럼, 모든 수단과 모든 제도를 실시하여 자유를 더욱 강화할 수 있었다. 그러나 만일 민중이 부패해 있었더라면, 로마가 아닌 그 어느 나라에서도 적절하고 유효한 수단으로 자유를 유지하는 것은 도저히 불가능했을 것이다. 이것에 대해서는 다음 장에서 설명하겠다.

제17장

부패한 민중은 자유를 얻더라도 자유를 지켜내기 어렵다

개혁은 한사람의 유능한 인간에 의해

생각해 보면 로마가 왕정을 폐지하기로 하거나 그 국력이 약해져서 완전히 무기력한 나라가 된 것에는 어쩔 수 없는 사정이 있었다. 그 국왕들이 얼마나 부패해 있었는지 생각하면, 만일 그대로 2대, 3대 왕정이 계속되어 그 악습이 군주로부터 민중에게 전염되었더라면, 민중이 그 독기를 쐬기라도 했더라면, 무슨 수를 써도 부패한 로마를 개혁하기란 불가능했을 것이다. 그런데 다행히 몸통 쪽으로 독이 번지기 전에 목을 베어낸 덕분에 큰 어려움 없이 질서와 자유를 회복할 수 있었다.

부패한 도시가 군주의 권력에 지배되고 있는 경우, 그 도시의 자유는 군주와 그 혈통을 말살해버려도 결코 회복되지 않는다. 그런 도시는 어떤 일을 하든, 한 사람의 군주가 다른 군주를 몰아내는 일이 되풀이될 것이다. 자유를 확신할 만한 군덕과 예지를 갖춘 명군(明君)을 찾아낼 때까지 이러한 일은 계속되어야만 한다. 그러나 그런 군주를 찾아냈더라도 도시는 그의 수명과 운명을 함께 한다.

시라쿠사의 디온과 티몰레온이 그 좋은 선례이다. 이들이 살아 있는 동안에는 다양한 시대를 거쳐, 그 군덕에 의해 자유의 꽃이 활짝 피었지만, 그들이 죽자 바로 그 이튿날, 도시는 참주가 지배하는 곳이 되어 버렸다.

로마가 보여주는 예는 무엇보다 가장 적절하다. 타르퀴니우스 왕가를 추방한 뒤, 로마는 갑작스럽게 얻은 자유를 지키고 있었다. 그런데 카이사르와 칼리굴라, 네로가 죽음으로써 모든 독재자가 소멸한 뒤에는 자유를 유지할 수 없었다. 간신히 자유의 남은 불씨를 되살리려 해도 그것조차 할 수 없게 되어 있었기 때문이다. 같은 사건이 같은 도시에서 일어났으면서도 완전히 반대의 결과를 낳은 이유는, 타르퀴니우스 시대에는 로마 민중이 아직 완전히 부패해 있지는 않았던 것에 비해 후세에는 모든 제국이 철저하게 부패해

카이사르(BC 100～44). 로마 공화정
말기의 정치가이자 장군. 폼페이우
스·크라수스와 함께 3두동맹을 맺고
집정관이 되어 민중의 큰 인기를 얻
었으며 지방관으로서는 갈리아 전쟁
을 수행하였다. BC 47년 소아시아
젤라에서 파르나케스를 물리치고,
원로원에 보낸 보고 "왔노라, 보았
노라, 이겼노라(veni, vidi, vici),"는
역사에 남는 명언이 되었다.

있었기 때문이다. 전(前)시대에는 국가를 강화하고 나쁜 왕을 미워하게 만들고자 한다면, 오직 한 가지, 누구든지 로마가 그 시민의 폭정에 시달리고 있는 것을 보면 그냥 있지 않겠다고 신을 걸고 맹세하게 하면 그만이었다. 이에 반해 말세가 되면, 한 사람의 브루투스가 솔선하여 서릿발 같은 정신을 보여주고 동방제국이 온통 그것을 지지했음에도 불구하고, 로마사람들은 건국 시대에 초대 브루투스가 준 그 자유를 끝까지 지키고자 하는 생각은 전혀 하지 않았다. 이 피폐한 기분은 원래 마리우스 일파가 국내에 불러일으킨 것이었다. 더욱이 절대군주가 된 카이사르가 대중의 눈을 교묘하게 속이고 있었기 때문에, 민중은 자기들을 덮치고 있는 멍에를 조금도 눈치 채지 못했던 것이다. [1]

누가 뭐라 해도 로마의 선례가 다른 어느 것보다 강력하긴 하지만, 이 문제에 대해서는 당대의 이름 높은 민중의 예도 언급하고자 한다. 그래서 가차 없이 말하는데, 밀라노와 나폴리는 어떤 대이변, 어떤 피비린내 나는 혁명소동을 일으키더라도 절대로 자유로워질 수 없었다. 왜냐하면 퇴폐의 기풍이 모든 국민을 한없이 부패시키고 있었기 때문이다. 필리포 비스콘티가 죽은 뒤 밀라노는 자유를 회복했으면서도 끝내 유지하지 못했고, 그 수단조차 알 수 없었던 것이 무엇보다 큰 증거가 된다. [2]

로마로서 큰 다행이었던 것은, 그 국왕이 눈 깜짝할 사이에 폭군이 되어버려, 그 독이 나라의 몸속에 깊이 퍼지기 전에 쫓아낼 수 있었던 것이었다. 또 이 맹독이 원인이 되어 로마에는 다양한 소동이 일어났지만, 그것도 비참한 결과가 되기는커녕 오히려 이익을 가져왔다. 그것은 시민들이 견실한 생각을 가지고 있었기 때문이다.

그래서 다음과 같이 결론을 내릴 수 있다. 즉, 민중이 건전하면 어떤 나라도 내분이나 폭동으로 참해가 발생하지 않는다. 그러나 대중이 부패해 있을

---

1) 여기서 말하는 브루투스는 물론 율리우스 카이사르를 타도한 인물. 마리우스의 쿠데타, 카이사르의 참위(僭位) 등에 대해서는 이 책 제1권 제37장, 제3권 제24장 등 참조.

2) Filipo Maria Visconti(1391~1447년)는 조반니 갈레아초 비스콘티의 3남으로, 아버지의 유업을 이어받아 밀라노의 번성을 이루었다. 그가 죽은 뒤, 시민들은 암브로시아 공화국을 세웠지만, 베네치아와의 싸움에서 포르차를 고용했으나 배신당하여 1450년 멸망했다. 상세한 것은 《피렌체의 역사》 제6권 및 《병법7서》 제1권, 《로마사》 제12장 참조.

때는 지극히 훌륭한 법률도 무력해져서, 용감한 인사가 무력으로 법률을 지키게 하고, 그 악습을 근절하기 위해 노력해야 한다.

오늘날까지 그러한 기적이 한번이라도 일어난 적이 있는지, 아니 그보다도 그러한 일이 일어날 수 있는지 나는 모른다. 어떤 도시가 그 주민의 부패에 의해 파멸의 구렁텅이에 빠졌다가 막판에 가서 분연히 일어섰다고 하자. 그러나 그 행복이 실현된 것은, 그때 나타난 한 사람의 위인의 힘에 의해서이지, 결코 민중이 좋은 제도를 활용하려고 노력했기 때문은 아니다. 그러므로 이 개혁자가 죽으면 민중은 즉시 지난날의 악습에 다시 빠져버린다.

테베 시에서 일어난 일이 바로 그런 것이다. 에파미논다스[3]가 살아 있었을 때는, 이 위인의 인덕으로 그리스의 패권을 장악하여 공화정치를 계속하고 있었다. 그런데 그가 죽자, 갑자기 도시는 다시 원래의 무질서에 빠졌다. 인간의 짧은 수명으로는 오랜 세월 동안 극도로 어지러워진 정치를 개혁하는 데 아무래도 충분치 못한 것이다. 그래서 보통사람보다 훨씬 수명이 긴 군주이거나, 덕망이 높은 군주들이 연달아 즉위하여 개혁을 실시하지 않으면, 또는 명군이 대대로 이어지지 않으면, 나라는 금방 파멸의 구렁텅이에 빠지게 된다. 그리고 아주 거친 치료를 하여 피를 흘려야만 거기서 빠져나올 수 있는 법이다. 민중이 부패해 있어 도저히 자유를 얻지 못하고 있는 것은, 실은 나라 안에 있는 불평등이 그 원인이다. 이 불평등을 타파하여 모든 것을 공평한 수준으로 되돌리려면 대담하고 거친 치료를 해야만 한다. 게다가 이 치료법은 몇몇 사람들만이 터득하고 시술할 수 있는 것이다. 여기에 대해서는 다시 새로운 장에서 논하기로 한다.

---

3) Epaminondas(기원전 430무렵~362년). 스파르타에 대항하여 테베의 패업을 성취한, 보기 드문 청렴애국의 정치가이자 탁월한 무장.

제18장
어떻게 하면 부패한 도시가 자유를 얻을 수 있을까

제왕적 권력이 개혁을 가능케 한다

앞장에 이어서, 자유가 이미 존재하는 부패한 도시에서는 과연 어떻게 그 자유로운 정치를 유지해 갈 수 있을지, 또 자유가 전혀 없을 때는 어떻게 그 것을 획득할 수 있는지 논의해도 크게 부적절한 일은 아닐 것이다. 이 두 가 지는 어느 것이나 참으로 어려운 문제이다. 이에 대해서는 부패한 정도에 따 라 그 조치도 다양하게 달라지기 때문에 일률적인 방침을 세울 수는 없다. 모든 점에 관해 생각해 두는 것이 좋으므로 나로서는 이 문제도 한번 짚고 넘어가고 싶다.

먼저 어떤 도시가 썩을 대로 썩어 있다고 하자. 이것이 첫 번째 난제인 것 은, 어느 도시든 혼란이 극에 달해 있으면 법률이나 제도로도 구제할 수 없 기 때문이다. 미풍양속이 좋은 법률에 의해 유지될 수 있는 것처럼, 마찬가 지로 준법정신 역시 미풍양속을 필요로 한다. 그 밖에 공화국의 시민이 미덕 을 잃지 않았던 건국 당시의 국헌과 국법도, 시민들이 악습에 물드는 시대가 되면 점차 그 힘을 잃어간다. 게다가 국법은 여러 가지 사건에 의해 바뀌지 만, 나라의 근본이 되는 국헌은 좀처럼 변하지 않는다. 이러한 상황에서 신 법을 제정해 보았자 금세 무력해지고 만다. 왜냐하면 건국 이후 변하지 않는 국헌이 새로운 법률을 악법으로 물들이기 때문이다.

더욱 알기 쉽게 말하면 로마에는 이미 국가를 규정하는 국헌과, 공직자들 의 힘을 빌려 시민의 난폭한 행동을 억제하는 법률이 있었다.

국헌에는 민중과 원로원·호민관·집정관 등의 권한, 공직자의 선거와 법률 제정의 수속 등에 대한 규정이 들어 있었다. 이러한 국헌은 무슨 사건이 일 어나더라도 그다지 변경되지 않았다. 그러나 시민을 통제하는 법률, 이를테 면 간음·사치·폭행에 관한 법률을 비롯하여 모든 풍속의 개선을 목적으로 하는 법률은 시민들이 점차 부패함에 따라 변화했다. 그럼에도 오래된 국헌은 변함없이 시행되기 때문에 개정된 법률만으로는 시민들을 선량하게 만드는 데 충분하지 않았다. 신법에 충분한 힘을 주고 싶으면 옛날부터 내려온 국헌도 동시에 개정해야 하는 것이다.

부패한 도시에 본래의 통치 기반이 바람직하지 않다는 사실은 두 가지 주요한 문제점에서 뚜렷이 드러난다. 즉 새로운 직책을 만드는 것과 신법을 제정하는 것이다.

로마인은 누구든 스스로 지원하지 않으면 집정관직이나 그 밖의 공화국의 중요한 직책을 맡기지 않았다. 이 제도는 그 시작 무렵에는 참으로 훌륭하게 시행되었다. 왜냐하면 시민들은 모두 인격자였고 그 직책을 훌륭하게 수행할 수 있는 사람들만이 지원했으며, 직책을 거절당하는 것은 수치라고 생각했기 때문이다. 그 결과 시민들은 가치가 있다고 인정받기 위해 어떤 일이든 노력하여 훌륭하게 수행하려 했다. 그런데 이 방법도 도시의 풍습이 타락한 시대에는 둘도 없이 위험한 것이 되어버린다. 관리의 지위는 덕망 높은 사람들이 아니라, 권세 높은 자들이 빼앗아간다. 더구나 모든 인덕을 갖춘 사람은 거절당하는 것이 두려워 직책에 지원하지 않는다.

물론 이러한 악습이 어느 날 갑자기 심해진 것은 아니다. 점차 깊이 빠져들어 정신을 차렸을 때는 도저히 빠져나갈 수 없는 상태가 되어 있었던 것이다. 왜냐하면 로마인은 그때까지 아프리카와 아시아를 제압하고, 그리스 일부분을 자신들의 법률로 속박해 놓은 뒤, 자신들의 자유에 관해 확신했고, 자신들 앞에 적은 아무도 없다고 여겼다. 이러한 자신감과 적의 허약함이 원인이 되어, 시민들은 집정관 선거에서 후보들의 역량을 기준으로 하기 보다 편파심에 기울고, 적을 물리치는 용장보다 민중의 마음을 교묘하게 달래주는 자들을 이 존엄한 공직자로 선출하게 되었다. 후세에 이르러서는 더욱 타락하여 최고의 권위가보다 최고의 부자를 선택하게 된다. 이렇게 그 제도의 독기에 쏘여, 고결한 인물에게는 아무런 권위도 주어지지 않게 되었다.

호민관 및 일반 시민이라면 누구든 민중에게 법안을 제의할 수 있었고, 그 법안에 대해 찬부의 의견을 말할 수 있었다. 시민들이 덕성을 갖추고 있을 때 이것은 매우 좋은 방법이었다. 공익에 관심을 가진 각 개인이 법률을 제안할 권리를 갖는 제도는 바람직한 것이기 때문이다. 또한 제의된 안건에 대해 자유롭게 자신의 의견을 얘기하고 토론하므로 민중의 의식이 높아져, 최선이라고 생각하는 쪽을 편들 수 있게 하기 때문이다. 그러나 시민들이 부패하면 이 제도에 수많은 폐해가 생기기 시작한다. 법안을 제의하는 것은 유력자들로 한정되며, 그 목적도 자유를 위해서가 아니라 자신들의 권세를 위해서이다. 게다가 그 제안에 대해 용감하게 반대의견을 말하는 자는 단 한 사람도 없다. 그들의 세력에 위축되어 있기 때문이다. 민중은 속임수에 넘어가거나 강요에 못 이겨, 스스로 무덤을 판다는 것을 알면서도 법안을 통과시키게 되었다.

로마는 부패의 극에 달해서도 끝까지 자유를 지키기 위해, 자유가 존립했던 다양한 시대를 본받아 법률을 만들었고, 한편으로 새로운 제도를 수립해야 했다. 부패한 민중에게는 건전한 사람들이 대하는 것과는 다른 제도가 필요했던 것이다. 이는 같은 형식으로는 전혀 다른 사정에 적용할 수 없기 때문이다.

국가의 제도를 바꾸는 데는 두 가지 양식이 있다. 하나는 그 제도의 가치가 없어진 시기에 한꺼번에 완전히 바꾸는 방법이고, 또 하나는 폐해가 점점 커짐에 따라 조금씩 개정하는 방법이다. 두 가지 모두 쉽게 해결할 수 없는 어려움을 안고 있다.

일부분씩 점차적으로 개혁하려면, 눈에 보이는 폐해는 물론 그것이 궁극적으로 이르는 곳을 끝까지 내다볼 수 있는 선견지명을 갖춘 인물을 기다려야 한다. 그런데 아마 어떤 도시에도 그런 인물은 결코 나오지 않을 것이고, 혹시 그런 인물이 있다 하더라도, 악습에 물든 시민들이 그가 내다보는 전망에 승복하는 일은 절대로 없을 것이다. 왜냐하면 이러한 생활에 젖어 있는 사람은 바로 눈앞에서 재앙을 만나거나 그 조짐을 추론하지 못하는 이상, 결코 자신의 생활을 바꾸려 하지 않기 때문이다.

국가의 근본제도를 한꺼번에 완전히 바꾸는 것은 모든 사람이 그 결함을 인정했을 때의 일이지만, 그 결함을 바로잡는 것은 굉장히 어려운 일이라고 나는 생각한다. 왜냐하면 이러한 경우에는 평범한 수단으로는 충분하지 않기 때문이다. 이를테면 완력이나 폭력에 호소해서라도 완수하는 수밖에 없다. 따라서 개혁자는 뭐니 뭐니 해도 권력을 마음대로 사용할 수 있도록 전제군주가 되어야 한다.

나라의 공사(公私) 양면에 걸친 개혁을 위해서는 덕망 높은 인물과, 동시에 공화국에서 권력을 찬탈하기 위한 야심에 찬 악당이 필요하다. 그러나 덕망 있는 인물은 그 뜻이 아무리 좋아도 길이 아닌 방법으로 권력을 훔치려하지 않을 것이며, 악당이 마침내 군주가 되더라도 자신의 권력을 선하게 이용하려는 마음이 생기지 않을 것이다.

지금까지 말한 사항에서 생각하면, 부패한 도시에서는 공화정책을 도저히 유지할 수 없고, 또 그러한 정체를 수립할 수도 없게 된다. 때문에 나로서는 민주정보다 군주정에 찬성하고 싶은 마음이다. 그것은, 법률의 힘만으로는 오만한 마음을 교정할 수 없는 자들을, 이른바 왕자(王子)의 권위에 복종하게 하기 위해서이다. 좀더 다른 방법으로 그들을 갱생시키고 싶어도, 그것은 앞에서 클레오메네스에 대해 이야기한 것처럼,[1] 잔인하기 짝이 없는 처치가 되거나 아니면 절대로 일어날 수 없는 일이 될 것이다. 그는 모든 권력을 한 손에 쥐기 위해 감독관을 몰살했고, 로물루스가 그 같은 마음으로 형제와 티투스 타티우스를 살해했다. 하지만 이 두 사람 모두 그렇게 거둔 권력을 적절히 잘 사용하였다. 그러나 여기서 기억해야 할 것은 그들은 부패를 전혀 모르는 민중을 상대로 했다는 점이다. 따라서 그들의 희망은 근거가 있었고 그들의 계획은 정당화 될 수 있었던 것이다.

---

1) 이 책 제1권 제9장 참조.

제19장
유약한 군주가 연달아 즉위하면 그 나라는 오래 유지될 수 없다

강력한 왕이 계속 집권하면 위대한 업적을

　로마 건국 이후 연달아 즉위한 3인의 국왕, 로물루스·누마·툴루스의 다양한 재능과 그 행동을 생각할 때, 로마가 얼마나 커다란 행운을 만난 것인지 알 수 있다. 로마는 맨 처음 용맹하고 과감한 국왕을 모셨고, 이어서 평정하고 신앙심이 깊은 국왕을, 세 번째는 로물루스에 비견할 수 있는 용자일 뿐만 아니라 온화한 평화보다 위험에 찬 전쟁에 심혈을 기울이는 군주를 받들었다. 로마의 초기 왕들 중에서 법률을 준수하는 공동체를 조직할 인물의 출현이 긴요했던 것처럼, 후대에도 로물루스에 비견되는 역량을 지닌 다른 왕들의 출현이 필수적이었다. 그렇지 않았더라면 로마는 유약해져 이웃 나라의 먹이가 되었을 것이다.

　때로는, 어떤 국왕이 그 선대보다 재능이 못하더라도, 먼저 세상을 다스린 군주의 덕을 입어 나라를 유지하고 선대가 남긴 성과를 즐기는 경우도 있을 수 있다. 하지만 그 국왕이 장수하여 너무 오랫동안 권좌에 앉아 있거나, 그 만년이 지난 뒤에 선대의 덕망에 필적하지 않는 군주가 자리를 잇게 되면, 국가의 파멸은 피할 수 없는 일이 된다. 이와는 반대로, 위대한 재능을 지닌 군주가 2대 계속해서 자리에 오른다면, 더할 나위 없이 빛나는 위업을 성취하고 하늘까지 그 이름을 떨치게 될 것이다.

　물론 다윗[1]은 전쟁, 학식 및 재판에 대해서도 이름 높은 현왕(賢王)이었다. 그 예지와 용기로 천하를 호령하면서 이웃나라들을 모조리 평정한 뒤,

---

1) 이른바 다윗의 뒤를 이은 솔로몬은 통상과 무역을 통해 부를 쌓는다. 이집트와 통상하여 사치의 극을 달리다 민심을 잃었고, 중세에 궐기한 폭민은 국내를 늘 혼란에 빠뜨렸다. 기원전 974년, 왕이 죽은 뒤 르호보암(기원전 962~946년 재위)의 학정에 솔로몬의 부장 여로보암이 반역을 일으켜 왕국은 남북으로 분열되고, 르호보암은 유다와 베냐민의 두 부족으로 유다왕국을 건설하여 겨우 목숨을 부지하는 데 그쳤다.

루메리 히살 성과 보스포루스 해협. 이 성은 동로마 제국의 수도 콘스탄티노플리스를 공략하기 위하여 AD 1452년 오스만투르크 제국의 메메드 2세가 건설하였다. 수많은 칸과 칼리프를 물리쳐온 콘스탄티노플리스도 마침내 메메드의 힘 앞에 완전히 굴복하고 말았다.

아들 솔로몬에게 평화로운 왕국을 물려주었다. 솔로몬은 이 왕국을 전쟁 없이 평화로운 수단에 의해 유지하며, 별다른 어려움 없이 부왕의 유덕을 마음껏 누릴 수 있었다. 그런데 솔로몬은 이것과 같은 유산을 그 아들 르호보암에게 물려주지 못했다. 르호보암은 그 선대처럼 뛰어난 천품을 지니지도 못했고, 아버지처럼 행운도 물려받지 못했으므로, 간신히 왕국의 6분의 1을 유지할 수 있었을 뿐이다.

투르크의 황제 바야지드는 전쟁보다 평화를 좋아했으며, 그의 아버지 메메드가 다윗처럼 이웃나라를 남김없이 평정하여 강고한 왕국을 남겨준 덕분에 아무런 수고 없이 평화를 누리면서 나라를 유지했다. 그 아들 셀림이 그 아버지를 닮고 조부를 닮지 않았더라면, 아마 이 제국도 무너져버렸을지 모른다.

그러나 이 군주는 현재 그 조부를 능가하는 위명을 떨치려는 듯하다. [2]

이러한 전례에 비추어보면, 위대한 천분을 타고난 군주의 뒤를 이어받으면 약한 군주라도 나라를 다스릴 수 있다. 그러나 힘이 약화된 치세의 뒤를 이어 똑같이 힘이 없는 군주가 나타나면, 프랑스처럼 옛 제도에 의해 유지되고 있는 나라가 아닌 이상, 그리 오래 가지 못한다고 할 수 있다. 여기에 힘이 없는 군주라는 것은 전쟁을 수행하는 능력이 없는 자를 가리킨다.

즉, 전쟁의 신 로물루스의 위세 덕분에 누마 폼필리우스는 오랫동안 로마인을 안정과 평화로운 정책에 의해 굴종시킬 수 있었다. 그의 뒤를 이어받은 툴루스[3]는 그 성질이 용맹하여 로물루스를 연상시켰다. 게다가 그 후계자인 안쿠스[4]는 뛰어난 천품을 지니고 있어서, 평화를 누리면서도 전쟁을 잘 수행하며 그 재능을 유감없이 발휘했다. 처음에 그는 이웃 나라와 친교를 맺으며 평화적인 수단을 개척하는 데 관심을 기울였지만, 그 나라들이 자신을 나약한 국왕으로 오인하고 은근히 얕보는 것이 느껴지자, 로마를 지탱하려면 누마보다는 로물루스를 본받아 전장에서 먼지투성이가 되어야 한다고 생각했던 것이다.

---

2) Mephmet 2세, 오스만투르크 황제 제7대 술탄. 이미 말한 대로 정복왕 또는 상승왕(常勝王)이라는 별명을 얻었을 정도로 용맹하여, 동로마제국을 멸망시킨 외에 30년의 치세 동안 12국 약 200도시를 공략했다. 제국의 모든 제도를 완성하고 학예를 장려했다. Bajazid 2세, 제8대 술탄(재위 1481~1512년) : 베네치아와 싸웠지만 근위병의 반란으로 실패했다. 장남인 아슈메트에게 제위를 물려주려 했으나, 차남인 셀림의 술책에 빠져 퇴위한다. 나중에 셀림의 지시로 유대인 의사가 독을 넣어 그를 죽인 것으로 전해진다. Selim 1세 : 전자를 독살하고 즉위. 1512년부터 20년까지 재위. 흥맹왕이라는 이름에 걸맞게 페르시아를 치고(1514년), 시리아를 평정하고(1516년), 이집트를 정복했다(1517년). 그때 이후 제14대째의 이슬람교주 무타와 킬한테서 교주의 지위를 물려받아 이슬람교도의 보호자가 되었다. 바로 그 당시 마키아벨리는 이 책을 집필하고 있었다. 《로마사》 제19장 참조.

3) Tullus Hostilius(기원전 671~640년). 고대로마의 제3대 왕. 이 나라에 번영을 가져다준 군사제도의 창시자.

4) Ancus Martius(기원전 641~617년). 종교제도를 확립하고, 라티움을 격파하여 로마의 번영을 이룩했다.

왕위에 오르는 모든 주권자는 부디 이 전례에 비추어보기를 바란다! 누마를 본받으면 시대나 운명의 변덕에 좌우되어, 과연 나라를 유지할 수 있을지 없을지 알 수 없게 된다. 그러나 로물루스처럼 항상 신중한 생각과 용단을 가지고 군대를 지휘한다면, 적이 압도적인 무적의 세력을 마음껏 휘두르며 물밀 듯이 몰려오지 않는 한, 거의 안전하게 나라를 유지할 수 있다. 만약 로마의 세 번째 왕이 무용(武勇)을 떨치며 천하에 존경을 받는 인물이 아니었더라면, 이탈리아에 뿌리를 내리지도, 수없이 빛나는 위업을 달성하지도 못했을 것이다. 또는 이 모든 것을 수행하는 데 참담한 고난을 겪어야 했을 것이다. 이 도시가 국왕의 위령에 의해 살고 있는 한, 나약한 군주나 악덕에 물든 국왕 때문에 멸망하지 않도록 경계한 것은 당연한 일이다.

제20장

유능한 군주가 연이어 즉위하면 큰 위업을 이룰 수 있다

파멸은 유약한 군주의 연이은 즉위에서 비롯

로마는 국왕을 추방해버린 뒤부터 허약하거나 나쁜 왕이 왕위에 오를 경우 발생하게 마련인 위험을 더 이상 느끼지 않게 되었다. 최고의 권력은 사실상 집정관들의 손아귀에 들어갔다. 게다가 그들이 권력을 맡은 것은 상속에 의한 것도 아니고 사기에 의한 것도 아니며, 오직 시민의 자유로운 선거에 의한 것이었다. 그러므로 언제나 도시에서 으뜸가는 유덕한 인물들뿐이었다. 이렇게 로마는 끊임없이 그 인덕의 혜택을 입거나 때로는 그 사람들의 행운과 역량의 덕을 입으며, 국왕들이 다스리던 시대에 비해 훨씬 짧은 기간에 국운은 번영의 극에 도달했다.

용맹한 군주가 2대째 계속되면 그다지 힘들이지 않고 세계를 정복할 수 있다는 것은, 마케도니아의 필리포스[1]와 알렉산드로스대왕의 이름만으로 충분히 입증할 수 있다. 이러한 행운을 누리는 것은 공화국의 참정제도 쪽이 훨씬 가능성이 크다. 공화국의 선거제도는 고작 2대의 현인뿐만 아니라 얼마든지 덕망 높은 원수를 천거할 수 있기 때문이다. 즉 조직이 잘 정비된 공화국에서는 유능한 지배자의 승계가 언제나 가능하다.

---

1) Philippos 2세(기원전 382~336년). 알렉산드로스대왕의 아버지. 기원전 359년 군대의 추대로 왕위에 올라, 군사, 경제의 진흥을 도모하고, 기원전 338년 카이로네이아에서 반 마케도니아 파 데모스테네스가 이끄는 아테네 스파르타군을 격파했다. 마케도니아 중흥의 시조.

제21장
군대를 가지지 못한 군주 또는 공화국은 비난받아 마땅하다

사람이 있는 곳에 군인이 있다

실제로 나라를 다스리고 있는 군주나 공화국이 자국민으로 구성된 군대를 가지고 있지 못하다면, 툴루스가 보여주는 모범을 보고 부끄러워해야 할 것이다. 이러한 과오를 범하는 원인은 전쟁에 적합한 사람이 없어서가 아니라, 자국민을 군인으로 키우지 못하는 그들 자신에게 있다. 그도 그럴 것이 로마는 40년 동안 안온한 평화 속에 살아왔다. 그러므로 툴루스가 왕위에 올랐을 때는, 로마인 가운데 무기를 잡을 줄 아는 자는 한 사람도 없었다. 그럼에도 그는 전쟁을 시작할 생각이었는데, 그렇다고 삼니움인이나 토스카나인처럼 언제나 싸움만 하는 부족을 사용하여 싸우고 싶지는 않았다. 그래서 그는 현군의 이름에 걸맞게, 자국민만의 힘으로 전쟁을 수행하기로 결심하고 그의 뛰어난 역량과 지도로써 실행에 옮겨, 눈 깜짝할 사이에 훌륭한 병사들을 모을 수 있었다. 시민들은 많은데 군인을 동원할 수 없다는 것은 오로지 군주의 잘못이지, 지역적 특성이나 사람들의 기풍에 의한 것이 아니다. 이것은 명백한 진리이다.

바로 최근의 예가 우리 눈앞에 있다. 누구나 알고 있는 바와 같이 얼마 전 영국왕은 자국민만의 군대를 이끌고 프랑스를 공격했다. [1] 원래 이 왕국은 30년 전부터 평화를 유지하고 있었기 때문에 무기를 들고 싸울 수 있는 군사도 대장도 없었지만, 이 왕은 아무런 두려움 없이 무사들로 대열을 짜서, 이탈리아에서의 끊임없는 전쟁을 통해 노련한 대장과 잘 훈련된 군사를 잔뜩

---

[1] 1492년 영국왕 헨리7세는 에타플 조약 이래, 대륙에서 손을 떼고 오로지 국내의 왕권 확립에 힘썼다. 나중에 헨리8세 시대가 되자 영국은 다시 루이12세를 상대로 싸우고, 1512년, 프랑스에 쳐들어가, 1513년 8월 16일, 프랑스 북부의 작은 마을 기누가트(지금의 앙기누가트)에서 대승을 거두었다. 이것 역시 이 책을 집필할 당시에 일어난 사건이다. 《로마사》 제14장 참조.

거느리고 있는 왕국으로 쳐들어간 것이다.

이러한 사실은 모두 영국 국왕의 영명한 지도력과 정치에 의한 것이며, 또한 군사 훈련을 규정하고 있는 이 왕국의 국헌이 있기에 가능한 일이었다.

에파미논다스와 펠로피다스는 조국을 해방시키고 스파르타의 속박을 제거하였다. 하지만 시민들에게는 노예근성이 뿌리박혀 있었고 타락의 풍조가 거리를 가득 채우고 있는 것을 알았다. 그래서 두 사람은 타고난 용맹심을 발휘하여 단호하게 시민들을 군대로 보내고 자신들도 함께 싸움터로 나아가, 스파르타군의 진격을 저지하고 끝내 그들을 격파했다. 역사가들이 말했듯이 이 두 명장이야말로 눈 깜짝할 사이에 커다란 진실을 입증한 것이다. 즉, 오직 스파르타에만 군인이 있는 것은 아니며 어떤 곳이든 인간이 있는 곳이라면, 그리고 툴루스가 로마인을 단련시킨 것처럼 그 주민들을 훈련시킬 수만 있다면, 반드시 훌륭한 병사를 얻을 수 있다는 것이다. 이러한 생각을 시인 베르길리우스는 탁월한 필치로 이렇게 노래했다.

············음란하고 게으른 백성에게
툴루스는 무기를 잡고 일어나게 하였네.
············Desidesque movebit
Tullus in arma viros.

제22장
세 명의 로마인과 세 명의 알바인 결투에서 주목할 점은

군대 일부 싸움에 국운을 맡겨서는 안 된다

로마 왕 툴루스와 알바 왕 메투스는 약정을 맺고, 민중 가운데 각각 세 명의 전사를 뽑아 시합을 하게 하여, 이긴 쪽의 국왕이 상대 나라를 다스리기로 합의했다. [1] 그 결과 알바 쪽 쿠리아티우스 집안의 세 전사는 모두 죽었으며, 그 상대인 로마 측에서는 호라티우스 집안의 세 전사 가운데 겨우 한 사람만 살아남았다. 그리하여 메투스와 그 백성들은 로마의 지배를 받게 되었다. [2] 승리한 호라티우스 가문의 한 사람은 로마에 돌아와 그의 여동생을 만났다. 그런데 쿠리아티우스 집안의 전사와 약혼한 사이였던 여동생이 약혼자의 죽음을 슬퍼하며 울고 있는 것을 보고, 그는 분노하여 여동생을 찔러 죽인다. 이 살인범은 재판정에 끌려갔지만, 뜨거운 논란 끝에 무죄선고를 받았다. 그가 용서를 받은 것은 그가 세운 공훈에 의한 것이 아니라, 그 아버지의 탄원에 기인한 것이었다. [3]

여기서 세 가지 사항에 주목해야 한다.

첫 번째는 군대의 일부만이 싸운 결과에 국운을 맡겨서는 안 된다는 것.

두 번째는 질서가 잘 잡힌 나라에서는 충성행위가 있었다 하여 결코 범죄를 용서해서는 안 된다는 것.

---

1) 기원전 669년 누마가 죽은 뒤 곧 툴루스 호스틸리우스가 추대되어 왕이 되었는데, 알바와의 싸움이 좀처럼 결말이 나지 않아 이런 시합을 벌이게 된 것이다. 티투스 리비우스의 《로마사》 제1권 제22장. 그런데 상대의 왕 쿠르일리우스는 로마에 진격하여 싸우다가 전사하고, 이듬해 그 뒤를 이은 독재관 메투스Mettus Dffetius가 이 툴루스의 제안에 응했다. 《로마사》 제1권 23장.
2) 티투스 리비우스의 《로마사》 제1권 제25장에는 대결 모습이 상세히 그려져 있다.
3) 티투스 리비우스 《로마사》 제1권 제26장. 범인의 아버지에게 배상금을 국고에 납부하라는 판결과 함께 약간의 제재가 가해졌다.

세 번째는 준수가 불확실한 상황에서 약정을 체결하는 것은 결코 현명한 처사가 아니라는 점이다. 왜냐하면 한 나라가 타국의 노예가 되는 것은 너무나 비참한 일이므로, 이 두 사람의 국왕이나 국민이 불과 세 사람의 시합에 자신들의 자유를 건 것을 후회하지 않을 거라고는 절대로 장담할 수 없기 때문이다. 메투스는 금세 후회하기 시작했다. 로마인이 시합에 이겼을 때, 이 군주가 자신의 패배를 인정하고 툴루스에게 따르겠다고 맹세한 것은 분명하지만, 베이 공격이 시작되어 메투스도 거기에 참가하지 않을 수 없게 되자, 어떻게든 툴루스를 속여 그를 배신하려고 했다. 그제야 자신의 결정이 경솔한 것이었음을 깨달았기 때문이었다. 그러나 때는 이미 늦어 있었다. [4]

이 마지막 사항에 대해서는 이미 충분히 설명했으므로, 다음 장에서는 다른 두 가지 사항에 대해서만 논의하기로 하겠다.

---

4) 메투스는 세 명의 전사에게 국운을 맡긴 경솔함을 국민들이 비난하자, 국민의 여망을 만회하기 위해 성급하게 배신을 기도했다. 툴루스의 베이 공격 때, 메투스도 동원되어 전장에 나가기는 했지만, 형세를 관망하기로 정하고 있었다. 로마군이 승리를 거두자 (티투스 리비우스 《로마사》제1권 제27장) 메투스는 툴루스의 진영에 가서 축하의 말을 한다. 툴루스의 명령에 따라 알바와 로마 두 군은 통합되고, 메투스는 툴루스에게 배신을 기도한 것이 발각되어 극형에 처해짐으로써(제1권 38장) 알바는 멸망했다(《로마사》 제1권 제39장). 기원전 663년의 일.

제23장
장수는 전력을 다하지 않은 전투에 모든 운명을 걸어서는 안 된다

군사 요충지만 방어하는 것은 위험하다

전력을 다하지 않은 전투에 자신의 운명을 맡기는 짓은 절대로 피해야 한다. 이러한 예는 지금까지 다양한 형태로 이루어져 왔다.

그 하나가 툴루스와 메투스의 경우이다. 그들은 조국의 운명과 수많은 병사들의 용맹을, 각각의 군대에 비하면 하잘 것 없을 만큼 약한 세 병사의 용맹과 운명에 걸었다. 그들은 나라를 세웠을 때 겪은 조상들의 갖은 고난의 결과물이 모두 수포로 돌아갔다는 사실을 깨닫지 못했다. 그 나라가 오래도록 자유를 유지하고 있었다는 사실과, 자국의 자유를 보호하기 위해 시민을 그 수호자로 양성했던 것을 잊고, 앞에서 말한 것과 같은 행동으로 몇몇에게 국운을 맡김으로써 스스로 자신을 죽인 것이다. 좀더 신중한 전략을 펼치는 것이 도저히 불가능했을 만큼 그 국왕들은 무모했던 것이다.

적의 진격을 저지하기 위해 험난한 통로를 방비하여 장악하고자 할 때 역시 이러한 재앙이 어김없이 일어난다. 이러한 작전이 반드시 위험을 부르는 것은, 지키기 어려운 지점에서는 아군의 모든 병력을 동원하여 생각대로 진용을 갖출 수 없기 때문이다. 만일 가능한 작전이라면 그렇게 해야 하겠지만, 그 지점이 너무 험하여 도저히 총병력을 투입할 수 없다면, 그 전략은 굉장히 위험한 것이 된다.

험준한 산들로 에워싸인 황무지만 있는 나라에서 강적을 방어할 때는, 아무도 험난한 길이나 산꼭대기에서 막으려 하지 않았다. 뜻밖에 그러한 지점에서 적과 맞닥뜨렸을 때 외에는, 반드시 넓고 위치가 좋은 장소에서 싸운 전례를 많이 보았다. 그 작전의 동기에 대해서는 이미 말한 것처럼, 황폐한 토지에서 많은 병력을 사용하여 포진할 수 없기 때문이다. 지형상의 불리함과 수많은 병력을 부양할 군량 조달에 어려움이 있으며, 대군이 한꺼번에 구름 같이 공격해 들어오면 절대로 막아낼 수 없다. 적 쪽에서 노리는 것은 그곳을 뚫고 지나가는 것이지 그곳에 머물러서 싸우려는 것이 아니므로 대군을 이끌고 쉽게 진격해 올 수 있는 것이다. 그리고 막는 쪽에서는 대인원을 움직일 수가 없다. 그도 그럴 것이, 비좁은 황무지에 오랫동안 진을 치고 있어야 하고, 그로 인해 막상 적이 그 험난한 통로를 돌파하려 하는 중요한 때에 가서는 기력이 다해버리기 때문이다. 반드시 지킬 수 있다고 믿고 있던 싸움에서 지면, 주민과 남은 군대는 겁을 먹고 당황하여, 용기를 보여줄 기회도 잃어버린 채 항복해버린다. 이러한 이유로 병력의 일부분만 사용한 채 국가의 운명을 망치는 결과가 되는 것이다.

한니발이 롬바르디아와 프랑스 사이에 있는 알프스 산맥을 얼마나 힘겹게 건넜는지, 롬바르디아와 토스카나 사이에 있는 산들을 얼마나 참담한 고생 끝에 지나갔는지는 잘 알려진 사실이다. 그럼에도 로마인은 티키누스 강변과 아레티움 평야에서 적을 요격하는 것이 가장 좋다고 믿었다. 즉, 그들은 한니발 군대를 산꼭대기로 유인한 뒤 지형의 험준함을 이용하여 섬멸할 생각은 하지 않았던 것이다.

역사책을 숙독하는 사람은, 특별히 명장이라는 말을 듣는 사람이면, 앞에서 말한 이유에서인지 아니면 대군을 통합할 수 없기 때문인지, 결코 이러한 요로(要路)에서는 싸우려 하지 않았음을 알 수 있다. 산지에는 사방이 트인 평야와 마찬가지로 길도 있고 왕래도 활발할 뿐만 아니라, 타지인은 모르지만 현지인은 잘 알고 있는 샛길이 많기 때문이다. 전혀 엉뚱한 길로 적군이 빠져나올 가능성이 높다. [1]

가깝게 1515년에도 그 한 예를 볼 수 있었다. 프랑스 왕 프랑수아 1세[2]가

---

1) 한니발의 알프스 돌파는 보름이 넘게 걸렸다. 티투스 리비우스의 《로마사》 제21권 제32~38장 참조. 그리고 스키피오를 티키누스 강변에서 격파하고(제43~47장), 셈프로니우스를 트레비아에서 격파한 뒤(제46장), 이듬해인 기원전 217년 한니발은 로마의 장수 플라미니우스의 허를 찔러 아펜니니 산맥을 넘어 아레티움(지금의 아레초) 남쪽을 우회했다. 아레초에서 기다리고 있던 플라미니우스는 적을 트라시메누스 호수의 애로로 유인하기 위해 자신이 먼저 그 길을 빠져 가려했다. 로마군이 이 애로에 들어갔을 때, 뜻밖에도 애로 양쪽의 절벽에는 적군이 매복해 있었고, 로마군은 당장 그 굶주린 이리 떼의 먹이가 되었으며 플라미니우스도 전사했다. 티투스 리비우스의 《로마사》 제22권 제1장 이하. 특히 제6장에는 처참한 섬멸전의 모습이 상세히 그려져 있다.

롬바르디아를 탈환하기 위해 이탈리아를 침략하기로 결정했을 때, 이 계획에 반대하는 사람들이 제시한 주된 이유는 스위스 인들이 알프스의 산악 요로를 지키고 있을 것이라는 지적이었다. 스위스인들은 실제로 그것에 의지하고 있었으며, 얼마 지나지 않아 그것이 잘못이었음을 깨달았다. 프랑스 왕은 스위스 인이 지키고 있던 몇몇 산길에는 눈길도 주지 않고, 아무도 모르는 길을 지나 감쪽같이 산을 넘어 이탈리아로 물밀듯이 쳐들어갔던 것이다. 그런 고갯길을 통해 왔을 줄은 꿈에도 모르는 적군 앞에 그들은 모습을 드러냈다. 적의 습격에 놀란 군사들은 간담이 서늘해져 밀라노로 달아났고, 간신히 대열을 수습하여 적이 산에서 내려오는 것을 막을 태세가 되었을 때는, 이미 롬바르디아 주민들은 모조리 프랑스군 편이 되어 있었다.

---

2) Francois Ⅰ(1494~1547년) 1515년 1월 1일 즉위. 그해 밀라노를 탈환하기 위해 마리니아노에서 스위스군을 격파하고 목적을 이뤘다. 이 책 제3권 제18장 참조.

제24장
잘 조직된 나라일수록 시민 상벌 규정은 분명해야 한다

작은 보상이 많은 것을 의미할 수도

호라티우스가 용맹하게 쿠리아티우스 집안을 제압한 것은 발군의 공적이다. 그러나 여동생을 죽인 것은 끔찍한 행위였기에, 이 살인에 큰 충격을 받은 로마인들은 그가 방금 수훈을 세웠음에도 불구하고 사형에 처하려 했다. 피상적으로 보면 민중이 배은망덕의 죄를 범한 것처럼 생각되지만, 더욱 생각이 깊은 사람이나 정치의 참된 정신을 헤아리는 사람들은, 오히려 민중이 이 범인을 처형하지 않고 용서하고 싶어 한다면 그것이야말로 기괴한 행동이라고 비난할 것이 틀림없다. 선정(善政)이 펼쳐지고 있는 나라에서는 시민은 아무리 훌륭한 공을 세우더라도 그가 저지른 죄를 너그럽게 봐주는 일은 결코 없다. 시민이 선행으로 인해 응당한 수준으로 처벌받는다. 왜냐하면 표창을 받아도, 그 뒤에 죄를 범한 경우에는 표창은 오직 선행에 대해서만 이뤄진 것이고, 형벌은 나쁜 행위에 대해 부과되는 것이기 때문이다. 이러한 제도가 신앙의 힘으로 강화되어 있으면 그 나라는 오랫동안 안전하고 평화롭지만, 반대의 경우에는 나라가 당장 멸망하고 만다.

실제로 빛나는 공을 세운 시민이 나중에 그 공명에 우쭐해져서 어떤 범죄 행위를 저질러도 처벌하지 않는다면, 그 시민은 더욱 오만해져서 언젠가는 법률을 모조리 소멸시켜버릴 것이 틀림없다. 또한 준엄한 형벌로 범인을 두려움에 떨게 하고자 한다면, 국가에 대한 봉사에 대해 반드시 표창하여 소홀함이 없도록 해야 한다. 로마는 언제나 그렇게 하고 있었다. 국가가 아무리 가난해도, 그래서 그 상이 아무리 보잘것없는 것이라도, 그것조차 아까워해서는 안 된다. 참으로 보잘것없는 것이라도 그것이 매우 훌륭한 행위에 대해 주는 상이라면, 그것을 받는 자에게는 더할 수 없이 고귀한 것으로 생각될 것이다.

이것에 대해 좋은 예는 애꾸눈인 호라티우스와 왼손잡이 무키우스 이야기[1]이다. 무용이 뛰어난 애꾸눈은 강적을 막아 싸우는 동안 결국 버티고 서 있던 다리가 무너질 정도로 분투했고, 왼손잡이 무키우스는 포르센나를 죽이려다가 실패하자 자기 오른손을 태워버렸다. 국가는 그 수훈에 대한 상으로 각자에게 겨우 2유게룸의 땅을 주었을 뿐이다. 하지만 그들은 그것을 영광으로 여겼다.

또 하나 만리우스 카피톨리누스의 이야기도 유명하다. 이 사람은 갈리아인이 신전을 포위했을 때 그들을 몰아내고 신전을 구했다. 그때 그와 함께 칼을 두려워하지 않고 방어에 힘썼던 사람들은, 그에게 약간의 보릿가루를 선물했을 뿐이었다. 그 당시 로마의 재산을 생각하면 그 정도도 만리우스에게는 더할 수 없는 명예로 여겨졌던 것이다. 우쭐해진 그에게 뭔가 그릇된 야망이 일어났는지, 아니면 처음부터 악당이 될 소질이 있었는지, 로마에 내란을 일으키려고 민중을 선동했다. 그러나 오히려 자기가 체포되어 옛날의 공훈 따위는 흔적도 없이, 자신이 수호했던 신전에서 거꾸로 떠밀리고 말았다.[2]

---

1) 기원전 508년 에트루리아 쿠르시움의 왕 포르센나가 타르퀴니우스의 복위를 구실로 로마를 공격했을 때, Horatius Cocles와 Mucius Scaevola가 크게 활약하여 포르센나는 물러가고 로마는 구원받았다는 전설. 상세한 것은 티투스 리비우스의 《로마사》제2권 제10~제13장. 또한 1유게룸은 약 25아르.

2) 이 책 제18장 서두에 말한 사건 뒤 곧, 만리우스는 민중의 여망을 과대평가하여 스스로 참주가 되려다 실패하고, 반역인에 대한 형벌인 신전의 언덕, 곧 타르페이우스 언덕에서 거꾸로 떠밀리는 형벌에 처해진 것을 말한다. 기원전 384년의 일. 티투스 리비우스 《로마사》제6권 제20장. 만리우스는 갈리아인과의 전쟁에 지친 민중의 편에 서서 귀족과 싸웠지만, 그 문제는 마키아벨리의 시야 밖에 있었다.

제25장
자유로운 국가 개혁에 필요한 옛 제도 외양은 남겨 두어야

새 제도는 인민의 마음을 흔든다

한 나라의 국정을 개혁하는 데 있어서 그 계획과 새로운 제도가 모든 사람들에게 환영받을 수 있게 하고 싶다면, 그것이 실상은 종래의 것과는 완전히 다르다 할지라도 민중은 그 변화를 느끼지 못하도록 적어도 옛 제도의 외양만이라도 남겨 두어야 한다. 왜냐하면 일반 사람들은 사물의 진실한 모습을 이해하기도 하지만, 대부분의 경우는 그저 피상적인 겉모습만 보고 만족하기 때문이다. 거의 언제나 진리보다 외양에 의해 좌우된다.

이러한 이유로, 로마인은 태어나서 처음으로 자유를 얻었을 때부터 이러한 필요성을 잘 인식하였다. 따라서 그들은 국왕 대신 두 사람의 집정관을 두기로 결정했을 때 그 보필하는 사람의 수가 12명이 넘지 않도록 하였다. 이는 국왕의 시대보다 많아서는 안 된다고 여겼기 때문이다. 그리고 그때까지 로마에서는 해마다 정기적으로 산 제물을 바치는 희생제를 열었는데, 오로지 국왕이 친히 그것을 집행하고 있었기 때문에 그 제사에 국왕의 모습이 보이지 않으면 민중이 허전하게 여긴다 하여, 이 장엄한 제사에 참석시키기 위해 한 사람의 제주(祭主)를 임명하였다. 그에게는 '희생제의 왕'이라는 칭호를 주고, 최고사제의 명령을 받는 것으로 정했다. [1] 그렇게 함으로써 민중은 이 희생제를 기다렸고, 제사가 허전하니 왕정으로 돌아가자고 소망하는 일도 없게 되었다.

한 나라에서 종래의 풍습을 뿌리째 없애고 완전히 새로운 제도와 자유로운 정치를 펼치고자 하는 사람이라면, 반드시 모범으로 삼아야 하는 사항이다. 개혁에 의해 사람들의 마음이 완전히 바뀌는 경우에도 그 새로운 제도에

---

1) 티투스 리비우스의 《로마사》 제2권 제2장. 희생제의 왕이 최고사제의 명령을 받는 것으로 한 것은, 이 제사의 왕이 자유를 방해하는 권력이 되는 것을 막기 위해서였다.

는 가능한 한 옛 모습이 남아있도록 해야 한다. 즉, 공직자들의 수, 권한과 임기가 옛날과 완전히 달라져도, 적어도 옛날의 관직명 정도는 없애지 않도록 해야 하는 것이다.

이것은 공화정치 또는 군주정치에 있어서 절대 권력을 수립하고자 하는 자라면 누구든 반드시 지켜야 하는 사항이라고 말하고 싶다. 그러나 역사가들이 참주정치라고 부르는 바와 같이, 절대 권력을 수립하는 것만이 목적인 사람은, 다음 장에서 말하는 것처럼 모든 것을 철저하게 개혁해야 한다.

제26장
새로운 군주는 모든 것을 새롭게 조직해야 한다

참주는 사람들을 자신에게 의존케 하라

도시나 국가의 군주가 된 자는, 특별히 그 권력의 기초가 약하거나, 정부 수립에 군주제 또는 공화제의 원칙을 따르고 싶지 않을 때는, 처음부터 나라의 모든 제도를 완전히 새롭게 하여 자신의 지배권을 확립하는 것이 가장 확실한 방법이다. 이를테면 새로운 관직명으로 새로운 공직자들을 임명하여 도시를 다스리게 하거나, 가난한 사람을 부자로 만들어주어야 한다. 다윗이 국왕이 되었을 때, 그가 "주리는 자는 좋은 것으로 채워주고 부자는 빈손으로 보냈다 Esurientes implevit bonis, et divites dimisit inanes."고 말한 것처럼 해야 한다.

이밖에도 군주는 옛 도시를 파괴하고 새로운 도시를 건설하여 주민들을 본디의 보금자리에서 새로운 주거로 이전시켜야 한다. 한마디로 말해 새로운 나라에서는 어느 것 하나도 옛날 그대로 내버려두어서는 안 되며, 등급·지위·관직·부, 이 모든 것을 한 몸에 새롭게 모아두어야 한다.

군주는 알렉산드로스대왕의 아버지, 마케도니아의 필리포스왕을 본받아야 한다. 이 국왕은 지금 말한 정책에 의해 소국의 왕에서 대 그리스왕국의 지배자가 되었다. 그의 전기를 쓴 사람들 말을 빌리면, 이 왕은 마치 목동이 가축 떼를 모는 것처럼 민중을 여기저기로 이주시켰다고 한다.

이러한 방법은 참으로 야만적이고 모든 문명에 역행하는 행위이기도 하다. 그리스도교뿐만 아니라 인간적인 입장에서 보아도 찬성할 수 없다. 누구든, 인간을 멸망시키더라도 지배 권력은 잃지 않으려는 국왕의 지배를 받기보다, 산야에 숨어서 은둔생활을 하고 싶어할 것이다. 그럼에도 불구하고 합법적인 정부라는 처음의 좋은 방법을 사용할 수 없는 상황에서 그 지위를 유지하고자 하는 자는, 이 사악한 방법을 채택해야만 한다. 많은 사람들이 이 두 가지 길의 중간을 택하여 걸어갈 수 있다고 믿지만, 그것의 결과는 대단히 위험하다. 왜냐하면 인간은 완전한 선인도 완전한 악인도 될 수 없기 때문이다. 다음 장에서 말하는 예를 보면, 내 생각을 좀더 잘 이해할 수 있을 것이다.

제27장
완전한 성인 또는 완전한 악마가 되는 일은 좀처럼 드물다

그의 실패는 사악함이 철저하지 못함에

1505년 교황 율리우스2세[1]는 볼로냐에 가서, 백 년 동안 이 도시의 지배권을 장악하고 있었던 벤티볼리오 집안[2]을 몰아냈다. 내친김에 교회령을 침범하고 있는 참주를 모조리 추방하기로 계획하고, 페루자의 참주 조반파골로 발리오니[3]도 쫓아내려고 했다. 율리우스가 페루자 부근까지 나아갔을 때는 그의 목적과 결심이 이미 모든 사람들에게 알려져 있었기 때문에, 충분한 호위병력을 갖출 때까지 페루자 입성을 마냥 기다릴 수 없었다. 조반파골로가 충분히 병력을 갖추어 저지하는데도 아랑곳없이, 무장도 하지 않은 채 홀로 페루자로 들어가려 했다. 무엇을 하든 대담무쌍하기 짝이 없는 교황은, 몇 안 되는 호위병을 데리고 적중에 뛰어든 끝에 조반파골로를 쫓아내고, 그 자리에 교회의 행정관을 앉혔다.

교황을 수행하던 문인(文人)들은, 교황의 대담무쌍함과 조반파골로의 겁먹은 모습에 깜짝 놀랐다. 또한 그들은 조반파골로가 교황의 이 전대미문의 행동에 대해 손쉽게 승리를 거둘 수 있었는데도 적을 일격에 쓰러뜨리지 않은 것과, 수행한 추기경들을 사로잡아 재물을 노획하면 온갖 사치와 쾌락을 마음껏 누릴 수 있었음에도 그러지 못한 것을 이상하게 생각했다.

---

1) 율리우스2세는 이미 말한 대로 이탈리아 통일을 꿈꾸며 프랑스 루이12세의 후원을 얻어 이 모험을 기도했다.《군주론》제25장, 이 책 제3권 제9장 참조.

2) 벤티볼리오 집안에 대해서는《군주론》제19장《피렌체사》제4, 제5, 제6장 참조.

3) 조반파골로는 이미 말했듯이 마키아벨리와 동시대인으로 페루자의 오랜 가문 출신이다. 1505년 이래 여러 번 페루자 영주의 지위를 회복했지만, 1520년 교황 레오10세의 간계에 빠져 로마에서 체포된 뒤, 고문당한 끝에 죄를 고백하고 사형에 처해졌다. 생전에는 용병대장으로서 마키아벨리와 깊은 교류가 있었다.《군주론》제7, 제18장,《사화단장(史話斷章)》《감찰문서》에 상세히 나와 있다.

교황 율리우스 2세(재위 AD 1503~1513). 그
는 교황의 세속권을 확대하였으며 여러 차례
전장에 나섰다. AD 1504년 보르지아를 이탈
리아에서 쫓아 냈고 베네치아와 신성동맹을
맺었다. 성 베드로 대성당의 재건을 시작하였
고 라파엘로·미켈란젤로·브라만테 등 예술가
들에 대한 보호자였다.

여기에 대해서는 조반파골로가 그 선량함과 양심에 흔들려서 그러한 행동
을 한 것이라고 생각하는 수밖에 없다. 왜냐하면 자신의 여동생을 범하거나
정권을 위해 사촌형제와 조카까지 희생시킬 만큼 흉악한 인간에게도, 일말
의 고귀한 자비심이 마음 한 구석 어딘가에 숨어 있게 마련이기 때문이다.
이러한 것에서 결론을 내려, 인간은 죄를 범하고 아무렇지도 않은 철저한 악
인도 될 수 없고, 그렇다고 완전한 선인도 될 수 없으며, 게다가 어떤 악행
이 그 자체로 위대함을 갖추고 있어서 흉악한 행동을 하게 되더라도, 철저하
게 악의 세계에서 살 용기는 없는 거라고 할 수 있는 것이다.

이런 이유로, 조반파골로는 원래 태연하게 친여동생을 범하거나 드러내놓
고 존속살인의 대죄를 범하여 악명을 날린 자이기는 하지만, 막상 과감하게
일을 일으켜 그 용기를 칭찬받고 명성을 올릴 기회가 왔을 때는 행동으로 옮
기지 못하였다. 아니 일부러 그런 행동을 하지 않고, 자신처럼 나라를 다스
리고 있는 자들이 교황에게 업신여김을 당하게 되는 단서를 솔선하여 열었
던 것이다. 만약 그가 행동했더라면 큰 공명을 세워 자기의 패륜을 숨김으로
써, 패륜으로 인해 닥쳐올 모든 위험을 피할 수 있었을 텐데도 말이다.

제28장
로마인이 아테네인에 비해 자국민에 배은망덕하지 않은 이유

로마의 자유는 빼앗긴 적이 없다

공화국의 역사를 살펴보면, 국가가 시민에 대해 배은망덕한 행동을 한 사례를 발견할 수 있을 것이다. 또한 아테네나 그 밖에 모든 공화국보다 로마가 훨씬 그 예가 적다는 것도 깨닫게 될 것이다. 그 원인은, 로마가 아테네인만큼 자기 나라 시민의 야심에 대해 두려워하지 않기 때문이라고 생각해도 무방하다. 실제로 로마는 국왕을 추방한 이래 마리우스와 술라의 시대에 이르기까지, 자유를 파괴하려는 시민이 단 한 사람도 없었다. 그래서 특별히 시민들을 경계해야 할 필요가 없었고, 따라서 이유도 없이 박해할 동기가 전혀 없었다.

그런데 아테네는 완전히 그 반대였다. 페이시스트라토스는 위선의 옷을 입고 아테네의 자유를 빼앗았다. 이윽고 자유를 되찾았을 때 시민들은 노예로서 박해 당하던 시절을 떠올리면서 복수심에 불탄 나머지, 잘못을 저지른 자는 말할 것도 없고, 약간의 잘못만 발견되어도 가차없이 체포하여 처형했다. 그리하여 수많은 명사들이 추방당하고 살해되었는데, 이것이 도편추방제도가 생겨난 배경이다. 이렇게 다양한 시대에 온갖 포악한 손이 도시의 으뜸가는 명사들을 붙잡은 것이다.

어떤 정치문서의 저자들이, 민중은 자유를 한 번도 빼앗긴 적이 없는 경우보다, 한 번 잃은 자유를 되찾았을 때가 더욱 복수심에 불타는 법이라고 말했다. 세상에 이보다 진실을 전하는 명언은 없다. 지금까지 말한 것을 잘 생각해 보면, 아테네를 비난하고 로마를 칭찬해서는 안 되는 것이다. 다만 각각의 도시 속에서 일어나는 사건 때문에 어쩔 수 없이 그렇게 된 것만 비난할 수 있을 뿐이다. 실제로 사물을 충분히 규명해 보면, 로마가 설령 아테네처럼 자유를 빼앗기더라도, 이 도시만큼 시민을 잔인하게 다루지는 않을 것임을 알 수 있다.

로마에서 왕이 추방된 뒤 콜라티누스[1]와 P. 발레리우스[2]가 어떻게 취급되었는가를 보면, 앞에서 말한 가정이 정확하다는 것을 알 수 있을 것이다. 콜라티누스는 로마의 해방에 큰 공을 세웠음에도 불구하고, 다만 타르퀴니우스라는 집안의 이름을 사용했다는 것만으로 추방되었다. P. 발레리우스도 카일리우스 언덕에 집을 지어 시민의 의혹을 산 것 때문에, 하마터면 콜라티누스처럼 추방당할 뻔했다. 이 두 사람의 위인에 대해 로마가 의혹을 품고 엄격한 행동을 한 것을 보면, 이 도시도 아테네와 다름없이 배은망덕하며, 그 자유시대의 초기에는 로마도 마찬가지로 시민을 박해했다고 말할 수 있다. 나중에 다시 이 배은망덕에 관한 문제를 다루지 않아도 되도록, 그것에 대해 다음 장에서 계속해서 논의하기로 한다. [3]

---

1) Lucius Tarquinius Collatinus 로마 제7대 국왕 타르퀴니우스대왕의 조카이지만, 그 아내 루크레티아를 대왕의 손자 섹스투스가 능욕했기 때문에 타르퀴니우스의 본가 추방에 가담하여 국왕을 추방한 뒤, 브루투스와 함께 초대 집정관이 되었다. 그때 기원전 509년. 나중에 본문대로 집안이름 때문에 추방되었다. 티투스 리비우스 《로마사》 제1권 제58장 이하.

2) Valerius Publicora 또는 Pubulicora 기원전 509년 브루투스와 함께 로마 공화국을 창건하고 민중의 편이 되어 사회생활의 개선에 힘썼다. 티투스 리비우스 《로마사》 제1권 제60장 이하.

3) 이 장에서 제30장까지는 《군주론》 제15, 제21장, 또는 이 책 제2권 제1장에 전개된 성악설로, 마키아벨리의 인성론의 기조를 이루고 있으며 권모술수론도 여기서 출발한다.

제29장
민중과 군주 어느 쪽이 더 배은망덕한가

로마가 배은망덕한 경우는 드물다

여기까지 이야기하다 보니, 자연히 그 다음에는 민중과 군주를 비교해 보고 어느 쪽에 뚜렷한 망은의 예가 많은지 규명할 순서가 되었다. 이 문제를 더욱 명확하게 파악하기 위해 망은이라는 악덕은 탐욕 또는 시의심(猜疑心)에서 나온다는 것에 대해 논하기로 하자.

민중 또는 군주가 먼 나라에 원정하여 정벌전을 치렀을 때, 그 장군이 빛나는 공을 세우고 승리하여 돌아온다면, 민중과 군주는 그 장군에게 후한 상을 내려야 한다. 여기서 만일 마음속에 숨어 있는 탐욕이 발동하여 장군에게 모욕을 주거나 박해를 가한다면, 천인공노할 어리석은 과오를 저지르는 것이 되는데, 이러한 행동에 의한 오명은 오래도록 쉽게 사라지지 않는다. 사실 이러한 오명은 오히려 수많은 군주들에게 주어지고 있다. 다음에 보여주는 타키투스의 말[1]을 들으면 그 이유가 명백해진다.

"은혜에 보답하는 것보다 복수를 하는 것이 훨씬 쉽다. 보은은 비용이 들지만 복수는 이득을 얻기 때문이다 Proclivius est injuriae, quam beneficio vicem, exsolvere, quia gratia oneri, ultimo in quoestu habetur."

그러나 개선한 장군에게 은상(恩賞)을 내리지 않거나, 탐욕보다 두려움 때문에 그를 박해하게 되었을 때에는, 민중도 군주도 조금은 너그럽게 봐줄 수 있다. 이러한 배은망덕의 예는 역사상 헤아릴 수 없이 많다. 실제로 이 두려움은 무용을 발휘하여 영지를 손에 넣은 장군이 그것을 자신의 주군에게 헌납하여, 적을 물리친 자신은 명예만 가지고 군사들은 재물로 만족시키

---

1) 《연대기》 제5권 제2절 《로마사》, 《역사》 제4권 제3절. 베스파시아누스 황제(9~79년)의 치세에 캄파니아가 모반을 일으켜, 그것을 진압했을 때 약탈당한 테라키나가 손해배상을 받지 않았던 것에 대한 말. 《군주론》 제7장 말단의 주를 참조할 것.

는 경우에 일어났다. 당연히 그 군사도 적도 민중도 공평하게 장군을 존경하게 되기 때문에, 나중에는 그 고마운 승리도 그 장군을 파견한 군주에게는 달갑지 않은 느낌을 주게 되어버린다.

인간의 본성은 허영심이 많아 남의 성공을 질투하고, 자신의 이익 추구에 대해서는 끝이 없기 때문에, 군주의 마음에 두려움이 고개를 쳐들어 자신이 파견한 장군의 성공을 시기하게 되는 것이 당연하다. 그 뒤 장군의 경솔한 행동이나 우쭐대는 태도에 의해 그 의심이 더욱 깊어진다. 그래서 군주는 자신의 안전을 도모하지 않을 수 없게 되어, 그 목적을 달성하기 위해 음모를 꾸며 장군의 목숨을 빼앗거나, 민중과 군대 속에 뿌리내린 인망을 실추시키려고 한다. 거기에 모든 힘을 기울여, 이번의 승전도 장군 한 사람의 힘에 의한 것이 아니라 단순한 우연의 결과라거나 적이 너무 겁을 먹어서, 또는 함께 힘을 합쳐 싸운 다른 장군들의 재능에 의한 것이라고 퍼뜨리게 된다.

베스파시아누스[2] 군대의 추대를 받았을 때 유대에 있었다. 그 무렵 일리리아에서 한쪽 군대를 지휘하고 있던 안토니우스 프리무스[3] 갑자기 베스파시아누스 일파를 옹립하고 이탈리아로 돌진하여, 제위에 있던 비텔리우스와 싸웠다. 두 번의 격전으로 적을 물리치고 로마에 입성했지만, 나중에 베스파시아누스가 파견한 무키우스[4]가 로마로 돌아와 보니, 안토니우스는 그 용맹으로 이탈리아를 호령하며 천하무적의 세력을 이루고 있었다. 무키우스는 이 용장에게 보답 대신 먼저 군대의 지휘권을 빼앗고 점점 다른 것에도 손을 뻗어, 끝내 로마에 쌓아올린 그의 모든 권력을 남김없이 박탈하고 말았다. 안토니우스는 그 처사를 크게 탄식하며 그 무렵 아직 아시아에 있던 베스파시아누스에게 달려갔다. 그러나 거기서도 비참한 대접을 받고 이러저러하는 동안 가장 밑바닥까지 추락하여, 희망을 잃은 채 고민하다가 결국 스스로 나

---

2) Titus Flavius Vespasianus(9～79년, 재위 69～79년). 네로의 뒤를 이어 재정을 재건하여 선정을 베풀고 엄정한 사법행정을 시행했다.

3) Marcus Licinius Crassus Mucius. 53년에 집정관이 된 이후 두 번 더 동직에 오른다. 나중에 동방으로 파견되어 베스파시아누스를 추대하여 황제로 옹립한 뒤 그의 총애를 받으며 로마의 총독이 되어 착취를 행한 권신.

4) Antonius Primus. 크레모나와 로마에서 공명을 세운 뒤, 본문에 있는 것과 같은 경위로 은퇴하여, 고향인 남프랑스 툴루즈에서 책을 가까이하는 은둔의 세월을 보내고 99년에 사망. 타키우스《역사》제3, 제4권 참조.

베스파시아누스 황제(재위 AD 69~79). AD 68년 네로 황제가 죽은 후 로마황제 자리를 둘러싼 혼란기에 알렉산드리아 군단에 의하여 황제에 추대되자, 다뉴브 강 방면의 군단을 로마로 진격시켜 제위에 있던 비텔리우스를 넘어뜨리고 원로원의 승인을 받았다. 카피톨리누스 신전의 재건과 콜로세움의 건설 등 제국은 질서와 번영을 회복하였다.

머지 수명을 단축시키고 말았다.

역사상 이러한 예는 얼마든지 있다. 실제로 오늘날, 살아있는 사람들은 코르도바의 곤살보[5]가 아라곤 왕 페르난도를 위해 얼마나 신중하고 또한 용감하게 프랑스군과 싸워 나폴리를 함락했는지 잘 알고 있다. 이 승전으로 그는 과연 어떤 은상을 받았을까? 가까스로 나폴리에서 패권을 외치는가 했더니, 아르곤에서 온 페르난도는 먼저 그에게서 군대의 명령권을 빼앗고, 이어서 성을 내놓게 하더니 끝내 에스파냐로 데리고 돌아갔는데, 그곳에서 그 명장은 세상 사람들에게 잊혀진 채 죽고 말았다.

군주란 이렇게 배은망덕하게 타고난 자들이므로, 무슨 일을 해도 이것을 피할 수 없으며, 자신의 깃발을 세우고 승리를 거두어 광대한 정복지를 획득해 준 자를 총애하는 것 역시 완전히 불가능한 일이다. 그러므로 어떤 군주

5) Hernandez Y Aguilar Gonsalvo de Córdova(1453~1515년). 나폴리를 탈환한 것은 1503년의 일로, 나폴리의 부왕(副王)이 되었다. 에스파냐로 돌아간 뒤에는 자신의 영지 테라노바, 베누지아에서 살았지만, 또다시 모멸당하고 배신당한 끝에 살해되었다. 당시 사람들은 그의 불행을 애도하며 "지위가 아까우면 겁쟁이가 되라" 수군거렸다고 한다. 《군주론》 제7장 주 참조.

가 시의심을 억제할 수 있었다고 한다면, 그것은 바로 하나의 기적이라고 할수 있다. 반대로 민중이 한 사람도 빠짐없이 똑같은 기분을 느꼈다고 한다면, 그거야말로 있을 수 없는 사태라고 해야 하지 않을까? 자유의 선과(善果)를 누리는 도시는 두 가지 물욕에 들끓게 마련이다. 그 하나는 영토를 넓히고 싶은 욕심, 또 하나는 자유롭고 싶다는 욕심. 그런데 대부분의 경우, 이 두 가지 욕구는 비슷한 정도의 힘으로 대두한다. 영토욕 때문에 저지르는 과오에 대해서는 나중에 그 조목에서 논하기로 한다. 자유에 대한 욕구가 저지르게 만드는 과오는, 여러 가지 가운데서도, 표창해야 하는 시민을 박해하는 것과, 누구보다 가장 신용할 가치가 있는 사람들을 의심하는 마음으로 인해 체면을 잃게 하는 것, 이 두 가지이다.

게다가 이미 부패되어 있는 공화국에 이러한 행동이 나타나면 그 미풍양속이 파괴되어버리고, 나아가서는 말할 수 없는 큰 혼란에 빠지기 쉬운데, 대부분의 경우 참주정치가 되어버린다. 마치 로마에서 볼 수 있는 것처럼, 시민들이 은혜를 잊고 거부했지만 카이사르가 무력으로 장악한[6] 것과 같은 결과가 되는 것이다. 그것은 부패되어 있지 않은 공화국에서는 오히려 큰 행복을 가져다준다. 그 덕분에 자유가 오래 지속되는 것은, 사람들이 포박당하는 치욕이 두려워 하여, 처신을 바로 하고 또 이욕에 담담해지기 때문이다.

사실 로마인은 지금까지 대영토를 다스리던 민중 가운데 가장 은의를 아는 사람들이었다. 그 이유는 이미 말했지만, 진정한 배은망덕의 예는 스키피오의 경우 외에는 거의 없기 때문이다. 코리올라누스와 카밀루스는 민중을 업신여겼다 하여 모두 추방의 비극을 당했다. 코리올라누스는 평민을 마음속으로 미워하고 있었기 때문에 끝내 용서받지 못했다. 그러나 카밀루스는 나중에 부름을 받고 다시 돌아왔을 뿐만 아니라, 군주에 대한 것과 같은 정중한 대우를 받으며 여생을 즐겼다.

로마가 스키피오에게 배은망덕한 처사를 한 것은, 이 위인이 천하에 이름을 떨치자, 지금까지 어떤 시민도 그만한 명성을 누린 적이 없었기 때문에 시의심이 일어난 결과라고 할 수 있다. 이 위인이 섬멸한 적국의 큰 위력,

---

6) 기원전 45년 율리우스 카이사르는 갈리아를 정복한 뒤 반대당 폼페이우스를 무력으로 탄압하고 임페라토르(황제)가 되었다.

오래 끌었던 위험한 싸움의 막을 내린 승전, 그리고 그 전광석화 같은 솜씨, 그의 젊음, 그 신중함, 그 밖의 수많은 미덕이 끌어모은 인망(人望), 어느 것 하나 동포들에게 질투의 씨앗이 되지 않는 것이 없었다. 스키피오가 극단적으로 큰 세력을 이루자, 마침내 관리들은 두려움을 느끼고, 순직하기만 한 시민들은 로마가 시작된 이래 전대미문의 그 모습에 놀라운 눈을 크게 뜨지 않는 자가 없었다. 이리하여 그의 존재가 세상에 평범하지 않은 모습으로 비치자, 그 덕망 높은 대(大) 카토 프리스쿠스[7]가 마침내 솔선하여 그에게 반대하며 일어났다. 도시의 관리들을 한결같이 두려움에 떨며 엎드리게 하는 시민이 한 사람이라도 있을 때는 그 도시가 결코 자유롭다 할 수 없다고 단언한 것이다. 그래서 이 경우, 시민들이 카토의 의견에 찬성하였다 해도 그들의 행위는 용서받아야 마땅하다. 그것은, 앞에서 말했듯이 군주와 민중이 단순히 의심하는 마음 때문에 은혜를 잊는 경우는, 먼저 너그럽게 보아 그 죄를 용서해 주어야 하기 때문이다.

이 논의를 마치면서 나는, 배은망덕이란 탐욕 또는 시의심에서 일어난다고 말하겠다. 하지만 명백히 민중의 경우는 결코 탐욕으로 인해 배은망덕한 행위를 저지르지 않는다. 그들은 단지 두려움 때문에 배은망덕한 행위를 하는데, 그러한 기분에 사로잡히는 기회는 군주에 비해 훨씬 드물다. 이에 대해서는 곧 뒤에 상세하게 논의하기로 한다.

---

7) Marcus Porcius Cato(기원전 234~149년). 중농 출신의 대정치가로 헬레니즘 문화에 빠진 로마의 숙정을 제창하고 이에 힘쓴 전통파의 거두. 본문의 사건은 190년 스키피오가 안티오코스를 격파하고 귀국했을 때의 일로, 카토는 감찰관의 직권에 의해 스키피오 집안을 탄핵했다.

제30장
군주 또는 민중이 망은의 악덕을 피할 수 있는 방법

군주 스스로 장군이 되라

군주가 늘 위협 속에 살아야 하는 것이 싫고, 또 배은망덕한 처사를 하는 것도 싫다면, 군주가 스스로 장군이 되어야 한다. 옛날 로마 황제들이 한 것처럼, 현재 투르크의 황제들이 하고 있는 것처럼, 용감한 군주라면 누구나 그렇게 하듯이, 군주 스스로 진두에 서서 군대를 지휘하는 것이 마땅하다.[1] 그리하여 싸움에서 이기면, 명예와 정복지를 모두 자기 한 몸에 모을 수 있다. 직접 지휘채를 잡고 진두에 서지 않으면 승전의 명예는 실전에 참가한 타인에게 돌아가고 만다. 정복의 성과를 거두는 데도, 자신이 얻지 못한 승리의 영광을 타인에게서 빼앗지 않고는 어떠한 목적도 달성할 수 없다는 생각에 빠져들게 된다. 그러면 아무래도 배은망덕해지거나 인륜을 거스르지 않을 수 없게 되어, 얻는 것보다 잃는 것이 훨씬 더 많아진다. 게으름을 피우기로 작정하거나 무기력하게 왕궁에 틀어박혀 쾌락의 나날을 보내며, 장군을 파견해 놓고 태연하게 있는 군주에게는, 단 한 마디 충고, 즉 자신의 본능이 움직이는 대로 하라고 말하는 수밖에 없다.

그러나 이러한 장군의 몸이 되면 자칫하면 배은망덕의 화를 면할 수 없기 때문에, 거기에는 두 가지 방법밖에 없다고 말하고 싶다. 전쟁에서 이기면 곧 군대를 떠나 군주의 발 아래 몸을 던져, 조금이라도 오만하다거나 야심가라는 비방을 듣지 않도록 주의해야 한다. 사소한 의심도 받지 않도록 조심하며, 군주가 상을 내리고 싶은 마음이 들게 하거나, 아니면 적어도 인륜에 어긋난 처사를 하지 않도록 굴어야 한다.

---

1) 《군주론》 제12장, 《병법7서》 제1, 제7권, 《피렌체사》 제1권, 이 책 제2권 제20장 등에서 볼 수 있는 통수권 독립의 주장이다.

그런데 장군이 그러한 처사를 꺼린다면, 그는 과감하게 정반대의 처신을 해야 한다. 모든 승리를 군주에게 돌리기보다 자신의 손에 확보하기 위해 모든 조취를 취해야 한다. 그러기 위해 군대나 민중을 자기편으로 끌어들이고, 이웃나라와 새로운 협정을 맺거나 자신에게 충성을 다하는 군대에 명령하여 요해지를 점령한다. 또한 군대의 지휘관들을 마음대로 휘어잡되, 매수하지 못한 자는 멀리 내쳐서 신변의 안전을 꾀하고, 군주가 자신에게 배은망덕하게 행동하면 모든 수단을 다해 그를 처벌할 방도를 마련해 두어야 한다. 그렇게 되면 군주는 이미 손쓸 방도가 없다.

그러나 앞에서도 말했듯이, 인간이라는 것은 전적으로 선인도 되지 못하고, 그렇다고 철저한 악당도 되지 못한다. 승리를 거둔 장군은 여간해서 즉시 그 군대를 떠나 돌아가고 싶어 하지 않는 법이다. 신중하게 행동하지도 못하고, 그렇다고 모처럼 얻은 명예에 빛을 잃게 하는 단호한 결심도 하지 못한다. 그리하여 끊임없이 미적지근하게 흔들리면서 지체하는 동안 그는 탄압을 받는 신세가 되고 마는 것이다.

만약 공화국이 배은망덕한 행동을 하고 싶지 않다면, 군주의 경우처럼 장군을 보내는 대신 스스로 군대를 지휘하라고 말하기는 어렵다. 따라서 공화국은 아무래도 시민의 한 사람에게 지휘를 맡기지 않을 수 없다. 그러나 내가 꼭 충고하고 싶은 것은, 로마 공화국이 배은망덕한 행동에 이르지 않도록 하기 위해 취한 방법, 정치의 향상을 가져올 수 있었던 그 방책을 답습하는 것이 좋다는 것이다. 누구나 다 알고 있듯이, 로마는 귀족이든 평민이든 가리지 않고 일률적으로 전쟁에 참여했다. 그 결과 국내에는 어느 시대에나 수많은 용사와 승전의 명예를 얻은 시민들이 있었고, 그 수많은 자들의 힘이 서로를 보호하는 동시에 서로 그 행동을 감시했기 때문에, 개개의 인간으로서 두려워해야 할 사람은 단 한 명도 없었다.

이런 이유로 시민의 기풍은 조금도 부패하지 않았고, 세심한 주의를 기울여 어떤 유력한 인물들도 야심은 그림자도 내비치지 못하게 했으며, 야심을 품고 있다고 의심받을 만한 동기조차 만들지 못하도록 감시하고 있었다. 때문에, 독재관으로 출세하여 지나치게 영화를 누리는 자가 있으면 지체 없이 그 권력을 박탈하였다.

그렇게 용의주도하게 행동하면 의심이 생길 여지도 없고, 따라서 배은망덕의 불의를 범하는 일도 없다. 그러므로 배은망덕한 처사를 피하고자 하는 공화국은 모름지기 로마를 본받아야 하며, 시기심 때문에 죄를 범하고 싶지 않은 시민은, 무슨 일을 하든지 로마 시민을 자신의 거울로 삼아야 한다.

제31장

로마의 장군은 과오를 범해도 과도하게 처벌받지 않았다

그 현명한 정책의 채택

지금까지 말한 것처럼, 로마인은 다른 공화국에 비해 훨씬 의리가 굳었을 뿐만 아니라, 장군을 처벌해야만 하는 경우에도 훨씬 인정이 있고 존경심도 깊었다. 장군이 저지른 죄가 악의에 의한 경우였다 하더라도 필요 이상 엄격한 형벌을 가하는 일은 없었다. 만약 그것이 악의가 아니었다면 처벌하기는 커녕 오히려 상을 내리고 명예를 안겨 주었다. 그들은 이러한 방식을 당연한 것으로 생각하고 있었다. 왜냐하면, 군대를 지휘하는 사람들은 작전을 실행하는 데 있어서, 자유롭고 편안한 마음으로 외부적 요인에 의해 견제당하지 않는 것이 무엇보다 중요하다고 생각했던 것이다. 군대통솔이라는 어렵고 위험한 일에 마음의 부담과 위험을 더 보태서는 안 되며, 이러한 일로 끊임없이 걱정하게 만들면 과감하게 전쟁 지휘를 할 수 없다고 믿고 있었기 때문이다.

예를 들면, 그리스에 군사를 보내 마케도니아의 필리포스를 견제하거나 이탈리아 국내에서 한니발에게 대항하고, 또는 창건시대에 정벌했던 모든 민족과 맞서 싸우게 하는 경우 원정을 지휘하는 장군은 정세에 따라 수반되는 지극히 중대한 임무들로 인해 온갖 염려에 시달릴 것이다. 그런데 이러한 걱정뿐만 아니라, 패전으로 인해 처벌 받거나, 뭔가 다른 형벌을 받은 로마의 장군들을 생각했다가는, 그 마음을 가로막고 있는 걱정 때문에 결코 단호하게 대처할 수 없을 것이다. 실제로 패전의 수치가 이미 상당히 가혹한 형벌이므로, 그에 덧붙여 중벌을 부과하면서까지 장군들에게 겁을 줄 필요는 없었던 것이다.

여기에 하나의 예가 있는데, 그것은 고의에 의한 범죄였다. 세르기우스와 비르기니우스는 둘 다 베이 공격에 참여하여 각각 일대의 병사를 거느리고 있었다. 세르기우스의 진지는 토스카나인의 공격로에 배치되었고, 비르기니우스는 반대쪽에 진을 치고 있었다. 팔레리인과 그 밖의 군대에 공격을 받은 세르기우스는 비르기니우스에게 지원을 청하는 것보다 패배한 채 달아나는 것이 상책이라고 생각했다. 비르기니우스 입장에서는 자신의 군대가 약하다는 것을 잘 알고 있었으므로, 동료를 돕기보다는 관망한 채 조국의 패배와 동료의 수치를 바라보는 것이 낫다고 생각했다. 이 행동은 참으로 큰 범죄로 영원한 치욕을 주는 형벌에 해당했다. 따라서 이 장군을 처벌하지 않으면 로마공화국에 대한 명예훼손죄를 범하는 것이 되기도 했다. 이러한 경우, 다른 공화국이라면 반드시 사형에 처했을 테지만, 로마는 다만 벌금형을 명령하는 것만으로 충분하다고 생각했다.[1] 이렇게 매우 가벼운 형벌만으로 그친 것은, 그들이 저지른 죄가 중벌에 해당하지 않아서가 아니라, 이러한 경우에는 로마인은 앞에서 말한 동기에 의해, 기꺼이 전통적인 방침을 지키고자 했기 때문이다.

부주의로 인한 과오에 대해서는 바로[2]의 경우만큼 확실한 예는 없다. 이 무모한 사람으로 인해 한니발은 칸나에에서 로마군을 산산조각내고, 공화국의 자유마저 위태롭게 만들었다. 그런데 원래 그것은 그의 부주의 때문이지 나쁜 마음에서가 아니었다 하여, 그는 처벌받기는커녕 오히려 크게 명예를 얻었다. 로마에 도착하자 원로원은 그를 대대적으로 환영했다. 하지만 아무리 그래도 패전을 축하할 수는 없는 일이어서, 무사히 로마로 돌아와줘서 다행이다, 공화국의 운명에 낙심하지 않아 준 것도 참으로 고마운 일이라고 치사했다고 한다.

---

1) Sergius와 Virginius는 둘 다 군사호민관. 팔레리인은 에트루리아족의 한 지족으로, 사건은 기원전 404년 무렵의 일. 티투스 리비우스《로마사》제5권 제7, 제8장.

2) Caius Terentius Varro. 원래 도살업으로 재산을 모은 사람이지만, 이 책 제1권 제53장에 설명한 방법으로 기원전 216년, 집정관이 되었다. 같은 해 칸나에에서 한니발을 맞이하여 싸웠는데, 동료인 귀족 출신 집정관 아이밀리우스 파울루스를 빼돌리고 폭주하여, 그의 부하들은 거의 무너지고 끝내 한니발로 하여금, 역사적인 사면포위의 섬멸진형을 만들게 했다. 이 전투에 대해서는 이 책 제2권 제18장,《병법7서》제4권, 그 밖에 이탈리아에서의 한니발의 활약에 대해서는 피에로 소델리니에게 보낸《서간》에 나와 있다. 티투스 리비우스《로마사》제22권 제25장 이하.

파피리우스 쿠르소르가 자신의 명령을 어기고 삼니움인과 싸운 혐의로 파비우스를 처벌하려고 했을 때,[3] 파비우스의 아버지는 독재관을 향해 여러 가지 이유를 늘어놓았다. 그 중에서 가장 유력했던 것은 오늘날까지 로마인들은 패배한 장군에게조차, 지금 파피리우스가 승전한 남자에게 하려는 비참한 취급을 한 번도 한 적이 없었다는 주장이었다.

---

3) Quintus Fabius Maximus Rullianus 파피리우스 휘하의 기마대 대장. 사건은 기원전 326년의 일. 아버지는 Fabius Ambustus, 용서받은 뒤 퀸투스는 집정관에 다섯 번, 독재관과 그 밖의 관직에도 올랐다. 티투스 리비우스《로마사》제8권 제31장 이하, 특히 제33장.

제32장
공화국이나 군주는 민중에게 은혜 베푸는
일을 지체해서는 안 된다

정부의 선견지명

로마인은 예로부터 국가존망의 위기에도 민중에게 선정을 베풀어 난국을 성공적으로 헤쳐나갔다. 타르퀴니우스 일가를 왕좌로 복귀시키기 위해 포르센나가 도시를 공격해 왔을 때에도 그랬다. 원로원은 어쩌면 평민들이 전쟁을 감내하는 것보다 폐왕을 복위시키는 편을 선택할지도 모른다고 생각했다. 그래서 원로원은 평민들의 지지를 얻기 위해, 염세(鹽稅)와 그 밖의 모든 부담을 덜어주며 이렇게 말했다. "천민(賤民)들은 그 자식들을 키우는 것만으로 충분히 나라를 위해 봉사하고 있다."[1] 민중은 이 은혜를 기뻐하여 포위와 전투, 그리고 기근에도 불평 한 마디 하지 않고 견뎌냈던 것이다.

그런데 이러한 선례가 있다고 해서, 위기가 가까이 다가올 때까지 민심을 얻는 노력을 미루어서는 안 된다. 로마인이 성공했으니 언제나 잘될 거라는 보장도 없다. 대중은 그러한 은혜를 입어도, 당신들 덕분이라고 생각하지 않고 오히려 계기를 만들어 준 적에게 감사해야 한다고 생각하게 마련이다. 그러므로 위기가 사라지면 더 이상 강제하는 것이 없으므로 민중에게 베풀었던 은혜도 반드시 도로 빼앗아갈 것이라고 걱정하며, 결코 감사하는 마음을 품지 않는다. 로마인이 방금 얘기한 방법으로 성공한 것은, 나라가 이제 겨우 힘이 생기기 시작한 신생국이었고, 민중도 지금까지 여러 차례 민중재판 등과 같이 자신들에게 이익이 되는 여러 가지 법률이 제정된 것을 알고 있었기 때문이다. 이러한 이유로 당시에 펼쳐진 선정도, 적군이 쳐들어와서가 아니라 원로원이 민중의 행복을 생각하는 마음에서라고 받아들일 수 있었다. 그 옛날 국왕한테서 받은 박해와 모멸의 기억이 아직도 마음속에 생생한 고

---

1) 티투스 리비우스 《로마사》 제2권 제9장.

통의 흔적을 남기고 있었던 것이다.

그런데 위와 같은 원인이 겹쳐지는 것은 거의 드물기 때문에, 그러한 대책이 주효한 것도 매우 드문 일이 된다. 그래서 공화국이든 군주국이든 국가의 통치를 맡고 있는 사람은, 국가가 어떤 위험에 처해 있는 건지, 또 위기가 닥쳐왔을 때는 어떤 사람이 필요한지에 대해 충분히 생각해 두어야 한다. 그리고 그런 사람들에게는 뭔가 재난이 닥쳤을 경우에 은혜에 보답할 마음이 들도록 미리 손을 써두는 것이 당연하다.

공화국이든 군주국이든(특히 군주에게 그런 예가 많다) 위기가 닥쳤을 때, 그때 가서 은혜를 베풀면 민심을 회복할 수 있다고 생각하는데, 그런 사람들은 커다란 착각을 하고 있는 것이다. 그는 민중의 지지를 얻기는커녕 오직 파멸을 앞당길 뿐이다.

제33장
대란이 일어났을 때는 때를 기다리며 대책을 세운다

위기 때 지혜로운 해결책은

로마공화국이 그 국력이나 영토에 간신히 번성을 이루기 시작함에 따라, 처음에는 이 새로운 나라가 크게 해를 끼칠 일은 없을 거라고 안중에 두지 않았던 이웃 나라들도, 점차 자신들의 예상이 빗나간 것을 알게 되었다. 그러나 이미 때는 늦어 있었다. 그리하여 그런 실책을 조금이나마 줄이기 위해, 40여 개가 넘는 나라들이 로마에 대항하여 동맹을 맺었다. 그래서 로마인은 국가 존망에 대처하는 중대한 구제책을 사용하기로 결의했다. 누구하고도 의논하지 않고 결정하고, 누구로부터도 방해받지 않고 실행할 수 있는 독재관 권한(權限)을, 한 사람의 시민에게 주는 방책이었다. [1] 이 방법은 그 당시의 사정에 가장 효과적이었고, 덕분에 존망의 위기를 잘 극복할 수 있었다. 아울러 영토가 확대되는 데 따라 생기는 위기로부터, 몇 번이나 공화국의 존립을 위협한 국난을 배제하는 데 더할 수 없이 큰 효과를 올렸다.

이러한 사정을 생각하면, 무엇보다 먼저 다음과 같이 말할 수 있다. 즉, 공화국을 위협하는 위험의 원인이 나라 안팎 어느 쪽에 있든, 만일 그것이 확대되어 모든 시민이 똑같이 위협을 느끼는 경우에는, 화를 그 자리에서 처단하는 것보다 시기를 기다렸다가 대책을 강구하는 것이 좋다. 일거에 그것을 제압하려 하다보면, 오히려 상대의 세력이 강해져서 결국 폭발하게 될 것이 틀림없다.

이러한 종류의 사건은 공화국 내에서 자주 일어나는데, 그 발단은 외부적

---

1) 처음으로 독재관이 임명된 것은 기원전 501년으로 전해지고 있다. 티투스 리비우스 《로마사》 제3권 제26장에는 458년 사비니인이 로마를 압박했을 때, 한가로이 지내던 로마의 명장 L. Quinctius Cincinnatus가 이 특별한 관직에 오른 모습을 상세하게 설명하고 있다. 독재관의 임기는 매우 짧은 기간에 한정되어 있었고(길어도 6개월), 완전히 응급조치를 위임받은 임시 관리였다.

인 원인보다 내부적인 원인에 의해 야기되는 경우가 많다. 대부분의 경우, 한 사람의 시민이 신분에 걸맞지 않은 권세를 자랑하는 것이 지나치거나, 자유의 정수라고 할 수 있는 법률을 제멋대로 개폐(改廢)하는 데서 일어난다. 그런데 이런 화는 자칫하면 큰 재난으로 발전하여 손을 쓰려 해도 너무 위험하므로, 그럴 때는 차라리 자연의 힘에 맡기는 편이 낫다. 또한 떡잎일 때 베어내는 것도 쉬운 일이 아니다. 왜냐하면 인간은 뭐든지 새로운 것이면 뛰어드는 천성이 있기 때문이다. 그것은 특별히 용기 있는 젊은이가 하는 일에 대해 그 경향이 심하다. 실제로 공화국 안에서 비범한 역량을 갖춘 고결한 청년이 궐기하면, 모든 시민의 시선은 일제히 그 젊은이에게 쏠려 아무 의심없이 그를 치켜세우는 데 앞장선다. 그런 경우에, 이 청년의 마음에 야심의 바늘이 들어있으면, 자신의 재능과 좋은 주변사정을 잘 활용하여 눈 깜짝할 사이에 권세를 잡아버린다. 시민들이 겨우 그것을 깨달았을 때는 이미 늦은 뒤여서, 거기에 저항해봤자 큰 힘을 쓰지 못하는 데다, 섣불리 손을 댔다가는 더욱 어마어마한 권세를 쥐어주게 마련이다. 그런 예는 얼마든지 들 수 있는데, 여기서는 우리 도시에서 일어난 한 가지 예에 대해 얘기하기로 한다.

피렌체에서 집안의 영화를 위한 토대를 쌓은 코시모 데 메디치[2]는 그 자신의 현명함과 선견지명, 앞일을 내다보지 못한 시민들의 무지를 바탕으로 큰 권력을 쥐게 되었다. 그 능력은 공직자들조차 경계할 정도로 대단한 것이어서 시민들은 섣불리 그에게 대항하지 못하고, 차라리 그대로 두는 편이 좋다고 생각할 수밖에 없었다. 그 무렵 아직 생존해 있던 노련한 정치가 니콜로 다 우차노[3]라는 사람이 있었는데, 그는 국가의 공공사를 꿰뚫어보는 혜안을 가졌다는 대단한 평판을 받은 인물이었다. 그는 자신의 눈에 흙이 들어가기 전에는, 코시모의 권세로 인한 위험을 예견하지 못했던 첫 번째 과오에, 또다시 두 번째 과오를 더하여 국가를 망치는 일은 절대로 없도록 하겠다고 결심했다. 그 두 번째 과오란 코시모를 몰아내고자 시도하는 일이었다.

---

2) 코시모 데 메디치가 감독관의 박해를 받아 추방당한 것은 1433년, 귀국한 것은 그 1년 뒤의 일이다. 《피렌체사》 제4권 1433년 항에 상세히 나와 있다.

3) Niccolò da Uzzano(1433년 사망) 코시모 데 메디치와 동시대인. 메디치파의 우두머리로 메디치가의 번영에 기여했다. 상세한 것은 《피렌체사》 제4권 머리말부터 1433년 항까지 참조할 것.

그런데 그가 죽자, 시민들은 그 충고에 따르기는커녕 반대로 온 힘을 다해 코시모에게 저항한 끝에 마침내 그를 피렌체에서 쫓아내고 말았다. 메디치 일파는 이 박해에 분개하여, 이내 코시모를 다시 불러들여 이른바 공화국의 군주[4]로 추대했다. 그가 출세한 것은 결국은 다름 아닌 시민들의 공공연한 배척운동 덕분이었다.

이와 같은 일이 로마의 카이사르에게도 나타났다. 폼페이우스와 그 밖의 시민들은 처음에는 그의 무용을 찬양하고 있었다. 그런데 그 찬양이 얼마 지나지 않아 두려움으로 바뀌었다. 폼페이우스가 이제 와서 카이사르 타도운동을 시작해봤자 이미 늦었다고 한 키케로[5]의 말은 그 사정을 잘 보여준다. 공포로 인해 뭔가 대책이 없을까 하고 타개책을 찾았던 것이다. 그러나 그들이 한 일이라고는 모두 공화정치의 파멸을 앞당기는 것 외에는 아무런 효험도 없었다.

이렇게 해악이 싹트기 전에는, 그 폐단이 눈에 띄지 않기 때문에 떡잎 때부터 화근을 도려내는 것은 무척 어려운 일이다. 그러므로 무턱대고 그것을 없애버리려고 안절부절못하는 것보다, 화가 커져서 확실하게 보일 때까지 끈질기게 감시하는 것이 훨씬 낫다. 그러다가 시간이 흐르면 이런 폐단은 저절로 사라지는 경우가 많다. 아니면 그 내습을 늦추게 하는 방법도 수는 있다. 그래서 군주는 언제나 경계의 눈을 크게 뜨고 재앙을 피하거나, 그것이 맹위를 떨칠 여지를 없애야 한다. 재앙을 억제하려다가 오히려 그것에 새로운 힘을 얻게 하거나, 말살할 수 있다고 믿다가 오히려 머리 위에 불똥이 떨어지게 하고, 또는 물을 주려는 것이 오히려 초목을 썩게 만드는 일만은 피해야 한다.

---

4) Il Principe della Repubblica. 마키아벨리는 Il Capo della rep.(공화국 국주)라는 명칭도 즐겨 사용했다. 이것은 현대의 대통령에 해당한다. 베네치아, 제노바의 총통 Doge o Duce 등도 이것이다. 여기서는, 15·6세기의 피렌체는 겉으로는 귀족정치였지만 실은 메디치가 숨겨진 군주로서 주권을 장악하고 있었기 때문에 《군주론》 제9장의 '시민군주' 와 같은 의미로 사용되었다.

5) Marcus Tullius Cicero(기원전 106~43년). 말할 것도 없이 로마공화주의자의 거두로, 마키아벨리는 카이사르를 미워한 반면 그에게는 호감을 가졌다.

그 타격의 크기와 깊이를 잘 생각하여 무슨 일이 있어도 그것을 바로잡겠다고 결심하고, 누가 뭐라 하든지 마음이 흔들리지 않는다면 모르지만, 그렇지 않다면 차라리 자연의 흐름에 맡기고 아무런 조치도 하지 않는 편이 낫다. 그렇지 않으면 앞에서 말한 경우와 같이 모든 재앙이 잇따라 일어나서, 흡사 로마 이웃 부족들의 민중과 같은 꼴을 당하게 된다. 로마가 이미 강성한 국력을 펼치게 되었을 때, 로마를 상대로 싸움을 걸어 강경하게 공방을 거듭하는 것보다, 차라리 로마를 회유하여 평화가 가져다주는 이익을 맛보게 하면서 조심스럽게 대처하는 쪽이 훨씬 유리했을 것이다. 그러나 수많은 이웃 부족들이 결속하여 로마의 자유를 방해하려고 하자, 로마가 오히려 도시의 단결과 용기를 강화하여, 더욱 새로운 전술로 가능한 한 빨리 국위를 신장해야겠다는 마음 갖도록 부채질한 것 외에는 아무런 효과도 없었던 것이다. 특히 로마는 독재관이라는 새로운 제도를 창설한 덕분에 위급존망의 중대사를 해결했다. 이러한 구원의 수단이 있었기 때문에 그 무서운 국난을 극복할 수 있었던 것이다.

제34장
독재관의 권력은 로마공화국에 결코 해가 되지 않았다

시민들이 강탈한 권력이 시민정부를 파괴

어떤 저술가들은 로마인이 독재관을 창설한 것을 비판하며, 이 제도가 원인이 되어 훗날 로마인은 폭군정치에 시달리게 된 것이라고 말했다. 그 이유로서 이 도시를 가장 먼저 억압한 폭군이 독재관이라는 직위를 가지고 있었고, 또 이러한 권력이 인정되지 않았더라면 카이사르도 합법적인 가면을 쓰고 폭정을 휘두를 수는 없었을 것이라는 얘기이다. 이러한 논리를 펼치는 사람들은 사실을 충분히 규명하지 않은 채 엉뚱하고 잘못된 생각을 한 것이다. 독재관의 직위와 권력은 결코 로마를 쇠사슬로 묶고 있지 않았다. 도시를 노예화시킨 것은 일부 시민들이 자신들을 보호하기 위해 지배권을 얻으려고 무력으로 빼앗은 권력 때문이었다. 만일 로마에 독재관이라는 직위가 없었더라면, 그러한 시민들은 다른 직위를 이용했을 것이 분명하다. 왜냐하면 권세만 있으면 어떤 지위라도 손쉽게 손에 넣을 수 있지만 지위만으로는 결코 권세를 얻을 수 없기 때문이다.

독재관이 법률상의 절차를 밟아 임명되고, 시민이 개인적인 권세를 이용하여 제멋대로 그 자리에 앉지 않는 한, 이 제도는 공화정치의 기둥이라고 할 수 있다. 실제로 이 역할은 비상수단에 의해 창설된 것도 아니고, 또 국가에 있어서 위험하고 비합법적인 방법으로 얻을 수 있는 권력도 아니다. 무엇에도 의하지 않고 법률에 근거하여 이루어진 일이라면 결코 나라를 위험하게 하는 일은 없다. 로마공화국이 존속했던 몇 세기에 이르는 세월을 통해, 그 나라에 일어난 온갖 사건의 경위를 자세히 조사해보면, 어떤 독재관이든 국가에 크게 공헌하지 않은 자는 한 사람도 없었다는 것을 알 수 있다.

그렇게 된 이유도 참으로 분명하다. 첫째로, 어떤 시민이 나라를 위험에 빠뜨리고 터무니없이 권력을 찬탈하기 위해서는, 부패하지 않은 공화국에서는 결코 일어날 수 없는 수많은 사정들이 그 시민을 도와야 한다. 따라서 그

제1차 삼두정치의 주역 카이사르(BC 100~
44)·폼페이우스(BC 106~48)·크라수스(BC
115~53). BC 60년에 세 사람이 파벌을 중
심으로 하는 원로원에 대항하여 정치상 서로
이해에 반하는 일을 하지 않을 것을 밀약하
고 결성하였다. 다음 해 집정관으로 취임한
카이사르의 권력과 폼페이우스의 권위와 크
라수스의 부(富)로 정권 독점이 가능하였다.

는 억만장자인 데다 수많은 지지자들에게 에워싸여 있어야 하는데, 그런 것은 법률이 위력을 가진 나라에서는 볼 수 없는 일이다. 설사 그런 시민이 있다고 해도 반드시 맹렬한 의혹을 사기 때문에 민중의 자유로운 선거에서 지지를 모을 수가 없다. 또한 독재관의 임기는 매우 제한되어 있고, 이는 국가의 비상사태에 관련한 안건을 처리하는 권한만을 보유할 뿐이다.

물론 그 권력은, 현재 직면하고 있는 국난에 대해 적절하다고 생각되는 조치라면 어떤 것이든 오직 자기만의 생각으로 실행할 수 있는 권한을 가지고 있고, 자기 외에 누구하고도 의논할 필요가 없으며, 자신이 유죄라고 판단한 것은 재판 절차를 거치지 않고 처벌할 수도 있다. 그러나 현재의 정부를 개폐하는 것, 이를테면 원로원 또는 민중이 가진 권한을 빼앗거나, 공화국의 낡은 제도를 혁신하는 것처럼 현행의 통치 형태 자체에 영향을 주는 일은 아무것도 할 수 없다. 그와 같이 임기가 짧고 그 권력에 분명한 한계가 지어져 있는 데다 로마인의 기풍이 훌륭하기 때문에, 아무리 독재관이라 해도 마음대로 권한 밖으로 나갈 수가 없던 것이다. 따라서 국가에 위해를 가하는 것이 불가능한, 참으로 유효적절한 제도가 되는 셈이다.

실제로 로마의 어떤 제도와 비교해보아도 이것보다 가치가 있는 것은 없다. 독재관 제도야말로 그 광대한 제국의 번영에 가장 큰 공헌을 했다. 이러한 제도가 없었더라면 나라가 그토록 상상할 수 없는 재난에도 동요하지 않고 번영할 수 없었을 것이기 때문이다.

공화국에서는 정치가 좀처럼 원활하게 진행되지 않는 것이 보통이다. 아무리 심의기구나 행정가들이라 해도 독단적으로 일을 추진할 수는 없고, 무슨 일이든 서로 의논해서 결정해야 할 뿐 아니라, 무슨 일이 있을 때마다 모든 사람의 생각을 한데 모아야 하기 때문에, 뜻밖의 재난을 당하여 그 자리에서 대책을 강구해야 할 경우에는 시간이 지체되어 위험을 초래하기 십상이다. 그러므로 공화국은 모든 제도 가운데 독재관과 비슷한 것을 설치해 두어야 하는 것이다.

베네치아 공화국은, 최근 여러 공화국 중에서 가장 두각을 나타내고 있다. 그 공화국은, 비상긴급사태에 직면하여 긴 심의를 할 수 없을 때는, 아주 소수의 시민들에게 서로 협조하여 대책을 실행할 수 있는 권한을 위임하였다. 이러한 권한을 인정하지 않는 공화국에서는, 국가가 법률적인 형식을 엄격하게 존중하다가 망국의 비운에 빠지거나, 망하지 않기 위해 법률을 위배하거나 둘 중 하나의 길 뿐이다. 가장 바람직한 것은, 공화국이 비상수단에 호소하지 않으면 극복할 수 없는 사건이 아예 일어나지 않는 것이다. 왜냐하면 그렇지 못한 경우에는 아무래도 법률을 무시한 방법으로 처리해야 하는 만큼, 오히려 그 선례가 나중에 반드시 위험을 초래하게 되기 때문이다. 처음에는 나라를 위해서라는 구실로 현재의 제도를 공격하다가, 나중에는 같은 구실로 나라를 멸망시키기 위해 제도를 뒤엎게 된다. 그리하여, 공화국의 법률은 모든 불의의 사건을 예상하여 그런 재난을 극복할 수 있는 방책을 준비하고, 그 대책을 강구하는 절차를 정해두지 않으면 결코 완전한 나라라고 할 수 없다. 이러한 점에서 결론적으로 말하고 싶은 것은, 국가의 존망이 걸린 위급한 시기에 독재관이나 그와 비슷한 제도의 도움이 없으면, 그 공화국은 아무래도 멸망하는 수밖에 없다는 것이다.

이 새로운 제도에 대해 특히 주목해야 할 것은, 로마인이 독재관을 선정할 때 지극히 현명한 절차를 밟았다는 점이다. 원래 이 요직은 정부의 우두머리인 집정관을 조금이나마 제약하는 성질이 있었고, 집정관도 다른 시민과 마찬가지로 독재관의 권한에 복종해야 했기 때문에 아무래도 불만을 살 우려가 있었다. 이 점을 예상하고 로마인들은 이 독재관의 선출을 집정관에게 맡기기로 했다. 그리하여 만일, 로마에 이 같은 제왕의 권력에 의지해야만 하는 사건이 일어나면, 집정관은 아무런 갈등 없이 이내 거기에 의지하였고, 자신들이 스스로 독재관을 임명할 수 있다는 특권 덕분에 크게 유감으로 생각하지도 않았다. 사실 인간이 상처를 입는 경우, 그것이 타인에 의한 재난이 아니라 자기 손으로 깊이 생각한 끝에 감수하는 거라면 거의 고통을 느끼지 않는 법이다. 로마인은 그 말기에도 여전히, 독재관을 임명하는 대신 다음의 격언에 따라 집정관에게 같은 권위를 부여했다. 즉 "나라에 재난이 초래되지 않도록 집정관에게 맡겨라 Videat consul ne respublica quid detrimenti capiat."

여기서 이야기를 원래의 주제로 돌려, 결국 로마에 가까운 도시의 민중은, 로마를 정벌하려다가 오히려 로마가 새로운 제도를 만들어 자신들을 대비할 수 있게 했을 뿐만 아니라, 오히려 로마가 전보다 훨씬 더 수적으로도 우월하고 힘도 강해져서 적절한 명분으로 자신들을 공격하게 만든 셈이 되고 말았다.

제35장
로마 10인회는 왜 공화국의 자유를 침해하게 되었나

그것은 권력 남용에서 비롯됐다

로마는 민중의 자유로운 선거를 통해 시민 10명을 뽑아 입법에 임하게 하였다. 이 제도의 변질은 앞에서 말한 것, 즉 나라에 재앙을 가져다주는 것은 무력으로 장악한 권력이지, 시민 전체의 투표에 의해 주어진 권력은 아니라는 것과는 완전히 반대되는 것처럼 보일 것이다. 실제로 이 10인회[1]는 순식간에 폭군으로 변하여 차마 눈뜨고 볼 수 없는 온갖 전횡을 일삼았다. 그러나 여기에 대해서는 그 권력을 부여하는 절차와 그것을 인정하는 시기에 주목해야 한다.

법률의 제약을 전혀 받지 않는 권력이 오랫동안—여기서는 1년 이상의 기간을 말한다—인정받고 있으면 반드시 화를 부르게 되어 있다. 이러한 권력이 유해한지 유리한지는, 그것을 부여받은 사람들이 악인인가 선인인가에 달려 있다. 10인회와 독재관에게 주어졌던 권력을 잘 조사해 보면, 10인회가 얼마나 월등한 권세를 가졌는지 알 수 있다. 독재관직은 호민관, 집정관, 원로원과 함께 나란히 설치되어 그들의 직무상 권한은 그대로 두고 박탈하지 못하게 되어 있었다. 그리고 독재관이 어떤 시민을 집정관직에 앉혀서는 안 된다고 판단하거나 원로원의원 가운데 누군가를 파면해야 할 경우에도, 이

---

1) Decemviri legibus scribendis. 성문법 제정에 대한 10인위원회, 일반적으로 10인위원이라고도 번역되고 있으며, 성문법 제정을 위한 임시특별위원회이다. 기원전 451년, 서민 측의 오랜 요구에 마지못해 창설된 것이지만, 직접적인 원인이 된 것은 453년에 아에키 족이 투스클룸에 침입한 일이다. 두 집정관 로밀리우스와 베툴리우스가 이를 공격하여 대승리를 거두었는데, 그때 산더미처럼 쌓인 전리품의 분배에 대한 분쟁이 일어나 민중재판을 연 결과, 452년 두 집정관에게 국유물 횡령죄로 각각 배상금이 부과된 사건이다. 이때 성문법을 제정하자고 하는 서민 측의 주장이 통하여, 그해 3인을 뽑아 아테네에 보냈고 이듬해 10인회가 조직되었다. 티투스 리비우스 《로마사》 제3권 제31~2장 및 이 책 제1권 제40장 이하에 상세하게 나와 있다.

로마의 10인 위원회. 반국가 음모에 대처할 목적으로 만들어진 10인 위원회는 시대가 흐르면서 그 권한이 증대하여 비밀을 지키면서 신속히 결정을 내릴 필요가 있는 문제나 중대한 재판을 심의하는 기관이 되었다.

존엄한 단체를 송두리째 파괴하거나 새로운 법률을 제정하는 것은 절대로 불가능했다. 그 결과 원로원, 집정관, 호민관들은 언제나 변함없는 권력을 쥐고 독재관을 감시하면서 월권을 하지 못하도록 견제하는 역할을 하고 있었다.

그런데 막상 10인회가 창설되자 상황은 딴판으로 변해버렸다. 직분이 주어지자마자 10인회는 집정관과 호민관을 폐지하고, 법률을 제정할 수 있는 권한을 위임받았을 뿐만 아니라, 민중에게만 인정되고 있던 모든 권력을 남용했다. 자기들만이 정부의 우두머리가 되어 집정관·호민관·민중의 고소권 등 모든 것에서 해방되어 누구의 감시도 받지 않고 무소불위의 권력을 휘둘렀고, 그 이듬해가 되자 아피우스의 야심은 커질 대로 커져 그들의 횡포는 차마 눈뜨고 볼 수 없는 지경에 이르렀다.[2]

---

2) 상세한 것은 이 책 제40장 이하 참조.

여기서 주의해야 할 것이 있다. 내가 민중의 자유로운 투표에 의해 부여된 권력은 재해를 부를 리가 없다고 주장한 것은, 그 권력을 부여하는 데 있어서 용의주도한 준비를 하고 언제나 그 임기를 한정하고 있는 공화국을 전제로 말한 것이다. 그러나 민중이 매수되어서든지 아니면 현혹되어서든지, 어쨌든 로마인의 10인회처럼 깊이 생각하지도 않고 권력을 부여하는 경우에는 로마인이 당했던 것과 같은 재난 때문에 고통을 받게 될 것이다. 그 증거를 대는 것은 조금도 어려운 일이 아니다. 독재관 제도는 유익하게 운용되었는데 10인회는 왜 타락하였는지 그 원인을 규명하는 것으로 충분하다.

마찬가지로 올바른 정치가 시행되고 있는 공화국이, 마치 스파르타인이 국왕을 대하는 것처럼, 또는 베네치아인이 오늘날에도 여전히 그 총통을 대하는 것처럼, 장기간에 걸쳐 권력을 위임했을 때의 행동을 생각해도 즉시 입증이 된다. 이 두 공화국에서는 감독의 눈길이 구석구석 잘 미치고 있어서, 국왕이든 군주든 지배자가 권력을 남용하지 못하도록 주의하고 있었음을 알 수 있다. 그러나 아무런 제약도 받지 않는 권력이 실제한다면, 민중이 부패되지 않았다 해도 아무런 도움이 되지 않는다. 그도 그럴 것이 전제적인 권력은 정부를 금세 부패시키고, 아무런 힘도 들이지 않고 그곳의 관리들은 자신의 도당으로 만들어버리기 때문이다. 새로운 폭군이 가난하든 외톨이이든 크게 상관없다. 재산과 인망은 언제나 권력을 따라오게 마련이다. 이것이 특히 10인회 제도에 대해 이제부터 논의하고자 하는 사항이다.

제36장
고위직 시민들은 하급시민 신분을 경멸해서는 안 된다

백의종군을 불명예로 여기지 말라

마르쿠스 파비우스[1]와 그나에우스 만리우스의 집정관 시대, 로마인은 베이와 에트루리아를 공격하여 대승리를 거뒀지만, 그 싸움으로 인해 집정관의 형이자 3년 전에 스스로 그 영광스러운 자리에 선출된 적도 있는 퀸투스 파비우스를 잃게 되었다.

이 사건을 보아도, 얼마나 많은 제도가 이 나라의 번영에 큰 공헌을 했는지, 또 이러한 체제를 모르는 모든 공화국이 얼마나 큰 과오를 범했는지 알 수 있다. 사실 로마인은 명예욕에 사로잡혀 있기는 했지만, 어제까지 자신의 부하였던 자에게 오늘은 명령을 받는 입장이 되어도 오늘날의 사람들처럼 치욕으로 생각하지 않고, 지금까지 장군으로서 지휘했던 자가 군대 속에 섞여 백의종군하는 것을 아무렇지도 않게 생각했다. 오늘날의 제도와 풍습과는 전혀 반대되는 관습이었다. 베네치아에서도 오늘날 이 잘못된 사고방식이 팽배해 있었다. 어떤 시민은 지금까지의 요직보다 훨씬 낮은 지위가 주어지자 모욕을 당했다고 분노했고, 정부도 그런 경우에 그 직위를 거절하는 것을 비난하지 않았다. 이러한 행동으로 개인의 체면은 지킬지 몰라도 공익을 위해서는 전적으로 손해되는 일이다. 공화국이 믿고 봉사를 기대할 수 있는 것은 하급직에서 상급직으로 승진한 시민보다, 높은 지위에서 말단으로 내려와서도 묵묵히 일하는 시민들이다. 왜냐하면 공화국의 정치는 높은 식견과 능력을 가진 사람들이 새롭게 승진한 사람을 조언과 권위를 통해 보좌하면서 신참자의 경험부족을 얼마간 메워주는 것이기 때문이다. 이러한 애

---

1) 기원전 485~479년 7년 동안 집정관직에 있었지만, 마지막 해 로마의 내부투쟁을 틈타 베이인과 아에키인이 로마에 도전했을 때 전사했다. 티투스 리비우스 《로마사》 제2권 제42, 제48~50장

기는 결코 불합리한 것이 아니다. 만일 로마사람들이 베네치아와 그 밖에 현대의 공화국이나 군주국에서 볼 수 있듯이, 일단 집정관이 된 뒤에는 그보다 아랫자리에는 가지 않겠다고 주장했더라면, 자유로운 생활을 방해하는 다양한 문제가 끊임없이 발생했을 것이다. 새로 직책을 떠맡았기 때문에 저지르는 실수가 생겨날 것이고, 또 그들이 잘못을 저질러도 만류할 만한 경험있는 자가 주위에 없으므로 야심이 움직이는 대로 행동하게 마련이다. 그리하여 얼마 뒤 그들이 법률의 굴레마저 끊게 되면, 공화국은 참으로 비참한 고통 속에 빠지게 된다.

야망은 분쟁을 초래한다

옛날 책을 읽고 깨닫게 되는 것은, 인간이 악을 좋아하고 선에 괴로워하는 두 가지 성향은 전혀 다른 성질을 가짐에도 불구하고 결국 같은 결과를 초래한다는 것이다. 인간은 설사 필요가 있어도 싸우지 않는 경우가 있는 반면, 야망에 사로잡히면 주저 없이 싸운다. 이 욕망은 마음 깊은 곳에 뿌리내리고 있기 때문에, 아무리 출세를 해도 결코 잊을 수 없다.

자연이 인간을 만들 때, 모든 것을 가지고 싶어 하면서도 아무것도 손에 넣을 수 없도록 만든 것도 그 때문이다. 이렇게 원하는 것을 얻을 수 있는 힘보다 원하는 욕구 쪽이 언제나 훨씬 더 크기 때문에, 결국 자신이 가지고 있는 것에도 스스로 만족하지 못할 뿐만 아니라 오히려 불만을 느끼게 되는 것이다. 어떤 사람들은 가지고 있는 것 외에 더 많은 것을 원하고, 어떤 사람들은 지금 가지고 있는 것을 잃고 싶지 않기 때문에 서로 반복하여 싸움이 일어난다. 그러다가 자기 나라를 잃은 채 오히려 남의 나라의 번영을 돕는 결과가 되어버린다.

---

1) Leges agrariae. 농지법은 국유지의 분배와 식민, 한계에 관한 법률로, 로마 왕정시대부터 실시되었다. 나라가 새로운 영토를 획득하면 그것을 일정한 범위만 시민들에게 분배하는 것에 대한 법률로, 초기에는 결코 사유지의 재분할을 목적으로 한 것은 아니었다. 공화국이 되자 빈부의 차가 점점 커졌기 때문에 카시우스 같은 사람의 시도(기원전 486년)가 있었지만 실패로 끝나고, 농지법은 토지를 겸병한 대지주에 대한 빈민의 사회적 평등을 주장하는 무기가 되었다. 나중에 366년 리키니우스법이라는 이름 하에 실시되어, 토지 겸병의 폐습을 타파하는 도구가 된다. 그 뒤, 그라쿠스 형제와 호민관에 의해 개정되어 기원전 44년 안토니아 법을 마지막으로 농지법은 폐지되고, 국유지를 할당받은 자에게는 그 토지를 사유지로 인정하게 되었다. 나중에 17, 8세기의 유토피스트들(특히 그라쿠스 바베프 등)이 기꺼이 농지법의 부활을 요구했는데, 그들은 리키니우스적인 의미에서 이 법을 통해 사회정의를 실현할 수 있다고 믿었던 것이다.

앞에서 말한 사항은 로마 민중이 귀족의 생각에 대항하여 호민관을 창설했을 때의 행동에서 계시를 받아 나온 말이다. 이때도 민중은 필요에 따라 강제된 욕망을 품고 있었기 때문에 쉽사리 의견이 모아지지 않았다. 가까스로 실현하고 나면 나중에는 그 역할만으로는 조금도 만족할 수 없게 되어, 전보다 더욱 격렬하게 귀족과 투쟁하게 되었고, 이번에는 인간에게 가장 중요한 두 가지 이익인 재산과 명예에 대해 귀족들과 어깨를 나란히 하고 싶다는 마음까지 들기 시작했다. 이것이 원인이 되어 소란이 일어나고 농지법 문제와 뒤얽히자, 분쟁은 마치 역병처럼 도시 전체에 번져 끝내 공화국을 멸망시키기에 이르렀다.

정치가 올바르게 시행되고 있으면 나라는 부유하고 민중은 가난한 것이 당연하지만, 이런 법률이 로마에 화를 초래한 것도 무리가 아니라고 해야 할 것이다. 물론 어떤 법률이라도 제정된 상태 그대로 준수되고, 나중에 매일같이 그것이 논란거리가 되지 않도록 만들어 둘 수는 없다 해도, 또 그것을 결정할 때 결국 이 법률이 반동적 효과를 낳을 위험이 있다 하여 의견이 통합되지 않는 일이 있었다 해도, 나아가서 좋은 법률도 운용하다 보면 처음의 좋은 시스템이 점차 악용되어 악법이 되어버린다 해도, 아무튼 이 법률 덕분에 로마에서 일어난 일은 오직 온 나라가 혼란에 빠진 것뿐이었다.

이 법률에는 두 가지 요점이 있었다. 그 하나는 정해진 한도를 넘는 토지는 어떤 시민이라도 사유할 수 없다는 것, 또 하나는 일단 로마의 모든 민중에게 토지를 분배한 뒤에는 할당을 넘는 토지는 획득할 수 없다는 것이 그것이다. 민중이 귀족에게 공격을 가한 것도, 법률이 인정하는 것보다 큰 재산을 가지고 있는 사람들은 대부분 귀족이어서, 그 여분의 토지를 몰수하여 부를 축적하는 수단을 없애버리기 위한 것이었다. 이렇게 권세를 떨치는 사람들을 비난하고 압박하는 것이 나라를 보호하는 행위라고 생각했기 때문에 이 법률을 개정할 때마다 로마는 소란으로 들끓어 공화국도 여기서 끝장이 나버릴 것만 같은 상황을 연출했다.

그래서 귀족들은 은인자중하며 교묘하게 이에 대처하고 있었다. 군사훈련을 실시하거나, 이 법률을 지지하는 호민관에 대항하여 다른 자를 후원하기도 하고, 민중의 요구 가운데 일부분은 인정해 주기도 했다. 또 분배문제의 대상이 되는 토지에 개척민을 보낸 적도 있다. 그리하여 이를테면 안티움[2]

에서 이 법률의 실시가 문제로 대두되자, 사람들은 로마에서 개척민을 모집하여 그곳에 보내 그 토지를 할당하기로 했다. 이에 대해 티투스 리비우스는 주목할 만한 말을 했다. "로마에서 이 식민지에 가겠다고 신청한 남자는 단한 사람도 없었고, 모든 민중은 안티움까지 가서 지주가 될 바에는 로마에서 사는 쪽이 낫다고 생각했다."

이 농지법으로 인해 쌓이고 쌓였던 감정이 폭발한 격류는 로마인이 이탈리아의 구석구석으로 군대를 파견하게 될 때까지 미친 듯이 흐르고 있었다. 그 뒤 그 흐름도 조금은 완만해진 것처럼 보였다. 그 원인으로는 적지가 민중의 눈에 보이지 않는 먼 곳에 있다는 것과, 너무 멀어서 쉽게 경작하러 갈수 없기 때문에 그곳을 차지하고 싶은 마음이 크게 일지 않은 것을 들 수 있다. 게다가 로마인은 적을 응징하는 데 약간 이색적인 방법을 썼는데, 적국에서 토지를 빼앗지 못하면 그 대신 줄줄이 이민을 보냈던 것이다.

이렇게 다양한 이유로, 이 농지법은 그라쿠스 일가의 시대까지 잠자고 있는 것처럼 보였다. 그런데 이 자들 때문에 갑자기 잠에서 깨어난 이 법률은, 로마의 자유를 끌고 가서 파멸의 구렁텅이로 밀어넣어 버렸다. 왜냐하면 이 시기에 이르자 반대자의 힘이 배로 늘어났기 때문이다. 따라서 법률 쪽에서도 전에 없는 강력함으로 민중과 원로원 사이에 커다란 증오심을 부채질했다. 모든 인간에게 무기를 들려주고, 피를 흘리게 하고, 사회 질서를 보호하는 보루를 모조리 뒤엎었다. 관리들도 이 난투극에 손댈 엄두도 내지 못한채 앞다투어 자신들을 보호해 줄 지도자를 찾기 시작했다. 이러한 소란의 물결 속에 부침하면서, 민중은 마리우스의 평판에 귀를 기울이고 그에게 주목하며 네 번까지 거의 연달아서 집정관에 추대했다. 그것이 너무 연속적이어서 평범한 수단으로는 허용되지 않아, 뒤의 세 번은 마리우스가 스스로 집정관직에 올랐다. 이러한 어수선함 속에서 그저 팔짱을 끼고 관망하는 수밖에 없었던 귀족들은 하는 수 없이 술라를 지지하여 자신들의 우두머리로 추대하였다. 그러자 내란이 일어나 피의 격류가 온 도시를 누비는 가운데 몇 번

---

2) Antium. 오늘날의 톨레, 일명 포르트 단치오. 로마 남쪽 52km에 있다. 코리올라누스가 유배생활을 보낸 도시로, 기원전 470년 퀸티우스 카피놀리누스가 빼앗아 이민을 보냈다. 티투스 리비우스 《로마사》 제2권 제65장, 제3권 제1장

의 승부 끝에 마침내 귀족이 승리를 거두었다. 이러한 기운은 나중에 카이사르와 폼페이우스의 공화정치 시대에 다시 그 힘을 만회한다. 그때 카이사르는 마리우스 파의 수령이 되고 폼페이우스는 술라 파의 우두머리가 되어 싸운 끝에 카이사르가 승리하자, 그는 느닷없이 로마 창건 이래 첫 번째 폭군이 되었다. 그때 이후 로마의 자유는 영원히 숨이 끊어지고 말았다. [3]

이러한 경위로 농지법이 시작되었다가 그렇게 종말을 고했다. 여기서 이 법률이 가져다준 성과에 대한 나의 주장은, 앞에서 말한 것, 즉 민중과 원로원이 서로 반목하고 있었기 때문에 로마에서는 자유를 위한 법률을 제정하여 그것을 확보할 수 있었다는 생각과 모순을 이루는 것처럼 보이겠지만, 나는 이것이 나의 의견과 결코 동떨어진 것이 아님을 말하고 싶다. 왜냐하면, 원래 감독관이란 야심이 매우 커서 어떤 나라에서도 수단과 방법을 가리지 않으므로, 이를 말살하지 않으면 순식간에 나라를 파멸시키기 때문이다. 또, 설령 농지법이 300년 동안 로마를 노예상태로 만드는 작용을 했다고 해도, 원래 민중이 이 법률과 그 밖의 시도를 통해 귀족의 야심을 억제하지 못했더라면, 로마는 훨씬 더 일찍 쇠사슬에 묶여버렸을 것이 분명하다.

그리고 이 예를 보더라도, 인간은 명예 따위보다 재산을 얼마나 더 소중히 여기는지 알 수 있다. 실제로 로마의 귀족들은 언제나 별다른 논쟁도 없이 자신들 명예의 일부분을 민중에게 양보하고 있었다. 그러나 일단 재산 문제가 되면 참으로 완강하게 그것을 움켜쥐고 놓으려 하지 않았기 때문에 민중은 자기 마음을 사로잡고 있는 황금욕을 만족시키기 위해, 아무래도 비상수단에 호소하지 않을 수 없었다. 그라쿠스 일가는 이 분쟁에 불씨를 던지는 역할을 했다. 그들은 신중하지는 않았지만 그 의도는 인정을 받아 마땅하다. 국정에까지 영향을 주고 있던 전횡을 억제하고자 하나의 법률을 제정하여 거기에 과거로의 소급력을 인정한 것은, 앞에서 상세하게 이야기한 것처럼 무척 어리석은 방책이었고, 그 결과는 오히려 폐해를 더욱 조장하여 소란만 야기했을 뿐이었다. 그러나 여기서 '시간'이라는 좋은 약을 쓰기만 하면 병독의 진행이 늦춰지고, 결국 타고난 수명이 다하면 저절로 사라지게 마련이다.

---

3) 기원전 133년부터 46년까지, 즉 그라쿠스 형제가 서민을 위해 활동한 시대부터 계속하여 107년 마리우스가 대두하고 93년 술라가 이를 대신한 뒤 다시 몇 번의 변천을 거쳐 카이사르가 독재관이 될 때까지의 과정.

제38장
무력한 공화국은 우유부단해서 바른 대책을 세우지 못한다.

원로원의 현실을 직시하는 고결함

페스트의 마수가 로마를 온통 휩쓸고 다녔다. 아이퀴인과 볼스키인은 이 때야말로 로마를 정벌할 호기라 보고 구름 같이 대군을 소집하여 맨 먼저 라티움인과 헤르니키인을 공격한다. 자신의 나라가 짓밟히는 것을 본 그들은 어쩔 방도가 없어, 로마인에게 자신들의 재난을 호소하고 구원을 요청한다. 페스트에 시달리고 있던 로마인은 자기 나라는 자신들의 힘으로, 즉 자기 군대로 스스로를 방어하는 조치를 취해야 한다고 답변했다. 도와주고 싶어도 도와줄 수가 없었던 것이다.

이 대답에 원로원의 신중함과 현명함이 잘 나타나 있다. 원로원은 예속민의 결정을 좌우하는 입장에서, 평소와는 전혀 다른 행동이나 이전에 결정한 것과는 완전히 반대되는 결의가 필요하다면, 당장 그것을 해치우는 자세를 가지고 있었음을 알 수 있다. 실제로 전에는 같은 예속 민중이 무장하여 자력으로 방위하는 것을 금지하고 있었기 때문에, 그다지 현명하지 않은 원로원이라면 그들에게 이번에는 스스로 막으라고 말하는 것은 위신이 실추되는 행위라고 생각했을 것이다. 그런데 그들은 언제나 사물에 대해 현명한 판단을 내리고 있었다. 가장 해가 적은 방법이 가장 좋다고 생각하고 있었던 것이다.

게다가 자신들의 예속민을 비호해 주지 못함으로써 초래되는 해악을 잘 알고 있었다. 그리고 그 예속민이 자신들의 승인도 얻지 않고 무장하는 모습을 보란 듯이 보여준다면, 그것이 방금 말한 것처럼 이해할 수 있는 많은 동기에 의해서 한 일임에도 불구하고, 역시 무척 견디기 힘든 고통으로 느꼈을 것이 틀림없다. 그럼에도 이 민중들이 무장하는 것은 실제로 쳐들어온 적을 물리치기 위해서는 어쩔 수 없이 필요한 조치라고 인정한다. 원로원은 가장 뛰어나고 당당한 방책을 취하여 한번 금령을 깼지만, 다음에도 이 전례를 빙

자하여 당연한 듯이 금령을 어기는 습관이 붙으면 곤란하다 여기고, 이번만
은 불가항력이니 어쩔 수 없이 인정해 주기로 한 것이다. [1] 이러한 경우에는
어떤 공화국도 이와 비슷한 대책을 강구하겠지만, 무기력하거나 잘못된 의
견에 따르는 나라는 그런 대책을 결코 실행할 수 없고, 또 이러한 불가피한
사태로부터 명예를 지키는 방도를 알지 못한다.

파엔차를 빼앗은 뒤 볼로냐를 위협하여 동맹을 맺은 발렌티노 공작[2]은 로
마로 돌아가다가 토스카나를 공략하고 싶은 생각이 들었다. 그는 가신 한 사
람을 피렌체로 보내, 자신과 그 군대가 영내를 통과하는 것을 허가해달라고
요청했다. 피렌체에서 이 문제에 대해 어떻게 대처하는가를 둘러싸고 논쟁
이 제기되었을 때, 공작의 요구를 받아들이자는 사람은 어느 누구도 없었다.
그러나 공작은 강력한 병력을 가지고 있었지만 피렌체인은 거의 무력하여
그 통과를 도저히 저지할 수 없는 형편이었다. 때문에 그들이 지나가는 것을
인정해 주는 것이 저쪽에서 무력으로 통과를 강행하는 것보다 훨씬 체면을

---

1) 기원전 467년, 즉 안티움 함락 뒤 로마에서 다시 내분이 일어난 것을 보고 아이퀴, 볼
스키인들이 공격을 시작했다. 곧 엄청난 불길이 치솟을 거라고 내다본 로마는 해를 넘
긴 466년, 페스트가 맹위를 떨치자 마침내 이와 같은 대책을 강구하게 된다. 티투스 리
비우스 《로마사》 제3권 제1장 이하. 특히 불길한 전조와 라티움과 헤르니키 인의 참전
허가는 같은 책 제5장. 페스트와 각 속령의 자위행동의 허가에 대해서는 같은 책 제6,
제7장.
2) 《군주론》 특히 제7장의 주인공으로, 권모술수로 유명했다. 다소 중복되지만 그 행적을
살펴보면 교황 알렉산데르6세의 차남으로 사생아이다. 원래 에스파냐에서 자랐으나 아
버지가 교황이 되자 함께 로마로 옮긴다. 1492년 추기경이 되었지만 얼마 뒤 환속하여,
아버지를 위해 칼을 들고 활약한다. 1498년 발렌티노 공작이 된다. 성격이 가혹하여 동
생을 죽이고 그 영지를 빼앗는 일도 서슴지 않았다. 1500년대 초에는 중부 이탈리아를
거의 전부 칼 아래 복종시켰다. 본문에서 인용한 사례인, 파엔차에서 영주 만프레디 가
를 멸한 것은 1501년 4월 25일. 이미 말한 것처럼 이 무렵 마키아벨리는 공작의 측근에
서 그 행동을 하나하나 목격하며 실제 정치의 지식을 얻었다. 공작은 1503년 아버지 알
렉산데르의 죽음에 의해 갑자기 세력을 잃고, 새 교황 율리오2세에게 체포되어 투옥.
그 뒤 곤살보 데 코르도바의 손으로 에스파냐에 압송되었지만 그곳에서 탈주한다. 1505
년 나바르 공작에게 몸을 의탁하여, 나중에 공작을 위해 반군정벌에 출진한다. 1507년
3월 12일 에스파냐의 비아나 성 외곽에서 대포에 의해 사망했다.

세울 수 있는 방법이었다. 그렇게 하면 피렌체 사람들은 별다른 치욕을 당하지 않을 것이다. 그러나 만약 그와 반대되는 조치를 한다면 단단히 망신을 당할 것은 뻔한 일이었다.

그런데 모든 무력한 공화국에서 볼 수 있는 폐습은 바로 우유부단함이다. 대체로 그들이 내리는 어떤 대책이든 모두 무력에 내맡기게 된다. 만약 그들이 뭔가 적절한 행동을 취한다 해도 그것은 무력에 의해 강제로 내린 결정일 뿐, 결코 그 나라 사람들의 현명함 때문은 아니다.

이와 관련하여, 다시 1500년대에 우리 공화국에서 일어난 두 가지 예도 들고자 한다.

프랑스 왕 루이12세는 밀라노를 함락했을 때, 옛날에 약속한 대로 피사를 빼앗아 피렌체인에게 주고, 그 대가로 5만 듀카티[3]를 손에 넣으려 했다. 그래서 프랑스인이기는 하지만 피렌체인들이 신뢰하고 있는 드 보몽 장군에게 군대의 지휘를 맡겨 피사로 진군시켰다. 이 장군은 피사를 공략할 생각으로 군대를 피사와 카시나 사이에 보낸 뒤, 며칠이나 성을 공격할 준비를 갖추는 데 몰두하고 있었다. 그때 피사의 사절이 그를 찾아와서, 4개월 안에 피사를 피렌체인에게 넘기지 않는다고 프랑스 왕의 이름으로 약속한다면 항복하겠다고 제의했다. 피렌체인들은 무슨 일이 있어도 동의할 수 없다고 거부하고, 무력으로라도 피사를 빼앗기 위해 공격을 개시했지만, 헛수고만 하고 망신만 당했을 뿐이었다. [4]

이 제의를 들은 척도 하지 않았던 것은 피렌체인이 국왕을 신뢰하지 않았다. 때문이다. 비록 자신들의 우유부단함 때문에 비호를 청하지 않으면 안 되게 되었지만 말이다. 피렌체인은 프랑스군이 피사를 점령한 뒤 그것을 넘겨받는 것, 그리고 프랑스 왕이 그 약속을 지키지 않으면 그때 가서 국왕을 비난하는 것이, 아직 국왕이 손에 넣지 못한 것에 대해 결국 말뿐인 약정을 억지로 맺게 하는 것보다 훨씬 이득이라는 것을 도무지 이해하지 못했다. 즉 보몽이 어떤 조건을 내세우든 일단 점령하도록 하는 편이, 1502년에 경험

---

3) 듀카트(복수는 듀카티)는 12세기 무렵 양 시칠리아왕국에 처음으로 만들어진 금화. 나중에 에스파냐 왕국의 통화가 된다. 약 20 내지 25리라에 해당한다. 유럽 각국에 통용하게 된 것은 1558년 이후로, 각국에서 제각각의 가치가 주어졌다.

한 것처럼 훨씬 유리했을 것이다.

그해에는 아레초에서 반란이 일어났다.[5] 프랑스 국왕은 피렌체인을 지원하기 위해 앵보 장군에게 지휘를 맡기고 군대를 투입했다. 아레초 부근까지 진군한 앵보는 아레초 주민들과 협상했고, 그 결과 그들은 피사인과 대동소이한 조건으로 도시를 넘겨주겠다고 제의했다. 피렌체인은 인정하지 않았다. 앵보는 피렌체인들이 선견지명이 없어서 사태를 전혀 파악하지 못했다고 판단하고, 피렌체의 대리인들을 따돌린 뒤 아레초와 직접 담판을 지었다. 협상이 순조롭게 진행되어 생각한 대로 약정이 성립되자 그는 군대를 이끌고 아레초에 입성한다.

그때 그는 피렌체인에게 그 행동이 참으로 경솔하고 세상사에 어두운 것을 타이르고, 다시 여러분이 아레초를 원한다면 국왕에게 간청하면 된다, 국왕도 지금이라면 자신의 군대가 이곳을 점령하고 있으니까, 자신의 힘이 미치지 않았을 때보다 훨씬 쉽게 인도할 수 있을 거라고 말했다. 그런데 피렌체인들은 이번에도 앵보를 헐뜯고 비난하는 데 여념이 없었다. 그들은 만약 보몽이 이번처럼 행동했더라면 자신들은 아레초와 마찬가지로 피사도 손에 넣을 수 있었을 거라는 점을 깨달을 때까지 비난을 멈추지 않았다.

---

4) 1500년 6월 18일 마키아벨리는 피렌체의 감찰관들과 함께 그 참모역으로서 카시나에 있었다. 피사 공격의 진영으로 보몽을 찾아가서, 그곳에 와 있었던 피사의 사자와 협상하는 과정을 견문했다. 담판이 결렬되고, 피렌체는 보몽을 재촉하여 같은 달 26일 피사의 성 아래 육박하여 포격을 개시한다. 30일 돌격로를 열어 공격을 가했지만 보기 좋게 실패. 무참하게 패배한 끝에 피렌체의 용병들은 전의를 상실했고, 그 대장인 보몽도 불만이 가득하여 계속 급료 지불을 요구하며 태업을 한다. 스위스 용병도 급료문제로 피렌체의 대표자를 위협하는 등, 피사 공략은 완전히 실패로 끝났다. 7월에 들어서자마자 피렌체 용병은 해산한다. 이에 대한 마키아벨리의 상세한 서술은 《감찰관 문서》 피사공략 진막에서의 보고서에 있다. 이것이 그가 용병제도의 해악과 자국병주의(自國兵主義)의 필요를 통감한 첫 경험이었다.

5) Arezzo 피렌체 남쪽 약 30km 되는 곳에 있는 도시. 페트라르카의 출생지. 마키아벨리는 이 해의 반란에 대해 《키아나 계곡 반도(叛徒)의 처리방법에 대하여》에서 서술하고 있다. 반란의 명분은 피에로 데 메디치의 복위 요구였으나, 실은 발렌티노 공을 대표자로 하는 에스파냐 세력이 프랑스 세력을 업고 있는 피렌체를 병합하고자 하는 하나의 표현이었다. 같은 해 8월 아레초는 프랑스군의 압력에 의해 귀순했다. 이 반란의 뒤처리에 대한 논의는 이 책 제2권 제23장에도 되풀이하여 언급되어 있다.

이렇게 생각이 확고하지 않은 공화국은, 필요한 경우에도 전혀 적절한 대책을 실시할 수가 없다. 아무래도 나라의 병력이 약해서 조금이라도 불안이 있으면 과감하게 단행할 수가 없기 때문이다. 만약 이러한 국난이 맹위를 떨쳐 약간의 의심 정도는 날려 보내버린다면 모르지만, 그렇지 않으면 국론은 언제까지나 불안정한 상태가 지속된다.

제39장

다른 민중들 사이에도 비슷한 일들이 때때로 일어나기 마련

나쁜 것은 역병이지 의사가 아니다

최근에 일어난 일이나 과거에 있었던 사건을 조사하면, 똑같은 욕구와 똑같은 욕정이 모든 정부와 모든 민중을 지배했고 또 지금도 지배하고 있다는 것을 누구나 금세 깨닫게 된다.[1] 과거의 사건을 규명하는 사람들은 그 지식을 통해 미래의 어떤 나라에도 반드시 일어날 일들을 예견하게 된다. 그리하여 옛사람이 사용했던 대처법을 거기에 적용하거나, 지금까지 선례가 없는 일이라도 유사한 사건을 떠올려 새로운 대책을 생각해 내는 것이 그리 어려운 일은 아니다. 그런데 세상 사람들은 아무래도 이러한 관찰을 소홀히 하기 쉽고, 드물게 그런 것을 하는 사람이 있어도 중요한 정치를 담당한 자가 그것을 전혀 모르고 있기 때문에, 결국 세상 어디서나 똑같은 소동이 되풀이되고 있다.

1494년[2]부터 지금까지 피사와 그 밖의 도시를 잃은 피렌체는 토지를 빼앗은 자를 상대로 전쟁을 해야 했다. 그런데 새로운 영주들은 무척 세력이 강하여, 피렌체로서는 막대한 경비만 들고 아무런 소득도 얻지 못하고 있었다. 이러한 비용 때문에 높은 세금이 부과되어, 싸움터 어디에 가도 원성이 자자했다. 원래 이 전쟁을 지휘하고 있었던 것은 '10인 전쟁위원회[3]' 라는 10명의 시민들로 구성된 평의회였는데, 대중은 그들이 실제로 일어나고 있는 전

---

[1] 이 운명사관에 대해서는 《군주론》 제7, 제25장 및 《피렌체사》, 이 책 제1권 제1장, 제2권 제29장, 제3권 제9, 제31장 등 참조.

[2] 이해 11월 4일 메디치 집안은 프랑스 샤를8세의 압력으로 추방당하고, 반 메디치 파인 피에로 카포니는 사보나롤라를 이용하여 정권을 굳힌다. 그리하여 피렌체에 중소시민이 지지하는 신권정치(神權政治)가 시행되었으나, 대외적으로는 샤를8세의 이탈리아 정벌전 때문에 국력이 무척 약해져서, 앞에서 말한 피사의 공격에서 아레초 반란까지, 시에나, 사르아나, 베르치겔라 등(1494～1502년)에서 패배를 거듭하게 된다.

전쟁과 출비의 책임자인 것처럼 생각하고, 그 역할만 없어지면 전쟁도 사라질 거라고 믿었다. 따라서 10인위원회를 개선할 때가 돌아와도 선거를 하지 않고, 그 위원회의 임기가 끝나면 그 일을 최고시정위원에게 맡기기로 했다. 이 결정은 더할 수 없이 참담한 결과를 가져왔다. 왜냐하면 일반 시민들이 기대했던 것처럼 싸움이 종식되지 않았을 뿐만 아니라, 그로 인해 군대를 훌륭하게 지휘하고 있던 사람들까지 내쫓은 셈이 되었던 것이다. 그리하여 피사의 공략 외에 아레초와 그 밖에 도시에서의 싸움에서도 지고 만 것이다. 그제서야 시민들도 나쁜 것은 역병이지 의사가 아니었다는 것을 깨닫고 다시 10인위원회를 설치했다.

이와 비슷한 성격의 사태가 로마에서도 일어났다. 전쟁이 전쟁을 낳고, 휴식은 그저 구두약속에 지나지 않는 것을 보고, 집정관직에 대해 경멸의 말이 쏟아진 것이다. 민중은 이 끊임없는 전쟁이 이웃나라의 질투심에서 일어나고 있다는 것은 생각하지 않았다. 그것은 모두 귀족의 야심 때문이며, 그들이 자신들을 제압하려 해도 로마 안에서는 호민관이 보호하고 있어서 불가능하므로, 집정관을 시켜 자신들이 의지하는 자로부터 멀리 떨어진 곳으로 데리고 가서 거기서 마음대로 억압하려는 속셈이 틀림없다고 믿었다. 그래서 집정관직을 폐지하거나, 그렇지 않으면 권력을 축소하여 도시 안팎을 불문하고 민중에게는 손가락 하나 대지 못하게 하는 것이 득책이라고 생각했다.

이 신법을 가장 먼저 제의한 것은 테렌틸루스였다. 그는 5명의 시민을 선임하여 집정관의 권한을 감찰하고 그것에 제한을 가하자고 요구했다. 이 요구를 들은 귀족들은 속으로 분개하면서 '이거야말로 신성한 주권을 간섭하는 행위가 아니고 무엇인가, 그놈들은 우리들을 공화국의 정치에서 배제해 버리려는 것이 틀림없다'고 생각했다. 그렇지만 호민관의 주장이 너무 완강하여 마침내 민중은 집정관 제도는 폐지되었다. 그 뒤 다양한 시도를 거쳐, 집정관직을 부활시키는 것보다는 집정관의 직권을 가지는 호민관을 만드는 것

---

3) Dieci della guerra 1422년에 창설. 전쟁이 일어날 때마다 임명되는 특별위원회이다. 상세한 것은 《피렌체사》 제4권, 특히 1422년, 24년, 29년 항 참조. 이 제도는 1499년 폐지되었다가 이듬해 다시 설치되었다. 《감찰관 문서》 프랑스 왕정에 대한 감찰관 1500년 10월 2일자 보고서.

이 더 적절하다고 생각했다. 즉 집정관직의 권력보다 그 지위를 미워했던 셈이다. 이 새로운 역할은 오랫동안 존속했지만, 결국 민중은 자신들의 과오를 인정하고 마치 피렌체인이 10인위원회 제도로 돌아간 것처럼, 그들도 다시 집정관을 선임하기에 이르렀다. [4]

---

4) 테렌틸루스가 요구하여 처음으로 이 직위가 생긴 기원전 444년부터 367년(리키니우스 섹스티우스 법에 의해 평민이 집정관으로 선출된 해)까지 집정관직은 51회나 폐지와 부활의 수난을 당했는데, 폐지되었을 때는 평민도 피선거권을 인정받는 군사호민관이 대신했다. 이것은 본문에 말하는 집정관의 권력을 가진 호민관이다. 상세한 것은 티투스 리비우스 《로마사》 제4권 제7장 참조.

제40장

로마10인회 창설과 그로부터 배워야 할 점

현명한 군주는 먼저 민중의 지지를 확보한다

이제부터 10인회를 창설함으로써 로마에서 일어난 사건에 대해 논의하고 자 한다. 맨 먼저 이 제도에 의해 생긴 결과를 모두 얘기하고, 이어서 그중 특히 주목할 만한 것을 다루는 것도 전혀 무의미한 일은 아닐 것이다. 그 결 과는 수적으로도 매우 많아, 공화국의 자유를 유지하고 그 목적을 달성하기 위한 설계도를 그리려는 사람들에게는 커다란 중요성을 가지고 있다. 그것 은 이제부터 하나하나 논의를 펼쳐감에 따라, 원로원이나 민중이 자유를 손 상시키게 된 수많은 과오, 그리고 10인회의 우두머리인 아피우스가 로마에 참주정치를 수립할 수 있었다고 믿음으로써 범한 더 많은 오류 등이, 백일하 에 드러날 것이기 때문이다.

로마의 민중과 귀족들은 국내에서 자유를 확립하는 데 충분한 법률을 제 정하기 위해 오랫동안 끝없이 논쟁을 벌이며 평의를 거듭하고 있었다. 결국 서로 의견이 일치하여 스푸리우스 포스트후무스[1]를 두 사람의 시민과 함께 아테네로 보내, 솔론의 법률을 모형으로 로마 공화국에 적절한 법률 원안을 만들기로 했다. 이 대리인들이 즉시 아테네로 갔다가 얼마 뒤 귀국하자, 그 원안을 검토하여 성문법을 편찬할 사람들을 임명하게 되었다. 그리하여 10 명의 시민이 선출되었는데, 그 임기는 1년으로 정해졌다. 이 10명 가운데 아피우스 클라우디우스가 포함되어 있었다. 영리하지만 어딘지 안정감이 없 는 인물이었다. 그러고 나서 이 법률을 새롭게 편찬하는 데 제약이 있어서는 안 된다 하여, 로마에 있던 다른 관직, 특히 호민관과 집정관을 모두 폐지했 다. 또한 이 새로운 관직이 로마 최고의 권위를 지닐 수 있도록, 민중의 동

---

1) Spurius Posthumus Albinus Regilensis 고대로마의 명문가 출신. 아테네에 간 것은 10인회 가 창설된 기원전 451년.

의를 구하는 절차까지 없애버렸다.

전적으로 민중의 지지를 받고 있었던 아피우스는, 얼마 지나지 않아 동료들의 권한까지 한 몸에 차지할 수 있었다. 더할 나위 없이 평민의 편에서 행동해 왔던 그가 그때부터 완전히 딴판으로 변하여 민중을 너무나 잔인하게 탄압하기 시작했다. 사람들은 어떻게 그토록 딴 사람이 될 수 있느냐고 매우 놀라워했다.

처음에는 10인회도 참으로 겸허한 태도를 보였다. 모임에 참석할 때도 12명의 호위병을 앞세웠을 뿐이었다. 어느 날 한 로마 시민이 살인죄를 저질렀는데, 이 공직자들은 절대 권력을 부여받았음에도 불구하고 민중 앞에서 범행에 대해 설명했을 뿐, 재판권은 포기했을 정도였다. [2]

그들은 법조문을 10장의 판에 새겨 민중이 그것을 읽고 토론할 수 있게 했고, 무언가 결점이 있으면 공포하기 전에 법조문을 수정할 수 있도록 하고 있었다. 이에 대해 아피우스는 이 10표법에 다시 두 가지 조항을 추가하면 두려워할 것이 하나도 없다고 온 로마를 향해 떠들어댔다. 그 생각이 사람들의 지지를 얻자, 민중은 그것을 구실로 10인회의 임기를 1년 더 연장하기로 했다. 민중이 거기에 찬성했다. 그들로서는 이제 와서 새삼스럽게 집정관과 호민관에게 억압당하고 싶지 않았고, 방금 말했듯이 자신들의 손바닥 안에 재판권을 쥐고 싶었기 때문이다.

이리하여 10인회의 연장이 결정되자, 귀족들이 하나같이 그 자리를 노리고 모여들었다. 특히 아피우스가 가장 앞장을 섰다. 이때 아피우스의 행동이 지나치게 정중하여 민중의 환심을 사려는 그의 속내가 너무나 뻔히 들여다보였다. 그의 동료들도 점차 그를 의심하게 되었는데, 즉 "영리하고 능력이 뛰어난 귀족 가문이 남자가 아무런 속셈도 없이 민중에게 굽실거리는 것은 도저히 믿을 수 없는 일 Credebant enim haud gratuitam in tanta superbia comitatem fore"이라는 것이었다. 그러나 그들도 공공연하게 그를 공격할 힘은

---

[2] 티투스 리비우스 《로마사》 제3권 제32장 이하. 특히 제 33장. 처음에 귀족파의 우두머리 아피우스 클라우디우스는 감쪽같이 양의 탈을 써 평민의 환심을 샀고, 10일마다 있는 모임에서도 무척 겸손한 태도를 가장하고 있었다. 살인범의 예는, 귀족 세스티우스의 집 안에서 시체가 발견되었고 범인이 누군지도 알고 있었지만, 자유를 존중하여 특별히 설치한 다른 법정에서 재판을 받게 한 사건을 말한다.

없어서 술책을 써서 타도하기로 결심하였다. 그리하여 아피우스가 동료들 가운데 가장 젊은데도 불구하고, 그에게 새로운 10인회의 관리를 추천하여 민중들에게 제출할 권한을 인정해 주었다. 그렇게 하면 체면을 생각하여 감히 자기 자신을 추천하지는 못할 거라고 계산한 것이다. 무엇보다, 자기 자신을 추천하는 것은 그때까지의 로마에서는 전례가 없는 일이었고, 민중들도 수치스러운 행동으로 여기고 있었다. 그런데 "그는 그 방해를 역이용하여 성공을 거두었다 Ille vero impedimentum pro ocasione arripuit." 맨 먼저 자신의 이름을 제1인자로 지명함으로써 귀족들을 실망시키고 그 뻔뻔스러움에 경악하게 한 뒤, 나머지 9명은 자기 마음에 드는 인물을 지명한 것이다.[3]

차기 1년에 대한 이 새로운 선택은 민중과 귀족들로 하여금 자신들이 저지른 실책을 깨닫게 했다. 아피우스는 "결국 쓰고 있던 가면을 벗고 finem fecit ferendae alienae personac" 그 오만한 정체를 숨기려 하지 않았으며, 그 분위기는 순식간에 10인회 동료들에게도 전염되고 만 것이다. 그러나 민중과 원로원을 가장 놀라게 한 것은 12명이었던 호위병을 120명으로 늘린 것이었다. 얼마동안 사람들은 너나없이 불안에 사로잡혔다. 그러다가 원로원은 위협을 받기 시작했고, 민중은 탄압을 받게 되었다.

어떤 시민이 10인회의 한 사람에게 부당한 처사를 당한 뒤 그것을 다른 10인회 위원에게 호소하면, 처음의 판결보다 훨씬 더 가혹한 판결을 받았다.[4] 그래서 민중은 자신들의 실수를 깨닫고 실망한 끝에 귀족에게 도움을 청했다. 그리하여 "그때부터 공화국의 민중은 자유에 대한 동경과, 노예신분에 대한 두려움에 빠진 상태가 되었다 Et inde liberatis captare auram, undeservitutem timendo, in eum statum republicam adduxerant." 귀족들은 민중이 고통스러워하는 모습을 보면서 "현재의 이 고통으로 인해 오히려 그들은 집정관을 원하게 될 것이 틀림없다 Ut ipsi, taedeo praesentium, consules

---

3) 이 대목은 티투스 리비우스 《로마사》 제3권 제35장의 발췌. 인용구는 모두 같은 장.

4) 티투스 리비우스 《로마사》 제3권 제36장. 호위병을 12명 이상으로 하는 것은 국왕의 격식을 갖추는 것이 되므로, 평민은 물론이고 귀족까지 두려움에 떨게 한 것이다.

desiderarent."고 속으로 은근히 기뻐했다. [5]

10인회의 임기가 끝나는 날이 다가왔다. 새롭게 추가된 2장의 법률에 대해 심의는 끝났지만 아직 공포되지는 않았다. 10인회는 그것을 구실로 자신들이 직분을 계속하려 했고, 무력으로 권력을 유지하려 했다. 그래서 젊은 귀족들을 매수하여, 이 자들에게 자신들이 처형한 사람들의 재산을 나눠주었다. "이러한 선물에 매수되어 젊은이들은 모든 사람의 자유보다 자신들의 방탕한 생활을 선택했다. [6] Quibus donis juventus corrumpeb atur, et malebat licentiam su m, quam omnium libertatem."

이러한 소동 속에서 사비니 인과 볼스키 인들이 로마를 상대로 전쟁을 걸어왔다. 여기에 위협을 느낀 10인회는 자신들의 약점을 드러내고 만다. 원로원이 없으면 그들은 싸움을 수행해나갈 수 없었다. 그렇다고 원로원을 소집하면 자신들의 파멸을 앞당기게 될 것이라 생각했다. 그러나 사태는 점점 급박해져서 하는 수 없이 결국 원로원을 소집하기로 했다. 원로원이 소집되자 의원들 대부분, 특히 발레리우스와 호라티우스가 선봉이 되어 10인회의 오만함을 비난했고, 10인회는 그들의 공격에 완전히 깔린 꼴이 되고 말았다. [7] 그러나 원로원은 그 이상은 세력을 휘두르려 하지 않았는데, 그것은 이 10인회가 스스로 직분을 포기하면 호민관이 다시 부활될 것이기 때문이었다. 그리하여 원로원은 전쟁을 하기로 결정하고, 군대를 둘로 나누어 각각 10인회의 위원들이 지휘를 맡았다. [8] 아피우스는 로마에 남아서 지시를 내리기로 했다.

이때 한 사건이 일어난다. 그가 비르기니아라는 여자에게 마음을 뺏겨 그녀를 강제로 취하려 하자, 마수로부터 딸을 보호하려는 아버지 비르기니우

---

5) 《로마사》제3권 제37장. 10인회는 청년귀족을 자기편에 끌어들여 반대파에 대항했다. 기원전 450년의 일.

6) 티투스 리비우스 《로마사》 제3권 제37장.

7) 티투스 리비우스 《로마사》 제3권 제38장에는 외적의 위협을 받고 10인회가 원로원을 소집했을 때, 평민들이 이에 의해 귀족이 자유를 배신했다고 통감했던 일. 그리고 제39장에는 L. Valerius Potitus가 질의통보의 순서를 무시하고, 공화국의 일반정무에 대한 긴급동의라고 하며 강행한 탄핵연설과 이에 이어지는 M. Horatius Barbatus의 규탄연설에 대해 상세히 설명하고 있다.

스가 그녀를 칼로 찔러죽이고 만 사건이었다. 이 일로 인해 로마와 군대에서 반란이 일어났다. 남아있던 대중은 성산(聖山)으로 올라가, 10인회가 그 직분을 포기하고 호민관이나 집정관을 다시 선출하여, 공화국에 그 자유를 보호하는 옛 제도가 부활할 때까지 무슨 일이 있어도 내려오지 않겠다는 농성을 벌였다. [9]

이렇게 로마에서 일어난 재난을 생각하면, 자유에 대한 민중의 동경이 너무 강하고, 이에 대한 귀족의 지배욕도 못지않게 강렬한 것이 그 원인이었다고 할 수 있다. 이 두 파가 자유를 위해 협력하여 법률을 제정하는 것은 도저히 기대할 수 없는 일이고, 어느 한쪽이 한 사람의 시민을 특별히 지지하게 되면 폭정이 맹렬한 기세로 그 추악하고 기괴한 머리를 쳐들 것이다. 민중과 원로원은 10인회를 재건하려고 의논한 끝에 의견의 일치를 보았다. 그런데 이 제도를 재건하는 것도 실은 각자에게 속셈이 따로 있었으니, 한쪽은 집정관의 지위를 말살하고 싶었고, 다른 한쪽은 호민관이라는 이름을 없애고 싶었을 뿐이다. 이리하여 의견이 모여지자, 민중은 아피우스가 자신들의 권리를 보호하고 귀족의 마수를 막아주는 자라고 믿고, 전적으로 그를 지지했다. 민중이, 자신들이 증오하는 대상을 타도하고 싶어서 어떤 시민에게 그럴 힘이 있는 것으로 믿고 그를 후원할 경우에는, 그는 틀림없이 그 나라의 참주가 될 수 있다. 그러나 우선 그는 귀족을 제압하려고 민중을 위해 힘을 다하지만, 그 상대를 때려눕히자마자 이번에는 자신이 민중을 억압한다. 민중은 더 이상 자신

---

8) 원로원은 앞에서 말한 2명의 규탄에 의해 10인회의 임기 종료를 일단 인정했지만, 외적을 격파한 뒤 이를 확인하기로 하며 급진파의 의견을 물리치고 전쟁준비에 열중한다(티투스 리비우스《로마사》제40~41장). 이리하여 아에키인과 라티움의 도시 아르기즘에서, 사비니인과는 엘레툼에서 싸워, 로마군은 격파되고 도시는 큰 혼란에 빠진다. (《로마사》제42~3장)

9) 일명 비르기니아 사건. 아피우스 클라우디우스가 이 여자를 연모하여 여러 번 유혹했지만 실패하자, 자신의 해방노예인 마르쿠스 클라우디우스에게 그 여자의 아버지라고 외치게 하고, 여자를 노예의 신분으로 만들어 자기 마음대로 하려고 했다. 그리하여 일종의 공판투쟁 끝에, 비르기니우스는 아버지로서 딸의 순결을 죽음으로 보호한다고 외치고 스스로 딸의 심장을 찔러 죽인다. 10인회에 관한 서술에서 가장 극적인 장면은 티투스 리비우스《로마사》제44장부터 제54장까지, 특히 제48장.

을 구원해줄 자를 찾지 못하고 노예의 처지로 떨어지는 수밖에 없는 것이다. 참주가 공화국을 쇠사슬로 묶는 수법은 어떤 참주라도 거의 이러하다.

여기서 만일 아피우스가 이 수법을 사용했더라면 그 학정은 더욱 깊이 뿌리내려, 그렇게 쉽사리 뿌리째 뽑히지는 않았을 것이 분명하다. 그런데 이와는 전혀 반대의 행동으로 나왔기 때문에, 민중도 역시 그렇게 경솔한 행동은 할 수 없었다. 학정을 계속하고자 그는 스스로 자신을 권좌에 앉혔지만, 계속해서 후원해 줄 민중을 한 사람도 남김없이 적으로 돌려버렸으며, 오히려 자신을 지지할 생각이 결코 없는 자들을 자기편으로 끌어들였다. 즉, 처음에는 호의를 보냈던 민중을 적으로 돌리고, 도저히 호의를 가질 리가 없는 자들의 마음에 들려고 노력한 것이다. 실제로 귀족은 타인을 억압하는 것을 매우 좋아하지만, 그들 중에서 폭정을 통해 내몰린 귀족들은 언제라도 적 쪽으로 돌아설 수 있다. 게다가 귀족들의 커다란 야망과 탐욕으로 인해, 참주가 아무리 권세와 황금을 동원해도 그들의 전폭적인 지지는 얻을 수 없다. 왜냐하면 참주는 모두에게 만족스럽게 분배할 수 있을 정도로 많은 부와 관직을 갖고 있지 못하기 때문이다. 그러나 아피우스는 민중을 버리고 귀족 쪽으로 옮겨가는 터무니없는 실수를 저지르고 만 것이다.

실력으로 권력을 유지하려면 그것에 대해 이러쿵저러쿵 따지는 자들보다 훨씬 강한 힘을 가지고 있어야 한다. 이로부터 민중이 호감을 느끼고 귀족들이 적대감을 느끼는 참주들은 훨씬 더 확고한 지위를 누린다는 결론이 나온다. 왜냐하면 그러한 참주들의 패권을 지지하는 세력이, 민중이 적의를 느끼고 귀족들이 호감을 느끼는 참주의 패권을 지지하는 세력보다 강력하기 때문이다. 민중에게 존경을 받고 있으면 그것만으로도 국내에서의 권력을 충분히 유지할 수 있다.

그렇기 때문에 스파르타의 참주 나비스는 모든 그리스 민족과 로마인의 공격을 받아도 담담하게 그것을 막아낼 수 있었다. 소수의 귀족을 손 안에 장악하고, 거기에 민중의 애정을 얻고 있으면, 아무런 불안 없이 자신의 지위를 유지할 수 있다. 만약 민중이 적이 되면, 그런 것은 도저히 꿈도 꾸지 못할 것이다.

한편, 국내의 지지 세력이 아주 적은 경우에는 국력이 충분하다고 할 수 없다. 아무래도 타국의 도움을 청해야 한다. 거기에는 세 종류가 있다. 첫 번째는 외국인 병사를 고용하여 자신의 신변을 굳히는 것, 두 번째는 시골 주민들에게 무장을 시켜 시민과 같은 역할을 하게 하는 것, 세 번째는 강한 이웃나라와 손잡고 자신의 안전을 기하는 것이다. 이러한 방책을 빈틈없이 실행하는 자는, 설령 민중이 적 쪽으로 돌아선다 해도 변함없이 그 몸을 보호할 수 있을 것이다.

그런데 아피우스는 시골 주민을 자기편으로 만들지 못했다. 당시에는 로마나 시골이나 같은 민중이어서, 지금은 할 수 있는 일이라도 당시에는 할 수 없었기 때문이다. 이러한 이유로 그가 권력을 손에 넣었을 때, 실은 이미 그것은 무너지기 시작하고 있었던 것이다.[10]

민중과 원로원은 10인회 제도에 대해 어처구니없는 실수를 범했다. 앞에 독재관을 다룬 장에서 나는, 자유에 있어서 위험한 공직자들은 권력을 찬탈한 자들이지, 민중이 권력을 준 자들은 아니라고 주장하였다. 그러나 후자라 해도 새로운 관직을 창설할 경우에는, 지금까지의 관직 중에서 부패할 우려가 있는 것을 대신하여 설치해야 한다. 그러므로 10인회에 대해서도 끊임없이 적극적으로 감시하며 그 권한을 넘어서지 않도록 해야 했는데, 로마인은 전혀 그것을 감시하지 않았다. 이로써 이 10인회는 로마에서 유일한 관직이 되었고 다른 관직은 모두 폐지되었다. 앞에서도 말한 것처럼, 원로원은 호민관을 없애고 싶었고, 민중은 집정관을 폐지하고 싶은 나머지 서로가 모두 맹목적이 되어, 결과적으로 이 두 관직과 나라 전체의 혼란을 저울질해 보는 힘을 잃어버리고 만 것이다.[11]

참으로 페르난도 왕의 말처럼, 인간은 먹잇감을 노리는 약한 새와 같은 짓을 하기 마련이다. 굶주림에 지쳐 정신없이 먹잇감을 쫓는 새는, 그 머리 위에 자기보다 훨씬 힘이 센 새가 틈만 있으면 달려들어 물어뜯으려고 원을 그리며 노리고 있다는 것을 눈치 채지 못한다.

우선 지금까지의 이야기를 통해, 이 장의 첫머리에 말한 것처럼 로마인은 자유를 지키고자 하는 열정 때문에, 또 한편으로 아피우스는 패권을 장악하고 싶은 욕망 때문에, 각각 어떤 잘못을 범했는지 알게 되었을 것이다.

---

10) 티투스 리비우스《로마사》제3권 52장
11) 티투스 리비우스《로마사》제3권 제49장

제41장
인품의 격렬한 변화는 경솔하고 무익한 행동이 되기 쉽다

겸손에서 오만, 자비에서 잔인함은 파멸을 초래

아피우스는 패권을 쥐고 놓지 않기 위해 온갖 경솔한 행동을 했지만, 그 중에서도 특히 눈길을 끄는 것은, 그 인품과 수법이 너무나 격렬하게 변화를 보인 것이다. 처음에는 가면을 쓰고 민중의 진정한 친구처럼 보이는 것이 이득이라고 생각했기 때문에, 10인회를 갱신할 때까지 그런 태도를 고수했다. 그와 동시에 한편으로는, 크게 대담한 면모를 보여 귀족의 공격에 대해 그 진두에 선 것과, 자신의 동료까지 그의 목적에 맞게 선출한 행위 역시 시기적으로는 적절한 행위였다. 그러나 그 행동 변화에 너무나 신중치 못했다. 일이 성취되자 갑자기 그 태도를 바꿔버린 것이다. 민중의 친구에서 적으로, 모든 사람에게 사랑과 친근감을 느끼게 했던 공손함에서 고집스럽고 오만하기 짝이 없는 인간으로, 지금까지의 장점과는 딴판인 단점을 드러냈기 때문에, 그 기만적인 심사에는 아무리 통찰력이 없는 사람도 놀라지 않을 수 없었다. 잠깐 덕망 높은 인물로 보였던 사람이, 대담하게 그 간악무도한 본성을 드러낸다면 그에 대한 민중의 평가도 서서히 변해가기 마련이다.

목적을 이루기 위해 사악한 본성을 드러내려는 자는, 기회가 있을 때 교묘하게 그것을 포착하여 원하는 바를 이루며 지금까지의 인망을 잃어버리지 않도록 주의해야 한다. 또 한편으로는 수많은 아군을 얻어 자신의 권위를 조금도 해치지 못하게 해야 한다. 여러분이 만일 이와 정반대되는 행동으로 나간다면, 여러분의 본성은 폭로되어 아군도 사라지고, 끝내 파멸로 끝날 것이 뻔하다. [1]

---

1) 《군주론》 제18장의 주장과 조응한다.

제42장

인간이란 얼마나 쉽게 타락할 수 있는 존재인가

야망에 분별력 잃고 사악함에 물들어

10인회 사건은, 인간이 선량하게 태어났더라도, 또한 교육을 통해 교양을 갖추더라도 얼마나 쉽게 타락해버릴 수 있는지, 또 얼마나 빨리 인품이 변해버리는지 그 실례를 보여준다. 이는 아피우스가 선발하여 늘 곁에 두었던 젊은이들이 아주 적은 덕을 입은 것만으로 쉽게 그의 지지자가 되었다는 점과, 후에 모두 하나같이 폭정을 일삼았다는 것을 생각해보면 알 수 있다. 그리고 마찬가지로 제2차 10인회의 한 사람이었던 퀸투스 아피우스[1]를 생각하면 된다. 이 사람은 원래 덕망이 높다는 평판을 듣고 있었지만, 야심에 갑자기 눈이 멀어 미덕을 버리고 악덕에 몸을 맡긴 채, 모든 점에서 동료들 가운데 누구 못지않은 악당이 되었다. 이런 사실을 잘 살펴보면, 공화국이나 왕국의 입법자들은 전보다 더욱 인간의 욕망을 통제하거나, 욕망이 움직이는 대로 행동해도 처벌받지 않을 거라는 희망을 없애버려야 한다는 것을 크게 깨달을 것이다.

---

1) 티투스 리비우스 《로마사》 제3권 제51장. 클라우디우스의 한 팔이 되어 온갖 전횡을 일삼았다.

제43장
자신의 명예를 위해 싸우는 충직한 군인

자신의 국민들로 군대를 조직하라

바로 앞에서 다룬 논제를 통해 우리는, 다시금 자신의 명예를 걸고 싸우는 사기 충만한 군대와, 사기는 별로 없고 오로지 군주의 야심을 위해서만 일하는 자들 사이에 얼마나 커다란 차이가 있는가를 알 수 있다. 그래서 집정관 밑에 있었던 시대에는 천하무적이었던 로마군도 10인회의 지휘를 받게 되자 번번이 패전만 되풀이했다. 이 실례를 통해서도 용병이 얼마나 무익한 존재인지 어느 정도 이해할 수 있다. 이 군인들은 그들이 받는 약간의 급료만이 간신히 그들을 결속시켜 주고 있을 뿐이다. 이렇듯 동기가 강하지 않아서, 그들이 충성을 바쳐 싸우거나 군주를 존경하는 나머지 기꺼이 그 앞에서 전사하는 일은 없으며, 또 그렇게 할 수 있을 리도 없다. 무릇 군대가 어떤 사람을 위해 목숨을 버리고 싸울 각오를 한다 해도, 병사들 한 사람 한 사람에게 그 사람을 진심으로 사랑하고 추종하는 마음이 없을 경우, 상대가 조금이라도 용맹한 모습을 보이면 그것을 막고자 하는 용기가 갑자기 꺾여버리게 마련이다. 즉 애착과 경쟁심은 오직 신민(臣民)의 마음속에만 있기 때문에, 공화국이든 군주국이든 적어도 나라를 다스리고 유지하고 싶으면, 아무래도 자국의 민중을 무장시켜 오늘날까지 위대한 정복사업을 감행한 사람들의 충직한 군대와 같은 것을 조직해야 한다.

로마인은 10인회의 지배를 받으면서도 그 용기는 옛날과 조금도 달라지지 않았다. 그러나 생각은 완전히 변해 있었기 때문에, 승리를 얻어도 옛날과는 다른 결과로 나타났다.[1] 그래서 10인회가 폐지된 뒤 자유민으로서 싸우게 되자, 이내 옛날의 무용을 드러내어 싸움에 이기고 옛날처럼 자랑스러운 영광을 얻게 되었다.

---

1) 티투스 리비우스 《로마사》 제3권 제61장. 그 무렵에는 승리를 거두어도 조국의 영광이 되지 않았고, 10인회의 제물이 되었을 뿐이다.

제44장
리더가 없는 대중은 힘이 없다

결코 속내를 드러내지 말라

로마 민중은 비르기니아 사건으로 인해 무기를 들고 성산에서 농성했다. 원로원은 사신을 보내, 어떤 조치를 하면 주모자들을 버리고 산에서 내려오겠느냐고 그들에게 물었다. 원로원의 권력에는 세상 사람들도 크게 경의를 표하던 시대인 데다, 민중들에게는 중심인물이 없어서 이 질문에 아무도 대답할 수가 없었다. 원래 그것은 티투스 리비우스가 덧붙여 말한 것처럼[1] 대답할 말이 없었던 것이 아니라, 대답할 용기를 가진 자가 아무도 없었기 때문이다. 이것만 보아도 우두머리가 없는 대중의 무력함을 분명히 알 수 있다.

비르기니우스는 그러한 점을 잘 알고 있었기 때문에, 그들 가운데 20명의 군사호민관을 선출하여 자신들의 지도자로 받들고, 그들에게 원로원을 상대로 답변과 협상을 할 권한을 주었다. 그렇게 해서 선출된 군사호민관들은 호라티우스와 발레리우스 두 사람에게 원로원 대표로서 자신들과 대화를 하러 오라고 요청했으나, 이 두 원로원 의원은 좀처럼 성산에 가려고 하지 않았다.

그러다가 10인회가 그 권력을 박탈하겠다고 위협하자 마지못해 산으로 올라갔다. 그들이 민중이 모여 있는 장소에 올라갔을 때, 그들은 이구동성으로 맨 먼저 호민관을 부활시키고 싶다는 의향과, 모든 관리의 임명은 반드시 민중의 자문을 거칠 것, 10인회를 모조리 그들에게 넘겨주어 산 채로 화형에 처하게 해줄 것 등을 요구했다. 발레리우스와 호라티우스는 앞의 두 가지에는 찬성했지만, 마지막 요구에 이르자 그것은 신을 두려워하지 않는 행동이라며 이렇게 말했다.[2]

"당신들은 잔혹한 소행을 비난하면서, 스스로 잔혹한 소행을 저지르려 한

---

1) 티투스 리비우스 《로마사》 제3권 제52장
2) 티투스 리비우스 《로마사》 제3권 제53장

다. Crudedelitatem damnatis, in crudelitatem ruitis."

그리고 민중을 향해, 이번에는 10인회에 대해 얘기하지 말고 그 대신 그 세력과 권위를 압도할 수 있는 수단을 강구하라, 그러한 복수에 대해서는 자신들에게 확실한 수단이 있으므로 가르쳐주겠다고 제의했다.

이 예를 보면 어떤 것을 요구하면서 처음부터 '우리는 그것으로 여러분의 이익에 반하는 행동을 할 것'이라고 공공연하게 말하는 것이 얼마나 경솔하고 어리석은 짓인지 분명히 알 수 있다. 이런 식으로 처음부터 자신의 뱃속을 드러내서는 안 된다. 그리고 어떤 희생을 치르더라도 요구가 모두 실현되도록 노력해야 한다. 마찬가지로, 누구한테서 무기를 빼앗을 때도 그것으로 당신을 죽일 거라는 말은 절대로 해서는 안 된다. 그러나 일단 내 손에 무기가 들어오면 아무것도 거리낄 것 없이 행동해야 한다.

제45장
입법자가 법률을 준수하지 않으면 더할 수 없는 위험만 초래할 뿐

민중을 절망하게 만들지 말라

위와 같은 협상도 끝나고 로마에 예전의 제도가 부활하자, 비르기니우스는 아피우스를 고소하여[1] 민중 앞에서 변명하도록 했다. 아피우스는 수많은 귀족을 이끌고 나타났다. 비르기니우스가 그를 투옥시키려 하자 아피우스는 큰소리로 민중에게 호소했다. 비르기니우스는 아피우스에게, 당신은 스스로 파괴한 고소권을 누릴 자격이 없으며, 지금까지 그토록 잔인하게 억압한 민중의 도움을 받을 자격이 없다고 주장했다. 그러자 아피우스는 아피우스대로, 이 고소권을 침해할 수 있는 사람은 아무도 없다, 모든 사람이 그토록 열광적으로 환영했던 권리를 이제와서 위반할 수는 없다고 응수한다. 그러나 결국 그는 감옥에 갇혔고, 마침내 재판을 하루 앞둔 날 스스로 목숨을 끊고 말았다.

물론 아피우스의 죄는 극형에 처해야 마땅하지만, 그 자유를 침해한 죄는 법률, 특히 이제 방금 제정한 법률을 무시한 것에 비하면 훨씬 가벼운 것이라고 할 수 있다. 생각건대, 국가에 있어서 법률을 제정하고도 그것을 지키지 않는 것, 특히 그 법률을 제정한 사람들 자신이 그것을 무시하는 것보다 위험한 것은 없다.

1494년 폭풍 뒤 피렌체에서는 지롤라모 사보나롤라의 영향을 받아 정치개혁을 단행했다. 이 수도사는 그 저술을 보아도 알 수 있듯이 학식이 있고 총명하며 덕망 높은 성직자였다.[2]

---

1) 티투스 리비우스 《로마사》 제3권 제54장. 참고로 공화정치 시대의 로마에서는 평민이 조직하는 민회에 대해 형사 범죄로 유죄판결을 받은 자가 항소할 수 있는 제도가 있었다. 그 제도를 만든 것은 공화국 건국자의 한 사람 발레리우스 부프리코라로, 그가 동료인 브루투스가 죽은 뒤, 집정관의 재판에서 유죄판결을 받은 모든 범인에 대해 민중에게 항소할 권리를 인정한 것이 원래의 시초이다.

시민의 자유를 확보하기 위해 여러 가지 규칙이 마련되었는데, 그 가운데 8인회나 최고시정위원[3]이 국사범에게 내린 판결에 대해서는 민중에게 호소할 수 있는 법률이 있었다. 이 법률은 사보나롤라가 전부터 제창해 왔고, 격론을 거친 끝에 가까스로 통과되었다. 그런데 그 법이 확정된 지 얼마 지나지 않아, 5명의 시민이 국가의 질서를 어지럽힌 혐의로 최고시정위원에 의해 사형 판결이 내려졌다. 그들은 항소하기를 원했지만 허락되지 않았다. 이것은 명백히 법률을 무시한 것이었다. 이러한 사건이 다른 어떤 일보다 지롤라모 사보나롤라의 명성을 실추시켰다. 진심으로 이 법류리 올바른 것이라 생각한다면 당연히 그것을 지키도록 노력해야 했다. 무익한 것이라고 생각했다면, 그 법률을 제정하기 위해 그렇게 애쓸 필요가 없었을 것이다.

이 법률이 무시된 뒤에 행한 모든 설교에서 사보나롤라는, 법률을 흙발로 짓밟은 사람들에 대해 칭찬의 말이든 비난의 말이든 단 한 마디도 하지 않았다. 정세가 바뀌어 자신에게 유리해진 위법 행위를 비난하기 꺼렸으며, 그렇다고 그것을 용서할 수도 없었기 때문이다. 이러한 처신으로 인해 그의 당파적인 야망으로 가득한 본성이 폭로되었으며, 세상 사람들의 믿음을 물거품으로 만들어 버리고, 끝내 사면초가의 늪에 빠져버렸다.

국가에 있어서 무엇보다 불행한 것은, 국민들 사이에 매일같이 새로운 증오가 일어나는 것이다. 10인회가 폐지된 뒤의 로마가 바로 그런 상황에 있었다. 실제로 10인회 위원들은 하나같이 다른 대부분의 시민들과 마찬가지로 다양한 시기에 모두 고발당하고 처벌을 받았다. 귀족은 공황상태에 빠져, 이 처벌 소동이 어쩌면 자신들이 전멸할 때까지 이어질지도 모른다고 생각했다. 호민관인 마르쿠스 두엘리우스가 앞으로 1년 동안 어떠한 로마시민도 소환하거나 고소해서는 안 된다고 법률을 공포하여 귀족들을 안심시키지 않

---

2) 마키아벨리는 사보나롤라의 신권정치를 이해할 수 없었다. 여기에 사용된 언어는 오히려 수도사가 학구적이거나 실제적이지 않으며, 정국에 대한 전망도 없는 비현실적인 종교가였던 것을 조롱하는 반어이다.

3) 1494년부터 98년까지 피렌체 시의 최고국가기관은 8인의 시민 합의체인 최고시정위원들로, 그 밑에 경찰행정과 형사, 특히 국사범의 재판을 관장하는 8인회, 그 밖의 관직이 있었다. 최고시정위원의 역할에 대해서는 《피렌체사》 제2권 참조.

았더라면, 공화국 내에는 말할 수 없이 비참한 재난이 초래되었을 것이다. [4]

이러한 예를 보면 공화국이나 군주국이 시민들에게 끊임없이 위협받고 있다는 기분을 심어주는 것이 얼마나 위험한 일인지 알 수 있다. 인간은 자신에게 위험이 닥치면 어떤 희생을 치르더라도 그것을 피하려 하며, 그러다가 그들의 행동이 점차 대담해지면 무슨 짓을 해도 그들을 저지할 수 없게 되기 때문이다. 그러므로 누구를 막론하고 박해를 가해서는 안 된다. 아니면 일거에 잔혹한 조치를 취하고, 그 뒤에는 시민에게 안도감과 신뢰를 회복시켜 안정시키는 것이 무엇보다 필요하다.

---

4) 티투스 리비우스 《로마사》 제3권 제59장

제46장

인간의 야심은 자신을 보호하려는 데서 원수를 굴복시키는 데로 움직인다

두려움을 벗어나려 할 때 타인을 두려움에 몰아넣는다

로마 민중은 자유를 회복하고 다시 패권을 장악했다. 또 그 특권도 새롭게 강화된 법률 덕분에 확대되었다. 이리하여 로마에 다시 평온이 찾아온 것처럼 보였다. 그런데 간혹, 우리의 생각과는 다르게 완전히 반대의 결과로 나아가는 것을 종종 보게 된다. 도시에는 날마다 새로운 분쟁이 일어나고 새로운 전쟁이 초래되었던 것이다. 이에 대해서 티투스 리비우스가 신중하게 그 발생원인을 설명하고 있다. 그의 말을 빌리면,[1] 민중이나 귀족이나 상대가 온화한 태도로 나오자 점점 더 오만해졌다. 민중이 분수를 지키고 있으면, 귀족청년들은 일부러 그 권리를 침해했다. 호민관조차 그 권한을 무시당했기 때문에 그들에게 강경한 태도로 나갈 수가 없었다. 귀족은 귀족대로, 젊은 귀족들의 행동을 그다지 심각하게 생각하지 않았는데, 시간이 갈수록 그 행위가 난폭해지는 것을 보고, 그 횡포를 저지하지 않으면 민중들보다 오히려 자신들이 더 곤란하다고 생각하기 시작했다. 이렇게 두 파가 제각각 자신의 자유를 보호하려는 야심에서, 서로 언제나 어느 한쪽을 억압할 수 있는 원인을 만들어 가는 것이었다. 이러한 사건은 보통, 인간이 위험을 피할 수 있는 은신처를 찾으려고 노심초사하는 것과 같아서, 그것이 진행되면 이번에는 자신의 힘으로 오히려 상대를 위협하게 되기 때문이다. 자신이 피한 위험을 이번에는 반대로 적에게 가하면서, 압제자와 피압제자는 필연적으로 정해져 있는 것이라는 표정을 지어보이는 것이다.

이것으로 공화국이 어떻게 멸망하고, 인간은 어떻게 하나의 야심을 잊고 또 다른 야심으로 옮겨가는지 알 수 있다. 나아가서, 살루스티우스[2]가 카이

---

1) 티투스 리비우스 《로마사》 제3권 제65장

사르의 입을 통해 말한 다음과 같은 말이 옳다는 것도 입증할 수 있다.

"아무리 나쁜 전례도 처음에는 선한 것이다 Omnia mala exempla bonis initiis orta sunt."

이미 앞에서 말한 것처럼, 공화국에서 마음껏 야심을 휘두르는 시민도, 처음에는 같은 시민뿐만 아니라 관리들로부터도 피해를 입지 않으려고 숨을 곳을 찾으며 그 화살을 피하는 데 노심초사한다. 그러다 자기편을 만들기 위해 얼핏 합법적으로 보이는 수단을 이용한다. 즉, 필요하다면 돈을 빌려주고, 유력가에게 압박당하고 있는 자를 비호해 주는 것이다. 이러한 처신은 참으로 덕망 높은 인물의 행동처럼 보이기 때문에 모든 사람이 거기에 속아넘어가, 미리 그 해악을 예방해야겠다는 생각은 꿈에도 하지 않는다. 이렇게 아무런 방해물도 없이 집요하게 목적을 추구하여 출세한 야심가가 매우 중요한 인물이 되어, 시민들에게는 두려움의 대상이 되고 관리들에게는 존경의 대상이 된다. 처음에는 그 기세에 반발하지 않았지만, 이렇게 되면 이미 감당할 수 없는 세력을 가지게 되어, 이번에는 그것을 공격하는 것조차 매우 큰 위험을 부르게 된다. 그 이유는 이미 말한 것처럼, 정치 속에 해악이 깊이 뿌리내리면, 그것을 숙청하는 데 심각한 위험이 따르는 것과 같다.

그렇게 되면 급격한 파괴도 감수하면서 이 해악을 뿌리 뽑거나, 또는 죽음의 손길이나 그 밖의 우연한 사건 덕분에 해방되지 않으면 당분간 해악이 만연하는 대로 내버려두고 도저히 피할 수 없는 운명으로서 포기한 채 억압당하거나, 둘 중에 하나를 선택해야 하는 사태에 이르기 때문이다. 시민과 관리들이 자신들과 동등한 한 사람과 그 동료들을 오로지 두려워하면, 그 자들은 맹위를 떨치며 멋대로 상벌을 조작하게 된다. 그리하여 국가에서 가장 중요한 제도는, 시민이 선행 뒤에 숨어서 나쁜 짓을 하지 않도록, 또는 자유에 공헌하면 신뢰를 얻지만 그것을 해칠 때는 신뢰를 얻지 못하도록 감시하는 제도이다. 이 문제에 대해서는 적당한 대목에서 다시 논하기로 하겠다.

---

2) Caius Crispus Sallustius(기원전 85~35년). 로마 북동쪽 아마토리카(고대의 이름은 아미테르눔) 출신의 역사가. 카이사르 밑에서 누미디아 총독이 되어 가렴주구하다가, 카이사르가 죽은 뒤 로마의 키리나르 언덕의 저택에 틀어박혀 역사서 편찬에 전념했다. 《유구르타 전기》《카틸리나의 음모》, 그 밖에 확실한 사료를 토대로 한 사서를 남겼다.

제47장

인간이 일반적인 경우는 잘 속지만 구체적인 경우는 잘 속지 않는다

선동자들도 관직을 차지하면 보수적이 된다

로마 민중은 앞서 말한 바와 같이 집정관 직책을 혐오해, 평민출신을 집정관직에 오르게 하거나 또는 그 권한을 축소시키길 원했다. 귀족은 집정관의 권력을 낮추지 않기 위해 이 두 요구 가운에 어느 하나를 인정해주기로 정한다. 즉, 일정기간에 한해서 집정관의 권한을 지닌 4명의 호민관을 두고, 귀족 평민의 구별 없이 평등하게 이를 선출할 것을 승인했다. 평민들은 집정관직의 폐지에 성공했으며 기꺼이 이 최고의 직위에 참가할 수 있게 된 것으로 생각하고 의기양양했다.

그러나 여기에서 주목할 만한 사건이 발생했다. 호민관 선거가 이루어졌을 때 로마 민중은 이 관리들을 모두 평민 출신들로 뽑을 수 있었다. 그러나 정작 그들은 호민관 네 명을 모두 귀족 가운데서 선출한 것이었다. 그들은 자신들의 부족한 점을 인정하고, 그들 개개인들 중 어느 누구도 전체로서는 당연히 자격이 있는 자리의 적임자가 아니라고 판단한 것이다. 그리하여 그들은 스스로를 부끄럽게 여기고 최고의 직위에 합당한 인물들을 뽑았던 것이다. 티투스 리비우스는 다음과 같이 말하고 있다. [1]

이를 보다 확실하게 하기 위해 또 하나 더욱 명확한 예를 들어보자. 그것은 한니발이 칸나에에서 로마군을 전멸시킨 뒤 카푸아에서 발생한 일들[2]이다. 이 패전에 이탈리아 전체가 들끓었다. 카푸아에서조차 민중과 원로원과의 반목이 극에 달해있었기 때문에 자칫 반기를 들 상황에까지 이르고 있었다.

이 무렵 파쿠비우스 칼라비우스가 가장 높은 관리였다. 수도에 당장이라도 혁명이 폭발할 것 같은 기운(氣運)을 느끼고, 자신의 인망을 방패 삼아 민

---

1) 티투스 리비우스 《로마사》 제4권 제6장 말단.
2) 기원전 216년의 일. 티투스 리비우스 《로마사》 제22권 제2~3장. Pacuvius Calavius는 카푸아의 명문이고 한니발을 초청한 사람.

중과 원로원과의 화목을 도모하려고 생각했다. 이런 결심으로 원로원의원을 소집해 민중이 안고 있는 여러 가지 불만을 들려주었다. 그리고 로마의 멸망 뒤 자칫하면 수도도 한니발의 수중에 떨어져 여러분을 몰살시킬 위험이 눈앞에 다가오고 있다고 말했다. 더욱 말을 이어서 이렇게 덧붙였다. "만일 여러분이 나에게 마음껏 일할 수 있는 권한을 준다면 국내의 단결을 이루어보이겠소. 그러려면 여러분을 저택 안에 가둬두어야 하오. 그 이유는 내가 여러분을 처벌할 수도 있다는 것을 민중에게 믿게 하는 것이 여러분을 구하는 길이기 때문이오." 원로원의원들은 이 제의에 호응했다.

그러자 파쿠비우스는 원로원의원을 저택 안에 가둔 다음 민중을 소집하고 시민을 향해 연설했다. "이제야말로 귀족의 콧대를 꺾을 때가 왔다. 이제까지의 무례에 복수를 할 때가 온 것이다. 그러기 위해 나는 원로원의원을 모두 가두고 감시를 하도록 한 것이다. 나는 여러분이 수도를 무질서한 상황으로 둘 생각은 전혀 없을 것으로 생각한다. 이제까지의 원로원의원을 모두 죽일 생각인 이상 아무래도 새로 선출해야만 한다. 마침 나는 이곳에 원로원의원 이름표를 남김없이 주머니에 넣고 왔기 때문에 여러분 앞에서 하나하나 그것을 꺼내 보이겠다. 차례로 의원들의 이름을 부르고, 그 의원을 대신할 후보자가 결정되면 그 의원을 바로 처형하도록 하겠다." 이런 이유로 원로원의원의 이름표를 꺼내기 시작한 것인데, 한 사람의 이름이 호명될 때마다 이구동성으로 그 사내의 오만불손함과 잔인함 등을 비난했다. 하지만 파쿠비우스가 그를 계승할 인물을 선출하라고 요청하자, 좌중은 순간 조용해졌다. 잠시 뒤, 누군가가 후보자를 추천했다. 그것을 듣고 어떤 자는 휘파람을 불며 비웃고, 어느 누구도 그 후보자를 좋게 말하는 자가 없었다. 이런 식으로 회의가 계속 되었는데, 추천된 사람 중에 원로원의원에 걸맞을 것 같은 사람은 단 한 명도 없었다.

파쿠비우스는 때를 놓치지 않고 입을 열었다. "여러분은 이 수도에 원로원이 없으면 위험하다고 생각하고 있다. 그렇지만 새로운 의원을 뽑는 것에 합의하지 못한다면 이제까지의 의원들과 화해를 하는 것이 좋지 않을까 생각한다. 지금 여러분이 그들에게 크게 겁을 주었기 때문에 그들도 대단히 두려워하고 있어 기가 많이 꺾였고, 때문에 앞으로는 온건하고 겸허한 마음가짐으로 여러분의 뜻에 부응하게 될 것이 틀림없다." 민중도 이 말에 승복해

두 파는 여기에서 화합을 했다. 제각기 개인의 입장으로 돌아가자 새삼 자신들의 잘못을 확실히 깨닫게 되는 것이었다.

1494년, 피렌체의 지배자들이 도시로부터 쫓겨난 이후 피렌체는 무정부상태에 빠졌다. 야심을 품은 자들의 충돌로 인해 일종의 혼란상태가 만연하게 된 것이다. 날이 갈수록 정치는 피폐하고 민중은 아우성 속에 도시에 임박한 파멸을 목격하였다. 그 원인을 달리 찾을 수 없었던 몇몇 민중은, 일부 실력자들이 자신들의 뜻대로 정치를 해 자유를 침범하려고 하기 때문에 혼란이 커진다고 비난하였다. 불평가들은 집회소나 광장을 돌아다니며 시민들을 비난하고, 만약 자신들을 집권층에 넣어주면 음모를 꾸미는 자들을 찾아내어 가차 없이 처치하겠다고 외치는 것이었다.

이렇게 해서 이들 가운데 한 사람이 몇 번이나 최고 관리가 되는 것을 볼 수 있게 되었다. 일단 이렇게 출세를 해 사물을 가까이에서 볼 수 있게 되면, 현재 국가를 위협하고 있는 혼란상태의 원인이나 국가를 지배하고 있는 재해를 간단히 해소할 수 없음을 알 수 있게 된다. 이 혼란상태가 인간의 소행이 아니고 시대의 소산임을 깨달으면 갑자기 종전과는 다른 언동을 하게 된다. 그 이유는, 세상의 사물은 이를 손에 들고 보면 막연하게 예상하고 있었던 때보다 훨씬 친근감을 느낄 수 있는 것이기 때문이다. 그렇기 때문에 시초에 한 개인이었던 시대에는 무책임한 논의를 하고 있었던 자들도 이윽고 무거운 역할을 맡게 되면 냉정하게 이를 생각하게 된다.

그러므로 그가 일찍이 사사로운 시민일 때 하던 말을 기억하는 자들은, 그들의 변화가 사태에 대한 참된 지식에 기인한 것이 아니라 부자와 실력자들의 손에 놀아났기 때문이라고 생각한다. 이런 변모를 많은 사람과 많은 경우에 볼 수 있었기 때문에 다음과 같은 속담이 생기게 되었다. '광장에선 부처, 관청에선 도깨비' 즉, 공공의 광장에서 하는 말과 관청에서 하는 말은 서로 다르기 마련이라는 의미이다.

그러므로 위에서 말한 논의를 충분히 규명하면, 설사 민중이 군중으로서 사물을 생각해 잘못을 범해도 이 미망(迷妄)을 깨우치는 것은 아무런 어려움 없이 가능함을 터득할 것이다. 즉 거기에는 파쿠비우스가 카푸아에서, 또 원로원이 로마에서 한 것처럼 민중이 한 사람이 되어 생각하도록 해주면 된다.

결론을 말하자면, 용의주도한 사람은 개개의 사항, 역할이나 영예의 수여와 같은 것에 대해서는 결코 민중의 생각을 의심하고 두려워해서는 안 되는 것이다. 그 이유는 이것이야말로 민중이 단연코 잘못을 범하지 않는 유일한 사항이기 때문이다. 설사 착각을 한다고 해도 그것은 매우 드물게 보는 예이며 이 임명이나 권력의 부여가 위임되었을 경우, 도리어 소수의 시민 쪽이 훨씬 오류를 범하는 예가 많다. 그래서 다음 장에서 원로원이 이를 임명함에 있어 민중을 속이기 위한 행동에 대해 살펴보는 것도 그리 무익한 일은 아닐 것이다.

제48장
악랄 또는 무능한 자가 관리가 되지 않도록 하려면

아주 비천한 인물 또는 아주 고귀한 인물을

원로원은 집정관직의 권력을 지닌 호민관이 평민 가운데서 선출되면 곤란하다고 생각했기 때문에 다음의 두 방법 가운데 하나를 사용했다. 그것은 그 지위에 국내 제일의 명망가들을 추천하거나, 또는 비열하고 우둔하기 짝이 없는 평민들을 매수해, 누가 보아도 당연하다고 생각되는 덕이 있는 사람들 틈에 섞여서 출마하도록 하는 것이었다. 후자의 경우는, 평민들로 하여금 평민 출신 후보에게 직위를 수여하는 것을 부끄럽게 여기도록 만들었고, 전자의 경우 그토록 훌륭한 사람들에게 직위를 수여하지 않는 것을 부끄럽게 여기도록 만들었다. 이것은 앞 장에서 말한 사항, 즉 민중은 집단으로 과오를 범하지만 개인으로서는 총명하다는 것으로 이야기가 귀착되는 것이다. [1]

---

1) 티투스 리비우스 《로마사》 제4권 제2장·제12장

로마처럼 자유 상태에서 출발한 도시들의 자유보존 법률제정도 힘들지만 노예상태에서 막 출발한 국가들에게는 더욱 힘들다

자유를 보존할 법률을 마련한다는 게 얼마나 어려운가

어느 공화국에서 자유를 유지할 법률을 부족함없이 갖추려고 해도 그것이 얼마나 어려운지는 로마공화국의 경과가 무엇보다도 잘 말해주고 있다. 많은 법률들이 초기에는 로물루스·누마·툴루스·호스틸리우스, 그리고 세르비우스[1] 더 나아가 그러한 임무를 부여받은 10인회에 의해 제정되었음에도 불구하고, 수도의 행정을 행함에 따라서 날로 새로운 요구가 제기되었고, 이에 따라 새로운 제도를 마련하게 되었다. 이런 이유로 감찰관[2]이 생긴 것인데, 이것이 오늘날까지 로마가 자유롭던 시대에 이를 지키기 위한 예방적 조치 가운데서도 특히 유력한 것으로 생각된다. 실제로 이 관리들은 시민의 풍습을 숙정(肅正)하는 최고의 역할을 수행했기 때문에 로마인은 좀처럼 타락하지 않았던 것이다.

이 역할을 마련했을 때 그 임기를 5년으로 정한 것이 잘못이었다. 그러나 뒤에 독재자 마메리쿠스[3]는 이 잘못을 바로잡고 새로운 법률을 공포해 임기를 18개월로 줄였다. 그러자 그 무렵 재임하고 있었던 감찰관들은 이 처치에 적지 않게 불만을 품고 마메리쿠스를 원로원에서 축출했다. 이 행동에 귀족도 평민도 함께 비난의 목소리를 높였다. 그러나 마메리쿠스가 이 박해를

---

1) Servius Tullius(기원전 578~534). 로마 제6대 왕이고 군제와 그 밖의 개혁을 했다.
2) 기원전 435년 평민의 세력신장을 막기 위해 마련했다. 예산 편성과 호적재산조사를 그 역할로 해 언제나 귀족에서 선출되고 뒤에 권한이 확대되어 풍기숙정의 실행권이 부여되고 오로지 귀족의 특권유지의 도구화가 되었다. 티투스 리비우스 상계서 제4권 제8장.
3) Aelius Mamericus. 기원전 431년 두 번째의 독재자가 되었을 때에 이 개혁을 단행했다. 티투스 리비우스 상계서 제4권 제24장

잘 피했다고는 전해져 있지 않다. 이 점은 역사가 빠뜨리고 있는 것이거나, 이 방면에 대해서 로마법에 결함이 있었거나 둘 중의 하나일 것이다. 그 이유는, 훌륭하게 체제를 갖춘 공화국이라면 그 시민이 자유로운 정치에 걸맞은 법을 제정했다는 이유만으로 처벌되거나 자신을 변호할 기회도 갖지 못했을 리 없기 때문이다.

본장의 논제로 되돌아가자. 즉 이 새로운 역할이 마련된 것을 보아도, 건국 초에는 자유였고 로마처럼 자치를 하고 있는 나라들조차 충분히 그 자유를 지킬 수 있는 법률을 만드는 것이 보통 힘든 게 아니라면, 노예의 신분으로 낳게 된 도시가 문명개화의 평온한 생활을 할 수 있는 제도를 만드는 것은 거의 불가능에 가깝다고 판단할 수밖에 없다.

피렌체의 수도는 다 아는 바와 같이[4] 그 기원이 로마제국에 있다. 게다가 항상 타인에게 지배되어 오랫동안 예속상태에 있었기 때문에 스스로를 돌아볼 겨를도 없었다. 그 뒤 소생할 때가 도래해 겨우 자기 자신의 제도를 만들기 시작한 것인데, 이 새로운 제도도 이미 낡고 부패한 제도와 뒤섞여 있어 아무래도 순탄치가 않았다. 그리하여 피렌체는 200년 동안 그런 식으로 다스려져 자치정부를 유지해 왔다. 일종의 전통도 자리잡았으나 그 도시를 참으로 공화국이라 부를 정도의 정부형태는 결코 갖추지 못했다.

그 수도에 내재한 어려운 문제는 같은 기원을 지닌 수도라면 어디서나 볼 수 있는 것이었다. 물론 소수시민에게도 투표권을 허용해 국정혁신에 참여할 기회를 주기도 했었다. 그러나 그 혁신은 언제나 공익을 목표로 하지 않고 도리어 혁신을 행하는 어느 일파의 사리사욕을 채우는 결과가 되었으며, 때문에 수도를 정비하는 것이 아니고 오히려 다툼을 격화시키는 데 지나지 않았다.

이에 대해서 특수한 한 예를 들자면, 한 국가를 세우는 자의 주된 업무 중 하나는 시민을 사형에 처하는 권한을 누구의 손에 맡길 것인가 면밀히 살피는 것이다. 로마에서는 이 제도가 훌륭하게 정비되어 있었다. 왜냐하면 대개의 경우 쉽게 민중에게 제소할 수 있었기 때문이다. 그런데 사태가 급박해 이 고소나 형의 집행유예 청구권을 인정해두는 것이 위험할 것으로 생각되

---

4) 《피렌체사》 제2권 첫머리에 상세하다.

는 시기가 되자, 로마인들은 독재관을 임명하고 이 관리가 즉석에서 판결을 집행하도록 권한을 부여했다. 로마인은 이렇게 해서 매우 위급한 상황에 대해 즉시 대응한 것이다.

그런데 피렌체나 그 밖의 같은 기원을 지니고 똑같이 예속상태에 있는 수도에서는, 이 무서운 권력을 외국인에게 맡기고 이 사내가 국왕의 부탁을 받아 위의 역할을 수행하도록 했다. 더구나 이런 수도는 자유를 되찾았을 때에도 변함없이 카피타노(土大將)란 직함을 부여한 이 외국인에게 그 권력을 맡겨두고 있었다. 그러나 그는 수도의 유력한 시민에게 어려움 없이 매수될 수 있었기 때문에, 이 제도는 참으로 위험하기 짝이 없는 수단이었다. 그 뒤에는 국정의 방법이 바뀌어, 선출된 8명의 시민이 카피타노의 역할을 떠맡게 되었다. 그러나 이 제도는 이미 말한 바와 같이 본래 나빴던 것이 이와 같은 변화를 받아 더욱더 나빠질 뿐이어서, 결국 몇몇 사람이 언제나 세력이 강한 자들의 직무를 대행하는 데 지나지 않은 형태가 되었다.

베네치아만은 이와 같은 폐해를 막을 수가 있었다. 이곳에서는 10명의 평정조(評定組)[5]가 있어 어느 시민에게나 판결을 부여하고 공소를 허용하지 않았다. 물론 권세가에 대해서도 제재할 권한을 가지고 있었는데, 아무래도 그 권력이 약했기 때문에 40명을 두고 검단인(檢斷人)[6]을 창설하였다. 이것은 하나의 커다란 평정조로 재판권을 가졌다. 이렇게 해서 고발하는 제도들이 완비됨에 따라 귀족들을 견제하는 재판관을 충분히 갖추게 되었다.

이처럼 그 예지와 많은 현자가 있었던 로마공화국조차 날로 새로운 사건에 직면해 자유를 지키기 위해 새로운 법률을 만들어야 했던 것을 보면, 건국시대에 로마보다 훨씬 무질서했던 다른 수도에서는 그 재조직이 곤란했을 뿐만 아니라, 도저히 불가능했다는 사실은 조금도 놀랄 일이 아닌 것이다.

5) 서기 1310년 티에폴로의 음모를 타도한 부호계급은 이 제도를 만들어 개혁자들을 탄압하고 게페우(GPU, 구소련의 비밀 경찰인 국가정치보안부) 같은 활동을 시킨 것으로 유명.
6) 일종의 원로원이다. 1296년, 1298년, 1315년 세 번에 걸친 부호계급의 정권획득 운동 결과 종래의 총평정조(總評定組)를 대신해 설치된 것. 이와 관련해서 이 선집 각권을 통해서 '평정조(評定組)'로 한 것은 협의회 Cpnsilio를 말한다.

제50장
어떤 관직이라도 국가의 통치업무를 정지시킬 수 있는 권한을 가져서는 안 된다

호민관 제도의 가치

티투스 퀸크티우스 킨킨나투스와 크나에우스 율리우스 멘토가 로마의 집정관이었을 때, 서로 사이가 나빠지기 시작해 그 나라의 정사가 모두 정체했던 일이 있었다. 원로원은 곧바로 독재관을 임명하고 이 두 사람의 다툼으로 인해서 진척이 안 되는 일만이라도 처리하라고 촉구했다. 무슨 일에나 의견이 엇갈리는 두 집정관도 겨우 의견의 일치를 본 것이 있는데, 바로 독재관을 두지 않는 것이었다. 그래서 원로원은 궁리 끝에 호민관에게 애원하다시피 하였고, 이 관리는 원로원을 배경으로 집정관들을 복종시켰다.[1]

여기에서 먼저 깨닫게 되는 것은 호민관의 효용이다. 이 관리는 권세가가 평민을 향해 권력을 남용할 때에 이를 막는 데 도움이 될 뿐만 아니라, 더 나아가 권세가의 동료가 전횡을 일삼는 것을 막는 데 있어서도 도움이 된다는 것이다.

또 하나는 소수인에게 국가의 존립상 필요하다고 인정되는 권력을 하나라도 맡겨서는 안 된다는 것이다.

예를 들어 당신이 하나의 평정조에 대해 영예나 은혜를 베푸는 권한이나 어느 관리에 대해서 정사(政事)를 주관하는 권능을 부여했다면, 당신은 일정한 절차를 통해 그것을 행하는 의무를 지우게 해야 한다. 그 역할을 하고 싶지 않다고 할 경우에는 다른 자가 대신해서 일할 수 있도록, 또는 일하지 않을 수 없도록 해두어야 한다. 그러지 않으면 이 정책은 결함이 많고 위험

---

1) Titus Quinctius Cincinnatus와 Cnaeus Julius Mento의 다툼은 아에키인과 우올스키인이 침입한 무렵의 일이고 기원전 458년. 결국 티투스의 장인 루키우스가 독재관이 되어 아에키인을 하루에 격파했다. 티투스 리비우스 《로마사》 제4권 제26장. 또한 이 책 제3권 제25장을 보기 바란다.

한 것이 된다. 로마에서 두 집정관의 완미(頑迷)함에 호민관의 권력이 대항할 수 없었더라면, 바로 그러한 사태가 발생했을 것이 분명하다.

베네치아공화국에서는 대평정조(大評定組)가 영예나 관직을 부여하고 있었다. 그러자 몇 번이고 이 평정조가 적개심을 품거나 잘못된 참언에 현혹되어, 정사를 주관하는 관리나 국외에서 정무를 보는 사람들에게 후임자를 보내는 것을 만장일치로 반대한 적이 있었다. 이것이 원인이 되어 끊임없이 내부의 분쟁을 불러일으켰던 것이다. 그 이유는 예속된 도시나 베네치아 그 자체에 당장 행정과 재판을 맡아 볼 유능한 관리가 없는 사태가 발생했으며, 이 평정조를 달래거나 참언을 그만두게 하지 않으면 도저히 이 시끄러움 속에서 벗어날 수가 없었기 때문이다.

이와 같은 치명적인 제도는 현명한 시민이 나타나서 그 폐단을 교정하지 않으면 결국 국가를 멸망에 이르게 한다. 그래서 베네치아인들은 적절한 기회를 이용하여, 수도의 안팎을 다스리는 관리는 모두 자신의 후임자가 나타났을 때가 아니면 역할을 벗어나면 안 된다는 법률을 제정하였던 것이다. 이렇게 함으로써 평정조가 국가의 통치 업무를 마비시켜 공화국을 쉽게 멸망으로 빠뜨릴 수 없도록 가능성을 아예 봉쇄해 버렸다.

제51장
공화국 또는 군주는 서민을 동정하는 것처럼 보여서는 안 된다

민중의 자유의지에 따라 취하는 듯한 외양을 갖추어라

현명한 사람들은 어떤 경우에도 또 어쩔 수 없이 행하는 것이라도 모든 상황을 유리하게 이용하는 요령을 터득하고 있다. 로마 원로원이 이제까지 국가를 위한 싸움에 자비로 출진한 자들에게 급여를 주기로 결정할 때에도 그랬다. 사실 원로원으로서는 자비로 싸우게 해서는 싸움을 지속할 수도 없고, 따라서 수도를 포위해 공격하거나 로마에서 멀리 떨어진 나라까지 병력을 파견할 수 없다는 것을 확실히 깨닫고 있었다. 때문에 이번의 조치는 어쩔 수 없는 것이었다.

그러나 그렇게 필요해서 하는 일이라도 병사들에게 감사의 마음이 들도록 만들었다. 민중에게 이 은전은 정말로 기쁜 일이었기 때문에 로마에서는 어디에 가나 웃음으로 가득했다. 이런 어진 정사는 이제까지 자신들이 생각한 적도 없고 물론 자진해서 추구하려고 한 적도 없었을 정도로 얻기 어려운 것이라 생각했던 것이다. 호민관들은 필사적으로 이 은전이 평민의 부담을 덜어주기는커녕 반대로 무겁게 만들 것이라고 밝혔다. 이 급료를 대주기 위해 새로운 세금을 늘리는 것이 불가피하다고 역설해 이 정책의 효과를 약화시키려고 한 것이다. 그러나 평민들은 기쁨의 눈물에 젖어 은전을 입었다. 왜냐하면, 훨씬 성가시고 과중한 세금은 귀족들에게 부과되었고, 그들은 최우선적으로 이를 납부해야 했기 때문이다. [1]

---

1) 티투스 리비우스 《로마사》 제5권 제10장. 또한 《군주론》 제18장도 아울러 생각할 것.

제52장
공화국에서 세력을 확장하려는 자의 야망을
미리 억누르기 위한 방법

그들은 권력을 어떻게 쟁취하는가

위에서 말한 논의에 의해서 귀족이 자신들이 제정한 급료지불 및 세금부과 방식을 통해, 평민들에게 시혜를 행하는 외양을 조성함으로써 크게 명성을 떨친 것을 알 수 있다. 만약 귀족들이 이런 방법을 유지했더라면 이 수도에 분쟁의 씨앗은 완전히 없어지고, 호민관이 평민 사이에 지니고 있던 인망을 빼앗아 그 권력마저 없앨 수 있었을 것이다. 그래서 어느 공화국이든, 특히 부패한 나라에서 누군가 한 시민의 야심에 대항하기 위해서는, 그 시민이 권세를 휘두르게 되는 출세의 길을 앞질러서 막는 것만큼 좋은 수단은 없다. 코시모 데 메디치에게 이런 방법을 사용했더라면, 그를 피렌체에서 추방하는 것보다 그의 적들에게 훨씬 현명한 선택이었을 것이다. 또 메디치가 평민의 환심을 사는 방법[1]을 그의 적들이 간파했더라면, 그들은 시끄럽게 세평에 오르지도 않고 방해도 받지 않으면서, 메디치가 가장 믿던 무기를 손에 넣는 데 성공했을 것이다.

피에로 소데리니[2]는 수도의 자유연애자로서 시민들에게 평판이 높아 피렌체에서 신앙을 모으고 있었다. 그의 커다란 명성을 시샘하던 시민들에게는 실제로 그의 출셋길을 앞질러 대기하고 있는 것이, 정면으로 도전해 공화국의 파멸을 가져오는 것보다 훨씬 간단하면서 현명한 방법이었다. 또한 공화국에 있어도 대단히 위험이 적은 방책인 것이다. 만일 이런 시민들이 그 세

---

1) 《피렌체사》 제7권에 상세하게 기술되어 있다.

2) Piero Soderini. 1450년 무렵 출생, 1502년부터 1512년까지 메디치의 피에로가 추방된 뒤를 이어 집권자의 수령이 되었다. 마키아벨리가 공적인 생활로 접어든 때는 이 사람 치하이고 시종 대단히 밀접한 관계에 있었다. 1512년 메디치의 복귀에 낭패해 라그자로 몸을 피했다. 1517년 사망.

마르쿠스 안토니우스(BC 82?~30). BC 44년 카이사르와 함께 집정관이 되었으며, 같은 해 3월 15일 카이사르 암살 때에는 추도연설로써 군중의 지지를 얻었다. BC 43년에는 옥타비아누스·레피두스와 함께 제2차 삼두정치의 일익을 담당하였다.

력의 기반이 되는 군의 세력을 간단하게 손에 넣을 수 있다면, 어떤 평정조나 공적인 집회석상에서도 아무런 두려움 없이 상대의 심정, 처지 따위는 따질 것도 없이 그에게 맞설 수 있었을 것이다. 그런데 이 시민들은 피에로를 증오한 나머지, 그가 시민 사이에 인망을 얻은 방법을 터득해 누군가 선수를 쳐야 했지만 그러지 못했다는 실책을 범했다. 피에로는 피에로대로 자신을 위협하는 무기를 반대로 취해 적을 쓰러뜨리지도 않고 태연했다는 똑같은 큰 실책을 범했다. 그러나 이에 대해서 그로서는 그 방책을 가볍게 택할 수 없었고 또 그와 같은 행동으로 나가는 것은 그에게 있어서 명예로운 일도 아니었기 때문에 용서할 만한 여지가 있다. 그를 타도하는 방법, 타도한 뒤 숨통을 끊는 데 이르기까지 버리지 않았던 방책이 사실은 메디치 가문을 살리게 된 것이다.

이런 수단이 피에로에게 있어 매우 불명예스러운 일이었던 것은, 자신이 수호역을 맡고 있었던 자유를 파괴해 면목을 세울 수는 없기 때문이다. 그뿐만 아니라 갑자기 공공연하게 메디치 가문에 가담하거나 하면 피에로에게 더할 나위 없는 위험이 찾아오게 된다. 생각컨대 약간이라도 메디치 가로 간주되는 행동을 보였다면, 본심을 의심받아 시민들에게 미움을 받았을 것이다. 또한 적들은 그를 공격할 좋은 기회를 노렸다는 듯이 그를 치게 될 것이 틀림없기 때문이다.

옥타비아누스. 뒤에 아우구스투스 황제(재위 BC 27~AD 14)가 되었다. 그는 장군으로서의 역량은 부족하였으나 아그리파를 비롯한 여러 부장의 조력과, 나아가 전 이탈리아, 그리고 모든 속주로부터 충성의 맹세를 받아 내어, 100년에 걸친 공화정 말기의 내란을 평정하였다. 초대 황제의 굳건한 모습이 잘 표현되어 있다.

이런 경위이기 때문에 인간은 하나의 책략에 대해 이를 여러 방면에서 검토하고 그 불리함과 위험을 고려해, 만일 그 효과보다도 폐해가 많다고 보았을 때에는 설사 논의가 끝이 없어 결연하게 정해버릴 수 없을 때라도 결코 이를 채용해서는 안 된다. 그 반대로 나가면 마치 키케로가 안토니우스[3]의 기세를 꺾으려다 도리어 그것을 더 왕성하게 하는 데 지나지 않았던 것과 똑같은 궁지에 빠진다. 안토니우스는 원로원의 적으로 선언되었기 때문에 갑자기 대군을 그러모았다. 그 태반은 카이사르의 지시에 따라 전쟁을 경험했던 군병이었다. 키케로는 그 군병을 빼앗으려고 원로원을 선동해 옥타비아누스에게 전폭적인 신뢰를 두도록 하고, 여기에 공화국의 군세와 집정관들을 붙여서 마르쿠스 안토니우스에게 맞서게 한 다음 역설을 했다. 마르쿠스

---

3) Marcus Antonius(기원전 82~30년). 카이사르의 사후, 그 유서로 일컬어지는 것에 의해서 인심을 수렴하려고 했는데, 키케로의 유명한 2회에 걸친 탄핵연설에 의해 원로원의 적이 되었다. 43년 옥타비아누스와 3두 정치체제를 갖추어 카이사르 암살의 범인들 및 키케로 등을 탄압했다.

안토니우스를 따르는 군병들은, 카이사르의 조카이며 숙부와 마찬가지로 유명한 옥타비아누스의 이름을 듣기만 해도 전의를 잃어 옥타비아누스 쪽으로 달려갈 것이며, 이렇게 해서 부하를 모두 잃게 된 마르쿠스 안토니우스는 순식간에 망하게 될 것이라고 주장했다.

그런데 일은 전혀 반대의 결과가 되었다. 마르쿠스 안토니우스가 옥타비아누스를 자기편으로 끌어들여, 옥타비아누스는 키케로와 원로원을 저버린 것이다. 그로 인해 귀족들의 파벌은 완전히 붕괴되고 말았다. 사실 키케로의 의견에 따르면 안 되는 것이다. 오히려 카이사르의 이름, 그 혁혁한 영예에 온갖 적들을 물러가게 하고 로마 제일의 권세를 손에 넣게 한 이 이름이야말로, 사람들이 두려워하지 않을 수 없었을 것이다. 그리고 독재관의 상속자 또는 그 지지자들에 대해서는 자유와 부합되는 그 어떤 것도 기대해서는 안 되었을 것이다.

제53장

민중은 커다란 희망과 과감한 약속에 쉽게 움직인다

그들은 결단의 조처를 잘 따른다

베이를 함락한 뒤 로마 민중들 사이에, 로마인의 반을 베이로 이주시키는 것이 국가를 위한 것이라는 의견이 형성되었다. 이 도시가 기름진 땅이라는 것, 수많은 건물, 그리고 로마에 가깝다는 것 등이 계속해서 항간의 화제가 되었다. 그렇게 되면 아무런 어려움 없이 로마시민의 반이 부자가 되고, 로마에서 바로 지척에 있기 때문에 이들은 생활에도 부족함이 없다는 것이다. 그런데 이것은 원로원이나 수도 제일의 현명한 시민들의 사고에 따르면 대단히 해로운 방책으로 생각되었기 때문에, 이런 제안에 찬성할 바에는 차라리 수도에서 살해당하는 편이 더 낫다고 공언하였다. 이윽고 전에 없었던 격렬한 논쟁이 벌어지고, 원로원에 분노한 민중은 칼을 들고 궐기해 살인도 저지를 험악한 기색을 보였다. 그러나 몇몇 존경받는 나이 든 시민들이 원로원을 감쌌고, 이 사람들을 존경하는 마음에 민중은 가까스로 진정해 더 이상 무모한 주장을 관철하려고 하지 않았다. [1]

여기서 두 가지 사항에 주의해야 한다. 첫째, 민중은 언변이 좋은 사기꾼에게 현혹되어 자주 자신의 파멸을 초래한다는 것, 그러므로 누군가 민중의 신뢰를 얻고 있다면, 그가 민중에게 유해한 이유 또는 유리한 이유를 충분히 납득시켜야 한다. 그러지 않으면 국가는 더할 나위없는 위험에 노출된다. 세간에 흔히 있는 것처럼 만일 민중이 사물이나 인간에게 기만을 당해 누구건 사람을 믿지 않게 된다면, 그 나라는 어떻게든 망하지 않을 수 없게 된다. 그렇기 때문에 단테가 《제왕론》에서, 민중은 종종 다음과 같이 외쳐댄다고 서술한다. "자아, 죽여라! 목숨을 빼앗으라."

이렇게 신뢰하는 마음이 없기 때문에 공화국에서는 적절한 대책을 세울

---

[1] 티투스 리비우스 《로마사》 제5권 제24장

없게 된다. 이것은 앞서 말한 베네치아인의 경우와 같다. 그들은 많은 대군의 공격으로부터 몸을 막으려면, 싸움의 원인이며 그들에게 대항해서 많은 군주가 동맹하는 원인이 된 정복지를 되돌려 주어, 누구라도 자기편에 붙여야만 하는데 이를 단행할 수가 없었다. 그러므로 민중을 설득하는 일이 어느 경우에 쉽고 어느 경우에 어려운 가를 고려하기 위해서는 다음과 같은 구분을 내려야 한다. 그것은 설득하고자 하는 바가 표면상 이득으로 나타나는가 아니면 손실로 나타나는가, 또는 내려야 할 결정이 과감하게 보이는가 아니면 용렬하게 보이는가이다. 민중을 설득하는 것이 진실로 그들에게 이익이 됨을 알고, 그것이 자못 감격할 만한 일이라면, 자칫 국가의 파멸을 가져올 것이 뻔한 경우라도, 그것을 아무런 어려움 없이 민중에게 납득시킬 수가 있다. 이와 동시에 언뜻 보기에 졸렬한 계책이고 자신들에게 손해가 될 것으로 생각될 때에는 그것이 아무리 나라와 국민의 이익에 기여한다고 해도 이를 대중에게 납득시키기는 어렵다. 이것이야말로 이미 로마나 외국에서 고금의 선례가 수없이 논증을 해온 이유이다.

이를테면 로마에서 파비우스 막시무스[2]에 관해 나쁜 평판이 형성된 것도 위의 논의와 연관되어 있다. 그는 한니발에 맞서 직접 전투를 벌이기보다는, 싸움을 피하면서 적을 궁지로 몰아 지치게 만드는 지구전 전술을 쓰는 게 유리하다고 로마인들을 설득했다. 그러나 민중들은, 이와 같은 행동은 비열하고 아무런 공덕도 없다고 비난했다. 그 계략에 어떤 이익이 있는지에 대해서는 장본인인 파비우스조차도 충분한 논거를 가지고 있지 않아 승복시킬 수 없었기 때문이다. 민중은 과감한 의견에 승복되어 파비우스의 반대를 무릅쓰고, 그의 휘하에 있는 기마부대의 대장에게 권력을 주는 커다란 과오를 범했다. 파비우스가 실력을 발휘해 대책을 강구하지 않았더라면 로마는 붕괴될 뻔했다. 그런데 이것만으로는 아직 터득을 하지 못한 모양이다. 이번에는 바로를 집정관직에 임명한 것이다. 이는 그에게 공적이 있어서가 아니고, 바

---

2) Quintus Fabius Maximus Verucosus. 기원전 203년 사망. 233년, 228년 두 번에 걸쳐 집정관이 되고 제2차 포에니 전쟁 때에는 독재관이 되었는데, 한니발과의 결전을 피해 게릴라전술로 시기를 기다리자고 주장했기 때문에 '숙시거사(熟枾居士 : 감이 익기를 기다린다)'의 별명이 붙여졌다. 뒤에 칸나에 패전 후 세 번째로 집정관이 되어 한니발과 싸웠다.

로가 로마의 광장이나 공공장소 등을 돌아다니면서 자기에게 지휘권을 인정해주면 반드시 한니발을 격파해보이겠다고 장담했기 때문이다. 이로부터 격전이 벌어졌고, 칸나에 전투에서 패한 것은 물론이고 자칫 로마도 약탈의 대상이 될 뻔했다.

이 애기에 덧붙여서 또 하나 로마에서의 예를 들어본다. 한니발이 이탈리아에 온 뒤로 8, 9년이나 10년은 지났을 무렵이다. 이 나라는 로마인의 피가 홍수처럼 흐르고 있었다. 그 무렵 원로원에 마르쿠스 켄테니우스 페눌라라는 비열하기 짝이 없는 자가 있었다. 그는 비록 군대에서는 상당한 지위에 올라있었지만 천민출신이었다. 그는 자기에게 권한을 주어 이탈리아에서 의로운 용감한 사람들을 모아주면 순식간에 한니발을 무찔러보이겠다고 장담을 했다. 원로원에서는 그것이 자못 무모한 말로 생각되었다. 그러나 곰곰이 생각해볼 때 만일 여기에서 그것을 받아주지 않고 나중에 이 일을 민중이 알게 되면, 반드시 분란을 일으켜 원로원의원들에게 좋지 않은 감정을 갖게 될 것이 틀림없었다. 그렇게 될 바에는 오히려 페눌라의 제의를 받아들이고, 그것에 찬성하는 의원의 이름을 남김없이 세간에 알려두는 것이 민중의 원성을 사는 것보다는 훨씬 나을 듯했다. 민중들이 모두 이 계략에 찬성해 쉽게 단념하지 않을 것은 뻔하기 때문이었다. 이렇게 해서 오합지졸을 거느리고 한니발에게 덤벼든 것인데, 충돌하자마자 한 사람도 남김없이 몰살되고 말았다. [3]

그리스의 아테네에서 가장 현명한 인물인 니키아스[4] 역시 시칠리아공략의 위험성에 대해 진지하게 민중을 설득하려 애썼지만 결국 허사였다. 이 현인의 생각에 거슬러 원정은 추진되었고, 급기야 아테네를 뿌리째 붕괴시키게 되었다.

---

3) 티투스 리비우스 제25권 제19장. 기원전 209년 한니발이 남이탈리아에 출격 중에 일어난 사건. Marcus Centenius Penula는 8천의 병력을 이끌고 4시간 가까운 회전 끝에 전멸되었다.

4) Nicias. 아테네의 장군. 기원전 415년 시칠리아공격에 반대했다. 뒤에 그 일군의 대장으로 임명되고 시라쿠사에서 스파르타인을 공격했는데 대단히 겁이 많고 414년 적장 기리포스에게 격파되고 이듬해 사형에 처해졌다. 이 패전은 아테네에 큰 타격을 주어 404년 아테네는 붕괴했다.

스키피오는 집정관으로 임명되자[5] 아프리카를 수중에 넣으려고 카르타고 정벌을 계획하였다. 이에 대해서 원로원은 파비우스 막시무스의 의견에 따라서 찬성하지 않았다. 그런데 그는 이런 제안이 민중들에게 얼마나 호소력을 지니는지 익히 알고 있었기 때문에, 그렇다면 이 제안을 민회에 회부하겠다고 위협한 것이다.

이에 대해서 우리의 도시로부터도 전례를 들 수가 있다. 그것은 피렌체군의 사령관인 에르콜레 펜티보리오 각하가 알비아노의 바르트롬메오를 산 빈첸티에서 격파한 뒤, 안토니오 지아코미니와 제휴해 피사공격을 감행했을 때의 일이다. 원래 이 작전은 현명한 시민들이 공공연하게 반대하고 있었다. 그 노력에도 불구하고 사령관의 대담한 전망에 말려든 시민은 모두 그 말을 믿고 힘을 합쳐 반대 의견을 묵살했다.[6]

이처럼 민중이 권력을 장악하고 있는 공화국을 아무런 어려움 없이 멸망시키는 데에는 설득을 통해 그들을 무모한 계획으로 몰아넣는 것보다 쉬운 길은 없다고 말할 수 있다. 그 이유는 민중은 언제나 그와 같은 일이라면 기꺼이 찬성하고, 이와 다른 생각을 가진 자도 어찌할 도리가 없기 때문이다. 그러나 이런 일로 나라의 파멸이 초래되면, 그런 계획에 앞장선 시민들의 파멸도 겹쳐져 일어난다. 왜냐하면 민중은 승리를 기대했다가 정작 실패가 뒤따르면, 운명을 비난하거나 그것을 수행한 자의 연약함을 비난하기보다는, 그 일을 제안한 자의 사악함과 무지함을 비난하기 때문이다. 게다가 그들의 과오를 책망하며 사형에 처하거나 투옥하거나 추방한다. 카르타고와 아테네의 수많은 장군들이 그것을 입증하고 있다. 수많은 싸움에서 승리를 해도 단 한 번의 패전 때문에 그 모든 것이 소멸되는 것이다. 그것은 마치 우리의 안토니오 지아코미니[7]의 신상에 일어난 일과 같다. 민중이 기대하고 그 자신도 장담한 바와

---

5) 기원전 205년 그가 30세 때의 일. 단호하게 그 정벌전을 일으켜 제2차 포에니전쟁의 막을 내리게 했다. 티투스 리비우스 《로마사》 제22권 제53장.

6) 1505년 7월의 일이고 마키아벨리는 펜티보리오의 견해에 가담한 소데리니의 명에 따라서 그 군 지원에 몰두했다. 결국 이 계획은 피렌체군의 사기 저하로 인해서 완전히 실패로 끝났다.

7) Antonio Giacomini. 마키아벨리와 동시대인. 그 무렵 제일의 무장 로베르트 산 세베리노의 문하생이 되어 수업을 하고, 1494년 피렌체로 돌아가 프란체스코 바롤리에게 발견되어 피사정벌의 군역(軍役)이 된다.

달리 피사정벌이 실패로 돌아간 것이다. 그는 이제까지 헤아릴 수 없을 정도로 공을 세우고 있었음에도 민중을 향한 변명은 아무것도 받아들여지지 않아, 결국 권력을 장악한 자들의 동정에 매달려 살아가는 처지가 된 것이다. [8]

---

8) 이 책 제3권 제15장 끝부분 참조.

제54장

분노한 군중을 억제하기 위해 위인은 어떤 권위로
난민을 평정하는가

폭도를 제압할 인물을 내세운다

앞에서 논의된 글에서 두 번째 주목할 만한 점은 다음과 같다. 난민을 평정하려면 권위를 지닌 위인이 그 면전에 갑자기 모습을 드러내는 것이 가장 상책이라는 것이다. 그렇기 때문에 베르길리우스의 노래는 진실하다.

중후하고 덕이 뛰어나 존경을 받는 인물이 나타날 때
민중들은 말없이 조용히 기다린다. [1]

따라서 군대를 지휘하는 자나 전란이 벌어진 도시에서 통치를 담당하는 자는 최대한 우아함과 위엄을 가지고 공공 장소에 나타나야 한다. 그리고 더욱더 사람들에게 존경을 받을 수 있도록 그 위계공훈에 따른 훈장 등을 몸에 달아 보여주어야 한다.

최근 수년 전에도 피렌체는 프라테스카와 아라비아타로 불리는 두 파로 갈라진 적이 있다. [2] 그리고 이 두 파는 서로 무기를 들고 싸워 프라테스카 파가 패배하고 말았다. 이 가운데에는 그 무렵 가장 명망이 있던 시민 파고란토니오 소데리니[3]가 속해 있었는데, 폭동의 와중에 무장한 시민들이 떼를

---

1) 베르기우스 《아이네이스의 노래》 1의 5권 151~152
2) 1498년 4월 8일. 사보나롤라가 실각하던 날의 소동. 전자는 수도원의 도당, 후자는 그를 이용해 메디치를 추방한 카포니를 수령으로 하는 대상인 집단,. 아라비아타파는 사보나롤라의 지나친 정치적 행동을 저지하기 위해 교황과 손을 잡고, 또 그를 지지하는 프랑스 세력을 몰아내기 위해 에스파냐 세력과 손을 잡고 그 군세의 가세를 얻어 이 수도사를 체포하여 처형했다.
3) Pagolantonio Soderini. 《피렌체사》 제8권 1486년의 항을 보라.

지어 그의 저택을 약탈하려고 몰려왔다. 이때 그의 동생이자 그 무렵 볼테라의 주교였으며 현재는 추기경인 프란체스코 각하가 그 저택에 있었다. 떠들썩하게 고함치며 미쳐 날뛰는 폭도를 보자마자, 그는 가장 위엄있는 정장으로 갈아입고 그 위에 주교의 법의를 걸친 다음 자진해서 이 폭도들 앞에 나타났다. 그 풍채와 언어는 그들을 진정시키는 힘을 지니고 있었다. 도시 전역에 걸쳐 이 사건은 오랫동안 시중에 소문이 되고 상찬된 것이다.

그러므로 아우성치는 대중을 진정시키는 데는, 모습을 보이는 것만으로 존경하는 마음을 일으키게 하는 인물이 나타나는 것보다 더 적절한 방책은 없다는 결론이 나온다. 다시 이야기를 본 줄거리로 돌려서 말하자면, 로마 민중이 베이로 이주함에 있어서 그 방책이 유익하다고 얼마나 확신하고 있었는지 생각해보자. 그 이면에 숨겨진 폐해에 생각이 미치지 않기 때문에 민중은 완고하게 자신들의 주장을 굽히지 않았던 것이다. 만약 원로원이 영향력 있고 위엄 있는 인물을 통해 민중의 광란을 진정시키지 않았다면, 더 큰 소동이 벌어졌을 것은 틀림이 없었을 것이다.

제55장

민중이 타락하지 않은 도시의 공공사업은 순조롭게 진척된다

개혁은 제왕적 권력을

지금도 타락한 도시에 무엇을 기대하고 무엇을 경계해야 하는가에 대한 논의가 분분한데, 나로서도 이를 소홀히 지나칠 수 없다고 생각한다. 카밀루스는 아폴로 신전에 베이에서의 노획품 10분의 1을 봉헌하기로 맹세하였다. 이 건에 대해서 원로원이 행한 결의를 검토하는 것이 우리의 주제에서 그리 어긋나는 것은 아닐 것이다.[1] 그 노획품은 이미 로마 평민들의 손에 들어가 그 분량도 전혀 짐작이 되지 않는 형편이었다. 때문에 원로원은 각자 취한 노획품의 10분의 1을 국가에 봉납하라고 공포했다. 그런데 이 결정도 전혀 효과가 없었다. 그래서 원로원은 더욱 확실한 계책을 강구해 아폴로 신전을 위로함과 동시에 평민이 만족할 수 있도록 해야 했다. 원로원은 민중들이 납부할 양을 대신 납부하기로 했다. 그러나 이런 결정은 원로원이 민중을 얼마나 신뢰하고 있는지 말해준다. 그들은 법률로 명령된 분량의 것을 민중들이 봉납할 게 틀림없다고 확신하고 있는 것이다. 평민도 규정량보다 적게 봉납해 이 법률을 우롱하는 것과 같은 일은 일체 생각조차 하지 않았다. 오히려 공공연하게 불만을 표출하는 방법을 통해 세금으로부터 해방되고자 하였던 것이다.

이런 예를 비롯해서 이제까지 말한 수많은 예에 의해서도 이 민중이 얼마나 선량하고 신앙심이 깊었는지, 얼마나 끝없는 선량함을 그들로부터 기대할 수 있었는가를 확실히 보여준다. 참으로 이러한 선량함이 존재하지 않을 때에는 무엇 하나 선한 일이 없다.

그것은 마치 현대의 프랑스나 에스파냐처럼 민중들이 타락의 폐풍에 완전

---

1) 티투스 리비우스 제5권 제23장. 또한 이 책 제3권 제20장을 보기 바란다.

히 물들어 있는 나라들, 그 가운데서도 이탈리아에 대해서는 아무것도 기대할 수 없는 것과 같다. 만약 앞에 열거한 나라들에서 일상적으로 일으키는 소동이 일어나지 않는다면, 그것은 민중의 선량함 덕택이 아니다. 그것은 국왕이 단순히 자기 한 몸의 군덕(君德)뿐만 아니라, 아직 부패하고 있지 않은 왕국의 여러 제도의 힘을 빌려 그 통일을 유지하고 있기 때문이다.

특히 독일[2]에서는 이런 미풍과 신앙심이 민중 사이에 충분히 발휘되고 있다. 그것으로 인해 그 땅에 자유롭게 존립하고 있는 수많은 공화국은, 충분히 자신들의 법령을 지키고, 그에 따라 국가의 내외에 걸쳐 어떤 싸움이라도 두려워하지 않게 되어 어느 누구도 감히 그들을 정복하려는 엄두조차 내지 않는다. 즉 이 땅에서는 거의 이르는 곳마다 옛날 그대로의 미풍이 여전히 살아 있다는 증거로서, 나는 위에서 언급한 로마의 원로원과 평민에 대한 것과 똑같은 예를 말하려고 한다.

독일의 여러 공화국에서 공적인 일에 무언가 비용이 들 때에는, 해당 행정관이나 의회[3]가 도시의 모든 주민에게 그 1%, 또 재산이 있는 자에게는 누구라고 따질 것 없이 그 2%에 해당하는 돈을 부과하게 되어 있다. 이런 결정이 나라의 규정대로 정해지면 모든 사람은 징세관 앞에 출두한다. 먼저 적정한 납부 금액을 맹세한 뒤에 각자 납세를 위해 준비된 상자 속에 양심에 따라서 자기가 지불할 돈을 넣는다. 지불하는 사람 이외에는 지불에 대한 증거가 되는 것은 없다. 이 한 예를 보아도 이 사람들에게 순박함과 신앙심이 얼마나 강하게 남아 있는지를 상상할 수 있다. 그리고 모두가 자신에게 부과된 액수를 모자람 없이 납부했음을 의심할 수 없다. 그 이유는, 만일 그렇지 않다면 목표한 금액에 한참 모자랄 것이기 때문이다. 누군가가 납부 금액을 속인다면 오랫동안 모르고 지나칠 리가 없고, 이런 속임수를 알게 되면 곧바

---

2) 마키아벨리는 그의 《독일에 대한 보고서》, 《독일사정전망》에서 보는 것처럼 언제나 독일과 스위스를 혼동하고 있다. 이것도 그 한 예이다.

3) 스위스 칸톤에서의 의회. 민중이 직접 참여해 정무를 의결하고 행정을 감독한다. 장 자크 루소는 그의 고향인 스위스의 이 직접민주제를 이상으로 삼았는데, 마키아벨리의 시대는 그와 같은 근대 민주주의정치의 이론을 생각하게 할 정도로 성숙해 있지 않았다. 한 단계 전 시대에 속해 있었기 때문에 그 고찰도 주로 전제주의에 의한 국가의 통일과 번영에 집중되고 있었던 것이다.

로 종전과는 다른 방법으로 일을 진행했을 것이다.

이 선량함은 당대의 미풍양속으로 찬양되어야 하며 참으로 드문 것으로, 그것은 오직 그 지역이 아니고서는 존재할 수 없는 것이다. 여기에는 두 가지 원인이 있다. 그 하나는 그들이 이웃나라와 그다지 많은 상거래를 하지 않았기 때문이다. 외국인들은 그들 나라에 가지 않았고, 그들도 외국에 방문하지 않았다. 왜냐하면 그들은 자기가 지니고 있는 것에 만족했고, 스스로 수확한 것을 먹었으며, 그 땅에서 나는 양모로 옷을 만들어 입고 있었기에 타락의 원인이 되는 관계를 갖지 않았던 것이다. 그러므로 그들에게는 프랑스나 에스파냐나 이탈리아 같은, 대체로 심하게 타락상을 보이고 있는 나라들의 풍습을 받아들일 계기가 전혀 없었던 것이다.

그리고 또 다른 이유는, 이 공화국은 그 어느 시민이건 호족으로 일컬어지거나 호족 행세를 하는 것을 그대로 두지 않기 때문이다. 시민들은 호족들과 자신이 완전히 동등하다 여기고, 인접 지역에 사는 영주들이나 호족들에 대해 강한 적의를 갖고 있다. 그렇기 때문에 어떤 순간 그런 사람들이 그들 손에 붙잡히기라도 하는 날에는 순식간에 타락과 온갖 추문의 장본인이라며 죽여 버리고 만다. [4]

여기에서 내가 말하는 호족이란 무엇인가를 명확히 하자면, 나는 남아도는 영지로부터의 수입으로, 일하지 않고도 사치스럽게 일상을 지내는 자들에게 이런 이름을 붙이고 있다고 말하고 싶다. 그들은 밭일이나 그 밖에 생계를 영위하는 데 필요한 일에 대해 아무런 노력도 기울이지 않는다. 이런 자들이야말로 어느 공화국에 있어서나 또는 어느 나라에 있어서나 해로운 존재이다. 그러나 그보다 더 해가 있는 인물은, 이러한 재산을 가지고 성곽에 들어앉아 호령하며 자기를 따르는 신민들을 거느리고 있는 자들이다.

이 두 인종은 나폴리왕국, 로마령, 로마니아, 롬바르디 등에 득실댄다. 그렇기 때문에 이런 땅에서는 이제까지 한 번도 공화국이나 잘 정비된 정부가 들어설 수 없었던 것이다. 그 이유는, 위와 같은 혈통이 있는 자는 사실 모든 자유로운 정부에 적대적이기 때문이다. 때문에 이들 지역에 공화국을 세

---

4) 스위스 독립전은 봉건적 정치세력의 배제가 목적이었다. 여기에서는 농민 윈켈리드와 유명한 윌리엄 텔을 상기하는 데 그친다.

운다는 건 도저히 불가능한 얘기이다. 만약 누군가가 그 지역을 재건하고 싶다는 생각에 개혁자가 되었다면, 그 사람을 국왕으로 떠받드는 수밖에 없다. 그 이유는 퇴폐의 원인이 많이 있는 곳에서는 법률도 무력해 이를 능히 제어할 수 없으므로 아무래도 매우 강한 권력을 행사해야 하기 때문이다. 그 절대적이고 압도적인 권력이야말로 능히 귀족들의 과도한 야망과 퇴폐를 저지할 수 있다.

토스카나의 예를 보면 그 이유가 명확해진다. 이 지역에는 대단히 좁은 땅에 피렌체, 시에나, 루카 세 공화국이 존립해왔다. 그 지역의 다른 도시들역시 예속된 상태에 있지만, 그들의 기백이나 제도를 검토해보면 자국의 자유를 유지하고 있거나 유지하려고 애쓰고 있음을 알 수 있다.

이 지방에는 성을 가진 영주들이 없으며, 호족도 그 수가 매우 적기 때문이다. 게다가 평등에 대한 믿음이 널리 퍼져있어, 고대 국가에 대한 사회제도에 폭넓은 지식을 지닌 사람들이라면 아무런 어려움 없이 이 땅에 문명개화의 생활을 도입할 수 있을 것이다. 그러나 대단히 불행하게도 오늘에 이르기까지 이 땅에 누군가 인물이 나타나 그 일에 성공하거나 적어도 착수한 적이 없었다.

이 논의에 의해서 여기에 다음의 결론을 낳게 된다. 즉 많은 호족들이 있는 지방에서는 그들의 병폐를 이 잡듯이 없애버리지 않는 한 공화국을 세우는 일은 전혀 불가능하다. 또 매우 평등한 토지에 왕국이나 군주제를 세우고 싶다고 생각하는 자는, 이 평등한 사회에서 야망을 품은 인물을 찾아내 이를 경력에 상관없이 사실상의 호족으로 만들어 성이나 영지를 주고, 필요한 물품이나 부하들도 붙여주어야 할 것이다. 그리고 자신은 그들에게 둘러싸여 그들의 힘을 이용하면서 권력을 지탱해야 할 것이다. 동시에 그들에게 자신의 권력을 지지하도록 하고, 그들 이외의 것은 다름 아닌 그 권력만으로 유지되고 있는 멍에로 억제하지 않으면 도저히 그 뜻을 이룰 수가 없다.

게다가 이 방법에 따르면 억압하는 힘은 억압되는 것의 저항에 비례하는 것이므로 사람들은 제각기 숙명적인 지위에 묶이게 되어 꼼짝할 수 없게 된다. 그런데 예부터 왕국이 들어설 땅에 공화국을, 또는 공화국이 되어야 할 땅에 왕국을 세우는 것은 불세출의 천품(天稟)과 능력이 갖추어진 사람들의 일이기 때문에, 이제까지 수많은 사람이 이를 시도하면서 완성해 보인 예는 매우 적다. 그 이유는 일이 너무나도 막중하기 때문에 지레 겁을 집어먹거나 압도당해 처음부터 차질이 생기기 때문이다.

호족이 많은 토지에는 공화국이 안 된다는 개인 의견에 대해서 베네치아 공화국의 예를 들어 반론을 제기할지도 모르겠다. 이 나라에서는 호족인 사람들만이 도움이 되고 있는 것이다. 나는 이에 대해서 이렇게 대답한다. 즉 이 예는 조금도 모순이 아니다. 그 이유는 이 공화국에서 호족은 명목뿐이고 사실상 호족이 아니기 때문이다. 그들은 영지로부터 커다란 수입이 없다. 그 거대한 부는 무역과 동산에 의해서 생기는 것이기 때문이다. 더욱 그들 사이에 누구 한 사람 성을 가지고 있는 자는 없고 또 인간에 대한 지배권을 가지고 있는 자도 없다. 그들 사이에서는 호족이란 칭호가 도리어 존엄과 평판을 나타내는 명칭일 뿐, 다른 도시의 호족으로 일컫는 사람에게서 볼 수 있는 것을 아무것도 가지고 있지 않다. 예부터 다른 공화국에도 온갖 신분의 차이에 따라 제각기 호칭이 있는 것과 마찬가지로, 이 베네치아도 호족과 민중으로 나뉘어 있다. 전자는 모든 명예를 한 손에 떠맡거나 또는 떠맡을 힘을 지니고 있으며, 후자는 그와 같은 것에 일체 연관이 없는 것으로 해두는 것이다. 이미 말한 이유에 따라서 이 나라에서는 전혀 분쟁이 일어나지 않았다고 한다. 5)

이런 이유로 커다란 평등이 존재하거나 존속되어온 곳에는, 공화국을 세우겠다는 의지가 있는 자가 있다면 이를 성취할 수가 있다. 그런데 이에 반해서 군주국을 세우는 자는 불평등한 사회가 있는 토지에서만 성공한다. 그렇게 하지 않으면 그 정부는 균형을 유지할 수 없어 도저히 오래 지속하지 못할 것이다.

---

5) 특히 14세기 초 봉건귀족을 타도한 이래 이 도시는 부호계급의 과두정치가 수립되고 종신제 총통 하에 전제정치를 펴고 있었다. 15세기 말, 희망봉 항로가 발견되고 아시아와의 통상의 중심이 북유럽으로 옮겨질 때까지 통일된 국가로서 국위를 떨치고 있었다.

제56장

큰 사건에는 반드시 그 조짐이 있거나 예언자가 나타나게 마련

죽음을 알리는 조짐

무엇이 원인인지 알 수 없지만, 고금의 전례에 비추어볼 때 한 국가 또는 한 지방에서의 대사건이 일어나기 전, 신들에 의해서 또는 하늘의 계시에 의해서 또는 기적이라고도 할 수 있는 것에 의해서 그리고 그 밖의 신탁에 의해서 예언되지 않은 일은 한 번도 없었던 것이 명확하다.

상세하게 말하자면, 누구나 지롤라모 사보나롤라가 프랑스국왕 샤를8세의 이탈리아 입국을 예언했다는 점을 알고 있다. 게다가 그가 아레초 상공에서 전투를 벌이는 군세를 보고 그 소리도 들었다는 소문이 토스카나 전역에 파다했다. [1] 그 밖에 늙은 로렌초 데 메디치가 죽기 전에 대사원 첨탑에 벼락이 떨어져 건물이 크게 파괴된 일도 모르는 사람이 없다. 그리고 피렌체의 민중에 의해서 종신 수령으로 임명된 피에로 소데리니가 추방되어 그 지위를 박탈당하기 직전, 궁에 벼락이 떨어진 일은 누구나 알고 있다.

이 밖에 더 전례를 보여줄 수도 있는데, 번잡함을 피해 여기에서는 생략하겠다. 단 한 가지 티투스 리비우스의 이야기, 즉 로마에 갈리아인이 쳐들어오기 직전에 생긴 일만을 말해두기로 한다. [2] 마르쿠스 케디키우스란 사내가 원로원에서 보고한 바에 따르면, 한밤중에 비아 누오바라는 거리를 지나다가 이 세상 사람의 것으로 생각되지 않을 정도의 큰 목소리를 들었는데, 그 소리가 그에게 갈리아인이 로마로 밀려들어오고 있다고 당국에 전하라 명했

---

1) 《군주론》 제3장 주석에서 언급한 대로 샤를8세는 1494년 11월 피렌체에 침입해 피에로 데 메디치를 몰아내고 사보나롤를 내세워 피렌체를 프랑스의 세력권으로 편입했다. 사보나롤의 예언은 로렌초가 사망한 1492년 무렵부터 이루어져 인심을 두려움에 떨게 하고 있었다.
2) 티투스 리비우스 《로마사》 제5권 제32장. 케디키우스는 신분이 천하였기 때문에 그 보고는 무시되었다.

다는 것이다.

이처럼 신앙에 근거를 둔 것을 명확히 하려면, 자연적이고도 초자연적인 사물에 대해서 우리가 지니고 있지 않은 지식을 갖추고 있는 사람이 이를 설명하고 해석해주어야 한다. 그런데 그 현상은 어느 철학자의 생각처럼, 이 대기 속에 영기(靈氣)가 가득 차 있어, 그것이 자연의 힘에 의해서 미래를 예견하는 것일 수 있다. 인간들에게 동정심을 갖고 있기 때문에 어떤 징조를 통해 미리 경고하여 대비하도록 해준다는 것도 있을 수 있다. 그것은 그렇다 치더라도 언제나 이와 같은 사건 뒤에는 나라들에 심상치 않은 새로운 일들이 나타나게 되는데, 이를 한 마디로 거짓이라 단정할 수는 없다.

제57장
민중은 뭉치면 대담무쌍하지만 흩어지면 약하다

리더 없는 무리는 연약하다

갈리아인의 침입으로 살던 도시가 황폐해지자 많은 로마인은 국헌이나 원로원의 명령에 따르지 않고 베이로 이주하였다. 원로원은 이 소동을 진정시키려고 일정기간 안에 로마로 돌아와 살지 않는 자에게는 모두 일정한 형벌을 가한다는 법령을 공포했다. 처음 이 법령은 그 대상자들에게 비웃음거리가 되었다. 하지만 정해진 날짜가 다가오자 따르지 않는 자는 한 사람도 없었다. 이에 대해서 티투스 리비우스는 이렇게 말했다.[1] "여럿이 있을 때 포악한 자들도 혼자가 되자 무서운 나머지 이에 따르게 되었다." 실제로 이 문장만큼 대중의 본질을 명확히 짚은 것은 없다. 뭇사람은 종종 지배자의 결점을 비난하는 데 대담하고 노골적인 언사를 사용하지만, 이윽고 형벌이 정면으로 모습을 드러내면 순식간에 동료들끼리 서로 신용할 수 없게 되어 서둘러 그 지시에 따르게 되는 것이다.

민중의 마음가짐이 본래 선한 것인가 악한 것인가에 대한 논의는 그다지 신경을 쓸 정도의 것이 아님은 확실하다. 본래 그것이 좋은 기질의 것이라면 여러분은 그것을 잃지 않도록 질서를 갖추면 되고, 또 본래 나쁜 기질의 것이라면 여러분의 몸에 위해가 미치지 않도록 대비하면 되는 것이다. 일반적으로 민중은 자유를 빼앗기거나, 그들이 경애하고 있는, 그 무렵 아직 생존하고 있는 군주를 잃게 되었을 때 나쁜 성향을 드러낸다. 이런 원인에 의해서 생기는 나쁜 성향은 세상에서 가장 두려워할 만한 것이고, 아무리 대대적인 대책을 강구해도 이를 억제할 수는 없다. 하지만 이 경우에 드러나는 나쁜 성향은 그들이 의지할 만한 지도자가 없을 때에는 불평이 생겨도 어려움

---

1) 티투스 리비우스 《로마사》 제4권 제29장 및 제6권 제49장 이하.

없이 해소된다. 왜냐하면 제지할 우두머리도 없이 제멋대로 방치된 대중만큼 위험한 것도, 동시에 이처럼 약한 것도 없기 때문이다. 설사 그들이 무기를 들고 소란을 피워도 여러분은 곧 숨어들 은신처가 있기만 하다면 어려움 없이 이를 진압할 수 있다. 사람들의 마음이 진정이 되고 제각기 자택으로 돌아갈 때가 된 것을 알게 되면, 그들은 자기 몸의 안전을 위해 도망을 가거나 또는 화목하게 되는 방도를 생각하기 때문이다. 따라서 이런 식으로 자극된 대중이 이러한 위험을 피하고자 한다면, 그들 가운데서 우두머리가 되는 자를 선택하여 이 인물이 그들을 지도하고 단결시켜 대중의 방어책을 생각하게 만들어야 한다. 이것은 마치 비르기니아가 살해된 뒤[2] 로마에서 물러간 로마민중의 경우와 같다. 그때 그들은 동료 가운데서 20명의 호민관을 선출해 자신들의 방어를 맡게 했다. 그렇게 하지 않으면 앞서 말한 티투스 리비우스의 말처럼 될 것이 뻔하고, 모든 것이 함께 있으면 대담무쌍하다가도 혼자가 되면 몸의 안전을 생각하느라 순식간에 마음이 약해져 겁이 나게 되는 것이다.

---

2) 이 책 제40장 주를 참고할 것. 이 장 전체는 제44장, 제47장 및 그 다음 장 등과 조응(照應)되며, 마키아벨리가 대중행동 심리, 즉 정치에서 볼 수 있는 군중심리에 착안했다는 점에서 흥미롭다.

제58장
민중은 군주보다도 훨씬 현명하고 지혜로워

창업하는 일은 군주, 보존하는 일은 민중

민중만큼 변하기 쉽고 경박한 것은 없다고 티투스 리비우스도 다른 모든 역사가와 마찬가지로 주장하고 있다. 왜냐하면 사람들의 행동에 대해서 그가 말하는 것을 보면, 민중이 누군가 한 사람을 사형에 처하게 하면서 나중에는 그 사람을 위해서 울고 체면도 돌보지 않고 슬퍼하고 후회하는 모습을 몇 번이고 보게 되기 때문이다. 로마 민중인 마리우스 카피톨리누스에 대한 태도도 이와 같다. 민중은 그를 사형에 처한 뒤에 크게 후회한 것이다. 이에 대해서 저자는 이렇게 말하고 있다. [1] "위험이 사라져버리자 이윽고 민중의 애석한 마음이 샘솟는 것이었다." 그리고 다른 곳에서는 히에론의 손자 히에로니무스[2]의 사후 시라쿠사에서 발생한 사건을 이렇게 말하고 있다. "이와 같이 민중의 본성은 비굴하기 짝이 없는 노예이거나 그렇지 않으면 오만불손한 지배자인 것이다."

이제까지 말한 바와 같이 모든 저술가가 비난하고 있는 것을 굳이 변호하려는 것은 대단히 힘들고 곤란에 가득 찬 일일 것이다. 모처럼 손을 대도 결국은 창피를 당하고 단념하거나, 그렇지 않으면 무거운 부담에 허덕이면서도 그것을 계속하지 않을 수 없다고 말할지 모른다. 그러나 설사 그렇더라도 하나의 견해에 대해서 싸울 때 상대가 권력이나 완력을 행사하지 않을 경우

---

1) 티투스 리비우스 《로마사》 제6권 제20장. 그의 사후 페스트가 유행해 이 생각은 쌓였다.

2) Hieronymas(기원전 230 무렵~214년). 카르타고와 동맹을 맺고 로마에 대항하고 있었는데 그 폭정과 방탕으로 인해 인망을 잃고 15개월의 치세 뒤, 일족이 모두 살해되었다. 그의 사후 수도의 카르타고파는 필사적인 방어전을 시도했는데, 로마군의 장군 클라우디우스 마르켈루스는 이 도시의 근교를 함락시킨 뒤 214년부터 2년에 걸쳐서 시라쿠사를 공략하고 드디어 이를 로마령으로 했다. 유명한 아르키메데스가 사색 와중에 살해된 것은 이때였다. 이 단의 인용구는 티투스 리비우스 《로마사》 제24권 제23장.

이론을 방패로 맞서는 것은 결코 잘못이 아님을 확신하고 있다. 그러므로 감히 말하는데 저술가들이 비난하는 그 결점에 관해, 나는 모든 인간은 개별적으로 그러한 비난을 받을 수 있으며, 이 점은 특히 군주에게도 동일하게 적용된다고 말하고 싶다. 실제 국법의 명령에 따르지 않는 인간은, 그것이 누구이건 시끄럽게 욕설을 하고 소동을 피우는 민중과 똑같은 과오를 범하는 것이기 때문이다. 그리고 현존하는 군주와 오늘날까지 존재했던 군주가 헤아릴 수 없이 많지만, 그 가운데서 현명한 군주는 참으로 미미하기 때문이다.

내가 여기서 군주라 일컫는 자들은 자신을 구속하는 굴레로부터 벗어난 자들을 가리킨다. 그 유원(悠遠)한 이집트왕국에 국법의 위령이 이루어지고 있었던 무렵의 국왕들이라든가, 스파르타가 낳은 사람들이라든가, 현대에서는 당대의 그것에 비견되는 왕국이 없을 정도로 국법이 권위를 지니고 있는 프랑스에 태어난 사람들을 가리키고 있는 것은 아니다. 그런 제도하에서 생을 향유하는 국왕들은, 국법을 따르지 않는 민중과 그 성질을 비교당하는 사람들 사이에 넣을 수 없다. 왜냐하면 그러한 왕들과 비교되어야 할 다중은 법에 의해 규제되는 다중이라야 하기 때문이다. 그리고 우리가 국법을 따르는 군주들에게서 본 것과 마찬가지로 그러한 다중 역시 동일한 선량함을 가진 것이 발견될 것이다. 이 같은 민중의 선량한 성질은 이들 국왕들의 그것과 똑같이 위대하고, 권세에 있으면서 오만하지 않고, 비굴하지 않은 마음가짐을 보이는 것이기 때문이다.

공화국이 아직 부패하지 않고 지속되는 동안 단 한 번도 비굴하게 노예근성을 보인 적도 없고 그렇다고 오만한 태도로 지배한 적도 없는 로마민중이 바로 그러한 예이다. 다양한 법령 및 관리들과 함께 공명정대하게 그 신분을 지키고 있었던 것이다. 그리고 강력한 인물들로 인해 궐기하지 않을 수 없을 때에는 10인회처럼 공화국을 억압하는 모든 것에 대해서 표시한 것처럼 단호하게 결행하였다. 더 나아가 공익을 존중해 독재관이나 집정관에게 따르지 않을 수 없을 때에도 이를 단행하였다.

그러므로 로마의 민중이 만리우스 카피톨리누스의 죽음을 슬퍼했다고 해도 그것은 놀랄 만한 일은 아니다. 왜냐하면 그것은 단지 후회가 아니라, 그의 빛나는 재능을 떠올리며 모두가 애석한 마음을 억누를 길이 없었기 때문이다. 이와 같은 천성은 군주에 대해서도 같은 힘을 지니고 있다. 그 이유는 모든 저술가가 이를 지목해, 적마저도 상찬해 마지않는 높은 덕으로 생각하고 있기 때문이다. 게다가 설사 만리우스가 그처럼 아쉬워하고 있는 곳에 되살아나 찾아왔다고 해도 로마 민중은 옛날에 한 것처럼 감옥에서 끌어내 순식간에 사형선고를 내릴 것이 틀림없다. 그런데 우리는 덕이 많고 현명한 군주들 역시 누군가를 사형에 처하고 나서 크게 후회하며 슬퍼한다는 사실을 알게 된다. 알렉산드로스가 클리투스[3]와 그 밖의 친구들[4]을 처형한 뒤 크게 후회했고, 헤롯 또한 마리암네[5]를 죽인 뒤 후회하며 슬퍼했다.

이처럼 역사가가 민중의 성질에 대해서 운운하고 있는 것은 로마인에게서 볼 수 있는 것처럼 국법을 준수하는 민중이 아니고 시라쿠사에 있었던 난폭한 민중이라든가, 알렉산드로스대왕이나 헤롯처럼 미치광이와 같은 난행을 감히 모방하는 민중인 것이다. 그렇다고 군주보다 마음가짐이 훨씬 떨어진 그 민중을 나무라서는 안 된다. 왜냐하면 누구든 악행에 빠져 있을 때에는 모두들 동등하게 과오를 범하기 때문이다. 이제까지 말해온 것 외에 아직도 많은 예를 들 수 있다. 로마의 여러 황제, 참주(僭主), 국왕 등은 어떤 민중이라도 도저히 미치지 못할 정도로 무절제하고 변덕이 극에 달한 인생의 모습을 많이 보여주었다.

그래서 나는 일반 세속의 의견에 반하는 결론을 내리려고 한다. 통설에 의하면 민중이 지배자인 경우에는 언제나 경조부박하고 은의를 저버린다고 하는데, 나는 이에 대해서 이런 결함은 민중에게나 군주에게나 똑같이 갖추어지는 천성임을 주장하고 싶다. 민중이나 군주나 한 묶음으로 해서 그 죄를 묻는 것은 진실을 말하는 것이다. 그러나 군주만을 제외하며 비난한다면 커다란 잘못의 원인이 된다. 훌륭한 국헌 밑에 정사를 주재하는 민중은 군주와

---

3) Clitus. 알렉산드로스대왕의 두 명장 가운데 한 사람. 페르시아 정벌 뒤, 대왕의 사치를 간하다가 처형되었다. 기원전 328년의 일.
4) 클리투스와 전후해서 알렉산드로스대왕은 부왕 이래 대대로 신하인 Dymnus, Hermolaus, Philotas, Calliothenus, Parmenion 등을 잇따라 죽인 뒤, 군세가 동요하자 인도 원정을 단행했다.
5) Herodes(기원전 72~후 1년). 유대국왕. 그의 아내 Mariamne는 적의 계략에 희생되어, 적이 퍼뜨린 부정의 소문에 속아 넘어간 부왕에게 살해되었다. 기원전 24년의 일.

마찬가지로 안정적이고, 현명하고, 정의가 돈독하기 때문이다. 그뿐만이 아니다. 그 판단력과 예지력에 있어서 더없이 명군으로 일컫는 군주보다도 민중은 훨씬 뛰어나다. 오히려 국법의 구속으로부터 벗어난 군주는 민중보다도 훨씬 은의를 모르고, 훨씬 변덕스러우며 훨씬 천박하다. 그러나 이러한 차이가 본성의 차이에서 비롯되는 것은 아니다. 인성은 원래 모든 인간을 통해서 동일한 것이기 때문이다. 그럼에도 민중 쪽이 훨씬 뛰어나다고 생각되는 것은, 서로의 생활을 규제하고 복종해야 하는 국법이 훨씬 더 많아, 정의로운 마음이 상당히 뿌리 깊은 바에 있다.

그러므로 누구라도 로마의 민중을 연구하면, 4백 년 동안 국왕의 이름을 계속 증오하고 있으면서도 조국의 영예와 공익에는 열중하고 있었던 것을 바로 알 수 있을 것이다. 따라서 그 많은 예를 발견하게 될 것이 틀림없다. 이렇게 말하면 누군가는 스키피오에 대한 배은망덕을 들어 반박할 것이 틀림없다. 그러나 이 논제에 대해서 나는 지금껏 길게 언급한 바와 같이 민중은 군주보다도 훨씬 은의에 돈독하고, 총명함과 부동심에 대해서도 군주보다 훨씬 신중하며, 변덕도 적고 정직하다고 주장한다. 이 점에서 민중의 목소리와 신의 목소리는 같다는 속담 역시 근거가 있다. 대체로 속담은 앞날을 내다보는 오묘한 힘을 지니고 있어, 무언가 유현한 신의 힘이 작용해 선악길흉을 꿰뚫어보기라도 하는 것처럼 생각될 정도이다.

사물을 판단함에 있어서도 예컨대 능력이 비슷한 두 인물이 정반대되는 주장을 내세울 때 민중이 진정으로 올바른 의견에 찬성하지 않는다거나, 들으면서 진실을 파악하지 못한다든지 하는 일은 좀처럼 일어나지 않는다.

물론 이미 말한 바와 같이 자칫하면 바로 용감한 이야기나 외견상의 이익에 말려드는 과오를 저지르기도 하지만, 자기 자신만의 정념에 사로잡히게 되는 군주에 비하면 민중 쪽이 그런 궁지에 빠지게 되는 경우가 훨씬 적다. 더욱이 관리들을 선택함에 있어서도 민중의 선택이 군주보다 훨씬 뛰어난 수완을 발휘한다. 게다가 민중은 나쁜 평판을 가진 인물이나 나쁜 습성을 가진 인물을 높은 자리에 임명하는 것이 현명한 처사라고 쉽게 설득되지 않는다. 이에 반해 군주는 쉽게 그리고 여러 가지 방식으로 그러한 임명을 하도록 설득된다. 민중은 여러 가지 수법으로 이를 납득시킬 수가 있다. 민중은 어느 한 가지 일이 무섭다고 단정하면 몇 세기가 지나도 여전히 같은 의견을 고수한다. 이것은 군주에게서 볼 수 없는 것이다.

이 두 가지에 대해서는 로마 민중의 예가 충분한 증거가 된다고 생각한다. 그들은 몇 세기 동안 수없이 많은 집정관이나 호민관을 선출해오고 있는데, 그 가운데 후회할 만한 선출을 한 경우는 불과 네 번뿐이다. 게다가 이미 말한 바와 같이 민중은 국왕의 이름을 너무나도 증오하고 있었기 때문에, 누구건 눈부신 일을 해내는 시민이 있어도 그가 이 이름을 얻고자 했던 그 시도만으로도 반드시 민중에 의해서 처형이 되어야만 하는 정황이었다. [6]

그 밖에도 민중이 지배자가 되고 있는 도시는 군주에 의해 다스려지고 있는 경우보다도 매우 짧은 시간 안에 훨씬 광대한 영토를 획득하고 있다. 국왕을 추방한 뒤의 로마가 그랬고, 또 페이시스트라토스의 참주정치에서 해방된 뒤의 아테네가 그랬다. 이것은 민중의 정치 쪽이 군주의 정치보다 뛰어나다는 사실에 기인한다.

이에 대한 나의 사고는 이미 역사가가 앞에서 또는 그 밖의 많은 서책에서 말하고 있는 것과 결코 모순이 되고 있지 않다. 왜냐하면 민중과 군주가 범한 모든 죄악, 민중과 군주의 모든 위업 등을 살펴보면 민중의 선량함과 그 힘이 훨씬 뛰어남을 알 수 있기 때문이다. 국법을 갖추고, 사회생활에 질서를 확립하고 새로운 헌법이나 법규를 제정하는 것에 대해서 군주가 훨씬 뛰어나다면, 민중은 이미 조직된 사물을 보존하는 데 훨씬 뛰어나기 때문에, 그 명령을 내린 사람들의 영예를 높일 정도이다.

결국 이 문제의 결론으로서 말하고 싶은 것은, 군주의 나라들이 영속한 것처럼 공화정치의 나라들도 또 영속하고 있었는데 모두 국법을 준수할 필요가 있었다는 것이다. 군주가 제멋대로 행동하면 그것은 암군(暗君)이며, 민중이 제멋대로 행동하면 그 역시 양민이라고 말할 수 없기 때문이다. 그러므로 군주가 국법에 따르고, 민중도 또 그것에 묶여 있는 경우라면 민중이 군주보다도 뛰어난 미덕을 발휘할 것은 명확하다. 더욱이 이들이 자유롭게 행

---

6) 율리우스 카이사르가 특히 상기된다. 그는 갈리아 정벌과 그 밖에 대사업을 하고 실제적으로 국왕이 되었음에도 불구하고, 그 직함을 바라는 마음이 적에게 이용되어 살해당했다. 또한 이 로마인의 사고방식은 구미정치의 공리인 공화주의·군민동렬(軍民同列) 사상의 발현인 것에 주의하기 바란다.

동하는 경우를 생각하면, 군주보다도 민중 쪽이 훨씬 그 결함이 적으며, 그 결함 역시 쉽게 바로잡을 수가 있다. 왜냐하면 타락한 난민을 상대로 현명한 사람이 잘 설득하여 인도하면 아무런 어려움 없이 선량한 생활로 되돌아가게 할 수도 있기 때문이다. 그런데 포악무도한 군주에 대해서는 아무도 타이를 사람이 없으며, 유일한 치유책은 오직 검으로 찔러 죽이는 것뿐이다. 이에 따라서 양자가 겪는 병폐의 심각성을 상상할 수가 있다. 민중의 질환을 치유해야 할 경우에는 말만으로 충분한데, 군주의 질환에는 시퍼런 칼을 사용해야 한다. 그렇기 때문에 병독이 심하면 그만큼 과감한 치료가 불가피하다는 결론을 내리게 된다.

민중이 전적으로 통제를 벗어난 상태에서 저지르는 어리석은 일들은 그리 두려워할 필요가 없다. 오히려 현실로 눈에 보이는 재난이 아니라 그러한 상태가 초래할 장래의 결과를 두려워해야 한다. 왜냐하면 혼란의 와중에 새로운 참주가 출현할 수 있기 때문이다. 포악한 군주에 대해서는 정반대가 사실이다. 우리는 임박한 폐해를 두려워하지만, 미래에 대해서는 희망을 품을 수 있다. 사람들은 사악한 지배자의 삶이 끝장나면 자유의 시대가 탄생할 것이라고 스스로를 위로할 수 있기 때문이다. 이렇게 이들의 차이는 공포와 희망의 차이인 것이다. 민중은 공공의 재산을 횡령하는 것이 아닐까 의구심을 갖게 되는 인물에게 난폭하게 대한다. 군주는 자신의 재산에 해를 미치는 적으로 간주하면 가차 없이 무도한 압박을 가한다.

민중에 반대하는 의견도 그 원인을 따져보면 결국 민중에 대해서는 누구라도 거침없이 나쁘게 말할 수 있고 민중이 지배하고 있을 때에도 똑같이 자유롭게 말할 수 있기 때문이다. 이에 반해서 군주에 대해 무언가 말을 할 경우에는 온갖 두려움을 각오해야 하고 또 주의를 기울여야 한다.

이 논제는 결국, 동맹을 맺음에 있어서 공화국을 상대로 하는 것과 군주를 상대로 하는 것 중 어느 쪽이 신뢰할 수 있을까 하는 논의와 연결된다. 이를 다음 장에서 논하기로 해도 전혀 불필요한 일로는 생각되지 않을 것이다.

제59장
공화국이 맺은 동맹과 군주가 맺은 동맹의 비교

동맹은 이득에 따라 깨지기도 한다

한 군주가 다른 군주와, 한 공화국이 다른 공화국과 동맹이나 우호관계를 맺는 일, 또 그것과 마찬가지로 공화국과 군주 사이에 연맹이나 협정의 확정이 매듭을 짓게 되는 일은 일상적으로 벌어지는 일이다. 때문에 약속 사항에 대해서는 공화국과 군주 가운데 어느 쪽이 더 성실한지, 따라서 어느 쪽을 더 깊이 신뢰할 것인지를 규명해야 한다고 생각한다. 이를 다 규명해보고, 나는 많은 점에서 이들이 서로 엇비슷하며 간혹 몇 가지 차이가 있는 경우도 있다고 생각한다.

그러나 실력으로 밀어붙여 약속을 확정하면 군주도 공화국과 마찬가지로 이를 지키지 않을 것으로 생각된다. 또 국가의 존망이 우려되고 있는 경우에는, 서로 그 위험을 배제하기 위해 약속을 거스르고 의리를 모른다는 비난을 받아도 태연할 수 있다고도 생각하고 있다.

성을 공격하는 데 있어 명수라고 알려진 데메트리오스[1]는 아테네 시민에게 더없이 많은 호의를 베풀었다. 그러나 적에게 패배했을 때, 그는 우방의 보은을 받을 것이 틀림없다고 확신해 아테네에 숨어들었지만 시민은 그를 맞아들이지 않았다. 이렇게 거절된 것이 그로서는 자기 백성이나 자기 군대의 멸망보다도 훨씬 뼈아픈 충격이었다. 테살리아에서 카이사르에게 격파된 폼페이우스 역시 이집트로 달려가 프톨레마이오스에게 몸을 의지하려고 했다.

---

1) Demetrios Poliorketes(기원전 337~283년). 아테네에서 참왕 카산드로스의 대리 데메트리오스 팔레레오스를 몰아낸 것이 기원전 307년. 시민은 감사하고 그에게 아테네 국왕의 직함을 바친다. 그리고 신의 열에 오르게 하고 황금상을 만들어 받들어 모셨다. 301년 리샤코스 등과 싸우다가 패배해 아테네로 숨어들려고 했는데, 시민에게 입성이 거부되어 수군을 이끌고 에게해에 머물렀다. 그 뒤 294년부터 7년 동안 마케도니아의 국왕이 되었다.

그는 앞서 이 국왕의 복귀에 힘을 보태주었는데, 왕은 그 은혜를 갚기는커녕 도망 온 폼페이우스를 죽였다. 2)

이와 비슷한 행동은 모두 같은 일들이 원인이 되고 있다. 단지 공화국 쪽이 군주에 비해 그다지 잔인하지 않고 배은망덕도 아니라고 말할 수 있다.

어디건 공포의 마음이 가득한 곳이라면 실제로 동일한 충성을, 똑같이 의리가 굳은 마음가짐을 볼 수 있다. 공화국이나 군주가 약속을 지키려고 나라를 위태롭게 하는 경우에도 그 동기는 지금 말한 것과 똑같은 것이다. 군주에 대해서 말한다면 군주는 보다 강력한 군주의 동맹으로 남아 있을 것이다. 지금으로서는 맞서서 싸울 방책이 없는 경우 그것과 우호관계를 맺고 시일의 경과에 따라서 제각기 국내를 재정비할 수 있을 것이라고 생각하는 것은 불을 보듯 뻔한 것이다. 이것은 오히려 물때가 도래할 때까지 맹방이 되고 있는 것에 지나지 않은 것이므로 그 적과의 약속·약정 따위는 전혀 믿을 것이 못된다고 하는 것이 옳다. 이 종류에 속하는 것은 프랑스인 쪽으로 붙은 나폴리 왕국 내의 제후3)이다. 공화국에 대해서 말한다면 이런 부류에 속하는 것으로 에스파냐의 사군티움4)을 들 수 있다. 이 도시는 로마군의 우정에 배반하기보다는 앉아서 멸망할 날을 기다리는 게 낫다고 생각한 것이다. 그리고 피렌체도 1512년에는 프랑스인에 대한 의리를 지키기 위해 같은 운명에 빠졌다. 5)

이와 같은 일을 남김없이 아울러 생각하면 다음과 같이 말할 수 있다. 즉 위기가 눈앞에 다가온 곳에서는 군주보다도 공화국 쪽이 훨씬 안정력을 가

---

2) 기원전 48년 이집트 페르슘에서의 일.
3) 《피렌체사》 제1권에 상세하게 기술되어 있다.
4) Saguntium. 팔렌시아강 하구에 있는 그리스인이 세운 도시이고 산업이 활발했다. 로마의 동맹도시. 기원전 219년 한니발이 이를 함락시켜 제2차 포에니전쟁이 일어났다. 지금의 무르비 에드로시 근교에 유적이 있다. 본문의 사례는 티투스 리비우스 《로마사》 제21권 제5장 이하.
5) 이 해의 공화국 멸망은 단순한 국제 신의의 문제가 아니었다. 에스파냐의 세력과 그에 호응하는 국내 반공화주의자와 프랑스 세력과의 문제로 생각해야 할 것은 말할 것도 없다. 상세한 것은 이 책 제2권 제27장에 기술되었다.

지고 있다는 것이다. 물론 공화국도 군주와 똑같은 정념을 지니고 똑같은 의욕을 가지고 있다. 그러나 그 국책의 결정이 빠르게 진척되지 않는 것은 군주가 독단적으로 결심할 때보다 훨씬 시간이 걸리고, 따라서 그 약속을 깨는 데도 상당히 시간이 걸리기 때문이다.

원래 모든 동맹은 이익에 의해서 깨지게 된다. 이 점에 대해서 공화국은 군주들보다도 훨씬 오랫동안 그 약속을 지키는 것이다. 수많은 전례를 보아도 군주들은 약간의 이익에 마음이 끌려 신의를 거스르는데, 공화국은 아주 커다란 이익이 제시되어도 좀처럼 그 공약을 깨지 않는 것을 알 수 있다.

후자의 예는 테미스토클레스가 아테네인의 집회에서 제의한 방책에서도 나타난다. 회의석상에서 그는, 자기에게 국가를 크게 이롭게 할 방책이 있는데, 이것에 관하여 비밀이 지켜지지 않으면 행할 기회가 없어지므로 여기에서 공표할 수는 없다고 했다. 그리하여 아테네의 민중은 아리스티데스를 선출하여 그 비밀을 듣게 하고, 그 의견대로 일을 진행키로 정했다. 테미스토클레스는 그를 향해, 그리스의 모든 수군은 지금 맹약에 따라 여기 아테네에 모두 모여 있으니, 지금 이것을 빼앗거나 파괴하거나 도저히 쉽게 손을 댈 수 없도록 배치해 두면 아테네인은 그리스 유일의 지배자가 될 수 있을 것이라고 그 속셈[6]을 털어놓았다. 이에 아리스티데스는 아테네인들에게 돌아와, 테미스토클레스의 비책은 국가에 커다란 이익이 되는 것이지만 신의에 지극히 어긋난 것이라고 보고했다. 민중이 그 정책을 만장일치로 거부한 것은 이와 같은 이유가 있었기 때문이다. 마케도니아의 필리포스,[7] 또 그 밖의 군주들은 조금이라도 이익이 있음을 확실하게 알면 다른 방법에 따르지 않고

---

6) Themistocles(기원전 528~464년)가 Aristides(기원전 467년)와 이 정책상의 논쟁을 한 것은 기원전 482년 대(對)페르시아의 해전 사라미스전 때의 일이다. 전자는 아테네의 해상무역주의의 대표자이고 후자는 보수농업주의자의 대리였던 점도 의견의 엇갈림에 크게 작용했던 것으로 알려져 있다.

7) Philippos 5세(기원전238~179년). 일반적으로 3세로도 일컬어진다. 기원전 220~217년의 싸움에 배신을 해 나라를 부강하게 한 왕. 뒤에 로마와 세 번 싸웠는데 197년 키노스 케팔라이에서 패배했다. 처음에는 가혹한 조약을 충실하게 지키고 있었지만 차츰 힘을 회복하자 순식간에 복수심을 드러냈다. 매일 그 굴욕적인 조약을 읽게 하고 조약에 거슬러 전쟁을 위한 경제적 준비를 착착 진행하던 중에 그 실현을 보지 못하고 죽었다. 《군주론》 제3·제5·제24장을 보기 바란다.

약속을 깨 이익을 거두었을 것이다.

상대방이 어떤 이유로 조약을 준수하지 않아 그 때문에 조약이 파기되는 것에 관해서는 그것이 타당한 것이므로 나는 말하지 않을 것이다. 여기에서는 무언가 부당한 이유로 위반하는 경우에 대한 이야기를 하고 있는 것이다. 나는 이러한 일에서 보더라도 민중은 군주보다도 과오를 범하는 경우가 훨씬 적다고 생각한다. 따라서 군주보다 민중 쪽을 훨씬 신용할 수 있다고 주장한다.

제60장
로마에서는 나이 상관없이 집정관 그 밖의 관직을 할 수 있었다

가문이나 나이보다 능력을 중시

역사적 사실을 잇따라 보아나가면, 로마공화국은 집정관직을 평민에게도 부여할 수 있게 하고 신분이나 연령에 구애없이 시민들을 이 직책에 임명했음을 알 수 있다. 로마에서는 이제까지 한 번도 연령을 문제로 삼은 적이 없었고, 젊은 사람이건 나이 많은 사람이건 그 능력을 언제나 중시했던 것으로 보인다. 발레리우스 코르부스[1]가 그 잊을 수 없는 한 예이다. 그가 23세로 집정관에 임명되어 군병들에게 그 직무의 이야기를 했을 때 이렇게 말했다. "이것은 능력에 대한 보상일 뿐 혈통의 덕택은 아니다." 이 풍습의 이해득실에 대해서는 숙고를 요하고 논의도 많을 것이 틀림없다.

혈통에 대해서는 필요상 이를 무시해야 한다. 이 필요는 로마와 똑같은 패권을 장악하고 싶다고 생각하는 공화국이라면 어느 나라나 똑같이 느끼는 것이다. 왜냐하면 사람들에게 보상을 목표로 하지 않는 일을 하라고는 말할 수 없고, 보상받을 희망을 박탈해 버리면 위험이 초래되기 때문이다. 그렇기 때문에 평민도 집정관이 될 수 있다는 소망이 필요할 것이고, 또 당장에 실현되지 않아도 소망만으로 만족시켜두는 것도 좋을 것이다. 그런 가운데 희망만으로는 만족할 수 없어 현실로 그렇게 되려고 생각하게 되는 것이다. 한편 평민들 아무도 멋진 일에 참여시키지 않는 도시라면, 위에서 논의한 것처럼 원하는 대로 그들을 대우해도 무방하다. 그런데 로마가 이룩한 것을 생각하면 그런 차별대우를 해서는 안 된다.

가문을 고려하지 않는 게 올바르다면, 그것은 연령에 대해서도 필요한 사항이다. 청년을 발탁해 반드시 노인의 신중함을 필요로 하는 역할을 맡게 하

---

1) Marcus Valerius Corvus. 갈리아인과의 회전 때 신조(神鳥)가 그 투구에 앉아 적을 부리로 찔러 그를 도왔다는 새(코르부스)의 별명을 붙였다. 전후 그 서조(瑞兆)와 무용으로 인해서 집정관에 임명된다. 티투스 리비우스 《로마사》 제7권 제26장.

려 해도, 민중이 선거로 뽑는 것이므로 무언가 대단한 일을 해보이지 않으면 도저히 그 자리에 오르지 못하는 것은 다 알고 있다. 그런데 재덕이 뛰어나 무언가 대단하게 이름을 떨치게 되면 이 청년은 자칫하면 위험한 존재가 되어, 더 이상 국가를 위해 도움이 안 된다. 하루라도 빨리 그 사내가 노인이 되어 재치에도 행동에도 안정감이 생기고 국가에 도움이 될 날을 기다리는 수밖에 도리가 없게 된다. 이 실례로서는 로마에서도 발레리우스 코르부스, 스키피오,[2] 폼페이우스[3] 등 매우 젊은 나이에 적을 압도할 수 있었던 많은 사람들을 들 수가 있다.

---

2) 초대 아프리카누스. 17세 때 전장에서 중상을 입은 아버지를 구출하고 24세 때 에스파냐에 사무관으로 파견되어 카르타고헤나를 함락시켰다. 30세에 집정관이 되었다.

3) 대 폼페이우스. 미트리다테스와의 싸움 때, 23세인 그는 3개 군단을 이끌고 술라의 군세에 가세해 적을 격파하고 술라의 상찬을 받았다. 기원전 84년의 일.

마키아벨리
로마사이야기
제2권

마르쿠스 아우렐리우스 황제 기념주의 돌을새김(부분), AD 176~193년, 로마. 마르코만니 전쟁의 승리를 기념하여 세웠다. 서게르만의 한 부족인 마르코만니인들이 다뉴브 강을 건너 로마제국령으로 침입하자 마르쿠스 아우렐리우스 황제는 이를 격퇴하여 원거리에 정착하게 하고, 재침입에 대비하여 변경방비를 튼튼히 하였다.

제2권
국가의 조건

시대를 막론하고 인간은 언제나 옛것을 찬미하고 현재를 깎아내리기 마련이다. 그러므로 옛것이라면 사족을 못 쓰는 자들은 기껏해야 저술가들이 써서 남긴 기록에 의해서나 간신히 해득할 수 있는 시대뿐만 아니라, 노인네들이 소싯적에 본 것에 관한 추억담조차도 고맙게 생각한다. 이런 사람들은 거의 언제나 잘못된 생각을 친근하게 여기기 쉬운데, 이런 잘못을 저지르는 것도 여러 가지 까닭이 있기 때문이다.

첫째, 고대의 사건에 대한 진상은 제대로 알려지지 않은데다, 또한 웃음거리가 될 만한 일은 말하지 않지만 자기에게 명예가 되는 일은 도리어 그것을 화려하게 과장하고 부풀려서 말하기 때문이다. 이런 까닭에 아마도 펜을 잡는 사람의 십중팔구는 전기에서 승리자의 행운 뒤를 더듬어 그것을 혁혁한 전투로 만들기 위해 그들이 했던 용감한 행동을 부풀려서 말할 뿐만 아니라, 심지어는 적의 행동을 칭찬거리로 삼는 일조차 마다하지 않는다. 그러므로 분명 승자가 속한 곳이든 패자가 속한 곳이든 그곳에서 태어난 사람들은 그 시대를 기리고 칭찬하게 되며, 그들에게 최대의 찬사와 경외의 마음을 보내지 않을 수 없는 것이다.

뿐만 아니라 인간은 공포나 질투 때문에 증오심을 품게 되지만, 이 뿌리 깊은 두 원인에 의해 생긴 증오도 지나간 일에 대해서는 그다지 격화하지 않는다. 왜냐하면 그로 인해 자기 신상에 해를 입는 것도 아니고, 또 각별히 질투심이 일어나는 것도 아니기 때문이다. 그러나 현재 행하거나 당장 겪고 있는 일이고, 또 그것들을 모두 다 알고 있는 상황에서는 그 반대가 된다. 여러분은 현재의 좋은 면과 더불어 여러분의 불쾌감을 유발하거나 손해를 입히는 많은 다른 면을 즉시 민감하게 받아들이기 때문에, 실제로는 현재 쪽이 훨씬 영광을 받고 찬미되어야 할 경우에도, 옛것을 훨씬 높게 평가하지 않을 수 없게 된다. 예술에 관한 것은 그 자체로서 훌륭한 증거를 보여주고 있는데다 세월이 아무리 흘러도 그 가치에는 변함이 없기 때문에 여기서는 논하지 않고, 그만큼 명백한 증거를 보여주지 않는 인간의 풍속이나 습관에 관한 것들을 여기서 설명하고자 한다.

앞에서 이미 말했지만 되풀이하여 말하고 싶은 것은, 실제 풍습에서도 칭찬받아야 할 것과 폄하해야 할 것이 있다는 점이다. 그러나 사람은 언제나 자기들이 오류만 저지르고 있는 것은 아니라고 생각하는데, 이를 잘못이라고 할 수는 없다. 왜냐하면 때로는 진리를 입증할 필요가 있기 때문이다. 또한 세상일이란 언제나 움직이고 번영하고 또는 쇠퇴하는 것이기 때문이다.

그런 까닭에 어떤 도시 또는 나라가 누군가 걸출한 사람에 의해 정치의 방침이 정비되면, 그 제도 덕분에 나라는 날로 진보와 향상의 길로 나아간다. 이런 나라에서 태어났으면서도 여전히 현대보다 고대를 찬양하는 것은 잘못된 일이다. 그 오류의 원인이 무엇인지에 대해서는 이미 설명한 바와 같다. 그러나 그들이 쇠퇴기에 들어선 도시나 나라에서 태어난 것이라면 잘못된 생각이라고 할 수는 없다.

사물의 변천을 생각하고 느끼는 것은 예나 지금이나 사람 사는 세상의 모습이다. 이 세상에는 많은 행복도 있고 이와 함께 많은 불행도 있다. 그러나 그 옛날 왕국에서 볼 수 있는 역사적 사실에 비추어 알 수 있듯이, 그런 불행이나 행복은 한 나라에서 다른 나라로 옮겨간다. 이와 같이 사람의 세상은 언제나 변함이 없으나 세상의 관습이나 풍습이 다른 것처럼, 나라들마다 서로 다른 모습을 보인다. 단 한 가지 다른 점은 그 여러 가지 행복이 처음에는 아시리아에 무용(武勇)의 영예를 주었고, 다음은 메디아로 옮아갔고, 또한 이란으로 갔으며, 거기서 이탈리아 로마로 옮겨갔다. 그리하여 로마제국이 멸망한 뒤에는 오래 계속된 나라도 나타나지 않았고, 세계의 무력을 한손에 거머쥔 나라도 없었으며, 그 정신은 여러 나라들로 흩어져 각 나라가 대담무쌍한 생활을 하는 것을 보기에 이르렀다. 그것은 프랑스인의 왕국, 터키인의 왕국, 수단 같은 나라들로, 또한 오늘날 독일 국민, 그 전에는 그 유명한 사라센(이슬람제국) 국민들이다. 그들은 위대한 업적을 수없이 이룩하여 동로마제국이 붕괴한 뒤 꽤 넓은 땅을 차지했다.

로마인이 쇠퇴한 뒤에 흘러든 이들 여러 제국, 이른바 이들 여러 분파는 다른 세상 사람들로 하여금 애석함을 자아내게 하고 있으며, 지금도 여전히 진심어린 찬사를 받고 있는 그 무용의 덕이 오늘도 옛날과 변함없이 사람들의 이목을 끌고 있다. 이런 나라들에서 태어났으면서도 현재보다 과거를 찬미하는 사람은 확실히 잘못된 것이라고 할 수 있겠다. 그러나 이탈리아나 그리스에서 태어난 사람들, 이탈리아에서는 '산 너머 사람들(알프스 산맥 너머의 사람들. 특히 프랑스인을 말한다)'이 아니고, 그리스에서는 터키인이 아닌 사람들이 자기 시대를 저주하고 옛 시대를 찬양한다면 그것은 그리 무리한 이야기가 아니다. 그 옛적에는 모든 일이 하나같이 멋지게 이룩되었으나 지금은 하는 일마다 참으로 비참하지 않은 것이 없고, 모든 것이 오욕과 추태를 보이고 있기 때문이다. 지금은 신앙이나 국법 및 훈련 등이 지켜지지 않고, 모든 사람은 온갖 악행에 탐닉하고 있다. 이 악행은, 멋대로 직위를 차지하여 사람들이 머리를 조아리고 아첨하도록 만드는 자들 사이에 만연한다. 그럴수록 더욱 그것을 증오하게 된다.

그러면 본론으로 다시 돌아가 보자. 인간은 현재 시대와 과거 시대의 우열론에서 오류를 저지르고, 자기들의 시대에 대해 갖고 있는 충분한 인식을 고대에 대해서는 갖고 있지 않기 때문에 그런 잘못을 저지르고 있다. 그렇다면 노인인 경우에는 직접 겪고 들어서 알게 된 것이므로 자신의 젊었던 시대나 노후의 세상에 대해 건전한 판단을 내려야 할 것이다. 즉 인간이 일생을 통해 같은 생각과 같은 욕구를 계속해서 갖는다면 분명 잘못이 없을 것이다. 그러나 욕망이나 기호와 생각은, 청년시절과 노년기에 따라 전혀 다르게 변화한다. 왜냐하면 인간은 대체로 나이가 들면 체력이 쇠약해지고 생각이나 조심성이 많아지기 때문이다. 젊었을 때는 참을 만하고 또 훌륭하게 해치웠을 일도, 나이가 듦에 따라 귀찮게 느껴지고 솜씨도 무뎌져, 자기 탓으로 돌리기보다 시대를 불평하게 된다.

자연은 무슨 일이든 인간에게 해주기를 바라고 욕심내게도 하지만, 운명은 조금밖에 완성시켜 주지 않는다. 그 결과 사람의 마음속에는 불만이 끊이지 않고, 자기가 처한 현실을 싫어하게 된다. 그러므로 사람은 현재를 비난하고 옛날을 찬미하며, 미래에 희망을 건다.

그런 까닭에 내가 이 논의에서 고대로마 시대를 지나치게 찬미하고 현대에 대해 욕설을 퍼붓는다면, 앞에서 예를 들었던 잘못 생각하는 패거리들 속에 들어갈지도 모른다. 사실 그 시대에는 무용의 명예가 높았지만, 오늘날의 세상에선 악덕이 횡행하고 있다는 것은 해를 보는 것보다 뚜렷한 일이다. 그러나 타인에 대해서는 이러쿵저러쿵하면서도 나 자신은 그것과 똑같은 잘못을 저지르고 싶지 않기 때문에 조심스럽게 말하는 것이 좋을 것 같다. 그러나 누구의 눈에도 자명한 일이므로 도리어 고대나 현대에 대한 나의 개인적인 의견을 감히 대담하고 솔직하게 말할 것이다. 나의 이 글을 읽는 젊은이들이 행운을 만나는 기회를 잡는다면, 언제든지 지금 세상의 잘못을 피해 옛 세상의 선례를 본받게 하고 싶다. 말을 이해할 수 있는 사람들 가운데 단 한 사람이라도 하느님의 은혜를 넉넉히 받아, 이것을 실행할 힘을 가진 사람이 나오길 바란다. 또한 선한 일을 타인에게 권장하는 일이야말로 청렴한 사람으로서 마땅히 해야 할 일이라고 믿는다.

앞의 1권에서는 도시에 관해서 로마인이 취했던 방책을 설명했다. 그러므로 이 책에서는 로마 사람들이 그 영토를 확장한 방책에 대해 설명하겠다.

제1장
로마가 패권을 잡는 가장 큰 버팀목은 실력인가 운인가

해외 근거지를 어떻게 확보했나

저명한 저술가 플루타르코스를 비롯한 많은 사람들은 로마 사람들이 패권을 쥔 것은 무용에 의한 것보다는 행운 덕분이라는 생각을 갖고 있다. 플루타르코스가 설명한 이유 중에는 로마 사람들이 말한 고백도 들어 있다. 그에 따르면 그들은 자기들의 승리는 모두, 다른 신들과 비교하여 훨씬 많은 신전을 건립하여 바친 운명의 여신의 은총이라고 확신하고 있었다. [1]

티투스 리비우스(로마의 역사가)도 이 의견에 동조하고 있었다. 그 까닭은, 누군가 로마의 발전에 대한 이야기를 할 때면 그는 반드시 무예의 덕에 대해 이야기하기보다는 언제나 운명을 계산에 넣고 있었기 때문이다.

그러나 나는 아무래도 이 생각에 찬성하고 싶지 않다. 뿐만 아니라 세상 사람들도 이것을 지지한다고 생각하지 않는다. 왜냐하면 로마처럼 발전한 공화국이 오늘날까지 있었다 하더라도 로마 같은 정복력과 훌륭한 제도가 있었던 공화국은 한 번도 존재한 적이 없었기 때문이다. 로마가 영토를 확대한 것은 로마 군대의 용기에 의한 것이며, 점령한 땅을 계속 지배했던 것도, 나중의 논의에서 자세히 설명하겠지만 로마 최초 입법자의 총명한 일처리와 입법자 자신의 행동과 연관이 있었다.

다발적으로 일어나는 참담한 전쟁을 동시에 치른 적이 한 번도 없었던 것은, 로마인의 운이 좋았기 때문이지 그 재능 덕분이 아니었다고 세상 사람들은 말한다. 왜냐하면 로마인이 라티움인과 전쟁을 한 것은 라티움인에게 침략당한 삼니움인을 구해주어야겠다는 생각에서였으며, 또한 맨 처음 라티움

---

1) 고대로마에서 종교와 군사가 혼연일체를 이루었던 것은 이미 아는 바와 같다. 군대가 출진할 때는 야누스 신 앞에 총대장이 기도를 올리고 제물을 바친다. 개선식 때는 군대가 성화를 들고 신들에게 고하는 제를 올린다. 야누스신은 머리 하나에 앞뒤로 두 개의 얼굴을 지닌 신으로 사람의 운명을 관장한다고 믿었다.

인을 굴복시키고[2] 몇 차례나 삼니움인을[3] 토벌한 뒤에야 비로소 토스카나인과[4] 전쟁을 벌였던 것이다. 만일 두 강국이 활발한 기운을 갖고 있었던 시절에 서로 제휴를 했더라면, 로마공화국은 당연히 멸망했을 것이 틀림없다.

어떻든 간에 로마는 지금까지 단 한 번도 격렬한 전쟁을 동시에 벌인 적은 절대로 없었다. 언제나 하나의 전쟁이 시작되면 다른 하나의 것은 끝이 났으며, 또는 하나의 전쟁이 끝나고 나서야 곧 새로운 전쟁이 발발하는 식이었다. 이 점은 로마가 치른 전쟁들을 봐도 알 수 있다. 갈리아인이 로마를 점령하기 전, 로마인이 아에키인과 볼스키인[5]을 상대로 싸울 때 어떤 다른 종족도 로마에 싸움을 걸지 않았다. 이 두 부족은 매우 용맹하여 로마인 이외의 부족은 아무도 그들과 대항하지 못했다. 전쟁이 끝나고 그들이 항복하자 삼니움인을 상대로 하는 전쟁이 다시 시작되었다. 게다가 그것이 처리되기 전에 라티움인이 로마인에게 반기를 들었다. 이 모반(謀反)이 일어나자 당시 로마와 동맹을 맺고 있었던 삼니움인이 군대를 풀어 함께 라티움인의 코를 납작하게 만들고 그 기세를 꺾어버렸다. 그들을 굴복시키자 삼니움인들의 지역에서 또다시 전쟁이 시작되었고 그들의 군세는 수없이 격퇴되었다. 그러자 이번에는 토스카나인을 상대로 한 전쟁이 발발했다. 그때 피로스가 이탈리아로 침입했기 때문에[6] 삼니움인들은 다시 힘을 얻어 토스카나 전쟁

---

2) 라티움인과는 BC 493년 이후 동맹을 파기하고 싸웠으며, 그들을 정복한 것은 338년이다. 제1차 삼니움 전쟁 뒤의 일이다.

3) 제2차 전쟁(BC 343~341)은 삼니움인끼리의 내분에 간섭한 전쟁이며, 그 직후 340년 라티움인이 그들 국민을 습격했기 때문에 그것에 타격을 가했다. 제2차 전쟁에서는(BC 327~304) 나폴리의 로마 식민지를 중심으로 싸웠고, 제3차 전쟁(BC 298~290)은 루카냐인을 구출하고 삼니움인을 토벌한 전쟁이다. BC 295년의 대전에서 패한 삼니움인은 에트루리아(토스카나)인에게 달아났으며, 이에 로마는 에트루리아인과 결전을 치르게 된다.

4) 에트루리아의 라틴 이름. 타르퀴니우스를 대표자로 하는 그들의 로마 지배가 국왕 추방에 의해 철저하게 무너진 뒤에 오늘날의 토스카나 지방에 근거지를 두고 로마와 싸웠다. 그 뒤에 제3차 삼니움 전쟁에 의해 결정적으로 로마 속주의 하나가 된다. BC 294년의 일이다.

5) 갈리아 카살피나, 즉 북이탈리아에 사는 갈리아인이 로마를 함락한 것은 BC 390년이다. 아에키인과 볼스키인이 로마와 싸운 것은 BC 493년이 처음이고, BC 305년에 삼니움 전쟁 때 섬멸당했다.

6) 에페이로스 왕 피로스는 BC 281년에 타렌툼에 상륙하여 로마군과 싸웠다. 이어 장소를 바

이 시작되었다. 피로스가 격퇴당해 그리스로 도망쳐 돌아가자 이번에는 제1
차 카르타고 전쟁의 불길이 오르기 시작한다. [7] 그것이 겨우 끝나자마자 갈
리아인들이[8] 알프스 산맥 양쪽에서 일치단결하여 로마인들에게 반기를 들고
대항하였다. 결국 오늘날의 성 빈센티 탑이 있는 포폴로니아와 피사 사이의
고장에서, 그때까지 한 번도 없었고 그 뒤에도 없을 대학살을 자행하여 그
모반에 종지부를 찍었다. 이 전쟁의 결말을 내린 뒤 로마인들은 20년 동안
이렇다할 전쟁을 겪지 못했다. 그들은 리구리아인이나[9] 롬바르디아에 있었
던 갈리아의 잔당을 상대로 싸웠던 것이 고작이었다.

　이런 상태가 제2차 포에니전쟁까지 이어졌으며, 16년 동안 이탈리아는 전
쟁터가 되었다. 혁혁한 전과를 올리고 이 전쟁이 끝나자 마케도니아전쟁[10]이
일어났다. 이번에는 안티오코스 및 아시아를 상대로 한 전쟁[11]이었다. 이윽

　　꾸어 시칠리아로 쳐들어갔고, 그 뒤 다시 타렌툼에 군대를 파견한다. BC 275년에 베네벤
　　토에서 로마군에 패하여 본국 에피루스(그리스 지역)로 돌아간다. 《군주론》 제4, 6, 17장
　　및 이 책 제3권 제20장 참조.
　7) 본디의 원인은 로마의 동맹군으로서 카르타고가 피로스에 대항하기 위해 수군(水軍)을 타
　　렌툼에 파견했을 때, 로마가 그 진의를 의심한 데에 있다. 그 진의란 말할 것도 없이 아리
　　안 족과 세미트 족과의 항쟁이었으며, 로마의 지중해 패권 수립에 있어서 필연적인 충돌
　　이었다. 시칠리아에서 전쟁이 일어난 것은 BC 264년. 화해를 한 것이 BC 241년이다.
　8) BC 283년 갈리아인 중의 세노네스 족을 무찌르고 베네치아, 세노마니의 두 부족을 제압
　　했으므로 북이탈리아의 갈리아인은 세노마니 족을 앞세워 보이, 아나마니, 인스베르 등등
　　의 여러 부족과 연합하였다. 프랑스에 살고 있는 갈리아 부족들에게도 도움을 청했으나
　　BC 225년에 테라모나에서 로마군과 싸워 패배하였다. 이듬해 로마인은 처음으로 포 강을
　　건너 롬바르디아로 들어가 인스베르 부족을 무찔렀다. BC 222년에 겨우 이 지방은 평정
　　되었으나, 그 뒤 한니발의 알프스 산맥 돌파가 BC 219년에 단행되었고, 제2차 포에니전
　　쟁이 시작되었을 때 또다시 반란이 일어났다. 한니발은 BC 203년까지 이탈리아를 괴롭혔
　　다. 이듬해 자마에서 그는 패배했고, 제2차 포에니전쟁은 이것으로 끝이 난다.
　9) 에스파냐 계통의 갈리아인. 제노바의 포 강 유역에 살고 있었다.
　10) BC 338년 그리스의 여러 도시를 정복하고, BC 216년 칸나에 전투 직후에 국왕 필리포
　　스5세는 한니발과 동맹을 맺고 군대를 일리리아로 진격시켜 그곳을 점령한다. BC 200
　　년, 시리아의 왕 안티오코스3세와 연합하여 이집트 공략전을 일으켜 로마와 충돌. 제2차
　　마케도니아전쟁이 일어난다. BC 197년 키노스 케팔라이의 전투에서 필리포스는 플라미
　　니누스에게 격파당했다.
　11) 시리아의 왕 안티오코스3세(BC 242~187)는 BC 195년에 한니발을 숨겨 두었다. 로마

고 로마는 모든 전쟁에서 승리하여 전 세계 어떠한 군주나 공화국도 자력으로든 동맹으로든 로마인의 군사력에 대항할 수 없는 존재가 되었다.

그런데 이 최후의 승리를 놓고 이 전쟁의 경과와 그들의 전투를 규명해 보면, 단순한 운 때문이 아닌 그들의 뛰어난 실력과 신중함과 행운의 융합이었음을 알게 된다. 그러면 이런 준비된 행운의 원인은 무엇일까? 더 생각할 것도 없이 그것은 자명하다. 그 까닭은 어떤 군주 또는 공화국이 대단히 이름을 날려 가까이에 있는 군주나 국민이 그 공격을 무서워하고 두려워하게 되면, 어지간한 일이 아니면 감히 공격할 생각도 하지 않는다. 이것은 불을 보듯 분명한 일이다. 그러므로 강국은 언제나 자기 뜻대로 상대를 골라가며 이웃나라와 싸우는 것이다. 다른 나라들은 무력으로 억제하고, 다른 한편으로는 상대가 경솔한 행동을 하도록 교묘하게 책략을 부려 아무 어려움 없이 가라앉힐 수 있다. 또 먼 나라에 있는 군주들은 너무 멀리 떨어져 있기 때문에 공격을 받을 걱정이 거의 없다고 보고 안심한다. 그들은 자기들에게 불똥이 튀지 않는 한 깨닫지 못하는 것이다. 그러나 정작 전쟁의 불똥이 튀게 된 경우에는 이미 때는 놓친 것이다. 적은 이미 매우 무서운 세력으로 강해졌고 자기들은 도저히 저항할 수 없을 정도로 약해져 있기 때문이다.

로마인이 아에키인이나 볼스키인을 무찌르는 것을 삼니움인이 손을 놓고 보고만 있었던 것에 대해서는 언급하지 않겠다. 너무 장황하지 않도록 단지 카르타고인에 대해서만 설명하기로 하겠다. 로마인이 여전히 삼니움인이나 토스카나인을 상대로 패권을 다투던 무렵, 이 부족은 이미 강대한 나라가 되어 그 명성이 자자했다. 왜냐하면 그들은 아프리카 전체를, 또한 사르데냐와 시칠리아, 나아가 에스파냐의 일부를 영유하고 있었기 때문이다. 자신들의 세력은 왕성하고, 로마인의 국경으로부터는 멀리 떨어져 있었으므로 로마인이 공격해 오리라고는 한 번도 생각한 적이 없었다. 따라서 삼니움인이나 토스카나인을 도울 생각은 하지도 않았던 것이다. 아니 거꾸로 누구든지 세력이 왕성한 자들과 손을 잡는 것은 당연한 일로 여기고 로마인과 행동을 같이

타도를 늘 계획하다가 마침내 BC 191년에 그리스에 침입했고, 테르모필레 전투에서 카토에게 격파되었으며, 그 뒤 BC 189년(일설로는 BC 190년)에 소아시아의 마그네시아에서 완전히 타도되었다. 18년 뒤에 로마는 마케도니아와 전쟁을 시작하여 BC 168년에 피드나에서 그들을 무찌름으로써 세계 지배자의 지위를 확보했다.

했으며, 그 동맹국이 되어 우호관계의 조성에 노력했다. 그들이 자신의 잘못을 깨달은 것은, 로마가 카르타고 주위에 있는 나라들을 남김없이 정복하고 결국 시칠리아와 에스파냐의 영유권까지 주장하게 되었을 때였다. 갈리아인, 마케도니아의 필리포스, 안티오코스 왕도 같은 잘못을 저질렀다. 이들은 모두 로마 민중이 다른 나라와 전쟁에 빠져 있는 동안에는 다른 나라가 로마를 제압할 수 있을 것이라고, 또 평화에 의해서든 전쟁에 의해서든 로마의 창 끝을 피할 수 있을 거라고 태평하게 믿고 있었다. 그러므로 나는 확신하건대 로마인과 같이 행동하고 또 로마인이 지녔던 것과 똑같은 실력을 갖춘 군주였다면, 누구나 로마인이 가졌던 행운을 붙잡을 수 있었을 것이다.

이쪽에서는 로마인이 다른 나라의 영토를 침입하는 데 대한 방법을 논하는 것이 당연하다고 생각한다. 그러나 이것에 대해서는 이미 여러 군주국에 대한 나의 글[12]에서 길게 설명해 두었다. 그러므로 여기서는 간단히 설명하기로 한다. 그들은 언제나 새 영지에 자기편을 만들어두고 그들을 사다리나 출입구로 삼아 그 지방 안으로 파고들어 그들을 꽉 붙잡아 두었다.

예컨대, 카푸아(이탈리아의 도시)의 주민들을 이용하여 삼니움에 파고들었고,[13] 카메르티움인을 이용하여 토스카나로,[14] 신의 가호를 받는 병사들을 이용하여 시칠리아로,[15] 사군툼인을 이용하여 에스파냐로,[16] 마시니사를 이용하여 아프리카로,[17] 아이톨리아인을 이용하여 그리스로,[18] 에우메네스와

---

12) 《군주론》 제6장 참조.
13) 제1차 삼니움 전쟁은 카푸아의 삼니움인이 로마에 도움을 청해 그 도움을 받은 데에 원인이 있다.
14) 카메르티움(Camertium). 움브리아 지방의 도시. 제2차 및 제3차 삼니움 전쟁에 참가한 뒤, BC 280년 로마에 정복당한 토스카나 지방으로 가는 발판을 제공했다.
15) 마메르티니(Mamertini). 무예의 신 마르스의 아들들이라는 뜻. 캄파니아에서 도망쳐 시칠리아의 메시나를 점령하고 용병(傭兵)부대로서 난폭한 짓을 자행했다. 피를로스에게 제압당했으나 뒤에 로마의 원조를 받아 시칠리아에 군대를 파견하게 된 것이 제1차 포에니전쟁의 발단이 된다. BC 264년의 일이다.
16) 이 책의 제1권 59장 2단의 주 참조.
17) 마시니사(Massinissa BC 239~149). 동(東)누미디아의 마시리국의 왕. 로마의 앞잡이가 되어 제3차 포에니전쟁의 실마리가 되었다.
18) 아이톨리아(Aitolia). 제2차 마케도니아전쟁의 시초인 BC 199년에 로마의 도구로 이용되어 마케도니아 왕에게 대항했다. 뒷날 로마에게 정복당해 복속된다.

그 밖의 군주를 이용하여 아시아로,[19] 마시리아인[20]과 아에데스인[21]을 이용하여 갈리아로 파고든 것이다. 어떤 경우에도 이런 과정에 어려움을 겪는 일 없이 손쉽게 나라를 빼앗거나 그것을 확보했다. 이런 방책을 준수하는 국민은 그것을 소홀히 하는 자들에 비하면 그다지 행운에 의지하지 않아도 되었을 것이다. 그러므로 로마가 그 영지를 손에 넣는 데 있어서 행운보다 무예의 덕을 더 보았다는 것쯤은 누구나 이해할 수 있다. 따라서 다음 장에서는 로마 민중들과 싸움을 벌였던 다른 민중들의 기질, 또 그들이 독립을 유지함에 있어서 얼마나 집요하게 싸웠는지에 대해 설명하기로 하겠다.

---

19) 에우메네스(Eumenes) 2세(BC 198~157). 소아시아 페르가몬의 국왕. 플라미니누스를 도와 나비스를, 스키피오 아프리카누스를 도와 같은 소아시아인 인티오코스3세를 각각 멸망시키는 데 도움을 주었다.

20) 마실리아(Massilia ; 현재 프랑스 남부의 마르세유)의 주민은 BC 153년과 BC 125년에 이웃 갈리아인을 막지 못해 로마인을 불러서 그들을 토벌하는 바람에 갈리아 멸망의 계기를 만들었다. 이 나라만은 오래도록 독립을 유지했으나 폼페이우스 편에 붙었기 때문에 BC 49년에 카이사르에게 공략되었다.

21) 아에데스(Aedues). 갈리아족의 한 부족으로 현재의 리옹을 중심으로 살고 있었다. 그들과의 동맹을 구실로 로마인은 BC 69년 및 BC 65년에 간섭을 한다. BC 52년에 그들의 왕 베르킨게토릭스(Vercingetorix)의 모반을 계기로 카이사르에게 멸망당한다.

제2장
로마는 어떤 민족들을 상대로 싸웠는가

왜 자유나라들은 번영하나

로마인이 주변의 여러 부족, 또는 멀리 떨어진 부족들을 정복하면서 가장 골치를 썩였던 것은, 당시 이들 부족이 대부분 독립심이 강했다는 점이다. 그들은 자기들의 독립을 지키기 위해 매우 완강하게 저항했으며, 이를 압도하려면 세상에 보기 드문 용맹심을 발휘해야 했다. 수많은 전례를 통해 그들이 독립을 유지하거나 회복하기 위해 어떤 위험을 무릅썼는지, 또 그들로부터 자유를 빼앗아간 적에 대해서는 어떠한 복수를 가했는지 알 수 있다. 또한 우리는 역사의 교훈에 의해 예속상태로 추락한 민중이나 국가가 당하는 치욕이 어떤 것인지도 알게 될 것이다.

오늘날에는 자유로운 도시를 갖고 있다고 내세울 수 있는 나라가 단 하나도 없지만, 옛날에는 어느 국가나 이른바 유아독존적인 사람들로 가득했다. 그런 시대에 이탈리아는 롬바르디아와 토스카나로 나뉘는 아펜니노 산맥에서 이탈리아의 끝자락에 이르기까지 토스카나인, 로마인, 삼니움인, 또한 이 나라에 사는 많은 사람들처럼 자유를 누리고 있었다. 게다가 거기에는 로마국왕이나 토스카나왕 포르센나[1] 이외에 어떠한 왕도 있었다는 얘기를 들은 적이 없다. 또한 그 왕가의 혈통이 어떻게 해서 단절되었는지도 분명치 않다. 로마인이 베이에 대해 포위작전을 펴던 무렵에 토스카나는 아직 자유로운 상태였기 때문에 왕이라는 명칭조차 혐오할 정도였음은 아주 분명하다. 방위전을 위해 국왕의 명령을 따르게 된 베이인이 로마인에게 저항하기 위해 도움을 청원했을 때, 토스카나 사람들은 오랜 평의회를 거친 끝에, 베이인이 국왕의 부하가 된다면 지원병을 보내지 않는다는 결정을 내렸던 것이다. 말하자면 토스카나인들은 이미 스스로 자유를 포기하고 왕의 통치를 받

---

1) 이 책 제1권 24장 2단의 주를 참조.

으며 그 멍에에 짓눌려 있는 자들의 조국 따위는 방위할 가치가 없다고 생각한 것이다.

이로써 사람들은 민중 사이에 느껴지는 독립심의 원인이 무엇인지 이해할 것이다. 경험이 말해주듯이 도시가 그 세력과 재산을 늘리는 것은 오로지 그 것이 자유로운 상태에 놓였을 때에 한한다는 것을 우리는 알고 있다. 옛 아테네가 페이시스트라토스의 전제정치에서 벗어난 뒤 100년 동안 거대한 번영에 도달하는 과정은, 보는 사람으로 하여금 끝없는 감탄사를 발하게 했다. 그러나 무엇보다도 놀라운 것은 로마가 그들의 왕을 몰아낸 뒤 커다란 번영에 이르게 된 과정이다.

그 까닭은 쉽게 이해할 수 있다. 즉 개인적 이익이 아닌 공공의 복지야말로 국가에 번영을 가져다주는 것이다. 이 공공의 복지가 오직 공화국에서만 존중된다는 것은 더 말할 필요도 없다. 그곳에서는 모든 자에게 이익이 되는 것이 아무런 방해도 받지 않고 실현된다. 따라서 어떤 방책이 몇몇 개인들에게 손해를 끼치게 되더라도 그 방책의 도움을 받는 사람들이 아주 많으면 손해를 보는 소수가 아무리 방해하더라도 언제나 단호하게 실행된다.

그러나 군주의 통치 아래서는 이와 전혀 반대이다. 군주에게 이익이 되는 일은 국가로서는 해롭고, 국가의 복지는 군주의 개인적인 이익에 해를 끼치기 때문이다. 그렇기 때문에 자유로운 생활 속에서 참주정치가 갑작스레 나타난다. 이 경우 국가가 입는 손해가 가장 작을 때조차도 그 나라의 진보와 발달이 정체된다는 것이다. 이렇게 되면 이미 국력과 국부도 그것을 강화하고 충실케 하는 일이 불가능하게 될 뿐만 아니라, 결국 그 나라는 퇴보하게 된다.

가령 운 좋게 덕을 지닌 참주가 출현하여 그 인덕과 무력에 의해 세력을 키우더라도 국가로서는 아무 도움이 되지 않는다. 오로지 참주 자신만이 성과를 얻을 따름이다. 왜냐하면 덕이 높고 선량한 시민은 한 사람도 남김없이 참주의 통치 아래에서 신음하며, 아무런 명예도 받지 못할 것은 뻔하기 때문이다. 또한 그 참주정치를 펼치는 도시에 대해, 그가 종속시킨 나라들을 복종시키고 조공을 바치게 하는 것은 절대로 불가능하다. 왜냐하면 그로서는 자신의 도시를 강력하게 만드는 일이 이롭지 않기 때문이다. 오히려 나라 안

로마군과 야만족의 싸움. 석관 돌을새김, AD 3세기.
로마군은 야만족을 추적하여 무찔렀다. 로마군의 자
신에 찬 표정, 야만족의 절망적인 표정이 잘 표현되
어 있다.

에 분열과 항쟁을 일으키고, 모든 토지와 모든 속령이 자기만을 주군으로 존
경하게 만드는 것, 즉 그의 정복지가 그의 조국이 아니라 그 자신의 재산이
되게 하는 것이다.[2]

이런 생각을 확립하기 위해 여러 가지 증거를 수집하려는 사람은 다른 것
이 아닌 단 한 가지, 크세노폰[3]의 참주에 대한 논의를 읽으면 된다. 그러면

---

2) 제1단의 이 논의는 이미 설명한 바와 같이 로마인의 군주관, 즉 그 로마인의 국가를 하
　나의 정치적 고향으로 삼는 구미 각국인의 군주관을 밝힌 점에서 중요하다.

고대인들이 참주에 대해 얼마나 깊은 증오를 품고 있었는지, 즉 얼마나 자유

---

3) 크세노폰(Xenophon BC 445~355). 아테네 출생의 무장이며 역사가. BC 394년에 스파
르타군에 종군했다가 아테네에서 추방된다. 뒷날 추방이 해제되어 코린트에 살면서 저
술에 몰두한다. 《향연(饗宴)》이라는 철학적 작품에 이어 쓴 것이 방금 든 참주에 대한
저술 《히에론 또는 국왕의 의무에 대하여》이다. 시라쿠사의 참주 히에론과 시인 세모니
데스의 대화, 참주의 위험성을 읊은 철학적 시이다. 그 밖에 《소크라테스의 변명》 등의
철학서와 아테네의 정치 및 그리스 역사에 대한 저술도 남겼다. 그는 소크라테스의 제
자 가운데 한 사람이다.

로운 삶을 사랑했는지, 또한 단순히 명목뿐인 자유에 지나지 않더라도 얼마나 열망하고 있었는지 알 수 있다. 이것은 의심할 나위 없는 사실이다.

시라쿠사에서 히에론의 손자인 히에로니모스가 암살되는 일이 발생했다.[4] 그 소식이 도시 가까이에 주둔하고 있던 군대에 알려지자, 처음 군사들은 무기를 들고 궐기하여 암살자를 찾아서 죽이려고 일어섰다. 그러나 얼마 뒤에 시라쿠사에 자유가 선포되었다는 이야기를 듣고 나서는, 그 자유라는 이름에 매료되어, 참주를 죽인 범인들에 대한 복수심은 사라지고 오로지 이 도시에 자유로운 정치를 만들어내는 데 몰두했다.

또한 민중이 자기들의 자유를 빼앗은 자들에게 엄청난 복수를 가한다는 사실도 의아하게 생각할 필요가 없다. 그런 실례를 드는 것은 어렵지도 않지만 여기서는 단 한 가지만 언급하고자 한다. 그것은 펠로폰네소스 전쟁 시대에 그리스 도시 코르키라[5]에서 일어났던 일이다. 그 당시 그리스 전역은 두 개의 당파로 나뉘어 있었다. 한쪽은 아테네를, 다른 한쪽은 스파르타를 따르고 있었다. 그 결과 많은 도시들 내에서 한 당파는 스파르타와, 다른 당파는 아테네와 우호관계를 추구하였다. 이러한 와중에 코르키라에서 귀족들이 지배권을 잡고 민중들의 자유를 박탈하는 사태가 발생했다. 그 뒤 민중들은 아테네의 도움을 받아 그들의 지배권을 송두리째 빼앗은 데다 귀족 일당을 모조리 넓은 감옥에 몰아넣었다. 각 나라로 유배한다는 것은 명목일 뿐 사실은 세상에 유례없는 참혹한 형벌을 가하기 위해 한번에 8, 9명씩 끌어내어 사형에 처했다. 감옥에 남겨진 사람들은 자기들을 기다리고 있는 운명을 깨닫고 어떻게든 이 불명예스러운 죽음을 모면하려고 결심했다. 그래서 손에 잡히는 대로 연장을 집어 들고, 감옥으로 들어오는 자들을 공격하여 들어오지 못하도록 방어하였다. 이 소동을 듣고 달려간 민중들은 감옥 지붕을 무너뜨려 안에 있는 자들을 모조리 압사시켰다. 이런 피비린내 나는 사건들은 얼마든지 있다. 이것이야말로 자유를 빼앗긴 자가 빼앗으려 하는 자들에 비해 훨씬 격렬한 대항을 한다는 증거가 된다.

---

4) 이 책 제1권 제58장 1단의 주를 참조.

5) 지금의 코르프 섬. 이 도시가 BC 433년에 코린트와 싸운 것이 대 동란의 실마리가 되었다. 귀족의 과두정치에 대한 반항은 BC 227년과 BC 225년에 일어났다.

고대의 민중들이 오늘날의 사람들에 비해 훨씬 더 격렬하게 자유를 열망한 것은 무슨 까닭에서일까? 내가 보건대 그것은 옛날과 오늘, 두 시대의 교육 차이에 의해 오늘날 사람들의 체력이 옛사람들에 비해 떨어진 것과 관련이 있다고 생각한다. 아울러 현대와 고대 각 시대의 신앙 차이에도 그 원인이 있는 것 같다.

실제로 우리의 종교는 진리와 진실한 삶의 방법을 가르쳐주기는 했지만, 동시에 우리의 눈에 현세에서의 명예는 값어치가 적은 것처럼 느끼게 했다. 그런데 이교도는 거꾸로 현세의 영예를 높이 평가하여, 무장으로서 또 한 나라의 원수(元首)로서 큰 용맹을 발휘했다. 그것은 옛사람들의 제도를 보아도 알 수 있다. 첫째, 우리의 겸허한 미덕과 비교되는 그들의 호화로운 희생제(犧牲祭)를 들 수 있다. 우리의 큰 잔치는 호화롭고 장대하다기보다는 섬세하며, 어떤 기거동작을 보아도 격렬하거나 대담하지 않다. 오히려 고대인들의 종교 의식이 더 성대했으며, 희생제는 삼엄하고도 피비린내 나는 광포함마저 느껴졌다. 많은 짐승들을 죽여 산더미처럼 쌓아 올리는, 온몸에 소름이 돋는 듯한 광경을 보는 동안 사람들의 마음도 그것과 닮아갔다. 고대 종교에서는 현세에서 세운 공에 의해 이름을 떨친 자에게만, 즉 무장 또는 공화국의 원수에게만 축복이 내려졌으며, 그렇지 않은 자들은 받들어 모셔지지 않았다.[6] 그러나 오늘날 우리의 종교는 활동가보다는 겸손하고 명상적인 인물을 더 찬양해왔다. 따라서 우리는 겸허의 덕을 쌓아 인간적인 사물을 가볍게 보거나 냉소적으로 바라보기도 한다. 그런데 이교도들은 이 현세를 위대한 정신력과 강인한 체력, 그 밖에 인간을 더할 나위 없이 강하게 하는 모든 것들의 무대로 만든다.

비록 우리의 종교도 여러분에게 강해지라고 권장하지만, 그것은 강력한 일을 하라는 것이라기보다 인내력을 키우라는 뜻이다.

이런 생활방식에 의해 인간은 점점 더 나약해지고, 세상에는 교활한 자들

---

6) 로마의 종교는 현세적 이익을 촉진하기 위해 초자연적인 힘을 수단으로 삼아 모든 요구의 대상을 신격화했다. 따라서 영웅은 모두 그들을 신들로 모시고 제사지냈다. 라티움인의 시조이자 로마 창설의 실마리를 만든 아이네이아스가 주피터 신으로 로마의 수호신이 되어 카피톨리누스 언덕에 영원히 모셔진 것은 그 뚜렷한 예의 하나이다. 현존하는 지배자를 현신(現神)으로 모시고 제사하는 것은(예를 들면 아우구스투스) 이집트 기타 동양 여러 나라의 사고방식을 받아들인 뒤의 일이다.

고트족의 이동에 따라 다뉴브 강 유역에서 북유럽으
로 전파된 룬 문자와 기사 그림이 새겨진 석판. 스
톡홀름 역사박물관 소장. 고트족은 타키투스 황제
시대(AD 55~120 무렵)에 바이크셀 강 하류에 정주
하던 동게르만계의 부족으로, 410년엔 서고트족 왕
알리릭이 로마시를 점령, 약탈하였다.

이 가득하여 그들은 안심하고 세상을 마음대로 요리한다. 그러나 세상 사람들은 천국에 살기를 바라는 나머지 그들에게 대항하기보다 짓눌린 채 조용히 견딜 뿐이다.

이는 사람들이 우리 종교를 활력이 아니라 나태함의 관점에서 해석해왔기 때문이다. 종교가 바라는 것이 조국의 번영과 방위임을 생각하면, 우리가 조국을 숭상하고 사랑하는 진정성도 이해할 수 있으며, 나아가 조국을 방위할 준비를 해야만 한다는 것도 이해할 수 있기 때문이다.

바로 이러한 잘못된 해석 때문에 교육은 부패하고, 따라서 현대에는 옛날만큼 많은 공화국도 존재하지 않으며, 옛날에 비해 지금은 자유를 사랑하는 마음도 없어졌다. 이렇게 된 것도 내 생각에는 무엇보다 로마제국이 무력과 정복전쟁을 통해, 모든 공화국과 자유로운 정치를 베풀고 있었던 많은 나라들을 멸망시켰기 때문이라고 믿는다. 후일 로마제국 역시 붕괴해 버렸음에도, 그 영토의 일부분을 제외한 다른 곳에서는 도시가 서로 동맹을 맺거나 다시 일어나 평화로운 생활을 즐기지 못하는 실정이다.

어떤 상황에서 도처에서 자기들에게 대항하며 맹렬하게 싸워 자유를 지키려는 모든 공화국을 상대했다. 이런 까닭에 그 보기 드문 용맹함을 자랑하는 로마인도 여러 나라를 한 번도 완전하게 속국으로 만들 수 없었다. 그 한 예로서 삼니움인의 보기를 들면 충분할 것이다. 티투스 리비우스조차 인정하듯이 그들은 경탄할 만한 가치가 있었던 것 같다.

이 민중은 너무나 용감하고 그 군대도 아주 강력했기 때문에 로마인을 상대로 싸우는 동안 초대(初代) 파피리우스의 아들 파피리우스 크루소르 집정관의 대에 이르는 46년의 세월을 보내면서 수없는 손해를 입었고, 모든 도시는 거의 폐허가 되었으며, 국내에서 참담한 패전을 겪었음에도 불구하고 여전히 완강하게 저항할 수 있었다. 예전에는 많은 도시와 수많은 주민에 의해 번영했던 나라, 제도가 정비되고 국력도 있어서 천하무적의 용맹을 자랑했으며, 로마가 최대한의 무용을 발휘하여 공격하지 않으면 타도할 수 없었던 나라가, 지금은 황폐화되어 인적 없는 들판이 된 것을 보면 깊은 감회에 빠지지 않을 수 없다.

옛날에는 힘을 지녔던 제도가 지금은 무력해진 까닭은 짐작하기 어렵지 않다. 사실 그 옛날에는 누구나 자유인의 삶을 영위했지만 지금은 노예생활을 하고 있기 때문이다. 위에서 말했듯이 모든 토지와 모든 나라는 그것이 어디에 있든지 모두가 자유롭게 살았고, 더할 나위 없이 커다란 진보와 발전을 이룩할 수 있었다. 뿐만 아니라 그 옛날에는 결혼도 훨씬 자유로웠다. 또한 너나없이 어린아이를 양육할 수 있었으므로 사내아이의 탄생을 기뻐했고, 그 세습재산이 사라지는 것을 걱정하지 않아도 되었다. 더구나 태어나는 아이는 노예가 아니라 자유인으로 세상에 나와 자신의 능력에 따라 나라의 원수도 될 수 있는 신분이었다. 이런 까닭에 그 시대에는 농사일로 벌거나 손재주로 얻은 부가 여기저기서 증식된 것을 볼 수 있다. 정당한 부를 얻은 뒤에는 그것을 열심히 불릴 궁리를 했던 것이다. 따라서 사람들은 자기의 이익이나 공공의 이익증진에 전념했고, 그것이 서로 상승작용을 하여 놀라운 부를 이루게 되었다.

그러나 노예상태에 있는 나라들에서의 상황은 전혀 반대였다. 억압이 심하면 심할수록 견실한 미풍은 그 고장에서 사라진다. 그 이유는, 첫째로 공화국은 훨씬 영속성을 지니고 있어서 그 억압을 모면할 기회가 적고, 둘째로 공화국은 자기 나라를 강화하기 위해 다른 모든 나라를 약화시키는 데만 힘을 쏟기 때문이다.

여러분을 다스리는 군주는 그런 일을 하지 않는다. 물론 그것이 여러 나라를 붕괴시켜 인간을 마치 짐승의 무리처럼 만든 옛 동양의 군주[7]와 같은 야만족 군주라면 별개지만 말이다. 군주가 다소의 인정이 있고 사물에 대한 분별력이 있다면, 다스리는 모든 도시에 균등하게 자비를 베풀어 자유롭게 일을 시키고 예로부터의 풍습을 지키게 할 것이다. 그렇게 하면 이들 도시는 자유로웠던 옛날만큼 번성하지는 않더라도 그 예속상태가 멸망의 위험성을 지니지는 않는다. 여기서 말하는 예속상태란 한 도시가 다른 나라 사람에게 지배당하는 것을 말한다. 시민 중의 한 사람에게 제압되는 경우에 대해서는 이미 설명한 바 있다.

---

7) 고대 소아시아, 이집트, 시리아 등의 국왕들보다 도리어 5세기의 흉노(사실은 흉노의 세력에 밀려난 우랄산맥 지방의 터키족)와 아틸라, 7·8세기 무렵에 에스파냐를 점거한 이슬람의 우마이야 전·후 왕조의 여러 왕들, 13세기에는 몽골의 원정왕 바투, 그리고 셀주크 및 오스만의 두 투르크 제국의 왕들을 가리킨다.

고트인과의 격전. P. 노바노비츠 그림. 하드리아노폴
리스 전투에서 고트족은 바람처럼 로마군을 덮쳤다.

지금까지 말한 것 모두를 신중하게 규명하려는 사람은, 삼니움인이 스스
로 독립해 있었던 시절에는 강력한 세력을 형성했지만 예속이 되자 단박에
약해진 것을 보아도 조금도 놀라지 않을 것이다. 티투스 리비우스는 이 쇠퇴
과정에 대해 길게 설명하고 있는데, 특히 한니발 전쟁 때의 상황을 설명하면
서 이 점을 확실히 보여주고 있다. 당시 놀라[8]에 주둔했던 군단(軍團)에 난

---

8) 놀라(Nola). 베수비오 산기슭에 있는 도시. BC 314년, 한니발은 이 땅에서 마르켈루스
에게 격파되었다. 티투스 리비우스《로마사》제23권 16장.

폭한 취급을 당한 삼니움인들이 연설가(오라토라)를 한니발에게 보내 도움을 청한 일이 있다고 한다. 그들은 연설을 통해, 자기들은 100년 동안 자국의 장병들로 로마인에게 대항하여 싸웠고 두 집정관의 군대와 민중을 여러 번 물리쳤지만, 오늘날에는 그 힘도 쇠퇴하여 놀라에 있는 로마 군단 하나를 상대로 하는 싸움조차 힘겨운 상태가 되었다고 설명했다.

제3장

로마는 외국인을 받아들이고 명예를 주었기 때문에 강한 도시가

그들을 고위직에 받아들임으로써 위대한 로마가 탄생

"한동안 로마는 알바의 폐허 위에서 번성하였다. [1] Roma interim crescit Albae ruinis." 도시의 영토를 넓히고자 하는 사람은 어쨌거나 그 도시에 주민이 넘치도록 하기 위해 온갖 방책을 강구해야 한다. 왜냐하면 사람이 넘쳐나지 않으면 도시는 결코 커질 수 없기 때문이다. 이것은 두 가지 방법이 있는데, 하나는 사랑에 의한 것이고 다른 하나는 무력에 의한 것이다. 즉 사랑에 의한 방식은, 이주를 희망하는 외국인에게 최대한 문호를 개방하고 신변의 안전을 보장하여 누구나 기꺼이 안주할 수 있게 해 주는 것이다. 힘에 의한 방식은, 근교 도시를 철저히 파괴하여 그곳의 주민을 강제로 도시로 이주시키는 것이다.

로마는 시종일관 이 방법을 충실하게 지켰기 때문에, 6대째 국왕[2]의 시대에는 무기를 들고 싸울 수 있는 사람이 무려 8만 명 이상이나 도시 안에 살고 있었다.

로마가 이렇게 강성하게 된 이유는, 로마인들이 바람직한 농부의 방식을 익히 따르고 있었기 때문이다.

노련한 농부는 묘목을 강하게 키운다. 다 성장했을 때 훌륭한 열매를 맺게 하기 위해 어린 싹을 따내고, 모든 기운을 뿌리에 집중시켜 가지를 튼튼하게 키운다.

---

1) 티투스 리비우스 《로마사》 제1권 30장.

2) 여섯 번째 국왕 세르비우스 툴리우스(Servius Tullius)는 로마의 평민 인구의 증가와 사회적 세력의 증대에 대처하기 위해 자유인은 일정한 자산 표준에 따라 참정권을 얻는 동시에 병역의 의무를 지도록 사회를 재편성하고, 군대의 조직화를 도모했다. 후세의 연구에 따르면 당시 로마의 동원병 수는 1만 8천6백 명 정도였을 것으로 추정하고 있다. 이것이 이른바 툴리우스의 계획이다.

이 방법이 국력을 담당하고 국토를 확장하는 데 필요하고 적절했다는 것은 스파르타와 아테네의 예가 증명하고 있다. 최선의 법률제도와 훌륭한 군사력을 보유하고 있던 두 공화국조차, 질서가 문란하고 국법 역시 적절치 않은 로마제국의 크기에는 다다를 수가 없었다. 그 까닭은 이미 논한 바와 같이, 로마는 위의 두 가지 방책에 의해 인구를 증가시킴으로써 마침내 28만 이상의 군대를 갖추게 된 것에 비해, 스파르타와 아테네는 군사가 2만 명이 넘었던 적조차 없었던 것이다. 이럴 수 있었던 것은 로마의 지리적 위치가 다른 나라들보다 유리했기 때문이 아니라, 단순히 로마의 정책이 그들과 달랐기 때문이다. 특히 스파르타공화국의 창시자 리쿠르고스는 이주민과의 혼합이 자기의 법령을 가벼이 여기는 원인이 될 것으로 생각하여, 외국인과는 전연 교류하지 않도록 만반의 대책을 강구하였다. 결혼과 시민권을 인정하지 않았고, 그 밖에 서로 가까워질 접촉의 기회를 끊어버린 데다, 명령을 공포하여 온 국민에게 가죽화폐를 스파르타의 통화로 지정하였다.[3] 이는 외국 상품이나 기타 수공예품을 수입할 마음을 아예 꺾어버림으로써 인구증가를 막기 위한 것이었다.

우리 인간의 행동은 모두가 자연의 모방에 지나지 않는다. 그런 관점으로 보면 빈약한 줄기는 잘 자란 가지를 지탱하지 못한다. 그러므로 작은 공화국은 자기 나라보다 강대한 도시를 정복하여 지배할 수 없다. 가령 운 좋게 손에 넣더라도 줄기보다 가지 쪽이 커져서 어지간한 노력으로는 그것을 지탱하지 못하며, 작은 바람에도 쓰러지는 나무와 똑같은 운명을 맞이하게 된다. 스파르타가 그리스 전체 도시를 지배권 아래 두었으면서도, 테베가 그 멍에를 벗어나자 단번에 모든 도시가 들고 일어나 반기를 들었던 사태가 이를 충분히 입증하고 있다. 그리하여 그 나무는 줄기만 오도카니 남고 가지는 모조리 잘린 셈이 되었다.[4] 그러나 로마는 단 한 번도 이런 비운을 만난 적이 없

---

3) 스파르타는 이미 알다시피 지배자인 스파르타인의 10배에 이르는 노예와 4배에 이르는 변경지역 주민과 자유민, 그리고 상공업자 등을 제압하여 나라를 세웠다. 때문에 그 변경 지역 주민의 세력 신장을 막을 목적으로 이런 제도를 시행한 것으로 전해진다.
4) BC 404년 스파르타는 이란의 황금을 배경으로 아테네를 굴복시켰지만 그 전횡 때문에 BC 371년 테베의 장군 에파미논다스에게 격파당해 몰락했다.

었다. 그들의 줄기는 아주 튼튼하였으므로 더할 나위 없이 번창한 잔가지들을 가볍게 지탱하고 있었다.

이러한 방식은 아래에서 논의될 다른 방법들과 함께 로마를 역사상 다시 없는 융성의 시기로 만들었다. 그동안의 사정은 티투스 리비우스의 말을 통해 어느 정도 짐작할 수 있다. 즉 "한동안 로마는 알바의 폐허 위에서 번성하였다."

제4장
대국이 되기 위한 공화국의 3가지 정책

영토확장을 위한 세 방법

고대사를 살펴보면 공화국이 대국이 되기 위해 3가지 정책을 채택했음을 알 수 있다. 그 하나는 고대 토스카나에서 볼 수 있듯이 수많은 공화국이 동맹을 맺어 각 나라가 서로 평등한 권력을 가지는 것이다. 그리고 오늘날 같으면 스위스, 옛날 같으면 그리스에서 아카이아[1]가 아이토리아인을 평정했듯이 한 나라의 정복전에 동맹을 맺은 다른 여러 나라가 참가하는 것이다. 로마인은 토스카나인을 상대로 여러 번 전쟁을 했는데, 이 첫 번째 정책을 충분히 이해하기 위해서도 이 민중에 대해 다소 자세히 설명하기로 하겠다.

로마인이 이탈리아 안에서 영토를 확장하기 전에는 토스카나인이 바다와 육지 두 방면에서 두드러진 강자였다. 그 전투에 대해 특별한 기록이 남아 있지 않지만, 그 융성함을 짐작케 하는 약간의 유적과 기록은 아직도 남아 있다. 알다시피 그들은 북쪽 해변에 식민지를 만들어 아드리아라는 이름을 붙였는데 그 도시가 매우 유명해지자 바다에도 같은 이름을 붙였고, 라티움인조차 그것을 아드리아 해라고 부르게 되었다. 뿐만 아니라 그들의 군대가 티베리우스 강에서 알프스 연봉 기슭에 이르는 땅, 즉 현재의 이탈리아 전역을 포괄하는 지역을 복속시켰던 것도 무시할 수 없다. 그럼에도 불구하고 로마인들의 힘이 강성해지기 200년 전에 토스카나인은 오늘날 롬바르디아라고 불리는 땅을 갈리아인에게 빼앗겼다. 갈리아인은 그 땅의 과실, 특히 그곳의 달콤한 술맛에 이끌려 그들의 우두머리인 벨로베수스[2]의 통솔 아래 이탈리

---

1) BC 280년 무렵부터 BC 146년에 로마에 의해 멸망할 때까지 펠로폰네소스의 12개 도시가 결성한 동맹.
2) 벨로베수스(Bellovesus). 갈리아족의 하나인 비텔게스족의 우두머리. 오늘날의 루아르 강과 가론 강 유역에서 살았다. 그들이 이탈리아에 침입한 것은 BC 587년의 일. 현재의 밀라노(당시 메디올라눔)를 건설했다. 자세한 것은 티투스 리비우스 《로마사》 제5권 34장.

아에 침입하였던 것이다. 그들은 그 고장 주민을 죽이거나 쫓아낸 뒤, 그곳에 정착하여 많은 도시를 다스렸으며, 그 땅을 당시 그들의 이름 그대로 갈리아라고 불렀다. 이 지명은 로마인이 그들을 정복할 때까지 남아 있었다.

이리하여 토스카나인은 모든 것이 평등한 생활을 영위하며, 앞에서 설명한 것처럼 첫 번째 정책에 따라 번영을 가져올 수 있었다. 그 중에는 키우시, 베이, 피에솔레, 아레초, 보르텔라 등 12개 도시들이 있었다. 이들은 동맹의 방법으로 그들의 제국을 통치하였다. 그 동맹은 이탈리아 밖으로 나갈 수 없었고, 심지어 이탈리아 내의 대부분 지역도 손대지 못한 채 남겨 두었다. 그 이유는 아래에서 설명하겠다.

공화국이 영토를 확장하는 두 번째 정책은 불평등 동맹을 맺는 것으로, 동맹 내에서 명령권을 장악하고, 권한을 행사할 수 있는 자격과 업적에 따른 명성을 독차지할 권리를 보유한다. 이것은 로마인이 늘 채택했던 정책이다.

세 번째 정책은 다른 나라를 동맹국이 아니라 직접 속국으로 만드는 것인데, 이는 스파르타인과 아테네인이 사용한 정책이다.

이 3가지 정책 가운데 마지막 것은 아무런 이익도 가져다주지 않는다. 그것은 위에서 언급한 두 공화국의 예가 충분히 증명하고 있다. 그 나라들이 멸망한 원인은 다름아닌, 자기네 국력의 한도를 넘어선 정복을 시도했기 때문이다. 지금까지 자유로운 생활에 익숙해져 있는 도시를 무력으로 다스리는 것은 참으로 어려운 일이다. 여러분이 언제나 활이나 화살을 잡고 수많은 대군으로 수비하지 않는 이상, 상대에게 뭔가를 명령하거나 복종시킬 수는 없다. 만일 여러분의 군대만으로 이런 일을 할 수 없을 때는, 여러분은 우군(友軍)을 갖추고 그 힘을 빌려 도시 주민의 수를 늘려야 한다. 위에서 말한 두 도시는 그 어느 정책도 강구하지 않았기 때문에 결국 멸망했고, 두 번째 예로 든 로마는 그 두 가지 정책을 실제로 썼기 때문에 그처럼 호화로운 세력을 얻은 것이다. 더욱이 로마만이 그런 행동을 취함으로써 유일하게 강대한 도시가 되었다.

로마는 이탈리아 전역에 걸쳐 수많은 동맹도시를 만들고, 그 도시들에 대해 여러 가지 형태로 자기 나라와 같은 특권을 주었다. 그러나 반면에 위에서 설명했듯이, 로마는 언제나 도시의 권한을 행사하는 지위와 명령은 자기 손에 쥐고 있었다. 즉 통치자라는 명함을 갖고 있었던 것이다. 따라서 동맹국들은 자신들도 알지 못하는 사이에 로마에 복속되었다. 그들이 피땀 흘려 손에 넣는 것은 자신들의 머리 위에 떨어지는 억압의 멍에뿐이었던 것이다. 즉, 로마는 이탈리아 밖으로 군대를 보내기 시작하여 여러 왕국을 속령으로 삼았으며, 그때까지 국왕의 지배하에 익숙해져 신민이 되는 것을 꺼리지 않는 사람들을 그 속령민으로 삼았던 것이다. 그 이후부터 그 신민들은 로마의 대리인에 의해 통치되었고, 로마인의 이름을 붙인 군대의 지배를 받게 되어, 로마인 외에는 우수한 인간이 없다고 여기게 되었다. 그때까지 로마를 우방으로만 생각했던 이탈리아 민중들도 로마 국민이 어느새 자기들의 주위를 에워싸고 있는 상황을 보게 되자, 한편으로는 로마의 한없는 위대성을 절실하게 느끼지 않을 수 없었다. 하지만 그들이 속임수 아래에서 살아왔음을 깨달을 무렵에는 이미 때가 늦어서 돌이킬 수 없는 지점에 와 있었다. 외국 속령들을 거느린 로마의 권력은 매우 강대했고, 도시도 무척 커진데다 무력 또한 강해져서, 그 위세는 도저히 대항할 수 없는 상태, 즉 감히 맞서 싸울 수 없는 상태가 되어 있었던 것이다. 이후 몇몇 동맹국들이 자기가 입은 상처에 대해 보복을 하려고 들고 일어나지만 그들은 단시일 내에 전투에서 패배하였고 그들의 처지는 더욱 악화되었다. 왜냐하면 전쟁 전까지는 동료였지만, 그때 이후로는 로마의 부하가 되어버렸기 때문이다.

위에서 설명한 것처럼 로마인만이 이러한 정책을 채용했다. 대국이 되고 싶다면 어떤 공화국도 이러한 정책을 써야 한다. 경험상 이보다 더 확실하고 적절한 정책은 보지 못했기 때문이다.

토스카나인, 아카이아인, 아이톨리아인, 나아가서는 오늘날 스위스인이 채택하고 있는 동맹정책은 로마인이 채택한 방식의 차선책이라 할 수 있다. 이 방식을 통해 강대국으로 성장할 수는 없지만 두 가지 좋은 결과를 얻을 수 있다. 첫째로는 어느 누구도 섣불리 여러분을 상대로 싸울 수 없다는 것이며, 둘째로는 얻는 이익도 적은 관계로 그걸 갖고 있는 데도 그다지 노력이 들지 않는다는 점이다.

대국이 될 수 없는 이유는 하나의 공화국이 분리되어 있기 때문이다. 때문에 지방에서 쉽게 모여 의견을 제출하거나 결정할 수 없으며, 그로 인해 영토욕은 더욱 줄어든다. 왜냐하면 영토를 획득하더라도 동맹자끼리 분배하기 때문에 단지 한 나라가 그 전과를 독식하는 경우보다 훨씬 열의가 줄어드는 것이다. 가령 동맹이 하나의 평의회를 가지고 있어서 그것에 의해 통치되는 경우에도, 같은 나라 안에 살고 있는 민중의 평의회보다 의견이 신속하게 통합되는 예는 절대로 있을 수 없다.

경험상 이런 조직에는 자연적 한계가 있어서 그것을 초월하여 영토를 확대한 예가 없다는 것도 알고 있다. 여기에는 많아야 13, 4개의 작은 나라가 동맹을 맺으면 된다. 그 이상 확대할 필요는 없다. 그 까닭은, 각 나라가 충분히 안전을 지킬 수 있는 정도가 되면 더 이상 영토를 넓힐 필요도 없는데다, 정벌해봐야 무익하다는 것을 알고 있으므로 영토욕을 느끼지 않기 때문이다. 그 이유는 위에서 말한 바와 같다. 그런 나라들은 둘 중의 하나를 택해야 한다. 그 하나는 자신들을 위해 가맹국을 계속 확대해 나가는 것인데, 그렇게 동료가 불어나면 동맹에 대립이 생겨나기 마련이다. 다음은 속국을 만드는 일인데, 이 두 번째 정책은 그리 효과가 없음에도 매우 어려움이 따르는 일이어서 아예 논쟁거리가 되지 않는다.

그런데 동맹을 만드는 인원수도 꽤 많고 충분히 안전한 생활을 할 정도라면 그들이 채택할 정책은 두 가지가 있다. 그 중 하나는 지휘책임을 인수하여 보호권한을 장악하고 쉽게 분배할 수 있도록 돈을 각 방면에서 모으는 것이고 다른 하나는 다른 나라를 위해 전쟁을 하거나, 오늘날의 스위스인처럼 곳곳의 군주들에게 고용되어 보수를 받거나, 아니면 방금 말했듯이 동맹과 똑같은 정책을 시행하는 것이다. 티투스 리비우스는 다음과 같이 설명하여 그 실례를 제시하고 있다.

마케도니아 왕 필리포스가 티투스 퀸티우스 플라미니누스를 상대로 교섭하게 되어 아이톨리아 행정관 앞에서 화평 이야기를 진행시킬 때였다. 필리포스는 아이톨리아인이 탐욕이 많고 충실하지 않으며, 한편에선 나라의 앞잡이가 되어 있으면서 그와 동시에 그 나라의 적국에 후원군을 보내고도 그것을 조금도 수치로 생각하지 않는다고 비난하였다. 따라서 대치하고 있는 두 진영에 모두 아이톨리아인의 깃발이 나부끼는 결과를 초래했다고 그 행정관에게 책망하였다.[3]

---

3) BC 197년에 키노스 케파라이 전쟁 직후의 일이다. 티투스 리비우스의 원문에는 Quinctius Flamininus가 아이톨리아의 탐욕을 책망했다는 말로 되어 있다.

그러나 동맹이란 언제나 이런 정책을 취하며, 세상 사람들은 그 결과가 항상 같다고 생각하지는 않는다. 또한 정복한 땅을 속령으로 삼는 것은 언제나 어리석은 정책에 지나지 않으며, 빈약한 결과밖에 얻지 못한다는 것은 뻔한 이야기이다. 그러므로 이 정책을 채택하는 나라들이 그 한계를 돌파하는 경우 대번에 멸망의 구렁텅이에 빠지게 된다.

게다가 무장한 공화국에 이런 정책이 무익하다면 무기를 갖추지 못한 나라들에는 더더욱 필요가 없다. 현재 이탈리아 공화국의 모든 것이 그 좋은 예이다.

그러나 로마인들은 틀림없는 길을 걸어왔다. 그것이 얼마나 멋진 행위였는지 그 당시까지는 아직 전례가 없었으며, 로마가 멸망한 뒤에도 그와 같은 정책은 동일하게 펼친 나라는 없다. 동맹에 관해서 그들을 모방한 것은 오직 스위스 여러 나라와 슈바벤 도시동맹[4]뿐이었다. 이 논의의 끝에서 논의할 것이지만[5] 로마에 제정되었던 주목할 만한 제도, 나라 안팎으로 모든 것과 관련된 제도도 오늘날의 세상 사람들은 그 모범이라 여겨 따르지 않을뿐더러 도리어 동전 한 푼의 값어치도 없다고 생각하며, 전혀 당치도 않은 이야기거나 쓸데없는 것으로 본다. 그리하여 이것을 전적으로 등한시하기 때문에 모두가 이 나라에 침입하려는 자의 먹이가 되고 만다.

로마인을 모방하는 것이 번거롭게 느껴지더라도 고대 토스카나인 모방은 현대 토스카나인에게 어려워 보이지 않아야 할 것이다. 왜냐하면 앞에서도 말한 것처럼 현대 토스카나인들은 로마와 똑같은 영토를 가질 수는 없을지라도, 적어도 그들이 이어받은 정책에 의해 이탈리아 안에서만이라도 세력을 뻗을 수 있기 때문이다. 토스카나는 오랫동안 그 빛나는 권위와 무력, 나아가서는 그 풍습과 신앙에 의해 태산 같은 반석 위에 올라 있었다. 그 힘과

---

4) 13, 4세기에도 존재했는데 특히 1488년 2월 4일에 성립된 슈바벤 지방의 22개 시와 4개의 공작령, 백작령의 동맹을 가리킨다. 1만 2천 명의 보병과 1천2백 기의 기마병을 공작령, 백작령에서 제공했다. 자금은 22개 시가 함께 부담하여 세력을 과시했으나, 종교개혁에 관하여 내부분열이 일어나 1534년 2월 2일에 붕괴되었다. 참고로 유명한 한자동맹은 당시 이미 네덜란드 방면의 신흥세력에 눌려 옛 모습이 사라져 마키아벨리의 주의를 끌지 못했다.

5) 이 책 제2권 제32장 참조.

영광은 첫째로는 갈리아인에 의해 빛이 바랬고, 다음은 로마인에 의해 꺼졌다. 게다가 완전히 소멸되었기 때문에, 결국 2천 년의 세월이 흐른 오늘날에는 아무리 토스카나인의 세력이 컸다 하더라도 추억담의 끝자락에 간신히 남아 있을 뿐이다. 이런 식으로 잊혀진 것을 보면 그 원인이 어디에 있는지 생각해보지 않을 수 없다. 그에 대해서는 다음 장에서 논하고자 한다.

제5장

홍수와 페스트, 종파와 언어 변화가 역사의 기록을 파괴한다

세계는 영원한 것인가

유구한 옛날부터 세계는 존재했다는 철학가들[1]의 주장에 대해 나는 이렇게 말하고 싶다. 만약 고대의 문물들이 옳은 것이라면, 인간들에 의해 지워진 일부와 신의 의지로 야기된 다양한 원인들에 의해 지워진 일부는 예외로 하더라도, 5천 년 이상 된 과거의 기록이 존재하고 있어야 하는 것이 이치에 맞는다고 말이다.

인간의 일이란 종지와 말이 바뀐 것이다. 새로운 종지, 즉 신흥종교가 출현할 때 가장 먼저 하는 일은 자기의 영향력을 생각하여 예전 종교의 숨통을 끊는 것이고, 이것은 새 종지의 성직자들이 새로운 말을 쓰면 가볍게 없애버릴 수 있는 것이다. 이것은 그리스도교가 이교도에 대해 보였던 태도를 생각해보면 금방 알 수 있다.

그리스도교는 이교도의 모든 제도와 의식, 나아가서는 고대 신학자의 기록까지 모조리 말살해버렸다. 사실 그리스도교가 성취한 일이라면 이교도 중의 탁월한 사람들에 대한 추억까지 깡그리 소멸시킨 것이다. 이런 일을 할 수 있었던 것은 자기보존의 필요상 라틴어를 구사하여 이것에 의해 새로운 계율을 썼기 때문이다. 그들은 완전히 새로운 언어로 그것을 썼고, 한편으로는 이교도를 박해하고 멸망시켰으므로 사람들은 옛일에 대해 한 조각의 기록조차 남기지 못했던 것이다.

성[2]와 그리스도교의 다른 고위 성직자들이 채택한 방법을 규명해 보면,

---

1) 구약성서를 방패로 삼은 중세 및 중세기적 이론가.
2) 성 그레고리오(San Gregorio ; Gregorio Magnus 540~604). 590~604년까지 교황 자리에 있었다. 승전령(承傳領) 관리에 솜씨를 발휘하여 훗날 교황국의 기초를 쌓은 사람으로 브리타니아 섬(지금의 영국)을 개종시켰고, 국내 이교도 개종에도 열중하여 교리와 제전에 관한 많은 저술을 남겼으며, 가톨릭교회의 이론적, 실천적 법전을 만들었다.

모든 고대의 기억을 철저하게 탄압한 것에 놀라지 않을 수 없다. 시인과 역사가들의 작품을 불살라 없애고, 초상들을 파괴했으며, 그 밖에 고대를 연상시키는 물건은 뭐든지 없애버렸다. 거기에 새로운 언어가 이 박해에 가세함으로써 매우 단시일 내에 모든 것이 망각되었던 것이다.

한편, 그리스도교가 이도교에 대해 행한 일은 그 이도교가 전에 있었던 다른 종파에 대항하여 행했던 일과 같은 것이었다. 그러한 종교는 5, 6천 년 동안 두세 차례 변혁되었으므로 이전에 일어난 일들의 기록이 소멸된 것도 전혀 이상한 이야기가 아니다. 가령 그 중에 몇 가지가 남아 있다 할지라도 매우 정확하지 않은 것이어서 전혀 믿을 수 없다고 한다. 시칠리아의 디오도로스[3]가 쓴 역사서의 운명이 그러한데, 이것은 4, 5천 년 동안의 사건을 기술한 책이지만 일반적으로는 거짓 이야기로 가득 차 있다고 여겨지며, 나 자신도 세상 사람들과 똑같이 그렇게 생각하고 있다.

여기서 하늘이 내리는 일이란 각 나라들을 황폐화시킨 천재(天災)를 가리킨다. 이 세계 어떤 지방의 주민들 수를 급격하게 줄여 버리는 페스트, 기근, 홍수 등을 말한다. 특히 홍수는 무엇보다 처참한 결과를 초래한다. 왜냐하면 그 피해가 미치는 범위가 넓은데다 난리를 피할 수 있는 사람들은 대체로 비천한 산동네 주민들이어서 고대(古代)에 관해서는 아무것도 모르고, 따라서 자손들에게 그 회고담을 전해줄 수 없었기 때문이다. 게다가 그들 중

---

3) 디오도로스(Diodoros). 카이사르 및 아우구스투스와 같은 시대에 시칠리아의 아기리움(지금의 산 필리포 다지로)에서 태어난 그리스의 역사가. 그가 살아 있을 때는 전혀 이름이 알려지지 않았다. 아시아·유럽의 두 지방을 여행하고, 그리스 및 로마의 사적을 찾아보고 30년 동안의 연구생활의 성과로서 《사적유취》 40권을 만들었다. 그 뒤 180년에 올림피아 즉 카이사르의 갈리아 정벌까지의 만국사를 편찬했으나 현재 15권만 남아 있다. 자료는 풍부하고 연구방법이 매우 실증적이다. 로마·그리스 역사가들의 폐습인 공허한 말들을 배제했고, 그리스도교 신앙과는 관계없는 입장에 서 있기 때문에 교회의 이론가들은 거의 모두가 그를 배격하고 있다. 그러므로 마키아벨리는 여기서 특히 통설에 찬성하는 뜻을 나타내 《로마사 이야기》의 내용을 알고 있는 클레멘스 7세의 마음을 누그러뜨렸다. 그것은 어떻든 간에 디오도로스의 역사서는 구약성서를 통한 유대사상의 제약을 받지 않은 고대사로서, 그리고 고대인의 생활 전반에 걸친 자료를 제공하고 있다는 점에서 오늘날 특히 주목받고 있다.

에 고대 문물에 대한 지식을 가진 사람이 살아남았다 하더라도, 그는 명성과 평판을 얻기 위해 자신에게 적합한 형태로 고대의 지식은 감추고 자기 멋대로 전승을 개작하거나 자기가 써 남기는 추억담 외에는 아무것도 후세에 전해주려 하지 않는다.

지금까지 이런 홍수와 페스트, 기근 등이 여러 차례 맹위를 떨치기는 했지만, 그렇다고 해서 역사라고 하면 무조건 재해의 역사이고, 또 그렇게 되는 것이 세상의 이치라고 나는 생각하지 않는다. 왜냐하면 자연이라는 것은 그야말로 원소(元素)와 같은 것으로, 그 속에 잡스러운 것이 들어 있으면 자동적으로 몇 번이고 같은 운동을 되풀이하여 이를 제거하여 몸을 정상 상태로 회복시키기 때문이다. 일반인들이 뒤섞여 구성하고 있는 단체에 있어서도 마찬가지이다. 그것은 여러 나라의 주민으로 가득 차 있어서 먹을 것이 어디에도 없고, 다른 나라에도 주민으로 가득 차 있어서 똑같이 먹을 것이 없는 경우, 또한 사람들이 지나치게 광포하고 간악한 경우에는 세상은 필연적으로 3가지 천재 가운데 한 가지를 이용하여 정화작용을 거치게 된다. 그리하여 사람들은 천재의 타격을 받아 적은 인구만 남게 되고, 따라서 생활도 보다 편해지고 더 성장해 나갈 수 있게 된다.

위에서 말했듯이 토스카나는 당시 이미 강대했고 신앙심도 두터웠으며 무용의 영예도 높았다. 그 나라는 고유의 풍습과 모국어를 사용하고 있었으나 그 모든 것은 로마 세력에 의해 소멸되었다. 결국 이미 말한 것처럼 단지 이름만이 그 나라의 추억으로 남아 있을 뿐이다.

제6장
로마인들의 전쟁

전쟁은 이익을 위한 수행

로마인이 영토확장을 위해 어떤 일을 했는지는 이미 설명했다. 이제부터는 그들이 전쟁에 임하여 어떻게 행동했는지에 대해 이야기하고자 한다. 그러면 그들의 일거일동이 모두 융성의 영역에 이르는 길을 개척하기 위해 얼마나 신중했으며, 또 다른 민중이 일반적으로 사용하는 정책과는 어떻게 다른 방법으로 일을 진행시켰는지 충분히 입증할 수 있다.

자발적이든 야심 때문이든 전쟁을 하는 것은 정복하여 영토를 얻고, 또한 그것을 확보하여 부유해짐으로써 정복지와 본국 모두 쇠망하지 않도록 하기 위해서이다. 그러므로 정벌하는 중에도 또한 영유하고 있는 동안에도 돈을 낭비하지 않고 적극적으로 공공의 복지 증진에 충당하는 것이 무엇보다 긴요하다. 이런 것들을 모두 실현하고 싶다면 로마의 방법과 양식에 따라야 한다. 그것에 따르면 전쟁을 할 때는 프랑스인들이 말하듯이 기간은 짧게, 그리고 규모는 크게 하는 것을 원칙으로 한다. 로마인들은 야전에 있어서는 대군을 통틀어 임하여, 모든 전쟁을 가능한 한 짧은 시간에 끝냈다. 리티움인, 삼니움인, 토스카나인을 상대로 한 전투에서 그 예를 볼 수 있다. 로마 건국 무렵부터 베이 공격에 이르는 동안의 전쟁을 하나하나 규명해 보면 모두가 6일, 10일 길어도 20일 정도에서 끝냈음을 알 수 있다. 그들은 언제나 전쟁의 불길이 오르자마자 군세를 이끌고 적지로 돌진하여 그 자리에서 바로 승패를 결정해 버렸다. 로마가 승리하였을 때, 상대는 자기 나라가 완전히 황폐해지는 것을 막기 위해 협상을 제의하였고, 로마인은 언제나처럼 영토를 요구하여, 그것을 사유화하거나 식민지[1]로 취급했다.

그러면 그 땅은 패전국의 국경에 있으므로 로마 변경의 방위를 굳히는 장

---

1) 이에 관하여는《군주론》제3장,《피렌체사(史)》제2권 첫머리, 이 책 제1권 37장 참조.

소가 되어 비용을 들이지 않고 방위할 수 있으므로 로마의 공익에 보탬이 되고, 그 땅을 소유한 이민자들에게도 큰 이익을 주었다. 이보다 확실하고 공고하며 유리한 정책은 없을 것이다. 왜냐하면 적이 야전을 걸어오지 않으면 수비만으로 충분하고, 만일 상대가 대군을 이끌고 이 식민지를 포위 공격하더라도 로마군은 그에 못지않은 대군을 내보내 전쟁에 참가할 수 있기 때문이다. 또 전쟁에 이기면 로마인은 더욱 가혹한 조건을 내걸고 적국의 중심부로 돌진하였다. 이렇게 한 발짝 한 발짝씩 적의 세력에 대한 향도력을 강화하여 자국의 세력을 증대시켰다.

이 방침은 베이 함락에 의해 전법이 바뀔 때까지 계속해서 채용되었다. 로마는 베이 공격 때 처음으로 장기전에 대비하기 위해 장병들에게 급료를 지급하도록 명령했다. 그전까지는 전쟁이 단시일에 끝났으므로 그럴 필요가 없었다. 로마인이 급료를 주는 일에 찬성해 전보다 더 오랜 기간 전쟁을 할 수 있었고, 그 덕에 먼 적지까지 군병을 깊이 진격시킬 수 있었다. 그래도 때와 장소가 허락하는 한 재빠르게 승부를 내는 전법은 한 번도 바꾼 적이 없었고, 정복지에 이민자를 보내는 방침도 결코 수정하지 않았다. 전쟁을 단시일에 끝내는 로마인들의 규칙은 그들의 습성에 의한 것뿐만이 아니라 집정관들의 야심에 의해서도 계속 준수되었다. 이 관리들은 겨우 1년의 임기를 가지고 있었고 그 1년의 반은 로마에 있어야 했으므로, 어떻게든 빨리 전쟁을 마치고 로마로 돌아가 개선식을 올림으로써 자신의 체면을 살리고 싶어 했다.

로마인들이 식민지에 이민을 보내는 관례도 사실상 거기서 얻는 이익이 측량할 수 없을 만큼 많았기 때문에 존속되었다. 노획물의[2] 분배에 있어서도 많은 변화가 생겨 건국 당시만큼 성대한 잔치를 베풀지도 않게 되었고, 무엇보다 장병들에게 급료를 주게 됨으로써 그럴 필요도 없어졌다. 또한 노획물이 점점 막대한 양으로 불어나자 그것을 국고에 수납하기로 결정하고, 그때 도시에 바치는 연공(年貢)으로 전쟁비용을 충당하기로 했다. 이러한

---

2) 로마 건국 당시에는 노획물이 공유물로 간주되어 전쟁이 끝난 뒤에는 그것을 평등하게 분배했다. 그 효용에 대해서는 《병법7서》 제5권 참조.

제도 덕분에 국고는 눈 깜짝할 사이에 막대한 부를 쌓을 수 있었다. 이렇게 패전국으로부터 얻은 노획물을 분배하는 것과, 적지에 이민을 보내는 두 가지 정책을 실천했기 때문에 전쟁은 로마인에게 큰 부를 쌓는 사업이 되었다.

반대로 많은 경솔한 군주와 공화국에 있어서는 가난해지는 원인이 되었다. 이것이 더욱 심해져 마침내 어떤 집정관은 패전국에서 수많은 금과 은 그리고 전리품을 가져와 국고를 가득 채우지 않으면 명예를 받을 자격이 없다고까지 생각할 정도였다.

이렇게 로마인은 전쟁을 눈 깜짝할 사이에 끝낼 뿐만 아니라, 그런 전쟁을 오랫동안 끊임없이 되풀이하여 적의 국력을 약화시키고 그 군대를 무너뜨려 영지를 황폐화시킨 다음, 유리한 약정을 체결하여 부를 계속 쌓아감으로써 더욱 강대해졌다.

제7장
식민지 이주자에게 얼마나 많은 땅을 나누어주었나

식민지를 유지하는 방법

로마인이 이민에게 어느 정도의 토지를 나누어 주었는지에 대해서는 진상을 알기가 매우 어렵다. 이민을 보내는 곳에 따라 땅이 넓거나 좁은 차이가 있었을 것이 분명하기 때문이다. 그러나 그 사정이나 토지의 형편이 어쨌든 분배가 매우 검약했을 것으로 짐작되는데 그 이유는 다음과 같다. 첫째는 이민자가 대리인이 되어 그 나라의 방위를 책임지도록 했으므로 가능한 한 많은 사람들을 보내기 위한 분배가 이루어졌다는 점이다. 둘째는 그들이 원래 자기의 고향에서는 가난하게 살았으므로, 외국에서 여유 있는 생활을 할 수 있도록 분배할 의사는 없었을 것이라 생각했다.

티투스 리비우스의 말에 따르면[1] 베이를 점령한 뒤에 그 지역에 이민자를 보냈고, 1인당 3유게라 7웅키아에, 즉 현재의 척도로 말하면 총체적으로 10만 3천2백 평방 피에데(로마 자)를 분배한 것으로 보인다. 위에서 말한 이유 외에 그들은 넓은 토지보다는 좁아도 경작만 할 수 있으면 그것으로 충분하다고 생각하였다. 따라서 이민들은 한 사람도 남김없이 국영 농지에서 살며, 누구나 가축을 사육하거나 난방용 장작을 벌채할 수 있도록 대책을 세워줄 필요가 있었다. 그렇게 하지 않으면 이민자들은 정착하여 살 수가 없다.

---

1) 티투스 리비우스 《로마사》 제5권 30장. 예컨대 12웅키아에는 1유겔룸이고, 그것은 약 2만 8천8백 평방 피에데에 해당한다. 피에데의 길이는 소아시아를 비롯하여 지방과 시대에 따라 일정하지 않다. 근대 로마에서는 0.297m, 따라서 1유겔룸은 약 25.92아르가 되며, 분배지의 면적은 10만 3천2백 평방 피에데, 즉 약 92.88아르가 된다.

야심욕 정복욕

로마인이 취한 전법이나 토스카나인이 갈리아인을 공격할 때 취한 전법에 대해서는 이미 설명했으므로, 여기서는 전쟁에 본디 두 가지 종류가 있다는 것에 대해 논하도록 하겠다.

그 첫 번째 형태의 전쟁은, 예컨대 알렉산드로스 대왕이 시도했으며 로마인 및 그 밖의 강국들이 서로 싸웠던 전쟁처럼 군주들이나 여러 공화국의 야심이 원인이 되어 일어난 것이다. 이러한 전쟁은 위험한 것이었지만 한 나라의 주민을 한 사람도 남김없이 쫓아버리지는 않는다. 그 까닭은, 이긴 자에게는 민중들이 그저 복종해 주면 충분하기 때문이다. 대부분의 경우 주민들이 그들 자신의 고유한 법률을 그대로 두고 살게 하고, 그 민중들의 소유물과 부에는 손대지 않기로 하였다.

두 번째 형태의 전쟁은 국내의 모든 민중이 기근이나 전쟁에 쫓겨 자기들이 태어난 땅을 버리고 가족이 몽땅 새로운 본거지나 나라를 찾아나설 때 일어나는데, 앞에서 말한 것처럼 지배하기 위해서가 아니라 그 토지를 남김없이 사유지로 차지하기 위해 이동하여 그 고장의 원주민을 내쫓거나 죽이는 전쟁이다. 이 전쟁만큼 잔인하고 차마 눈뜨고 볼 수 없을 만큼 피비린내 나는 싸움은 없을 것이다. 살루스티우스가 그의 저서 《유구르타 전쟁기》의 권말에, 유구르타가 패배했기 때문에 사람들은 갈리아인이 이탈리아를 침입할 거라 하여 세상인심이 흉흉해졌다고 한 것을 보면 그것을 짐작할 수 있다. 또한 그의 말에 따르면 로마인이 타국인을 상대로 전쟁을 할 경우에는 반드시 자기들을 억압하는 자에게 저항하기 위해 싸웠지만, 갈리아인에 대해서는 언제나 각자의 신변의 안전을 위해 싸웠다. 왜냐하면 어느 한 나라를 습격하는 군주 또는 공화국으로서는 단지 그 나라를 지배하면 만족하기 마련인데, 그 야만족은 다른 민중이 살고 있던 땅에 정주할 마음이었으므로 그 상대를 말살하는 것을 정책으로 삼았기 때문이다.

로마인은 이런 위험하기 짝이 없는 전쟁을 3차례나 경험했다. 첫 번째는 위에서 설명한 것처럼 정주지로 삼으려고 토스카나인으로부터 롬바르디아를 탈취한 갈리아인이 로마를 함락시켰을 때의 전쟁이다. 티투스 리비우스에 따르면 갈리아인들이 이 전쟁을 일으킨 데는 두 가지 원인이 있다. 하나는 앞서 말했듯이 갈리아 땅에는 없는 이탈리아의 과실, 특히 그 고장에서 나는 술의 달콤함에 유혹을 받아 왔다는 것이다. 다른 하나는 갈리아 왕국의 인구가 몹시 증가하여 그대로는 도저히 살아갈 수 없게 되었으므로 그 나라의 왕들이 아무래도 주민의 일부를 이끌고 새로운 나라를 찾아갈 필요를 느낀 것이 그 이유이다.

갈리아인들은 그러한 결정을 하고 나서 이주할 집단의 지도자로 자기들의 왕 벨로베수스와 시고베수스를[1] 추대하였으며, 한 집단은 벨로베수스의 지휘 아래 이탈리아로, 다른 한 집단은 시고베수스에게 이끌려 에스파냐에 도착했다. 이 침입 때 벨로베수스는 롬바르디아를 점령했고, 그로 인해 갈리아인들이 로마를 상대로 치르게 된 최초의 전쟁이 발발하였다.

다음 전쟁은 제1차 포에니전쟁 직후, 2만의 갈리아군이 피사와 피옴비노를 공략했을 때 일어났다.

세 번째 전쟁은 킴브리와 테우토니의 두 부족[2]이 이탈리아를 침입했을 때 일어났다. 이 야만족들은 수많은 로마군을 죽였으나 결국 마리우스가 그들을 섬멸해 버렸다.

로마인은 이렇게 하여 위험하기 짝이 없는 전쟁에서 승리했는데 그것은

---

1) Sigovesus, 벨로베수스의 조카. 같은 비텔루게스 족의 우두머리. 이 침략은 BC 588년. 그는 나르본의 갈리아인 텍토사게스 족을 이끌고 게르마니아의 헤르시냐 숲을 공격했다. 갈리아 침입에 대해서는 티투스 리비우스 《로마사》 제5권 33장 이하, 특히 34장 참조.

2) 킴브리족은 원래 발트 해안에 살았으나 BC 144년 대규모의 해일에 쫓겨 남하하여 동족인 테우토니와 기타 부족들과 합쳐 BC 109~105년 사이에 실라누스, 스카우루스, 카시우스, 만리우스 등의 여러 장군의 군대를 격파하고 이탈리아에 침입했다. BC 102년에는 테우토니족이 먼저 마리우스에게, 이듬해 BC 101년에는 킴브리족이 마리우스와 카툴루스 두 장군에게 궤멸되었고, 소수가 간신히 롬바르디아로 피하여 오늘의 트렌토 및 밀라노 부근에 정주하게 되었다.

오직 무용(武勇)에 의한 것이었다. 그러나 로마인의 무용이 쇠퇴하고 그 군대도 옛 위세를 잃자, 이 제국은 똑같은 민중, 예컨대 고트족·반달족·그 밖에 서로마제국을 뿌리째 멸망시킨 여러 야만족 앞에 고개를 숙였다. 이들 민중은 앞에서도 말했듯이 피치 못할 사정에 쫓겨 태어난 땅에서 달아난 것이었다. 그 사정이란 나라 안에 기근, 전란, 박해 등이 일어나 어쩔 수 없이 나라 밖의 새로운 나라를 찾아 떠나야만 하는 상황을 말한다. 가령 현재 민중의 수가 많은 경우, 그들은 무력으로 다른 나라로 밀고 들어가 그곳 주민들을 학살하고, 재물을 약탈한 뒤 새 왕국을 건설하고 그 지방의 이름을 바꿔버린다. 이것은 모세라든가 또는 로마제국을 점령한 민족이 했던 일이다. 왜냐하면 이탈리아와 그 밖의 나라들에서 볼 수 있는 새 이름은 새로운 정복자에 의해 명명된 것 말고는 그 기원이 될 만한 것이 없기 때문이다.

이리하여 옛날에는 갈리아 키살피나로 불렸던 곳이 롬바르디아가 되고, 지금까지 갈리아 트란살피나라 불렸던 고장이 그곳을 지배하는 프랑크족의 이름을 따서 프랑스라는 이름이 되었다. 또 에스클라보니아는 일리리아, 판노니아는 헝가리, 브리타니아는 영국이 되었으며, 그 밖에 일일이 열거하기도 귀찮을 정도로 많은 나라들이 이름을 바꾸었다. [3] 모세도 마찬가지로 그가 점령한 시리아의 일부에 유대(주데아)라는 이름을 붙였다.

앞에서 설명한 것처럼 어떤 민중이 전쟁에 쫓겨 태어난 땅을 떠나 새 땅을 찾아야 하는 경우는 드물지 않다. 그 하나의 예를 들면 마우루시아인[4]이다. 예로부터 시리아에 살았던 주민들은 히브리인들이 습격해 온다는 말을 듣고 자기들은 방어할 능력이 없다고 판단하였다. 그들에게 멸망당하느니 차라리 도망치는 게 상책이라 생각한 그들은 태어난 땅을 뒤로 하고 가족 모두 아프리카로 건너갔다. 그리고 그곳에 자신들의 본거지를 만들기 위해, 그때까지 살고 있던 주민들을 추방했다. 프로코피오스는[5] 벨리사리우스가 아프리카를

---

3) 《피렌체 사(史)》 제1권 첫머리에 자세하게 나와 있다.

4) 마우루시아. 인종적 기원은 알 수 없지만 현재의 무어인을 가리킨다.

5) Procopios ; 490~562년 무렵. 팔레스타인 출신의 역사가. 벨리사리우스의 비서로 종군했다. 555년 무렵 《역사》 8권에 유스티니아누스 황제의 페르시아, 고트족 정벌을 기록했다. 그 밖에 황제의 건축이나 일화 등에 관한 저술이 있으며, 모두가 정확한 자료로 유명하다.

점령한 반달족을 상대로 싸웠던 것을 서술했는데, 마우루시아인이 살았던 고장에 다음과 같은 글이 새겨진 둥근 기둥이 있었다고 말한다. "우리 마우루시아인은 그 옛날 나비의 아들인 찬탈자 여호수아의 손에서 도망쳐 온 사람들이다 Nos Maurusii, qui fugimus a facie jesus Latronis filii Navoe."

이와 같이 절실한 필요 때문에 태어난 땅을 떠나야만 했던 민중은 누구보다도 용맹 과감해서, 매우 강한 군대가 아니고는 도저히 그들과 대항할 수 없었다. 그러나 태어난 땅을 떠나야 하는 민중의 숫자가 적을 경우, 그들은 강력한 힘을 발휘할 수 없기 때문에 앞에서 언급한 민족들만큼 그리 위험하지는 않았다. 왜냐하면 강한 힘을 갖고 있지 않기 때문에 어딘가의 영토를 점령하더라도 거짓 술책을 써서 목적을 달성하고, 또 그 땅을 확보하는 데도 우방 또는 동맹국들의 힘을 빌리기 때문이다. 이것은 아이네이아스,[6] 디도,[7] 마실리아인,[8] 기타 많은 부족이 모두 이웃나라의 동의를 얻어 정주지를 찾아내 그 고장을 유지할 수 있었던 때의 방책이었다.

다른 나라들을 침략한 대규모의 야만인들은 대부분 춥고 척박한 불모지였던 스키티아[9]에서 흘러 나왔다. 이 지방에는 이미 많은 주민이 살고 있었으므로 살아가기가 여의치 않아 부득이하게 태어난 땅을 떠나야 했던 것이다.

---

6) Aineias, 고대로마의 전설적 영웅. 트로이전쟁에서는 트로이측에 가담하여 싸웠다. 패전 뒤에 카르타고에 갔으나 디도의 만류를 뿌리치고 라티움으로 간다. 갖은 고생 끝에 그 땅에 도착하여 라티움 왕의 딸과 결혼하여 로마의 시조가 된다.

7) Dido, 일명 Elissa, 페니키아의 수도 티르의 왕비. 남편 시카르바스의 탐욕과 박해를 벗어나 BC 880년 무렵에 아프리카의 비르사로 달아났다. 그곳 원주민에게 쇠가죽 한 장으로 덮을 만큼의 땅을 청하여 원주민이 그것을 허락하자 그녀는 쇠가죽을 가늘게 잘라 끈을 만들고 그것으로 두른 넓은 땅을 얻어 카르타고를 건설했다. 아이네이아스가 그곳으로 피난 오자 그를 연모했으나 사랑을 얻지 못해 자살했다고 한다.

8) Massilia ; 지금의 마르세유는 BC 600년 무렵 소아시아의 아이올리아 식민지의 포카이아인이 프로토스의 영도 아래 상업이민으로 이주한 것이 기원이며, 프랑스 남부의 니스, 앙티브, 라 시오타트 등이 동시에 건설되었다.

9) 카스피 해 동쪽 투르키스탄 지방, 훗날 흑해 북쪽 연안에 걸친 곳의 옛 이름. BC 625년 무렵에 메디아를 공략하여 포악한 짓을 했다. 그 대규모 씨족의 수는 7개나 되며, 기원은 타타르인으로 보고 있다. 513년에 다리우스에 대한 화공(火攻) 유격전으로 유명하다.

즉 아무리 생각해도 떠나지 않을 수가 없었고, 머물러 있을 이유가 하나도 없었다. 그런데 지난 500년 동안 과거에 비해 이들 민족이 유럽 전체에 홍수처럼 넘쳐나지 않게 된 데에는 여러 가지 이유가 있다. 첫째는 약 30여 민족[10]이 로마제국을 습격하여 붕괴시켰으므로 큰 여유가 생겼다는 것이다. 두 번째로는 이들 야만족의 출신지인 독일과 헝가리가 오늘날에는 훨씬 나아진 나라가 되었으므로 그 주민들은 살림살이도 편해져 이제는 태어난 땅을 떠날 필요가 없어졌기 때문이다.

다른 한편으로 상무(尙武)의 기풍이 매우 왕성했던 이들 민족은 국경을 맞댄 스키타이인에 대한 출성(出城)의 역할을 맡고 있었으므로, 그들에게 격파당해 자기 나라를 통과시키는 일은 허용할 수 없다고 생각하고 있었다. 몇 번이나 타타르인이 왕성한 공격을 시도했지만 그때마다 헝가리인이나 폴란드인에게 격퇴되었다. 그러므로 이들 여러 민족의 군대가 없었더라면 이탈리아나 교회 모두 타타르인의 중압에 고초를 겪었을 것이라고 자랑하곤 한다. 그런 점에서 그들은 크게 체면을 차릴 수 있었다. 위에서 말한 민중에 대해서는 이미 설명한 것으로 충분하리라 생각한다.

---

10) 서로마제국 말기의 민족 대이동. 《피렌체사》 제1권 참조.

제9장
강국 사이에 전쟁이 일어나는 일반적 원인

좋은 구실 의도적 전쟁들

여러 해 동안 동맹을 맺고 있었던 로마인과 삼니움인이 전쟁을 시작한 경위는 일반적으로 힘이 비슷한 모든 강국 사이에 전쟁이 일어나는 경우와 마찬가지이다. 통상 전쟁은 우연한 기회에 일어나거나, 또는 어느 한 나라가 전쟁을 도발하고자 할 때 일어나거나, 그 둘 중의 하나이다.

로마인과 삼니움인 사이에 전쟁이 일어난 것은 아주 작은 일에서 비롯되었다. 원래 삼니움인은 시디키눔인[1]이나 캄파니아인이라면 상대할지언정 로마인과는 싸울 마음이 없었다. 그런데 불리한 사태에 놓인 캄파니아인이 로마인이나 삼니움인의 예상과는 반대로 로마인에게 원조를 부탁하는 일이 일어났다. 따라서 로마인들은 자신들을 의지한 캄파니아인을 지켜주지 않으면 안 되었고, 또 명예를 지키기 위해서도 전쟁을 피할 수 없다고 생각했다. 로마인들은 동맹인 캄파니아인들을 지키기 위해 또다른 동맹인 삼니움인들과 싸우는 것을 당연히 거부할 수 있었지만, 그럼에도 불구하고 그들은 캄파니아인들을 그들의 속국 또는 보호국으로서 지켜주지 못한다면 수치스러운 일이라고 생각하였다. 이때 그 민중을 버리고 돌보지 않는다면, 그로 인해 로마인의 소맷자락에 매달리는 나라 모두를 실망시키게 될 것이었다. 로마는 평화보다 영토와 국위의 신장을 바랐기 때문에 아무래도 이런 모험을 거절할 수가 없었다.

제1차 포에니전쟁도 같은 원인에서 일어났다. 로마인이 시칠리아의 메시나인을 옹호해주려 했던 것이 애초의 발단이었던 것이다.

---

1) Sidicinum. 지금의 나폴리 근교에 있었다. 캄파니아 북부지방이다. BC 343년에 삼니움인에게 압박을 받자 카푸아에 도움을 청했고, 카푸아는 다시 로마에 도움을 청하여 제1차 삼니움전쟁이 발발한다. 티투스 리비우스 《로마사》 제7권 25편 이하 참조.

그러나 로마와 카르타고 사이에 제2차 포에니전쟁이 일어난 것은 결코 우연한 일이 아니었다. 카르타고의 장군 한니발이 에스파냐의 로마 동맹도시 사군툼을 공격했던 것도 이 나라 국민을 지배할 목적이 아니라, 단지 로마군을 부추기고 자극하여 싸우게 한 다음, 이탈리아로 진격할 기회를 노렸기 때문이다. 새로운 전쟁을 일으키려 하는 군주는 언제나 이런 방식으로 일을 시작하여 누구에게나 똑같이 자기 체면을 유지하면서, 또한 그 맹약도 존중하는 것처럼 가장한다. 가령 어떤 군주를 상대로 전쟁을 하고 싶은데 그 군주하고는 꽤 여러 해 동안 맹약을 맺고 있다면, 그 군주를 직접 공격하기보다는 그의 동맹국들 중 한 나라에 뭔가 구실을 붙여 공격한다. 그때 그 군주가 이것을 보고 화를 내면 그것이 바로 이쪽이 노리는 함정이며, 거꾸로 군주가 모르는 척하면 그 약점을 건드려보거나, 보호를 받고 있는 자들을 도와주지 않는 불성실한 태도를 만천하에 폭로할 것이다. 이 두 가지 중 어느 것이든 군주의 평판은 나빠지고, 따라서 이쪽의 계획은 수월하게 진행시킬 수 있게 된다.

캄파니아인이 로마인을 자극하여 삼니움인과 전쟁이 일어난 사례를 통해, 우리는 앞서 말한 전쟁의 발달에 관해 고찰할 수 있다. 또한 자력으로 방위할 수 없는 도시가 자신을 위협하는 적의 압박을 배제하기 위해 사용할 수 있는 술책도 고찰할 수 있다. 즉, 유일한 술책은 자신을 보호자로 선택한 상대국에게 모든 것을 맡기는 것밖에 없다는 것이다. 이것은 마치 로마인에 대해 캄파니아인이, 또한 나폴리왕 로베르토에 대해 피렌체인이 행한 바이다. 로베르토 왕은 피렌체인들을 우방으로서 구해주려 하지 않고 오히려 그들을 신민으로 보고, 곧 그 도시에 지배권을 수립하려 했던 루카의 카스트루치오를 상대로 싸웠던 것이다. [2]

---

2) 《피렌체사》 제2권 1317년 항 이후. 또 카스트루치오(Castruccio Castracani ; 1281~1328)에 관해 자세한 것은 《카스트루치오 카스트라카니 전》 참조.

제10장
돈은 전쟁의 원동력이 아니다

경솔한 군주는 재물만 의존해

누구든 언제나 원하는 때 전쟁을 시작할 수 있지만 그만둘 때는 그렇지 못하다. 따라서 군주는 작은 일을 단서로 전쟁을 시작하기 전에 오랫동안 자신의 힘을 시험해 보고 그 성적에 따라 처신해야 한다. 이것에 더하여 부가 자원도 조사해 볼 것이고, 또 언제나 실수 없이 자금에 대해서나 성채에 대해, 또는 국민들의 진심에 대해서도 상당한 신중함을 유지해야 한다. 그러나 자신의 무력을 돈이나 지형상의 유리함 또는 사람들의 선의로만 측정한다면, 그것은 스스로를 기만하는 결과를 낳게 된다. 그 까닭은 위에 설명한 것들이 세력을 크게 증대시키기는 하지만 결코 그 세력을 창출하지는 못하기 때문이다. 충실한 군대가 없으면 엄청난 부유함도 여러분에게는 충분하지 않을 것이며, 여러분의 나라도 강해지지 않을 것이다. 나아가 그 군대가 여러분에게 충성을 바치지 않으면 방위력도 없어지고 국민들의 충성심과 선의도 오래 지속되지 않기 때문이다. 모든 산과 호수, 그 어떤 천험의 요새도 그곳을 지키는 군대가 없으면 평지와 다름없다. 게다가 부유함은 당신을 방어하기는커녕 오히려 손쉬운 약탈의 대상으로 만들 뿐이다.

금전이 전쟁의 원동력이라고 말하는 통설만큼 잘못된 생각도 없을 것이다. 퀸투스 쿠르티우스[1]는 마케도니아 왕 안티파트로스와 스파르타 왕 사이에 일어났던 전쟁[2]에 대해 이야기하면서, 어느 구절에서 다음과 같이 말한 적이 있다. "군자금이 없어졌으므로 스파르타 왕은 아무래도 전쟁을 하지

---

1) Quintus Curtius Rufus, 그의 생애는 밝혀져 있지 않다. 다만 역사가들의 연구에 의해 클라우디우스(41~54년) 시대의 사람으로 추정하고 있다. 알렉산드로스 대왕의 전기작가로서 10권을 썼는데 지금은 8권만 남아 있다. 저자 자신도 이것을 역사서보다는 문학작품으로 다루고 있다.

2) Antipatros ; 398 ? ~319. 알렉산드로스 대왕의 무장. 대왕의 동방 정벌 중에 마케도니아

않을 수 없게 되었다. 그리고 패배했다. 그때 왕이 2, 3일 접전을 연기했더라면 알렉산드로스의 죽음이 그리스 전역에 전해져 왕은 전쟁을 하지 않고도 승리했을 것이다. 그런데 하필이면 돈이 바닥나 군대에 급료를 지급할 수 없게 되자, 많은 병사들이 자기를 버리지 않을까 걱정되어 어쩔 수 없이 전쟁에 자신의 운명을 걸지 않을 수 없었다." 이런 이야기를 하여 퀸투스 쿠르티우스는 돈이 전쟁의 원동력임을 입증했다고 한다.

이 잘못된 격언은 계속해서 사람들의 입을 통해 전해졌으며, 그다지 현명하지 않은 군주들은 이것을 동조하여 추종하고 있었다. 이를 근거로 삼아 누구든 막대한 재물을 갖고 있으면 충분히 방어전을 할 수 있다고 믿었는데, 만약 그게 사실이라면 다리우스는 알렉산드로스에게 이겼어야 하고[3] 그리스인은 로마인을 무찔렀을 것이다.[4] 현대에서는 샤를 테메레르[5] 공이 스위스인을 무찌르고, 나아가 극히 최근에는 교황과 피렌체인이 힘을 합쳐 교황 율리우스의 조카딸 프란체스코 마리아[6]를 우르비노 전쟁에서 격파할 수 있었을 것이다. 그런데 지금 여기서 열거한 사람들은 모두 전쟁의 원동력은 돈이 아니라 훌륭한 군대라고 생각하는 사람들에게 참패하였다.

리디아의 국왕 크로이소스[7]는 아테네 사람인 솔론에게 여러 가지를 보여

에 머물며, BC 331년 스파르타 왕 아기스가 모반을 일으키자 그것을 메갈로폴리스에서 격파했다. 참고로 대왕의 죽음은 그로부터 8년 뒤인 323년이므로 이것에 관한 쿠르티우스의 서술은 틀린 것이다.

3) 그라니코스(BC 334)와 이수스(BC 332)의 두 전투 때의 일.

4) 2차례의 마케도니아 전쟁.

5) Charles le Tèmèraire ; 1433년 11월 16일~1477년 1월 5일. 프랑스 부르고뉴 공국 최후의 왕. 부를 믿고 루이 11세에 항거하다가 패했으며, 방향을 바꾸어 스위스 등을 정벌하려고 낭시에서 싸우다가 패배하였다. 이 책 제2권 10장 참조.

6) Francesco Maria. 1508년 우르비노 공국을 계승했다. 숙부인 율리우스 2세의 군대 총지휘관이 된 뒤, 파비아의 주교 프란체스코 달리도시를 죽였다. 레오10세가 교황 자리에 앉은 뒤 이 죄를 문책하여, 1516년 프란체스코 마리아(로베레)를 파문하고 그를 공격하여 영토를 빼앗았다.

7) 크로이소스(Kroisos 또는 Croesus BC 591~548). 리디아의 마지막 왕. BC 546년, 고대이란의 왕. BC 546년, 고대이란의 앙 쿠르시(이 책 제2권 12장 2단 참조)에게 패하여 사로잡혔다. 그때 솔론의 말을 떠올리고 통한하면서 세 번이나 그 이름을 부르며 괴로워했다. 그것을 보고 쿠르시는 가엽게 여겨 자신의 손님으로 예우했다고 한다.

주었는데, 그중에는 수많은 보물들도 있었다. 이때 국왕이 이 재력을 어떻게 보느냐고 묻자 솔론이 대답하기를, 이것만으로는 힘이 센지 어떤지 알 수 없다고 했다. 왜냐하면 전쟁이란 쇠로 하는 것이지 황금으로 하는 것이 아니기에, 그보다 더 많은 쇠를 가진 사람이 나와서 왕을 벌거숭이로 만들 수도 있다는 것이었다.

알렉산드로스 대왕이 죽은 뒤 수많은 갈리아인들의 군대가 그리스를 지나 아시아로 향했다. 그들은 마케도니아 국왕에게 사신을 보내 확실한 휴전 협정을 체결하려 했다. 이 왕은 자기의 위력을 보여 두렵게 만들려고 산더미처럼 쌓인 금은을 보이며 자랑했다. 그러자 갈리아인들은 방금 평화조약을 맺었음에도 불구하고 그 약속을 파기하려 했다. 그 황금을 탈취하려는 강렬한 욕망에 휩싸였던 것이다. 그 결과, 국왕은 자기 몸을 지키기 위해 긁어모은 재물 때문에 오히려 알몸 신세가 되고 말았다.

역시 그 무렵의 일로, 베네치아인은 금고에 넘치도록 황금을 갖고 있었지만 국방에는 아무런 도움이 되지 못한 채 모든 영토를 빼앗기고 말았다. [8]

그리하여 나는 통설과는 달리 전쟁의 원동력은 황금이 아니라 훌륭한 군대라 말하고 싶다. 왜냐하면 황금만으로 훌륭한 군대를 키워내기엔 부족하지만, 반대로 훌륭한 군대는 언제든지 황금을 찾아오기 때문이다. 만일 로마인이 쇠로 싸우기보다는 황금으로 전쟁을 하려 생각했더라면, 온 세상의 모든 재물로도 그들이 계획했던 그 웅대한 정복전을 성취하기에는 충분하지 않았을 것이다. 또한 그들에게 덮친 어려움을 극복하기에 부족했을 것이 틀림없다. 그러나 그들은 쇠로 전쟁을 했기 때문에 단 한 번도 황금조각이 부족하여 고통을 겪은 적이 없다. 왜냐하면 겁이 많은 자들은 로마 진영에 있는 막사 안까지 들어와 그들의 금을 바쳤기 때문이다.

또한 스파르타의 왕이 돈 문제 때문에 부득이 전쟁에 운명을 걸었던 것이라면, 이 경우에 돈이야말로 다른 수천 가지 원인보다 더 큰 재해를 초래했을 것이다. 어떤 군대가 군량미가 떨어져 굶어죽느냐 싸우느냐 하는 기로에

---

8) 1509년 캉브레 동맹군(교황 율리우스 2세, 독일, 프랑스, 영국, 에스파냐, 포르투갈, 스위스, 페라라, 만토바 등의 반 베네치아 진영)에 의해 아냐르델로에서 격파되었다.

318 마키아벨리 로마사이야기

네로 황제(재위 AD 54~68). 잔인하고 포악한 성격으로 의붓동생과 어머니 등을 죽이고 그리스도인에게 화재의 책임을 물어 몰살시키는 등의 악행을 저질렀다. 반란이 일어나자 스스로 목숨을 끊었다.

섰다면, 전쟁을 선택하는 것이 가장 명예로운 일이기도 하고, 또 어쩌면 행운을 거머쥘 수 있을지도 모른다는 희망도 있다. 이렇게 해서 흔히 상군은 적군이 성에서 기다리고 있다는 것을 분명히 알면서도 감히 그것을 공격하여 위험을 무릅쓰고 전쟁을 감행한다. 그렇지 않으면 적이 세력을 강화하는 것을 기다리는 꼴이 되어 더 큰 위험에 처하게 되는 것이다.

하스드루발의 예가 그것을 증명하고 있다. 다른 로마 집정관과 제휴한 클라우디우스가 메타우르스 강변에서 그를 습격했을 때, [9] 하스드루발은 퇴각하느냐 교전하느냐 하는 양자택일의 기로에서 교전을 택했다. 가령 그것이

---

9) 하스드루발(Hasdrubal ?~BC 207). 카르타고의 명장 한니발의 동생. 제2차 포에니전쟁 당시 그는 에스파냐에서 싸운 뒤 형의 군대와 합치려고 BC 207년 이탈리아에 건너갔다. 움브리아까지 왔을 때, 대기하고 있던 클라우디우스 카이우스 네로(Claudius Caius Nero ; 같은 해에 개인적인 원한이 있었던 리비우스 살리나토르(Livius Salinator)와 화해하고 집정관직에 취임하여 같이 출진한 사람)가 하스드루발의 정면에 진을 치는 척하고 우회한 뒤 허를 찔러 살리나토르와 함께 일제히 공격하여 적을 압도했고, 결국 하스드루발은 진중에서 죽었다. 티투스 리비우스《로마사》제27권 43장 이하, 특히 49장.

성공할 가망이 없는 경우에도 장군으로서는 역시 만일의 승리를 기대하는데, 이는 타인이 보면 전혀 승산이 없을 때에도 마찬가지이다. 왜냐하면 매우 불확실하기는 하지만 그가 승리할지도 모르고, 다른 방법을 선택해봤자 어떤 경우에도 패배할 것이 틀림없기 때문이다. 그러므로 대장은 자기 확신에 어긋나더라도 싸워야 하는 입장에 서는 경우가 매우 많다. 이러한 역경에 서게 되는 데는 여러 가지 원인이 있겠지만 그중에서도 군자금의 결핍이 가장 큰 타격이 되므로, 역시 돈이 전쟁의 원동력이라는 결론을 얻게 될지 모른다. 하지만 나는 되풀이하여 말하는데, 전쟁의 원동력은 황금이 아니라 훌륭한 군대이다. 물론 돈도 필요하지만 이는 부차적인 것이고, 1차적으로 필요한 것은 용맹한 군사를 배경으로 승리하는 것이다. 왜냐하면 용감한 군대가 돈의 어려움을 느끼는 것은 돈만으로 훌륭한 군대를 만드는 것과 마찬가지로 있을 수 없는 일이기 때문이다. 역사상 수천 가지 사례가 나의 주장이 옳다는 것을 입증한다.

페리클레스[10]는 아테네인을 향해, 그 산업과 부로 전쟁에 미리 대비한다면 성공은 틀림없다고 설득하여, 펠로폰네소스 전체를 상대로 전쟁을 결심하도록 만들었다. 그러나 아테네인은 이 전쟁을 일시적으로 몇 차례 유리하게 이끌기도 했지만 결국은 패전하였고, 스파르타의 정예병과 모략은 아테네의 산업과 재력을 완전히 무너뜨렸다.

그런데 이 생각에 대해 티투스 리비우스는 누구보다 뛰어난 의견을 보여주었다.[11] 즉 그는 알렉산드로스대왕이 이탈리아에 침입하였다면 로마인들을 무찔렀을지에 대한 문제를 논의하면서, 전쟁에는 세 가지 조건, 즉 훌륭한 군대와 실력이 뛰어난 장군, 그리고 행운이 필요하다고 설명한 것이다. 여기에 덧붙여 로마와 알렉산드로스 중 어느 쪽이 더 우월한지 논의하면서 돈에 관해서는 단 한 마디도 언급하지 않은 채 결론에 도달한다.

캄파니아인이 시디키눔인의 부탁만을 받아 그들 편이 되어서 삼니움인에

---

10) 페리클레스(Pericles BC 494~BC 429). 아테네의 전성기를 이룩한 대정치가이며 무장. BC 448년부터 스파르타를 상대로 한 전쟁을 준비하여 BC 431년에 개시했다. 그가 죽은 뒤인 BC 404년에 스파르타는 이란의 황금을 배경으로 이 전쟁에서 이겼다.

11) 티투스 리비우스 《로마사》 제9권, 17~19장.

게 전쟁을 걸었을 때, 그들은 국력을 재력으로 평가했을 뿐 병력으로는 저울질하지 않았음에 틀림없다. 왜냐하면 캄파니아인들은 시디키눔인들을 지원하기로 결정한 뒤 단지 두 차례의 패배 끝에, 결국 그들 자신을 보존하기 위해 로마의 조공국으로 전락해야 했기 때문이다.

제11장
과대평가된 군주와 우호관계를 맺음은 현명한 정책이 아니다

어리석은 자는 다른자를 보호하려 시도하지만

티투스 리비우스는 시디키눔인이 캄파니아인을 믿었던 잘못, 즉 캄파니아인이 틀림없이 자기들을 보호해 주리라고 믿었던 잘못을 설명하기 위해 다음과 같은 강력한 발언을 했다. [1] 캄파니아인이 시디키눔인에게 준 군사적 도움보다도 오히려 무성한 소문들이 더 컸으며, 지원은 말뿐이었다. Campani majis nomen in auxilium Sidicinororum, quam vires as praesidium attulerunt." 이 예를 보더라도 군주와 맹약을 맺었으면서도 나라가 멀리 떨어져 있어 도울 수 없거나, 아니면 자기 나라가 엉킨 실타래처럼 복잡해서 전력을 기울일 수 없는 경우, 도움을 바라는 사람들에게 이 맹약은 현실적 원조를 제공하기보다 단지 소문만 커지게 만들 뿐이다.

현대에는 피렌체가 그 좋은 예를 보여주고 있다. 1497년 교황과 나폴리왕의 공격을 받았을 때, 피렌체는 프랑스 국왕의 우정을 기대했지만 그들은 '실제적인 도움보다 과장된 소문 magis norsnomen quam praesidium'만을 얻었을 뿐이었다. 게다가 근래에 막시밀리안[2]과의 동맹을 믿고 마음 놓고 전쟁을 일으키려 하는 군주는 누구 할 것 없이 똑같은 봉변을 당하게 되어 있다. 앞에서 말한 시디키눔인이 캄파니아인에게서 받은 것처럼, 그 우정의 알맹이는

---

1) 티투스 리비우스 상권 제7권 29장 참조.
2) 막시밀리안 1세(1459~1519). 오스트리아의 대공. 1493년 독일황제 자리에 앉는다. 여러 차례 이탈리아 정벌을 마음먹었지만 실패한다. 1511년에 반 프랑스 진영인 신성동맹에 참가하여 1513년 긴가트에서는 성공했으나 1515년 마리냐노 전투에서는 그다지 원조하지 않았으며, 결국 프랑스가 승리를 거둬 그는 밀라노를 할양하고 베로나를 베네치아에 줄 수밖에 없었다. 마키아벨리는 1506년에 황제의 사절 역할도 했으므로 황제의 사람 됨됨이를 잘 알고 있었다는 것은 앞에서 이야기했다.

실제적인 도움보다 과장된 소문에 지나지 않을 것이기 때문이다.

캄파니아인도 이 점에 대해 자기들의 힘을 과대평가하는 오류를 범했다. 그것은 자기에게 위험이 닥치는 것도 모르고, 또 그것을 방어할 힘도 없으면서 때에 따라서는 남을 도우려는 것과 비슷하다.

타렌툼의 주민들[3]도 똑같은 행동을 했다. 그들은 로마인이 삼니움인과 싸우고 있을 때 로마 집정관에게 사신을 보내, 자신들은 지금 싸우고 있는 두 민족의 화목을 간절히 바라고 있으며, 화목에 찬성하지 않는 자에게 일전을 벌일 태세가 되어있음을 전했다. 집정관은 이 요청을 듣고 자기도 모르게 웃음을 터뜨렸고, 방금 소식을 전한 사자들이 보는 앞에서 전투용 악기를 울리고 군대를 독려하여 공격 명령을 내렸다. 이로써 그는 타렌툼인에 대한 대답을 말이 아니라 행동으로 보여주었다.

이 장에서는 군주들이 동맹국을 방어하기 위해 사용한 정책을 설명했다. 다음 장에서는 그들이 자기 자신을 보호하기 위해 썼던 정책에 대해 논의하고자 한다.

---

3) 타렌툼(Tarentum). 원래 그리스인의 식민지로 상공업의 중심지였다. 삼니움 전쟁 때는 항상 삼니움과 로마를 적으로 삼아 대항했다. 이 이야기는 제2차 삼니움 전쟁에서 집정관 파피리우스가 출진했을 때의 이야기이다. 티투스 리비우스 《로마사》 제9권 16장 참조.

제12장
공격 당할 위험이 있을 경우

민중이 무장을 갖출 때 더 무서운 법

지금까지 자주 들은 이야기지만 전쟁의 기술에 숙달된 사람은 이러한 점을 두고 깊이 생각한다. 가령 여기에 거의 힘이 엇비슷한 두 군주가 있는데 그중에서 조금이라도 우월한 쪽이 다른 쪽에게 전쟁을 걸어온다면 후자로서 최선의 대책은 무엇인가? 그는 적의 세력을 자기나라 영토 안에서 요격하는 것이 유리한가, 아니면 적국의 본거지까지 진군하여 격멸하는 것이 나은가? 나는 이 두 주장에 모두 훌륭한 이유가 있다고 본다.

다른 나라에 침입하여 공격함으로써 자기 나라를 지키는 것이 낫다고 하는 사람은, 그 주장의 근거로서 크로이소스가 쿠르시[1]에게 했던 충고를 근거로 든다. 쿠르시가 마사게테인과 싸워서 국경에 박두했을 때, 마사게테의 여왕 토미리스가 사자를 보내 그에게 둘 중 하나를 택하라고 했다. 하나는 쿠르시가 마사게테의 영토 안으로 쳐들어오면 토미리스 여왕이 그들을 기다렸다가 싸우는 것이었고, 다른 하나는 그녀가 쳐들어가 쿠르시를 공격하는 것이었다. 이 제안을 토의할 때 크로이소스는 모든 사람들의 반대를 물리치고, 망설이지 말고 적국으로 돌진하도록 주장하며 그에 대해 다음과 같은 이유를 들었다. 즉, 쿠르시가 마사게테인으로부터 멀리 떨어진 땅에서 토미리스 여왕을 격파한다 해도 그 여왕은 재정비할 시간적 여유를 갖게 되므로 결국 그녀를 굴복시킬 수 없지만, 쿠르시가 마사게테인의 영토 안에서 토미리스 여왕을 격파한다면 패주하는 그녀를 끝까지 추격해 철저히 섬멸하여 재

---

1) 쿠르시(Kursh ; 라틴어 이름은 키루스(Cyrus ; ? ~BC 529년)). 고대이란의 건설자로서 558년에 즉위했다. 메디아 왕을 모셨고, 그의 딸을 아내로 삼았으면서도 훗날 옛 주군이자 장인을 죽였으며, 또 리디아 왕 크로이소스와 기타 여러 나라를 정복하여 대이란국을 건설했다. 마사게테(Massagetae ; 스키타이족의 하나.) 흑해와 아랄해의 남쪽 옥소스 강의 남쪽 기슭 지역에 살았다.

기할 틈을 주지 않고, 그 영토를 빼앗을 수 있다는 것이다.

또한 공격을 주장하는 사람들은 안티오코스가 로마인을 상대로 싸울 계획을 세웠을 때,[2] 한니발이 왕에게 했던 조언을 인용한다. 그는 왕에게, 이탈리아 국내가 아니면 그들 민중을 이길 수 없다고 했다. 왜냐하면 그 나라로 들어가야만 그곳에서 군대와 군자금뿐만 아니라 적의 동맹국까지 획득할 수 있기 때문이다. 이것과는 반대로 이탈리아를 로마인들에게 자유롭게 남겨둔 채 이탈리아 바깥에서 로마인들과 싸운다면, 그들에게 모든 자원이 끝없이 샘솟는 샘물을 남겨 두게 되는 셈이라고 주장한다. 따라서 한니발은 로마 대제국보다 오히려 본거지인 로마를 탈취하는 편이 훨씬 쉬우며, 또한 다른 속주를 빼앗는 것보다 이탈리아 본국을 빼앗는 편이 상책이라고 결론을 내렸다.

공격을 주장하는 사람들 중에는 아가토클레스의 예를 드는 경우도 있다. 그는 전쟁을 걸어온 카르타고인을 자기 나라에서 방어할 수 없어서 오히려 적국에 역습을 가해 그들을 굴복시킴으로써 화평을 청하게 만든 것이다.[3] 끝으로 논자는 스키피오가 이탈리아를 해방하기 위해 아프리카에서 싸웠던 것을 그 논거로 들고 있다.

여기에 반대하는 자들은, 적을 격멸할 만한 장군이라면 누구든지 적을 본국에서 끌어내어 싸워야 한다고 주장한다. 그 예로서 아테네인을 들면서, 그들이 그 나라 안에서 전쟁할 때는 언제나 승리했지만, 국외로 발을 뻗어 시칠리아에 군대를 보내자 곧장 독립을 잃었던 사실을 지적한다. 또한 이집트 헤라클레스의 공격을 받은 리비아왕 안타이오스는 국내에서 싸울 때는 승리를 거두었지만, 헤라클레스의 계책에 따라 국외로 나가자마자 단번에 패배하여 영토와 자기 목숨마저 잃었다는 전설을 예로 들었다. 이 이야기는, 안타이오스가 땅에 있을 때에는 줄곧 그의 어머니인 '대지(大地)'로부터 어느새 힘을 되찾기 때문에, 그것을 본 헤라클레스가 땅에 닿지 않도록 그를 높

---

2) 자마의 패전 뒤에 BC 196년 이후 한니발은 시리아 왕에게 몸을 의탁하고 있었다. BC 192년에 로마인과의 싸움에서 그가 올린 방책을 받아들이지 않았던 안티오코스는 패전했다.

3) 아가토클레스의 카르타고 원정은 310년에 있었다. 한때 시칠리아에서 그 세력을 몰아냈다. 시라쿠사의 참주에 대한 간략한 전기는 《군주론》 제8장 참조.

이 쳐들어 목 졸라 죽게 했다는 전설[4]을 뒷받침하고 있다.

이들은 나아가 현대인의 생각까지 논한다. 누구나 알고 있는 것처럼 나폴리 왕 페르난도는 당시 그와 어깨를 나란히 할 사람이 없을 정도로 현명한 군주였다. 그런데 그가 죽기 2년 전 프랑스 왕 샤를이 쳐들어온다는 소문이 퍼졌고, 그는 이를 대비하기 위해 갖가지 대책을 마련하는 동안 병에 걸려 죽었다. 페르난도는 죽는 순간 그의 아들 알폰소 왕자에게 많은 유훈을 남겼는데, 거기서 '국경 안에서 적을 기다려야지 절대로 군대를 왕국 밖으로 내보내서는 안 된다. 되도록이면 모든 힘을 결집하여 요격하라'고 말했다. 그런데 그의 아들은 아버지의 훈계를 지키지 않고 군대를 로마냐에 출병시켰다가, 변변히 싸워보지도 못하고 군대와 왕국을 잃었다. [5]

이러한 근거 외에도 논쟁의 각 입장에서 논의되는 근거들은 다음과 같다. 즉 기다리는 것보다 앞으로 나아가 공격하는 편이 확실한 승리를 거둘 수 있는데, 이 점이 군대에 더 많은 자신감을 불러일으키고 사기를 높이며, 나아가 많은 자원들을 쉽게 활용할 수 있는 적의 힘을 빼앗는다는 것이다. 이는 방어하는 측은 이미 전쟁의 참화를 입은 백성들을 이용할 수 없고, 군주는 자국 내에 적이 있으므로 백성들로부터 세금을 거두거나 부담을 지우는 데 좀 더 신중해지지 않으면 안 되기 때문이다. 그것은 한니발의 말처럼, 전쟁의 무거운 짐을 짊어질 힘의 원천이 말라버린 것을 적이 눈치 채게 만드는 탓이다. 한편 적지 한가운데에 있는 병사들은 어쨌거나 싸워야 한다는 마음이 강해진다. 지금까지 여러 차례 말한 것처럼 이 강압이야말로 용기를 고무시키는 원동력이 된다.

그러나 다른 한편에서는 '적을 기다리는 것이 좋다, 그 까닭은 아무 어려움 없이 적에게 방해를 놓아 군량미나 그 밖에 군대에 필요한 모든 것이 수

---

4) 안타이오스(Antaeus)는 바다의 신 포세이돈과 대지의 신 사이에 태어난 리피아의 거인이다. 헤라클레스(Herakles)는 그리스 신화시대의 영웅.
5) 페르난도(Fernando) 1세(1423~1494년). 나폴리 왕위에 1458년 취임. 그의 아들 알폰소 2세는 1494년 1월에 아버지가 죽자 즉위했다. 성품이 몹시 잔인하고 아둔했다. 나폴리 국민과 프랑스 왕 샤를8세를 상대로 동시에 싸우다가 샤를 왕에게 쫓겨나 왕위를 아들 페르난도 2세에게 물려주고 시칠리아로 달아난 뒤 1495년에 죽었다.

중에 들어가지 못하게 할 수 있기 때문'이라고 주장한다. 즉 자기 나라의 일이므로 지리나 여건에 대해 더 많이 알고 있고, 때문에 쉽게 적의 계략을 허사가 되게 할 수도 있다는 것이다. 게다가 군병을 모으기도 쉽고, 그들을 멀리 보낼 필요도 없으므로 대병력으로 적군과 맞설 수 있다. 또한 전쟁에 졌을 경우에도 재빨리 진용을 다시 정비할 수 있으며, 낙오병들도 가까이에 숨을 집이 있으므로 은신하기에 어려움이 없고, 진지도 별로 떨어져 있지 않아서 좋다. 이로써 자국 내에서 싸울 경우 전쟁에 전력을 기울일 수 있는데다가 반드시 그 일전에 모든 운명을 걸지 않아도 된다. 그런데 반대로 여러분이 자기 나라에서 멀리 떨어져 싸우는 경우에는 전력을 기울일 수가 없고, 매번 모든 운명을 걸어야 한다.

옛날 부대장들 중에는 다음과 같은 전략을 취하는 자들도 있었다. 즉 적의 기세를 꺾기 위해 적이 여러 날 동안 많은 성채를 점령하도록 내버려두고, 모든 지역에 분산해서 수비대를 주둔시키도록 유도한다는 것이다. 그렇게 되면 적의 군대는 아마도 서서히 약화될 것이며, 이때를 활용하여 적을 공격하는 것이 적을 격파하기에 유리하다고 생각하는 것이다.

그러면 이번에는 내 생각을 말할 차례인데, 생각건대 이 문제에 대해서는 한 가지 구별해야 할 것이 있다. 말하자면 내 나라가 옛 로마나 지금의 스위스처럼 언제나 투구와 갑옷으로 대비하고 있을 때와, 옛날의 카르타고나 오늘날의 프랑스 왕국 및 이탈리아 여러 나라처럼 맨몸으로 있을 때의 차이를 구분해서 생각할 필요가 있다는 것이다. 전쟁 준비가 되어 있지 않은 경우에는 적을 자기 나라에서 멀리 떨어져 있게 해야 한다. 왜냐하면 대체로 그러한 나라의 국력은 황금의 많고 적음에 따라 결정되며, 이 황금의 샘이 말라버린다면 여러분은 패배할 것이 뻔하기 때문이다. 또한 국내에서 전쟁이 벌어지는 것만큼 이 자원을 잃게 하는 것은 없기 때문이다.

카르타고와 피렌체가 더할 나위 없이 좋은 예를 보여준다. 카르타고가 전쟁의 화를 입지 않은 동안에는 수익만으로 충분히 로마의 세력을 무너뜨릴 수 있었지만, 일단 본토를 공격받았을 때 그들은 아가토클레스 같은 자들에게조차 굴복하게 되었다. 또한 피렌체인은 루카의 영주 카스트루치오[6]를 막지 못하고 쩔쩔맸다. 왜냐하면 적은 피렌체 국내에서 전쟁을 벌였기 때문이다. 이런 까닭에 어쩔 수 없이 나폴리의 로베르토 왕[7]에게 도움을 요청했다. 그런데 카스트루치오가 죽자 같은 피렌체인들은 밀라노공국[8] 영지 안으로 침입하여 영토를 빼앗으려고 기를 썼다. 이처럼 피렌체는 먼 국외 전쟁에서는 용감한 위세를 보이면서도 코앞으로 공격해 들어가면 혼비백산하고 마는 것이었다.

그런데 옛 로마인이나 오늘날의 스위스인처럼 언제나 사냥감을 놓치지 않는 국민은 적이 코앞으로 뛰어들면 그만큼 더 완강하게 싸우기 마련이다. 왜냐하면 그런 나라들에서는 자기들이 자진해서 다른 나라를 침략할 때보다 갑작스런 공격에 나라를 지킬 때가 훨씬 쉽게 단결할 수 있기 때문이다. 나는 만약 로마인들이 이탈리아에서 한니발에게 당한 세 차례의 패배[9]를 갈리아 지방에서도 똑같은 기간에 당했더라면 틀림없이 로마는 궤멸되고 말았을 것이라고 믿는다. 왜냐하면 로마는 이탈리아에서 한 것처럼 패잔병을 그러모을 방책을 전혀 세울 수 없었기 때문이고, 또 자기 주변에 남은 군사로 적과 싸울 수도 없었기 때문이다. 지금까지 로마는 단 한번도 한 나라의 정벌에 5천 명 이상의 군대를 보낸 일이 없었는데, 제1차 포에니전쟁 뒤에 로마 본국에서 갈리아인의 공격을 방어하기 위해 무려 1만 8천 명의 대군을 파병한 적이 있었다. 그런데도 로마인은 이 적을 토스카나에서와는 달리 롬바르디아에서는 격파하지 못했다.[10] 그 까닭은 스스로 감당하기 어려울 정도의 대군을 그렇게 먼 곳까지 움직일 수도, 또 마음대로 부려서 싸우게 할 수도 없었기 때문이다. 독일에서는 킴브리족이 로마인을 격파했지만 로마는 그곳에 원군을 보내지도 못했던 것이다. 그런데 그들이 이탈리아에 발을 들어

---

6) 카스트루치오는 132년 피스토이아를 탈취한 뒤 기세등등하게 피렌체를 압박했다. 상세한 것은 《피렌체사》 제2권 1325년 항 이하와 《카스트루치오 카스트라카니 전》 참조.

7) 로베르토 현왕(Roberto 賢王 ; 1309~1342). 샤를 2세의 셋째아들. 무장은 아니었지만 권모술수가 뛰어난 교황파의 우두머리로 카스트루치오 황제파를 탄압했다. 《피렌체사》 참조.

8) Giangaleazzo Visconti(1351~1402년)와 피렌체 전쟁에 대해서는 《피렌체사》 1389년 항 참조.

9) 실제로는 네 번이다. 티키누스, 트레비아, 트라시메누스 호반, 칸나에 패전.

10) BC 225년, 테라모나에서 갈리아인을 무찌르고 BC 223년에 처음으로 포 강을 건너 북쪽으로 진출할 수 있었다.

놓자 로마는 패잔병을 모두 모아 그들과 싸우게 하여 적을 섬멸해버렸다.[11]

스위스인도 국외로 3, 4천 명밖에 내보낼 수 없었으므로 그들을 무찌르는 것은 쉬운 일이다.[12] 그러나 스위스 영내에서는 1만이라는 병력을 그러모을 수 있었기 때문에 그들을 이기는 것은 쉬운 일이 아니다.

여기서 다시 결론을 내리자면, 언제나 무기를 갖추고 전쟁 준비를 하고 있는 국민을 지닌 군주는, 굳센 강적의 경우 그들을 자기 나라 안에서 요격해야지 절대로 적을 찾아 출병해서는 안 된다고 말하고 싶다. 그러나 국민들이 무기를 갖추지 않고 전쟁에 적합하지 않은 나라에 살고 있는 경우의 군주라면 되도록 그 영지에 전화가 미치지 않도록 멀리 떨어진 곳에서 전쟁을 해야 한다. 이와 같이 각자의 환경에 따라 최선의 방위책을 강구해야 하는 것이다.

---

11) 킴브리족은 BC 112년 알프스 산기슭에서 파피리우스 카르보를, BC 149~145년에는 아우렐리우스 스카우루스 외에 4명의 장군을 격파했으나, BC 101년에 마리우스와 카툴루스에게 섬멸되었다.

12) 1515년 마리냐노에서의 패배, 그 밖에 북이탈리아 각지에서 스위스 용병의 무력함을 나타내는 예가 많았다.

제13장
속임수에 의해 위대한 행운아가 되는 경우

군주는 속임수를 배워야

사람이 박복한 처지에서 높은 신분이 되는 데 있어서 부모로부터 물려받은 지위를 갖고 있지 않은 한 실력 내지 책략을 쓰지 않고 출세하는 경우는 매우 드물다. 이것만큼 확실한 일은 없을 것이다. 실력만으로 충분한 경우는 결코 없으며, 오히려 책략만으로 충분한 경우가 많다고 생각한다. 이것은 마케도니아의 필리포스나 시칠리아의 아가토클레스,¹⁾ 또는 그 밖의 비슷한 사람들, 즉 비천한 처지에서 출세하여 국왕이나 지존의 제왕이 된 사람들의 전기를 읽어본 사람이라면 알 수 있는 사실이다.

크세노폰은 그의 《쿠르시의 생애》에서 책략의 필요성을 설명했다. 쿠르시를 움직여 아르메니아 국왕에게 시도한 최초의 원정은 책략으로 가득 찬 것이었고, 그것을 통해 무력을 쓰지 않고 상대 왕국을 점령했다. 이 행동을 보고 그 결론으로서 그는 이렇게 말했다.

"적어도 큰 사업을 하고자 하는 군주는 모름지기 상대를 속이는 법을 알고 있어야 한다."

쿠르시는 비슷한 시기에 삼촌인 메디아 왕 키아크사로스²⁾마저도 여러 차례 속였다. 크세노폰은 쿠르시가 이런 책략을 부리지 않았더라면 그 위대한 지위를 도저히 얻을 수 없었을 것이라고 말한다.

---

1) 필리포스5세(또는 3세)의 BC 220~BC 217년의 두 동맹 전쟁 중의 모략은 특히 유명하다. 아가토클레스는 시라쿠사의 한 병사였을 때 결혼하여 부자가 되어 정계 진출의 실마리를 잡았다.

2) 키아크사로스(Cyaxaros) 2세. 쿠르시의 옛 왕 이슈츠베그(메디아 왕 재위 BC 584~550)의 동생. 쿠르시의 출생에 대한 전설에는 여러 가지가 있는데, 여기서는 헤로도토스가 전하는 여러 설 가운데 이슈츠베그의 딸이 낳았다는 설을 채택한다. BC 550년에 부왕과 함께 사망하자 쿠르시가 왕위에 앉는다.

나는 비천하게 태어난 자가 정정당당하게 실력으로 출세한 예를 지금까지 한 번도 들어보지 못했다. 오히려 내가 목격한 것은 조반니 갈레아초가 그의 큰아버지인 베르나르도 각하의 손에서 롬바르디아의 지배권을 빼앗은 것[3]과 같은 사건들이다. 즉, 모략만이 성공의 비결이라는 것을 나는 확고하게 믿고 있다.

공화국도 충분한 국력을 키워 자력으로 헤쳐 나갈 수 있게 되기까지는, 군주들이 그 출세의 시초 단계에서 불가피하게 취하는 행동을 해야 한다. 로마역시 기회를 통해서든 선택을 통해서든 위대함을 가져다주는 온갖 방법들을 모든 면에서 동원하였으며, 이러한 기만책 또한 사용하기를 주저하지 않았다.

건국초기의 로마는 연맹을 형성하는 방법보다 더 중요한 기만책을 사용할수는 없었다. 왜냐하면 라티움인이나 기타 주변 민족에게서 보듯이 칭호를 내걸고 그들을[4] 예속시켰기 때문이다. 처음에는 무력에 의해 가까이 있는여러 민족을 압박하여 국위를 선양했지만, 그들을 지배령으로 만든 뒤에는국력도 매우 커져서 어떤 나라든 아무 어려움 없이 제압할 수 있게 되었다.

라티움인이 스스로 완전히 로마의 예속민이라고 느낀 것은 다름 아닌 삼니움인이 두 번의 패전을 겪고 어쩔 수 없이 화의를 맺기에 이르는 것을 본뒤의 일이다. 이러한 승리는 로마의 이름은 알고 있었지만 로마군의 위력은알지 못하던 멀리 떨어진 나라의 군주에게조차 로마인의 명성을 실감토록하였고, 그 승전에서 로마의 무력을 보고 느낀 자들은 모두 질투와 의혹을느끼지 않을 수 없었다. 라티움인도 마찬가지였다. 이러한 질투와 두려움은강력한 것이어서, 라티움인뿐만 아니라 라티움 지방에 로마가 건설했던 식민지의 주민들까지 모두 캄파니아인의 진영에 투항하도록 만들었다.[5] 이 부족들은 전부터 로마의 명성에 반감을 느끼고 그들이 추락하기를 바라고 있

---

3) 《피렌체사》 제3권 1378년 및 1387년 항 참조.
4) 에트루리아 족이 이탈리아에 침입했던 당시 라티움 평원에는 같은 이름의 씨족이 산재해 있었고, 서로 연맹 관계에 있었다. 로마가 에트루리아 왕의 통치를 받게 된 뒤부터이 씨족의 패자(霸者)가 되었다. 나중에 국왕 추방이라는 민족갱생을 이룩한 뒤, 여러라티움 족의 우두머리가 되어 피와 신앙의 동일성을 근거로 동맹을 맺었다. BC 493년의 일이다. 이 동맹이 지배로 바뀐 것은 제1차 삼니움 전쟁 뒤, 라티움 전투의 결과로서 BC 338년의 일이다.

었다. 라티움인은 앞서 언급한 바 있는, 많은 나라들이 전쟁을 일으켰던 방식으로 전쟁을 시작하였다. 말하자면 자진해서 로마인을 공격하는 게 아니라, 로마의 허락하에 삼니움인과 싸우고 있는 시디키눔인을 지원함에 따라 전쟁이 시작되었던 것이다.

라티움인이 로마인들과의 전쟁을 결행한 이유는 로마의 그러한 기만책을 깨달았기 때문이다. 티투스 리비우스가 평의회 석상에선 라티움 행정관 안니우스 센티우스의 입을 빌려 한 연설을 보아도 알 수 있다. [6] "지금 우리는 형식으로만 평등한 연맹에 가입해 있을 뿐이고 사실은 예속상태에 있는 거라 해도 견딜 수 있습니다. 그러나 우리가 시디키눔인을 배신하고, 단순히 로마인뿐만 아니라 삼니움인의 진흙 발에 머리를 짓밟히는 것을 어떻게 허용할 수 있겠습니까?   Nam si etiam nunc sub umbra faederis aequi servitutem pa'ipossumus, quid abest quin proditis Sidicinis, non Romanorum solum, sed Samnitium dictis pareamus?"

이렇듯 세상 사람들이 보는 것처럼 로마인 자신은 건국 시초부터 잠시도 기만책을 잊은 적이 없었다. 그러므로 낮은 지위에서 높은 지위로 출세하는 사람에게 이것은 항상 필요했다. 게다가 로마인처럼 이러한 속임수가 남의 눈에 드러나지 않게 한다면 비난을 받는 일도 더욱 적어지게 된다.

5) 라티움인은 대표를 보내 연맹규약의 개정과 집정관 한 사람과 일정한 수의 원로원 의원을 라티움인 중에서 선출하라고 요구했다가 거절당하자, 로마인과 삼니움인을 상대로 아우룽키인, 캄파니아인, 볼스키인의 잔당과 함께 라티움전쟁을 시작했다.
6) 티투스 리비우스 《로마사》 제8권 4장. 참고로 제1차 삼니움전쟁 때 라티움인은 시디키눔을 도우려고 출전하여 삼니움의 일족인 페리그니인을 공격했다. 로마인은 처음에는 삼니움인의 내분을 이용해 삼니움인을, 다음은 삼니움인과 손을 맞잡고 라티움을 공격했으며, 훗날 제2차 삼니움전쟁에서 적을 철저하게 분쇄했다.

제14장

겸손함은 교만함을 이기지 못한다

신중한 양보로 적을 분열시켜라

겸손은 대부분의 경우 유리하지 않을 뿐만 아니라 도리어 해를 가져온다. 특히 여러분에 대해 시기심이나 그 밖의 이유로 증오심을 갖고 있는 교만한 자들을 겸손하게 대할 때는 특히 그러하다. 로마인과 라티움인 사이의 전쟁에 대해 역사가가 설명하는 바에 따르면 더더욱 그런 느낌을 받는다.

실제로 삼니움인은 로마인에게 라티움인의 공격을 호소했지만, 라티움과는 싸우고 싶지 않았던 로마인은 그들을 자극하는 행위를 피했다. 이에 라티움인은 로마인들에게 더욱 담대한 태도를 취했을 뿐만 아니라, 나아가 싸움을 거는 시기를 앞당겨 공공연한 적으로 행세하였다. 그리하여 라티움의 행정관 안니우스는 앞에서 말한 것과 같은 평의회에서 다음과 같은 연설을 했다. 즉, 그가 말하기를[1] "여러분은 로마인들이 군대를 보내지 않고 인내하고 있다는 사실을 이미 파악했을 것입니다. 그들이 격분하고 있다는 사실을 누가 의심하겠습니까? 하지만 그들은 비통한 마음을 억누르고 있습니다. 로마인들은 그들의 맹방인 삼니움에 대해 우리 군대가 싸움을 걸고 있다는 사실을 들었을 텐데 그들을 보호하려 일어서지 않습니다. 그들이 대항하지 못하는 것은 우리의 실력과 자신들의 실력을 알고 있기 때문이 아니겠습니까? Tentastis Patientiam negando militam : quis dubitat exarsisse eos ? Pertulerunt tamen hunc dolorem ? Exercitus nos parare adversus Samnites faederatos suos audierunt, nec moverunt se ab urbe. Unlehaec illiss tanta modestia, nisi a conscientia virium et nostrarum, et suarum ?" 우리는 이 연설을 통해 로마인의 인내심이 라티움의 교만함을 얼마나 부추겼는지 짐작할 수 있다.

---

[1] 티투스 리비우스 《로마사》 제8권 4장. 이것은 이 책 제2권 15장 1단의 인용문에 이어지는 내용이다. 그 단의 주를 참조.

그러므로 군주는 결코 자기의 위엄을 잃어서는 안 되고, 약정에 의해 양보할 이유도 없다. 요구하는 것을 양도하지 않을 수 있는 실력이 있거나 또는 그럴 힘이 있다고 믿는 경우, 체면을 잃을 만한 양보는 절대로 해서는 안 된다. 만약 당신이 위에서 말한 것처럼 위엄을 손상당하지 않고 요구하는 것을 상대에게 넘겨주어야 할 사태에 이르렀다 해도, 대부분의 경우 무력에 겁먹고 넘기기보다 실제로 싸워본 결과가 아니면 넘기지 않는 편이 좋다. 실제로 여러분이 두려움 때문에 전쟁을 피할 셈으로 양보한다 해도, 십중팔구는 전쟁을 피할 수 없게 된다. 왜냐하면 당신이 누가 봐도 겁쟁이라고 여기도록 양보하게 되면, 상대는 그것으로 만족하기는커녕 그것을 빌미삼아 다른 것까지 더욱 양보하라고 억지를 쓰게 되기 때문이다. 여러분이 상대에게 저자세로 나가면 나갈수록 그 요구는 더욱 커지고, 여러분은 상대편 눈에 몹시 무력한 패배자로 보이므로 결국 이리저리 막는 일에만 쫓기게 된다.

 그러나 이것과는 반대로 적의 속셈을 꿰뚫어보았을 때, 여러분의 군대가 상대보다 약하더라도 어쨌든 무력을 준비해 둔다면, 상대는 여러분을 처음부터 존경의 눈으로 대하고, 여러분 주위의 군주들도 여러분에게 더욱 존경의 감정을 품게 될 것이다. 여러분이 자포자기했을 때는 좀처럼 도우려 하지 않던 자들도 여러분이 갑옷과 투구로 무장하는 것을 보면 자진해서 같은 편이 되려 나서기 마련이다. 여기서는 여러분에게 단 하나의 적밖에 없을 경우를 말한다. 상대해야 할 적들이 많은 경우에는 조금 다른 방법을 써야한다. 우선 이미 싸움이 시작되었더라도 신중히 생각해서 적 가운데 하나에게 여러분의 영지를 나눠주어 우정을 얻어야 한다. 그런 다음 그 상대가 적측의 동맹에서 탈퇴하도록 해야 한다.

제15장

약한 나라는 언제나 결단력이 부족하다

지체되는 결정은 항상 해로워

로마인과 라티움인 사이에서 마음속에 맺혀 있던 이 문제, 즉 전쟁의 근본 원인에 관한 논의에서 느끼게 되는 것은, 어떤 평의회의 자리에서도 항상 문제를 기탄없이 먼저 논의하고, 결코 일을 애매한 상태 그대로 놔두지 말아야 한다는 것이다. 이것에 적합한 예로는 라티움인이 로마인과의 담판이 결렬되었을 때 내린 결의를 들 수 있다.

그 내용은 이러하다. 라티움인이 전부터 품고 있었던 간사한 꾀를 짐작한 로마인은 가급적 전쟁에 의하지 않고 우호관계를 되찾을 수 없을까 궁리했다. 이를 위해 그들에게 여덟 명의 시민을 로마에 보내달라고 통보했다. 그 속셈을 꿰뚫어 본 라티움인들은 그동안 로마인에게 대항했던 일들이 모두 마음에 걸렸다. 때문에 로마에 보낼 대표를 선출하고 그들에게 전달할 말을 정하기 위해 평의회를 열었다. 그들의 행정관 안니우스는 이 평의회에 참석하여 다음과 같이 말했다.

"내가 판단컨대 우리가 당면하고 있는 사태에서 가장 중요한 일은 우리가 무슨 말을 해야 하는가를 정하는 일보다 오히려 무엇을 해야 하는가를 논의하는 것입니다. 실행계획만 결정된다면 거기에 발을 맞추는 것은 어렵지 않은 일입니다. [1] Ad summam rerem nostrum Pertinere arbitror, ut cogitetis magis quid agendum nobis, quam quid loquendum sit. Facile erit, explicatis consiliis, accommodare rebus verba."

이 말은 지극히 정곡을 찌른 명언으로, 군주와 공화국은 그 말을 깊이 음미해야 할 것이다. 흔히 사람이 무엇을 해야할지에 대해 애매하고 정확하지

---

1) BC 332년 무렵, 라티움 전투 때의 일이다. 안니우스 센티우스(Annius Sentius)는 로마 이민 출신의 행정관이었다. 티투스 리비우스 상권 제8권 4장.

않은 상황에서는 그것을 말로 표현하려 해도 도저히 할 수 없지만, 일단 확고부동한 결심이 생기고 행동방침도 확정된 경우에는 적절한 말을 얼마든지 쉽게 찾을 수 있기 때문이다.

나는 수많은 실례를 통해, 부족한 결단력이 국가와 공화국에 어떤 굴욕과 손해를 끼쳤는지 지금까지 여러 차례 되풀이해서 강조했다. 뭔가 논란이 있는 정책이라서 그것을 단행하려면 용기가 필요한 경우가 있다. 그런데 그것을 우유부단하고 나약한 사람들이 토의하고 결정하게 된다면 어김없이 이도 저도 아닌 못한 모습을 드러내게 될 것이다.

또한 시간을 끌며 결정을 늦게 내리는 평의회도 눈앞의 편안함만 취하는 결정 같은 재난을 초래한다. 더욱이 맹방의 운명을 결정하는 경우에는 더욱 더 그러하다. 때가 늦으면 어느 쪽에도 도움이 되지 않을 뿐 아니라 스스로에게도 해를 끼치기 때문이다. 이렇게 되는 것도 그 근원을 캐보면 결국 용기가 없거나 군대가 부족하거나, 아니면 논의하는 사람들이 사욕만 채우려는 검은 뱃속을 가지고 있기 때문이다. 왜냐하면 현명한 시민들은 민중이 간사한 사람들에게 이끌려 위험한 정책을 결정하려고 서두를 경우라 하더라도 절대로 토론을 방해하지 않기 때문이다.

시라쿠사의 참주 히에론[2]이 죽은 뒤 로마인과 카르타고인 사이에 격렬한 전쟁이 일어났을 때, 시라쿠사인들은 로마인과 카르타고인 가운데 어느 쪽에 붙을 것인지 의논하게 되었다. 두 파는 서로 불길 같은 열의를 갖고 있었으므로 시라쿠사 인들은 어느 쪽으로도 결정하지 못하고 있었다. 마침내 시라쿠사에서 손꼽히는 명문 중 하나인 아폴로니데스라는 사람이 일어나서 신중함으로 가득 찬 명연설을 했다. 그는, 로마인 편에 들려는 사람이든 카르타고인을 편들려는 사람이든 어느 누구도 비난할 필요가 없으며, 오히려 이렇게 하나의 의견을 정하지 못하고 망설이고 있는 것이야말로 무서운 결과를 가져온다는 것을 깨달아야 한다고 말했다. 나아가 그는 무엇이든 방침을

---

2) 히에론(Hieron) 2세(BC 305 ? ~215). 앞에 나온 히에론의 자손. 그가 태어나기 전에 두 차례의 포에니전쟁에서 로마편을 들었으나 죽은 뒤 손자 히에로니모스가 정권을 잡고 카르타고 편을 드는 바람에 상황이 복잡해져서 대평의회를 열었다. 아폴로니데스(Apollonides)는 리비우스의 원전에서는 유력한 관리의 한사람으로 되어 있다. 《로마사》 제24권 27장.

정해 두면 다소나마 희망이 있을 텐데 이렇게 머뭇거리고 있으면 공화국의 파멸을 면할 수 없을 거라고 강조했다. 티투스 리비우스가 제시한 사례 중에서 가장 우리의 눈길을 끄는 것은 '그 어떤 결단을 내리지 못하는 것보다 나쁜 것은 없다'는 것이다.

또한 그들은 라티움인 사이에서 일어난 예를 들고 있다. 이 부족이 로마인과 싸울 때 라비니움인에게 지원을 요청했으나 라비니움인의 평의회는 쉽게 결정을 내리지 못했다. 간신히 지원군을 보내기로 결정하고 군대가 성문을 나가 전쟁터로 향하려 하는 순간, 라티움인이 방금 패했다는 소식이 도착했다. 3) 그때 그들의 행정관 밀리오니우스는 이렇게 말했다. "이 짧은 진격으로 우리는 로마인들에게 값비싼 대가를 치르게 될 것이다." 왜냐하면 그들이 빨리 결정을 내려, 가령 돕지 않기로 했다면 로마인을 자극하지 않았을 것이고, 돕기로 결정하고 적절한 때에 원군을 보냈다면 연합군이 승리했을지도 모르기 때문이다. 우물쭈물한 탓에 실제 일어난 사태처럼 어느 쪽으로도 수습할 수 없는 상황이 되어 버린 것이다.

만일 피렌체인이 이 글에 주목한다면, 프랑스 국왕 루이12세가 밀라노 공 로도비코를 정벌하기 위해 이탈리아에 침입했을 때처럼, 프랑스인 때문에 막대한 손해를 입고 그 어이없는 꼴을 당하지 않아도 되었을 것이다. 프랑스 국왕은 침략전을 준비하면서 그 준비의 하나로 피렌체인에게 동맹을 요청했다. 국왕의 측근에 있었던 피렌체인 사절들은 왕이 이탈리아를 공격하더라도 자기 나라에는 손대지 않고 보호해 준다는 조건으로 중립을 지킬 것을 승낙했다. 루이12세는 그 약정의 비준을 위해 도시에 한 달이나 머무르고 있

---

2) 히에론(Hieron) 2세(BC 305? ~215). 앞에 나온 히에론의 자손. 그가 태어나기 전에 두 차례의 포에니전쟁에서 로마편을 들었으나 죽은 뒤 손자 히에로니모스가 정권을 잡고 카르타고 편을 드는 바람에 상황이 복잡해져서 대평의회를 열었다. 아폴로니데스(Apollonides)는 리비우스의 원전에서는 유력한 관리의 한사람으로 되어 있다. 《로마사》 제24권 27장.

3) 라티움전쟁의 결승전은 BC 340년 베수비오 산기슭 베셀리스 강변에서 벌어졌는데 로마군이 대승을 거두었다. 2년 뒤에 라티움 동맹은 모두 속령이 되어버렸고, 그중 하나인 라비니움도 고립되어 로마 시민권이 박탈되었다. 티투스 리비우스 《로마사》 제8권 11장.

었다. 그런데 로도비코를 지지하는 무리들의 경거망동 때문에 그 비준은 정체 상태에 있었다. 마침내 국왕이 승리를 거두게 되었을 때, 그제야 피렌체는 비준을 서둘렀다. 그러자 이번에는 국왕이 이를 받아들이지 않았다. 피렌체인을 이용하려면 자기의 우정으로 접근하기보다는 무력을 이용하여 강압적으로 끌어당기는 편이 낫다는 것을 깨달은 것이다. 이렇게 되자 피렌체는 막대한 돈을 지불하지 않을 수 없게 되었고, 후일 똑같은 이유로 영지의 대부분을 잃을 지경에 이르렀다. 이보다 용서할 수 없는 잘못은 없다고 하겠다. 그 까닭은 로도비코 공에게 전혀 도움이 되지 않았기 때문이다. 또한 로도비코 공이 전쟁에 이겼더라면 피렌체인은 국왕에게 받은 것보다 훨씬 더 심한 증오를 로도비코 공에게서 받았을 것이 틀림없다. 4)

이미 앞 장5)에서 우유부단함이 국가에 재앙을 초래하는 원인이 된다고 설명하였다. 그러나 새로운 사건에 의해(라벤나 전투) 이 문제를 다시 제기할 만한 새로운 계기가 생겼고, 또 우리나라 같은 공화국에도 중요한 일이므로 여기서 다시 되풀이한 것이다.

---

4) 로도비코 스포르차(Lodovico Sforza ; 1451~1510). 별명은 '무어인 Il Moro' 샤를8세의 원조를 얻어 조카 조반니 갈레아초를 내쫓고 밀라노 공이 되었으나 훗날 루이12세 치세 때 밀라노 영주권을 갖고 있다고 자처하는 오를레앙 공의 세력을 두려워하여 프랑스를 배신하고 반 프랑스동맹을 꾀하였다. 따라서 루이12세는 이탈리아 정벌 초기에 밀라노를 공격하기 위해 1499년 5월에 피렌체의 원조를 청하였다. 피렌체는 당시 피사 공격을 하고 있었으므로 이 전쟁을 미끼삼아 밀라노 공과 루이12세 사이에 피렌체 쟁탈을 둘러싼 외교전을 펼치고 있었는데, 마침내 이럴까 저럴까 망설이는 사이에 그해 9월 2일 밀라노 공은 패배하여 스위스로 도망쳤다. 따라서 같은 해 10월 19일 프랑스 왕과 협정을 맺고 피사 공격에 루이가 원조하는 것과 맞바꿔 기병 5백 기와 5만 뒤카티를 피렌체가 지불하게 되었다. 마키아벨리는 '대권직 10인에게 보내는 서한 발췌' 끝부분에도 같은 의견을 제출했다.
5) 이 책 제2권 6장.

제16장
요즘 군인들은 옛날과 어떻게 다른가

로마인들의 강력한 용기

로마인이 다른 나라 국민과 싸운 것 중에서 가장 중요한 것은 토르쿠아투스와 집정관직에 있었을 때 라티움인을 무찌른 전투였다.[1] 그 싸움에서 진 라티움인이 속민이 된 것처럼 만일 로마인이 승리하지 않았더라면 말할 것도 없이 그들이 속민이 될 수밖에 없었을 것이기 때문이다. 이것은 티투스 리비우스의 생각이다.

두 나라 병사들은 사기와 무용, 인원수 등 모든 면에서 비슷했다. 단지 하나 다른 것은 로마 군대가 라티움 군대보다 더 유능한 지도자를 확보하고 있었다는 점뿐이었다.[2] 또한 로마의 지도자들이 이 전투를 지휘했을 때 역사상 보기 드문 사건이 두 가지 일어났다. 그것은 사병들의 사기를 고무하고 전투에 대한 확고한 결의를 다져 전쟁에서 이기기 위해, 집정관 중 하나는 스스로 목숨을 끊었고 다른 한 사람은 자기 아들을 죽인 것이다. 후세에도 이러한 예는 찾아보기 힘들다.

티투스 리비우스에 따르면, 두 나라 군대가 대등해진 것은 여러 해[3]동안 같은 깃발 아래에서 싸웠으며, 게다가 언어와 군대훈련, 무기까지 동일했기

---

1) 베셀리스 전투(BC 340). 토르쿠아투스의 아들이 아버지의 명령을 어기고 멋대로 진지를 벗어나 적 한 사람을 죽이자, 아버지는 그를 징계하여 사형에 처했다(티투스 리비우스《로마사》제8권 7장). 사람들이 흔히 부르기를 만리우스 판결이라 한다. 읍참마속과 비슷한 경우이다. 또한 그와 같은 직책의 집정관 푸블리우스 데키우스(Publius Decius Mus)는 교전 중에 자기편이 불리한 것을 보고 역신(疫神)으로 분장하여 전쟁터 한가운데서 말 위에서 거꾸로 떨어져 죽었다. 적군은 그것을 보고 겁을 먹은 채 한꺼번에 무너졌다고 한다. 티투스 리비우스《로마사》제9장 참조.
2) 티투스 리비우스《로마사》제8권 6장.
3) 이미 말했듯이 BC 491~BC 341년 로마와 라티움인은 동맹국이었다.

데키우스 황제(재위 AD 249~251). AD 251년
로마제국의 혼란을 틈타 게르만인이 침입하
여, 동고트족이 모에시아·마케도니아를 점령
하였을 때, 이를 방어하기 위해 싸우다가 반
란군에게 살해되었다.

했기 때문이라고 한다. 전법에도 무엇 하나 다른 데가 없었다. 군대의 조직
도 같았고, 각 부대장의 명칭도 같았다. 이런 식으로 병력과 사기 모두에 우
열의 차이가 없는 경우에는, 아무래도 상식에서 벗어난 행동으로 균형상태
를 깨뜨려 한쪽의 투지를 왕성하게 살리는 수밖에 없다. 이미 말했듯이 바로
이 투지에 승패가 걸려 있으며, 싸우는 자들에게 왕성한 투지가 있으면 그
군대는 결코 물러서지 않는다. 그러므로 로마인의 마음에 투지를 불러일으
키기 위해 토르쿠아투스는 자기 아들을 죽였고, 데키우스는 자신의 목숨을
아낌없이 바쳤던 것이다.

티투스 리비우스는 두 군대의 병력이 같았음을 설명하고, 로마인의 진지
구성이나 전투에 임할 때의 임기응변적 전술에 대한 방책을 가르쳐주고 있
다. 그것에 대해서는 여기서 일일이 설명하지 않겠다. 단지 내가 보기에 무
엇보다 긴요한 점, 즉 오늘날의 대장들이 간과하기 때문에 우리 군대와 전쟁
에 큰 혼란을 가져오는 문제점만 설명하기로 하겠다.

리비우스의 글에 따르면 로마군은 중요한 세 부분으로 나뉘어 있었다. 토
스카나식으로 말하면 3종류의 부대로 편성되어 있었으며, 그 첫째가 선봉,

둘째는 중견, 셋째는 후진이라는 이름이 붙어 있었다. 이들 3개 부대에는는 각각 기병이 배속되어 있었다. 전투 신호가 떨어지면 선봉이 맨 먼저 진출하고, 글자 그대로 바로 그 뒤를 중견이 진군하며, 마지막 3진으로는 후진이 언제나 일정한 간격을 유지하며 나아간다. 각 부대의 기마대는 본대의 좌우에 배치되었다. 이 기마부대는 대형이나 위치로 보아 마치 본대의 날개 같은 느낌을 주기 때문에 날개부대라는 이름이 붙여졌다. [4]

선봉은 선두를 맡아 밀집진형을 만들어 적의 공격을 물리치거나 대항했다. 2진, 곧 중견은 처음에는 싸우지 않지만 선봉이 무너지거나 밀리게 되면 가세하며, 대열도 그다지 밀집되어 있지 않다. 오히려 대열 사이를 적당히 넓혀 선진이 적에게 두들겨 맞고 퇴각할 때 그 군병들을 요령껏 수용할 수 있도록 대비한다. 제3부대, 즉 후진은 2진보다 대열 사이를 더 넓게 벌려 전투 사이에 임기응변으로 선봉이나 중견의 병사를 수용할 수 있도록 되어 있다. 이들 3개 부대가 이런 진용으로 전투를 시작한다. 선봉이 무너지거나 뿔뿔이 흩어지면 본진의 열 사이로 퇴각하여 두 진용이 하나가 되어 적과 싸우므로 전투 초기보다 세력이 강해진다. 게다가 만일 이들도 패하거나 쫓겨서 흩어지면 후진의 열 사이로 병사들이 물러난다. 그리하여 3개 부대의 군사들은 여기서 다시 합쳐 한 부대로서 세력을 회복하는 것이다. 그런데 이 군세마저 이길 기회를 거듭 놓칠 때는, 진용을 다시 정비할 방법도 없으므로 결국 패하게 된다. 후진이 가세할 정도가 되면 어떤 부대든지 매우 위급한 상황에 처하게 되므로 세상에는 이런 속담이 있다.
즉 '일은 드디어 후진에까지 이르렀다. [5] Rem redisse est ad triariios.'이다. 이것을 토스카나 말로 하면 'Noi abbiamo messo Iultima posta'가 된다.

오늘날의 부대장들은 고대의 병법 규칙을 무시하고 예로부터의 군율을 지키려 하지 않기 때문에 당연히 전투에서 가장 중요한 진용을 소홀히 하고 있다. 그러나 세 차례나 진용을 다시 꾸리도록 대형을 짜는 지휘관은 설령 그가 패

---

4) 티투스 리비우스 《로마사》 제8권 8장. 또한 《병법7서》 제4권 참조.
5) 티투스 리비우스 《로마사》 제8권 8장.

할지라도 운명을 세 번에 걸쳐 시험할 기회를 얻는 셈이며, 적을 정복하는 경우에도 적에 비해 세 배에 달하는 효율성을 누리는 셈이 된다. 그런데 오늘날 그리스도교도의 군대에서 보듯이, 단 한 번의 공격을 견디는 것이 고작인 상황에서는 쉽사리 무너지는 것도 무리가 아니다. 이런 군대를 상대할 때는 약간의 난투나 평범한 용기만으로 싸워도 여유 있게 승리를 거둘 수 있다. 이 군대가 세 차례나 진용을 다시 꾸릴 수 없는 것은 한 부대가 다른 부대 안에 들어가 회생할 수 있는 진용을 갖추지 못했기 때문이다.

그러므로 차례차례 궤멸하는 두 부대 중에 하나를 써서 겨우 전투에 임하는 수밖에 없는 상태이다. 또는 각각 다른 한 부대를 서로의 측면에 배치하기 때문에 정면은 매우 길지만, 세로의 진용은 매우 얇아서 충분한 방어력이 없고 선봉에서 후진까지 그 힘이 균일하지 못하다. 또는 방어력을 증강하기 위해 로마인의 예를 모방하여 각 부대의 대열을 많이 늘려도 무엇보다 앞 진열이 무너졌을 때, 그것을 수용할 제2진이 전혀 정비되어 있지 않기 때문에 군사는 서로 방해가 되어 스스로 완전히 패배의 궁지에 빠지는 결과가 된다.

실제로 최전선에서 싸우는 자들이 밀리면 2진으로 들어오게 된다. 그런데 그때 2선이 밀고 나가려고 하면 1진의 군사들이 방해를 받는 것이다. 1진이 2진을 대신하려면 2진이 3진이 되어야 한다. 이런 혼란이 일어나면, 그 결과 아주 작은 일이 커져서 전군의 패배를 초래하게 된다.

라벤나 전투[6]는 현대에서는 가장 큰 전투 중 하나였는데, 프랑스군의 대

6) 1508년 캉브레 동맹에 의해 베네치아를 압박했던 교황 율리우스2세는, 방향을 바꾸어 1510년에 베네치아 협정을 맺고 프랑스 왕 루이12세를 몰아내려 했다. 루이가 피사에서 종교회의를 열어 교황을 압박하려 하자 전쟁으로 발전하였다. 1512년 4월 11일, 라벤나 근교의 론 강변에서 교황, 에스파냐, 스위스, 베네치아의 약 4만 군사와 대포부대를 상대로 프랑스 측은 23살의 젊은 대장 가스통 드 푸아(Gaston de Foix ; 프랑스 국왕의 누이동생의 아들)가 총지휘하여 싸웠다. 먼저 연합세력의 왼쪽에서 에스파냐 대포부대의 포격이 시작되었고, 이에 응하여 프랑스 측에서는 대포부대를 맡은 당시 손꼽히는 포술가 펠라라 공의 맹포격이 3시간에 걸쳐 계속되었다. 적의 중앙부대에서는 40인조 부대 가운데 38명까지 싸우다 죽는 맹공격을 가했으며, 에스파냐의 유명한 보병부대도 포화 앞에 머리를 나란히 하고 싸우다 죽었다. 연합군은 무너져 도망쳤고, 드 푸아 공은 달아나는 적을 쫓다가 온몸이 창에 찔려 전사했다. 유럽 최초의 근대적인, 역사상 다시없이 처참했던 이 전투는 프랑스의 대승으로 끝났다.

장 푸아 공이 싸우다가 전사한 전쟁이다. 이 전쟁 때 프랑스와 에스파냐의
두 군대는 방금 말한 전법의 하나를 사용했다. 즉 두 군대는 총력을 펼쳐 매
우 큰 진용을 구축했으므로 두 군대 모두 정면만 대비했고, 세로보다는 옆으
로만 확대되었다. 이 진형은 라벤나처럼 넓은 벌판에서 싸우는 경우에 오늘
날의 대장들이 항상 쓰는 수법이다. 그들은 대열이 겹칠 경우, 한 대열이 무
너지면 대번에 대혼란이 일어난다는 것을 잘 알고 있기 때문에, 방금 말한
것처럼 가급적 하나의 대열로 전선을 넓게 형성함으로써 그러한 혼란을 극
복할 것이라 믿었다. 그런데 지형에 따라 어쩔 수 없이 밀집대형을 취해야
할 경우에는, 반드시 내가 앞서 언급한 잘못을 저지르게 되는데, 이는 그것
을 고치는 방법을 모르기 때문이다.

이것과 비슷한 어리석은 행위는 그 기마부대가 자기편 내에 말을 몰고 다
니면서 약탈을 하거나 전쟁놀이를 한 것이었다. 피렌체는 프랑스 왕 샤를8
세가 이탈리아에 온 것에 선동되어 모반을 꾀한 피사를 상대로 전쟁을 하고
있었다. 그때 산토 레골로와 기타 지방에서 피렌체 세력이 피사 세력에게 지
고 있었는데,[7] 그 원인이 사실은 도우러 온 기마부대의 실책 때문이었다.
이 원군은 선봉을 맡고 있었는데, 적의 세력에 밀려 혼란 중에 자기편 피렌
체 보병부대 속으로 달아났지만 남은 군사들을 유린하고 선동하여 흩어져
달아나게 했던 것이다. 공화국 보병부대의 전(前) 부대장 크리아코 달 보르
고 사령관[8]은 여러 차례 내 앞에서, 그가 경험한 패전은 모두 아군의 기마

---

7) 반란의 발발은 1496년 3월이며, 있는 힘껏 옛 영토를 회복했으나 그해 말에 피렌체군에
제압되어 잠시 굴종하다가 이듬해 4월 25일부터 10월 15일까지 휴전했다. 그 뒤에 다시
피렌체와의 전투가 시작되었고, 1498년 샤를8세가 죽은 뒤에 피사 세력인 산토 레골로
(Santo Regolo) 지방을 약탈하였다. 피렌체측 대장 라누치오 백작은 이 도시를 탈환하
기 위해 출동했다가 한 번은 이겼으나, 노획품 분배에 정신을 빼앗긴 틈을 노려 후방에
서 피사군 기병 2백과 군사 5백의 공격을 받고 마침내 사로잡혔다. 자세한 것은 《사화
단장(史話 斷章)》1498년 4, 5월 항 참조.

8) 크리아코 달 보르고(Criaco dal Borgo). 1496년 피사의 반란 때 베다를 공격하여 점령
하고 리보르노와의 교통을 차단하는 공을 세웠는데, 같은 해에 베네치아의 원군을 저지
하라는 명령을 받고 라누치오 백작과 행동을 같이했다가 실패했다. 이듬해에도 백작과
함께 리보르노 성채를 공격하지만 다시 실패했다.

부대 때문이었다고 단언하였다. 근대적 전투의 달인인 스위스인들도[9] 프랑스군과 싸울 때 무엇보다 유의했던 점은 기병을 한쪽에 배치하는 것인데, 이는 기마부대가 패배했을 경우 퇴각하며 자기들을 덮치지 않도록 하기 위함이다. 이러한 것들은 쉽게 이해가 가고 또 아무 어려움 없이 실행할 수 있음에도 불구하고, 오늘날의 장군들은 어느 한 사람 옛날의 군사제도를 본받거나 아니면 적어도 현대의 것을 고치려고 하지 않는다. 게다가 옛 부대와 똑같이 3개부대로 군사를 나누어 하나는 선봉, 다음은 본진, 맨 뒤를 후진이라고 불렀던 것도 다름 아닌 숙소의 배분을 위해 필요했기 때문이었다. 앞에서 말한 것처럼 전통적인 목적을 고려해 부대를 배치하면 각각의 부대가 똑같은 불행을 겪는 경우는 매우 드물다. 그런데 부대장 대부분은 자기들이 무지한 것에 대한 변명으로, 대포[10]의 위력이 더해진 후로는 이제 옛날의 진용을 펼치려 해도 할 수 없다고 한탄하고 있는데, 다음 장에서는 그 문제에 대해 논의하고, 과연 정말로 대포 때문에 옛날식의 무용을 떨칠 수 없게 되었는지 규명해 보고자 한다.

---

9) 스위스인은 독립전쟁 이후 봉건적 부대의 중추부대인 기마부대에 대하여 보병부대를 조직하여 도끼·창·갈퀴 겸용의 새 무기를 사용하여 공을 세웠고, 그 뒤 나라 밖으로 용병을 내놓아 돈벌이에 나서서 천하에 용맹을 떨쳤다. 그 뒤 대포의 출현 때문에 그 가치가 떨어졌지만 마키아벨리는 봉건적 전법의 무가치함을 역설한 나머지 그것들을 매우 중시하고 있다. 보병 중심주의의 주장은 당시 이탈리아인으로서는 매우 뛰어난 견해였다. 《군주론》 제12장, 《병법7서》 제1권. 대포에 대해서는 다음 장 참조.
10) 대포는 프라이부르크에서 살았던 베르트홀트 슈바르츠(1384년 사망)라는 베네딕트파 신부가 발명했다. 1320년 무렵의 일로 전해지고 있다. 그 발명을 사들인 나라는 당시의 강국 베네치아로, 1378년부터 열심히 실전에 사용했다. 사실 베네치아는 그보다 먼저 1331년 제노바령 치비달레를 공격할 때 처음 전쟁터에 대포를 사용하기도 했는데, 사람들을 놀라게 했으나 큰 성과는 올리지 못했다. 《피렌체사》 제1권 1325~1378년 항. 그 뒤에 영국, 프랑스 두 나라가 솔선하여 채용해 대포부대를 조직했고, 16세기에 이르러 실전에서 위력을 발휘했으며, 프랑스 왕 샤를8세 이하의 왕들이 이탈리아 전쟁에 활용하여 전법을 크게 바꾸었다. 라벤나와 마리냐노의 두 전투는 그런 의미에서 주목할 만하다. 마키아벨리는 대포의 위력을 인정하면서도 거기에 심취하여 전쟁에서의 정신력의 중요성을 부정하려고 하는 속론(俗論)에 반대하고 보병중심주의 이론을 주장했다. 여기에는 여러 가지 뜻이 있는데, 그가 이른바 '오늘의 토픽'에 대해서도 항상 이론적 태도로 비판한 점에 특히 주목해야 할 것이다. 다음 장 및 《병법7서》 제3, 제5, 제6, 제7권 참조.

제17장
대포에 관한 오늘날의 통설은 옳은 것일까

대포는 용감한 자들에게 유용하다

앞에서 말한 것 외에, 로마인이 여러 시대에 치른 전투, 프랑스어로는 'giornate', 이탈리아어로는 'Fassi d'Arme'라고 하는 것에 대해 고찰하면서, 나는 일반적으로 유포되어 있는 통설과 마주치게 된다. 즉 그 당시에 대포가 있었더라면 로마인이 그토록 쉽게 여러 나라를 정벌하여 그 민중을 로마에 복속시키거나 그렇게 먼 곳까지 정벌하러 갈 수 없었을 것이라는 것이다. 또한 이 화기(火器)를 사용하면 사람들이 무용을 발휘할 여지가 없기 때문에, 옛날에 보여 주었던 화려한 용사의 모습을 이제는 볼 수 없게 되었다고 말한다. 끝으로 그들은 오늘날에는 전쟁이 옛날보다 훨씬 복잡해져, 싸울 때도 그 당시와 같은 진용을 이제는 답습할 수 없게 되었다는 것, 다시 말해 대포만으로 전쟁의 운명이 정해지는 시대가 되었다는 것 등을 주장한다. 이런 의견이 정곡을 찌르고 있는 것인지, 대포가 군대의 힘을 과연 증강시켰는지, 또 그것 때문에 노련한 명장이 그 용감한 전투능력을 보여줄 수 있는 기회를 빼앗겼는지 아니면 오히려 그 기회가 늘어났는지를 규명하는 것은, 결코 주제에서 벗어난 것이 아니라고 생각한다. 그러므로 여기서 먼저 첫 번째 주장을 검토해 보기로 하겠다. 로마인 시대에 대포가 있었더라면 그 군대는 아마 그런 정복전을 펼칠 수 없었을 거라는 의견인데, 이에 대해서는 대체로 그것이 방어전인가 공격전인가 하는 것이 문제가 된다고 하겠다. 이 두 종류의 전투 중에서 어느 전투가 더 유리한가 혹은 더 유효한가를 규명해야 한다.

이 경우 그 하나하나에 대해 설명할 것이 매우 많지만 여기서는 비교론에 깊이 파고들지 않고 단지 대포가 공격하는 쪽보다 지키는 쪽에게 더 큰 손해를 끼친다는 것만 얘기하고자 한다. 그 이유는 지키는 쪽은 도시 안에서 농성하거나 성채 뒤에 진을 치기 때문이다. 도시 안에서 농성하더라도 그 도시가 작아서 대부분 성벽으로만 되어 있는 경우와 도시가 큰 경우는 이야기가 달라진다. 전자의 경우에는 지키는 쪽이 반드시 참패한다. 왜냐하면 대포의 파괴력이 아주 크므로 제아무리 튼튼한 성채라도 며칠이면 모조리 파괴할 수 있기 때문이다. 성 안에 있던 자들이 퇴각하여 해자를 새로 파고 성을 쌓고자 해도, 장소가 좁아서 자유롭게 움직일 수 없게 되면 전쟁에 패하게 마련이다. 적이 무너진 성벽 틈새로 진입하려고 집요하게 시도하는 것을 막을 수 없게 되어 자기편의 대포조차 아무런 도움이 되지 않는다. 왜냐하면 적이 밀집하여 과감하게 돌진할 때는 대포도 그것에 대해 아무런 저항을 하지 못하기 때문이다. 그러므로 산을 넘어 돌격해 오는 용맹한 적들을 상대로 자신들의 땅을 지키지 못한다. 반면 더욱이 지금까지 단 한 번도 적이 밀집해서 돌격한 일도 없으며, 오히려 풀씨를 흩뿌려 놓은 것 같은 형태로 싸우는 이 탈리아인의 공격은 쉽사리 격퇴당하고 말 것이다. 그래서 이런 전투 방법에 대해 스칼라무체(작은 시합)라는 매우 그럴듯한 이름이 붙여진 것이다. 이런 무질서하고 한심한 꼴로 무너진 성벽을 차지하려고 진격해 보았자, 그곳을 지키는 대포의 표적이 되어 목숨을 잃는 것은 정한 이치이며, 그런 상대에게 대포는 충분히 위력을 발휘한다. 하지만 무너진 틈새를 향해 밀집대형으로 돌진하여 숨 돌릴 틈도 없이 계속 공격을 가해 오는 군세를 상대할 경우, 성채나 해자 같은 방해물에 의해 저지되지 않는 한, 대포는 아무런 구실도 하지 못한다. 가령 공격군의 일부가 전사하여 시체가 산을 이루더라도 승리를 거두게 할 만큼 그렇게 많지는 않을 것이다.

지금까지 몇 번이고 북방민족들이 이탈리아에서 펼쳐 보인 돌격전은 이 생각이 옳다는 것을 입증하는 뚜렷한 증거이다.[1] 특히 브레시아를 공격할 때 그 면모를 유감없이 발휘했다. 그 도시가 프랑스인에게 반기를 들었을 때 도시의 성채만큼은 프랑스 국왕에게 충절을 지키고 있었다. 그래서 베네치아인은 도시에 가해지는 공격을 막기 위해 성채에서 도시로 통하는 모든 길에 대포를 설치하고, 정면과 측면은 물론이고 방어전에 도움이 되는 곳에는 모조리 포구를 설치했다. 그러나 드 푸아 사령관은 조금도 당황하지 않았다.

---

1) 1512년 2월 9일 볼로냐에서 출발한 '이탈리아의 번개장군' 드 푸아는 도중에 베네치아 군을 격파하면서 같은 달 19일 격전을 치른 뒤 브레시아를 탈취했다. 수비하던 베네치 아군은 3천 명이었으나, 그 대부분을 잃고 시민을 포함하여 8천 명(일설에는 1만4천명) 이 프랑스군에 살해되었다.

대신 그는 기병대에 명령하여, 말에서 내려 대포부대의 중앙을 뚫고 들어가 도시를 점령했다. 그러나 푸아 사령관이 많은 희생을 치렀다는 이야기는 전혀 들은 바가 없다.

이처럼 장소도 그다지 넓지 않고, 성벽은 무너진 데다, 후퇴할 수 있는 성채와 해자를 확보할 여유조차 없는 상태에서 의지할 것이 오로지 자기편의 대포밖에 없다면, 그들을 기다리고 있는 것은 패배뿐이다.

지금 가령 여러분이 광대한 땅을 지키며, 쉽게 퇴각할 공간을 충분히 확보하게 된 경우라도 대포는 방위보다 공격군에게 훨씬 효능이 큰 병기이다. 왜냐하면 첫째로 대포의 힘으로 공격군을 섬멸할 생각이라면 아무래도 흙을 쌓아올려 거기에 대포를 설치해야 한다. 그렇지 않고 땅바닥에 그대로 설치한다면, 적이 조그만 성채나 해자를 만들어 숨어버리면 포격도 전혀 효력을 낼 수 없기 때문이다. 그런데 지면보다 높게 하기 위해 성채의 둑 위에 설치하거나 뭔가 연구해서 흙을 쌓으려 하면 두 가지 어려운 문제에 부딪치게 된다. 그 하나는 좁은 장소에서는 큰 것을 다루기 어려우므로 당연히 공격군이 사용하는 것과 같은 크기와 힘이 있는 대포를 그곳에 끌어올릴 수 없다는 점이다. 또 하나는 다행히 그것을 끌어올린다 해도 성채의 둑은, 대지에 자리 잡은 공격군처럼 대포의 발판이 견고하고 안전한 데다 장소도 넓고 자유로울 수는 절대로 없다는 것이다. 그러므로 공격군 쪽은 큰 대포를 몇 개라도 갖고 올 수 있지만, 농성군은 높은 성채의 둑 위에 그런 것을 여러 개 나란히 설치할 수 없다. 그렇다고 움푹 꺼진 땅에 여러 개 설치해 봐야 이미 말했듯이 대부분 무용지물이 된다.

이런 형편에서는 성을 지키는 쪽은 결국 옛날에 한 것처럼 손으로 직접 무기를 잡고 방어하게 되고, 대포를 사용하더라도 매우 작은 것을 써야 한다. 말하자면 대포를 방어전에 쓸 경우 그 효력에 비례하여 불편도 커지는 셈이다. 왜냐하면 대포의 크기에 따라 도시의 성벽을 낮게 구축하거나 심지어 해자 속에 묻혀버릴 정도로 만들어야 하기 때문이다. 가령 성벽이 무너지거나 해자가 매몰되어 백병전(白兵戰)을 하게 될 경우, 성 안에 있는 자는 훨씬 큰 불리함을 안고 싸우는 것이다. 따라서 이미 말한 바와 같이 대포는 도시에서 방어하는 쪽보다는 성을 공격하는 쪽에게 훨씬 유효하다.

다음은 세 번째 경우인데, 상황이 좋거나 유리한 때가 아니면 공격하러 나가지 않는 전술에 대해 나는 다음과 같이 말하고자 한다. 즉, 해자를 둘러친 병영 깊숙한 곳에 진을 치고 있는 경우에는, 어쩔 수 없이 옛날 군대와 같은 방법으로 싸우는 수밖에 없다. 또 언제나 대포 때문에 매우 불리한 상황에 처하기도 쉽다. 왜냐하면 흔히 일어나듯, 적이 지리의 이점을 이용하여 아군보다 높은 곳에 진을 치거나, 적이 도착했을 때 아군 쪽에서 해자를 아직 다 파지 못했거나 충분한 준비가 되어 있지 않아 급습을 받게 되면, 미처 대항할 사이도 없이 금세 뿔뿔이 달아나게 되기 때문이다.

그것은 라벤나에서 에스파냐 군대가 경험한 일이었다. 그들은 론코 강과 제방 사이에 해자를 파고 있었다. 그런데 그 일을 끝내기도 전에 설상가상으로 지리의 이점을 차지하고 있던 프랑스군이 에스파냐군에 대포 공격을 가하였고, 그들은 하는 수 없이 해자에서 나와 싸우지 않을 수 없었다. [2]

그런데 통상적으로 여러분이 고르고 골라 진을 친 땅이 주변보다 높거나 방어벽이 충분히 튼튼하게 설치되어 있어서, 적도 쉽게 공격할 수 없는 상태라고 가정하자. 그렇게 되면 그 옛날, 군대가 절대로 적의 습격을 받을 걱정이 없는 상태에서 채택했던 작전을 그대로 답습할 수 있게 된다. 그 작전이란 적지를 종횡으로 누비면서 적의 맹방인 도시를 빼앗거나 포위하고, 적의 보급로를 끊어 그들이 어쩔 수 없이 병영에서 나가 싸우지 않을 수 없게 만드는 것이다. 그 경우 이미 말했듯이 대포는 여러분에게 그다지 도움이 되지 않는다.

로마인이 치른 전투가 어떤 종류의 것이었는지 조사해보면, 그것은 언제나 공격전이었지 결코 방위전이 아니었음을 알 수 있다. 그러므로 내가 앞에서, 로마인은 항상 전국을 유리하게 지배하고 있었으며 당시에 설령 대포가 있었다 하더라도 역시 신속 과감한 정복전을 펼쳤을 것이 틀림없다고 말한 것은 잘못이 아니었다는 것도 확실히 알 수 있는 것이다.

다음은 두 번째 사항, 즉 대포 때문에 옛날처럼 일대일의 화려한 결투장면을 볼 수 없게 되었다는 것에 대해서는 그 지적이 타당하다고 말하겠다.

---

2) 여러 시간의 포격에도 해자 속에 엎드리고 있었지만, 자기편 오른쪽의 기마병 11대가 뿔뿔이 흩어져 달아나고, 그 뒤로 적의 대포부대가 이동해 와서 해자의 측면으로 공격해 오자, 마침내 그들도 들판으로 뛰어나가 프랑스 기마병과 결전을 벌여야 했다. 그러나 그들은 결국 패전했다.

즉, 성채를 사다리를 이용하여 타넘거나 그 밖에 그것과 비슷한 공격방법을 채택하는 경우에는 밀집대형을 취할 수 없기 때문에 한 사람씩 차례로 공격하는 수밖에 없으므로 그 위험이 옛날보다 훨씬 커졌다. 또한 옛날보다 부대장이나 장군이 죽음의 위험에 노출되는 일이 더 많아진 것은 틀림없는 사실이다. 왜냐하면 적이 대포로 공격하면, 어디고 할 것 없이 아무리 후진 속에 피신하여 주위에 일당백의 용사들이 포진하고 있어도 아무런 도움도 되지 않기 때문이다.

그럼에도 불구하고 이 두 가지 위험이 한꺼번에 닥쳐와 큰 손해를 보는 일은 거의 없다고 보아도 좋다. 그것은 방비가 단단한 도시의 성벽은 절대로 사다리로 넘을 수 없을 뿐만 아니라, 소규모 부대의 공격으로는 결코 함락할 수 있는 것이 아니기 때문이다. 그러므로 만약 그 도시를 꼭 탈취해야 한다면 옛사람들이 한 것처럼 공성(攻城) 작전을 펼쳐야 한다. 게다가 성채를 점령했을 경우, 옛 시대에 비해 더 큰 위험에 노출되는 것도 아니다. 그 당시에도 도시를 지킨 세력은 멀리 발사하는 무기를 다 갖추고 있어서, 설사 그 힘이 오늘날 것만 못하다 해도 사람을 죽이는 데는 충분히 쓸만했기 때문이다.

장군이나 용병부대의 대장이 싸우다 죽는 위험에 대해 말하면, 이탈리아 전쟁을 통해 반론을 제기할 수 있다. 24년 동안 계속된 최근의 이탈리아 전쟁[3]에서 전사한 사람은 그 전 10년 동안 전사한 사람보다 더 적었다. 그리고 몇 년 전 베네치아가 페라라를 공격했을 때 전사한 루도비코 델 미란돌라 백작[4]과, 라 치리뉴올라 성을 공격할 때 전사한 느무르 공작 외에는 대포로 목숨을 잃은 예가 없고, 또 드 푸아 사령관이 라벤나에서 전사한 것도 창이나 칼에 찔린 상처 때문이지 포화 때문은 아니었다. [5]

따라서 사람들이 저마다 무용의 정도를 보여주지 못하게 된 것은 대포 때문이 아니라, 형편없는 전법과 겁 많은 장병들에게 책임이 있으며, 장병들의 수가 아무리 많아도 용기가 없으므로 각자의 무용을 기대하는 것은 잘못된

---

3) 샤를8세가 이탈리아 침략을 위해 먼저 영국, 독일, 에스파냐의 중립을 확보한 것은 1492년 이후의 일이고, 마리냐노 전투에서 프랑스 세력이 북이탈리아에 확립되고 프랑수아1세가 교황 레오10세와 화해함으로써 이탈리아에 평화가 찾아온 것은 1516년이다.

4) 1512년 에스파냐와 베네치아군이 페라라령을 병합하고 프랑스에 대항했을 때의 일이다.

것이다.

세 번째 논점, 즉 오늘날에는 이미 백병전은 사라졌고 모든 전쟁이 대포에 의존하고 있다는 의견에 대해, 나는 그것이 전적으로 잘못된 생각이라고 말하고자 한다. 또한 누구라도 내 생각에 동의할 것이라고 나는 생각한다. 훌륭한 군대를 만들고 싶다면 훈련이나 실전에 있어서 적군을 향해 돌격하여 번쩍이는 칼을 빼어들고 적의 중앙을 돌파할 수 있는 군병을 단련시켜야 하며, 또 다음에 설명하는 이유에서 기병대보다 보병대를 중시해야 한다.

우리가 앞서 말한 방법에 따라 보병부대에 주력을 쏟는 경우 대포는 전혀 무용지물이 되고 만다. 그 까닭은 보병대는 매우 민첩하게 적에게 육박할 수 있고, 포화에 의한 손실을 피할 수 있기 때문이다. 그것은 마치 로마의 보병대가 맞닥뜨릴 때마다 늘 극복했던 코끼리부대나 화염차(火焰車)[6] 등의 위력을 꺾는 것보다 훨씬 쉽다. 보병이 포병대에 대항하는 것은 훨씬 쉬우며 대포가 해를 끼치는 것은 코끼리부대나 전차에 비하면 훨씬 짧은 시간에 지나지 않는다. 코끼리부대나 전차는 혼전하고 있는 한복판에 뛰어들어 종횡무진으로 휘젓고 다녔으나 대포는 그저 전투의 서막에 사용될 뿐이다. 포격이 시작되면 보병부대는 지형을 이용하여 몸을 숨기거나 땅바닥에 엎드려 그 공격을 피할 수 있다. 경험에 의하면 포격은 큰 대포를 사용하는 경우에는 별로 효과가 없다는 것이 밝혀졌다.

왜냐하면 큰 대포의 경우 조준을 하기가 어려워서 너무 위쪽을 향해 쏘면 포탄은 여러분의 머리 위로 지나가 버린다. 그와 반대로 너무 아래로 향하면 여간해서 여러분에게 도달하지 않는다. 두 군대가 백병전을 할 때가 되면 크든 작든 어느 쪽 대포도 더 이상 여러분에게 손상을 끼칠 수 없다는 것은 불을 보듯 뻔한 일이다. 왜냐하면 대포부대를 선봉에 세우면 여러분에게 붙잡히게 되고, 그렇다고 후진에 물러나 있게 하면 여러분보다 오히려 그들 자신

---

5) 1503년 2월 28일. 느무르 공작(Duc de Nemours)이 루이12세시대에 나폴리 부왕(副王)으로 임명되었고 에스파냐의 명장 곤살보를 상대로 싸우다 죽었다.

6) BC 280년 에피루스왕 피로스와의 헤라클레아 전쟁에 코끼리부대가 처음 참전하였고, 그 결과 로마가 참패했다. 2년 뒤의 페네벤툼 전투에서는 코끼리부대를 패주시켰다. 화염차는 BC 88~86년 미트리다테스 전투 때 사용되었으며, 곧 술라가 그것에 대한 방어법을 고안하여 활용함으로써 적장 아르켈라오스를 격파했다. 《병법7서》 제4권 참조.

이 공격을 받게 되기 때문이다. 그래서 만약 측면에 배치하면 여러분이 돌격해 오는 것을 방어할 힘이 없으므로 결국 위에서 설명한 결과가 되어버린다.

여기에는 더 이상 논란의 여지가 없고, 스위스인이 무엇보다 뚜렷한 전례를 보여주었다. 1513년 그들은 대포도 기병대도 없이 수많은 대포의 호위를 받는 프랑스군을 노벨라에서 급습하여 그 대포들의 방해를 조금도 받지 않고 상대방을 무찔렀다. 그 이유는 방금 이야기한 것 외에, 대포가 그 모든 능력을 발휘하려면 오히려 성채나 해자, 또는 둑이 방호를 해 줘야 하기 때문이다. 평평한 벌판에서 접전하는 경우에 흔히 그렇듯이, 이들 방호물에 하나라도 결함이 있으면, 몇 안 되는 병사들로 경비하고 있는 대포부대는 대포를 적에게 빼앗기거나 무용지물이 되어버린다. 그렇다고 해서 안전을 위해 이것을 측면에 배치해 두면, 대포는 마치 옛날의 군대가 활이나 창과 같은 무기를 사용하는 정도밖에 도움이 되지 않는다. 옛날 사람들은 그런 무기를 아군의 대열에서 떨어진 곳에 두고 싸우면서, 적의 기병대나 기타 군세의 습격을 받으면 그때마다 군단 속으로 피신하게 했다.

대포를 특별하게 생각하는 사람들은 그 효용을 충분히 이해하지도 못하고, 쉽사리 재앙을 불러온다는 것을 믿지 않았다. 가령 터키가 대포를 사용하여 페르시아왕과 이집트의 술탄을 무찌르기는 했지만,[7] 그것은 대포의 위력이라기보다는 귀청을 찢는 듯한 굉음에 놀라 적의 기병대가 대열을 무너뜨리고 달아났기 때문이다.

끝으로 나는, 대포란 옛날과 같은 용기를 가진 군대에는 유리하지만 용기가 없는 군대가 용맹스러운 상대와 싸울 때는 아무런 구실도 못한다고 결론을 내리고 싶다.

---

7) 셀림1세는 1514년 페르시아 사파비 왕조 이스마일 황제(1499~1524년)를 찰디란 평원에서 격파하고, 1517년 이집트의 부르지 맘루크국을 멸망시켰다.

제18장

기병보다 보병을 중시해야 한다

군대의 토대는 보병

많은 이유와 선례를 보면 확실히 이해가 가겠지만, 로마인은 어떤 전쟁에서도 기병대보다는 보병대를 중시했고, 반드시 그들을 중심으로 군세를 발휘했다. 그것은 여러 가지 실례를 통해 증명되고 있는데, 특히 레길루스 호반에서 라티움인과 싸웠을 때의 작전이 무엇보다 좋은 예다. 이미 로마인에게 패색이 짙어졌을 무렵 자기편의 기세를 만회하기 위해 기마병들을 말에서 내려 싸우게 했는데, 그러한 방식으로 접전을 벌인 끝에 결국 승리를 거둔 것이다.

즉, 로마인은 군병들이 말을 타는 것보다 걸어서 보병으로 싸우는 것이 더 위력적이라고 확신하고 있었다. 이런 용병술은 다른 수많은 접전에서도 채용되었고, 그것은 위기 상황에서 가장 좋은 해결책이었다. [1]

이렇게 말한다고 해서 한니발이 칸나에 전투 때 한 말을 끄집어내는 건 곤란하다. 한니발은 로마의 집정관들이 기병들을 말에서 내리게 하는 것을 보고 그 처사를 비웃으며 다음과 같이 말했다. "Quam mallem, vintos mihi traderet equites!" 즉 "저놈들을 붙잡아 포박해서 끌고 오라!"라는 뜻이다. 이 말은 고금에 유명한 명장의 입[2]에서 나온 것이므로 어느 정도 모범으로 삼을 필요는 있다. 그러나 겨우 한 사람의 한니발보다는 로마공화국과 그 나라가 배출한 많은 명장들의 생각에 따라야 하며, 그 모범에 따르지 않더라도 그 밖에 더 많은 이유를 들 수 있다.

---

1) BC 496년. 타르퀴니우스를 상대로 독재관 포스투미우스가 지휘한 전투. 티투스 리비우스 《로마사》 제2권 제20장.
2) 플루타르코스 《파비우스 막시무스전》 제25장 마지막 단. 티투스 리비우스 《로마사》 제22권 제49장.

로마의 보병 병사 2명과 로마 기사. 돌을새김. 왕
정·귀족정 시기의 로마에서는 귀족이 차지한 기병이
주력이었으나, BC 5세기 무렵에는 평민으로 구성된
중장보병 밀집대가 중요한 기능을 발휘하게 되면서
군제도 정비되었다.

왜냐하면 보병들은 말을 타고는 통과할 수 없는 곳을 얼마든지 돌파할 수
있기 때문이다. 사람이라면 공격을 받아도 대열을 흩트리지 말고 만회하라
고 가르칠 수 있지만, 대열을 흩트리지 않도록 말을 훈련시키기란 매우 어려
우며, 게다가 대형이 무너진 경우 이를 회복하는 것은 불가능하다. 또한 인
간들과 마찬가지로 말 중에도 용감한 말은 그리 많지 않다. 때로는 용감한
말에 겁쟁이가 올라타거나 용감한 병사가 겁쟁이 말을 타는 수가 있다. 이런
부조화가 어떤 식으로 발생하든, 그것은 패배와 무질서를 초래한다.

군율이 엄격한 보병대라면 특별한 어려움 없이 기병대를 혼란에 빠뜨릴
수 있다. 하지만 기병대가 보병대를 무찌르기란 매우 어려운 일이다. 이 생
각은 고금에 걸쳐 수많은 실례가 있으며, 일반사회의 법칙을 탐구하는 사람
들이 제시하는 전거에 의해서도 확인되고 있다. 최초의 접전은 보병대가 기
병대보다 얼마나 우수한지 몰랐기 때문에 오로지 말을 사용해 이루어진 것

기사와 로마군의 행진. 안토니누스 피우스 황제(재위 AD 138~161)에게 바치는 기념주의 돋을새김. 안토니누스 피우스 황제는 국내의 평화를 유지하고, 아프리카와 브리타니아에서 일어난 반란을 의연히 진압하였다.

으로 밝혀져 있다. 그러다가 보병을 훈련시키는 법을 발견한 후 그들은 즉각적으로 보병이 기병보다 얼마나 더 가치 있는가를 깨닫게 된다.

그러나 이런 이유로 인해 군대에 기병이 필요 없다는 얘기는 아니다. 기병은 정찰할 때, 적지를 유린하고 휘저으며 황폐하게 할 때, 도망가는 적을 추격할 때, 부분적으로 적의 기병에게 대항할 때 여전히 필요하다. 그러나 군세의 기초가 되고 요점이 되는 것, 즉 무엇보다 존중해야 하는 것은 역시 뭐니 뭐니 해도 보병대이다.

이탈리아를 외국 세력의 노예로 만든 이탈리아 군주들이 범하는 수많은 잘못 중에서 가장 큰 것은, 그들이 보병을 그다지 중시하지 않고, 오로지 기병대의 운용에만 전력을 기울이고 있다는 점이다. 이런 잘못도 그 근원을 따져보면 장군들의 간계와 나라를 다스리는 자들의 무지함에 있었다. 왜냐하면 이탈리아의 민병도 지난 25년 동안 나라 잃은 소수인이 되어버려, 마치 사기꾼 두목처럼 칼이나 들고 평판만 높이는 데만 신경을 쓰고, 한편으로 군주들은 완전히 무방비 상태가 되어 있었기 때문이다.

그들은 수많은 보병들에게 줄 급료와 군대 유지비를 감당할 능력이 없었고, 게다가 징집할 수 있는 백성들도 없었다. 그렇다고 소수인원으로는 그 명성을 떨칠 수가 없으므로 그들은 기병을 길러 두는 데에만 관심을 쏟았던 것이다. 왜냐하면 2, 3백 명이라면 용병대장에게 봉급을 주고 양성할 수 있고, 그 정도면 일단 평판을 잃지 않을 수 있으며, 나라를 다스리는 자도 부담을 감당할 수 있기 때문이다. 용병대장은 자기의 목적을 쉽게 달성하고 자기를 무시할 수 없도록 하기 위해, 보병대의 평판과 가치를 낮추고 자기들 기병들의 가치를 높이려 했다. 이러한 악폐는 점차 커져 아무리 큰 군대라 해도 보병대는 극소수만 남겨두게 되었다. 이런 폐습과 함께 이 세력에 힘을 보태는 다른 많은 과오들로 이탈리아 민병은 매우 무력해져 버렸고, 마침내 이 나라는 모든 북방민족에게 쉽사리 짓밟히는 지경에 이르렀다. [3]

로마의 또 다른 예를 보면, 당시 사람들이 보병대보다 기병대를 믿었다가 실패했음을 명백하게 보여준다.

로마인이 소라를 포위했을 때의 일이다. [4] 엄청난 기병대가 성문에서 몰려나오자, 그것을 본 로마의 기병대장도 부하들을 거느리고 출동하였다. 정면

---

3) 민병이란 의용병을 말한다. 최초의 12세기 무렵에는 도시의 자위단체였으나 나중에 도시가 영토를 갖게 된 14세기 이후에는 농민도 가담하였다. 이탈리아에서는 용병을 경호원으로 고용한 작은 영주들이 15세기 이후 갑자기 세력을 얻었고, 민병은 16세기 초에 마키아벨리가 피렌체에서 재편성을 시도하기 전까지 거의 자취를 감추어, 용병이 유일한 군대로서 해독을 끼치고 있었다. 마키아벨리가 민병을 편성한 공적은, 그것이 농민과 도시 영세민을 국민군으로 편성하는 목적을 부여한 점에 있다. 즉 조국을 잃은 용병 대신 조국을 지키는 민병으로 대체한 것이다. 이와 같이 근대 군병제도의 실천가인 그는 한편 《군주론》 제12장, 특히 《병법7서》 제1권에서 상세히 그 이론을 전개했다. 용병의 폐해에 관해서는 《군주론》 제12장, 제13장, 《피렌체사》 제6권 등을 참조할 것.

4) 소라(Sora). 라티움의 한 도시. BC 313년 삼니움에 가담한 반란. 티투스 리비우스 《로마사》 제9권 제23장, 제24장.

으로 부딪혀 접전을 시작한 지 얼마 안 되어 양쪽 대장이 전사했다. 그렇게 대장 없이 싸우는 동안, 로마인은 상대를 격퇴하려고 말에서 내렸다. 이것을 보고 적도 자신을 보호하기 위해 같은 수법으로 나오지 않을 수 없었다. 그러나 결과는 로마군의 승리였다. 보병대가 기병대를 압도하여 이긴 예로 이보다 더 확실한 것은 없다.

보통 경우에 집정관들이 기병들을 말에서 내리게 했다면, 그것은 고전에 빠져 도와줄 필요가 있는 보병대를 구원하기 위한 것이었다. 그러나 방금 말한 상황에서는 보병대를 지원하여 적과 싸우기 위해서가 아니었다. 그들은 말을 탄 채 적의 기병대와 싸워서는 도저히 승산이 없다는 걸 알고 보병으로 전환하여 말에서 내렸던 것이다. 이 예를 보더라도 조직이 잘 되어 있는 보병대는 같은 보병대와 부딪치지 않는 한, 그리 쉽게 무너지지 않는다는 결론을 내리고 싶다.

로마인 크라수스[5]와 마르쿠스 안토니우스가 소수의 기병대와 상당히 많은 보병대를 이끌고 며칠 동안 파르티아인의 영지를 진격해 가는 동안, 앞쪽에 파르티아인 기병대가 구름 떼처럼 나타났다. 크라수스는 그의 병사들 일부와 함께 목숨을 잃었지만, 마르쿠스 안토니우스[6]는 힘껏 싸워 겨우 위험을 벗어났다.

바로 이 로마군의 참패에서도 보병대가 기병대보다 얼마나 우수한지 알 수 있다. 그 까닭은 다음과 같다. 대체로 이 나라는 산이 적고 강은 매우 드물며 바다와도 멀리 떨어져 있어서 지형상의 유리함을 전혀 이용할 수도 없는데, 그럼에도 불구하고 마르쿠스 안토니우스는 파르티아인마저 놀라게 하는 용맹심을 발휘하여 모든 어려움을 극복했기 때문이다. 파르티아 기병은 그 보병들을 공격할 용기를 완전히 잃어버리고 것이다. 비록 크라수스가 싸우다 거기서

---

5) Marcus Crassus(BC 116~BC 53년). 카이사르, 폼페이우스와 함께 삼두정치를 조직하여 시리아 총독이 되었고, BC 53년에 아시리아의 카라에로 진군하다가 아들 푸블리우스를 잃은데다 적의 위계(僞計)에 빠져 횡사했다. 플루타르코스의 《크라수스전》 제24장~44장.

6) Marcus Antonius(BC 86~30년). 클레오파트라와의 정사(情事)가 있는 주인공. BC 36년 클레오파트라를 시리아에 남겨둔 채 보병 6000명과 기병 1만을 이끌고 파르티아를 공격했다. 그러나 후방에 남겨둔 여왕에게 마음을 빼앗겨 정벌을 중단하고 말머리를 돌려 27일 동안 상(上)메디아의 황야를 헤매다가, 야만족과 18번이나 싸운 끝에 간신히 아르메니아로 돌아갔다. 플루타르코스 《안토니우스전》 제39~54장.

사두전차. 모자이크. 메리다 국립고대로마박물관 소
장. 공격력을 기동화시킨 무기에 대한 착상은 고대
로부터 있었고, 여러 모양의 것이 만들어지기도 하
였다. 그리스 로마 시대의 채리엇(chariot)도 그 한
예이다. 이것은 말이 끌도록 된 일종의 이륜차로서,
그 위에 전사가 타고 말을 몰면서 칼·창으로 적을
공격히도록 되어 있었다.

전사했지만, 그의 행동을 신중하게 판단하는 사람은 그가 패배했다고 말하
기보다 간계에 빠졌다고 생각할 것이 틀림없다. 사실 그가 혼란의 극에 달했
을 때도 여전히 파르티아인은 과감하게 공격하지 못하였다. 오히려 끊임없
이 적진의 측면을 뛰어다니면서 보급로를 차단하고, 그냥 두지 않겠다고 저
주의 말만 퍼부으면서 그를 불행한 파국으로 밀어 넣었던 것이다.

보병대가 기병대를 압도한다는 것에 대한 증거를 들려 해도, 만일 현대에
서 많은 실례가 없다면 참으로 어려운 일이 될 것이다. 앞서 말했듯 노바라
전투[7]에서 9천 명의 스위스 병사가 1만의 기병과 약간의 보병대를 상대로
두려움 없이 싸워 격퇴시켰다. 상대방 기병대는 결국 궤주하고, 훈련을 제대
로 받지 못한 가스코뉴에서 온 보병대도 손쓸 엄두를 내지 못하는 지경에 빠
졌다.

---

7) Novara. 토리노의 서북쪽에 있다. 1513년 6월 프랑스왕 루이 12세와 교황 레오 9세의 싸움.

2만 6천 명의 스위스 병사들이 밀라노를 습격하여 프랑수아1세와 싸운 적이 있다.[8] 이때 국왕은 2만의 기병대와 4만의 보병대 및 대포 100문으로 응전했다. 비록 이때는 스위스인도 노바라 때처럼 이기지는 못했으나, 꼬박 이틀 동안 용맹하게 싸우다가 끝내 패전했을 때도 그 군사의 반 정도는 목숨을 건져 달아났다.

마르쿠스 아틸리우스 레굴루스[9]는 보병대만으로 기병대뿐만 아니라 코끼리부대까지 방어할 힘이 있다고 굳게 믿고 있었다. 물론 그 생각은 성공하지 못했는데, 그것은 그가 난관을 돌파할 수 있다고 믿었던 보병 자체의 역량이 부족했기 때문은 아니었다.

그러므로 되풀이해서 말하지만, 잘 정비된 보병대를 압도하고 싶다면 상대편보다 더 우수한 보병대로 대적해야 한다. 그렇지 않으면 지는 것이 명백하다.

밀라노 공작 필리포 비스콘티 시대에 약 1만 6천 명의 스위스군이 롬바르디아를 향해 공격해 내려왔다.[10] 밀라노 공작은 카르마뇰라 백작에게 1천 기가 넘는 기병과 보병대 약간을 주어 적과 싸우게 했다. 이 대장은 상대의 전법을 전혀 몰랐기 때문에, 기병대의 선두에 서서 싸우면서, 별다른 어려움 없이 칼을 몇 번 휘두르면 되는 것으로 생각하며 적을 깔보았다. 그런데 적은 좀처럼 대열을 흐트리는 기색이 없었다. 카르마뇰라 백작은 결국 수많은 군사를 잃고 퇴각하지 않을 수 없었다. 그러나 과연 용감하기 이를 데 없는 사나이답게 새로운 사태에는 곧 새로운 전법을 써야 한다는 것을 깨닫고,

---

7) Novara. 토리노의 서북쪽에 있다. 1513년 6월 프랑스왕 루이 12세와 교황 레오 9세의 싸움.

8) 1515년 9월 13일과 14일, 마리냐노(밀라노 서남쪽 15km)에서 벌어졌던 전투.

9) Marcus Attilius Regulus. 평민 출신의 로마 장군. BC 256년 에크노모스에서 카르타고군을 무찌른 뒤, 적의 도성 근교를 점령했으나 적의 반격을 받아 튀니스에서 붙잡혀 250년에 살해되었다. 《병법7서》 제1, 제4권 참조.

10) 1422년 비스콘티가 스위스에서 베틀린초나와 레바티노 계곡을 탈환한 전투. 그의 용병대장 카르마뇰라(Carmagnola)는 1390년 카르마뇰라 시에서 태어났다. 당시의 대표적인 출세남으로, 1412년 비스콘티의 부대로 들어가 눈 깜짝할 사이에 입신하여 무공을 세웠다. 스위스와 싸운 전법은 마키아벨리도 크게 주목하여 《병법7서》 제2권에 같은 의견을 진술했다. 1425년 비스콘티에게 원한을 품고 적인 베네치아에 붙어서 무공을 세웠으나 거기서도 의심 받고 1431년에 참수형에 처해졌다. 《군주론》 제12장, 《피렌체사》 제4권 1426년 및 1428년 항 참조.

새로운 대열로 스위스군을 향해 진격하였다. 적에게 정면으로 다가섰을 때 그는 기병들을 말에서 내리게 하고 보병대의 선두에 서게 한 뒤 10겹, 20겹 으로 스위스군을 향해 포위하였다. 그리하여 적에게서 살아남을 수 있는 희망마저 빼앗아버렸다. 카르마뇰라의 무사들은 저마다 장비도 잘 갖추고 있어서, 스위스군의 대열 속에 돌입하여 쉽게 그들을 쓸어버릴 수 있었다. 스위스의 전체 군사 가운데 살아남은 자는 카르마뇰라가 동정하여 살려준 소수에 불과했다.

　나는 많은 사람들이 기병대와 보병대의 전투력 차이를 알고 있을 것으로 생각한다. 그러나 현대의 불행이 너무도 심각하여, 옛사람들의 선례도, 현대인의 실례, 또는 과오의 고백도 오늘날 군주들의 무지를 일깨우는 데 충분치 않다고 생각한다. 한 나라 군대의 무명(武名)을 떨치고자 한다면, 옛 제도를 부활시키고 그것을 활용하여 좋은 평판을 얻음으로써 거기에 생명을 불어넣어야 하며, 그것이 결국은 자신들에게 생명과 명예를 주는 것임을 깨달아야 한다. 그러나 이러한 방침을 지키지 않기 때문에 앞에서 말한 다른 방침과도 멀어져 있다. 그것이 원인이 되어 다음에 얘기하는 것처럼, 영토의 확장이 국운의 발전에 기여하지 못하고 오히려 그것을 저해하는 결과를 초래하는 것이다.

제19장
정연한 조직도 없이 로마의 무용을 본받지 않는 공화국의 결말

새로운 영토를 정복하더라도 파멸이 따를뿐

우리 시대의 폐습에 의해 각 나라에 초래된 그릇된 예에 따라, 사리에 어긋나는 견해가 통용되고 있는데, 그것은 사람들이 세상의 관습에서 벗어나려고 하지 않는 데 그 원인이 있다. 지금으로부터 30년쯤 전에 이탈리아에서 1만 명의 보병이 1만 기의 기병대 및 같은 수의 보병대를 능히 무찌를 수 있었다고 말한다면 누가 그것을 납득하겠는가? 이미 몇 번이나 언급한 것처럼 노바라에서의 전투가 이를 입증하고 있다. 그와 같은 역사상 예를 얼마든지 들 수 있는데, 세상 사람들은 여전히 내 말을 믿지 않는다. 설령 과거의 이러한 사실을 믿는다 하더라도, 요즘은 옛날보다 군비가 잘 갖추어져 있어 중무장한 병사 한 부대만 있으면 보병대는 말할 것도 없고 바위 같은 것도 너끈히 무너뜨릴 수 있다고 말할 것이다. 사람들은 이런 식의 잘못된 논리로 인해, 루쿨루스[1]가 약간의 보병들을 이끌고 티그라네스의 1만 5천 명이 넘는 군세를 격파했음에도 이를 믿지 않으려 한다. 그 군세 중에는 오늘날의 중무장 병사와 비견될 만한 무장 기병도 있었다는 것을 생각지도 않는다. 게다가 이러한 오류가 북방민족들의 보병부대가 보여준 실례를 통해[2] 폭로되었다는 점 역시 고려하지 않으려 한다.

여러 실례들을 통해 역사상의 보병대에 관한 이야기가 사리에 맞는다는 것이 분명해졌으므로 고대의 다른 제도도 모두 이치에 맞으며 유효하다는

---

1) Lucius Licinius Lucullus(BC 115~BC 149년). 로마의 명장. 아시아로 가는 길을 개척하기 위해 노력했으며, 미트리다테스의 수군을 2번이나 무찔렀다. 미트리다테스가 아르메니아왕 티그라네스 2세에게 피신하는 것을 뒤쫓아 가서 그 왕의 군사를 티그라노케르타 성 아래에서 격파했다. 플루타르코스 《루쿨루스전》 제37~43장. 또한 이 책 제3권 제13장 참조.
2) 스위스, 프랑스 등 알프스 연봉 저편의 군사들이 이탈리아를 침략한 전쟁.

신념을 가질 수밖에 없다. 이런 신념을 군주나 여러 공화국이 갖게 된다면 큰 실수를 범하지 않을 것이고, 갑작스러운 공격을 받더라도 전보다 완강하게 저항할 수도 있을 것이며, 재빨리 달아나는 것에만 희망을 걸지도 않을 것이다. 또 국민의 생활을 쥐고 있는 사람들의 지도력이 좋아져, 영토를 확장하고 유지하는 정책도 적극적으로 강구할 것이다. 자국의 주민을 증가시키고, 속국이 아닌 동맹국을 두며, 정복한 나라들을 방위하기 위해 식민지를 세우고, 패전국의 재산으로 자국을 부강하게 할 것이다. 또한 포위전에 의하지 않고 기습작전이나 전투를 통해 적을 격파하고, 나라를 부강하게 하는 대신 개개인은 검소하게 만들며, 특히 면밀한 연구를 통해 군사훈련을 게을리하지 않을 것이다. 이것이야말로 공화국에 번영을 가져다주고 영토를 획득하게 하는 길이다.

그런데 이러한 정책이 합당하다고 생각하지 않을 때는 이것 이외의 어떤 정책에 의해 영토를 획득하더라도, 그것은 오로지 공화국의 멸망을 초래하는 결과를 가져올 것이다. 그러므로 모든 야심을 억제하고 나라 안에서는 법률과 관습의 힘을 빌려 질서를 정비하며, 정예 군대를 갖추어 오로지 자력 국방과 잘 정비된 방위제도의 유지에 힘써야 한다. 이러한 방식으로 지금도 여전히 옛날의 정책에 따라 자유를 누리고 있는 독일[3]처럼 해야 하는 것이다.

그럼에도 내가 앞서 정복을 위한 정책과 영토 유지를 위한 정책의 차이를 논하며 말한 바와 같이, 공화국은 좁은 경계 안에 머무르며 국가의 안녕과 자유를 바랄 수는 없다. 왜냐하면 그 나라가 이웃나라를 위협하지 않게 되면 오히려 자기 나라가 업신여김을 받게 되며, 그리하여 다른 나라의 침략을 받으면 그제야 정복의 필요성을 깨닫기 때문이다. 게다가 국외에 적이 없을 때는 모든 큰 도시가 그렇듯이 필연적으로 나라 안에서 적을 발견하게 된다.

독일의 여러 공화국이 이 정책에 의해 현재도 또 과거에도 상당한 세월 동

---

3) 스위스연방. 부국, 빈민, 강병주의는 원 저자의 근본사상으로, 고대의 여러 나라를 모범으로 삼은 것이기는 하지만 근대국민국가의 정치사상에 큰 영향을 주었으며, 특히 17, 18세기의 중상주의(리슐리외, 루부아 등)에 현저히 나타나 있다. 현대에 와서 자본주의의 수정과 함께 이 이론도 새로운 정신에 의해 부흥, 수정, 실행되고 있음은 다 아는 사실이다.

안 존속할 수 있었던 것은, 다른 나라에는 없는 이 나라 특유의 사정 때문이었다. 그것이 없었다면 그 나라들은 그런 식으로 살아갈 수 없었을 것이다.

방금 말한 독일 지역도 전에는 프랑스나 에스파냐와 마찬가지로 로마제국의 지배를 받고 있었다. 그런데 그 뒤에 제국이 쇠약해져서 제국의 칭호가 그 나라들로 옮겨갔으므로[4] 가장 유력한 도시가 황제들의 무력함 내지 필요에 따라 점차 자유를 획득하기 시작했고, 그 대가로서 황제들에게 약간의 연공을 바치게 되었다. 그리하여 지금까지 황제의 영지였으나 어떤 군주의 속국도 아니었던 모든 도시는 차례차례 모두 독립하였다.[5] 비슷한 시기에 프리부르, 스위스 여러 도시, 그 밖에 이와 유사한 자치체들이 지금까지 통치하고 있던 오스트리아공에게 반기를 들었다.[6] 이 나라들은 처음부터 번영을 누렸으며 점점 더 번성하여 마침내 오스트리아의 멍에에서 벗어났을 뿐만 아니라 모든 이웃나라에 두려운 존재가 될 만큼 성장하였다. 스위스인이라

---

[4] 《피렌체사》 제1권. 887년 무렵. 샤를 대제가 죽은 뒤 신성로마제국의 제관은 896년 2월 동프랑크 왕 아르눌프에게 넘어갔고, 그 뒤에는 독일국왕이 황제 자리를 이어받았다. 사실상 이 황권을 확립한 것은 911년 콘라트1세에 이어 오토1세가 즉위한 뒤의 일이다.

[5] 1250년~1272년의 궐위 시대가 지나간 뒤, 오스트리아의 합스부르크 집안이 독일에 군림했지만 제후들은 분립되어 통일성이 없었다. 그 무렵부터 점차적으로 도시의 발흥을 보게 된다. 황제는 정략상 도시를 이용하여 제후들을 억압했기 때문에 도시는 더욱 번창했고, 13세기 이후 라인도시동맹, 이미 설명한 슈바벤동맹 외에 유명한 한자동맹이 1362년에 가장 번성기를 맞아 정치활동을 계속했다.

[6] Fribourg의 독립은 1478년, 스위스연방에 가입한 것은 1481년이다. 스위스(헬베티카 연방)는 930년 이후 황제령이 되었지만, 국내의 제후들은 여전히 황제의 명령에 복종하지 않고 제멋대로 영지를 지배하고 있었다. 13세기에 이르러 프리부르 같은 도시는 황제의 특허를 얻은 자유시가 되었고, 우리·슈비츠·운터발덴 등의 자치체도 황제의 비호를 받았다. 그 뒤에 이 세 도시는 대관의 압제에 항거하여 헬베티카 동맹을 결성하고(1307년 11월) 독립전쟁을 일으켰다. 전쟁은 길게 끌어 1315년의 승리 후에 루체른(1332), 취리히, 글라루스(1351), 추크(1352), 베른(1353) 등이 차례로 이 동맹에 가입했다. 차츰 세력이 증강되자 내부에서도 분쟁이 일어났는데(예를 들면 1440년부터 10년 동안 계속된 취리히와 슈비츠의 전쟁), 다른 각 주는 슈비츠에 가담하여(여기서 스위스라는 이름이 나왔다) 오히려 동맹의 단결을 굳혔다. 1499년에 오스트리아 대공이자 황제인 막시밀리안1세를 상대로 결전을 감행하여 마침내 완전히 독립했다. 그 이전인 1481년 프리부르와 소뢰르의 두 시가 가입했을 때부터 훗날까지 오래 외국에 용병으로 나가 무용을 떨쳤다.

고 불리는 사람들이 바로 이들이다.

이런 까닭으로 독일에는 스위스인, 자유시라는 이름이 주어진 여러 공화국, 그리고 영주들 위에 황제가 군림하는 셈이다. 이런 혼잡한 상태 속에서도 전쟁은 일어나지 않았고, 가령 일어나더라도 오래 가지 않았던 것은 다름아닌 황제가 있었기 때문이다. 황제는 힘이 없었음에도 불구하고 하층민 사이에 큰 인망이 있었으므로 그들 사이에서 조정 역을 맡고 있었고, 그 위광 덕택에 중재인으로서 모든 분쟁을 손쉽게 처리할 수 있었다.

그 나라에서 가장 길고 치열하게 계속된 전쟁은 스위스인과 오스트리아공 사이에서 일어났다. 오스트리아공과 황제가 동일한 인물이었음에도 불구하고 대담무쌍한 스위스인을 억누를 수가 없어 무력을 통하지 않고는 해결할 수 없었던 것이다. 왜냐하면 자치체 쪽에서는 자기들처럼 자유를 누리고 있는 사람들을 위협하려 하지 않았고, 군주들은 가난해서 간섭할 수 없었던 데다, 황제가 권세를 부리는 데 대해 시기심을 갖고 있어서 도와줄 생각도 하지 않았기 때문이다. 그러므로 자치체는 좁은 영토로 만족했고 황제의 위광 속에서 살고 있었으므로 영토를 더 확장해야 할 이유가 없었다. 그런 도시에서 사람들이 성 안에서 단결하여 살았던 것도, 바로 가까이에 적이 있어서 조금이라도 분쟁이 일어나면 곧 기회를 틈타 점령하려고 호시탐탐 노리고 있었기 때문이다. 이 나라들의 사정이 이것과 전혀 달랐더라면, 아무래도 영토 확장을 꾀하지 않을 수 없는 처지에 빠져, 평화로운 꿈에서 이내 깨어나야 했을 것이다.

모든 곳이 이와 같은 사정이 아니기 때문에 어디서나 그 삶의 방식이 같을 수는 없다. 따라서 이웃나라와의 맹약을 굳게 다져서 세력을 강화하거나, 아니면 로마처럼 정벌하고 영토를 넓히거나, 둘 중의 하나를 선택해야 한다. 달리 행동하는 국가는 삶의 길을 얻지 못하고 죽음과 파멸의 길을 걷게 된다. 왜냐하면 정벌은 모든 경우에 여러 가지 이유에서 매우 위험하기 때문이다. 국력을 강화하지 않고는 멀리 영토를 확장할 수 없으며, 국력도 없이 영토를 확장한다면 그것은 멸망하는 길로 직결된다.

전쟁을 통해 가난해진 나라들은, 비록 승리했다 하더라도 국력을 강화할 수가 없다. 이를테면 베네치아인이나 피렌체인과 같은 경우로, 그런 나라들은 얻는 것보다 잃는 것이 더 많기 때문이다. 그 나라들이 한쪽은 롬바르디아를, 다른 쪽은 토스카나를 소유하고 있는 오늘날, 그 힘은 한쪽이 바다만으로, 다른 쪽이 6마일[7]의 영토만으로 만족하고 있었던 당시보다 훨씬 약해졌다.

이 채택한 정책을 알고 쉽게 그 선례를 따를 수 있었기 때문이다. 그러나 로마인들은 아무런 선례도 없이 오직 자기들의 지혜와 재주만으로 그 정책을 찾아냈다는 점이다.

훌륭한 조직을 가진 공화국도 정벌을 나선 것 때문에 손해를 본 예가 드물지 않다. 예를 들면 온갖 음란한 풍습으로 부패한 도시나 지방을 점령했을 때, 이들을 다스리는 과정에서 전쟁에 승리한 자가 전쟁에 패한 자의 폐습에 물드는 위험을 들 수 있다. 이것은 예전에는 로마인이, 훗날에는 한니발이 카푸아를 점령했을 때 경험한 것을 보면 알 수 있다. 카푸아가 로마에서 조금 더 먼 곳에 있어서 사병들의 타락을 쉽게 바로잡을 수 없는 상황이었거나 아니면 로마가 다소 퇴폐해 있었다고 가정한다면, 이 정벌은 로마공화국의 멸망을 가져왔을 것이다. 따라서 티투스 리비우스는 이에 대해 다음과 같이 말했다. "그 당시 군사적 규율이 전혀 건전하지 않던 카푸아는 온갖 쾌락의 보고(寶庫)로서 병사들에게 치명적인 영향을 주어 그들로 하여금 조국에 대한 기억으로부터도 등을 돌리게 했다.[8] Jam tune minime salubris militari disci ; linae Capua instrumentum omnium voluptitium delinitos militum animos avertita memoria patriae."

그런 도시와 지방은 교전을 하거나 피를 흘리지 않고도 정복자에게 복수를 하고 만다. 즉 사악하고 쾌락적인 관습을 이용하여 상대편을 나약하게 만

---

7) 1마일은 근세토스카나에서는 1.652km에 해당한다.
8) BC 343년 삼니움전쟁 때의 일이다. 티투스 리비우스 《로마사》 제7권 제38장. 또한 다음 장을 참고할 것. 한니발은 칸나에 전투 뒤에 겨울 농성을 했는데, 음란한 풍습에 물든 장병들은 심신이 모두 피로에 지쳐버렸고, 봄이 되어 그 도시를 출발할 때 매춘부들은 군대에서 떠나려 하지 않았으며, 카르타고군은 칸나에 전투 때와는 완전히 달라져 겁쟁이가 되어 있었다. 티투스 리비우스 《로마사》 제23권 제18장. 이것은 군의 규율이 퇴폐해진 한 예로 전부터 매우 유명했던 이야기이다.

드는 것이다. 결국 정복자는 자신을 공격하는 누구에게나 쉽게 무너져버리는 상태로 전락한다. 유베날리스[9]는 자신의 《풍자시》에서 그 문제에 대해 아주 적절한 말을 했다. 너무나 많은 외국을 정벌한 탓에 로마인의 마음에 외국 풍습이 스며들었고, 검약 정신과 그 밖의 칭송할 만한 미덕을 잃게 되었으며, 대신

················과욕과 사치가 그녀(로마)를 사로잡았으며

이로써 정복된 세계는 원수를 갚았노라.

················Gula et saevior armis

Luxuria incubuit, victumque ulciscitur orbem.

그러므로 로마인의 모든 행동이 아직 뚜렷한 예지와 큰 무덕(武德)에 의해 인도되고 있었을 때조차 이 정복이 부패의 위험을 안겨주고 있었으니, 하물며 그들과는 거리가 먼 정책에 따른 자들은 과연 어떻게 되었을까? 지금까지 길게 논의한 실책은 그렇다 치고, 용병이나 원군에 의지하는 나라들에 과연 어떤 일이 일어나겠는가? 백 가지 해가 있을지언정 이득은 한 가지도 없다. 이에 대해서는 다음 장에서 설명하겠다.

---

9) Decimus Juvius Juvenalis(40~125년 무렵). 로마의 풍자시인. 현존하는 작품 16편 가운데 여기서 인용한 것은 제6작품 중 5의 292.

제20장
원군이나 용병을 사용하는 군주와 공화국의 위험

어리석은 야욕이 원군의 고용을

만약, 내가 다른 저서에서 용병과 원군이 얼마나 무가치하며, 자국의 군대가 얼마나 값진 것인지에 대해 논의하지 않았더라면 나는 이 장에서 상세하게 설명했을 것이다. 그러나 이미 다른 곳에서 길게 얘기했기 때문에 여기서는 짤막하게 설명하고자 한다. [1]

여기서 나는 티투스 리비우스가 말한 원군이 끼친 해악에 대해 꼭 맞는 예를 발견했는데, 아무래도 그것을 놓치고 싶지는 않다. 여기서 말하는 원군이란 군주 또는 공화국이 급료를 주고 자기들이 명령권을 쥔 채 여러분을 도와주게 하는 장병들을 일컫는다. 티투스 리비우스의 원문[2]에 대해 설명하면, 로마인들은 카푸아인을 돕기 위해 파견했던 군대를 이용하여 서로 다른 두 지역에서 삼니움인들의 두 군대를 격파했다. 이로써 카푸아인을 삼니움인이 끼친 전화에서 구출한 뒤 로마로 철수하려고 했다. 그러나 카푸아가 고립되어 또다시 삼니움인의 먹이가 되어서는 안 되므로 카푸아 땅에 2개 군단을 주둔시켜 경비를 굳히기로 했다.

그런데 이 군단은 놀고 지내며 몸을 함부로 굴리고 점점 방탕한 짓에 탐닉하게 되었다. 이리하여 조국을 잊고 원로원에 대한 존경심도 희미해져서, 마침내 무기를 들고 자기들의 힘으로 점령한 나라를 빼앗으려는 음모를 꾸몄다. 왜냐하면 이들은 이곳 주민들에게 스스로 보호하지도 못하는 풍족한 재화를 누릴 만한 자격이 없다고 생각했던 것이다. 그들의 음모는 곧 탄로 나

---

1) 《군주론》 제12장을 말한다. 또 《피렌체 공화국의 국군에 관한 두 법안 중 제1호》, 《병법7서》 제1, 2, 7권, 《피렌체사》 제1, 3, 4, 5, 7권의 중심적 주장의 하나이다.
2) 티투스 리비우스 《로마사》 제7권 제38~제41장

서 로마인은 곧 그들을 진압하고 처벌했다. 이 일에 대해서는 뒷장에서 모반에 관해 상세히 논할 때[3] 다시 설명하겠다.

여기서 되풀이해 말하지만, 여러 종류의 군대 중에서 가장 나쁜 것은 원군이다. 왜냐하면 그 힘을 빌려 일을 벌이는 군주 또는 공화국은 이 군병들에 대해 아무런 권력도 가지고 있지 않기 때문이다. 그들은 오직 자기들을 보낸 군주의 명령에만 복종한다. 실제로 원군은 이미 말한 대로 자신들이 따르는 장군을 신하로 둔 군주가 보내는 것이며, 그 군대는 마치 카푸아에 파견된 로마군처럼 자기들의 깃발을 세우고 그 군주의 부양을 받고 있는 것이다. 이런 종류의 군대가 전쟁에 이겼을 때는 대부분 그들이 대적한 적국뿐만 아니라 그들 자신을 고용한 국가까지도 약탈한다. 원군은 자신들을 보낸 군주의 간계에 의해, 또는 그들 자신의 물욕 때문에 그런 짓을 저지르는 것이다.

물론 로마인으로서는 카푸아인과의 약정을 파기할 생각은 조금도 없었다. 그럼에도 불구하고 이 군병들은 그들이 생각하기에 꽤 쉬운 정복이라는 점에 이끌려 마침내 카푸아인으로부터 그 도읍과 영토를 한꺼번에 빼앗아 버리려 한 것이다. 방금 말한 것을 입증하려면 그 밖에도 얼마든지 실례를 들 수 있다. 그러나 여기서는 방금 든 예와 또 하나 레기움 사람들에 관한 사건을 이야기하는 것으로 마무리 짓고자 한다. 이 레기움[4]에 주둔하며 수비를 맡고 있었던 로마의 용병 때문에 주민과 영토가 모두 소멸되었던 것이다.

이런 이유로 군주 또는 공화국은 나라 안에 원군을 끌어들여 방비 임무를 맡겨놓을 것이 아니라, 가능한 데까지 스스로 방책을 세워 사태에 대비해야 한다. 왜냐하면 적이 강요하는 협정이나 조약이 아무리 가혹하다 해도 그것 때문에 목숨을 잃는 일은 없을 것이기 때문이다.

옛날의 선례들, 또 현재의 세상에서 일어나는 일들을 면밀하게 검토해보면, 원군을 청하는 방책으로 한 명쯤은 훌륭한 성과를 얻었을지 몰라도 그 밖에 모든 사람은 희생양이 되었다는 것을 알게 될 것이다.

뭔가 야망을 품은 군주 또는 공화국에게, 자기들의 군대가 방비를 위해 초빙 받아 갈 때만큼 도성 또는 국내에 침입할 수 있는 좋은 기회는 없을 것이

---

3) 이 책 제3권 제6장

다. 정복욕에 불타는 어리석은 자들은 스스로를 지키지는 못하지만 다른 나라를 공격하기 위해 이런 종류의 원군을 얻어 영토를 확장한다. 하지만 그것을 지키지 못하고, 정벌을 도와준 원군의 손에 걸려 아주 쉽게 자기 것을 빼앗기고 만다. 이렇게 인간의 야망이란 매우 강렬하여 눈앞의 욕망을 만족시키기 위해서는 장차 공격해올 재난 따위를 고려하지 않는다. 지금까지 이 점에 대해 다른 사항과 마찬가지로 열심히 실례를 들어 설명해 왔지만, 사람들은 그런 옛날의 실례를 통해 눈을 똑바로 뜨려고 하지 않는다. 그런 실례를 본받아 자신의 행동 기준으로 삼는다면 다음과 같은 점을 알게 될 것이다. 즉 카푸아인들의 사례와 함께 다음에 설명할 사례들처럼 그들이 이웃나라에 대해 우호의 정을 보여주며 정복하려는 야욕을 덜 가질수록, 그 이웃나라들은 자신들을 더더욱 그들의 지배하에 맡기려고 할 것이다.

제21장

로마인들이 처음 국외에 집정관을 보낸 나라는 카푸아였다

야심이 많으면 의심을 받기 마련

앞장에서 로마인이 영토를 확대해가는 방식이 오늘날의 군주에 비해 어떻게 다른지 길게 설명했다. 말하자면 그들은 파괴하지 않고 그대로 둔 도시는 물론이고, 동맹국이 아니라 속국으로 복종하고 있는 도시도 그들 고유의 법률에 따라 살아가도록 하여, 로마 민중의 권력이 털끝만큼도 느껴지지 않도록 했다. 다만 약간의 조건만 부가했을 뿐이었다. 그리하여 그 조건만 지키고 있으면 상대 도시의 정치와 그 권위도 똑같이 존중해주었다. 알다시피 이 방침은 이탈리아 국외로 영토를 확대하는 시대까지 계속 엄수되고 있었는데, 이 시대가 되자 로마는 점차 왕국이나 공화국을 자신들의 속주로 삼기 시작했다. 이에 대한 가장 확실한 예가 처음으로 행정관을 외국에 파견한 곳이 카푸아였다는 점이다. 더욱이 로마인이 그 집정관을 파견한 것은 그들의 정복욕 때문이 아니라 카푸아 주민들의 요청때문이었다. 카푸아인들은 그들의 성 안에서 일어난 분쟁에 어려움을 겪다가, 로마 시민 가운데 질서를 바로세우고 일치단결을 실현시켜 줄 수 있는 능력이 있는 사람이 한 사람 와주어야겠다는 것을 느끼고 그 뜻을 로마에 전했던 것이다. 그러자 같은 필요성을 느끼고 있었던 안티니움인들도 이 선례를 따라 같은 행정관의 파견을 신청했다. 이 사건, 즉 이 새로운 지배 방식을 보고 티투스 리비우스는 "무력뿐만 아니라 로마의 법령도 멀리까지 그 위력을 미쳤다.[1] Nec arma modo, sed jura etiam romana late pollebant."고 말했다.

이 정책에 의해 로마가 얼마나 손쉽게 번영을 이루었는지 알 수 있다. 왜냐하면 어떤 도시가 지금까지 자유로운 생활에 익숙해져 있거나 그 고장 사람에 의해 다스려지고 있는 경우에는, 먼 나라의 지배를 받는 편이, 가령 그

---

1) 제2차 삼니움전쟁 시대. 티투스 리비우스 《로마사》 제9권 제20장.

것 때문에 약간의 지장이 있더라도 매일 자신들 눈앞에서 압제가 펼쳐지고 매일같이 자기들의 노예근성에 자괴감을 느끼는 것보다는 훨씬 만족감을 얻을 수 있고 훨씬 마음이 편하기 때문이다. 한편 이런 것이 원인이 되어 군주는 또 하나 다른 이익을 얻는다. 그것은 군주의 관리들이 이 도시에서 민사 또는 형사 사건을 처리하는 법령이나 역할에 대해 아무 권한도 갖고 있지 않기 때문에, 군주의 위엄을 손상시키거나 그 부담을 증대시키는 판결을 전혀 내릴 수 없을 뿐더러, 이 정책에 따르면 보통의 경우에는 모면할 수 없는 여러 가지 성가시고 불쾌한 사건을 피할 수 있기 때문이다.

이것이 사실임을 입증하기 위해 굳이 옛 실례를 들지 않더라도 최근 이탈리아에서의 생생한 실례가 있다. 누구나 알고 있듯이 제노바는 지금까지 몇 번이나 프랑스인에게 점령당했다.[2] 요즘은 그렇지 않지만 이전의 프랑스왕들은 언제나 그 통치 대리로서 프랑스인 총독을 제노바에 파견하였다. 요즈음은 국왕이 어쩔 수 없는 사정에서 이 도시를 동포 시민, 즉 제노바인이 통치하는 대로 맡기고 있다. 의심할 것도 없이 이 두 가지 방법을 놓고 볼 때, 어느 쪽이 왕의 위엄을 손상시키지 않고 민중을 만족시킬 수 있느냐고 물으면 사람들은 틀림없이 두 번째 방법을 선택할 것이다.

원래 인간이란 여러분이 상대를 통제하려는 마음이 조금도 없다는 표정을 보이면 보일수록 더욱 여러분의 가슴에 뛰어들고 싶어지는 법이다. 그러므로 그들에 대해 인간적으로 온정의 손길을 내밀수록 그들은 더욱 자기들의 자유를 여러분에게 위협받지 않을까 하는 걱정을 하지 않게 된다. 카푸아인이 로마인에게 행정관 취임을 원하게 된 것도 실은 인정미와 담담한 태도 때문이었다. 그런데 로마인이 이 시기에 행정관을 보내지 않으려 했다면, 상대

---

2) 1391년 내분을 수습하기 위해 프랑스왕 샤를6세에게 보호를 요청했으므로, 왕은 부시코 장군에게 그곳을 다스리게 했다. 1399년부터 1435년까지는 다른 영주의 지배를 받았고 1458년에 다시 프랑스왕에게 도움을 청했다. 1464년에 루이11세는 분쟁이 그치지 않는 이 도시를 포기했다. 그 뒤에 샤를8세는 이것을 밀라노 공작에게 맡겨 통치하도록 했다. 1499년 루이12세가 밀라노를 정복했을 때 이곳도 그 지배하에 들어갔고 그 뒤에는 프랑스왕의 직할지가 된다. 1519년 이후 프랑수아1세가 카를5세와 신성로마황제의 지위를 다투었던 시대에, 그 전반기인 마키아벨리의 사후 1년까지는 프랑스 편을 들었다. 참고로 이 책은 1513년 여름에 쓰기 시작하여 1520년 무렵까지 퇴고를 거듭했다.

의 마음에는 갑자기 질투심이 불타올라 당장 로마에서 이탈해 버렸을 것이 틀림없다.

어떻든 간에, 피렌체와 토스카나에도 이러한 전례가 있는데 군이 카푸아나 로마의 예를 들 필요가 있을까? 피스토이아가 스스로 피렌체 공화국의 지배하에 들어간 것[3]이 어떤 시대였는지 모르는 사람은 아무도 없을 것이다. 이와 마찬가지로 피사,[4] 시에나,[5] 루카[6]의 주민들이 피렌체인을 싫어하는 것이나, 또 왜 이렇게 냉담한 마음이 되었는지도 잘 알고 있을 것이다. 이러한 차이는 피스토니아 주민이 다른 주민에 비해 그다지 자유를 소중히 여기지 않거나, 다른 주민들에 대해 열등감을 느끼고 있었기 때문이 아니었다. 이는 다름 아닌 피렌체인이 다른 주민들은 적대시하면서 피스토이아인들은 언제나 형제처럼 대하고 있었기 때문이다. 그래서 그런지 피스토이아가 스스로 그들의 턱짓에 굴종하여 뛰어다닐 때, 다른 도시는 옛날부터 언제나, 또 지금도 여전히 발버둥치며 그들에게서 달아나려고 한다. 가령 피렌체가 동맹이나 보호국 등의 수단을 써서 이웃 나라를 회유하고 그 정복지를 절대로 위협하지 않았더라면, 틀림없이 지금은 전체 토스카나의 영주가 되어 있었을 것이다. 이렇게 말한다고 내가 활이나 총, 군대 따위는 사용해서는

---

3) Pistoia. 피렌체 서북쪽 약 30km에 있는 도시. 1409년 무렵 피렌체에 예속되었다. 《피렌체사》 제1, 2권(1250~59년 및 1300년, 1327년, 1343년 항). 1501년에 내분이 일어났을 때, 마키아벨리가 사신으로서 조정하기 위해 그곳으로 갔다. 《군주론》 제17장 참조.

4) 피사는 9세기 이후부터 공화국으로 독립해 있었으나 13세기부터 차례차례 여러 나라의 영토가 되었으며, 1405년 잔 갈레아초 비스콘티가 피사를 피렌체에 팔아넘긴 뒤 이듬해 성을 공격받고 항복했다. 1494년 샤를8세가 이탈리아에 진주함으로써 독립했으나 1509년 다시 피렌체령이 된다. 옛날부터의 경위는 《피렌체사》에 상세히 나와 있다.

5) Siena. 피렌체 남쪽 약 50km에 있는 도시. 중세에는 독립공화국이었으나 근세에 들어와 피렌체, 피사와 싸웠다. 상세한 것은 《피렌체사》 참조. 마키아벨리 시대에도 여러 가지 문제에 의해 마키아벨리는 1503년부터 1511년까지 4번이나 이곳에 사신으로 갔다.

6) Lucca. 피사의 동북쪽 약 20km. 카스트루치오가 지배했던 것은 1314~28년이다. 그 뒤에 1335년 마리노 델 스칼라가 이곳을 매수하여 1341년에 피렌체에 매각했다. 이듬해 피사에 정복되었으나 1365년 카를4세 덕분에 독립했다. 1400년부터 29년 동안 기니구리 집안의 통치를 받은 뒤에 피렌체와 싸워 독립했다. 상세한 것은 《피렌체사》, 마키아벨리 시대는 《루카 시 총람》 참조.

안 된다고 생각하고 있는 것은 아니다. 그것은 마지막까지 내놓지 않고 있다가 모든 계책을 다 썼을 때가 아니면 사용해서는 안 된다고 생각할 뿐이다.

경험없는 사람은 쉽게 기만당한다

평의회의 의사결정 과정을 지켜본 사람이라면 사람들이 얼마나 자주 오류를 되풀이하고 있는지 잘 알고 있을 것이다. 특별히 뛰어난 사람들에 의해 지도되지 않는 한, 그 결말은 대부분 이치에 맞지 않는 것이 되기 일쑤이다. 왜냐하면 부패한 공화국에 있어서 비범한 사람들은, 시기심과 야심을 품은 자들의 속셈 때문에 증오의 대상이 되기 때문이다. 특히 평온한 시대에는 더 더욱 그러하다. 그러나 그러는 동안에 세상은 뒤바뀌어 그 오류도 일소되고, 세상 사람들은 필요에 쫓겨 평온한 시대에는 잊혀져 있던 사람들의 보호를 원하게 된다. 이것에 대해서는 이 책 중의 적절한 부분에서 다시 논의해 보고자 한다.

이와 마찬가지로 세상일에 서툰 사람들을 현혹시켜 오류를 범하게 하는 데에는 여러 가지 방법들이 있다. 이런 방법들은 사람에게 착각을 일으키게 하여 반드시 자기가 생각하는 결과대로 될 거라고 판단하게 만든다. 그것은 다름이 아니라, 라티움인이 로마인에게 패했을 때 행정관 누미시우스가 전자에 대해 한 말[1]이나, 몇 해 전 프랑스 국왕 프랑수아1세가 이탈리아에 쳐들어가 밀라노를 공략하려 했을 때, 세상 사람들은 반드시 스위스인이 이것을 막을 것으로 생각하고 있었다는 점[2]을 아울러 생각해 보면 깨닫는 바가

---

1) BC 338년. 라티움 동맹이 결정적으로 억압받았을 때, 앞에서도 설명했듯이 만리우스와 데키우스의 헌신적 분투에 의해 로마군이 승리한 직후, 누미시우스는 전황을 오판하고 주민들을 선동하여 더욱 비참한 궁지로 몰아넣었다. 마키아벨리는 곧 다음에 있는 것처럼 본 장 끝에 티투스 리비우스 《로마사》 제8권 제11장에 수록되어 있는 문장을 간단하게 전하고 있다.
2) 이 책 제1권 제23장 끝단의 주를 참조할 것.

있을 것이다.

루이12세가 죽은 뒤 앙굴렘 공작 프랑수아가 프랑스 왕위를 이었다. 그는 몇 해 전 스위스가 교황 율리우스2세의 도움으로 빼앗아 간 밀라노 공국을 되찾아야겠다고 생각했다. 그래서 일을 손쉽게 하기 위해 이탈리아 내에서 동맹자를 찾기 시작했다. 루이 왕이 이미 우호관계를 회복한 베네치아인들 외에도 프랑수아는 피렌체인들 및 교황 레오 10세와의 우호관계를 체결하려고 애썼다. 에스파냐 왕은 롬바르디아에서 세력을 갖고 있었고 황제는 베로나에서 세력을 갖고 있었기 때문에, 그들의 힘을 얻는다면 더욱 쉽게 계획을 추진할 수 있을 것이라고 생각했기 때문이다.

그러나 교황은 도무지 국왕의 말을 들으려 하지 않았다. 오히려 교황에게 중립을 지킬 것을 권하는 조언자들에게 설득당했다. 교회의 입장에서는 프랑수아 국왕이나 스위스인이 똑같이 이탈리아의 패권을 얻지 못하도록 해야 하기 때문에, 교황 레오의 측근들은 자신들의 계획이 확실한 승리를 담보할 것이라고 주장했던 것이다. 한편 이 나라를 옛날처럼 자유로운 나라로 만들고 싶으면 그 양쪽을 동시에 쫓아내버려야 한다고 설득했다. 그러나 교황은 개별적으로든 함께이든 결국 그들을 타파할 힘을 갖고 있지 않았으므로, 상대의 어느 한쪽이 승리하여 교회가 자기의 여러 동맹국들과 함께 그 이긴 쪽을 상대로 전쟁을 할 수 있게 될 때까지 기다릴 필요가 있었다. 그리고 두 나라는 모두 전쟁터에 있었고, 레오 교황은 군대를 이끌고 롬바르디아 국경으로 말을 타고 달려가 두 나라의 군대 바로 가까이에 머물면서, 자기 나라를 지키기 위해서라는 핑계를 대고 기회를 노리다가 빈틈이 보이면 언제라도 공격할 수 있었다. 지금 눈앞에 있는 기회만큼 좋은 기회는 없는 것이었다. 두 나라의 군대는 우열을 가릴 수 없을 만큼 용감한 병사들만 모여 있어서, 이번 접전은 반드시 양쪽에게 참담한 피해를 주어 이긴 쪽도 힘이 매우 약해질 것이므로, 교황은 별로 힘들이지 않고 그들을 공격해 격멸할 수 있을 것으로 생각했다.

그리하여 교황은 그 승리에 의해 롬바르디아의 주인이 되고, 이탈리아 전역에 대한 조정자가 되려 했던 것이다. 그런데 결과는 이 생각이 완전히 오판이었음을 보여주는 것으로 끝났다. 스위스군은 대접전 끝에 패배했지만 교황의 군대와 에스파냐군은 이긴 쪽을 공격하기는커녕 오히려 달아날 준비를 시작했던 것이다. 여기서 프랑스 국왕이 너그럽고 호탕한 태도로 나왔기 망정이지 그렇지 않았더라면 그들은 비참한 꼴을 당했을 것이다. 프랑수아 국왕은 제2의 승리를 추구하려 하지 않았고, 다만 교회와 화평을 맺을 수 있으면 그것으로 족하다고 생각한 것이다. [3]

교황의 이런 생각은 실제와는 거리가 멀고 오히려 이치에 어긋나는 것으로 생각된다. 승리한 자가 수많은 군병을 잃는 경우는 매우 드물기 때문이다. 설사 손실을 입는다 하더라도 그것은 전투로 인한 것이지, 뿔뿔이 흩어져 도망칠 때 잃는 것이 아니다. 치열한 전투 중에 강한 자들이 서로 얼굴을 마주 보고 싸울 때는 싸우다 죽는 사람이 그다지 많지 않다. 왜냐하면 대부분의 경우 백병전은 그렇게 오래 끌지 않기 때문이다. 가령 전투가 장기간 지속되어 승리한 쪽에도 많은 사망자가 나온다 해도, 승리로 인한 명성은 매우 강력한 것이어서 자기 편 군사를 잃은 손해쯤은 쉽게 만회할 수 있다. 그러므로 승자가 무력해졌다고 믿고 그를 공격하는 군대는 반드시 손해를 보게 마련이다. 실제로 승자의 군대가 그렇게 강력하지 않았다면, 승리하기 전이든 후이든 어느 순간에나 승자와 교전할 수 있었을 것이기 때문이다. 이런 경우에 승자를 공격하는 군대는 운과 힘에 따라 이기거나 지겠지만, 그래도 먼저 싸워 이긴 승자가 다른 쪽보다 유리할 것이다.

이것은 행정관 누미시우스가 아무렇지도 않게 저지른 잘못이나, 의견에 따랐기 때문에 닥쳐온 재난이나, 라티움인이 경험했던 예에 비추어 보아도 충분히 이해할 수 있는 일이다. 즉 당시는 로마인이 방금 라티움인을 무찌른 뒤였다. 누미시우스는 라티움에서 거병하며 이번 전쟁으로 힘이 약해진 적을 타도할 때가 왔다고 주장했다. 그리고 로마인은 단순히 승리라는 이름만

---

3) 이 사건에 대해, 한거 중이던 마키아벨리는 그의 벗 베트리를 통해 레오10세로부터 의견을 하문받았다(1513년 6월 20일의 편지). 그리고 교황 레오10세(1475~1521년), 본명은 조반니 데 메디치, 로렌초의 둘째아들로 학예를 장려했으나 대성당 건립계획을 세우고 자금 조달을 위해 면죄부를 팔다가 끝내 루터의 궐기를 야기했다. 그리고 본문 중에 에스파냐 왕이란 페르난도5세 가톨릭왕(1452~1516년)을 가르킨다. 에스파냐의 통일, 중남미 진출, 아랍인 축출에 성공한 왕으로, 1495년에는 반 프랑스동맹을 결성하여 이탈리아에서 프랑스 세력을 몰아내고 자신의 지반을 굳히려 했다. 1503년 나폴리왕을 겸임하며 페르난도3세로 자칭했다.

얻었을 뿐이고, 오히려 그들은 흡사 패전한 때처럼 손실을 입었기 때문에 지금 힘껏 용기를 내어 공격하면 반드시 상대를 격멸할 수 있다고 믿게 했다. 이 말에 말려들어 새 군대를 모집했으나 그들은 금세 패퇴하고 말았고, 그러한 견해를 품고 있던 자들은 당연히 받게 될 재해의 고통에 빠지게 되었다. [4]

---

4) 영토는 모조리 빼앗겨 로마시민들에게 분배되었다. 그 동족인 캄파니아인은 450데나리 (고대로마 은화)의 인두세가 부과되었다. 라티움인은 토지를 모조리 빼앗겼기 때문에 자포자기하여 항거했으나 다시 페넥스 전투에 패하여 청년들은 모두 전사하고 말았다. 그리하여 라티움은 진퇴양난의 비참한 신세가 되고 만다. 티투스 리비우스 《로마사》 제8권 제12장.

제23장
피정복민에 대한 로마인의 처벌

은혜 베풀어야 할 피정복민, 멸망시켜야 할 피정복민

"라티움은 더 이상 전쟁도 평화도 감당할 수 없는 상태가 되고 말았다[1]

Jam Latio is status erat rerum, ut neque bellum necque pacem pati possent".

모든 비참한 상황 중에서도 특히 비참한 것은 군주 또는 공화국이 화의에 동의할 수도 없고, 그렇다고 전쟁을 할 수도 없는 경우이다. 그런 상황에서 그들은 너무나 가혹한 화의 조건에 동의해야 하는 입장이 된다. 그렇다고 전쟁을 감행하게 되면, 그들을 지원한 나라나 적의 군대, 어느 한쪽의 먹이가 될 수밖에 없기 때문이다. 이런 가없은 말로를 맞이하는 것은, 이미 말한 것처럼 자신의 힘을 제대로 파악하지 못한 채, 천박한 의견에 맹종하거나 졸렬한 술책을 부렸기 때문이다. 그도 그럴 것이, 어떤 공화국이든 또는 어떤 군주이든, 자신의 힘을 잘 알고 있는 사람은 라티움처럼 그렇게 간단하게 곤경에 빠지지 않는 법이다. 그런데 라티움인은 평화의 희망이 사라졌을 무렵에야 비로소 로마인과 화친을 맺거나, 전쟁을 할 수 없는 상태가 되었을 때 전쟁을 시작하여, 결국은 자신의 동맹국도 로마인의 적들도 똑같이 자신들에게 해롭도록 만들었던 것이다. 이리하여 라티움인은 첫째로 만리우스 토루크아투스에게, 다음은 카밀루스에게 져서 비참한 처지에 빠지고 말았다. 카밀루스는 라티움인들을 굴복시키고 로마에 재복속시켰다. 그런 다음 라티움의

---

1) 티투스 리비우스 《로마사》 제8권 제13장. 인용한 짧은 글에 이어서 로마사의 저자는 말했다. 그들은 전쟁을 하려 해도 동기가 없었다. 평화를 원했더니 토지를 빼앗겼다. 농성해 보아도 로마는 공격해 오지 않으니 어쩔 도리가 없었다. 또한 이렇게 하면 곧 가까이 있는 도시에서 원군이 올 것으로 예상했으나 그 도시들은 로마군에 격파되어 있었다, 등등. 참고로 여기에 말하는 카밀루스는 Lucius Furius Camillus이며, 앞에서 설명한 베이 공략의 장군 카밀루스(이 책 제1권 제8장 참조)의 아들이다. 토르쿠아투스에 대해서는 이 책 제2권 제16장 제1단의 주를 참조할 것.

도시 곳곳에 주둔병을 배치하였고, 각지에서 인질을 끌고 갔다. 카밀루스는 로마로 돌아가 라티움 일대의 모든 토지가 공화국의 손안에 들어왔다고 원로원에 보고했다.

이때 원로원은 주목할 만한 결정을 내렸는데, 이것은 어떤 군주라도 같은 사정에 있는 경우에는 반드시 본보기로 삼을 만하다고 생각되어, 나는 여기서 카밀루스의 입을 통해 전달된 티투스 리비우스의 말을 인용하고자 한다.

이 말에 의해 그는 로마인이 채택한 번영정책을 모두 설명하고, 국무를 결정할 때에 어중간한 조치는 피하며 오로지 철저한 정책을 수립하도록 전념해야 한다고 가르치고 있다.

정부는 다른 일은 어찌됐든 먼저 국왕을 호위하는 힘을 갖추고 이를 경호하는 것을 그 첫째 임무로 삼아야 하기 때문이다. 그 방책으로는 백성의 손발을 잘라내어 안전을 확보하든가, 반대로 태산 같은 은혜를 베풀어 상대가 자신의 운명을 타개하려 해도 그 동기가 전혀 없는 상태로 만드는 것, 이 두 가지 길뿐이다. 이에 대한 모든 것은 카밀루스의 제안과 거기에 이어서 원로원이 내린 결정을 보면 이해할 수 있게 된다.

그는 다음과 같이 말했다. "영원한 신들은 여러분에게 라티움을 존속하게 할 것인지 아닌지에 대해 결정할 수 있는 권한을 주셨습니다. 그러므로 라티움인에 관해서 여러분은 그들을 파괴하거나 용서함으로써 영원한 평화상태를 확립할 수 있습니다. 굴복하고 패배한 이들을 학대하기를 원합니까? 라티움 일대의 땅을 전멸시키든, 또 지금까지 수많은 전쟁에서 여러분의 뛰어난 동맹군으로 가세했던 나라를 황폐한 사막으로 만들든, 모든 것은 여러분의 마음에 달려 있습니다. 아니면 조상의 예를 모방하여 패전한 자에게 시민권을 주어 로마의 힘을 강화하기를 원합니까? 지금이야말로 여러분의 명성을 높이고 자신의 힘을 강화할 수 있는 절호의 기회입니다. 여러분이 어떻게 생각하시든 속히 결정할 필요가 있습니다. 저쪽에는 희망과 공포 사이를 방황하면서 기다리고 있는 수많은 백성들이 있습니다. 형벌을 가하거나 은혜를 베풀어서 그들의 마음을 힘껏 휘어잡아야 합니다[2] Dii immortels ita vos potentes hujus consilii fecerunt, ut, st Latium deinde, an non sit, in vestra manu

---

2) 티투스 리비우스 《로마사》 제8권 제13장.

posuerint. Itaque pacem vobis, quod ad Latinos adtinet, parare in perpetuun, vel saeviendo, vel ignoscendo, potestis. Vultis crudeliter consulere in deditos victosque? licet delere omne Latium, vastas inde solitudine facere, unde sociali egregio exercitu per multa bella magnaque saepe usi estis. Vultis exemplo majorum augere rem romanam, victos in civitatem accipiendo? materia crescendi per summam gloriam suppediat ; certe in firmissimum longe imperium est, quo obedientes gaudent. Sed matunate opus est, quidquid statuere placet : tot pepulos inter spem metumque suspensos animi habetis ; et vestram itaque de eis curam quam primnm absolvi et illorun animos, dum exspectatione stupent seu paena, seu beneficio, praeoccupari oportet."

이러한 연설을 마친 후에 원로원은 집정관의 제안에 따라 모든 도시란 도시를 빠짐없이 수색하여 다소라도 인망이 있는 사람은 모조리 체포했다. 그 중의 어떤 자에게는 은혜를 베풀었고 또 어떤 자는 죽였다. 또한 어떤 도시에는 연공을 감면해 주고 특권과 시민권으로 신변의 안전을 보장해 준 데 반하여, 또 어느 도시는 약탈하고 주민을 로마로 끌고 가, 그들이 도저히 무기를 들거나 공모해서 해를 끼칠 수 없도록 분리시켜 뿔뿔이 흩어져 살도록 했다. 즉 위에서 설명했듯이 로마는 중대 시국이 닥칠 때마다 어중간한 조치를 취하지 않은 것이다.

이런 결정이야말로 군주들이 모범으로 삼아야 할 것이다. 1502년 아레초나 키아나 계곡 일대의 땅에서 모반이 일어났을 때,[3] 피렌체는 바로 이 예를 모방해 행동했어야 했다. 그런 조치를 해두었더라면 피렌체는 결코 그 지배권을 잃을 염려도 없었을 것이다. 피렌체 시는 크게 발전하였을 것이고, 식량을 공급할 수 있는 논밭을 손에 넣었을 것이다. 그런데 그들은 어중간한 대책밖에 세우지 못했기 때문에, 누군가를 처벌할 때는 어김없이 정세가 매우 험악해졌다. 아레초인 중 일부는 추방되었고 다른 일부는 형벌을 받았으며, 주민들은 모두 옛날의 지위를 빼앗겼지만 어쨌든 여전히 그 도시 안에서 살 수 있었던 것이다. 물론 평의회에서 시민 중의 누군가가 아레초의 파괴를

---

3) 이 책 제1권 제38장 및 《키아나 계곡의 반군 처리 정책에 대하여》 참조.

권했다 하더라도, 그들 중의 현자라고 자처하는 사람들은 반드시 그것에 대응하여, 피렌체가 아레초를 지배할 힘이 없는 것처럼 보일 수 있기 때문에 이들을 멸망시키는 것은 별로 명예롭지 못하다고 주장했을 것이 뻔하다.

이런 이치는 얼핏 생각하면 그럴 듯한 것 같지만 실제로는 그렇지 않다. 그런 논리로는 부모를 죽인 사람이나 악당, 모반인 같은 자들도 사형에 처할 수 없다. 적어도 군주라는 지위에 있는 사람이 겨우 한 사람을 처벌할 힘도 없다는 얘기가 되어 그야말로 불명예스럽게 느껴지기 때문이다. 그런 사고 방식을 가진 사람들이 한데 뭉쳐 국가에 대해 모반을 일으키는 것도 드문 일이 아니다. 이 경우에 군주는 다른 사람들에게 보여줄 본보기로 삼고 또 자신의 안전을 위해, 그자들을 모두 몰살하는 수밖에 없다는 것을 조금도 이해하지 못한다. 가문의 명예를 위해 죄인은 단죄해야 한다는 걸 알고 있어야 하며, 또한 그것을 실행해야 한다. 그것을 묵과하여 그 몇백 배의 위험을 초래해서는 결코 안 된다. 군주가 잘못을 범하는 자를 처벌하지 못한다면 그는 바보이든가 악당이든가 둘 중의 하나이다.

로마인은 필요에 따라 판결을 내렸는데, 그중에서도 프리베르눔인에게 내린 판결은 그 필요성을 더욱 분명히 느끼게 한다. 티투스 리비우스의 글에는 이 점에 대해 두 가지 중요한 점이 시사되어 있다. 그 하나는 이미 말했듯이, 반역자에게는 은혜를 베풀거나 아니면 말살하거나 어느 한쪽을 선택해야 한다는 것, 또 다른 하나는 관대하면서 도량이 넓은 마음이나 이치에 맞는 말이 현명한 사람들에게 얼마나 큰 힘을 발휘하는가 하는 것이다. 프리베르눔인을 재판하기 위해 로마 원로원이 소집되었다. 그들은 전에 모반을 일으켰다가 무력에 굴복하여 다시 로마의 지배를 받은 사람들이었다. 프리베르눔인들은 많은 시민을 파견하여 원로원에 사면청원서를 제출했다.[4] 그들이 그곳에 나타나자 원로원 의원 중 한 사람이 상대방 하나를 붙잡고 질문했다.

---

4) 이 인용구는 모두 티투스 리비우스 《로마사》 제8권 제21장에 있다. (Priverinum은 오늘날의 Piperno Vecchio ; 로마 남동쪽 약 80km에 있다). 모반은 BC 327년의 일이며, 이 시의 주민은 가까운 이웃인 푼디인과 힘을 합쳐, 푼디인 비토르비우스 바쿠스를 우두머리로 추대하여 로마에 반항했다. 본문의 인용례는 이듬해 그 시를 함락한 뒤 대리인들을 불러들였을 때의 이야기이다.

"프리베르눔인이여, 우리가 어떤 처벌을 내리기를 바라는가 Quam paenam meritos Privernates censeret?"

프리베르눔인은 거기에 대해 이렇게 대답했다.

"자유롭게 생각할 수 있는 인간에게 어울리는 처벌을 Eam quam merentur, qui se libertat dignos censent!"

그러자 집정관이 물었다.

"그러면 아무런 처벌도 하지 않기로 한다면 당신들로부터 어떤 평화를 기대할 수 있겠는가 Quid, si paenam remttimus vobis, qualem ons pacem vobiscum habituros speremus?"

그러자 상대방이 대답했다.

"그것이 선한 조건이라면 평화는 영원히 변하지 않을 것이고, 악한 조건이라면 별로 오래가지 않을 것입니다 Si bonam dederitis, et fidam et perpetuam : si malam haud diuturnam."

이 대답에 많은 의원들이 화를 냈지만 그들 중의 가장 현면한 자들은 이렇게 외쳤다.

"이것이 바로 인간으로서, 특히 자유로운 인간으로서 할 수 있는 말이오. 어떻게 민중들이, 즉 인간이 필요 이상 오랫동안 굴욕적인 조건 아래에서 늙어죽을 수 있다고 믿을 수 있겠소? 평화가 영원히 변하지 않는 것은 자발적으로 동의한 곳에서나 가능하고, 노예상태를 유지하려는 곳은 어디든 결코 사람들의 충성을 기대할 수 없소 Vire, et literi, vocem auditam : necl cre야 posse, illum populum, denique in ea conditione cujus eum paeniteat, diutius, quam necesse sit, mansurum? Ibi pacem esse fidam, ubi voluntarii pacati sint ; neque co loco, ubi, servitutem esse velint, fibem sperandam esse."

원로원의 결정은 이 의견에 따라 내려졌다. 프리베르눔인은 로마시민의 신분을 갖게 되었고, 다음과 같은 말과 함께 모든 권리가 인정되어 명예도 얻게 되었다.

"참된 자유만을 염원하는 사람들이야말로 로마인이 될 자격이 있다 Eos demum qui nihil, praetarquam de liberate, cogitent, dignos esse, qui Romani fiant."

한 프리베르눔인의 이처럼 솔직하고 고결한 답변은 대범한 로마인들의 마음을 대단히 기쁘게 만들었던 것이다. 실상 그 밖에 어떤 답변도 거짓되고 비겁한 답변이 되었을 것이다.

인간에 대해, 특히 자유로운, 또는 자유롭다고 자처하는 인간에 대해, 이것과 다른 생각을 가지고 있는 사람들은 크게 기만당하기 쉽다. 뿐만 아니라, 그 무지함 때문에 무언가 대책을 강구하더라도 그 대책 자체가 좋을 리가 없으며 또한 아무 쓸모도 없게 된다. 이런 것이 원인이 되어 몇 번이나 모반이 일어나고 결국 나라가 멸망하는 것은 당연한 일이다.

그러면 이야기는 본 줄거리로 돌아가, 이 판결과 라티움인에 대해 취한 조치를 살펴보기로 한다. 결국 세력이 강하고 옛날부터 독립과 자유를 누리고 있는 도시의 운명을 결정할 경우, 그것을 완전히 파괴할 것인지, 아니면 회유할 것인지, 둘 중의 하나를 선택해야 한다. 그 밖에는 어떤 대책을 세워도 아무런 도움이 되지 않는다. 오히려 이때 가장 피해야 하는 것은 어중간한 조치이다. 그것만큼 치명적인 것은 없다.

그것은 삼니움인이 로마인을 카우디움의 협곡5)에서 포위했을 때 일어났다. 어떤 노장6)이 로마인을 명예롭게 퇴각시키든가, 아니면 모조리 말살해야 한다고 권하였지만, 삼니움인들은 상대의 무기를 빼앗고 멍에를 씌워 수치를 준 뒤 귀국을 허락하는 철저하지 못한 조치를 취하였다. 얼마 뒤 재난이 닥쳐오고 나서야 비로소 그 노장의 충고가 얼마나 유익한 것이었는지, 또 자기들의 결정이 얼마나 치명적인 것이었는지 깨닫게 된다. 이 문제는 적당한 대목에서 다시 상세히 논의될 것이다.

---

5) Caudinæ Furcæ. 삼니움의 도읍 카우디움(오늘날의 아이롤라. 카푸아의 남동쪽) 부근에 있는 협곡. BC 321년 로마의 집정관 포스투미우스 알피누스와 베투리우스 칼비누스는 병사들과 함께 반 벌거숭이가 된 채 멍에를 지고 쫓겨났다. 티투스 리비우스 《로마사》 제9권 제2장.

6) 삼니움 측 총대장 카이우스 폰티우스의 아버지 헤렌니우스(Herennius)를 가리킨다. 온 나라에서 가장 알려진 명장이었으나 당시에는 노인이었다. 그의 주장은 다음과 같다. "로마인에게 손을 대지 않고 그대로 두면 강한 나라를 동맹국으로 만들 수 있으므로 가장 현명한 계책이다. 말살한다면 훗날 반드시 로마는 지금 잃은 2개 군단의 배가 되는 군대로 공격해 와 전쟁은 몇 대나 계속될 것이다. 그 밖의 대책은 해는 있을지언정 아무런 도움도 되지 않는다." 티투스 리비우스 《로마사》 제3~7장.

제24장
성채는 해로움이 훨씬 크다

좋은 군주는 민중의 선의에 의지한다

　요즘 학자들은 로마인이 라티움이나 프리베르눔 민중들을 복종시키기 위한 굴레로서 성채 짓는 것을 고려하지 않았던 것에 대해, 그리 탐탁잖게 생각하는 듯하다. 그런 생각은 주로 피렌체에서 통용되었는데, 우리나라 학자들은 성채가 있어야 피사나 그 밖에 그와 비슷한 도시를 확보할 수 있다고 늘 주장했기 때문이다. 실제로 로마인이 그들과 같은 생각을 하고 있었더라면 성채를 만드는 것쯤은 일도 아니었을 것이다. 그런데 그들은 지금과는 전혀 부류가 다른 용기의 소유자로, 전혀 다른 생각과 힘을 가지고 있었으므로 그런 대책은 생각지 않았다. 로마는 자유로운 생활을 영위하며 공화정을 유지하고, 그 훌륭한 국헌을 지키고 있는 동안, 도시나 영지를 지키기 위해 그 어떤 성채도 쌓지 않았다. 다만 이미 있는 성채만으로 충분하다고 생각했을 뿐이었다.

　이러한 문제에 대해 로마인이 취한 태도와 요즘 군주들의 태도를 비교해 보며, 과연 성채란 굳이 쌓을 필요가 있는 것인가, 또 이 방책을 강구하는 것이 과연 도움이 되는 것인가 논의해 보는 것도 가치가 있는 일이라 생각한다.

　첫째로 성채를 쌓는 것은 적들로부터 자신을 방어하거나 백성들로부터 자신을 방어하기 위한 것으로 구분하여 생각해야 한다. 전자의 경우는 전혀 무익한 일이고, 후자의 경우는 오히려 해롭다고 하겠다.

　여기서 나는, 후자의 경우가 왜 오히려 위험하다는 것인지 논증하고자 한다. 본디 군주 또는 공화국이 자신의 백성을 두려워하여 반란자처럼 생각하고 있으면, 먼저 이 위구심에 의해 백성 쪽에서 도리어 증오심을 품게 된다. 본디 증오의 감정은 이런 탐탁지 않은 분위기에서 생기는 것인데, 그 분위기는 어쩌면 완력으로 상대를 누르려는 통치자의 경솔함에서 비롯되는 법이다. 영민을 완력으로 억누르려는 생각을 갖게 되는 원인 중 하나는 그가 성채로 둘러싸여 있다는 사실이다.

예로부터 적개심을 가진 행동들은 십중팔구 군주 또는 공화국이 성채를 갖고 있는 데서 기인하며, 오랜 세월이 흐르는 동안 그것이 오히려 해를 끼치는 일이 많다는 것을 깨닫게 된다. 왜냐하면 첫째로, 이미 말했듯이 그것에 의해 여러분은 안하무인격이 되어 백성을 더욱 거칠게 대하기 때문이다. 둘째로, 성채 안에 있다고 해서 여러분이 생각하듯이 안심할 수 있는 것은 아니다. 그 까닭은 백성의 마음을 억누르기 위한 아무 역할도 하지 못하기 때문이다. 여기에는 오직 두 가지 방법밖에 없다. 즉 로마인을 모방하여 필요에 따라 정예병을 이끌고 전투를 할 힘을 가지고 있거나, 민중을 짓밟아 그들을 섬멸하고 해체시켜 여러분에게 대항하지 못하도록 하는 것이다.

가령 여러분이 백성들을 탄압하여 spoliatis arma superunt(모든 것을 빼앗아도 무기는 남는 법)이고, 그 무기를 빼앗아도 furor arma ministrat(원한이 쌓여 무기가 되기) 때문이다. 여러분이 그 우두머리를 처단해도 그 잔당은 여전히 나쁜 짓을 일삼을 것이며, 마치 히드라의 머리[1]처럼 새로 머리가 생기는 것이다. 평화시에는 성채가 여러분의 압제를 돕는 역할에 쓸모가 있다. 그러나 전쟁이 시작되면 전혀 무용지물이 된다. 그 까닭은 적과 백성, 둘을 상대로 성채를 지켜야 하기 때문이다. 이 두 적의 세력이 마음을 합쳐 공격해 오면 결코 막아내지 못할 것이다. 바야흐로 성채가 결정적으로 무용지물이 된 것은, 바로 대포 때문이다. 그것의 파괴력 때문에 규모가 작은 성은 지킬 수 없게 되고,[2] 게다가 앞에서 이미 설명한 것처럼 성채 한 곳이 파괴되면 다시는 그것을 쌓을 수 없기 때문이다. 이 문제에 대해서는 다시 상세히 논할 것이다.

아아 군주여, 당신은 그 성채에 의지하여 도시의 백성에게 멍에를 지우고 억압하고 있다. 아아 군주여, 아아 공화국이여, 그리하여 당신은 전쟁으로 점령한 도시를 제압하고 있다. 나는 군주와 공화국에 대해 말하겠다. 그 도시를 제압하기 위한 성채는 이미 말했듯이 오히려 해로우며, 오히려 성채가

---

1) Hydra. 정확하게는 레누나의 히드라. 알다시피 고대그리스의 신화적 영웅 헤라클레스가 극복한 12가지 난제 중 하나인 9개의 머리를 가진 독사. 잘라낸 머리 하나에서 2개의 머리가 생기기 때문에 마침내 벤 자리를 불에 태워 죽였다는 괴물.
2) 《군주론》 제20장에 본장과 같은 논의가 전개되어 있다.

있음으로 해서 당신은 더욱더 난폭한 세력으로 수치심도 없이 압제를 가하고, 그 압제가 결국에는 당신의 멸망을 초래하게 될 것임을 말이다. 왜냐하면 백성들의 분노는 더욱 커져서 마침내 억압의 원인이었던 성채도 당신을 지켜줄 수 없게 되기 때문이다.

따라서 지혜롭고 선량한 군주는 언제나 그 올바른 마음을 잃지 않고 또한 자신의 자손이 덕망을 훼손시키지 못하도록 결코 성채를 쌓지 않는다. 그리하여 자손은 성채가 아니라 백성의 존경과 사랑에 의지하도록 처신하게 된다.

프란체스코 스포르차 백작[3]이 밀라노 공작이 된 뒤, 현명한 군주라는 평판이 자자했다. 하지만 그가 밀라노에 성채를 쌓은 것은 현명한 처사가 아니라고 말하겠다. 왜냐하면 그 조치가 그의 후계자에게는 유익한 일이 아니었기 때문이다. 그의 후계자들은 성채 덕택에 안심하고 살 수 있다 생각하고, 또 시민이나 신민을 혹독하게 대할 수 있다 믿고 수단과 방법을 가리지 않는 폭정을 일삼았다. 따라서 비할 데 없이 격렬한 증오의 표적이 되어, 그들은 적이 공격하자마자 국가를 잃고 말았다. 그 성채는 평상시와 마찬가지로, 전쟁 때도 아무런 도움이 되지 못했다.

가령 그들이 백성들을 혹독하게 대하지 않았더라면, 더 일찍부터 그들은 자기들이 위험에 빠져든 것을 깨달았을 것이고, 따라서 좀더 굳건하게 프랑스의 맹공격을 막았을 것이다. 성채를 갖고 백성들을 적으로 돌리는 경우보다는 유리하게 싸웠을 것이 틀림없다.

성채라는 것은 아무리 생각해도 여러분에게 도움을 주지 않는다. 당신의 수비자가 배반하거나 적군의 용맹함에 의해, 또는 군량을 공격당하여 결국은 빼앗기게 될 것이다. 이미 빼앗긴 나라에서 성채와 잃은 땅을 되찾으려면, 여러분을 쫓아버린 적군과 접전할 수 있는 군대를 조직해야 한다. 만약 그런 군대를 이끌 수 있다면 설사 성채 하나 갖고 있지 않더라도, 반드시 나라를 되찾을 수 있을 것이다. 여러분이 성채를 믿고 교만해져 백성들에게 횡

---

3) 프란체스코 스포르차(101~66년). 용병부대의 대장이었으나 밀라노 공작 필리포 마리아 비스콘티에게 고용되어 그의 딸 비안카를 아내로 맞이한 뒤, 간계를 꾸며 밀라노 공작이 된다. 1450년(《피렌체사》 제5권 1433년 항 이하, 특히 제6권 1450년 항)부터 1499년, 1513년부터 1515년까지 대대로 그 지위를 계승했다. 참고로 밀라노 성은 1450년에 새로 축성되었다.

포를 부리는 일이 없으므로, 백성들도 여러분을 존경하고 우호적인 태도를
보여 모든 일을 더욱 쉽게 성취할 수 있게 될 것이 틀림없다. [4]

지난 경험에 비추어 보더라도 이 밀라노 성은 스포르차 가문이나 프랑스
인[5]에게도 각 시대에 있어서 아무런 도움을 주지 못했다는 것을 보여주고
있다. 아니 오히려 나라를 다스리려면 가장 조심스럽게 처리해야 할 일을 아
무렇지 않게 생각했기 때문에 도리어 패전과 멸망의 원인이 되었던 것이다.

우르비노 공작 귀도 우발도는 당시에 이름을 날리던 명장의 한 사람이었
다. 페데리고의 아들[6]이었으나 교황 알렉산데르6세의 아들 체자레 보르자에
의해 나라에서 쫓겨났다. 그런데 후일 사소한 일이 계기가 되어 나라에 돌아
올 수 있었다. 그는 나라 안에 있는 성채라는 성채는 모조리 위험시하고 별
안간 그것들을 무너뜨렸다. 사실 그는 민중에게 매우 존경받고 있었으므로,
민중을 상대로 한 성채는 필요없는 것이라고 생각했다. 또 적에 대해서는
어차피 성채를 보호하기 위해 야전의 군대가 필요하기 때문에 성채가 군이
필요치 않다고 생각했다. 그러므로 그는 성채를 모두 무너뜨렸던 것이다. [7]

---

4) 《군주론》 제20장.
5) 프란체스코의 아들 갈레아초 마리아(1444~76년)는 폭정을 휘두르고 자신을 낳아준 어
   머니를 암살했기 때문에 백성들이 반역을 일으켜 살해되었고(《피렌체사》 제6권 1476년
   항), 그의 아들 조반니 갈레아초(1569~94)는 로드비코 일 모로(1451~1508)에게 암
   살되어 공령(公領)을 빼앗겼다(제6권 1478년 항 이하). 그 뒤 《사화단장(史話斷章)》의
   1499년 항에 있는 것처럼, 로드비코는 프랑스왕 루이 12세에게 공령을 빼앗기고 로시
   성채에 유폐되어 죽었다. 1513년 로드비코의 아들 마시밀리아노 스포르차는 율리우스 2
   세와 신성동맹 덕분에 공작의 지위를 회복했으나 프랑수아 1세의 공격을 견디지 못하
   여, 1515년 왕에게 공작 지위를 양위한 뒤 3만 듀카티의 연금을 받고 파리에서 지내다
   가 1530년 그곳에서 객사했다. 프랑스의 지배는 1525년까지 계속되었다.
6) Guido Ubaldo의 아버지인 이탈리아의 명문 페데리고 몬테펠트로Federigo Montefeltro ;
   1444~82)는 시스토6세(《피렌체사》 1468년 항 이하)에 의해 우르비노 공작에 임명되었
   다. 귀도는 그 사후, 공작의 자리를 얻었으나 1502년 6월 발렌티노 공작에게 나라를 빼
   앗긴다. 같은 해 우르비노에 모반이 일어나자 발렌티노 공작은 겁이 나서 귀도를 다시
   불러들인다. 또한 같은 해 니갈리아에서 발렌티노 공작이 귀도의 편인 로베레를 격파하
   자 베네치아로 달아났고, 이듬해 알렉산데르6세의 죽음에 의해 다시 귀국했다. 《군주
   론》 제20장 및 《발렌티노 공작의 방책에 대한 서설》을 볼 것.
7) 이 책 제1권 제26장 끝단의 주 참조. 또 본단의 주장은 《군주론》 제20장 참조. 사건은
   1506년 11월 2일 일어났다.

교황 율리우스 2세는 볼로냐에서 벤티볼리 일가를 쫓아낸 뒤 이 도시에 성채를 하나 쌓고, 자신이 임명한 총독이 백성을 학대해도 방관했다. 그러자 백성들은 모반을 일으켰고 단번에 성채가 함락되었다. 즉, 성채는 그에게 아무 도움도 주지 못했다. 그의 몸을 지켜주지도 못했고 오히려 해독만을 끼쳤다.

비텔리 가문의 조부 니콜로 다 카스텔로[8]는 전에 추방되었던 고향으로 돌아와 곧 시스토4세가 쌓은 두 성채를 무너뜨렸다. 그것은 성채에 의지하지 않고 민중의 존경하고 사랑하는 마음에 의해 나라를 유지할 수 있다고 생각했기 때문이다.

그런데 성채를 쌓는 것은 무익한 일이고 그것을 무너뜨리는 것이 유익하다는 것을 보여주는 사례 중에서도, 여러모로 보나 가장 주목할 만하고 가치가 있는 최근의 사례는, 바로 얼마 전에 일어난 일이었다. 모든 사람이 다 알고 있듯이 1507년 제노바가 프랑스왕 루이 12세를 배반하자, 왕은 직접 전군을 이끌고 진군하여 이 도시를 탈환했다. 그런데 왕은 제노바를 손에 넣은 뒤 지극히 넓고 참으로 훌륭한, 지금까지 한 번도 본 적 없는 성채를 쌓았다. 그것은 지형이나 그 밖의 모든 것이 튼튼하기 짝이 없는 난공불락의 성채였다. 성채는 언덕 위에 있었으며, 제노바인이 군데파라고 부르는 바다에 인접해 있었다. 이 장소를 점령함으로써, 그는 항구의 구석구석부터 제노바의 대부분을 제압할 수 있었다.

몇 해가 지나 1512년 프랑스인이 이탈리아에서 쫓겨났을 때, 이 성채가 있었음에도 제노바는 반란을 일으켰다. 오타비아노 프레고소[9]는 정부의 우

---

8) Niccolo Vitelli(1497년 사망). 1474년 시스토4세에게 쫓겨났다. 1479년 이후 메디치 가문의 도움을 받아 고국 탈환에 힘써서 3년 뒤에 가까스로 피렌체군과 함께 입성할 수 있었다. 《피렌체사》 제8권 1479년 및 82년의 2가지 항을 참조할 것. 그리고 《군주론》 제20장도 참조.

9) Fregoso는 제노바의 부유한 상인 집안으로 14세기 후반에 이 도시의 정권이 봉건귀족의 손에서 시민의 손에 넘어간 무렵부터, 즉 1370년부터 1528년까지 경쟁상대인 아도르노 가문과 함께 유명해졌다. 1512년 오타비아노(Ottaviano)가 율리우스 2세와 에스파냐를 배경으로 프랑스와 함께 그 앞잡이가 된 아도르노 가문과 싸워 성채를 점령하고 총통이 되었다. 참고로 훗날 프랑수아 1세 시대가 되자 오타비아노는 프랑스왕의 행정관이 되었고, 아도르노 집안은 에스파냐를 자기편으로 만들어 1522년 오타비아노를 몰아냈다. 프레고소 가문에 대해서는 《피렌체사》 제6권 1457년 항 이하 참조. 또 제8권 1478, 79, 84년 각항도 참조.

두머리가 되어 온갖 수단을 다해 성채를 함락하려고 노력했는데, 군량을 공격하여 적을 괴롭힌 끝에 16개월 만에 점령할 수 있었다. 모두가 무슨 일이 생길 수도 있으니 성채를 도피 장소로 남겨두자고 했다. 그러나 그는 무척 총명하여, 성채가 아니라 사람들의 의사에 의해서만 나라의 주권이 유지된다는 것을 알고 있었으므로 성채를 파괴해버렸다. 그렇게 함으로써 성채에 의지하지 않고 자신들의 용기와 예지를 믿었으며, 그리하여 나라를 되찾고 유지했던 것이다. 따라서 그때까지는 군인이 1천 명만 있으면 쉽게 제노바를 제압할 수 있었지만, 그때부터는 1만 명의 군병으로 공격해도 끄떡도 하지 않게 되었다.

이 예를 통해 명백한 것처럼, 성채를 무너뜨려도 오타비아노에게 조금도 해가 되지 않았던 것이다. 왜냐하면 루이 왕이 군사를 이끌고 이탈리아에 들어가 제노바를 되찾았을 때는 아직 성채라고 할 만한 것도 없었지만, 군대와 함께 이탈리아에 들어갈 수 없게 되었을 때는 이미 성채가 있었음에도 제노바를 유지할 수 없었기 때문이다. 즉, 국왕으로서는 돈을 써서 성채를 쌓았다가 창피만 당하고 그것을 잃은 셈이 되었다. 한편, 오타비아노는 성채를 차지함으로써 명예를 얻고, 그것을 헐어버림으로써 실익을 보았던 것이다.

그러면 이번에는 본국이 아니라 정복지에 성채를 쌓는 공화국에 대해 살펴볼 차례이다. 그것이 나쁜 정책임을 밝히는 데 이미 설명한 프랑스나 제노바의 예로 부족하다면, 피렌체나 피사의 예로 만족할 것이라고 생각한다. 피렌체인은 그 도시를 제압하기 위해 몇 개의 성채를 쌓았다. 그런데 그들은 다음과 같은 점을 깨닫지 못했다. 즉, 어떤 도시가 끊임없이 피렌체라는 이름에조차 적의를 품고 독립을 유지하고 있으며, 또한 자유를 계속 지키기 위해서는 오직 반란 외에는 방도가 없다고 생각할 때에는, 로마인이 채택한 대책을 강구해야 비로소 완전히 극복할 수 있다는 것을 말이다. 그 대책이란 상대를 친구로 대우하거나, 아니면 철저하게 말살해 버리는 것이다.

그런데 성채의 가치는 샤를 왕이 공격해 왔을 때 빛을 발해야 했음에도, 성채 수비군의 배신 때문인지, 아니면 후환이 클 것을 두려워해서인지 아무튼 이내 국왕에게 항복하고 말았다. 하지만 만일 성채가 없었더라면 피렌체인이 그것을 의지하여 피사를 확보하려고 생각하지 않았을 것이고, 국왕도 그것을 이용하여 피렌체인의 손에서 그 도시를 빼앗는 일도 없었을 것이다. 정복지를 확보하는 방법은 여러 가지가 있었지만, 오늘날까지 이 성채만큼 서툰 대책은 없었다는 걸 충분히 입증하는 셈이다.

그러면 이제 결론을 내리고자 한다. 군주가 그 본래의 조국을 유지하는 데 성채는 방해만 될 뿐이다. 정복한 도시를 지배하는 데도 성채는 아무런 도움을 주지 않는다. 그러므로 로마인의 선례와 같이 한 도시를 완력으로 지배하는 경우에는 성벽을 허물고 그것을 다시 쌓지 않는 것으로 만족해야 한다. 여기서 내 생각에 반대하는 사람은 옛날 같으면 타렌툼, 근대라면 브레시아의 예를 제시할 것이다. 그 두 곳은 성채 덕분에, 반란을 일으킨 백성의 손에서 도시를 다시 빼앗을 수 있었기 때문이다. 그것에 대해 나는 이렇게 대답하리라. 타렌툼에 성채가 없었더라도, 1년 뒤 파비우스 막시무스의 군대[10]가 쉽게 탈환할 수 있었을 것이다. 비록 파비우스가 성채를 이용하여 수복하기는 했지만, 그런 것이 전혀 없었다 하더라도 반드시 다른 대책을 세워 그것 못지않은 필승의 효과를 올렸을 것이 틀림없다. 도시를 되찾기 위해 집정관 산하의 군대와 파비우스 막시무스를 대장으로 파견할 필요가 있었다는 것을 생각하면 성채의 효용도 그리 대단한 것은 아니라고 생각된다. 사실 로마인이 온갖 수단을 다해 그 도시를 되찾았다는 것은 카푸아의 예를 비추어 보아도 잘 알 수 있다. 그곳에 성채는 없었다. 오직 군병들의 용기 덕분에 도시를 탈환했던 것이다.

이젠 브레시아에 대한 이야기로 넘어가고자 한다. [11] 여기서 먼저 이야기해두고 싶은 것은 그 모반 사건이 근래에 보기 드문 모습을 보인 일이다. 즉 이 도시의 성채는 반란이 일어났음에도 여전히 여러분의 수중에 있었는데,

---

10) Tarentum. 오늘의 타란토. 이탈리아 반도 남단 타란토 만 연안에 있는 도시. BC 215년 한니발이 점령했으며 BC 209년 파비우스 막시무스가 포위 공격했다. 성을 지키던 브루티움군 대장이 아내의 색향에 홀려 배반했기 때문에 금방 도시를 점령했다. 이것이 한 예이다. 《군주론》 제13장 참조.

11) 1512년 2월 9일 볼로냐를 출발하여 같은 달 11일에 약 180km 떨어진 브레시아를 공격하기 시작하였고, 농성하는 베네치아군의 완강한 저항을 돌파하여 19일에 성을 함락했다. 당시로서는 가스통 드 푸아의 행동은 전광석화처럼 신속했다. 이것이 그 한 예이다. 《군주론》 제13장 참조.

그것은 바로 근처에 프랑스 대군이 마치 구름처럼 대기하고 있었기 때문이다. 국왕의 총대장 드 푸아 사령관이 군대와 함께 볼로냐에 있었는데, 브레시아를 빼앗겼다는 것을 알고 주저하는 기색도 없이 그곳으로 진군하여 사흘 만에 성 아래에 도착한 뒤, 그 성채를 이용하여 도시를 탈환해 버렸다. 브레시아의 성채도 그것이 전략적 가치가 있기 위해서는, 불과 사흘 만에 그것을 재탈환할 수 있는 힘을 가진 드 푸아 장관과 프랑스 군대를 필요로 했던 것이다.

이렇게 그 실례가 증명하기 때문에 반대론은 숨을 죽일 수밖에 없다. 왜냐하면 요즘의 전쟁에서는 롬바르디아뿐만 아니라 로마냐나 나폴리 왕국, 그밖의 이탈리아 전국에서 볼 수 있듯이, 마치 야전에서처럼 쉽게 진지를 뺏고 빼앗기고 있기 때문이다. 국외의 적을 대비하기 위해 성채를 짓는 것 역시 정예병을 가지고 있는 민중이나 군주에게는 똑같이 필요 없는 것이며, 반대로 정예병을 가지고 있지 않은 자들에게도 아무런 도움을 주지 않는다고 주장하고 싶다. 왜냐하면 성이 없어도 정예병이 있으면 충분히 여러분을 지켜주지만, 성만 있고 정예병이 없으면 아무런 힘이 되지 않기 때문이다.

게다가 이것은 정치뿐만 아니라 다른 일에서도 지식인들이 몸으로 보여주고 있다. 이것은 마치 로마인과 스파르타인의 경우와 같으며, 로마인이 성채를 쌓지 않는 것처럼 스파르타인도 그런 일에는 손을 대지 않았을 뿐만 아니라 자기들의 도시에 성벽을 두르는 것을 허락하지 않았다. 그들은 시민 한 사람 한 사람의 용기를 믿고 그 밖에는 어떠한 방비도 강구하지 않았다. 그래서 어떤 아테네인이 스파르타인에게 아테네의 성벽이 아름답지 않느냐고 물어보자 이렇게 대답했다고 한다.

"그렇군요, 부녀자들을 보호하기 위한 것이라면 말입니다."

어떤 군주가 훌륭한 병사를 거느리고 바다에 임한 국경에서 며칠 적을 막고 있다 하자. 전열을 다듬을 때까지 성채가 얼마쯤 도움이 되긴 하겠지만, 그나마도 반드시 필요한 것은 아니다. 군주가 나라 한복판이나 국경에 성채를 갖고 있는 경우, 훌륭한 병사가 없으면 그것은 위험하고 무익하다. 왜냐하면 그것들을 손쓸 새도 없이 빼앗길 뿐만 아니라, 빼앗긴 성채가 본디의 군주에게 싸움을 걸어오기 때문이다. 가령 그것과는 반대로 성채가 매우 튼튼하여 적의 세력도 이것을 파괴하지 못하고 뒤에 남겨둔 채 진군한다면, 역시 아무 성과도 올리지 못한다.

훌륭한 군대는 맹렬한 저항을 받지 않는 경우 뒤에 남긴 도시나 성채에는 눈길도 주지 않고 적지 깊숙이 침입해 나가는 법이다. 우리는 옛날 역사에서 그러한 예를 알 수 있고 최근에는 프란체스코 마리아[12]가 우르비노를 공격했을 때 그 뒤에 적의 도시 10개를 아예 무시하고 남겨두었던 예를 볼 수 있다.

그러므로 군주는 훌륭한 군대를 만들 수 있으면 성채를 쌓지 않아도 무슨 일이든 할 수 있다. 누구든 훌륭한 군대를 가지지 않은 자는 성채를 쌓아서는 안 된다. 군주가 해야 할 일은 그가 살고 있는 도시를 충분히 강화하고, 면밀하게 고려하여 다스리면서, 그 시민들이 용맹한 적을 오랫동안 저지하며 외국의 맹우가 조정하거나 가세할 때까지 버틸 수 있도록 조치하는 것이다. 그 밖에 모든 다른 계획들은 어떤 것이든 평화로울 때는 비용이 들고, 전쟁 때는 무익하지 않은 것이 없다.

이렇게 지금 말한 것을 고려하는 사람이라면, 로마인이 다른 경우와 마찬가지로 라티움인이나 프리베르눔인에 대해서도 매우 현명했다는 것을 알게 될 것이다. 즉 그 땅에 성채를 쌓지 않고 더욱 영리하고 대담한 방법으로 그것을 확보하려 한 것이다.

---

12) 델라 로베레(이 책 제2권, 제10장 제3단 주4)가 우르비노 공작이 된 1508년의 이야기.

제25장
내분이 일어난 도시를 공격할 때

분열된 도시를 취하는 방법

로마 공화국에서 평민과 귀족들 사이에 극심한 알력이 계속되었을 때,[1] 에트루스키인과 결탁한 베이인은 이 내분을 이용하면 로마라는 이름을 없애 버릴 수 있을 거라고 생각했다. 그리하여 베이인들이 군대를 그러모아 로마 근방까지 휘젓고 다니자, 원로원은 크나에우스 만리우스와 마르쿠스 파비우스에게 명령하여 그에 대비토록 하였다. 두 군대가 서로 마주쳤을 때 베이군은 욕설과 야유를 퍼부으면서 로마에 모욕을 주었다. 그런데 그 무분별한 교만이 갈수록 심해져서, 그때까지 내분으로 싸우고 있던 로마인들을 일치단결하게 만드는 결과가 일어나고 말았다. 그리하여 전쟁을 시작하니, 베이군은 여기저기로 흩어져 달아나게 되었다.

앞에서 말한 것을 보아도, 사람이 무엇인가를 결정할 때 대부분 어떤 식으로 잘못을 저지르는지, 또 수없이 되풀이하여 어떤 일이 도움을 준다고 믿었다가 되려 손해를 입는지 잘 알게 되었을 것이다. 베이인은 로마인의 내분을 이용하여 손쉽게 상대를 무너뜨릴 수 있을 것으로 생각했다. 그런데 그 공격에 의해 로마인은 서로 화해를 했고, 오히려 베이인은 자신들에게 패배를 가져오는 원인을 제공한 셈이 되었다. 공화국에서의 내분도 그 근원을 찾아보면 태평한 세월 탓에 한가로운 생활이 원인이었으며, 일치단결한 원인은 두려움과 전쟁 때문이었다. 그러므로 베이인이 좀더 신중했더라면, 로마인이

---

1) BC 486년 농지법과 관련하여 카시우스가 사형에 처해진 뒤(티투스 리비우스 《로마사》 제7권 제40, 42장) 크나에우스 만리우스와 마르쿠스 파비우스가 베이군과 대결했을 때, 적군의 선전 전략은 로마 내부의 사실을 폭로하는 신랄하기 짝이 없는 것이었다. 그러나 그것은 오히려 장병들의 군은 애국심을 자극했을 뿐이라고 한다. (티투스 리비우스 《로마사》 제7권 45장)

알력과 분쟁에 정신이 팔려 있을수록 군대를 멀리 철수시키고, 술에 취해 태평하게 스스로 몸을 망치도록 방관했을 것이다.

분열된 도시를 취하는 적절한 방법은, 그 도시의 신임을 얻도록 노력하여 두 파가 무기를 들고 폭력으로 나올 때까지 두 당파 사이에서 중재역을 맡는 것이다. 그리하여 서로 폭력사태에 이르게 되면, 어느 쪽이든 세력이 약한 쪽을 조금만 도와줌으로써 내전이 오래 지속되도록 하여 두 파가 모두 스스로 약해지도록 만들어야 한다. 단 대대적으로 가세하여 모든 사람에게 여러분이 상대를 제압하여 그들의 군주가 되고자 한다는 두려움을 갖지 않도록 유의해야 한다. 이 정책이 잘 이루어지면 이제 여러분이 노리는 목적은 어느 것 하나 이루지 못할 것이 없게 된다.

다른 데서도 말했듯이,[2] 피스토이아라는 도시는 이런 정책에 의해서 피렌체 공화국에게 정복당했던 것이다. 피스토이아는 내분에 쓰러져있었고, 피렌체인은 두 파벌에 대해 때로는 한쪽을 또 때로는 다른 한쪽을 편들며, 결코 어느 한쪽에게 이끌려 화살받이로 서는 일은 하지 않았다. 다만 두 파가 서로 실컷 싸우게 함으로써, 끊임없는 분쟁에 지쳐서 자진하여 피렌체의 품 안에 몸을 맡기도록 했다.

시에나에서 정변이 일어난 것도 실은 피렌체의 가세가 별로 강력하지 못했던 시대뿐이었다. 그런데 그 가세에 힘이 강해지고 대담해지자 오히려 이 도시는 더욱 단결하여 자기들의 나라를 지키게 되었다.[3]

앞에서 말한 것에 관한 또 하나의 예를 들어보겠다. 밀라노 공작 필리포 비스콘티는 몇 번이나 피렌체의 내분을 이용하여 싸움을 걸었지만 한 번도 성사시키지 못했다. 그러므로 그는 전투의 한심한 결과를 탄식하며, 피렌체인의 바보짓에 놀아나 200만 개가 넘는 금화를 써버렸다고 한탄했다.[4]

앞에서 말한 대로 베이인과 에트루스키인은 잘못된 생각에 사로잡혀 있었기 때문에, 로마인은 단 한 번의 전투로 상대를 굴복시킬 수 있었다. 이와 같이 앞으로 그 누구든 그 같은 방법으로 한 민중을 지배할 수 있다고 생각하는 사람은 반드시 과오를 범하게 될 것이다.

---

2) 이 책 제2권 제21장 참조.
3) 이 책 제2권 제21장 참조.
4) 《피렌체사》특히 제5권 1436년, 1440년 항 참조.

제26장

경멸과 모욕을 일삼는 자는 오로지 증오를 초래할 뿐

지혜로운 지도자는 조롱을 허용치 않는다

나는 상대를 말로써 위협하거나 모욕하지 않는 것이 무엇보다 현명한 처사라고 생각한다. 왜냐하면 그런다고 적의 기세가 꺾이는 것은 아니기 때문이다. 위협과 모욕은 상대를 더욱 조심스럽게 만들고 여러분에게 강한 증오심을 품게 하여 결국 여러분을 치려고 온갖 궁리를 하도록 만들기 때문이다.

앞장에서 이야기한 베이인의 예에서도 알 수 있다. 그들은 로마인을 상대로 전쟁을 일으킨 것으로도 모자라 온갖 욕설과 악담을 퍼부었다. 현명한 대장이라면 병사들을 훈계하여 그런 말은 입 밖에도 내지 못하게 해야 한다. 그러한 언사는 적군을 더욱 격분시켜 보복하려고 이를 악물게 하기 때문이다. 또한 아무리 그래봤자 방금 말했듯이 공격력을 약화시키기는커녕 오히려 여러분에게 대항하여 앙갚음을 하게 하는 무기로 되돌아올 뿐인 것이다.

이에 대해서는 아시아에서 한 가지 좋은 예를 들어보겠다. 페르시아의 대장 코바드[1]는 아미다를 오랫동안 포위 공격하고 있었다. 그런데 너무 오랜 공격에 지쳐 퇴진하기로 결정하고 본진을 철수시키려고 했다. 그때, 승리한 농성군은 성채 위에 무리지어 모여서 온갖 욕설과 악담을 퍼부으며 적군을 겁쟁이니 얼뜨기니 하고 놀려댔다. 그 소리를 들은 코바드는 불같이 화가 나서 대뜸 말머리를 돌려, 분노에 불타는 기세로 맹렬하게 공격하여 눈 깜짝할 사이에 도시를 몽땅 점령하고 파괴해버렸다.

이 같은 일은 베이인에게도 일어났다. 이미 말했듯이 그들은 로마인과 싸

---

1) Kobad(그밖에 Kabade, Kauades, Cobades, Gabas 등으로도 쓴다. 원문에는 Gabade를 쓰고 있다). 본문에 대장(카피타노)이라고 되어 있는데, 실은 이란 사산왕조의 왕을 가리킨다. 코바드 1세(488~531)의 티그리스 강변 아미다(지금의 차르베크) 공격(503)의 사례에서 생각해 보더라도, '왕(王)'의 오기가 아닌가 한다. 프로코피우스는《페르시아기(記)》제1권에서 이 왕의 용맹함과 총명함을 찬양했다.

우는 것만으로는 부족하여 독설을 퍼붓고 상대 진영 앞까지 나가서 욕설과 악담을 마구 퍼부었다. 이 모욕적인 욕설에 로마인들은 사냥감을 놓쳤을 때보다 더욱 분노하게 되었다. 처음에는 마지못해 싸우고 있었던 로마 군병들이 나중에는 집정관을 졸라 전쟁에 나섰다.[2] 결국 베이인은 아미다의 주민과 마찬가지로 그 교만함으로 인해 뼈아픈 대가를 치렀던 것이다.

이러한 이유에서 훌륭한 군대의 지휘자나 공화국의 유명한 정치가는 무엇보다 먼저 자기의 도시와 군사들 사이에서 이런 욕설과 비난의 말을 적에게 퍼붓지 않도록 대책을 강구했다. 모욕이 적의 귀에 들어가면 방금 말한 대로 불리함을 초래하고, 또한 시민들 사이에서도 누군가의 마음에 상처를 주게 되면 더 큰 해악을 입게 되기 때문이다. 현명한 사람들은 그것에 대비하여 늘 조치를 취해왔다.

앞에서 말했듯이 카푸아에 남게 된 로마군단은 카푸아인에 대해 음모를 꾸미고 있었다.[3] 그런데 한창 음모를 꾸미고 있는 중에 무장 반란이 일어났다. 이것을 발레리우스 코르부스가 진압했다. 그때 교환한 약정조건에 따라, 무장반란에 가담한 병사에 대해 조금이라도 나쁜 말을 하는 사람은 엄벌에 처한다는 규칙을 정했다.

티베리우스 그라쿠스[4]는 한니발 전쟁 때 노예부대의 대장이었다. 그 까닭은 로마인 병사가 부족하여 노예에게 무기를 쥐어주었기 때문이다. 여기서 이 대장은 여러 가지 일을 했는데, 그중에서 가장 먼저 명령한 것은 이들을 노예라고 조롱하는 자들은 사형에 처한다는 내용이었다. 이미 말했듯이 로

2) 이 책 앞장의 제1단 주 참조.
3) 이 책 제20장. 티투스 리비우스 《로마사》 제7권 제38장 이하, 특히 제41장(또한 Marcus Valerius Corvus ; BC 389~BC 280년 무렵). 카밀루스 산하에 속하는 병사 출신 집정관으로, BC 360에 강적 갈리아인을 무찔렀을 때, 투구 위에 새가 내려앉았다. 하여 새(코루스)라는 별명이 붙게 된 호걸이다. 카푸아 병란은 이 사람의 인망에 의해 수습되었다고 할 수 있다.
4) 유명한 호민관(이 책 제1권 제27장 참조). 겨우 16살 때(BC 146년) 사촌형 스키피오 아이밀리아누스를 따라가 카르타고와 싸웠다. 이것은 그때의 이야기이다.

마인은 사람을 무시하고 바보 취급하는 것은 참으로 위험한 일이라고 생각했다. 세상에서 이것보다 더 사람을 화나게 하며, 마음속으로부터 분노를 느끼게 하는 것은 없다. Nam facetiae asprae, quando nimium ex vero traxere, acrem sui memoriam relinquunt. (악의든 농담이든, 그럴 듯한 말투로 비난을 하는 것만큼 하는 사람의 마음에 쓰라린 기억을 남기는 것은 없기) 때문이다.

제27장

현명한 군주 또는 공화국이라면 전쟁에 이긴 것으로 만족한다

쓸데없는 기대는 과다한 요구를 가져온다

적군을 향해 모욕적인 말을 던지는 것은 여러분 마음에 승전 내지는 승리에 대한 환상에 의해 생기는 교만함으로부터 비롯된다. 그런 환상을 그리고 있으면 단지 말뿐만 아니라 행동까지 잘못을 저지른다. 그것은 이런 환상이 사람의 마음에 파고들면 목적을 넘어선 행동을 하게 되어, 많은 경우에 확실한 보물을 얻을 기회를 앞두고도 더 큰 것, 그러나 확실하지도 않은 것을 손에 넣을 수 있을지 모른다는 욕망에 들떠서 확실한 기회를 잃게 되기 때문이다. 이와 같이 사람들은 종종 자기 나라에 손해를 끼치면서도 이 그릇된 길에 빠져 있기 때문에, 여기에서 특별히 이 문제를 다루는 것이다. 확실한 사실 외에는 별다른 증거가 없으므로 고금의 실례에 비추어 규명해야 한다고 생각한다.

칸나에에서 로마군을 무찌른 뒤 한니발은 대리인을 카르타고에 보내서 승전 소식을 전하고 원군을 요청했다. 카르타고의 원로원은 그것에 대해 어떻게 할 것인지 논의했다. 그러자 카르타고의 지혜로운 노(老) 시민 한논이, 이 승전을 잘 이용하여 로마인과 화평을 맺으면 공명정대한 조건으로 거래할 수 있으니, 결코 꿈을 좇다가 패해서는 안 된다고 충고했다. 또한 카르타고는 로마인들에게 자신들이 훌륭한 무기로 멋지게 싸울 수 있다는 걸 알려준 것에 만족해야 하며, 무엇보다 이 승리에 만족하지 않고 더 큰 것을 탐내다가 승전의 전과마저 모조리 잃어버려서는 안 된다고 말했다. 이 의견은 받아들여지지 않았는데, 결국 이런 기회가 완전히 없어진 뒤에야 비로소 원로원은 그것이 얼마나 현명한 책략이었는가를 절실하게 느꼈다고 한다.[1]

알렉산드로스 대왕이 동양을 모조리 정복했을 당시에 유일한 문명국이자

---

1) 티투스 리비우스 《로마사》 제23권 제12장.

강국이었던 수르 공화국은, 마치 베네치아처럼 바다에 둘러싸인 도시였다. 알렉산드로스 대왕의 명성을 듣고 있던 그들은 대왕에게 사신을 보내 복종의 뜻을 표하고, 속국으로서 충성을 다할 생각이지만 다만 성 안에는 대왕도 군대도 들어오지 않기를 바란다고 부탁했다.

모든 도시가 성문을 열고 자기를 맞아들였는데, 겨우 일개 도시가 자신의 입성을 거절하는지라 알렉산드로스는 노발대발하며 그 청을 물리치고 사자들을 병영에서 쫓아버렸다. 그리고 그 탄원은 아랑곳도 하지 않고 성을 공격하기 시작했다. 바다 한가운데 떠있던 그 도시는 군량도 풍부하고 그 밖에 방비에 필요한 것은 모두 갖추고 있었다. 4개월이 지난 뒤 알렉산드로스는 그 도시 하나를 공략하는 데 여태까지 정복에 걸렸던 시일보다 더 오랜 시간을 들였음을 깨달았다. 그래서 마음을 돌려 화평을 맺기로 하고, 전에 상대가 자진해서 제출한 조건을 승인하기로 결심했다. 그런데 교만해진 수르[2]인은 그 제의를 거절하고 그 제의를 전하러 온 사절들의 목을 베어버렸다. 알렉산드로스는 불같이 노하여 파죽지세로 맹공격을 퍼부은 끝에 마침내 성을 함락하였고, 먼저 주민들을 남김없이 죽이거나 노예로 만든 끝에 도시를 잿더미로 만들어버렸다.

1512년 에스파냐군은 피렌체령을 침략하여 그 도시에 메디치 가문을 부활시켜 연공을 받으려는 계획을 세웠다. 도시의 몇몇 내통자들이 에스파냐군을 끌어들인 것인데, 그들은 에스파냐 군대가 피렌체 영내로 들어오기만 하면 피렌체 시민들도 무기를 들고 호응할 것이라는 희망을 심어주었다. 그런데 정작 에스파냐 군대가 평원까지 침입했는데도 아무도 가세하러 나오는 사람이 없었다. 에스파냐 군대는 한편으로는 군량이 부족한 상태였기 때문에 어떻게든 화평을 맺으려고 노력했다. 그러자 피렌체인은 교만해져서 이를 받아들이려 하지 않았다. 그리하여 피렌체인들은 분노한 에스파냐군의 공격으로 프라토 평원을 빼앗기고 국가의 멸망까지 자초하게 된다.

---

2) Sur. 그리스도교 성서에서 Tsor라고 부르는 도시. 현대어로는 Tiro, Tyrus, Tyr, Tyre 등으로 불리는 페니키아의 도시이다. BC 332년 이 성을 공격하기 시작한 대왕은 육지에서 섬의 도시까지 제방을 쌓아 연결한 뒤 이를 공격했다.

이와 같이 공격을 당하고 있는 군주가, 특히 자기보다 훨씬 강한 군대의 공격을 받았을 경우, 자칫하면 저지르기 쉬운 과오 가운데 가장 큰 것은, 화친을 요청받았을 때 그것을 뿌리치는 일이다. 왜냐하면 그 조건이 그리 가혹할 리가 없고, 그것을 승인하더라도 패배한 것은 아니며 뭔가 이익을 얻을 것이기 때문이다. 그러므로 수르인으로서는 알렉산드로스가 처음에 퇴짜를 놓았던 조건을 받아들이고, 그것으로 만족해야 했다. 게다가 무기를 들고 그토록 위해한 한 인간을 굴복시켜 자기들이 뜻하는 대로 했으므로 확실히 이겼다고 생각해도 좋을 것이다. 또한 피렌체인들 역시, 에스파냐 군대가 피렌체인들의 뜻을 일부라도 받아들이고 그들이 원했던 것을 모두 얻지 못했다면, 자신들에게는 충분한 승리였기 때문에 그것에 만족했어야 했다. 에스파냐 군대의 의도는, 첫째 피렌체 정부를 교체하는 것, 둘째 피렌체가 프랑스와의 동맹을 파기하는 것, 셋째 피렌체로부터 돈을 받아내는 것이었다.

만약 에스파냐 군대가 두 번째와 세 번째 조건을 성취하고 피렌체 인민은 첫 번째, 즉 피렌체 정부의 보존을 얻어냈다면, 그들은 각각 협정을 통해 얼마간의 명예와 만족을 얻어낼 수 있었을 것이다.

국민은 위기 상황에서 국가를 보존할 수만 있다면, 더 큰 승리를 얻기 위해 무모한 욕심을 부려서는 안 된다. 그리고 더 크고 확실한 승리를 얻을 수 있다 하더라도 변덕스러운 운명의 손에 몸을 맡기려는 생각은, 그것이 어떤 것이든 결코 현명한 방책이라고 할 수 없다. 마지막으로 남겨진 수단이나 조건이 있더라도, 현명한 사람은 만에 하나 어쩔 수 없는 경우가 아니고는 그것을 위험에 노출시키려 하지 않는다. [3]

한니발은 수많은 승전의 명예를 얻으며 이탈리아에 16년 동안 체류하다가 조국을 구해달라는 카르타고인들의 부름에 응하여 귀국했다. [4] 그러나 이미 하스드루발[5]과 시팍스가 패배하여 누미디아 왕국[6]을 빼앗긴 뒤였다. 카르타고의 영토가 성벽 안으로 줄어들어 있었기에, 한니발은 자신과 자신의 군

---

3) 이 책 제1권 제59장 제2단 주 3) 참조.
4) BC 204년 대 스키피오가 아프리카를 공격하자 이듬해인 BC 203년 이탈리아를 떠나 귀국했다.

대 외에는 희망을 걸 데가 전혀 없다는 것을 알게 되었다. 그래서 조국의 마지막 거점인 이곳에서 발버둥질 치는 위험을 무릅쓰고 싶지는 않다고 생각하였다. 조국에 조금이라도 행운이 남아 있다면 그것은 전쟁이 아니라 화친에 의해 얻을 수 있다고 확신했던 것이다. 그래서 한니발은 스스럼없이 화친을 제안하였다. 그러나 이 계획이 성사되지 않자 마침내 몰락을 각오하고 감연히 싸우기로 결심한다. [7] 그로서는 싸워서 이기거나 아니면 장열하게 싸우다 죽을 각오를 한 것이다.

이와 같이 한니발처럼 한 번도 치욕을 당한 적이 없는 용맹하고 노련한 명장도, 싸워보기도 전에 먼저 화친의 노력부터 해보았다. 그것은 여기서 지면 노예가 되는 것 외에는 길이 없다고 생각했기 때문이다. 그렇다면 용맹한 무용과 경험에서 훨씬 뒤떨어지는 대장은 어떻게 해야 하는 것일까? 모든 인간은 자신의 희망에 한계를 정하지 못하여 잘못을 저지른다. 자신의 능력을 충분히 확인하지 못하고 허망한 꿈에 모든 것을 걸면 결국은 파멸하는 것이다.

---

5) Hasdrubal. 하밀카르 바르카의 부장(副將) 기스콘의 아들. 한니발의 동생 하스드루발 바르카를 따라 에스파냐에서 싸우고 스키피오에게 격파되어 아프리카로 철수했다. 딸 소포니스베의 남편이자 서누미디아의 왕인 시팍스와 제휴하여 스키피오의 아프리카 원정을 요격했다가 패배했다. BC 201년 무렵 사망.

6) Syphax. 앞에서 말한 하스드루발의 사위이자 서누미디아의 왕. 처음에는 로마 편에 섰다. 그러다가 나중에 카르타고편에 붙었고, BC 203년 하스드루발과 함께 스키피오와 마시리아 왕 마시니사의 연합군과 싸우다 킬타(지금의 콘스탄틴)에서 생포되어 얼마 뒤에 죽는다. 이것으로 서누미디아 왕국은 멸망한다. 이 경우에 대해서는 티투스 리비우스 《로마사》 제29권 제23장 및 제31장 이하, 제30권 제4장 이하, 특히 제8장 참조.

7) 한니발의 비참한 심경에 대해서는 티투스 리비우스 《로마사》 제30권 제28장 참조. 유명한 나라가라에서 스피키오와 한니발 두 명장이 회견을 열었을 때 화친을 제의했다. 동상 제29~31장. 이 담판이 결렬되자 자마의 결전에 돌입한다.

제28장
군주가 손해에 대해 복수하지 않는 것은 위험한 일이다

개인에게는 해를 입히지 말라

분노가 인간으로 하여금 어떤 행동을 하도록 만들까? 이것에 대해서는 로마인이 파비우스 가의 세 사람을 당시의 토스카나, 특히 클루시움을 습격한 갈리아인에게 사자로 보낸 일[1]을 규명하면 확실히 알 수 있을 것이다.

클루시움의 민중이 로마에 원조를 청하러 오자, 로마인은 갈리아인에게 보내는 사신을 임명하여, 로마 민중의 대리인으로서 갈리아인에게 토스카나에서의 전쟁 사태를 중지하도록 요청하기로 했다. 그런데 본디 이 사신들은 말보다는 행동을 앞세우는 것이 특기였으므로, 갈리아인과 토스카나인이 난투를 벌이는 곳에 끼어들어 함께 싸웠다. 그것을 안 갈리아인은 토스카나인에게 느끼고 있었던 적개심을 로마인 쪽으로 돌리게 되었다. 그리하여 갈리아인들은 사절들을 보내, 로마 원로원에 그런 위반 행위에 대한 항의를 제기했다. 그리고 자신들이 입은 피해에 대한 배상으로, 문제를 일으킨 파비우스 가 사람들의 인도를 요구했다.

그런데 갈리아인들을 더욱 자극하는 일이 일어났다. 상대는 그 신청을 단칼에 거절했을 뿐만 아니라 그 범인들의 처벌은 아예 생각지도 않고, 민중의 첫 번째 집회에서 그들을 집정관직 권한을 지닌 호민관으로 임명해 버린 것이다. 갈리아인은 원칙적으로 처벌해야 할 자에게 체면을 세워주는 것을 보고, 그런 행위는 틀림없이 자기들을 바보 취급하여 망신을 주려는 속셈에 지나지 않는다고 생각했다. 그리하여 불같이 노한 그들은 로마를 공격하였고, 카피톨리노 신전을 제외하고는 온 도시를 점령해버렸다.

---

1) Clusium. 지금의 키우시(Chiusi). 에트루스키 12시(市)의 하나. 포르센나 왕이 수도로 삼은 도시로, 습격을 받은 것은 BC 391년. 파비우스 집안의 세 사람은 파비우스 암부스투스의 세 아들. 티투스 리비우스 《로마사》 제5권 제35장 이하에 상세히 나와 있다.

이러한 로마인의 패배는 정의를 무시했기 때문에 당연히 받아야 할 보복이었다. 즉 로마의 사신들은 '만민법(萬民法)을 위반[2]contra jus gentium'했을 뿐만 아니라, 그들을 처벌받아야 할 그들에게 오히려 명예가 주어졌기 때문이다.

그러므로 공화국이나 군주는 일반 민중은 물론이고 누군가 특별한 사람에게도 그런 피해를 입혀서는 결코 안 된다는 것을 명심해야 한다. 민중이든 개인이든 한 사람을 마음 속 깊이 분노하게 만들고, 게다가 그 분노를 풀 방법도 없다면 큰 재앙이 일어날 것이다. 만약 그 사람이 민중 정치를 펴는 공화국에 산다면, 그 사람은 반드시 나라의 멸망을 걸고라도 자신의 원한을 풀고자 할 것이 틀림없다. 그가 군주 밑에서 살고 있다면, 또 그가 매우 집념이 강한 사람이라면 어떻게 해서든지 분풀이를 하려고 밤낮없이 노심초사하다가 끝내 군주를 멸망시키게 된다. 이것에 대한 가장 뚜렷한 실례로, 알렉산드로스의 아버지인 마케도니아의 필리포스 경우보다 적절한 것은 아마 찾아보기 힘들 것이다.

이 왕의 측근 가운데 파우사니아스라고 하는 명문 출신 젊은이가 있었는데, 참으로 보기 드문 미남이었다고 한다. 그런 그에게 필리포스의 총신 아탈루스는 홀딱 반해버리고 말았다. 그는 어떻게 해서든 자신의 마음을 고백하려고 틈이 나는 대로 젊은이를 쫓아다녔다. 그런데 번번이 퇴짜만 당하자 도무지 어떻게 할 방법이 없이 속임수를 써서 완력으로 강행해보기로 결심했다. 그래서 성대한 술자리를 마련하여 파우사니아스를 비롯한 많은 병사들을 초대했다. 실컷 먹고 마시다가 손님들이 모두 만취하여 쓰러지자 그는 파우사니아스를 별채로 업고 가서 그동안 참아왔던 욕정을 풀었다. 뿐만 아니라, 더 커다란 불명예를 안기기 위해 손님 두세 명과 함께 악질적인 방법으로 그를 능욕했다.

파우사니아스는 그때부터 매일같이 필리포스에게 자기가 능욕 당한 것을 호소하였다. 필리포스는 한동안 보복을 해줄 것처럼 희망을 갖고 기다리게 하였지만, 아탈루스를 처벌하기는커녕 도리어 그를 그리스 어느 지방의 총

2) 티투스 리비우스 《로마사》 제5권 제36장. 만민법은 오늘날의 국제법과 같다.

독으로 임명해버렸다. 자신의 원수가 처벌은커녕 명예를 얻게 된 것을 본 파우사니아스는, 자신에게 모욕을 안겨준 자가 아니라 앙갚음을 해주지 않고 멀쩡한 얼굴을 하고 있는 필리포스에게 모든 분노를 돌렸다. 그리하여 필리포스의 딸과 에피루스의 왕 알렉산드로스의 화려한 결혼식 날, 파우사니아스는 필리포스가 성당 안으로 들어가는 것을 노려 두 명의 알렉산드로스, 곧 그의 아들과 사위가 보는 앞에서 왕을 찔러 죽였다. [3]

이와 같은 예는 로마에도 흔히 있는 일로, 정치를 하는 사람에게 참으로 적절한 훈계이다. 아무리 사소한 일이라도 이미 타격을 입은 이에게, 다시 새로운 상처를 입히는 일은 하지 말아야 한다. 그런 봉변을 당하게 되면 그 상처를 입히는 일은 하지 말아야 한다. 그런 봉변을 당하게 되면 그 사람은 보복을 위해서라면 어떤 위험도, 가령 자신의 목숨을 버리는 것도 마다하지 않게 된다.

---

3) 암살된 곳은 아에가에 시(市). BC 336년의 일이다. 파우사니아스가 앙갚음을 하려고 마음먹은 것은, 플루타르코스에 의하면 아탈루스(Attalus)와 그의 질녀로 필리포스의 두 번째 부인이 된 클레오파트라에게 모욕을 당했기 때문이라고 한다. 《알렉산드로스전》 제15장. 또 에피루스의 왕 알렉산드로스(BC 342년 즉위)는 알렉산드로스 대왕의 어머니 올림피아스의 남동생으로, 자형 필리포스 2세의 딸 클레오파트라를 아내로 맞이했다. 뒤에 나오는 제31장 주 1)을 참조할 것.

제29장
운명이 사람의 마음을 장님으로 만드는 때

하늘이 사람의 일을 통제한다

세상사의 움직임을 면밀하게 생각하는 사람이라면 수없이 일어나는 일들에 대해, 신들은 사람들이 운명을 대비하는 일을 원치 않았다는 것을 종종 깨닫게 될 것이다. 내가 얘기한 일들이 로마, 즉 위대한 영혼과 깊은 신앙, 그리고 예지에 의해 다스려졌던 이 도시에서도 일어난 것을 보면, 똑같은 일이 방금 말한 것을 조금도 갖고 있지 않은 도시나 나라에서 자주 일어나는 것은 당연한 일이라고 할 수 있다.

이러한 예는 모든 인간사에 신의 힘이 미치고 있다는 것을 보여준다는 점에서 주목할 만하므로, 티투스 리비우스는 매우 적절한 어휘[1]로 상세히 그것을 설명했다. 즉 신들은 그 예지의 힘을 로마인들에게 알려주기 위해, 먼저 갈리아인에게 사신으로 보낸 파비우스 집안사람들이 미망에 빠지도록 했다. 그리하여 그들의 행동을 통해 로마에 전화(戰禍)를 입힌 것이다.

다음으로는 이 전쟁을 처리하기 위해 로마가 로마의 민중다운 대책을 강구하지 못하도록, 먼저 마르쿠스 푸리우스 카밀루스라는 인물, 이 고난을 극복할 수 있는 유일한 구세주인 이 수완가를 추방하기로 계획했다. 그리고 로마인은 과거 볼스키인의 진격과 가까운 곳의 적을 막기 위해 몇 번이나 되풀이하여 독재관을 두었지만,[2] 갈리아인이 침입했을 때는 독재관을 임명하지

---

1) 티투스 리비우스 《로마사》 제5권 제32장. 앞에서 설명한 갈리아인의 내습이 있을 거라는 신탁이 있었음에도 그것을 무시했기 때문에 베이 공략의 명장 카밀루스를 추방하게 되었다고 먼저 설명을 시작한다. 카밀루스의 추방은 BC 390년의 일이다. 알데아스로 추방되었는데, 갈리아인의 로마 공략이 끝난 뒤 그들을 토벌하여 제3의 건국자라는 명예로운 칭호가 주어졌다. 본장에 나오는 운명관에 대해서는 《군주론》 제25장 참조, 이 책 제3권 제9, 제31장 참조. 1514년 1월 31일자 베트리 앞으로 보낸 《서한》을 볼 것.
2) 티투스 리비우스 《로마사》 제5권 제37장.

못하게 하여 로마인들을 전혀 대책을 강구하지 못했다. 한편 군병을 그러모 아야 할 경우가 되면 그 군병들은 겁쟁이가 되어 예전의 용맹스런 기상을 완전히 잃어버렸다. 무기를 든 뒤에도 느릿느릿 태평스럽게 꾸물거리다가 가까스로 알리아 강변에서 갈리아인과 맞붙게 되었다. 이 강은 로마에서 겨우 2마일밖에 떨어져 있지 않았다.

게다가 그곳에 간 호민관은 세상에서 가장 흔한 방비조차 잊어버리고, 지형을 조사하거나 해자와 둑을 설치하지도 않았다. 말하자면 예전 같으면 인간적, 초인간적 예지 덕분에 터득하고 있었을 준비를 하나도 갖추지 못한 채 진지를 세웠던 것이다. 전투대형을 갖춤에 있어서도 그들은, 세상에서 흔히 볼 수 있는 허약한 진용을 차려 놓았으며, 그것은 대장이나 병사들, 그리고 로마군의 규율에는 전혀 어울리지 않았다. 전투에서는 피 한 방울 흘리지 않았다. 왜냐하면 공격하기도 전에 달아나기부터 했기 때문이다. 그렇게 하여 대부분은 베이에 숨어있을 집을 구했고, 나머지 군병들은 로마로 달아났다. 그리고 자기들 집으로 돌아가기가 겁이 나서 카피톨리노 언덕에서 농성했다. 그러자 원로원도 로마를 방위하려는 생각은 조금도 없이 성문을 닫을 생각도 하지 않고, 몇몇은 겁을 먹고 달아났으며, 남은 사람들도 카피톨리노 언덕에서 농성하는 자들과 합류했다.[3]

로마인들은 언덕의 성채를 지키기 위해 일사분란한 대책을 마련하여 간신히 소동을 진정시켰다. 성채 안에 무능한 군세가 들어오는 것을 거부하고 그곳에 있는 군량을 모두 그러모아 포위공격에 대비했으며, 노인과 여자와 어린아이 등 필요 없는 자들은 대부분 가까운 지역으로 피난시켰다. 남은 사람들은 로마에 있다가 갈리아인의 먹잇감이 되어버렸다.[4] 이렇게 되어 버렸으니, 로마인이 이룬 업적을 글로 읽거나 후세에 그것을 전하려는 사람은 어찌 보아도 이것이 똑같은 민중의 이야기라고는 납득되지 않을 것이다. 티투스 리비우스는 위에 설명한 그 소동의 전말을 이야기하고 나서, 끝으로 이렇게 말했다.[5]

---

3) 티투스 리비우스 《로마사》 제5권 제38, 39권.
4) 티투스 리비우스 《로마사》 제5권 제40장. 여기에 언급된 함락 직전의 로마의 혼란상은 마치 한 폭의 아수라그림 같으며, 독자로 하여금 깊은 감동을 느끼게 한다.
5) 티투스 리비우스 《로마사》 제5권 제27장 첫머리. 본문에서는 맺음말로서 인용했으나, 리비우스의 원저에는 반대로 첫머리의 한 구절로 되어 있다.

"운명은 인간이 자기를 거스르거나 해치려고 하면, 상대의 마음을 이토록 장님으로 만들어버린다 Adeo obcaecat animos fortuna, ubi vim suam ingruentem refringi non vult."

이보다 옳은 결론은 없을 것이다.

이런 까닭으로 인간이 비참한 지경에 떨어져 있든, 아니면 영화의 절정에 서 있든, 그것을 폄하하거나 칭찬해서는 안 된다. 왜냐하면 세상에서 수없이 보아왔듯이 패잔의 몸이 되든 영달의 절정에 있든, 그것은 모두 신들이 인간에게 부여한 커다란 기회에 의해 그러한 위치에 이른 것이기 때문이다. 하늘은 인간에게 용기와 지혜를 가지고 활동할 수 있는 기회를 주거나 빼앗는다. 운명이 한 인간을 선택하여 자기가 생각한 큰일을 시키려고 하는 경우, 대체로 천재의 재능을 부여받은 사람을 여러 사람 중에서 선택한다. 그 사람의 재능은 크고 깊으며 한눈으로 운명이 제시하는 기회를 모조리 휘어잡는 힘을 가지고 있다. 이것과 같은 방식으로 운명이 뭔가 큰 몰락 사태를 일으켜 세상을 깜짝 놀라게 하려면, 그 몰락 사태를 맡을 주인공이 될 사람을 선택한다. 그리고 그 운명에 대적할 만한 인간이 나타나면, 그에게 갖은 고통을 주어 죽게 하거나 그 재능을 근절시켜 모든 수단을 빼앗아버린다.

위의 사례에서 잘 알 수 있듯이 운명은 로마를 강하게 단련시키고 인도하였으나, 얼마 뒤에는 그 영화를 실현시키기 위해 한번 두들겨 주어야겠다고 생각했다. 물론 그것을 뿌리째 말살하려고는 하지 않았다. 그리하여 카밀루스를 추방했으나 죽이지는 않았고, 로마를 공략하기는 했으나 카피톨리노는 공략하지 않았다. 또한 나중에 로마를 탈환할 수 있도록, 알리아에서 패배한 병사들이 무사히 베이로 달아날 수 있게 했다. 그리하여 로마의 도읍을 지킬 수 있는 수단을 모조리 잃게 하면서도 한편으로는 로마를 되찾을 수 있는 만반의 준비를 갖추도록 했다. 즉 운명은 로마 군대를 거의 온전하게 베이로 대피시키고 카밀루스를 알데아스로 추방했는데, 이것은 그때까지 한 번도 패전의 수치를 당하는 일 없이 명성을 떨친 장군이, 위대한 군대를 이끌고 당당하게 자신들의 조국을 탈환할 수 있도록 한 것이었다.

방금 설명한 것들에 대해서는 최근의 실례를 들어 입증할 수도 있지만, 그럴 필요까지는 없다고 생각되므로 생략하기로 한다. 다만 여기서 모든 역사적 사실에 비추어 단언하고 싶은 것은, 인간이 운명의 파도를 타기는 쉽지만 거역하기는 어렵다는 것이다. 즉 밑그림대로 일을 도모할 수는 있지만 그 밑그림을 찢어버릴 수는 없다는 것이다. 하지만 결코 자포자기해서는 안 된다. 왜냐하면 그 속뜻은 전혀 알 수 없고, 아무도 모르게 샛길로 빠져 나올 수도 있기 때문이다. 따라서 언제나 희망을 잃어서는 안 된다. 그 희망이 있기 때문에 사람은 자신의 운명이 어떤 것이든, 닥쳐오는 재난에 이리저리 시달리더라도 결코 스스로 포기해서는 안 된다는 것이다. [6]

---

6) 이 책이 《군주론》과 함께 마키아벨리의 참담한 재야 시절에 집필됐다는 것을 참작하면, 여기서 진술한 그의 견해 뒤에서 맥박 치는 강인한 영혼의 위대함을 느낄 수 있다. 상세한 것은 《군주론》 말미의 약전(略傳)을 읽어보기 바란다.

제30장

우정은 황금으로 사지 않고 세력과 명성으로 얻는다

운명은 인간이 약해질 때 그 힘을 발휘한다

로마인은 카피톨리노 언덕에 포위되어 베이와 카밀루스의 원군을 기다리고 있었다. 그러나 식량이 떨어져 하는 수 없이 갈리아군과 화의를 하기로 하고 몸값으로 상당한 양의 황금을 넘겨주기로 했다. 이 약정대로 금을 저울에 달고 있는데 뜻밖에 카밀루스가 군대를 이끌고 나타났다. 이것이야말로 역사가가 말한 것처럼, 운명은 '로마인이 황금으로 목숨을 흥정하는 것 Ut Romani auro redempti non viverent'을 바라지 않았기 때문이다. [1]

이 사건은 단순히 그런 일화로 유명할 뿐만 아니라, 나아가 그 공화국의 활동방침과 관련지어 보아도 주목할 만하다. 그때부터 로마는 결코 황금으로 다른 나라를 사지 않게 되었을 뿐만 아니라, 단 한 번도 황금으로 화의를 승인한 적이 없으며, 언제나 무기를 들고 그 무용에 의해 그것을 얻게 되었다. 이것은 어떤 공화국에서도 볼 수 없는 일이었다.

여러 가지 사항으로 한 나라의 힘을 짐작할 수 있지만, 그중에서도 이웃나라와의 교섭 방법을 보는 것만큼 정확한 것도 없다. 즉 나라를 다스리는 데 있어서 이웃나라가 그 나라와 우호관계를 유지하기 위해 공납을 하는 경우, 그것이 그 나라의 강한 힘을 무엇보다 확실하게 보여준다. 그런데 방금 말한

---

1) 티투스 리비우스 《로마사》 제5권 제48, 49장. 금을 저울에 달 때 갈리아인이 승리에 의기양양해져 뭐라고 시비를 걸며 저울 위에 칼을 놓고 "진 놈들은 비참한 거야" 하고 말했다. 이 무례한 행동에도 로마인이 어쩌지 못하고 있는데 카밀루스가 나타나 양쪽 사이에 들어가더니 약정 무효를 선언하고 갈리아인에게 싸울 준비를 하라고 일갈하는 장면이다. 참고로, 인용구에 해당하는 것은 티투스 리비우스 《로마사》 제5권 제49장 첫머리에 있는 글이다. "그러나 신도 인간들도 로마인에게 목숨을 흥정하는 것을 허락하지 않았다. Sed Diique et hommines prohibuere redemptos vivere Romanos."

이웃나라가 이 나라보다 열세임에도 반대로 황금을 얻고 있는 경우에는, 그 나라의 허약함을 그것만큼 확실하게 증명하는 것은 없다.

로마 역사를 모조리 독파하고, 마실리아인[2]·아에데스인·로도스인,[3] 또는 시라쿠사의 히에론 에우메네스·마시니사 등의 국왕들 그리고 로마 국경에 접한 곳에 있는 나라들을 살펴보면, 모두가 경쟁적으로 재력을 기울여 로마의 모든 요구를 들어주고 있었다는 것을 알 수 있다. 그 대신 그들이 로마에 바라는 것은 단지 로마의 비호뿐이었다.

그런데 힘이 없는 나라에서는 그것이 모두 반대로 되어 있음을 보게 된다. 맨 먼저 우리의 피렌체를 예로 들면, 옛날부터 나중에 이 나라가 번영의 절정에 달했을 때까지 로마냐의 작은 영주조차 단 한 번도 이 나라에 공납한 예가 없다. 오히려 페루자,[4] 카스텔로[5] 그 밖의 모든 이웃나라에 공물을 바치고 있는 형편이다. 여기서 가령 이 도시가 무장을 갖추고 용감무쌍했더라면 사정은 모두 반대가 되어 있었을 것이 틀림없다. 모든 나라는 저마다 후원을 바라고 이 나라에 돈을 바치며, 그 나라의 우정을 팔러 오는 것이 아니라 이쪽의 우정을 사러 오게 되었을 것이다.

이런 저자세는 피렌체만이 비난받아야 할 것은 아니다. 베네치아인이나 프랑스 국왕도 국력이 강대함에도 스위스인이나 영국왕에게 공납을 하고 있었으니[6] 똑같이 비난받아야 한다. 이런 일들은 모두 방금 말한 것처럼 국왕

---

2) BC 153년 및 BC 125, 가까운 이웃인 갈리아인의 공격에 견디다 못해 로마인을 불러들여 갈리아를 정벌하게 한다.

3) Rhodos 섬에 사는 사람들. BC 167년 마케도니아의 필리포스 2세가 발흥한 이후부터 로마의 비호를 받게 되었다.

4) Perugia. 피렌체 동남쪽 약 100km에 있는 도시. 15세기 전반에 피렌체는 이 도시의 영주를 자신의 용병대장으로 삼아 봉급을 주었다. 상세한 것은 《피렌체사》 제1권 1424년, 제2권 1343년, 제3권 1378년, 1390년, 제5권 1440년, 제7권 1474년 항 이하. 제8권 1478년 항 이하.

5) Castello di Quarto. 피렌체 북쪽 6km에 있는 작은 도시. 12세기 무렵부터 피렌체 영내의 자유시가 되어 있었다. 상세한 것은 《피렌체사》 제5권(1434년 항 이하), 제7권(1474년 항 이하), 제8권(1479년 항 이하)을 참조할 것.

6) 베네치아의 경우, 그 한 예로서 1511년 신성동맹 당시 프랑스에 대항하여 스위스의 대

이나 그 밖의 나라들이 백성을 무장시켜 자기 나라의 힘을 강화하거나 국가의 복지를 확보하는 대책을 강구하기는커녕 백성을 착취하는 것만 일삼은 데에 그 원인이 있다. 이런 방책을 통해 한때의 평화를 즐길 수는 있다. 그러나 이러지도 저러지도 못하는 경우가 되면 도리어 이 때문에 뼈아픈 타격을 입고 쓰러져서 다시는 일어나지도 못하게 될 것이다.

피렌체인, 베네치아인, 프랑스인들이 황금으로 평화를 산 예가 몇 번쯤 되는지, 그들이 수치스러운 꼴을 당한 적이 과연 몇 번이나 되는지, 일일이 헤아리다가는 터무니없이 긴 이야기가 되어버린다. 베네치아인이나 피렌체인이 사들인 도시를 세어보면 끝이 없다. 게다가 그것들은 훗날에는 모반을 일으켜, 결국 황금으로 손에 넣은 것을 지키기 위해서는 무기의 위력으로 대비해야 한다는 것을 깨닫게 해주는 데 지나지 않았다.

로마인을 보더라도, 자유로운 생활을 하던 시대에는 대범하고 여유로운 정책을 고수하였다. 그러나 황제가 통치하게 되고 더구나 이 황제가 흉악한 군주가 되어, 햇빛을 싫어하고 그늘을 좋아하게 되자, 로마인들 역시 돈으로 목숨을 연명했다. 때로는 파르티아인에게, 때로는 게르마니아와 그 밖의 국경을 접하는 지역의 민중에게 이 황제들이 매수된 것이다.[7] 이것이 바로 옛날에는 강대했던 국가가 멸망하는 시발점이 된다. 이런 폐해가 생기는 원인은 민중의 무장을 해제한 일에서 비롯된다. 그리고 이로 인해 더욱 큰 폐해가 생긴다. 그것은 적의 세력이 여러분에게 다가오면 올수록 더욱더 확실하게 여러분의 무력함을 적에게 보여주고 만다는 것이다. 그 까닭은 어떤 군주이든 자기 나라에 사는 백성을 너무 가혹하게 취급했기 때문에, 적의 세력을

군을 고용한 뒤 이듬해 라벤나에서 싸워 패배했다. 프랑스는, 영국에 대해서는 백년전쟁(1340~1431년) 뒤에 이 나라를 유일한 강국으로 여기고 예를 들면 결혼정책(루이 12세)을 통해 회유했고, 한편 스위스에 대해서는 그 용감한 보병대와 프랑스에 대한 지리적 이점이 있는 것을 두려워하여 자주 스위스병을 고용했다. 이에 대해서는 《프랑스 사정 일람》을 참조할 것.

7) 이를테면 루키우스 콤모두스(Lucius Commodus) 황제(180~192년)는 아버지 마르쿠스 아우렐리우스 황제가 죽은 뒤 마르코마니인 및 콰디인(게르마니아인의 한 부족)에게 공납하여 평화를 유지하고, 국내에서는 직접 검투사 시합에 나서는 등, 졸렬하고 광포한 짓을 일삼았다. 파르티아인에 대해서는 이 책 제2권 제18장, 《병법7서》 제2권 참조.

격퇴시킬 만한 기개가 있는 사람을 찾아볼 수 없기 때문이다. 그래서 적의 세력을 조금이라도 멀리 쫓아내려면 이웃나라의 군주나 민중을 고용해야만 한다. 그렇게 되면 국경을 지키는 힘은 얼마쯤 강해지지만, 적이 나라 안에 쳐들어오면 손쓸 방도가 없게 된다. 그럼에도 그들은 그런 정책이 건전한 공화국에 얼마나 해가 되는지 모르고 있다. 심장과 같은 생명의 필수적인 기관은 주의를 기울여 튼튼하게 해두어야 하며, 손발 같은 부분은 그 뒤로 미뤄도 충분하다. 손발은 없어도 살 수 있지만 심장이 잘못되면 생명을 잃어 버리기 때문이다. 그런 나라들은 심장을 벌거숭이로 노출시키면서 손발에만 자꾸 갑옷을 입히는 꼴과 같다.

우리는 이런 오류가 피렌체를 덮치는 재난을 보아왔고 또 지금도 보고 있다. 다시 말해 적군이 국경을 넘어 심장 가까이 공격해 오면 모든 게 끝난다.
베네치아인도 바로 몇 년 전에 똑같은 일을 겪었다.[8] 이 도시도 물론 신변을 방어하지 않았더라면 오늘날에는 벌써 사라지고 없었을 것이다. 이런 경험은 프랑스에서는 그리 자주 맛볼 수 없다. 왜냐하면 이 나라는 매우 큰 왕국이어서 그들보다 우세한 적이 그리 흔치 않기 때문이다. 그렇지만 1513년에 영국이 공격했을 때는 온 나라가 두려움에 떨었다.[9] 말하자면 국왕이나 다른 사람들은 한 번의 패배가 나라를 모두 날려버릴 수도 있다는 걸 깨달았던 것이다.
그런데 로마인의 경우는 이와 정반대 현상이 일어났다. 적이 로마에 가까이 가면 갈수록 이 도시의 수비는 더욱 탄탄해졌던 것이다. 그러므로 한니발의 이탈리아 침입에서 3번의 큰 패전을 겪고 많은 병사를 잃은 뒤에도 로마는 여전히 적군의 공격을 이겨냈고 결국 전쟁에도 이길 수 있었다. 그것은 국가의 심장이 무장되어 있고, 손발에는 그리 중점을 두지 않았기 때문이다.
로마의 기초는 로마 민중과 라티움 민중, 그리고 동맹을 맺은 이탈리아 바

---

8) 1508년 캄프라이 동맹에 의해 위협받았을 때 이 도시는 이듬해 아냐델로 전투에서 대패했기 때문에, 동맹제국에 양보하여 각국에 화의를 요청했고 결국은 그 동맹을 해소시켰다.
9) 영국왕 헨리 8세는 신성동맹에 가담하여 그 해 8월 16일에 긴가트에서 프랑스군을 격파했다. 루이 12세가 화의를 요청했고 훗날 헨리 8세의 누이동생과 결혼한다.

깥 지역의 주민들이었다. 이들 지역에서 많은 병사를 모집하여 전쟁이나 세계정복을 맡길 수 있었던 것이다. 로마가 칸나에에서 패한 뒤, 카르타고인 한논이 한니발이 보낸 사자들에게 한 질문을 참작해 보면 방금 설명한 것을 더욱 분명히 알 수 있다. 사절들이 번드레한 말로 한니발의 승리에 대해 설명했더니 한논이 질문하기를,

"로마인들이 화의를 청해왔는가? 라티움의 민중이나 로마 식민지 사람들 중 로마에 반기를 든 자들이 있는가?"

그러자 사절들은 대답했다.

"그런 말은 듣지 못했습니다."

한논이 그것에 응답하여 이렇게 말했다.

"그렇다면 이 전쟁의 승패는 아직 판가름나지 않았다."[10]

이 말에 비추어 보더라도, 또한 지금까지 내가 설명한 바에 의해서도 지금과 옛날의 각 공화국의 차이를 알 수 있다. 또 이것에 의해 지금 생각해 보아도 그 기적적인 실패와 성공의 이유를 납득할 수 있다. 그것은 인간이 겁이 많고 어리석으면 운명이 마음껏 그 완력을 휘두르기 때문이며, 그 운명은 날씨와 같은 것이어서, 거기에 따라 공화국과 군주국도 여러 가지 변화의 영향을 받아 온갖 파도에 시달리게 된다. 결과적으로는 누군가 고대의 모범을 터득하고 탁월하게 본받은 지도자가 나타나 옛 제도에 활력을 불어넣고 운명을 바꾸지 않는 한, 그날그날 바람의 방향에 따라 제멋대로 작용하는 다양한 변화를 겪게 될 것이다.

---

10) 이 책 제2권 제27장. 또한 마키아벨리가 여기에 인용한 글은 티투스 리비우스 《로마사》 제23권 제12장 끝단 및 제13장 첫머리의 대의(大意)이다.

제31장
추방자를 믿는 것은 얼마나 위험한 일인가

그들의 맹서는 공허하다

이와 같은 여러 가지 논의에 이어서, 자신의 조국에서 추방된 사람을 믿으면 어떤 위험한 일을 당하는지에 대해 살펴보는 것도 무익한 일은 아닐 것이다. 이것은 오늘날 나라를 다스리는 위치에 있는 사람들이 등한시해서는 안 될 중요한 문제이다. 그 전례로 티투스 리비우스가 그의 역사서에서, 이야기의 줄거리와는 거리가 먼 데도 화제로 올리고 있는 사건을 살펴보겠다.

알렉산드로스 대왕이 군대를 이끌고 아시아를 향해 돌격했을 때 그의 삼촌이자 여동생의 남편이기도 한 에피루스 왕 알렉산드로스는 루카니아인들의 요청을 받아 이탈리아로 건너갔다. 이 추방자들은 왕을 도와 자기들 나라를 다스리게 하려는 바람을 가지고 있었다. 에피루스 왕은 이런 사람들의 바람과 계획에 끌려들어 이탈리아로 갔지만, 결국 유인한 무리에 의해 죽음을 당했다. 그 까닭은 추방자들의 동포들이 그를 처치하면 귀국하도록 해주겠다고 약속했기 때문이다.[1]

이것만 보아도 조국에서 추방된 자들의 신의나 약속이 얼마나 헛된 것인

---

1) 이 책 제2권 제28장 주 3) 참조. 에피루스 왕이 이탈리아로 진출한 것은 BC 332년으로, 처음에는 타렌툼을 도와서 루카니아와 기타 도시를 공격하기 위해서였고 그 전투에서도 승리를 거두었다. 에피루스 왕이 군대를 이끌고 로마 근처까지 가자(티투스 리비우스 《로마사》 제8권 제3장) 이 왕에게 삼니움인이 싸움을 한 번 걸었으나 힘없이 패하고, 왕은 로마와 화의 약정을 교환했다(티투스 리비우스 《로마사》 제8권 제17장). BC 330년 무렵이 되어 신탁을 받은 루카니아(Lucania) 주민들은 에피루스 왕을 격파할 진용을 정비하고 판드시아(타란토만에 가까운 앙글로나)에서 싸웠다. 왕의 측근에는 루카니아인 추방자가 200명이나 있었는데 기회주의자인 그들에게 배반당해 전쟁에서 이기고도 결국 추방자 중 한 사람에게 살해당했다(티투스 리비우스 《로마사》 제8권 제24장). 루카니아는 이탈리아 반도 남서부의 지중해를 면한 곳으로 지금의 바실리카타 지방을 가리킨다.

지 충분히 알 수 있다. 그 신의라는 것은 그들이 여러분을 이용하지 않고도 다른 방법을 써서 조국으로 돌아갈 수 있을 때 깨진다는 것을 깨달아야 한다. 그 때가 되면 그들은 처음에 뭐라고 약속했든 그런 것은 씻은 듯이 잊어버리고 여러분을 미련 없이 저버릴 것이다. 그들의 약속이니 희망이니 하는 것도, 그 옛 둥지로 돌아갈 수 있다는 희망에 사로잡힌 나머지 자신들이 그리는 환상에 의해 만들어지는 것이다. 그들은, 그것을 실현하는 방법에 대해서는 전혀 생각하지 않는다. 그리하여 그들 자신이 믿고 여러분에게도 믿게 하려는 말을 듣다 보면 여러분조차 그 그릇된 환상에 빠져, 믿을 수 없는 것을 믿게 되고 헛돈을 쏟아 부은 끝에 결국은 자신마저 파멸하고 만다.

그 대표적인 증거로는 방금 이야기한 군주의 예만으로도 충분하다고 생각하지만, 참고로 테미스토클레스[2]의 예를 추가하고자 한다. 이 사람은 반역자라는 낙인이 찍혀 아시아로 쫓겨나 다리우스에게 몸을 의탁한다. 그가 터무니없는 약속을 하면서 다리우스를 선동하자, 마침내 다리우스는 거기에 말려들어 그리스를 공격하기로 결심한다. 그런데 나중에 그 약속을 지킬 수 없게 되자 수치심 때문인지 처벌이 두려워서인지, 테미스토클레스는 독약을 마시고 자살했다. 테미스토클레스처럼 비범한 인물조차 이런 과오를 범하는데, 재능도 용기도 모자라는 자가 희망과 욕망만으로 훨씬 큰 것을 바라다가 그로 인해 더 큰 과오를 범하게 되는 것은 당연한 이치라고 할 수 있다.

그러므로 군주는 한낱 추방자를 상대로 성급하게 마음을 허락해서는 안 된다. 십중팔구 그것 때문에 망신을 당하거나 신세를 망치거나 둘 중 하나로 끝나기 때문이다. 그런 까닭으로, 모략이나 전부터 있던 배신자를 통해 한 도시를 손에 넣는 것은 매우 드문 일이다. 다음 장에서는 이 문제를 다루어, 로마인은 어떤 수단으로 그 수많은 도시를 손에 넣었는지 살펴보도록 하겠다.

---

2) BC 475년 도편추방(고대그리스의 아테네에서 국가에 해를 끼치는 사람을 투표를 통해 국외로 추방하던 일) 처분을 받고 3년의 유랑생활 끝에 소아시아에 들어가, 페르시아 왕 아르타세르크세스의 환대 속에서 소아시아의 세 도시를 영지로 받았다. 원문에 '다리우스'라고 되어 있는 것은 잘못이다. 또 그의 최후에 대해서도 플루타르코스의 《테미스토클레스전》 제31장 본문에 실린 것처럼 자살했다는 설과, 투키디데스의 설명에 의해 자신의 영지 마그네시아에서 65세의 천수를 마쳤다는 설로 나뉘어 있다. 오늘날에는 후자가 통설이다.

제32장

로마인은 어떤 방법으로 도시들을 점령했는가

공격의 방법 방어의 방법

로마인은 전쟁의 경험이 많았기 때문에 언제나 유익하고 무기가 적게 드는 방법, 그 밖에 어떤 일이든 전쟁을 잘 수행할 수 있는 방책을 쓰고 있었다. 그래서 하나의 도시를 공략할 때도 언제나 포위공격 전법은 피하고 있었다. 왜냐하면 이 방법을 쓰면 무기가 많이 들 뿐만 아니라 곧바로 대처하기가 어려워서, 결국 주머니에 들어오는 이익보다 점령할 때까지 드는 수고가 훨씬 더 크기 때문이다. 그러한 믿음 때문에, 그토록 많은 전쟁 동안 포위공격의 예는 거의 없었다고 해도 좋다. 그들이 도시를 점령하는 전술은 바로 돌격이나, 아니면 성을 내어주게 하는 방법이었다. 돌격이란 몸으로 부딪혀 때려눕히거나, 모략을 섞은 실력을 사용하는 것이다. 몸으로 부딪친다는 것은 성벽을 파괴하지 않고 돌격하는 것을 말한다. 그것을 가리켜 '도시를 완전히 에워싸서 점령한다(Aggredi urbem corona)'고 하였다. 그것은 총세를 몰아 도시를 포위하고 곳곳에서 공격하여 점령하는 방법이다. 아무리 큰 도시라도 이런 방법으로 기습 공격하여 수많은 전쟁에서 승리를 거둘 수 있었다. 스키피오가 에스파냐에서 카르타고[1]를 점령한 경우가 이것이다. 이 돌격으로 충분하지 않을 때는 아리에티[2]라든가 그 밖의 장비를 이용하여 성벽을 파괴하였고, 그도 아니면 도시 내부까지 갱도를 파고 들어간다. 이것은 베이를 함락한 방법이다. 또 성벽을 지키는 적병과 같은 높이까지 나무로 망

---

1) Carthago nova. 에스파냐의 지중해 연안 무르시아 주에 있는 카르타헤나 서남쪽에 해당하는 도시. BC 228년 하스드루발(한니발의 숙부)이 이 성을 쌓았고 한니발은 여기서 이탈리아로 쳐들어갔다. 스키피오가 함락한 것은 210년이다. 티투스 리비우스 《로마사》 제26권 제42~46장.

2) 약 2m의 굵은 통나무 끝에 양의 머리를 본뜬 쇠를 씌운 것으로, 네 사람이 밀어 성문에 부딪쳐서 파괴하는 무기.

루를 세우거나 도시의 성벽 바깥쪽에 흙으로 둑을 쌓아 성벽의 꼭대기로 진출하기도 했다.

이런 돌격법 가운데 무엇보다 강력한 것은 곳곳에서 성벽을 공격하는 방법인데, 수비 쪽에서는 여기저기로 수비군을 분산시켜야만 한다. 그런데 수비군이 병력이 적어서 되풀이되는 공격을 견뎌내지 못하거나, 병력이 충분하더라도 전체적인 방어력에서 모두가 일정한 무용을 갖추고 있지 않은 경우가 있다. 그때는 어느 한곳이 조금이라도 무너지면 순식간에 모두 패배하고 만다. 이러한 이유로 이 전법은 대단히 큰 성공을 이룬 예가 많다.

그런데 처음 시도에서 성공하지 못했을 경우에는 되풀이하지 말아야 한다. 그것은 군사들에게도 위험한 일이기 때문이다. 게다가 공격군은 매우 넓은 땅을 지키고 있어서 자연히 통제가 소홀해지기도 하는데, 만약 농성측이 치고 나오게 되면 잠시도 버티지 못하고 궤멸된다. 그러면 진용이 흐트러져서 바쁘게 우왕좌왕하다가 지쳐버린다. 그러므로 이 작전은 한 번에 끝내야 하며, 그것도 적세가 약할 때에 한하여 쓸 수 있는 수법이다.

수비군 입장에서 적이 성벽을 무너뜨리려 하면 오늘날 흔히 보듯이 이내 새 성벽을 쌓아 적의 세력을 저지하는 방법이 있다. 또 갱도를 쓸모없게 만들려면, 이쪽에서도 갱도를 파나가서 그것을 사용하거나 무기 또는 다른 방법을 강구하여 적을 막는다. 그중에서도 가장 흔히 사용되는 것이 나무통 속에 새털을 잔뜩 채워서 불을 붙이는 방법이다. 나무통에 불이 충분히 붙은 때를 기다렸다가 갱도 속에 굴려 넣는 것이다. 연기가 퍼지면 그 악취 때문에 적이 들어오지 못하게 된다. 또 망루를 이용하여 공격해 오면 농성군은 그것에 불을 붙여 태워버려야 한다. 둑을 쌓아 공격해 오면 이쪽도 둑 가까이에 있는 성벽 안쪽에서 갱도를 파서, 상대가 쌓아올리는 흙을 밑에서 무너뜨린다. 그리하여 적이 바깥에서 실어온 흙을 성 안에서 실어내면 적군은 도저히 둑을 성벽 높이까지 쌓아올릴 수 없다.

몸으로 부딪쳐 한 도시를 점령하는 방법은 시간을 오래 끌면서 시도할 수 없다. 그러므로 얼마 지나서는 진지를 철수하고 다른 방법으로 전쟁에 결말을 내려야 한다. 스키피오도 아프리카에 상륙한 뒤에 우티카[3]를 공격했으나 잘 되지 않아서 진을 철수하고 다른 방법으로 카르타고군을 격파했다. 그렇지 않으면 도시를 봉쇄하여 도시를 점령해야 한다. 그것은 로마인이 베이,

카푸아, 카르타고, 예루살렘⁴⁾ 기타 비슷한 도시를 점령할 때 쓴 전법이다.

모략과 실력을 겸비하여 도시를 함락하는 것은, 이를테면 팔라에폴리스⁵⁾가 성 안의 배신자에 의해 로마인에게 점령된 것처럼 로마인과 그 밖의 사람들이 자주 써온 공격법이다. 그렇지만 그것으로 성공한 예는 흔치 않다. 그 까닭은 조그마한 방해요인에도 모략이 모두 수포로 돌아가, 자칫하면 다 된 밥에 코 빠뜨리는 격이 되기 때문이다. 말하자면 비밀로 하고 있는 일이 성취되기도 전에 들통나버리는 것이다. 사정을 아는 사람의 배신, 또는 무언가를 끝까지 비밀로 하는 것은 어렵다는 이치에 따라 그 냄새를 맡는 것은 그리 어려운 일이 아니다. 그러니 적군은 물론, 아군과도 그럴듯하게 꾸며서 의논해야 한다.

가령 음모가 은밀하게 추진되고 있을 때 들통 나지 않는다 하더라도, 막상 실행단계에 들어서면 수많은 방해가 끼어들게 마련이다. 만일 여러분이 미리 밀약해 두었던 시기보다 앞당겨서 일을 일으키든가, 아니면 그 시기가 늦어지면 모든 게 틀어지고 만다. 또한 예상치도 않았던 소동, 마치 카피톨리노의 거위가 울기 시작하는 소동⁶⁾이 일어나거나, 평상시의 정해진 명령을 어기거나, 아무것도 아닌 아주 사소한 실수만 있어도, 대뜸 모든 계획이 실패로 돌아가는 결과가 된다.

그 밖에 캄캄한 밤도 그 역할을 했다. 말하자면 밤의 어둠이 그 위험한 일을 하는 자들에게 지나친 공포심을 안겨준 것이다. 이런 일에 끌려드는 자들은 십중팔구 그 지역의 지형이나 자기들이 동원되어 가는 쪽 적지의 상황에

---

3) 우티카(Utica). 카르타고 서북쪽에 있는 항구. 스키피오가 공격한 것은 BC 204년. 티투스 리비우스《로마사》제29권 제28장.

4) 로마 세력이 시리아에 확립된 뒤 BC 65년에 폼페이우스가 오랜 공격 끝에 함락하여 이두마에아 왕조의 헤로데스왕에게 다스리도록 했다.

5) Palaepolis. 캄파냐 지방의 그리스 식민지였던 도시로 나폴리 근방에 있다. BC 326년 로마인에게 정복되었다. 티투스 리비우스《로마사》제8권 제26장에 배신한 전말이 상세히 나와 있다.

6) 앞에서 말했듯이 BC 390년 로마를 점령한 갈리아인은 카피톨리노 언덕에서 농성하는 로마군을 야밤에 기습공격했다. 막 적진으로 뛰어들려고 할 때 주피터 신의 상징인 거위가 우는 바람에 로마군이 벌떡 일어나 눈앞에 다가온 적군을 격퇴했다는 고사이다. 티투스 리비우스《로마사》제5권 제47장.

대해 아무것도 모른다. 그래서 당황하고 불안하여, 뜻밖에 일어나는 아주 작은 일에도 모든 게 무너져버리고 만다.

계략과 실력을 아울러 사용해야 하는 이 야간 공격을 시도한 사람들 가운데 시키온의 아라토스[7]만큼 훌륭하게 성공한 사람도 없다. 그런데 이 전법에서 솜씨를 보이면 보일수록 그는 대낮의 당당한 전투에서는 갈수록 겁쟁이가 되어갔다. 이것은 아무리 보아도 이 사람의 마음속에 숨겨져 있는 특질에 의한 것이지 운 때문이라고는 할 수 없다. 그러므로 세상 사람들이 보았듯이 똑같은 일을 계획한 사람은 많았지만 그것을 실행한 사람은 적으며, 하물며 그 일에 성공한 사람은 아주 드물다.

도시를 항복시켜 손에 넣는 방법에는 자발적으로 그렇게 하게 만드는 것과 무력에 의해 점령하는 것이 있다. 자발적으로 항복하는 것은 카푸아가 로마인을 상대로 했듯이 여러분에게 몸을 맡기는 경우[8]와, 어떤 군주의 품속에 뛰어든 자가 그 은혜를 받고 있는 것을 보고 자기들도 통치자의 선정에 몸을 맡기고 싶을 때, 말하자면 로도스인, 마시리아인, 그 밖에 로마에 몸을 맡긴 나라들처럼 자발적으로 항복하는 경우[9]가 있다.

무력으로 성문을 열게 만드는 것은 앞에서 말한 것처럼 오랜 포위 공격으로 지치게 하는 경우와, 온 나라를 짓밟고 다니면서 약탈과 그 밖의 온갖 만행을 부리고 무법한 짓을 하여 목표로 하는 도시에 압박을 가함으로써 항복하게 하는 경우가 있다.

---

7) Sicyon의 Aratos(BC 271~213). 그리스의 시키온(코린트 만에 임한 바지리코 부근에 있는 도시)에 군림한 지배자. 아카이아 동맹의 맹주로 활동했으며 마케도니아와 동맹을 맺고 스파르타를 무찔렀다. 플루타르코스의 《아라토스전》 특히 그 제4~8, 제11, 제27장.

8) BC 211년. 한니발의 연합부대가 이 도시에서 로마군을 막았으나 시민들은 한니발이 직접 와서 도와주지 않는다는 것을 알고 방어력을 잃어 오히려 도시를 넘겨주는 결과가 되었다. 《군주론》 제36권 제12장.

9) 로도스 섬 사람들은 BC 88년 무렵, 미트리다테스 전쟁 때 자진해서 항전한 덕분으로 술라와 카이사르에게 좋은 대우를 받았고 훗날 안토니우스는 자치까지 허락했다. 마시리아인은 로마인이 갈리아를 정벌하는 원인이 되었으나, 로마인이 결국 상대를 항복시키지 않고 자유민으로 해준 것을 보고, 스스로 로마의 비호를 요청하여 폼페이우스 편을 들었다. 이로 인해 갈리아를 철저하게 정복한 카이사르 때문에 자유를 잃게 되었다. BC 49년의 일이다.

로마인은 지금까지 설명한 여러 가지 전법 가운데 이 마지막 수법을 가장 많이 썼다. 즉 450년 동안 패전과 약탈 사태에 지치게 하고, 약정을 할 때는 우위를 확보하는 데 주의를 기울였다. 물론 그들도 여러 가지 전법을 구사하기는 했지만, 뭐니 뭐니 해도 마지막 방식에 의존하였다. 다른 것은 위험하기도 하려니와 쓸모도 없다고 생각했던 것이다. 왜냐하면 포위공격은 시간이 오래 걸릴 뿐만 아니라 비용이 많이 들었기 때문이다. 돌격은 위험하고 음모는 하늘의 구름을 잡는 것과 같다. 적을 무찌르면 하루만에 모든 영토를 지배할 수 있으나 완강한 농성군을 상대로 하면 몇 년이라는 세월이 걸린다는 것을 그들은 알고 있었다.

제33장
로마 군대의 장군들에게 주어진 전권

장군은 전장에 있어야 한다

티투스 리비우스의 이야기를 음미해 읽고 유익함을 얻으려는 사람은 로마 민중과 원로원의 여러 가지 다른 행동을 면밀하게 검토해 보아야 한다. 여러 가지가 있으나 그중에서도 특히 고찰해 보아야 할 것은, 그들이 자신들의 집정관과 독재관, 그 밖의 장군들에게 어떤 권한을 주어 국외로 파견했느냐 하는 것이다. 이런 경우 그들의 권력은 매우 컸고, 원로원이 유보시키고 있었던 것은 단지 새 전쟁을 시작하거나 화의를 승인하는 권한뿐이었다. 그 밖의 일들에 대해서는 모두 집정관의 재량과 처분에 맡기고 있었다. 원로원과 민중이 이를테면 라티움인을 상대로 한 전쟁을 결정할 때, 그 모든 결정권을 무조건 집정관에게 위임했다. 즉 전쟁을 할 것인가 아닌가, 전쟁을 할 경우 어느 도시를 공략할 것인가를 모두 집정관이 판단하고 결정한 것이다.

그것에 대해서는 수많은 전례가 있는데, 그중에서도 토스카나인을 상대로 한 전쟁이 특별히 사람들의 눈길을 끈다. 집정관 파비우스가 수트리움[1] 근

---

1) Sutrium(로마 북쪽에 있는 지금의 수트리Sutri). 베이 함락 뒤 라티움의 식민지로 건설된 요지. 퀸투스 파비우스 막시무스가 여기서 에트루스키(토스카나) 인을 무찌른 것은 BC 310년이다. 수트리움을 포위한 에트루스키 군을 측면의 바위산 위에서 일제히 내려가 급습하여 한꺼번에 공격하자 적군은 수트리움을 공격하지도 못하고 뿔뿔이 흩어져 근처에 있는 밀림 키미니아 숲으로 달아났다. 로마군은 수천 명의 적군을 무찌르고 깃발 38개를 빼앗았다(티투스 리비우스 《로마사》 제9권 제35장). 키미니아 숲은 구르마니아의 숲보다 깊어서 도저히 무력으로 밀고 나갈 수가 없는 곳이다. 원로원이 반대한 것은 이곳의 상태와 더불어 최근에 경험했던 카우디움에서의 참패(이 책 제2권 제23장)에 겁을 먹고 있었기 때문이다. 이것을 저지하기 위해, 리비우스에 의하면 사신 5명과 호민관 2명이 파견되었다고 한다(티투스 리비우스 《로마사》 제9권 제26장). 파비우스의 결단에 의해 오히려 적군을 숲 저쪽의 페르자에서 격파하여 혁혁한 전과를 올렸고 코르트나 아레초 같은 도시가 자진해서 로마에 귀순했다(티투스 리비우스 《로마사》 제9권 제37장).

처에서 적을 무찌른 뒤, 전군을 이끌고 키미니아 숲을 지나 토스카나로 나가는 작전을 세웠다. 경우가 경우인 만큼 그는 원로원의 의견은 들으려 하지 않았다. 뿐만 아니라 새로운 나라, 게다가 지리도 잘 모르고 장애물도 많은 나라에서 전쟁을 하는데도 그 계획을 알리는 것조차 등한시하고 있었다. 원로원은 이 작전을 중지시키기로 결의했으나, 결과적으로는 그 일을 인정한 셈이 되었다. 사실 파비우스의 승전보가 도착했을 때 원로원은 그가 틀림없이 그 숲을 지나 토스카나로 나가려 할 거라고 우려하였다. 새로운 전쟁의 도화선에 불을 붙이는 위험한 일에는 손을 대지 않는 것이 좋다 여기고, 원로원은 파비우스에게 사절 두 사람을 보내 토스카나에 절대로 발을 들여놓아서는 안 된다는 명령을 전하게 했다. 그러나 그들이 파비우스에게 갔을 때는 벌써 그 계획이 실행되어 승리를 거둔 뒤였다. 이리하여 사절들은 전쟁을 말리러 갔다가 그대로 로마로 돌아와 파비우스의 정복과 그 자랑스러운 영광을 보고하게 되고 만 것이다.

여기서 이 정책을 면밀히 규명해 보면, 그것이 매우 용의주도한 생각에 바탕을 두고 있음을 알 수 있다. 왜냐하면 원로원이 집정관에게 하나하나 자기들의 명령대로 전쟁을 수행하게 하고자 했더라면, 집정관으로서는 아무래도 의욕이 솟지 않아 완만한 조치밖에 할 수 없게 된다. 그 까닭은 애써 전쟁을 하더라도 그 명예를 송두리째 타인에게 빼앗기게 되고, 원로원 쪽은 자신들의 명령대로 싸운 결과이므로 당연히 그 명예를 나눠가지게 되기 때문이다. 또한 원로원은 잘 알지도 못하는 일에 대해서도 간섭을 하게 된다. 또 가령 그들이 하나같이 빼어난 용사들이라 하더라도 현장에 있지 않으므로, 현책(賢策)을 짜내는 데 꼭 알고 있어야 할 여러 가지 특별한 사정을 모르기 때문에, 의견을 말해 봐야 과오만 계속 범하기가 쉽다. 이러한 이유로 원로원은 집정관이 스스로 판단하여 알아서 행동하고, 그 결과 얻게 되는 명예를 독차지하게 했다. 다시 말해 원로원은 명예를 얻고자 하는 욕망이 집정관으로 하여금 자중하여 적절한 조치를 취하게 할 것이라고 생각한 것이다.

나는 이런 방침을 기꺼이 지지하고 싶다. 그 까닭은 요즘의 공화국, 예를 들면 베네치아와 피렌체 같은 나라는 이와 정반대의 방침을 취하고 있기 때문이다. 즉 이 나라들의 카피타니(장군), 프로베디토리(군사위원), 코미사리(정치위원) 등은 간단한 전투를 하고 싶어도 반드시 행정청에 보고하여 허가를 받아야 한다. [2] 이것이야말로 다른 정책과 마찬가지로 칭찬할 만한 가치가 있다. [3] 이런 것들이 모두 힘을 합쳐 이 나라들을 마침내 오늘날과 같은 상태로 만들어 놓은 것이다.

---

2) 이것은 용병대가 전쟁을 해야 하는 것에 대한 결과이며, 마키아벨리가 적극적으로 배격하고 있는 것은 더 말할 것도 없다. 참고로 설명하면 군사위원(Provveditori)은 베네치아의 장군, 특히 성의 수비군을 관리한다. 정치위원(Commissari)은 이를테면 군역처럼 임시로 선출된 위원이다. 장군과 군사위원은 거의 외국의 용병대장을 임시로 고용하고 있었다. 상세한 것은 《피렌체사》를 참조할 것.
3) 마키아벨리 특유의 반어법적인 표현.

마키아벨리
로마사이야기
제3권

팔라티노 언덕 기슭의 저지에 펼쳐진 포로 로마노. 포로 로마노는 수세기에 걸쳐 로마 시민 생활의 중심지였다. 수많은 신전·공회당·개선문·기념주의 잔해가 흩어져 있다.

제1장

종파나 국가의 오랜 존속을 위해 처음으로 돌아가라

법에 의한 쇄신 인물에 의한 쇄신

세상 모든 것에 그 생명의 한도가 있음은 당연한 이치이다. 결국 사물은 일반적으로 하늘이 정한 길을 추호의 오차도 없이 따라가게 되는 바, 결코 변이(變異)를 보이지 않는다. 비록 변이를 보인다고 해도 그것은 그 행복에 대한 보탬이 되면 되었지 그 자체에 위해를 가져오지는 않는다.

여기서 생각해 보려고 하는 것은, 국가 또는 종파와 같은 혼합체이다. 이들이 본디 모습으로 되돌아간다고 하는 것은 행복을 가져오기 위한 것이라고 말할 수 있다. 뛰어난 조직을 가지고 있고 그 생명도 긴 것은, 자체의 제도를 통해 몇 번이고 혁신을 행하든가, 또는 지금 말한 제도와는 관계없는 사건으로 혁신을 실현하게 된다. 만약 이들 혼합체가 혁신을 하지 않으면 오래 계속되지 못한다는 것은 불을 보듯 명확한 일이다. 혁신이 이루어지는 방법은, 이미 말한 바와 같이 본디 모습으로 돌아가는 데에 있다. 무릇 그 어떤 종교나 공화국, 왕국도 애초에는 무엇인가 올바른 힘을 가지고 있었을 것이다. 그 힘에 의해서 창립 당시의 명성을 다시 떨치고, 발전의 원동력을 몸에 지닐 수가 있기 때문이다.

본디, 세월이 지남에 따라 이 힘이 변질되는 것은 당연하므로, 어떤 단체든 간에 그 어떤 계기로 해서 뿌리로 되돌아가는 기회가 없으면 몰락은 피할 수가 없게 된다. 의학 박사들이 인간의 몸에 대해서 말하고 있는 바와 같이 "날마다 무엇인가가 더해지고 쌓여, 마침내는 고통스러운 치료를 해야만 하게 된다. Quod quotidilie aggregatur aliquid, quod quandoque indiget cur atione."

이와 같이 본디 모습으로 되돌아간다고 하는 것은, 공화국의 경우 외부로부터의 사건이나 국내에서의 현책(賢策)에 의해서 이루어진다. 전자의 경우, 모두가 아는 바와 같이 로마의 예를 들 수 있다. 로마는 갈리아인에게 정복당함으로써 다시 태어나게 되었고, 이렇게 탄생함으로써 비로소 새로운 생애와 새로운 힘을 몸에 지녀, 그 무렵 마침내 모독(冒瀆)을 당하기 시작한 종교와 정의를 다시 준수하게 되었던 것이다.

이에 대하여 티투스 리비우스가 훌륭한 필치로 설명한 바 있다. 그에 따르면 로마인은 군대를 갈리아인과 맞서게 하고 집정관의 직권을 가진 호민관을 선정하는 데 있어, 어떤 종교 의식도 거행하지 않았다. 그렇기 때문에 세 사람의 파비우스가 '만민법에 위반하여 contra ius genlium' 갈리아인(人)을 상대로 싸웠음에도 그들을 호민관으로 임명했던 것이다. 이렇듯 로물루스와 그 밖의 현명한 군주들이 갖추어 놓았던 훌륭한 국헌(國憲)을 마침내는 하찮게 여겨, 자유로운 정부를 유지할 이유도 필요성도 없어졌다는 것을 알 수 있다. 그래서 이와 같은 예사롭지 않은 재앙이 닥쳐옴에 따라, 로마인은 국력을 길러왔던 모든 제도를 엄격히 부흥하여, 민중 사이에 종교와 정의를 유지하는 것뿐만 아니라 더 나아가 덕망이 있는 시민들을 존경하고 그 덕을 더욱 높이 드러내야 하며, 거짓된 자들이 날뛰어 이익을 거둘 기회를 없애야 한다는 것을 깨달았던 것이다.

실제로 로마를 되찾자, 그들은 종래 종교제도의 모든 것을 다시 일으키고 '만민법에 위반하여' 싸운 파비우스 일족을 처벌했다. 카밀루스에 대해서는 그 용기와 정의(情誼)에 심취한 나머지, 원로원이나 그 밖에 사람들은 아무런 질투없이 공화국의 모든 공무를 그의 두 어깨에 위임했을 정도였다. [1]

따라서 인간은 이미 말한 바와 같이, 그 어떤 단체의 일원으로서 생활하고 있는 이상, 외부에서의 사건이나 내부로부터의 사정에 의해서 스스로 반성을 하게 된다. 후자의 경우에 대해서 말하자면, 덕망 있는 행위가 법률과 마찬가지 힘을 단체원에게 줌으로써 개혁이 이루어진 것이다. 법은 종종 공동체 내에 있는 사람들의 기록을 검토하도록 만든다. 좋은 구성원들 중에서 출현한 좋은 사람은 훌륭한 언변과 정력적인 행동으로 실제로 법률과 똑같은 결과를 만들어낸다. 그런즉 공화국에서의 훌륭한 질서는, 각자의 힘에 의하거나 그 제도의 힘에 의해서 좌우된다. 이 제도의 힘에 관해 말하자면, 로마를 그 본래의 모습으로 되돌린 제도는 평민의 호민관과 감찰관, 그 밖에 인

---

1) 제2권 제29장 참조

간의 야심과 거만을 봉쇄하는 모든 관직이었다.

시민들은 자신들을 위압하는 권력에 맞서 그 제도를 용감하게 실행하는 결단력을 가져야 하며, 이로써 그 제도에 활력을 불어넣을 필요가 있다. 로마가 갈리아인에게 점령되기 이전 시대에, 이와 같은 실천을 시도한 사례들로는 브루투스 아들들의 죽음,[2] 10인의 시민들,[3] 밀가루집의 마엘리우스의 죽음[4] 등이 특히 눈에 띈다. 로마 함락 후에는 만리우스 카피톨리누스의 죽음,[5] 만리우스 투르콰투스의 아들의 죽음,[6] 파필리우스 쿠르솔이 그의 기마대 조장 파비우스를 처형한 일,[7] 또 스키피오 일가(一家)에 대해서 탄핵한 일[8] 등을 들 수 있다.

이와 같은 사례는 사람의 주목을 크게 끌게 되는 것이므로, 이러한 사건이 하나라도 일어나면 세상 사람들은 으레 본래의 모습으로 되돌아가게 된다. 그러나 이와 같은 사례는 극히 드물게밖에 일어나지 않으므로, 그만큼 인간은 한층 여러 방면에서 부패하고 한층 더한 위험에 노출되어 난리도 커진다. 왜냐하면 이와 같은 일이 실행되어도 10년을 계속 가지 못하기 때문이다.

로마에서 이와 같은 훌륭한 역할을 해낸 이는, 호라티우스 코크레스 스카

---

2) Lucius Iunius Brutus의 아들 티투스와 티베리우스의 처형을 말한다. 아버지 루키우스 브루투스는 로마왕 타르퀴니우스 스페르부스에게 살해된 마르크스 브루투스의 아들인데, 바보를 가장하고 복수의 기회를 노려, 뒤에 말하는 것처럼 마침내 국왕 추방을 성취시킨 사람이다. 후에 그의 아들들이 왕정 회복의 음모에 가담하였기 때문에 손수 이들을 사형에 처했다. 제3장 참조.

3) 10인회를 말한다. 제1권 제35장 이하 참조.

4) Spurius Maelius. BC 439 죽음. 곡물 도매상 주인으로 로마에 기근이 일어났을 때, 저장하고 있던 밀을 싸게 평민들에게 팔았더니, 귀족측의 시장 단속관 Praefectus annonae 루키우스(가이우스라고도 한다) 미누키우스는 그가 인심을 수렴해서 국왕이 될 속셈이 있다고 상소하였다. 이 상소는 채택되어 마엘리우스는 독재관 킨킨나투스에 의해 호출되었으나 응하지 않았기 때문에 살해되었으며, 저택은 파괴되고 상품은 몰수되었다. 티투스 리비우스《로마사((史)》제4권 제13장 1권 제24장 2권 제16장 제1권 제31장. 제36장 제1권 제29장

5) 이 책 제1권 24장

6) 이 책 제2권 16장

7) 이 책 제1권 31장, 본권 36장 참조

8) 이 책 제1권 29장

에볼라, [9] 파브리키우스, [10] 데키우스 가의 두 사람, [11] 아틸리우스 레굴루스[12] 등 많은 사람이 있으며, 그 사람들의 보기 드문 용감한 행동은, 로마에서 법령이나 국헌 등으로 강제한 것과 같은 효과를 낳았다. 이렇게 해서, 위에서 그 정도의 세월이 지나면 다시 세상 사람들의 풍습도 변하고 법령도 가볍게 여기게 되는 것이다. 무슨 일인가가 일어나서 옛날의 형벌을 회상하고, 마음속으로 남몰래 두려움을 품게 되는 기회가 없으면 범법자가 늘어나고, 마침내 이를 처벌하려고 하면 커다란 위험을 저지르지 않으면 안 되는 상태가 되어버린다.

이 문제에 대해서 1434년부터 1494년 사이에 피렌체 국(國)을 다스리고 있던 사람들은, "정부는 아무래도 5년마다 바꾸어야 한다, 그렇지 않으면 정권을 유지할 수 없을 것이다"라고 말했다. 즉, 이렇게 해서 정부를 바꾸라고 소리를 크게 내어 요구하고, 정권을 빼앗았을 때 주었던 것 같은 공포심을 세상 사람으로 하여금 느끼게 하며, 당시 인심을 지배하는 시대정신에 따

9) Horatius Cocles와 Mucius Scaevola에 대해서는 제1권 제24장 참조.
10) Gaius Lucius Fabricius. BC 272년 로마의 집정관이 되어 사무니우스인 등의 정벌에 큰 공을 세웠다. 280년 로마 세력이 피로스에게 패한 뒤 뒤처리를 명령 받아, 이 왕에게 사절로 파견되었는데, 왕의 뇌물을 물리치고 깨끗한 절개로 감동시켜 포로를 무상으로 교환하는 약정을 맺었다. 278년에 재차 피로스 왕에게로 보내어졌을 때 우연히 왕의 시의(侍醫)가 배반하여 왕을 독살하려는 것을 알았다. 그때 이를 이용하려 하지 않고 오히려 시의의 잘못된 행동을 경고한 뒤 왕의 목숨을 구했다(플루타르코스 《피로스전(傳)》 제18절 이하). 이 독살 사건에 대해서는 이 책 제20장에서도 논하고 있다. 여하간 이 파브리키우스는 깨끗한 절개의 무사로, 자주 집정관직에 앉았으나 사재를 축재하는 일이 없었다. 그가 죽은 뒤에는 한 푼의 돈도 없었으므로 국가가 대신해서 장례를 지내고, 그의 딸에게 연금을 주었을 정도라고 전해진다. 고대 로마 역사상 드물게 보는 멸사봉공(滅私奉公)의 전형적 인물로 여겨지고 있다.
11) Publicus Decius Nus. 삼니움과의 싸움에서 정적(政敵)을 구하고, 푸티움 전역에서 목숨을 바쳐 로마에 승리를 가져다 준 집정관. 제2권 제16장 참조. 이 데키우스의 아들도 BC 295 갈리아인과의 싸움에서 마찬가지로 나라를 위해 목숨을 바쳤다(자세한 점은 제3권 제39장 참조). 또 손자인 데키우스도 279년 피로스와의 싸움에 참가하여 아스쿠룸에서 마찬가지로 장렬한 죽음을 했다고 전해지고 있는데, 여기에서는 부자 이대만을 논하고 있다.
12) Marcus Attilius Regulus. 제2권 제18장, 제3권 제25장, 《병법칠서(七書)》 제1, 제4권 참조.

라서 충실하지 못한 자를 모두 타도해 버려야 한다는 것이다. 왜냐하면 이러한 형벌이 가해진다는 생각이 없어지면, 인간들은 엉뚱한 생각을 품고, 무엇인가 새로운 일을 꾸미거나 불평을 하기 시작하는 법이기 때문이다. 그러기 때문에 미리 이것을 방지하기 위하여, 국가는 본래의 모습으로 되돌아가지 않으면 안 되는 것이다.

더 나아가, 이렇게 해서 나라가 그 본래의 모습으로 환원하기 위해서는 법률에 의해서 이러한 일을 하도록 민중을 강제할 필요는 없으며, 한 사람의 용맹한 마음이 있으면 된다. 아니, 오히려 이러한 개인적인 역량에 의한 명성과 형벌은 오히려 양민을 이끌어 이에 길들이게 하는 큰 힘을 가지고 있으며, 폭민(暴民)들이 이에 위배되는 생활을 하는 것을 부끄럽게 생각하도록 말한 형벌과 이의 개인적인 모범이 한데 어울려 10년 마다 이 수도에서 되풀이되고 있었기 때문에, 수도가 부패하려고 해도 부패할 수가 없었다. 그런데 이러한 사례가 뜸해지게 되면 부패의 정도는 차차 심해졌다. 마르쿠스 레굴루스 이후에는 이와 같은 사례를 볼 수 없었기 때문이다. 물론 그 뒤 로마에 두 카토[13]가 나타나기도 했다. 하지만 위에서 말한 사람들보다는 훨씬 뒤에 나타난 사람들이었다. 또 이 두 사람이 서로 오랜 세월을 사이에 두고 나타나서 혼자나 마찬가지였기 때문에, 모처럼의 좋은 행동도 좋은 일을 남길 수가 없었다. 특히 뒤에 나타난 카토는 이미 공화국이 부패의 바닥에 가라앉아 있을 때 등장했기 때문에, 몸소 좋은 모범을 보였어도 시민들의 개과천선 성과를 거둘 수가 없었다. 이 정도로 이야기하면 공화국의 이야기로는 충분할 것이다.

종파에서도 이와 같은 혁신이 꼭 이루어져야 한다는 것은, 우리 종단(宗團)의 사례를 보아도 알 수가 있다. 이 종단은, 성(聖)프란체스코와 성도메니코의 힘에 의해서 그 본디 모습으로 되돌려지지 않았더라면 아주 없어지고 말았을 것이다. 왜냐하면 이 사람들은 청빈의 기풍과 그리스도의 생애에

---

13) 이른바 노(老)카토 Marcus Porcius Cato가 스키피오 일문(一門)에 대해 탄핵한 것은 BC 205년 이후의 일로서 제1권 제29장에 자세히 나와 있다. 같은 이름의 손자 우틴켄시스 카토(BC 95~46년)는 65년 검찰관이 되었고, 뒤에 카틸리나 사건에서는 카이사르에 반항해서 이를 탄핵했기 때문에 투옥되었다. 이 두 카토는 고대 로마의 공화주의를 위해 목숨을 바친 열사이지만 그 사이에는 1세기가 넘는 세월이 가로놓여 있다.

서 볼 수 있는 모범의 힘에 의해서, 당시에 이미 흐려져 가고 있던 신앙을 세상 사람들의 마음에 불러일으켰기 때문이다. 게다가 그 사람들의 새로운 종단은 대단한 신뢰를 얻었기 때문에, 신부나 종단의 장이 그러한 무신앙적인 행동을 보여도, 종단 그 자체를 멸망시키는 원인은 되지 않았다.

그 청빈한 생활을 보고 들은 민중은 성직자의 참회와 설교에 감동되어, 비록 악행이라 할지라도 이를 나쁘게 비난하는 것은 죄이며, 그들의 생각에 따라 생활하는 것이 선행이라고 생각했다. 그리고 성직자들이 죄를 지으면 오직 하나님의 마음에 그 처벌을 맡겨야 한다고 굳게 믿게 되었다. 이리하여 신부들은 더욱더 자기들 마음대로 죄업(罪業)을 쌓기에 이르렀다. 왜냐하면 이들은 눈에 보이지 않는 벌을 조금도 무서워하지 않았고, 무엇보다도 이를 믿고 있지 않았기 때문이다. 그러나 이러한 혁신 덕택으로 신앙은 유지되었고 또 현재에도 유지되고 있다.

왕국의 경우도 이와 같은 혁신이 이루어지고 국법 등도 그 본디 모습으로 되돌아가야 한다. 특히 프랑스 왕국에서 이와 같은 방책이 훌륭한 효과를 나타내고 있는 것을 보게 된다. 이 왕국은 다른 모든 나라들보다 뛰어나서, 국법과 국헌을 준수해서 정치가 이루어지고 있다. 국법이나 국헌을 지키는 고등법원 가운데 특히 파리의 고등법원[14]이 훌륭하다. 이에 의해서 국헌은 언제나 생기를 지니고 있고, 법원은 왕국 내의 군주에 대해서나 국왕에 대해서까지도 판결을 내려 단죄하는 힘을 가지고 있다. 오늘날까지 국헌이 유지되어 온 것은, 용감하게 귀족과 맞서 싸워왔기 때문이다. 귀족들 중에서 단한 사람이라도 처벌하지 않고 그대로 보아주게 되면, 이내 그 패거리의 수는 배로 늘어나 마침내 심한 혼란이 올 것이다. 그때는 이미 시정할 방도가 없어지거나 왕국이 망하거나 둘 중의 하나가 될 것이다.

이제까지 말해온 것을 요약하면, 공동생활을 영위함에 있어서 그것이 종단이건 왕국 또는 공화국이건 무엇보다도 중요한 것은, 그 창시시대의 번영을 되찾는 일이다. 더욱이 자기 나라의 좋은 법, 또는 이와 마찬가지 힘을 미치는 현인(賢人)들에 의해서 되찾을 수 있도록 애쓰되, 결코 이국인들의

---

14) 《군주론》 제19장. 이 책 제3권 제16, 제18장 참조.

힘을 빌리지 말아야 한다. 왜냐하면 그러한 방법은, 달리 예외가 없는 현명한 방법이라 할지라도, 로마의 예에서 보이는 것처럼 매우 위험한 대책으로, 결코 기대하는 효과를 올릴 수가 없는 것이기 때문이다. 따라서 한낱 민중이 어떻게 로마의 번영에 기여했는가를 분명히 하기 위하여, 다음 장에서 이를 살펴보기로 한다.

실은 이 로마사(史) 초편(初篇) 10권의 고찰에 대한 마지막 권인 이 제3권은 그 문제를 주제로 하여 전개될 것이다. 본디 로마 국왕들의 업적은 위대하기도 하고 대서특필할 만한 것임에는 틀림없으나, 사서(史書)를 뒤져도 이를 충분히 알 수가 없다. 그러므로 따로 긴 말을 하지 않고, 개인적인 이익을 위한 행동에 대해 간략하게 이야기할 것이다. 먼저 로마의 자유의 아버지 브루투스 이야기부터 시작해 보기로 한다.

제2장
현인이 잠시 바보를 가장하는 경우

중용이 최선일 때가 있다

　세상에는 당당한 행동으로 인해, 생각이 깊고 총명하다고 칭찬을 받는 예도 많지만, 저 이우니우스 브루투스가 바보를 가장하고 한 행동보다 더 귀한 것은 없다. 티투스 리비우스[1]는 이에 대해 말한 바 있다. 브루투스가 이와 같이 바보 흉내를 낸 것은, 보통 일신의 안전과 조상의 유산을 지키기 위한 것이라고밖에 생각되지 않고 있지만, 그 행위를 자세히 규명해 보면, 그러한

---

1) 제1권 제56장에 브루투스가 어리석은 체한 행동을 말하고 있다. 브루투스는 자기의 천성과 재산을 속여서, 일신과 집안을 노리는 국왕 타르퀴니우스 스페르부스의 눈을 피하고 있었는데, 이 바보(브루투스)라는 이름 뒤에 숨어서 로마 해방의 기회를 노리고 있었다고 되어 있다. 또 아폴로의 신탁에 대해 같은 장에서 말하고 있다. 델포이의 신전에 참배를 명령 받은 타르퀴니우스의 두 왕자가 신전으로 가다 브루투스를 만났는데, 장난삼아 그와 함께 신탁을 받았더니 그 왕자들 중에서 누구보다도 먼저 어머니에게 키스를 하는 사람이 로마의 왕이 될 것이라는 계시가 있었다. 그러자 브루투스는 이 어머니라는 말을 인류의 어머니인 대지라고 해석해서 곧 일부러 땅에 쓰러져 키스를 했다는 전설이 있다. 루크레티아의 사건은 같은 책 제57장에 자세히 나와 있다. 그 개략을 훑어보면, 브루투스가 위에서 말한 신탁을 받고 로마로 돌아갔을 때, 국왕의 아들 섹스투스 타르퀴니우스가 그의 사촌형 루키우스 타르퀴니우스, 일명 코라티누스의 아내 루크레티아에게 마음을 두고 협박하여 범하였다. 나중에 남편은 이것을 알았으나 아내의 사정을 감안하여, 그녀에게는 죄를 범할 의사가 없었기 때문에 설령 그 몸이 더럽힘을 당하였다 해도 죄는 아니라고 위로하였다. 그러나 루크레티아는 자신을 책망하여, 이와 같은 생각에 따르면 장차 좋지 않은 전례를 만들게 된다, 설령 협박을 받은 죄라 해도 죄임에는 틀림없다, 자기의 죄에 대한 형벌은 보시는 바와 같다고 하면서 스스로 단도를 빼어 심장에 꽂고 죽는다. 아버지나 남편, 그 밖의 사람들이 영문을 몰라 떠들고 있는 곳에 달려간 브루투스는 갑자기 본성을 나타내어 본문에 인용한 맹세를 하고, 국왕추방이라는 고대 로마 복고운동의 맨 앞에 서게 된다. 이것이 일반적으로 전승되고 있는 전설이다. 후세의 사가들은 어리석은 체한 것을 가명(家名)의 우연적인 부합에 의해서 억지로 꾸며댄 이야기라고 논하기도 한다.

가면을 쓴 것도 실은 기회만 있으면 바로 국왕들을 억누르고 조국을 해방시키기 위한 행동이었다는 것이다.

브루투스가 이러한 생각을 가지고 있었다는 것은, 첫째 아폴로의 신탁을 해석한 방법을 보면 알 수가 있다. 그는 일부러 넘어져서 대지에 키스를 했는데, 이렇게 하면 신들은 자기의 계획에 가호를 내려주실 것이 틀림없다고 생각한 것이다. 또 루크레티아의 주검을 그의 아버지나 남편, 그 밖의 친척들이 둘러싸고 있는 것을 보자 먼저 그 상처로부터 단도를 빼내어, 앞으로는 단연코 로마에 국왕 같은 건 살려두지 않겠다고 주위에 있는 사람들에게 맹세했다.

군주에게 불만을 품은 사람이라면 누구나 그의 모범적인 처신으로부터 무엇인가를 배울 수 있다. 먼저 그들은 자신들의 힘을 측정하고 적과 비교해보아야 한다. 가령 그 사람들에게 충분한 힘이 있고, 군주의 적으로 공공연하게 이름을 밝히고 대항할 수 있다면, 아무런 주저 없이 그 길을 돌진할 수가 있을 것이다. 그것이 위험도 적고 더 큰 명예로움을 세우게 된다. 그러나 공공연하게 싸움을 시작하기에 자기의 힘이 모자라다면, 그 목적을 이루기 위해 수단을 다하여 군주와 함께 어떠한 즐거움에도 마음으로 협력하고, 그 즐거움을 같이 즐기는 것처럼 보여야 한다. 이렇게 해서 친밀해지면 여러분의 몸은 안전하게 되고, 군주와 똑같은 행운의 혜택을 즐길 수가 있을 뿐만 아니라, 모든 기회를 타서 여러분이 남몰래 꾸미는 모략을 실행할 수도 있을 것이다.

세상 사람들이 말하고 있는 바와 같이, 군주에게 너무 접근하면 멸망의 불행을 당할 수 있으니 신중을 기해야 한다. 그렇다고 너무 멀어서 상대가 멸망했을 때 바로 그 뒤를 이어 일어설 수가 없는 것도 안 된다. 할 수 있다면 중도에 서는 것이 가장 좋다. 그러나 이것은 애초부터 불가능한 일이라고 여겨지므로, 위에서 말한 두 가지 방책, 즉 군주로부터 멀리 있거나 딱 붙어 있거나 그 어느 쪽을 고르는 것이 좋다.

이러한 행동에 미치는 자기의 재능을 자랑으로 삼으면, 밤낮으로 위협을 받으면서 살아가야 한다. 이렇게 되면 자기에게는 아무런 야심이 없고 명예나 이익 같은 건 원하지 않으며, 다만 조용히 후회 없는 생활을 하고 싶다고 아무리 떠들어대도 소용이 없다. 왜냐하면 이러한 변명은 하나의 소문으로

밖에 여겨지지 않고, 따라서 납득을 시킬 수 없는데다가, 본디 신분이 있는 사람은 그러한 경우로부터 빠져나올 수가 없으므로, 비록 진심으로 속세를 버리고 다른 야심이 없는 경우에도 세상 사람은 쉽사리 그를 이해하려 하지 않는다. 자기가 조용한 생활을 하려고 해도 다른 사람들이 이를 가만히 있게 해주지를 않는 것이다. 따라서 브루투스처럼 바보를 가장하고 자기의 본심을 위배해서라도, 군주를 기쁘게 하기 위해서는 하찮은 일도 칭찬하여 바보 같은 행동을 태연히 해치우는 것이 가장 좋다.

이와 같은 인물이 깊은 생각을 가지고 능히 로마의 자유를 회복했다는 것을 이야기했으므로, 다음에는 그 자유를 유지하기 위해 준엄한 행동을 해야만 했다는 이야기를 해보기로 한다.

제3장
자유를 유지하기 위해 아들을 죽인 브루투스

선이 분쇄될 염려가 될 때 그 악을 용납해선 안 된다

브루투스가 획득한 자유를 로마에 존속시키기 위해 보여준 그 준엄함은 단순한 유용함을 넘어 필수적인 일이었다. 아버지가 판관석(判官席)에 앉아서 자기 아들들에게 사형을 선고했을 뿐만 아니라 더 나아가 그 집행에 입회했다고 하는 것은 이제까지 보지도 듣지도 못한 일이라 아니할 수가 없다.[1] 고대 역사를 통해 알 수 있듯이, 국가의 변혁, 즉 공화정치에서 폭군정치로, 또는 폭군정치에서 공화정치로 바뀔 경우, 무엇인가 사람의 마음에 강력한 인상을 새겨둘 형벌을 시행하여 새로운 제도의 적을 타도해야만 하게 된다. 폭정에 가담해서 브루투스를 살려두었던 자, 자유의 나라를 창설하고도 브루투스의 아들들을 죽이지 않은 자는 그 권력을 일시적으로밖에 유지할 수 없다.

이 문제에 대해서는 이미 많은 이야기를 했으므로, 여기에서는 지금 현재 우리의 조국에 대해 잊어서는 안 될 일만을 언급해 보기로 한다. 그것은 피에로 소데리니에 대한 것인데, 이 사람은 자기가 참고 선덕(善德)을 베풀면 브루투스의 아들과 같은 자들의 야망을 억압할 수 있다고 생각했다. 그런데 그러한 생각은 잘못된 것이었다. 신중한 인물인 그는 단호한 처단을 할 필요가 있다고 생각했다. 그러나 적으로 돌아선 사람들에 대하여 언제라도 이를 단죄할 기회가 있었음에도, 과감하게 그러한 처치를 강구할 수가 없었다. 왜

---

1) 티투스 리비우스, 제2권 제3장 이하 특히 제5장. BC 509년 브루투스는 타르퀴니우스 집안을 추방하고 공화정치를 수립, 초대 집정관들의 한 사람이 되었다. 그러나 새로운 제도에 의해서 특권을 빼앗긴 귀족들은, 국왕의 치하에서 음탕한 생활을 보내고 있다가 이제 그 길이 막히자 분노하는 귀공자들을 선동, 반(反)공화제 음모를 짜고 집정관의 아들 티투스와 티베리우스를 그 패거리로 끌어들였다. 이윽고 음모가 탄로나 두 사람 모두 붙잡혔는데 아버지는 국법에 따라 스스로 이를 재판, 사형을 선고하고 그 처형의 현장에 입회하였다. 제1권 제17장도 참고.

나하면 참을성 있게 선덕을 베풀면 인간악을 교정할 수 있고 또 적에게 은상(恩賞)을 베풀면 반드시 해로운 마음을 솎아낼 수가 있다고 생각하였기 때문이다. 더 나아가 수차례 그의 동료들에게 확신시켰던 것처럼, 반항하는 도당들을 과감하게 쳐서 적의 가담자를 타도하기 위해서는, 세상의 무상(無常)한 권력을 빼앗고 법률의 힘을 빌려 사회적인 평등을 파괴해야 한다고 생각했기 때문이다. 그는 설령 그러한 조치를 전체적으로 사용하지 않는다고 할지라도 그 조치가 일반 민중들에게 커다란 경각심을 불러일으킬 것이고, 그 결과 그가 죽은 뒤에도 여전히 시민들은 종신제의 우두머리직을 설치하지 않으리라는 점을 우려했다. 이 제도야말로 그가 정부를 강화하고 유지하는 데 좋은 것이라고 생각했던 것이다.

이러한 걱정은 당연했고 도리에 맞는 일이기는 했다. 그러나 그렇다고 해서 선을 숭상하는 나머지 늘어가는 악을 간과해서는 안 되는 것이며, 선한 것이 악 때문에 어이없이 숨통이 끊기는 경우에는 더욱이 그러하다는 점을 깨닫지 못했다. 따라서 그가 당연히 생각해야 했던 것은, 자기가 하는 일이나 생각의 선악은 그 결말에 의해 평가된다는 것이었다. 그가 운도 강하고 생명도 길면, 세상 사람들은 누구나 그가 오직 조국의 행운을 바라고 있었고 자기의 야심을 위해 행동하지 않았다고 생각했을 것이다. 그로서도 그가 나라를 위해 좋을 것이라 생각하고 설치한 것을 다음의 후계자가 악용하는 일이 없도록 조치를 취할 수 있었을 것이다. 그런데 그는 처음 의견에 사로잡혀 커다란 잘못을 저질렀다. 인간악이라는 것은 시일이 지나도 교정(矯正)되지 못하고 은혜를 받는다 해도 좋아지는 것이 아님을 깨닫지 못했던 것이다. 그리하여 브루투스와 같이 행동할 수가 없었고, 마침내 조국과 함께 자기의 권세와 명성을 모두 잃게 된 것이다.[2]

이와 같이 자유의 나라를 끝까지 지킨다는 것은 매우 어려운 일이지만 이에 못지않게 왕국을 지키는 것도 어려운 일이다. 다음 장에서 이것을 살펴보고자 한다.

---

2) 1512년 에스파냐 세력을 등에 업은 메디치 일가가 필렌체시(市)에 세력을 회복하여 정권을 장악하려고 했을 때, 프랑스 세력을 업은 소데리니는 단호한 탄압을 하지 않고 타협적인 태도로 나왔다. 때문에 메디치파(派)는 쿠데타를 단행하였고 소데리니는 쫓겨나 라구자로 도망갔다. 제3권 제30장도 참조.

제4장
나라를 빼앗은 군주는 상대가 국내에 살아 있는 한 안전하지 않다

왕권을 찬탈당한 자를 두려워하라

노(老)타르퀴니우스가 안쿠스의 아들들에게,[1] 또 세르비우스 툴리우스가
타르퀴니우스 스페르부스[2]에게 살해된 것을 보아도, 왕국을 빼앗은 뒤 옛
왕을 살려두는 것은 비록 은상을 베풀어 자기편으로 둔다 해도 얼마나 어렵
고 위험한 일인가를 알 수가 있다. 또 타르퀴니우스가 민중의 승인을 얻고

1) Lucius Tarquinius Pricus(BC 616~578). 고대 로마의 제5대 전설적 국왕. 본디 그리스
   출신 유민으로 에톨리아의 타르귀니이로부터 로마로 흘러들어 제4대 국왕 안쿠스 마르
   키우스 Ancus Marcius(BC 640~617년) 아들들의 호위역으로 고용되었다. 그러나 마르
   키우스가 죽은 뒤 그 아들들을 배척하고 왕위에 올랐다. 타르퀴니우스는 로마의 구습을
   에토르스키풍(風)으로 바꾸어 완정을 실시하고 제반 제도를 정비하였다. 옛 왕 마르키
   우스의 아들들은 타르퀴니우스가 노예의 아들 세르비우스 툴리우스에게 왕위를 양위하
   려는 것을 알고 마침내 복수를 하였으나, 왕위는 예정대로 툴리우스의 손에 들어갔다.
   티투스 리비우스 제1권 제40장.
2) Servius Tulius(BC 578~534년). 제6대 로마 국왕. 노(老)타르퀴니우스가(家) 노예의
   아들로 태어나 주인 딸과 결혼하여 왕위에 올랐다고 전해진다. 또 타키투스 《연대기》
   제4권 제65장에 따르면 에토르스키의 한 병사로 큰 공을 세워 왕위에 올랐다고 일컬어
   진다. 그 치세 동안의 위업은 라티움과 로마와의 대동단결을 성취하고 이른바 툴리우스
   의 개혁을 단행한 일이었다. 그러나 한편으로 옛 주인 노(老)타르퀴니우스의 아들
   Lucius Tarquinius Superbus(BC 534~510년)에 대해서는 자기 딸 툴리아를 주고 회유한
   것으로 여겨진다. 그러나 툴리아의 동생으로 같은 이름을 가진 딸은 자기 남편의 우유
   부단한 성격에 정이 떨어져, 형인 타르퀴니우스를 영웅시하여 그와 결혼한 뒤 왕위에
   앉히려는 음모를 꾸몄다. 툴리아는 기회를 보아 자기 남편과 언니를 죽이고 공공연하게
   형부의 아내가 되었다. 이 야심가인 아내의 조종으로 루키우스는 마침내 장인 세르비우
   스 툴리우스를 죽이고 오랫동안 대망했던 왕위에 올랐다(티투스 리비우스 제1권 제42~
   49장). 이렇게 해서 국왕이 된 루키우스는 로마의 정치적인 관습을 버리고 원로원의 권
   력을 삭감하였으며, 라티움인의 세력을 업고 로마에 전제정치를 실시하여 폭정을 다하
   였다. 따라서 브루투스의 국왕 추방은 로마 공화국의 복고양이(復古攘夷) 운동이 된 셈
   이다.

원로원의 인정을 받아 합법적으로 왕권을 손에 넣었다고 생각한 것이 얼마나 잘못된 생각이었는가를 알 수 있다. 워낙 안쿠스의 아들들은 많은 원망을 받아왔기 때문에, 타르퀴니우스는 자신이 로마의 모든 사람을 만족시킬 수 있다고 생각했다. 또 세르비우스 툴리우스도 타르퀴니우스의 아들들에게 새삼 은상을 베풀어 자기편으로 만들었다고 잘못 생각했던 것이다.

첫 번째 예에서, 군주는 그 국내에 한때 자기가 왕위를 빼앗은 당사자가 살아 있는 동안에는 결코 편안하게 생활할 수 없다는 것을 알아야 한다. 두 번째 예에 따르면, 군주가 끊임없이 유력자들에게 신경을 쓰고 새삼스럽게 은상을 주어도 그들의 오랜 원한이 사라지는 것은 아니다. 더구나 그 은상이 왕년에 끼쳤던 위해(危害)와 비교해서 그보다 못할 경우에는 특히 그러하다는 것을 잊어서는 안 된다. 그런즉 세르비우스 툴리우스가 타르퀴니우스의 아들들을 사위로 들임으로써 그들의 마음을 달랠 수 있다고 믿은 것은 터무니없이 경솔한 짓이었다. 그들은 의당 왕으로서 그에게 군림할 지위가 있다고 생각했기 때문이다. 왕이 되고자 하는 이러한 욕구는 너무나 강렬하기 때문에, 왕위에 대한 기대를 타고난 자들뿐만 아니라 전혀 그런 기대를 갖지 않고 태어난 자들의 가슴속에도 파고 들어간다. 타르퀴니우스의 아내이자 세르비우스의 딸인 그녀에게도 이는 마찬가지여서, 육친의 인정도 아랑곳없이 자기 남편을 꼬셔 친아버지의 목숨과 왕국을 빼앗는다. 이런 일을 해서라도 왕녀보다는 왕비의 신분이 되고 싶었던 것이다.

만일 노(老)타르퀴니우스와 세르비우스 툴리우스가 자기들이 왕위를 빼앗은 상대의 독수(毒手)를 면할 수가 없어 왕국을 빼앗겼다고 한다면, 다른 한편으로 타르퀴니우스 스페르부스는 이전의 여러 왕이 남긴 제도를 지키지 않았기 때문에 나라를 빼앗긴 것이다. 이에 대해서는 다음 장에서 살펴보기로 한다.

제5장
국왕이 왕국을 잃게 되는 까닭

법과 관습을 깨트리는 순간부터 자신의 지위가 상실되어 간다

타르퀴니우스 스페르부스는 세르비우스 툴리우스를 죽인 뒤, 물론 합법적인 후계자는 아니었지만 아무런 불안 없이 왕국을 다스려, 그의 조상이 받은 것 같은 위난(危難)의 염려를 전혀 느끼지 않았다. 그가 왕좌에 오른 방법은 상식을 벗어나 매우 추악했지만, 그럼에도 이제까지의 국왕들이 남긴 제도를 지키고만 있었더라면 세상 사람들의 지지를 받아, 원로원과 민중이 그의 지위를 박탈하는 사태에 이르지 않았을 것이다. 이렇게 볼 때 그가 추방된 것은 그의 아들인 섹스투스가 루크레티아를 욕보였기 때문이 아니라, 그가 왕국의 국법을 모조리 짓밟고, 학정을 자의적으로 실시하며, 원로원의 권력을 빼앗아 자기 손아귀에 넣었기 때문이다. 즉, 이제까지는 공공장소에서 로마 원로원이 마음대로 처리하고 있던 일들을, 그들의 권력을 질투하여 원로원의 원성을 사면서까지 모두 궁전 안으로 가지고 들어와 수행하였고, 다른 국왕들이 유지해 왔던 로마에서의 모든 자유를 순식간에 빼앗아버린 것이다.

그는 원로원을 자기의 적으로 돌린 것으로도 모자라, 더 나아가 평민들을 이제까지의 국왕이 부리던 것과는 전혀 다른 천한 노역으로 혹사시켜[1] 이들을 분개하도록 만들었다.

로마 사람들은 곳곳에서 이와 같은 잔학하고 방약무인(傍若無人)한 행동을 목격했기 때문에, 누구 할 것 없이 언제라도 기회만 있으면 모반을 일으킬 마음이 되어 있었다. 따라서 가령 루크레티아 사건이 일어나지 않았어도,

---

1) 왕성하게 토목 공사를 일으켜, 특히 이우피테르 사원의 건립에 열중해서 민중을 피폐시켰다. 하지만 이보다도 훨씬 불명예스럽고 괴로운 일로서 민중의 분격을 사게 한 것은, 대(大)연무장(演武場) 주위에 복도를 만드는 일과, 또 온 도시의 오수(汚水)를 모으는 대하수구의 공사였다. 티투스 리비우스 제1권 제41, 제49장 참조.

무엇인가 사소한 사건이 일어났다면 이내 같은 결과를 가져왔을 것이다. 만약 타르퀴니우스가 다른 국왕과 다를 바 없이 행동하고 섹쿠스투스가 같은 죄를 범했다고 하면, 브루투스와 코라티누스는 섹스투스의 죄악을 로마 시민이 아닌 타르퀴니우스에게 호소했을 것이다.

따라서 군주가 마음에 새겨야 할 일은, 사람들이 오랫동안 지켜오던 국법이나 관습 등을 파기해 버리면 나라가 곧 망한다는 것이다. 나라를 빼앗기고 나서 비로소, 군주국이 현명한 방침을 채택한 이들에 의해 얼마나 잘 유지되어 왔는가를 깨닫게 되면, 지난날 잃어버린 것들이 더욱 아깝게 여겨지고, 다른 사람으로부터 책망을 받는 것보다도 훨씬 심하게 자책의 마음을 느끼게 될 것이다. 왜냐하면 악인들로부터 환영을 받는 것보다도 성인들의 사랑을 받는 것이, 국법을 유린하는 것보다도 이에 따르는 편이 훨씬 쉽기 때문이다. 그러므로 이러한 길을 가고 싶다면 고민을 할 필요가 없다. 다만 위인들의 생애, 예를 들면 코린토스의 티몰레온[2]이나 시퀴온의 아라토스,[3] 또는 이에 준하는 사람들의 생애를 거울삼으면 된다.

그 사람들의 생애를 보면, 다스리는 자나 다스림을 받는 자들이 모두 안정되고 만족한 세월을 보냈다는 것을 알 수 있고, 자연히 그것을 모방할 마음이 생기기도 할 것이다. 더욱이 그것을 흉내 낸다는 것도 이미 말한 바와 같이 쉽게 할 수 있는 것들이다. 왜냐하면 인간은 현명한 군주의 다스림 아래 있을 때는 그 밖의 자유를 구하려고 생각하지 않는다. 이는 앞에서 언급한 두 군주의 다스림을 받은 민중들도 마찬가지였다. 두 군주는 평범한 시민으로 돌아가려고 몇 번이나 직위에서 물러나려 했음에도, 살아 있는 동안 군주의 지위에 머무르도록 강요당했던 것이다.

이 장과 앞의 두 장에서 군주에 대항하는 모습, 즉 브루투스의 아들들이 조국에 활을 당긴 모반이라든가 노(老)타르퀴니우스나 세르비우스 툴리우스에 대항하는 음모 등에 대해서 살펴보았으므로, 다음 장에서 이 문제에 대해서 좀더 깊이 살펴보아도 잘못된 일은 아니라고 생각한다. 이것은 군주에게나 평민에게도 특히 주의해야 할 일이기 때문이다.

---

2) 제1권 제10장 참조.

3) 제2권 제32장 참조.

제6장
음모에 대하여

음모에 따르는 세 가지 위험

본디, 음모라는 것은 군주에게나 평민에게나 매우 위험한 것이므로, 나로서도 여기서 언급하지 않고 넘어갈 수는 없다. 왜냐하면 군주가 공공연한 전쟁보다도 이것으로 말미암아 그의 지위와 목숨을 잃는 경우가 많기 때문이다. 생각건대 군주에게 싸움을 거는 사람은 흔치 않지만, 남몰래 모사를 꾸미는 것은 누구나 할 수 있기 때문이다.

한편, 한낱 평민으로서는 이보다 훨씬 위험하고 대담한 일은 도저히 생각할 수가 없다. 그러한 일은 어느 모로 보나 곤란하고 위험에 찬 것이기 때문이다. 이런 이유로 많은 이들이 시도하지만, 아주 적은 몇몇만이 마음 먹은 대로의 결과를 얻을 수 있게 된다. 따라서 군주는 이 위난을 피해서 일신의 안녕을 꾀하고, 민중은 거창한 일을 저지르지 않으며 운명의 손으로 정해진 정치 아래에서 만족하고 이에 따르는 마음이 되게 하기 위하여, 나는 어느 편 사람을 위해서든 음모에 관하여 저마다 주의해야 할 일들을 솔직하게 살펴보려고 한다.

코르넬리우스 타키투스는 이런 말을 남겼다. "인간은 모름지기 과거를 존중하고 현재에 복종해야 한다. 또 좋은 군주를 열망하지만, 어떤 군주에게든 있는 그대로 기꺼이 복종해야 한다." 이와는 다르게 행동하면 십중팔구는 그 몸과 조국을 망치게 되리라는 것은 불을 보듯 뻔한 일이다. 본론에 들어가 논하기 위해서는 먼저 음모를 꾸미는 일에 대해서 생각해야 한다. 여기에는 조국에 대한 것과 군주에 대한 것 두 가지가 있다. 여기서는 이 두 가지만을 규명해 보고자 한다. 왜냐하면 공격해 오는 적의 세력에게 도시를 팔아넘기는 배반이나, 그 어떤 기회에 이루어지는 그와 비슷한 음모에 대해서는 이미 자세히 언급했기 때문이다.

위의 두 가지 중에서 먼저 군주에 대한 것을 다루고자 하는데, 여기에서 규명하고 싶은 것은 음모에 대해서이다. 본디 여기에는 많은 원인들이 있을 테지만 그중에서 특별히 눈에 띄는 것이 있다. 그것은 일반 민중의 증오이다. 군주가 광범위한 증오를 불러일으켰을 때에, 그가 특히 박해하였던 사람들은 그에게 복수를 열망하고 있을 것임은 당연히 추정할 수 있다. 이와 같은 욕구는 일반 민중의 예사롭지 않은 인기의 선동을 받아 강해져서, 마침내 군주에 대항할 음모로 커지게 된다. 따라서 군주가 되는 자는 이처럼 일반 민심이 자신을 떠나 배반으로 이어지는 일을 막아야 한다. 이것을 막는 방법에 대해서는 이미 논했으므로 여기에서 다시 논할 생각은 없다. 이에 대한 대비가 되면 한낱 평민들이 싸움을 도발하는 일이 적어질 것이다. 왜냐하면 먼저 인간이 제아무리 깊은 원한을 품고 있다고 해도, 단지 화풀이로 이렇게 눈에 보이는 큰 위험을 저지르는 것은 아주 드물기 때문이며, 또 누군가가 세력도 있고 용기도 있어서 자기의 음모를 실현할 수 있는 사람을 만났다고 해도, 군주가 민중의 경애를 받고 있으면 그러한 음모를 포기할 것이기 때문이다.

위해란 강탈을 하거나 몸에 상처를 입히거나 명예를 손상토록 했을 때를 말하는 것이다. 그중에서도 몸에 상처를 입히는 경우, 실제로 피해자가 당하는 때보다도 가해자가 후에 복수의 위협을 받는 경우가 더 무섭다. 왜냐하면 살해된 사람은 복수를 생각하거나 하지 않고, 살아남은 사람도 십중팔구 죽은 사람에 대한 일은 생각하지 않기 때문이다. 그런데 협박을 당해서 움직이든가 참든가 둘 중의 하나를 선택해야 하는 사람은, 앞으로 기회를 보아서 자세히 말할 작정이지만, 군주에게는 매우 위험한 인물이 되어 버린다.

이와 같은 처지에 놓이는 것 외에, 인간에게 무엇보다도 깊이 상처를 입히는 것은 그 재산이나 명예에 대한 박해이다. 군주가 되는 사람은 특히 그러한 일에 신경을 써야 한다. 왜냐하면 남의 재산을 송두리째 빼앗아버려도 복수에 사용될 단도는 빼앗을 수 없는 것이고, 명예를 짓밟아버린다 해도 집요한 복수심은 없앨 수가 없기 때문이다. 사람의 명예를 잃게 하는 방법에는 여러 가지가 있지만, 그중에서도 가장 모욕적인 것은 그의 아내를 욕보이는 일이고, 그 다음이 그 사람 자신을 욕보이는 일이다. [1]

---

1) 《군주론》 제17장 참조.

이러한 일로 해서 파우사니아스는 마케도니아의 필리포스에게 칼을 휘둘렀고, 결국 많은 군주의 머리 위에 칼이 번뜩였다. 본디 지우리오 배란티가 시에나의 참주(僭主) 판돌포에게 모반을 꾸민 것도 실은, 뒤에서 언급하게 되는 것처럼 이 영주가 자신에게 딸을 주었다가, 그 딸을 다시 데리고 갔기 때문이다. 그리고 파티 집안이 메디치 집안을 배반한 가장 큰 원인은 메디치 집안의 분부로 파티 집안이 지오반니 본로메이의 유산을 몰수했기 때문이었다. [2]

사람이 군주에 대해서 음모를 꾸미는 또 하나의 큰 원인은, 그 주군에게 점령당한 조국을 해방시키고 싶다는 마음이다. 이것이 원인이 되어 브루투스나 카시우스는 카에사르에게 칼로 대항한 것이다. 다른 많은 사람들 역시 팔라리스가(家)나 디오니소스가,[3] 그리고 자기들의 조국을 빼앗은 그 밖의 사람들에게 칼을 휘두른 것이다. 어떠한 참주든 이런 적개심을 없애고 싶다면 폭군정치를 그만 두면 된다. 그러나 아무도 자신의 지위를 포기하려 하지 않으므로, 많은 참주들이 불행한 최후를 맞았다. 이러한 사실이 유베날리스의 다음과 같은 시구[4]를 탄생시켰다.

학살과 유혈의 참화를 모면하고 케레스의 어두운 저승세계에 가까이 간 국왕이 거의 없고, 학살을 하지 않고 땅에 묻힌 폭군은 적다.
Ad generum Cereris sine caede et vulnere pauci
Descendunt reges, et sicca morte tyanni.

이미 말한 바와 같이, 모든 과정에서 음모 때문에 생기는 위해가 매우 크다고 하는 것은, 이것을 꾸미고 실행할 때, 그리고 물론 잘 성취되었다고 할지라도 그 후에 위험한 꼴을 당하기 쉽기 때문이다. 음모를 짜는 사람이 하나인 경우와 여럿인 경우가 있다. 한 사람일 때에는 그것을 모반이라고 하기가 어렵다. 단 한 사람이 어떻게든 군주를 죽이려고 굳게 마음먹고 있을 뿐인 것이다. 이미 말한 바와 같이, 모반이라고 하는 것에는 세 가지 위험이

2) 《필렌체사(史)》 제7권 1478년의 항 이하 및 이 장 후단.
3) 제1권 제10장 참조.
4) 풍자시 10의 5. 케레스신(神)은 풍요의 여신으로 문화·농업의 창조신.

있는데, 이 경우에는 그 제1의 것을 전혀 느끼지 않는다. 왜냐하면 실제로 해치울 때까지 아무런 위험 요소도 작용하지 않기 때문이다. 즉, 아무도 그 사람의 비밀을 알고 있는 사람이 없기 때문에, 그 모사가 군주의 귀에 들어갈 위험이 없다. 이러한 결심은 누구나, 그 신분이 작든 크든, 귀족, 평민, 나아가서는 주군의 측근자이건 아니건 마음에 품을 수가 있는 것이다. 그 누구도 한 번 쯤은 군주에 대한 말을 주고받기 때문이다. 그러다 군주에게 가까이 갈 기회가 생기면 지체하지 않고 화풀이를 한다.

이미 말한 바와 같이, 파우사니아스는 마케도니아의 필리포스가 많은 호위병들을 데리고 자기 아들과 사위의 호위를 받으며 사원을 참배했을 때 이를 죽였다. 더욱이 이 자객은 이름이 널리 알려진 귀족으로 군주와 친밀한 관계에 있었다. 음모를 꾸미는 이들은 귀족만이 아니었다. 천하고 가난한 한 에스파냐인도 에스파냐왕 페르난트의 목에 단도를 꽂았다. 상처는 목숨을 빼앗을 만큼 깊지는 않았으나 이런 사나이도 엉뚱한 짓을 꾸미고 실행할 수 있다는 것이 분명히 판명되었다. 터키의 한 회교승이 터키 제왕의 아버지인 바쟈지트에게 칼을 빼들고 대항한 일도 있다. 비록 실패로 끝이 났지만 그것을 시도할 용기와 기회는 가졌던 것이다. 이러한 모험을 단행하려고 마음먹는 사람들은 언제나 있기 마련이다. 왜냐하면 생각만으로는 아무런 고통이나 위험도 없기 때문이다. 그런데 이것을 실제로 단행하는 자는 소수이며, 게다가 성공 여부에 관계없이 암살을 시도한 자들 중 죽음을 면한 자는 거의 없다. 즉, 인간은 죽음을 당한다는 것을 뻔히 아는 일에는 손을 대지 않기 마련이다.

이와 같은 한 사람만의 음모는 잠시 내버려 두고, 많은 인원수가 참가하는 모반을 생각해보기로 한다. 알려진 바와 같이 역사를 훑어볼 때, 음모는 예외 없이 높은 사람이나 군주와 매우 가까운 사람에 의해 저질러진다. 왜냐하면 다른 사람들은 겁이 많거나 모반을 할 힘을 가지고 있지 않고, 권력이 없는 사람이나 군주와 친하지 않는 사람들은 성취할 가망이나 그러한 수단이 없기 때문이다. 우선 권력이 없는 사람은 자기를 신용해줄 가담자를 찾을 수가 없다. 그 사람에게 자진해서 위험을 저지르고 싶은 마음을 일으키는 희망이 없으므로, 누구 하나 기꺼이 그 지시에 따르겠다는 생각을 하지 않는 것이다. 때문에 두서너 사람에게만 속마음을 보이더라도 이내 체포되어 몸의

셉티미우스 세베루스 황제(재위 193~211). 그는
AD 194년 북시리아에서 페스세니우스 니제르를, 197
년 골에서 알비누스를 각각 격파하였다. 정책면에서
이탈리아 편중책을 지양하였다. 197~202년 파르디
아인들과의 전쟁에서 승리하고, 208년 이후의 만년
은 브리타니아 원정으로 보냈다.

파멸을 가져온다. 그러나 그 무리가 체포되지 않고 지나가는 경우에도, 거사
를 하기까지 많은 장애물들이 나타난다. 결국 군주 가까이 가려고 해도 마음
대로 되지 않으므로, 모반을 단행하면 그 무리는 파멸하기 쉽다. 왜냐하면
권문에 있는 사람이나 어디든지 갈 수 있는 사람들이라 할지라도, 지금 말한
어려운 점에 봉착하게 마련인데, 그 이외의 사람들에게 이 장애는 더욱더 압
도적인 것이 되어 닥쳐오기 때문이다.

그러나 인간은 자기의 생명이나 신상에 관한 일에 관련되면 제정신을 완
전히 잃지 않기 때문에, 자신들이 너무나 무력하다는 것을 깨달았을 때 조심
하게 된다. 군주에게 좋지 않은 기분을 품고 있을 경우에, 단지 욕을 하거나
해서 기분을 풀고, 자기가 높은 지위에 올라 자신의 원수를 아래로 내려다보
는 때가 올 때까지 복수의 기회를 기다리게 된다. 그러나 누군가 신분이 낮
은 어떤 사람이 그러한 일을 꾸미고 있다면, 그 사람의 용기를 칭찬할 수는
있으나 결코 그 신중함을 칭찬하는 일이 있어서는 안 된다.

그런데 우리가 알고 있는 바와 같이, 이제까지 모반을 일으킨 자들은 모두
신분이 높은 자들이거나 군주가 마음에 들어하는 사람들뿐이었다. 즉, 콤모
두스에 대한 페렌니스[5]의 모반, 세베루스에 대한 프라우티아누스[6]의 모반,

티베리우스에 대한 세이아누스[7]의 모반 등이 그렇다. 이들은 모두 자기 황제들로부터 막대한 부(富)와 커다란 영예, 권세를 받은 자들로, 마음대로 할 수 없는 것이라고는 다만 제위(帝位)뿐인 사람들이었다. 이 모자란 것을 탐내는 마음에서 주군을 향해 음모를 꾸미는 것인데, 그 음모는 이 사람들의 배은에 상응하는 결과가 되었다. 더 가까운 시대에서 살펴보면 자코포 다피아노의 피사 영주 피에로 감바코르티 각하에 대한 모반[8]은 널리 알려진 바와 같이 성공적이었다. 이 자코포는 피에로에 의해 양육되고 후원을 받았으며 그로 인해 중요한 지위에까지 오르게 되었는데, 급기야 그의 지위까지 빼앗고 만 것이다.

더 올라와 현대에 있었던 일은, 아라곤왕 페르난도에 대한 코폴라의 모반이다.[9] 이 코폴라는 승천의 기세로 권력을 마음대로 행사했기 때문에, 이제 자기에게 없는 것은 왕국뿐이라고 생각하게 되어, 이를 손에 넣으려다가 몸을 망치고 말았다. 본디 군주를 향하여 측근의 대관(大官)이 모반을 일으켜 성공적인 결과를 얻으려면, 국왕이 될 또 다른 인물이 맨 앞에 서서 준비한 음모여야 한다. 그런데 인간은 그 지배욕으로, 또 자기들의 모사를 단행함에 있어서 이 욕망 때문에 더욱더 맹목적이 되고 말았다. 왜냐하면 이와 같은 엉뚱한 죄를 저지름에 있어서 신중하게 일을 진행시켰더라면, 성취되지 않

---

5) Perennis. 만제(蠻帝) 콤모두스의 총애를 얻은 호위책임자였으나 그의 만행에 화를 참지 못하여 암살을 계획했다가 사형을 당했다. 엄정 공평한 인물이라는 정평이 있는 반면에 잔인한 행위를 비난하는 역사가도 있다.

6) Fluvinus Plautianus. 세베루스제(帝)의 당번조 책임자. 202년 이후 로마에 머문 황제가 제국의 재건에 전념했을 때 신임이 두터웠다. 카라칼라가 이를 시기해서 모사를 꾸며 플라우티아누스를 모반자로 만들어 황제로 하여금 죽이게 했다고 전해지고 있다. 카라칼라는 후에 이 희생자의 딸을 아내로 삼았다.

7) Aelius Sejanus. 서기 14년 티베리우스의 호위조 책임자가 되어 총애를 얻어 권세를 마음먹은 대로 휘둘렀다. 이 인물은 실제로 모반을 꾸며 제위를 찬탈할 목적으로 티베리우스의 아들 도르수스의 아내 리비아를 유혹하여, 그녀로 하여금 남편을 독살시키고 점차 실권을 손에 넣었다. 마침내 티베리우스도 독살하려다가 리비아의 반대에 부딪쳐 사건이 발각되었으며 31년 처형되었다.

8) Giacopo d'Appiano가 은인인 감바코르티 Piero Gambacorti를 죽이고 피사를 빼앗은 것은 1392년의 일이었다. 방탕한 그의 아들 그라르도는 나중에 피사와 그 밖의 영지를 팔아버렸다.

는 일은 절대로 없었을 것이기 때문이다.

따라서 군주가 모반의 해를 입고 싶지 않다면, 자기 때문에 매우 고통을 받고 있는 사람보다도, 오히려 분에 넘치는 행복에 취해 있는 사람들을 경계해야 한다. 전자는 화풀이를 하려고 해도 아무런 수단이 없으나, 후자는 마음껏 준비를 할 수 있기 때문이다. 물론 이들은 같은 희망을 갖기 마련이다. 왜냐하면 지배하고자 하는 후자의 열망이 복수하고자 하는 전자의 열망보다 훨씬 더 강렬하기 때문이다.

그러므로 군주는 자신의 친구들에게 권한을 부여하되, 자신의 권환과 그들의 권한 사이에 일정한 거리를 유지하고, 또 왕국 이외에 무언가 소망할 것을 남겨두어야 한다. 그렇게 하지 않으면 십중팔구 앞서 말한 군주들과 같은 처지에 놓이게 될지도 모른다.

다시 우리의 화제로 돌아가기로 하자. 본디 모반을 꾸미는 것은 지휘가 높은 자들이고 군주 옆으로 가는 데에도 절차가 필요 없는 자들이라 했다. 그렇다면 어떻게 해서 이런 종류의 기도가 성취되는가, 또 어떤 원인에 의해서 그 성공 여부의 차이가 나타나는가를 규명해보아야 한다. 앞서 말한 바와 같이 여기에는 세 번의 위험기가 있다. 즉 초기, 일이 진행되는 중반, 그 후가 그것이다. 그렇다면 마지막까지 일을 잘 성취시킬 수 있는 자는 적다. 왜냐하면 이 세 번의 위험을 무사히 뚫고 나간다는 것은 거의 불가능하다고 말해도 좋기 때문이다.

그래서 가장 중요한 초기의 위험에 대한 논의부터 시작하겠다. 이에 대해

---

9) 아라곤왕 페르난도 1세(1423~1494)는 돈 페르란테라고도 하며 아라곤왕 아르폰소 5세(시칠리아 나폴리왕으로는 1세)의 서자이다. 1458년 부왕(父王)의 유지에 따라 나폴리왕에 올랐으나 교황은 이를 승인하지 않고 문제를 일으켰다. 뒤에 피오 2세의 교황시대가 되어 정식으로 국왕으로 인정돼 여러 가지 어려운 문제를 처리, 나폴리 왕국의 기초를 단단히 하였다. 그러나 1480년 이래 그의 아들 아르폰소가 칼라브리아공(公)으로서 국정을 맡아 폭학(暴虐)한 거동이 있었기 때문에, 농민들을 위시하여 토착의 소후(小侯) 등이 모반을 꾸몄다. 마침내 1485년에 귀족들도 합류하여, 자코포 코폴라(Jacopo Coppola)나 안토넬로 산 세베리노 등의 중신(重臣)이 교황 인노첸트 8세와 짜고 대규모적인 모반을 일으켰다. 페르난도왕은 무력과 모략으로 이 모반을 억누르고, 1486년 코폴라 등은 교황과 내통했다는 죄로 붙잡혀 사형에 처해졌다. 동시에 많은 봉건 귀족들도 살해되었다. 《필렌체사(史)》 제8권 특히 1484년의 항에 자세히 나와 있다.

서 말하고 싶은 것은 무엇보다도 조심에 조심을 더하여 거사를 할 때까지 발각되지 않는 행운을 만나는 게 무엇보다도 필요하다는 것이다. 그 모반의 기운이 탐지되는 것은 밖으로 이야기가 새어나가거나 감지되기 때문이다. 이야기가 새어나가는 것도 속을 터놓은 친구들이 신의가 없거나 조심성이 없는 데에서 비롯한다. 배신자는 쉽사리 생긴다. 배신을 방지하려면 당신에 대한 사랑 때문에 스스로 죽음을 각오할 만큼 당신을 신뢰하는 사람이나, 이전부터 군주에 대한 불만을 강하게 품고 있던 사람을 제외하고는 음모를 알려주어서는 안 된다. 그러나 이와 같이 믿을 수 있는 사람들은 기껏해야 한두 사람 정도밖에 발견할 수 없을 것이다. 가령 범위를 좀 더 넓혀서 많은 사람들을 신용해서 착수하려고 해도, 그러한 사람들은 좀처럼 찾을 수 없다. 왜냐하면 상대가 여러분을 마음속으로부터 믿고 있고, 생명의 위기나 형벌의 무서움을 아무렇지도 않게 생각할 수 있을 정도의 사람이어야 하기 때문이다. 사람이란, 십중팔구 믿고 있던 사람의 우정에 배반을 당하기 쉬운 것이므로, 당신은 이를 시험해보지 않고는 결코 안심할 수 없다. 그리고 무엇인가 다른 위험한 일을 함께 해보고, 상대를 믿을 수 있다고 여긴 경우에도 그대로 신용할 수는 없다. 왜냐하면 지금 착수하려고 하는 일은 가장 위험한 것이기 때문이다.

한편, 군주에게 불만을 품은 사람이라서 신용할 수 있다고 생각한다면 엉뚱한 차질을 초래하게 된다. 이 불평분자에게 속을 보이자마자 상대가 원하고 있는 것을 주든가, 상대의 증오가 이미 지병(持病)이 되어 있어야 하며, 아니면 여러분의 권세가 왕성하여 능히 상대가 충신(忠信)의 길을 지키게 할 수 있던가 이 세 가지 중의 하나가 되어야 하기 때문이다. 따라서 음모는 거의 100%가 초입에서 분쇄를 당하게 된다. 그러므로 많은 모반인들이 오랫동안 그 비밀을 지키는 일이 있다고 하면 이는 모든 사람들이 생각하기에도 경이로운 일이 될 것이다. 예를 들면 네로에 대해 꾸민 피소의 음모나, 우리 시대 로렌초나 줄리아노 데 메디치에 대한 파치 일가[10] 등의 모반 사태가 그것이다. 50명 이상의 사람들이 이것을 들어 알고 있었지만 그들은 발각되기 전에 실행에 옮겼다.

---

10) 《피렌체사(史)》 제8권 1478년의 항에 자세하다.

조심성이 없어서 탄로가 나는 것은, 모반인 중의 한 사람이 자기도 모르게 발설을 해서, 이것이 하인이나 제3자의 귀에 들어가는 경우에 일어난다. 브루투스 아들들의 경우가 이러했다. 그들이 타르퀴니우스의 밀사들과 함께 거사를 모의하고 있을 때, 한 하인이 이를 몰래 듣고 알린 것이다. [11] 이와 마찬가지로, 사랑하는 처자나 경솔한 사람에게 털어놓는 경우에도 일어난다. 알렉산드로스대왕에 대해서 모반을 일으킨 필로타스의 일행 중 하나인 딘노스의 경우가 그랬다. 그는 그 음모를 자기가 사랑했던 젊은이 니코마코스에게 털어놓았다. 니코마코스는 곧 이것을 형제인 카발리노스에게 이야기하였고 이 사나이를 통해 대왕의 귀에 들어간 것이다. [12]

거드름 피우다 음모가 발각된 경우에 대해서는 네로에 대한 피소의 모반이 좋은 사례이다. 패거리의 한 사람이었던 스카에비누스는 네로를 죽이기로 한 전날 밤, 유언장을 작성한 뒤 자기 집 해방노예 미리쿠스에게 명하여 녹슨 낡은 단도를 갈게 했다. 그리고 집안의 모든 노예에게 자유를 준 뒤 황금을 나누어주고, 상처의 치료에 필요한 붕대를 준비하였다. 미리쿠스는 이러한 행동을 크게 의심하여 네로에게 주인을 밀고한다. 스카에비누스는 곧 나타리스와 함께 체포되었다. 왜냐하면 이 두 사람이 그 전날 이마를 맞대고 오랫동안 무엇인가 이야기를 주고받는 모습이 눈에 띄었기 때문이다. 그런

---

11) 타르퀴니우스 일가(一家)가 추방된 뒤, 로마에 남은 이 일가의 소유지와 재산의 인도에 대해 원로원에 요구하기 위하여 사자(使者)가 로마로 왔다. 원로원에서의 토론이 길어지는 동안에 이 사자는, 비텔리우스와 아킬리우스에게 다리를 놓아 이 두 사람을 중심으로 반(反)공화정치의 음모를 꾸미게 하였다. 비텔리우스의 누이동생이 공화정치의 은인 브루투스의 아내였기 때문에, 그 인연을 이용해서 브루투스와의 사이에 생긴 두 아들 티투스와 티베리우스를 이 음모에 끌어들였다. 준비가 되자 비텔리우스는 어느 날 저녁, 그 무리와 함께 연회를 벌였다. 상의하는 자리에서 노예가 이들의 이야기를 몰래 듣고 집정관에게 알렸다. 관리는 그날 밤 바로 무리를 잡아 단죄한다. 티투스 리비우스 제2권 제4장 참조.

12) 대대로 무장집안 출신인 필로타스 Philotas는, 알렉산드로스대왕의 무장인 파르메니온 Parmenion의 아들이다. 아버지와 함께 대왕의 아시아 원정에 큰 공을 세우고 왕의 총애를 얻어 권세를 휘둘렀다. 딘노스(플루타르코스에 따르면 린노스)라는 자가 필로타스의 사주를 받아 대왕에 대한 모반을 꾸몄다. 필로타스는 고문 끝에 자백한 뒤 사형에 처해졌고, 이어 아버지 파르메니온도 대왕의 노여움을 받다 정벌되었다. BC 330년의 일이다. 《알렉산드로스전(傳)》 제67, 8장에 수록.

데 보통 수단으로는 두 사람 모두 사실을 털어놓지 않았기 때문에 고문에 시달려야 했다. 마침내 음모는 발각되어 목숨을 잃게 되었다. 13)

대략 모반의 무리가 서너 명 이상이 되면 언제나 배반이나 경솔한 행동으로 음모가 드러나 모반은 실패하고 만다. 두 사람 이상이 체포되면, 그들의 진술은 절대로 완전히 일치할 수가 없다. 설령 체포된 사람 중의 한 사람이 성질이 매우 완강하고 정신력도 왕성해서 쉽사리 무리의 이름을 자백하지 않았다 해도, 잔당들 역시 굳센 마음을 가지고 있어야 하며, 도망 다니거나 해서 오히려 발각되는 일이 있어서는 안 된다. 체포된 자나 체포되지 않은 자들 중 그 어느 쪽이 조금이라도 약한 마음을 먹게 되면, 그 순간에 음모의 전모가 발각되고 만다.

티투스 리비우스가 말한, 시라쿠사의 참주(僭主) 히에로니모스를 노린 음모 사건은 그 유례가 매우 드문 일이다. 모반인의 하나였던 테오도토스가 체포되었는데, 유난히 용감하여 같이 모반을 꾀한 다른 사람에 대해서는 말하지 않고, 국왕의 친구들을 고발하였다. 한편 그의 일당은 미리부터 테오도토스의 완강함에 충분한 믿음을 두었기 때문에, 누구 하나 시라쿠사로부터 도망가는 사람도 없었고 불안한 태도조차 보이지 않았다. 14)

---

13) 서기 64년 7월 18일에 일어난 유명한 로마의 대화(大火) 사건 뒤, 불을 지른 장본인인 황제 네로는 대공사를 일으켜 호화로운 궁전을 건립하고, 그리스도교의 처형을 집행하는 등 폭정을 일삼았다. 이듬해 65년 초 친위대장 파에니우스 루푸스를 위시하여 프라우티우스 라테라누스 등이 모반을 꾸몄다. 그때 네로 대신 왕위에 앉히려고 추대한 사람이 크나에우스 카르푸르니우스 피소 Cnaeus Calpurnius Piso이다. 대단한 재산가이자 재능이 있는 젊은이로서 로마인들 사이에 덕망이 있던 사람이었지만, 음모가 탄로난 뒤 무리와 함께 체포되어 사형에 처해졌다. 세네카가 살해된 것도 이 모반에 연좌되었다는 의심을 받았기 때문이다. 자세한 점은 타키투스 《연대기》 제15권 제47장 이하, 특히 제54장 참조.

14) BC 214년 히에로니모스가 시라쿠사의 왕위에 오른 뒤, 카르타고에 의존하는 방침과 폭군 디오니시오스를 연상시키는 거동에 이내 국민이 이를 미워하기 시작했다. 테오도토스 Theodotos(본문 원전에는 테오도로스 Teodoros)가 모반을 추진했으나, 히에로니모스와 어릴 적부터 친구였던 칼론이 음모를 엿들어 곧 체포되었다. 심문을 받아 음모의 사실은 인정하였으나, 패거리의 이름은 결단코 말하지 않았고, 오히려 왕의 고문격으로 있던 토라소스라고 하는 인물을 수령이라고 거짓말하여 명도(冥途)의 동반자로 삼았다. 티투스 리비우스는 앞에 든 책 제24권 제5장에서 테오도토스의 강직(剛直)함을 매우 칭찬하고 있다.

이러한 위험을 모두 뚫고나가지 않으면 그 목적을 이룰 수가 없다. 위험을 피하기 위해서는 오직 한 가지 다음과 같은 수단이 있을 뿐이다. 시간이 지연되어 무리 중 누군가 밀고하지 않도록, 결코 미리 이야기하지 말고 일을 단행하기 직전에 털어놓는 것이다. 이런 식으로 일을 진행시킨 사람들은, 가담자에게 배반당한다는 첫째 위험은 물론 일반적인 다른 위험들도 피할 수 있었다. 사려가 깊은 사람들은 이런 식으로 일을 진행시켰던 것이다. 여기에서는 이에 대한 두 가지 실례를 들어보기로 한다.

네레마토스는 에피루스의 참주(僭主) 아리스토티모스의 폭정을 견디다 못해, 자택에 많은 연고자와 친구를 모아 조국을 구해야 한다고 선동하였다. 그러자 모인 사람들 중에서 두서너 사람이 그 결행 시기와 방법을 물었다. 네레마토스는 노예에게 명하여 문을 닫게 하고, 사람들을 가까이 모아놓고 말하였다. "곧바로 일을 단행하겠다고 맹세하겠는가? 그렇지 않으면 당신들을 모두 아리스토티모스에게 죄수로 넘겨버릴 것이오." 그러자 이 말에 많은 사람들은 그 자리에서 맹세를 했고, 때를 놓치지 않고 밀고 나아가 네레마토스의 지시대로 일을 성취시켰다. 또 어느 마지교(敎) 도사가 술책을 부려고대 페르시아 왕국을 찬탈했을 때 일이다. 왕족의 호족(豪族) 중 한 사람인 오르탄노스는 그의 간계(奸計)를 간파하고 같은 나라의 6개 번주(藩主)를 한 자리에 모아 이 도사의 횡포에 복수해야 한다고 말하였다. 오르탄노스의 초청을 받은 6명 중의 한 사람이었던 다레이오스는 일어서서 말하였다. "우리가 곧바로 그 계획을 단행하지 않으면 나는 가서 여러분들을 남김없이 적에게 넘겨버릴 것이오." 모든 사람은 자리를 박차고 일어났다. 그리하여 서로 후회하는 틈을 주지 않고 손쉽게 바라는 대로 계획을 단행할 수가 있었다. [15]

스파르타의 참주 나비스를 타도하기 위해서 아이톨리아인들이 사용한 전법도 지금 말한 두 가지 예와 비슷하다. 그들은 나비스를 돕는다는 명목으로 기마병 30기와 병사 200명을 붙여서 알렉사메노스를 파견하였다. 그리하여

---

15) BC 521년 고대 이란의 왕 캄비세스가 자살한 뒤를 이어서 마지교의 도사 가우타마가 왕위를 빼앗아 쿠르시의 아들 바르디이아의 이름 아래 국정을 마음대로 휘둘렀기 때문에, 다레이오스가 궐기해서 왕위를 다시 찾았을 때의 일화이다.

이 사나이에게만 밀령(密令)을 주어, 다른 동료들에게는 대장이 지시하는 대로 무슨 일이든지 복종하여야 하고 그렇지 않으면 추방형에 처한다고 위협하였다. 그는 스파르타로 가서 마침내 거사를 하기 직전까지 발각되지 않도록 조심했기 때문에 성공적으로 나비스를 쓰러뜨릴 수가 있었다. [16]

이들은 이런 방법으로 음모를 결행하는 자들이 흔히 직면하게 되는 위험들을 피했는데, 이들을 모방하는 자라면 언제나 그런 위험을 피할 수 있을 것이다. 이에 대한 가장 좋은 예는, 이미 말한 피소의 예다. 이 사나이는 제국에서 첫째가는 유력자이며 이름도 널리 알려져 있는데다가 네로와도 가까운 사이여서 크게 신용을 얻고 있었다. 네로는 여러 차례 그를 초대해서 식사를 같이 했다. 따라서 피소는 네로와 마음을 터놓는 친구가 되어, 이러한 일을 꾸미기에는 적절한 인물이 될 수 있었다. 모사를 단행할 때가 왔을 때, 네로가 마당에 나타난 것을 노려 피소는 친구들에게 자신의 계획을 조리 있게 말하고, 그들에게 거절할 시간을 주지 않았다. 따라서 실패할 가능성도 없었을 것이다(그러나 앞서 말한 대로 음모는 실패로 끝났다).

이와 마찬가지로 성공한 다른 사례들을 살펴볼 때에도 그와 같은 방법으로 수행되지 않는 경우를 거의 발견할 수 없을 것이다. 그런데 인간은 대개 세상 경험이 모자라, 길을 벗어나 위험한 다리를 건너므로, 터무니없이 큰 과오를 저지르기 마련이다. 따라서 자신의 음모가 아무래도 물러설 수 없는 처지에 놓여 있다거나, 또는 마침내 단행하지 않으면 안 되는 때에 이르지 않는 한, 결코 남에게 속을 털어놓으면 안 된다. 그러나 설령 이것을 털어놓는다 해도, 세상 물정에 통한 경험자 단 한 사람에게 이야기하거나, 그렇지 않으면 자기와 같은 뜻을 품은 사람 중 한 사람이 되어야 한다. 그리고 위와 같은 인물을 많이 발견하는 것보다는 단 한 사람을 찾는 편이 덜 위험하다.

---

16) 제2차 마케도니아전(戰)이 있은 뒤 BC 193년, 나비스가 필로포이멘과 싸워서 진 이듬해, 아이톨리아인이 온 그리스 정복의 대망을 품고 스파르타 타도의 방책을 정하여 모략으로 폭군을 쓰러뜨렸을 때의 경위이다. 알렉사메노스는 나비스의 환심을 사서 방심하게 하고, 간악하기 짝이 없는 수단으로 나비스를 암살하였다. 그런데 나비스의 유족들은 바로 일어나서 배반자를 거의 모두 죽여 복수하였다. 자세한 내용은 티투스 리비우스 제35권 제35~7장. 프뤼타르코스《피로보메인전(傳)》제22장. 또 나비스에 대해서는《군주론》제9장과 이 책 제1권 제10장 참조.

만일 배반을 당한 처지에 놓인 경우, 무리의 수가 많으면 마음대로 되지 않지만, 이 경우라면 달리 얼마든지 강구할 수단이 있으므로 일신의 안전을 도모할 수가 있다. 왜냐하면 단 한 사람을 상대하는 경우라면 무엇이든지 둘러댈 수가 있기 때문이다. 즉, (여러분이 자필(自筆)로 쓴 것을 건네는 처지가 되지 않는 한) 한 사람이 '예'라고 말하는 것과 다른 사람이 '아니다'라고 말하는 것이 같은 비중을 가지기 때문이다. 따라서 자필 서류가 암초가 되는 위험은 꼭 피해야 한다. 여러분의 필적은 여러분을 배반하려고 하는 인간에게는 무엇보다도 확실한 증거가 될 것이다.

플라우티아누스는 세베루스 황제와 왕자 안토니누스를 죽이려고 생각하여,[17] 이의 실행을 호민관 사투르니누스에게 부탁하였다. 이 사나이는 그 말에 따르느니 고발하리라고 마음먹었다. 하지만 명성이 높은 플라우티아누스의 일인지라, 자기 같은 사람이 고발을 해도 신용을 받지 못할지도 모른다는 불안감이 일었다. 그래서 자기가 할 일을 분명하게 인정한 명령서를 받고 싶다고 말하였다. 야심 때문에 맹목적이 되어 있었던 플라우티아누스는 이것을 써주고 말았다. 호민관은 이 서류에 힘을 얻어 플라우티아우스를 고발, 이를 처단하였다. 이 서류가 없었다면 플라우티아누스는 대담하고 완강하게 부정할 수가 있었을 것이다. 서류 등 다른 증거가 하나도 없을 경우 단 한 사람의 고발은 그 힘의 태반을 잃게 되는 것이므로, 고발자는 확실한 증거가 없다면 섣부른 고발을 피해야 한다.

피소의 모반 사태에는 에피카리스라고 하는 한 여성이 섞여 있었는데, 그녀는 이전부터 네로와 아주 친한 사이였다. 모반을 꾀한 무리는, 네로가 신변의 안전을 위해 가지고 있던 삼단노의 갤리선 선장을 자기들 패거리로 끌어들여야 했다. 그래서 이 여자는 선장에게 패거리의 이름은 말하지 않고 음모만을 털어놓았다. 그런데 이 선장은 여자를 배반하여 이를 네로에게 밀고하였다. 에피카리스는 아무런 동요도 보이지 않고 평정과 씩씩한 태도를 유지해 음모를 계속 부인했기 때문에, 악하기로 소문난 네로도 그녀를 처단할 수가 없었다.[18]

---

17) 서기 203년의 사건. 또 본장 뒷부분 참조.

단 한 사람에게 음모를 털어놓을 때에도 두 가지 위험이 있다. 그 하나는 상대가 자진해서 여러분을 고발하는 것, 다른 하나는 그 상대가 심상치 않은 거동이나 다른 일로 주목을 받아 체포되어, 고문에 못 이겨 여러분을 고발하는 것이 그것이다. 그러나 이 두 가지 위험에 대해서는 얼마쯤 대책이 있다. 고발한 자가 당신을 증오한다는 이유를 대면서 부인하던가, 또는 상대 진술을 전적으로 부정하여 상대가 고문을 견디지 못해 마음에도 없는 진술을 하고 있다고 맹렬하게 반대하는 것이 그것이다. 하지만 무엇보다 중요한 것은 신중하게 처신하여 조금이라도 의심이 가는 인물은 애초에 신용하지 말고, 위에서 말한 사람들의 모범에 따를 일이다. 경우에 따라 아무래도 털어놓아야 할 처지라면 단 한 사람에게만 이야기해야 한다. 그러면 이러한 일로 위험이 늘어나게 되어도, 많은 사람에게 털어놓는 것보다 위험은 훨씬 적어진다. 이러한 방법에 따르면, 여러분을 위협하는 군주에게 할 수 없이 모반을 꾸미는 경우가 되어도, 십중팔구 이를 성취할 수 있다. 그 위협이 매우 커서 여러분으로서는 한시의 지체도 할 수 없는 경우 특히 그러하다. 이러한 필요성에 쫓길 때에는 언제나 성공리에 뜻을 이룰 수가 있다. 이에 대해서는 지금부터 이야기할 두 가지 실례로 충분히 납득이 갈 것이다.

황제 콤모두스는 휘하에 대장인 엘레투스와 레투스를 주목하고 있었는데, 그들은 황제와 절친한 인물들이었다. 한편 마르키아는 황제의 총애를 한 몸에 지닌 애첩이었다. 그런데 이 세 사람은 황제의 창피한 행동이 황제 자신이나 제국의 명예를 손상시킨다며 여러 차례 책망을 하였기 때문에, 황제는 이 세 사람을 죽일 결심을 하였다. 그래서 황제는 거사 전날 마르키아, 엘레투스, 레투스, 그 밖에 두서너 명의 이름을 적어 베개 밑에 밀어 넣고 목욕

---

18) 앞에 든 모반 사태가 발각되기 직전의 이야기이다. 에피카리스(Epicharis)는 어느 틈엔가 패거리 속에 들어 있었는데, 음모가 좀처럼 진행되지 않는 것을 답답하게 생각했다. 그래서 의견을 내 삼단노의 갤리선 선장을 끌어들이게 되었다. 그 선장의 한 사람이었던 볼시우스 프로쿠르스가 시원치 않은 급료에 대해 에피카리스에게 불평한 것을 계기로, 그에게 음모를 털어놓아 패거리로 끌어들였다. 하지만 선장은 에피카리스를 배반한다. 그러나 배반을 당한 에피카리스가 완강하게 부인했기 때문에, 네로도 크게 의심을 하면서도 단죄할 용기를 내지 못하고 감옥에 넣고 말았다. 타키투스 제15권 제51장. 이 사건이 있은 뒤, 정세가 절박하다는 것을 알고 패거리들은 각오를 세우고 거사 날짜를 상의하였으나 본문에서 말한 대로 해방 노예가 알게 되어 실패로 끝났다.

을 하러 갔다. 그런데 그가 아끼던 한 소년이 그 방에서 놀고 있다가 그것을 발견하여 밖으로 가지고 나왔다. 우연히 마르키아가 지나가다 그것을 보았다. 자기들의 이름이 적혀 있는 것을 보고 먼저 엘레투스와 레투스를 부르러 보냈다. 자신들에게 닥쳐오는 위험에 놀란 세 사람은 선수를 치기로 했다. 그래서 그 이튿날 밤 반대로 콤모두스를 참혹하게 죽이고 말았다. [19]

황제 안토니우스 카라칼라는 메소포타미아에서 군대를 지휘하고 있었다. 그 자리에 그를 모시고 있던 마크리누스가 있었는데, 군무보다도 정무에 능한 사람이었다. 그런데 대개 나쁜 왕은 큰 공적을 세운 사람으로부터 끊임없이 위협을 당하는 기분이 들기 마련이다. 안토니우스도 예외는 아니었다. 그래서 그는 로마에 있는 절친한 친구 마테르니아누스에게 편지를 보내어 점성사(占星師)에게 누군가 왕위를 노리는 사람이 없는지 점을 치게 하여 곧 답장을 해달라고 부탁하였다. 그래서 마테르니아누스는 답장을 보내어 마크리누스가 왕위를 노린다고 알렸다. 그런데 이 편지가 황제에게 도달하기 전에 마크리누스의 손에 들어갔다. 그 편지를 보고 자기의 입장을 분명히 알게 된 그는, 로마로부터 다시 편지가 도착하기 전에 황제를 죽이지 않으면 자기가 죽게 될 것임을 깨달았다. 그는 곧 자신이 신뢰하는 백인대장 마르티아리스에게 황제를 죽이라고 명하였다. 이 사나이는 수일 전에 안토니우스 때문에 동생이 살해되어 분노에 차 있었다. 모사는 성공리에 끝났다. [20]

따라서 이러한 급박한 순간이 되면, 에페이로스의 넬레마토스의 행동과 마찬가지 결과를 얻게 된다는 것을 알 수가 있다. 또 이를 통해, 이 장 처음에 서 이야기한 바와 같이, 군주의 위구(危懼)의 마음이 오히려 커다란 잘못의 씨가 되어, 실제의 해보다도 더 위험한 효과를 주어 모반을 부채질하는 경우도 있다는 것도 알 수 있다. 따라서 군주 되는 사람은 측근에서 섬기는 사람들에게 조금이라도 위협적인 태도로 나가지 않도록 노력해야 한다. 그

---

19) 콤모두스에 대해서는 《군주론》 제19장 참조. 이 사건은 콤모두스에게는 제3의, 그리고 마지막 위험이었다. 사실을 말하자면 엘레투스는 다른 두 사람과 공모하여 192년 12월 31일 밤, 콤모두스에게 독약을 먹이고 몸이 약해진 틈을 타서 나르키스스라고 하는 역사(力士)를 시켜 목 졸라 죽였다고 한다.

20) 아우렐리우스 안토니우스 카라칼라와 마크리누스에 대해서는 《군주론》 제19장 본문과 역주 참조. 사건은 217년 4월 8일에 소(小)아시아의 에데사와 카르라에 사이를 행군하는 동안에 일어났다.

콤모두스 황제(재위 AD 180~192). 아버지 마르쿠스 아우렐리우스 황제가 죽자 젊어서 황제의 자리를 이었다. 그러나 그는 비도덕적인 행위와 무분별한 전제정치를 하였다. 그는 자기 현시욕이 강하여 헤라클레스로 분장하기를 즐겼다.

사람들을 자기편으로 만들어 마음으로부터 안심하게 하고, 상대로부터 죽음을 당하느냐 내가 죽이느냐 하는 막다른 골목에 이르렀다는 생각이 들지 않도록 해주어야 한다.

모반을 단행할 때 일어나는 위험은 마음이 변하거나, 막상 단행할 때에 마음이 약해지거나, 지혜가 모자라 차질이 생기거나, 살해하기로 한 몇몇 사람을 놓쳐버리는 등, 모사를 철저하게 실행하지 못하는 경우에 생긴다. 무엇인가가 인간의 마음에 미망(迷妄)을 일으켜 모사에 큰 방해가 된다고 하지만, 순간적으로 마음이 바뀌어 미리 짜두었던 일에서 손을 빼는 일처럼 나쁜 경우는 없을 것이다. 이와 같이 마음이 변하여 혼란이 일어난다면, 그것은 전투의 경우나 위에서 말한 것과 같은 일들에 대해서는 더욱 그러하다. 왜냐하면 이와 같은 모사에서는, 사람들이 주어진 임무를 확고하게 수행하는 정신을 가지고 있어야만 하기 때문이다. 수일 동안 무리가 모여서 실행 방법을 숙의해 왔는데 갑자기 사정이 바뀐다면, 모든 일은 수포로 돌아가는 것이다. 따라서 미리 정한 계획대로 일을 단행하고 싶으면, 얼마쯤 불리함이나 불편

카라칼라 황제(AD 211~217). AD 212년 거의 모든 자유민에게 로마 시민권을 부여하는 '안토니누스 칙법'을 반포하였다. 라인·다뉴브 등에서 싸웠으나, 217년 근위장관 마크리누스에게 암살되었다.

함이 있다고 해도, 한 가지 큰 위험을 피하기 위해 수천 가지의 불편을 참아야 한다. 이러한 불편은 순간적으로 새로운 계획을 짤 수 없는 경우에 일어나게 되는 것이며, 만일에 여유가 있다면 교묘하게 자기가 생각하는 대로 생각을 바꾸어갈 수가 있을 것이다.

로렌초와 줄리아노 데 메디치에 대한 파치 일가의 모반은 세상이 다 알고 있는 사건이다. 처음 계획은 메디치 일가가 산 조르지오의 사교(司敎)를 초청하여 연회석을 베풀 때, 그 자리에서 노리는 원수를 죽이는 것이었다. 그래서 무리는 저마다 역할을 정하여, 어떤 사람은 상대에게 달려들고, 어떤 사람은 저택을 점령하고, 더 나아가 다른 한 패는 시내를 뛰어다니면서 민중에게 자유를 호소하기로 되어 있었다. 그런데 파치와 메디치 두 집안 사람들과 사교들은 성당에서 성무(聖務) 일과 중에 있을 때, 그날의 연회석에는 줄리아노가 나오지 않는다는 것을 우연히 알게 되었다. 그래서 때를 놓치지 않고, 모반의 무리는 한데 모여서 메디치가(家) 저택에서 단행하기로 되어 있던 일을 성당 안에서 결행하기로 결정했다. 그러자 가담자들의 마음이 흔들리기 시작했다. 왜냐하면 지오반니 데 몬테세코가 성당에서 사람을 죽이고 싶지 않다고 하여, 이 계획에 반대하였기 때문이다. 따라서 가담자들의 할 일을 모두 바꾸어야 했는데, 그 사람들은 결심을 굳힐 시간의 여유도 없었다. 이로인해 일에 큰 차질이 생겼고, 그들의 계획도 마침내 탄압을 받고 말았다. 21)

음모를 실행할 사람의 확고한 결의는 군주의 위엄에 압도당하거나 또는 당사자 개인의 비겁함에 의해 약화된다. 따라서 위엄을 갖추고 존경의 마음을 불러일으키게 하는 군주 앞으로 나오면, 임무를 부여받은 사람은 기세가 꺾이거나 두려움에 떤다. 술라가 민체르나에의 주민에게 붙잡힌 몸이 된 마리우스에게 노예를 보내어 그를 죽이려고 하였다. 그러나 노예는 마리우스 앞으로 가자 그 위대함에 마음이 감동되어 이내 생기를 잃고, 도저히 목숨을 빼앗을 수가 없었다. 22) 이와 같이 쇠사슬에 묶여 붙잡힌 몸이 되어 역경에 처해 있어도 능히 자신의 위엄을 갖추고 있는데, 이보다도 훨씬 권세가 크고 자유의 몸인 군주의 경우라면 이런 위풍은 훨씬 더 클 것이다. 왕자의 호화로움과 조정의 백관(百官)을 거느리고 나타났을 때, 그 위용에 감동되어 두려움을 느끼지 않을 사람이 누가 있을까. 이를 마주하는 사람은 위용에 경외심을 품게 되고 이내 기세가 꺾이고 만다.

토라키아인 두서너 사람이 국왕 시탈케스에 대해서 모반을 꾸몄다. 이들은 결행 시기를 합의한 뒤 결정된 장소에 모였다가 거기서 국왕의 모습을 발견했으나, 그들은 왕의 위광(威光)에 눌려 누구도 자진해서 국왕을 치려하지 않았다. 결국 아무런 행동도 취하지 않고 하나 둘 모습을 감추어 버렸고 서로를 겁쟁이라고 비난하였다. 이러한 잘못을 여러 번 되풀이하는 동안에

---

21) 《피렌체사(史)》제8권 1478년 항 참조.

22) 명성이 높았던 가이우스 마리우스(제1권 제37장, 제2권 제8장)가 BC 88년 미트리다테스와의 싸움에서 총대장직을 술라와 겨루어, 호민관 스루피키우스 루푸스를 자기편으로 삼아 그 직을 얻었다. 화가 난 술라가 병사를 거느리고 나아가 마리우스를 라티움의 민체르나에의 연못으로 몰아넣어 이를 격파했을 때의 이야기로, 자객이 된 노예는 마리우스의 번쩍번쩍한 눈빛에 기가 죽어 결국 큰 소리를 지르며 도망갔다. 이에 감동한 주민들은 그를 용서하고 배를 마련하여 카르타고로 몸을 피하게 했다는 유명한 사건이다. 플루타르코스 《마리우스전(傳)》제41, 42장. 같은 책 《술라전(傳)》제11, 12장 등에 자세히 나와 있다.

마침내 모반한 사실이 탄로나 처형되고 말았다. [23]

　페라라공(公) 알폰소[24]의 두 동생이 형에게 모반을 꾸민 일이 있었다. 자기들의 계획을 위하여 공(公)의 시승(侍僧)이자 약사였던 잔네스라는 사람을 앞잡이로 사용하였다. 이 사나이는 부탁에 따라서 몇 번이고 두 사람 앞으로 공을 유인하여 마음대로 죽이게 하려고 하였다. 그런데 두 사람은 그를 전혀 치려고 하지 않았다. 마침내 사건은 탄로되어 그들은 그들의 간계(奸計)와 무모한 거동에 상응한 형벌을 받게 되었다. 이와 같이 머뭇거린 이유는, 공이 나타나면 그의 위엄에 굴복하거나 그의 친밀한 행동에 적의가 누그러지든가 해서 거사에 이르지 못한 것임이 분명하다.

　이와 같은 계획을 결행하면 대개의 경우 얕은 생각 때문에, 또는 용기가 없어서 여러 가지 방해나 차질이 생기게 된다. 왜냐하면 이 두 가지 일은 사람의 마음을 현혹시켜 해서는 안 될 말이나 행동을 저지르게 하기 때문이다. 인간이 어떻게 혼미에 빠지고 혼란해지는가에 대해서는, 아이톨리아인 알렉사메네스가 스파르타의 참주 나비스를 물리치려고 했을 때의 이야기보다 더 좋은 예는 없다.

　결행할 때가 와서, 처음으로 부하들이 할 일이 밝혀졌을 때 티투스 리비우스는 그 상황에 대해 다음과 같이 말하였다. [25] "그 자신도 이와 같은 거창한 계획을 생각하고 흐트러지는 자신의 심기를 달랬다. Collegit et ipse animum, confusum tantae cogitatione rei." 제아무리 용맹한 마음을 가지고 있고, 사람이 죽는 것쯤 아무렇지도 않게 생각하는 칼싸움에 익숙한 사람일지라도, 이 시기에 임해서 심기가 흐트러지지 않는 사람은 절대로 있을 수 없기 때문이

---

23) 헤로도토스 제5권 제3장 이하에 있는 일화로 시대는 펠로폰네소스의 전역(戰役) 전후, BC 5세기 무렵의 이야기이다. 시탈케스(Sitalces)의 아버지 테레스(Teres) 때에 온 토라키아는 그 지배하에 있었다.

24) 알폰소 데스테에 대해서는 《군주론》 제2장 참조. 동생 가운데 한 사람은 이폴리토 데스테(1479~1520년), 다른 또 한 사람은 서자인 지우리오이다. 이폴리토 데스테는 사교였으나 신성동맹에 반대하여 프랑스왕 루이 12세에 가담하는 당파를 비호하고 있었다. 암살 미수사건은 1520년의 일이다.

25) 티투스 리비우스 앞의 책 제35권 제35장.

다. 이리하여 당신은 무기를 손에서 떨어트리거나 그것과 마찬가지 효과를 낳는 말을 토하게 되는 것이다.

루킬라는 콤모두스의 누이동생인데, 퀸티아누스에게 황제를 죽이라고 명했다. 그 사나이는 콤모두스가 반원 경기장으로 들어가는 것을 기다리고 있다가 그가 들어오자 단도를 빼들고 가까이 가서 "원로원이 당신에게 이 칼을 보냈노라" 큰 소리로 외쳤다. 그 소리로 인해 그는 칼을 채 내려치기도 전에 팔을 잡히고 말았다. [26]

안토니오 다 볼텔라도 위에서 말한 바와 같이, 로렌초 데 메디치를 살해하라는 명령을 받고, 그에게 접근하며 큰 소리로 외쳤다. "야아, 여기 있었구나, 배반자여!" 이 소리에 로렌초는 그 자리를 피하여 이 음모는 수포로 돌아갔다. [27]

이미 설명한 이유에 따라 음모는 한 지배자에게 시도할 때에도 실패할 수 있지만, 두 지배자에 대항하여 시도될 때에는 더욱 실패하기가 쉽다. 실제로 후자의 성공이란 거의 불가능한데 왜냐하면 여러 가지 장소에서 동시에 같은 일을 한다는 것은 거의 불가능하기 때문이며, 더 나아가서 두 가지 계획이 서로 방해하지 않도록 하고 싶어 서로 다른 계획을 두 번 되풀이한다는 것도 불가능하기 때문이다. 단 한 사람의 군주를 향하여 모반을 일으키는 일이 가망성이 없는 위험하고 어리석은 일이라고 한다면, 두 사람에 대한 계획은 전적으로 무익한 일이라 할 수 있다. 따라서 내가 역사가에게 경의를 품지 않고 있다면, 헤로디아누스가 말하는 프라우티아누스의 이야기, [28] 즉 이

---

26) 콤모두스 즉위 3년, 즉 183년에 일어난 일이다. 루킬라(Lucilla)와 여러 원로원 의원들은 제왕으로부터 모욕을 받은 것에 화를 내어 이 암살 계획을 세웠다가 실패하였다. 그 이후로 콤모두스는 더욱더 폭군 행세를 하게 되어, 루킬라는 물론 자기 아내 크리스피나도 의심하여 죽였다. 사실 루킬라는 행실이 좋지 않은 여자였다. 마르쿠스 아우렐리우스의 딸로 콤모두스보다도 13세나 연상이었지만 17세 때 결혼하여 치정 때문에 남편을 독살하였고, 또 제왕을 죽이게 된 것이다. 콤모두스에 대해서는 본문 상단과 《군주론》 제19장 참조.

27) 본문 상단과 《피렌체사(史)》 제8권 1478년의 항 참조.

인물이 백인대장 사투르니우스에게 명하여, 각기 다른 궁전에 사는 세베루스와 안토니우스를 사투르니우스 혼자의 손으로 죽이려고 했던 일 등이 성취되리라고는 생각할 수도 없었을 것이다. 이것은 아무리 보아도 사리에 맞지 않는 이야기이므로, 다만 이 대가의 말을 믿을 수밖에 없는 것이다.

아테네의 청년 두서너 명이 아테네의 참주 디오클레스와 히피아스를 노리고 음모를 세웠다. 그들은 디오클레스는 쓰러뜨렸으나, 히피아스는 위기를 모면했고 디오클레스를 위해 복수를 하였다.[29]

헤라클레이아의 주민으로 플라톤의 제자인 키온과 레오니다스는 참주 클레아르코스와 사티로스를 노리고 모반을 꾸몄다. 그들은 클레아르코스를 죽였으나 사티로스는 위기를 벗어나 나중에 원수를 갚았다.[30] 또 지금까지 여러 차례 말한 파티 일가도 겨우 줄리아노 한 사람을 죽이는 데 성공했을 뿐이었다.

이처럼 두 사람 이상의 군주를 노리는 모반 사태는 어떤 일이 있어도 단념해야 한다. 왜냐하면 그것은 자신이나 조국, 그리고 그 누구를 위한 것도 되

---

28) 여기서 말한 헤로디아누스(Herodianus, 그리스식으로 말하자면 헤로디아노스)는 대문법학자 쪽이 아니라, 같은 알렉산드리아에서 서기 170년에 태어나 240년 로마에서 죽은 역사가를 말한다. 이 사람은 공직에 있었지만, 같은 시대에 관한 사서(史書)를 써서 8권의 책을 남겼다(Mendelssohn 교정본 1883년이 가장 좋다). 연대와 지리적 설명을 하지 않는 것과 다분히 문학적이고 사실을 과장하고 있는 점 때문에 비난을 받고 있지만, 같은 시대의 디오카시우스와 함께 존중할 만한 역사가로 인정받는다. 본문에 인용한 사례에 안토니우스라고 되어 있는 것은 카라칼라를 말하는 것으로, 헤로디아누스 제4권 제10장 이하에 있다.

29) 아리스토텔레스《아테네인의 국가》제18장에는 디오클레스의 이름은 없고 히피아스의 동생 히파르코스가 등장하고 있다. 히피아스와 히파르코스 형제는 페이시스투라토스의 아들로, 다 같이 BC 528년 아테네의 지배자가 된다. 514년 히파르코스가 하르모디오스의 누이동생을 연모하여 억지로 뜻을 이루었기 때문에 하르모디오스와 누이동생의 애인 아리스마게이톤 등이 주모자가 되어 두 참주의 암살을 계획했다. 그러나 사소한 잘못으로 히파르코스만을 죽고 히피아스는 살아남아서, 동생을 죽인 하수인 아리스토게이톤을 손수 쳐서 원한을 풀었다.

30) 사건은 BC 353년에 일어났다. 키온(Chion)이 썼다고 여겨지는 가짜 편지 17통은 오늘날 프랑스의 디드 총서에서 볼 수 있다. Hercher, Epistolographi가 그것이다. 클레아르코스와 사티로스는 형제로, 헤라클레이아의 지배자가 되어 12년 뒤에 살해되었다. 제1권 제16장 참조.

지 않기 때문이다. 오히려 그 때문에 살아남은 사람은 이제까지보다도 더욱 극악무도해지고 보다 잔인해진다는 것이 지금 말한 피렌체, 아테네, 그리고 헤라클레이아의 예로 이미 알고 있는 사실이다.

조국 테베를 해방시킬 목적으로 펠로피다스의 모반이 꾸며졌고, 지금까지 말한 여러 가지 난관을 돌파해서 좋은 결과를 올릴 수 있었다는 것은 사실이다. 그러나 그 경우에는, 비록 펠로피다스가 두 사람의 참주에 대해서 뿐만 아니라, 열 사람의 참주를 노리고 일을 일으켰어도 틀림없이 좋은 결과를 가져왔을 것이다. 그는 참주와 친한 사이도 아니고, 또 그의 저택에 들어갈 수 있도록 허락되어 있지 않았을 뿐만 아니라, 이미 반란죄로 추방된 상태였다. 그럼에도 대담하게 테베로 돌아와서 참주들의 목숨을 빼앗고 조국을 해방하였다. 사실을 말하자면, 참주의 상담역이었던 칼론이 도왔기 때문에 손쉽게 일을 성취시킬 수가 있었던 것이다.[31] 그러나 누구나 이 전례를 따라서는 안 된다. 왜냐하면 본디 이 계획은 불가능한 일로, 그것이 성취되었다는 것도 불가사의한 일이었기 때문이다. 그래서 붓을 드는 사람들은 한결같이 이를 칭찬하고, 세상에 그 유례가 없는 일이라고 보며 또 사실 그렇다.

이러한 계획은 자칫 사소한 착오나, 일이 일어나기 직전 예측하지 못한 일로 인해 수포로 돌아가기가 쉽다. 브루투스와 그 밖의 무리가 카이사르를 치는 날로 정했던 당일, 카이사르는 모반에 가담하고 있던 그나에우스 포필리우스 로에나와 오랫동안 이야기를 하고 있었다. 다른 가담자들은 이 광경을 보고, 틀림없이 이것은 포필리우스가 카이사르에게 모반에 대해서 밝히고 있는 것이라고 의심했다. 그래서 카이사르가 원로원 안으로 들어가기 전에 죽이려고 하였다. 이야기를 마친 카이사르가 평소의 침착성을 보이고 있지 않았더라면 음모자들은 그 자리에서 곧바로 일을 저질렀을 것이지만, 침착한 상태로 있는 것을 보고 그들은 안심했던 것이다.[32]

이와 같은 착각은 믿을만한 것이 못된다. 깊은 사려가 필요하다. 다짐을 하고 또 다짐을 하는 것이 중요하다고 하는 것도, 사람의 마음이 긴장하고

---

31) 펠로피다스에 대해서는 《군주론》 p36. 이 책 제1권 제6, 21장. 여기서 인용한 사례를 플루타르코스 《펠로피다스전(傳)》 제7장 이하 특히 제10장. BC 379년의 일이다.

32) 두말할 필요도 없이 BC 44년 3월 15일의 사건이다. 플루타르코스 《카이사르전(傳)》 제67장 이하 참조.

있을 때에는 사소한 소문도 곧 믿어버리기 쉽기 때문이다. 무엇인가 다른 의도로 꺼낸 말 한마디로도 이내 인심은 혼란에 빠진다. 그 말을 한 당사자는, 자기는 도망가서 난을 피하고 다른 가담자에게는 기회를 잃게 하여 혼란에 빠뜨리기 위한 것이라고 의심을 받는다. 이러한 일은 패거리가 많으면 많을수록 손쉽게 일어난다.

사고는 예기치 않은 것이므로, 나는 사람들로 하여금 그 상황에 어울리는 대비를 굳게 할 수 있도록 실례만을 제시할 뿐이다.

앞서 말한 시에나의 지우리오 베란티는, 판돌포가 자기 딸을 아내로 주었으면서도 뒤에 다시 데려가자 그를 죽이기로 결심하고 기회를 노리고 있었다. 판돌포는 거의 매일 병석에 누운 부모님을 문병하러 갔고, 그때마다 베란티의 집 앞을 지나갔다. 베란티는 이에 주목하여, 자기 저택 안에 모반 가담자를 잠복시켜, 판돌포가 지나가는 것을 기다렸다가 습격하게 하려고 하였다. 이리하여 문 안에 가담자를 모두 모여 있게 하고, 그중 한 사람을 창가에서 망보게 하여, 적이 문 앞을 지나갈 때 이를 알리도록 하였다. 그런데 판돌포가 지나가는 것을 보고 신호를 하려고 한 순간, 판돌포는 우연히 친구 한 사람을 만나 걸음을 멈추고 말을 건다. 판돌포와 같이 오던 사람들은 그를 남기고 계속 걸었으나, 문득 금속 연장이 움직이는 것을 보고 낌새를 느꼈고 곧 음모는 탄로가 난다. 이렇게 해서 판돌포는 호구(虎口)를 벗어났고, 지우리오와 그 패거리들은 시에나에서 달아나야만 했다. 우연히 친구를 만난 것이 이 음모의 생각지 못한 방해물이 되어, 베란티의 계획은 뿌리째 흔들리고 만 것이다.[33] 이런 우연은 매우 드문 일이므로, 막을 길이 없다. 따라서 일어날 수 있는 모든 일을 미리 잘 생각해둘 필요가 있다. 그렇게 하면 이에 대한 대책도 저절로 세울 수가 있을 것이다.

이제 남은 것은 실행 뒤에 일어나는 위험에 대한 것이다. 그것은 실제로 단 한 가지만이 있을 뿐이다. 즉, 방금 살해된 군주의 원수를 갚을 사람이 살아서 남아 있다는 사실이다. 군주의 형제나 아들들, 또는 그 밖에 친척들이 살아남아서 상속권을 주장하는 경우가 있을 수 있다. 그들은 여러분의 부

---

33) 《군주론》제17장. 음모 사건은 1497년의 일이다.

주의 때문에, 또는 이미 말한 이유로 인해 살아남아, 복수의 기회를 노리게
된다. 지오반니 안드레아 람푸냐뇨의 경우가 그랬다. 이 인물은 뜻을 같이
한 무리의 도움을 받아 밀라노 공작을 죽였다. 그런데 공작의 아들과 두 형
제가 살아남아서 마침내 복수를 이룬 것이다.[34] 이 경우는 모반인들을 너그
럽게 보아줄만 했었다. 왜냐하면 이를 막을 수단이 전혀 없었기 때문이다.
그런데 모자란 생각에서인지, 또는 무관심한 생각에서인지, 태연하게 복수
자들을 살려두었다면 그 음모자들은 용서받을 만한 가치가 없다.

프롤리의 주민 두서너 명이 주군 지롤라모 백작에게 모반을 일으켜 그를
죽이고, 그 아내와 어린 아이들을 생포하였다. 카테리나 부인(스스로 백작
부인이라고 부르고 있었다)은 모반인들에게 맹세를 하여, 자기를 성 안으로
들어가게 해주면 여러분이 원하는 대로 일을 진행시켜주겠다고 약속하였다.
그리고 약속 이행의 조건으로 아이들을 인질로 남기고 가겠다고 말하였다.
모반을 일으킨 자들은 이 맹세에 현혹되어 여자를 성안으로 들여보냈다. 그
런데 여자는 성안으로 들어가자마자 성벽에 올라서서 남편을 죽인 죄는 용
서할 수 없다고 그들을 비난하고, 원한을 갚겠다고 위협하였다. 그리고 인질
로 남겨둔 아이들에게 미련이 없다는 것을 보여주기 위해, 아직도 아이를 더
낳을 수 있다며 자기의 음부를 그들의 시야에 드러내는 것도 주저하지 않았
다. 모반을 일으킨 자들은 이를 보고 후회하였으나 때는 이미 늦었다. 그들
은 신중하지 못했던 행동의 벌로 종신 추방을 당하고 말았다.[35]

---

34) 지오반니 안드레아(Giovanni Andrea da Lamopugnagno)는 무리의 수령이 되어 146년
   밀라노 공작 갈레아초 스포르차의 포학한 행동에 반항하여 암살을 기도하여 성공하였
   으나, 결국 자기들도 붙잡혀 처형되었다. 자세한 점은 《피렌체사(史)》 제7권 1476년
   미라노공에 대한 음모 항 참조.

35) 1488년에 일어난 일이다. 로도비코 일 모로의 도움으로 모반인들을 처치하고, 여백작
   으로서 포롤리에 군림하였다. 얼마 뒤 그녀는 지아코모 페오를 애인으로 삼아 아들 하
   나를 두었다. 1499년 8월, 페오는 잔학무도한 행동으로 민중의 미움을 받아 카테리나
   의 눈앞에서 칼에 찔려 죽었다. 그녀는 이 보복으로 모반인들은 물론 그들의 아내와
   어린아이에 이르기까지 모두 죽이는 잔인함을 보였다. 2년 뒤 그녀는 다시 지오반니
   데 메디치와 남몰래 정을 통하여 지오반니 루이지를 낳았다. 이 사람이 토스카나 대공
   코시모 1세의 아버지가 된다. 《군주론》 제7, 제20장. 《병법 칠서(七書)》 제3권. 《피렌
   체사(史)》 제8권 1488의 항 참조.

확실히 위험한 일이 일어난다고는 단언할 수 없으나, 여러분이 죽인 군주를 군중이 따르고 있는 경우, 일이 성사된 뒤 가장 큰 위험은 군중이다. 이러한 경우 모반인은 아무런 구제책도 갖지 못한다. 왜냐하면 민중을 적으로 돌리고 일신의 안녕을 기한다는 것은 도저히 어렵기 때문이다. 그 전례가 카이사르로, 그는 온 로마를 자기편으로 하고 있었다. 민중은 모반인들을 로마에서 쫓아내어 그를 위해 복수하였고, 결국에는 그들을 여러 시기에 여러 장소에서 죽여 버렸다.

조국에 대해 음모를 꾸미는 것은, 군주에 대해 음모를 꾸미는 것보다는 훨씬 위험이 적은 법이다. 그 이유는 준비하는 데 따르는 위험이 훨씬 적고, 그것을 단행하는 데에 있어서도 마찬가지이기 때문이다. 또한 단행한 뒤에도 아무런 위험이 없다. 시민들은 자기 희망이나 생각을 아무에게도 털어놓지 않고 그대로 권력을 잡을 수 있는 신분이 될 수 있기 때문에 책략을 짜는 데 있어서 그다지 위험하지 않으며, 그 기도가 방해를 받지 않는 한 아무런 고생 없이 자기 생각을 실현할 수가 있기 때문이다. 어떤 법령이 그것을 방해한다면 시기를 기다렸다가 다른 수단으로 그것을 성취시킬 수가 있다. 이러한 일은, 어느 정도 부패하기 시작한 공화국에서 볼 수 있다. 그 까닭은, 부패하지 않은 나라는 본디 포학한 정치 같은 건 존재하지 않기 때문에, 시민이 저마다 위와 같은 생각을 가질 리가 없기 때문이다. 따라서 시민들은 온갖 수단을 강구해서 군주의 지위를 노릴 수가 있고, 더욱이 이에 의해서 억압 받을 위험도 적다. 공화국은 군주들보다도 동작이 완만하고 의심도 강하지 않으며, 경계심도 엄중하지 않기 때문이다. 또 자기 시민이 권세를 확장하는 데에 크게 경의를 품기 때문에, 대담하고 야심에 불타는 사람은 이내 조국을 배반할 계획을 세우게 된다.

누구나 살루스티우스[36]가 쓴 카틸리나[37]의 모반을 읽지 않는 사람이 없고, 그 모반이 탄로난 뒤 어떻게 해서 카틸리나가 로마에 머물러 있었는지, 원로원에까지 가서 원로원과 집정관을 향하여 어떤 욕을 했는가도 모르는 사람이 없다. 이 정도로 이 수도는 자기 시민들을 존중하고 있었던 것이다. 뒤에 그가 로마를 떠나 그의 부하와 합류했을 때에도 렌툴루스와 그 밖의 무리가

---

36) 제1권 제46장 참조.

그들의 죄상을 나타내는 자필 편지를 손에 가지고 있지만 않았더라면 결코 붙잡힐 리가 없었을 것이다.

카르타고 시민 중에서 으뜸가는 권문(權門)인 한논은 참주가 될 야심을 품고, 자기 딸 결혼식에서 모든 원로원 의원을 독살한 뒤 군주가 되려고 마음먹었다. 이것이 탄로났을 때 원로원은 하나의 법령을 제정하여, 연회와 결혼식 비용을 제한하는 것 외에 어떠한 조치도 취하지 않았다. 그 신분에 대해서 큰 존경의 마음을 품고 있었기 때문이다.

사실, 조국에 활을 당기는 음모에는 무엇보다도 큰 난관과 큰 위험이 가로놓여 있다. 여러분이 힘에 넘치는 대세를 적으로 돌려 음모를 꾀할 경우, 자기편만으로는 십중팔구 이를 이길 수가 없기 때문이다. 모든 음모자들이 카

---

37) 루키우스 세르기우스 카틸리나(Lucius Sergius Catilina, BC 100무렵~62년). 로마 명가 출신이지만, 젊었을 때부터 소행이 좋지 않았고, 술라의 유랑 생활을 하던 무렵 매부와 자기 처자를 살해했다. 뿐만 아니라 웨스타 신전의 동정(童貞) 가비아를 범한 죄로 클라우디우스 풀케르로부터 규탄을 받은 일도 있다. 그 뒤 집정관직 취임에 두 번이나 거부되자, 당시의 집정관들인 만리우스 토르콰투스와 아우렐리우스 코츠타를 암살하려 했으나, 실패하였다. 그러나 카틸리나는 판관(判官)과 검사를 매수했기 때문에 죄를 문책 받지 않았다. 그의 모반 계획은 매우 심각한 것으로, 로마의 온 도시를 재로 만들어 반혁명분자를 죽이고, 채무는 무효로 돌리며, 부자들에게는 모든 재산의 몰수를 명하기로 하였다. 일류 인사도 속속 이 모반에 가담하였고, 군병이나 자금도 모이고 노예들의 가세에 대한 계획도 짜여 있었다. 그러나 카틸리나는 세 번째 출마에서도 집정관이 되지 못했다(64년). 게다가 새로 집정관이 된 키케로는 이 음모를 간파하였다. 이것은 음모 패거리의 한 사람인 크리우스의 애인 프리비아가 정보를 주었기 때문이다. 이듬해 카틸리나는 네 번째로 집정관 취임이 거부되었으며, 모반의 무리는 거병(擧兵)을 결의하여 가장 먼저 에투르리아에서 만리우스가 반기를 들었다. 같은 해 11월 7일, 키케로를 그의 자택에서 죽이려는 뜻을 이루지 못했다. 8일 키케로는 카틸리나를 규탄하는 유명한 일대 연설을 하였고, 9일에 다시 일대 연설을 시도했기 때문에, 카틸리나와 만리우스는 민중의 적이라고 선고되었다. 이와 전후해서 배반자가 나와 음모에 대한 물적 증거가 제시되었기 때문에, 처음으로 렌툴루스와 그 밖의 사람들이 체포되어 재판을 받았으며, 그 결과 12월 5일 사형에 처해졌다. 뒤에 카이사르 등은 이 처분을 위헌 행위라 해서 규탄하였다. 원로원에는 시민의 생명을 손상시키는 권리가 주어지지 않았다는 것이다. 한편 카틸리나는 같은 해 피스토리아 부근에서 토벌군의 협공으로 형벌을 순순히 받고 죽었다. 살루스티우스 《카틸리나 모반기》, 플루타르코스 《키케로전(傳)》 참조.

이사르나 아가토클레스나 클레오메네스처럼 군대를 이끌며 그 세력으로 순식간에 조국을 호령할 수 있는 자들은 아니기 때문이다. 그럴 수 있는 사람에게는 그 앞날에 탄탄한 대로가 열려 있을 것이다. 하지만 그렇지 못한 사람들은 그와 같은 군대의 지지를 받고 있지 못하기 때문에, 자연히 있는 힘을 다하여 권모술수를 쓰든가, 그렇지 않으면 다른 나라 군대의 힘을 빌리게 된다.

권모술수에 대해서는 아테네의 페이시스트라토스의 예가 있다. 그는 메가라의 세력을 무너뜨리고 이 승전으로 명성을 높였다. 그러고 나서 어느 날 온몸에 상처를 입고 집 밖으로 나와, 귀족 패거리가 자기 명성을 질투하여 위해를 가했다고 큰 소리로 떠들어댔다. 그리고 자기의 신변을 지키기 위해 무장병력을 보유할 수 있게 요구했다. 이 권세가 주어진 것을 시작으로, 손쉽게 나는 새도 떨어뜨리는 커다란 권력을 손에 넣어, 마침내 아테네의 참주가 되었다. [38]

판돌포 페토루치는 몇 사람의 방랑인을 데리고 시에나로 들어갔다. 어느 광장의 수비를 명령받았으나, 하찮은 일이라 해서 아무도 기뻐하지 않았다. 그런데 시간이 지남에 따라 그를 둘러싼 군병들은 차차 평판이 좋아져 얼마 뒤에 그는 마침내 도시의 지배권을 잡게 되었다. [39]

이 밖에 많은 사람들이 권모술수를 이용하여 시간의 이점을 타고 아무런 위험도 없이 그 뜻을 이루고 있다.

자신의 군대에 의존하거나, 또는 다른 나라 군대의 힘을 빌려 조국에 활을 당기는 사람들은 타고난 운에 따라 여러 가지 방식으로 소원을 성취한다. 하지만 이미 위에서 말한 카틸리나는 중도에서 음모가 탄로났다.

한논은 독살 기도에 실패하였기 때문에 그의 무리 수천 명을 무장시켰지만, 본인이나 그 무리의 죽음을 재촉하였을 뿐이었다. 테베의 유력한 시민 두서너 명은 정권을 잡으려는 생각으로 스파르타에 가세를 요청, 마침내 참주 정치의 멍에로부터 벗어날 수가 있었다.

따라서 조국에 활을 당기는 엉뚱한 모반 사태를 자세히 살펴볼 때, 음모를 꾸미고 있는 동안에 설령 탄로가 나더라도 그로 인하여 탄압을 받은 일은 전

---

38) 아리스토텔레스 《아테네인의 국가》 제14장
39) 《군주론》 제20장. 본장 상단 지우리노 베란티에 관한 내용 참조.

혀 없거나 있었다고 해도 매우 미미했었다는 것을 알 수가 있다. 오히려 그 모든 일은 단행을 할 때 비로소 그 성취의 여부가 정해진다. 그것이 성취되었을 경우에는, 그것 때문에 생기는 위험이라 해도 다만 권력 그 자체에 부수되는 것이 존재하는 데에 지나지 않는다. 누군가 한 시민이 참주가 될 경우, 참주 정치의 당연한 결과로 생기는 위험에 노출되기 마련이며, 그는 위에서 말한 방법을 강구하지 않으면 이를 극복할 수 없기 때문이다.

이상이 내가 모반에 대해 쓸 수 있는 전부라고 생각한다. 비록 무기를 가지고 하는 경우만 살펴보았지 독살로 일을 꾸미는 경우는 언급하지 않았지만, 이 두 가지 일은 어느 것이나 같은 길을 가는 법이다. 사실 독살의 수단을 사용하는 것이 훨씬 위험하다. 성공 여부가 매우 불확실하기 때문이다. 이것은 누구나 할 수 있는 일이 아니므로 누군가 구체적이고 확실한 방법을 가진 사람에게 맡겨야 하며, 이렇게 남을 시켜야 하기 때문에 위험에 노출되는 것이다. 뿐만 아니라 지금까지 여러 선례(先例)에 비추어보면, 독주가 반드시 목숨을 빼앗는 결과를 가져오지 않을 수도 있다. 콤모두스를 죽이려고 했던 패거리들이 바로 이러한 경험을 했다. 콤모두스에게 독을 마시게 하려고 하였으나 그가 독약을 토해냈기 때문에 모반인들은 할 수 없이 그의 목을 눌러 목숨을 빼앗았다.

본디 군주에게 가장 무서운 것은 모반 사태이다. 누군가 모반을 꾸미면 군주는 반드시 그 목숨을 빼앗기든가, 또는 불명예를 얻든가 둘 중 하나가 되어야 하기 때문이다. 모반이 성취되면 군주는 살해되고, 모반이 드러나 그 무리가 죽임을 당해도 세상 사람들은 군주에 대한 모반 사태가 있었던 것을 좋지 않게 생각한다. 엄밀하게 따지자면, 살해된 무리의 목숨을 빼앗고 재물을 몰수하는 군주의 탐욕과 잔인함이 있었기 때문이라고 생각하는 것이다.

필자로서 군주나 공화국에 대해서 꼭 충고하고 싶은 것은, 모반에 주의하고 이를 발견했을 때에는 다급하게 복수를 하기보다 충분히 모든 상황을 규명하여, 모반인과 자기의 입장을 면밀하게 생각해 보아야 한다는 점이다. 만일 상대의 인원수가 많고 세력도 왕성하다는 것을 발견했을 때에는, 이를 짓누를 수 있는 세력을 만들 때까지 신경쓰지 않는 것처럼 해야 한다. 즉 모든 수단을 다해서 연극을 하는 것처럼 마음먹어야 한다. 모반인들은 일이 발각되면 구석에 몰린 나머지 지체없이 행동하기 때문이다.

이러한 예는 로마인이 보이고 있다. 이미 말한 바와 같이, 그들은 카푸아에 2개 군단을 주둔시켜 삼니움인과 대항하게 하였다. 그런데 이 군대의 장들은 주민들과 공모해서 모반을 꾸몄다. 이것이 로마까지 알려져 신임 집정관 루틸리우스가 파견되었다. 그는 모반인들의 눈을 속이기 위해 원로원이 여전히 카푸아에 2개 군단을 주둔시켜둘 작정이라는 말을 퍼뜨렸다. 군병들은 자기들의 모반에도 충분한 시간의 여유가 있다고 믿고, 그 계획을 급히 단행하려고 생각하지 않았다. 이리하여 그들은, 집정관이 자기들을 서로 분리시키는 공작을 꾸미고 있다는 것을 알게 될 때까지 아무런 불온한 움직임을 보이지 않았다. 그러한 처치를 보고 마침내 의심을 품게 된 그들은 비로소 자기들의 계획을 드러내 거사에 착수한 것이다. [40]

이러한 사례를 통해, 인간은 아직 시간의 여유가 있다고 생각하면 느긋해져서 쉽사리 결심을 굳히려 하지 않고, 긴급한 처지에 이르게 되면 얼마나 황급하게 행동을 결심하는가를 보여주고 있다. 군주나 공화국이 모반이 탄로 나는 것을 연기시켜서 자기들의 이익을 도모하려고 할 경우, 무엇보다도 좋은 것은 모반인들을 교묘히 속여서 조만간 거사를 할 수 있을 것처럼 여기게 하고, 그때를 기다리게 하기 위해, 또는 아직 시간이 충분히 있다고 안심시키기 위해 술책을 부리는 것이다. 그리하여 모두에게 여유를 가지게 한 뒤 결정적으로 상대를 쓰러뜨려야 한다.

위에서 말한 것과 다른 방책으로 나오는 자는 오직 자신의 파멸을 서두르는 데에 지나지 않는다. 예를 들어, 아테네 공작과 구글리엘모 데 파치의 경우가 그것이다. 공작은 피렌체의 참주가 되었으나, 어떤 남자가 모반을 꾸미고 있다는 말을 듣고 달리 아무런 생각도 하지 않은 채 모반인의 한 사람을 체포했다. 생각이 모자란 이 행동 때문에 같이 모반을 꾀한 다른 사람들은 갑자기 마음을 굳혀 무기를 가지고 궐기하였고, 공작의 손으로부터 권력을 되찾았다. [41] 1501년 구글리엘모는 키아나의 계곡 지방 공화국 상주 관리로 임명되었는데, 때마침 피렌체로부터 알레초를 빼앗아 비텔리 편으로 가담시키려는 음모가 있다는 것을 알았다. 그는 곧 알레초로 거처를 옮겨, 모반인

---

40) 이 책 제2권 제1장 참조
41) 《군주론》 제3장, 제5장, 제16장, 《피렌체사(史)》 제2권 1342년의 항 이하 참조.

의 세력이나 군병의 인원수 등을 생각하지도 않고, 모반인의 한 사람을 붙잡았다. 그런데 이 사태로 나머지 무리가 무기를 가지고 일어나 수도를 피렌체의 손에서 빼앗고, 관리 구글리엘모는 붙잡힌 몸이 되었다. [42]

　그러나 모반의 세력이 약한 경우에는 아무 염려 없이 이를 억압할 수 있고, 또 꼭 그렇게 해야 한다. 그러기 위해서는 다음과 같이 서로 다른 두 가지 예의 어느 것도 따라선 안 된다. 그 하나는 아테네 공작의 경우로, 이 사람은 피렌체인의 지지를 받고 있다는 것을 어떻게 해서든지 보이기 위하여, 자기를 향해 모반을 꾸민 무리의 한 사람을 사형에 처했다. 또 하나는 시라쿠사의 디온의 경우로, 의심이 가는 사람의 마음을 시험하기 위하여, 마음으로부터 신용하는 칼리포스와 짜고 자기를 향하여 모반을 꾸미게 하였다. [43]

　위의 두 사람은 당연히 자기들의 행동을 후회하였다. 아테네 공작은 호소인들의 용기를 꺾었고, 디온은 스스로 자기의 파멸을 재촉했다. 말하자면 자기 자신에 대한 모반 사태의 실질적인 주모자가 된 셈이다. 즉, 그가 믿는 칼리포스는 아무런 거리낌 없이 모반을 꾸밀 수 있었고, 그의 지위와 목숨을 빼앗는 모사를 실행했기 때문이다.

---

42) 자코포 데 파치의 조카이자 코시모 데 메디치의 손녀에 해당하는 비안카를 아내로 맞아들여, 파치와 메디치 두 집안은 사돈을 맺었으나 힘이 미치지 않아, 파치 일가의 음모를 저지할 수가 없었다. 그러나 아내의 비호로 글리엘모는 목숨을 건져 추방형을 받았다. 그 뒤 1496년 코르트나의 순번 근무자가 되어 바리아노 탈환의 군대를 진격시켜, 같은 해 12월, 성공리에 목적을 달성하였다. 공화국시대가 되어 정무에 참여, 알레초의 반란 때 행동을 서두른 나머지 오히려 실패를 하였다. 《피렌체사(史)》 제8권 1478년의 항, 《사화단장(史話斷章)》 1496년 9월과 12월의 항 참조.

43) 디온이 시라쿠사의 참주가 된 것은 BC 357년이다. 폭정에 대항해서 헤라클레이데스가 모반을 꾸몄을 때, 칼리포스가 일부러 모반의 무리에 가담했다. 차차 이 사람은 모반에 깊이 빠져 들어가 마침내 정식으로 대항하게 되었고, 결국 354년 디온은 친구의 손에 의해 목숨을 잃는다. 자세한 것은 플루타르코스 《디온전(傳)》 특히 제59장 참조. 이 책 제1권 제10, 17장 참조.

제7장

자유에서 노예상태로, 노예에서 자유상태로의 변화 과정

자유에서의 변화에서 유혈사태와 그렇지 않은 경우

갖가지 변혁, 즉 자유로운 생활에서 학정으로 또 이와는 반대로 이루어지는 변혁에 있어, 어떤 때는 유혈을 보고 어떤 때는 그것을 보지 않는 것은 왜 그런지 사람들은 의아하게 생각할 것이다. 역사를 보아도 알 수 있는 바와 같이, 이러한 변혁에 있어서 어떤 때에는 수많은 사람이 목숨을 잃고, 또 어떤 때에는 아무도 위해를 받지 않는다. 예를 들자면, 로마가 국왕으로부터 집정관들의 손으로 옮겨간 것처럼 단지 타르퀴니우스 일가가 추방되었을 뿐, 그 밖에는 아무도 박해를 받은 일이 없었던 경우도 있었기 때문이다.

그것은 변혁된 나라가 실력에 의해 세워진 나라인가, 또는 그렇지 않은 나라인가에 달려 있다. 실력에 의해 세워진 나라라면, 필연적으로 많은 인간에게 위해가 가해져서 나라가 생기기 때문에, 그 나라가 개혁될 때에는 먼저 예전에 해를 입은 패거리가 복수를 하는 것은 당연하다. 이와 같은 복수욕이 원인이 되어 사람들은 피를 흘리고 목숨을 잃게 되는 것이다. 그런데 그 나라가 국민 전체의 합의에 의해 성립되고, 그에 의해서 국운의 융성을 가져왔을 경우에는, 나라 전체가 파멸의 위기에 처하게 되어도 국왕에게 위해를 가하는 것 외에 그 누구도 박해할 이유가 없게 되는 것이다.

타르퀴니우스 일가가 추방될 때 로마가 그러했다. 그리고 메디치 일가가 피렌체에서 추방되었을 때에도 그 일가의 참상이 민중이 행한 복수의 유일한 희생이었다. 이와 같은 변혁은 위험하지 않다. 위험이 있는 것은, 무엇인가 원한을 갚을 사람이 일으키는 변혁으로, 그들이 저지르는 일은 언제나 듣는 사람을 전율케 하는 일들뿐이다. 더욱이 역사는 이러한 선례(先例)로 가득 차 있으므로 여기에서는 이에 대해 언급하지 않기로 한다.

제8장

공화국을 개혁하고 싶은 자는 그 목적을 충분히 생각해야 한다

시대와의 조화

위에서 말한 바와 같이, 부패하지 않은 공화국에서는 잔인한 인간이라도 나쁜 일을 할 수 없다. 이 결론은 스풀리우스 카시우스와 만리우스 카피톨리누스의 전례를 보면(위에서 논해 온 이유에 의하지 않고서도) 확실히 알 수 있다. 스풀리우스는 본디 야심가였으나, 로마에서 권세를 잡고 평민들의 호감을 얻어 로마인이 전에 헤르니쿠스인으로부터 빼앗은 땅을 자기에게 불하시키려는 희망을 가졌다. 그런데 원로원은 분수에 맞지 않는 그의 야심을 간파하고 사태를 의심스런 눈초리로 지켜보고 있었다. 어느 날 민중을 향해 그는, 국가가 시칠리아로부터 운반한 곡식으로 얻은 돈을 민중에게 나누어주겠다고 제의하였으나 모든 사람이 이에 반대하였다. 그들은 이 제의에 따르면 자기들의 자유를 잃게 될 것이라고 생각했기 때문이다. 그런데 만약에 민중이 부패했다면 틀림없이 이 제의를 반대하지 않았을 것이고, 닫았어야 할 폭정에의 길을 열게 되었을 것이다. [1]

만리우스 카피토리누스의 예는 이보다도 더 심하다. 그 사례를 살펴보면, 그는 심신의 탁월한 역량으로 조국의 이익을 위해 좋은 일을 많이 했지만, 나중에 어떻게 해서 그러한 공로가 사악한 지배욕에 의해 허사가 되고 말았는지를 잘 보여준다. 그러한 욕망은 카밀루스가 얻게 된 명예에 대한 질투가

---

[1] 카시우스Spurius Cassius는 군병 출신의 정치가로, BC 502년 처음으로 집정관이 되어 사비누스인을 격파한 뒤, 자주 군공을 세워 농지법을 창설하였다. BC 486년 헤르니쿠스인과 화목하여 빈농에게 농지를 분배하려고 시도하였으나, 대(大)·중(中) 지주들의 반대에 봉착, 국왕의 지위를 노리는 자라고 해서 타르페이우스의 언덕에서 죽게 된다. 모무젠에 따르면 이 이야기는 그라쿠스 형제와 리비우스 드루수스와의 행동에서 생긴 전설이라고 한다. 또 이 전설에 대해서는 티투스 리비우스 앞의 책 제2권 제33, 41장 참조.

그 원인이었던 것처럼 보인다. 이로 인해 그의 마음은 너무나 맹목적이 된 나머지 로마의 풍습을 감안하지 않고, 또 아직 나쁜 형상을 받아들이는 데 적합하지 않은 그 질료의 속성을 제대로 검토하지도 않은 채, 원로원과 조국의 법에 대항하여 로마에서 반란을 일으키는 일에 착수했다. [2]

이에 의해서, 이 수도가 건전하고 귀족과 평민들 역시 현명했었다는 것을 알 수 있다. 귀족들은 본디 서로를 열렬히 옹호함에도 이 사건에서는 그들 중 어느 누구도 만리우스를 지지하는 어떠한 일도 행하지 않았던 것이다. 그의 친족들도 만리우스를 위해 어떤 일도 시도하지 않았다. 당시에는, 민중의 동정을 구하기 위해 피고인과 연고가 있는 사람은 검은 옷을 입고, 흐트러진 차림으로 눈에는 눈물을 글썽이며 피고의 뒤를 따르도록 하는 관례가 있었다. 그런데 만리우스와 함께 걷는 사람은 아무도 없었다. 평민 호민관은 평민의 이익이 되는 일이라면 언제나 돕고 지원하기 위해 귀족들에게 반항했던 것이지만, 이번만은 공통된 적을 타도하기 위하여 귀족들과 손을 잡았다. 로마 민중은 본디 일신의 이익을 구하고 있었고, 그것을 위해 귀족에게 대항하기를 서슴지 않았다. 그러나 만리우스에게는 적지 않은 은혜를 입고 있었음에도, 이번에는 호민관의 평계도 신용하지 않고 사건을 민중재판에 회부한 것이다. 이리하여 민중은 재판관이 되어 거리낌 없이 그를 사형에 처했다.

그러므로 나는 리비우스의 〈로마서〉만큼 역사상 이 공화국의 모든 제도의 좋은 점을 더 잘 보여주는 예는 없다고 생각한다. 이것으로 보면, 이 광대한 수도의 주민은 너나없이 일어나서, 모든 재능을 갖추고 공사(公私)에 모두 위대한 공적을 남긴 한 시민을 변호하지 않았다는 것을 알 수가 있다. 무엇보다도 조국애가 압도적인 세력을 가지고 있었기 때문에 누구나 다른 일을 생각할 틈이 없었고, 그 때문에 눈앞에 나타난 위험에만 마음을 빼앗기고, 옛날의 공적 등은 모두 잊은 채 상대를 죽이기만 하면 자기들은 자유가 될 수 있다고 생각했던 것이다. 그래서 티투스 리비우스는 이렇게 말했던 것이다. [3] "이렇게 해서 자유의 수도에 태어났더라면 영원히 이름을 남겼을 사람이 생을 마감하였다 Hunc exitum habuit vir, nisi in libera civitate natus esset, memorabilis."

---

2) 이 책 제1권 제8, 24장 참조.

3) 앞의 책 제6권 제20장

여기에서 두 가지 일을 규명해야 한다. 첫째, 부패한 도시에서 명성을 얻기 위해서는, 정치적으로 훌륭한 생활을 영위하는 도시에서와는 다른 방책을 써야 한다는 것이다. 두 번째는 첫째의 것과 거의 같지만, 인간은 그런 일을 행할 때, 특히 큰일을 할 때에는 모름지기 때를 잘 보아 시류를 잘 타야 한다는 것이다. 따라서 계산을 잘못하거나, 타고난 기질 때문에 그 시세(時勢)를 잘 타지 못하는 사람은 하는 일 모두 실패를 하게 된다. 이와 반대로 가는 사람들은 시세의 물결을 잘 타는 사람들이다.

따라서 위에서도 인용한 역사가의 말에 비추어서, 다음과 같이 결론을 내릴 수 있다. 가령 만리우스가 마리우스나 술라의 시대에 태어났다고 하면, 즉 세상 일이 이미 부패해 있고, 자기의 분수에 맞지 않는 희망을 성취할 수 있도록 알맞게 이루어진 시대에 태어났다고 한다면, 마리우스·술라 등을 이어 학정(虐政)을 실시하려고 했던 사람들과 같은 일을 해서 틀림없이 성공했을 것이다. 같은 마리우스나 술라가 만리우스의 시대에 태어났다고 하면, 일을 꾸미자마자 곧 분쇄되었을 것이다.

어떤 인물이 천한 동기로 도시의 민중을 부패시키는 일에 손을 댈 수는 있지만, 그 사람이 오래 살아서 충분히 이를 부패시켜 자기의 손으로 그 성과를 거두어들인다는 것은 도저히 있을 수 없는 일이다. 설령 오래 산 덕택으로 이러한 일을 할 수 있었다 해도, 결국 인간의 행동을 지배하는 타고난 급한 성질 때문에 소기의 목적을 달성하지 못하고 만다. 즉 오랫동안 참고 자기의 욕망을 숨기지 못하는 급한 성질로 말미암아, 아주 불가능하게 되어 버리는 것이다. 본디 인간은 견딜 수 없을 정도로 바라고 있는 일에 대해서는 현혹되기가 쉽다. 이와 같이 참을성이 없거나 또는 눈앞이 보이지 않거나 해서 시세를 거슬러 결국 나쁜 결말을 자초하고 마는 것이다. [4]

따라서 어느 공화국에서 권력을 찬탈하고 그 나라에 나쁜 정체(政體)를 수립하고자 한다면, 그 나라의 형편이 혼란하고 세대가 지나감에 따라 차차 무질서의 영역으로 나아가는 상태이어야 한다. 그리고 위에서 말한 바와 같이, 공화국은 필연적으로 무엇인가 훌륭한 모범을 따라 활력을 소생시키지

---

4) 《군주론》 제25장 참조

못하거나 새로운 국법에 따라 그 나라 건국의 초심으로 되돌아가지 않는 한, 그런 결과에 빠지고 만다. 따라서 만리우스가 부패한 수도에서 살았다고 한다면, 그는 후대까지 이름이 알려질 인물이 되었을 것이다.

공화국에서 무엇인가 일을 꾸미고자 하는 시민들은, 그것이 자유를 위한 것이건 학정을 위한 것이건 자기들의 행동 목적을 충분히 생각하고, 그 계획 앞에 가로놓인 난관을 자세히 규명해야 한다. 노예로서 생활할 작정으로 있는 민중의 굴레를 벗겨 준다는 것은, 자주 독립의 생활을 영위하려는 민중을 예속시키려고 하는 것만큼이나 어렵고 위험한 일이기도 하다.

사람은 모름지기 시세가 지향하는 바를 잘 알고, 그것에 따라 적응해야 한다고 했다. 다음 장에서는 이에 대해서 자세히 살펴보기로 한다.

제9장
언제나 행운을 만나고 싶다면 어떻게 변해야 좋은가

시대에 따라 변해야 한다

몇 번이고 생각하는 일이지만, 사람의 불운 또는 행운이라고 하는 것은 시세에 적응해가는 방법에 따라서 달라진다. 세상 사람들이 보는 바와 같이, 사람이 자기 일을 기획할 때에, 어떤 이는 황급히 또 어떤 이는 신중하게 하기 때문이다. 본디 이 두 가지 방법도, 참된 길을 계속 지킬 수 없는 경우에는 모두가 다 같이 잘못된 길로 들어서게 된다. 그런데 이에 비해 별다른 잘못도 저지르지 않고 번영하는 운을 만나는 사람은, 자신의 행동을 시세에 잘 적응시켜 언제나 자연의 추세를 따라 일을 진행하게 된다.

누구나 다 아는 바와 같이 파비우스 막시무스[1]는 신중하게 전후를 잘 보고 그의 군대를 움직였다. 이것은 로마인에게서 곧잘 볼 수 있는 급한 성격이나 대담성과는 동떨어진 것이었다. 더욱이 다행스럽게도 이러한 거동이 그 시대에 딱 맞아떨어지고 있었던 것이다. 젊고 활기찬 한니발은 행운을 누렸던 이탈리아로 건너가 로마인들을 이미 두 번씩이나 격파했다. 그로 인해 로마 공화국은 정예병을 절반이 넘게 잃었다. 그러자 쇠운(衰運)의 늪에서 탈출하기 위해 타고난 신중성으로 적의 세력을 막아 줄 대장이 있으면 좋겠다고 생각했다.

파비우스로서는 이토록 자기의 기질에 맞는 시대는 없었다. 이것이 그의 공명과 성과의 바탕을 이룬 것이다. 게다가 파비우스가 이러한 거동에 이른 것도 선택이 아니라 천성에 따른 것으로, 스키피오가 싸움을 마무리짓기 위해 군대를 아프리카로 보냈을 때 그것이 분명히 나타났다. 자기 방식이나 자신에게 익숙한 방법을 버릴 수 없는 사람에게서 볼 수 있는 것처럼, 파비우

---

1) 이 책 제1권 제53장, 제2권 제24장 참조. 또 이 책의 소론(所論) 전체에 대해서는 《군주론》 제25장, 이 책 제1권 제59장, 제2권 제29장도 참조.

스는 이 계획에 강한 이의를 제기하였다. 그리하여 가령 그의 손에 일이 맡겨졌더라면 한니발은 여전히 이탈리아에 머물러 있었을 것이다. 파비우스는 시대가 전쟁의 방법을 변화시킨다는 점을 깨닫지 못하는 사람이었기 때문이다.

만약에 파비우스가 로마의 국왕이었다면 아마도 이 싸움에 졌을 것이다. 왜냐하면 시세의 추이에 따라 교묘하게 싸움의 방식을 바꾸어갈 방법을 몰랐기 때문이다. 그런데 그는 공화국에서 살고 있었다. 거기에는 모든 부류의 시민이 있고 여러 가지 성격을 볼 수 있다. 이리하여 로마에는 파비우스가, 즉 싸움을 계속해야 하는 시기에 알맞은 사람이 대기하고 있었고, 마찬가지로 그 뒤에 마침내 승리를 거두어야 할 싸움에는 스키피오가 있었던 것이다. 이로써 공화국은 군주국에 비해서 훨씬 왕성한 생명력을 가지며, 훨씬 오래 계속되는 성운(盛運)을 지닐 수가 있게 된다. 공화국에서는 군주국에 비하여 다양한 시민이 정치에 참여할 수 있어 훨씬 손쉽게 사정의 변화에 적응해 갈 수 있기 때문이다. 오직 한 가지 방법으로 일을 행하는 사람은, 결코 변화된 방법을 사용하지 못한다. 그러므로 시세가 변하여 이제와는 다른 방법을 써야 할 경우 그 사람은 틀림없이 몰락하고 만다.

다른 곳에서도 말한 바와 같이 피에로 소데리니는, 모든 일에 인정이 넘치는 생각으로 참을성 있게 일을 처리하고 있었다. 그의 천성대로 행동을 해도 아무런 지장이 없는 시기에는 출세의 가도를 달렸으나, 시대가 바뀌어 참을성이나 인정미를 버려야 할 시기가 되자 그는 무엇을 해야 할지를 몰라 조국과 함께 몸을 망치고 말았다. [2]

교황 지우리오 2세는 오랫동안 재위에 있었는데, 그는 성질이 너무 급하여 거의 반 미친 사람과 같은 모습이었다. 그러나 그것은 시세에 딱 어울렸기 때문에 무엇을 해도 일이 잘 되어갔다. 그런데 이와는 다른 시세가 되어, 이제까지와는 다른 생각으로 일을 해야 하게 되자 당연히 그는 도시의 파멸을 초래하였다. 일솜씨나 절차를 바꾸지 못했기 때문이다. [3]

이와 같이, 시세에 순응하지 못하는 데에는 두 가지 원인이 있다. 첫째, 우

---

2) 이 책 제1권 제7장, 제52장, 제2권 제3장, 제33장 참조
3) 《군주론》 제25장 참조

리는 가지고 태어난 성질에 반하여 행동할 수 없다. 둘째, 어떤 수를 써서 어떤 사람이 일을 잘 되게 만들었다 해도, 시대가 다르면 그 방법은 통하지 않는다. 이러한 것이 원인이 되어 사람의 행운과 불운이 갈라지게 된다. 운명은 시대에 따라 바뀌지만 사물의 처리 방법은 바뀌지 않기 때문이다.

도시의 멸망도 이와 마찬가지로, 공화국의 여러 제도가 시세에 따라 변화하지 않기 때문에 일어난다. 이것은 위에서 자세히 언급한 바가 있지만, 그 몰락에는 꽤 긴 시간이 걸리게 된다. 이것은 변화를 가져오기까지 훨씬 시간이 많이 걸리기 때문이다. 또 그 제도를 뒤집기 위해서는 공화국 전체가 동요하는 시기가 와야 하는데, 단 한 사람의 인간이 그것을 바꾸어보려고 해도 아무런 소용이 없기 때문이다.

이제까지 파비우스 막시무스가 한니발을 저지한 예를 들었다. 다음 장에서는 온갖 병법을 이용하여 싸우려는 장군과의 전투를 과연 피할 수 있는지에 대해 살펴보기로 한다.

제10장

적이 접전을 도발해오는 경우, 장군은 이를 피할 수 없다

상황이 전쟁의 지혜를 결정

"독재관 쿠네우스 술피티우스는 갈리아인을 상대로 한 전쟁을 일부러 미루고 있었는데, 계절은 하루하루 나빠지고 병량(兵糧)도 얻을 수 없는 이국 땅에서 운을 하늘에 맡기고 적과 부딪치고 싶지 않았기 때문이다.[1] Cneus Sulpitius, dictator, adversus Gallos bellum trahebat, nolens se fortunae committere adversus hostem, quem tempus deteriorem in dies, et locus alienus facerent."

모든 사람 또는 대부분의 사람들이 태연하게 저지르는 잘못이 있다고 해도, 그 해악은 몇 번이고 되풀이해서 생긴다고는 여겨지지 않는다. 또 위에서도 여러 차례 말한 바와 같이, 중대한 사항에 대한 현대인의 거동이 고대 사람들과는 취향이 다르지만, 여기에서 다시 이에 대해서 이야기하는 것도 무익한 일은 아닐 것이라고 여겨진다. 무엇인가 고대의 것과 다른 점이 있다고 해도, 그것은 특히 전법(戰法)에 대한 교훈뿐으로, 이 방면에서 현대 사람들은 고대 사람들이 매우 중요하다고 생각한 것을 하나도 준수하지 않고 있다.

우리가 이렇게 열악한 처지가 된 것도, 근본을 따지자면 공화국 사람이나 군주들이 다 같이 그러한 일들을 다른 나라 사람에게 맡기거나, 군대의 임시

---

1) BC 361년 갈리아인이 플라에네스테에 가까이 이르렀을 때, 로마인이 당황해서 술피티우스(또는 술피키우스 Sulpicius)를 독재관으로 임명해서 이에 대처하게 했을 때의 이야기이다. 독재관이 갈리아인의 도전에 응하지 않고, 적의 병력 소모를 기대하고 장기 항전의 방책으로 나오자, 아군 병사들은 혈기가 넘친 나머지 대장의 욕을 하고, 그 기회주의를 비난하여 폭행을 저질렀다. 마침내 적의 도전에 견디다 못해 군병들은 독재관의 명령을 기다리지 않고, 군령으로 미리 엄금되어 있던 돌파작전으로 나아가 대회전을 시작하여 결국 로마 쪽의 대승리가 되었다. 티투스 리비우스 위의 책 제7권 제12장 이하 참조.

응변 술책을 통해 위험을 피하려 했기 때문이다. 비록 우리 시대의 왕이 전쟁에 몸소 출전하는 것을 때때로 목격하기는 하지만, 그렇다고 그가 추가적인 찬양을 받을 만한 다른 관습을 따르고 있다고 속단해서는 안 된다. 그러한 거동도 단지 겉치레를 위해서 하는 것뿐이지, 진정으로 좋은 동기에서 하는 일은 결코 아니기 때문이다.

그러나 군주들이 때로는 자기 군대를 시찰하고, 명령권을 모두 자기 수중에 넣고 있음으로써 대부분의 공화국, 특히 이탈리아의 공화국들보다는 실수를 적게 저지르는 편이다. 이들 공화국들은 군을 다른 나라 사람에게 맡기고, 싸움에 대해서는 아무것도 모르는 주제에 수백 가지 잘못을 저지르고 있다. 이것은 이미 논한 바가 있지만 그 중에서도 특히 중요한 일에 대해서는 도저히 그대로 넘어갈 수가 없다.

군주들이 모두 겁이 많다거나 또는 공화국이 허약할 경우, 대장에게 싸움을 시키는 데에 있어 현명한 지시는, 어떤 핑계를 대도 좋으니까 접전은 하지 말라고 이르는 것이며, 작은 경쟁도 하지 말도록 하는 일이다. 즉 파비우스 막시무스의 신중함을 모방하도록 유의할 일이다. 그는 오직 로마인의 국가를 구하는 것만을 생각하고 때가 오기를 기다렸으며, 이러한 역할을 쓸데없거나 위험한 일이라고 생각해본 일도 없었다. 그러나 대장이 진을 친 채로 있고 싶다 하더라도, 적이 어떤 희생을 해서든지 꼭 접전을 할 각오를 세우고 있으면, 이는 피할 수 없는 일이라고 판단을 해야 한다. 따라서 이에 대해서는 다음과 같이 말하는 것 외에는 아무런 지시를 할 수가 없다. 즉, 적이 원할 경우에만 전투에 임하고, 당신이 원할 때는 싸우지 말라고. 진은 치지만 접전은 피하고 싶으면 적으로부터 적어도 50마일 떨어져 있는 것 외에 강구할 수단은 없다. 그 뒤, 확실한 첨병을 보내어 미리 적의 접근을 알리게 하고, 충분한 여유를 가지고 퇴진할 수 있도록 해두어야 한다.

이외에 또 하나의 수가 있기는 있다. 그것은 수도에서 농성하는 일이다. 그런데 둘 다 매우 큰 위험이 따른다. 첫 번째 경우는 자신의 국토를 적의 발 아래 유린당하게 하는 것이므로, 용감한 군주라면 싸움을 오래 끌어 신민에게 큰 손해를 끼치는 것보다도 오히려 싸움에 운명을 걸게 될 것이다. 두 번째 경우는 분명한 패전이다. 군대와 함께 수도에서 농성하면 포위되는 것은 당연하며, 이내 기근이 시작되어 결국 항복해야 하기 때문이다. 이와 같은 사정이므로 이 두 가지 방책으로 접전을 피하는 것은 권하고 싶지 않다.

파비우스 막시무스가 시도한 바와 같이 높은 곳에 진을 치는 방식은, 여러분이 용감한 군대를 거느리고 지리적인 우세를 차지하고 있어, 적이 이를 보고 감히 접근하지 못하는 경우라면 좋은 전술이다. 파비우스는 접전을 피한 것이 아니라, 오히려 자기가 형편이 좋을 때에 접전하려고 노리고 있었다고 말할 수 있다. 한니발이 치고 나왔다면 파비우스는 그를 맞아 일대 접전을 했을 것이기 때문이다. 그런데 한니발은 이와 같은 전법으로 상대와 결코 싸우려고 하지 않았다. 한니발은 파비우스와 막상막하의 접전을 피하고 있던 것이다. 그러나 이 두 사람 중의 한 사람이 기어코 접전을 원한다면 상대는 이에 대한 대책을 강구할 수밖에 없다. 즉, 위에서 말한 두 가지 방책이냐 도망가느냐의 한 가지 방법을 택해야 하는 것이다.

내가 말한 것이 사실이라는 것은 여러 실례들로 인해 명백하며, 특히 로마인과 페르세우스의 아버지인 마케도니아의 필리포스[2]와의 사이에 일어난 싸움을 보면 분명하게 이해할 수가 있다. 필리포스는 로마 세력의 도전을 받자 접전을 하고 싶지 않았다. 이를 피하기 위해 처음에는 이탈리아에서 파비우스 막시무스가 취한 전법을 따르고 있었다. 즉, 자기 군대로 하여금 산꼭대기에서 진을 치게 하고 이를 굳혀, 로마군은 이곳까지 공격해 올라오지는 못할 것이라고 얕잡아보고 있었다. 그런데 로마군은 공격해 올라와 전투를 벌였고, 그를 산에서 몰아냈다. 그는 이에 적대하지 못하고 마침내 남은 부하들과 함께 도망을 가야 했다. 그가 여기에서 전멸을 면한 것은 지형이 험준하여 로마군이 추격하지 못했기 때문이다. 이 경험에 의해서, 높은 산에 진을 치는 것만으로는 접전을 피하는 데 충분하지 않다는 것을 깨달았다. 그렇다고 수도 안에 진을 칠 수는 없었기에, 마지막의 한 방책, 즉 로마 군대로부터 상당히 멀리 떨어지는 전법을 취할 것을 생각하였다. 그래서 로마 군대가 어느 지방에 침입하면 곧 다른 지방으로 퇴각하여, 로마 군대가 포기한 지방에 갑자기 모습을 나타내게 된 것이다. 그러나 결국 이렇게 싸움을 오래 지연시키고 있으면 아군 입장이 나빠지고, 자기의 신민은 자신과 적 모두로

---

2) 필리포스 5세(또는 3세라고도 일컬어진다)를 말한다. 《군주론》 제24장, 이 책 제2권 제1장, 제4장, 《병법칠서》 제4권 참조.

부터 얻어맞게 된다는 것을 깨달았다. 그리하여 마침내 접전으로 운명을 결정하리라 마음먹고 로마 군대와 당당한 접전을 시도하게 된 것이다.

그렇다면 상황이 파비우스 군대의 경우와 같거나 금방 말한 바와 같이 그 나이우스 술피티우스의 경우와 같을 때에는 교전을 하지 않는 것이 이롭다. 그런 상황이란 여러분이 용맹한 군대를 가지고 있어서 적이 감히 여러분의 성채 안까지 들어오려고 하지 않는 경우나, 또는 적이 좋은 거점을 확보하지 못해 그 결과 군량 부족으로 어려움을 겪는 경우를 말한다. 더욱이 바로 이와 같은 경우야말로 이 방책은 티투스 리비우스가 말한 이유에 의해 유리하게 된다. 즉, "계절은 하루하루 나빠지고 병량도 얻을 수 없는 이국땅에서 점점 약해지는 적을 맞아, 기다리는 대신 운을 하늘에 맡기고 조급하게 적과 맞붙고 싶지 않았기 때문이다."

그러나 이와는 전혀 다른 입장이라고 한다면, 접전을 피한다는 것은 여러분의 수치일 뿐만 아니라 위험하기까지 하다. 필리포스처럼 도망을 간다는 것은 패배한 것이 되고 여러분에게 커다란 불명예가 되기 때문이다. 비록 필리포스는 자신을 구하는 데 성공했지만, 지형이 전술한 바와 같지 않을 경우 다른 사람은 결코 일을 성취할 수 없을 것이다.

한니발이 싸움을 잘 한다는 것은 누구 하나 인정하지 않는 사람이 없다. 따라서 스키피오가 아프리카에 진출한 데에 대항했을 때, 싸움을 길게 끄는 것이 유리하다고 보았다면, 반드시 마음먹은 대로 일을 진행했을 것이다. 게다가 본인이 유능한 명장인데다가 군대가 정예병(精銳兵)이었기 때문에, 이탈리아의 파비우스 못지않게 일을 잘 성취했을 것이다. 그런데 그가 이런 방책을 쓰지 않은 것은 무엇인가 중요한 이유가 있어서 마음이 움직였기 때문일 것이다.

이와 같이 군주가 군대를 규합하기는 했지만, 군자금이나 가세(加勢)에 하자가 있는 상태에서 군대를 안고 가는 것도 오래지 않을 것이라고 깨달을 경우, 군대가 여기저기로 흩어지기 전에 운명을 걸어보지 않는다는 건 전혀 말도 안 되는 일이다. 어물어물하고 있다가는 분명히 패배할 것이고, 만일 그가 결전에 임한다면 승리할 수도 있기 때문이다.

그런데 다시 또 한 가지 일이 매우 중요하다. 그것은, 가령 일신의 몰락을 걸고라도 장군이 추구해야 할 일은 영예(榮譽)이어야 한다는 것이다. 더욱이 영예는 십중팔구 여러분의 몸을 망치는 것과 같은 불편을 대가로 얻어지는 것보다도, 오히려 여러분의 힘 여하에 따라 얻어지는 경우가 많다. 따라서 한니발은 이와 같은 필요에 얽매일 수밖에 없었을 것이다.

또 한편으로, 스키피오는 한니발이 접전으로 덤볐을 때 좀처럼 상대 성채를 공격하려고 하지 않았는데, 그 당시 스키피오는 절박한 필요에 의해 쫓기는 일도 없었기 때문이다. 이미 시팍스를 친 뒤였고, 아프리카에서의 영토도 매우 광대한 것이 되어 있었기 때문에, 마치 이탈리아에 있는 것처럼 안락하게, 그리고 아무런 불편도 없이 살아갈 수가 있었던 것이다. 한니발과 파비우스의 경우, 갈리아인과 술루피티우스의 경우는 저마다 크게 달랐다. 전자는 그 군대가 적지에 침입한 이상 여전히 접전을 피할 수가 없었다. 적국에 들어가고 싶으면 적이 자진해서 대항하는 경우에는 당당하게 접전을 하는 것이 좋고, 더 나아가 만일 한 수도를 공격하게 되면 더욱 수많은 접전을 겪게 되기 때문이다.

현대에 브루고뉴 공작 샤를이 만났던 경우가 그렇다. 그가 스위스인의 영지 모라의 성을 공격했을 때 상대는 그에게 역습을 가하여 이를 패주시켰다.[3] 이것과 마찬가지로 노바라를 포위한 프랑스의 군대도 스위스인들에게 패배하였다.[4] 그때도 같은 군대가 같은 민중 때문에 패배한 것이다.

---

3) 1476년 3월 3일에는 그랑송에서, 같은 해 6월 22일에는 모라에서, 불고뉴의 기마병들은 알프스에서 뛰어내려온 목동과 농부들에 의해 패퇴했다.
4) 1513년. 이 책 제2권 제17장 참조.

제11장
다수의 적과 싸우는 자는 처음의 일격을 견디기만 하면 아무리 열세라도 능히 승리한다

호민관들은 어떻게 관리되었나

로마의 수도에서 호민관의 권력은 컸지만, 그것은 여러 차례 논해온 바와 같이 필요한 일이었다. 그렇지 않으면 귀족의 야망을 억제할 수가 없었고, 그 결과 귀족은 실제로 공화국이 썩어들어간 시기보다 훨씬 일찍부터 그 황폐를 촉진했을 것이 틀림없기 때문이다. 하지만 본디 모든 사물에는 다른 데에서도 말한 바와 같이, 무엇인가 고유한 해악(害惡)이 당연히 존재하기 마련으로, 그 때문에 새로운 불의의 사건이 일어나, 아무래도 새로운 제도를 정해서 이에 대응하지 않으면 안 되게 된다.

그런데 호민관의 권력이 안하무인격이 되고, 귀족이나 로마의 다른 모든 사람에게도 다 같이 견디기 어렵게 되었기 때문에, 여기서 가령 아피우스 클라우디우스가 어떻게 호민관의 야망을 저지할 것인가 대책을 세워놓지 않았더라면 무엇인가 로마인의 자유에 치명적인 일이 일어났을 것이다.[1]

그의 방책 중 우선적인 것은, 호민관들 가운데서 소심하거나 뇌물로 매수할 수 있거나 공동선을 우선시하는 한 사람을 선별하는 것이었다. 그리하여 다른 호민관들이 원로원의 의사에 반대하는 결정을 집행하려는 어떤 계획을 세우면 선택된 호민관으로 하여금 그것에 반대하도록 권유하는 것이었다. 이러한 처치가 호민관의 광대한 권력에 대한 커다란 완화제(緩和劑)가 되어 오랫동안 로마에 효과적으로 사용되었다.

바로 이러한 일들을 필자는 생각해 보고자 한다. 즉, 많은 권세가들이 언제나 단결해서 무엇인가 다른 권력에 대항할 경우, 또 단결된 세력이 상대보다도 훨씬 클 경우, 힘이 약해도 혼자서 맞서는 편이 훨씬 큰 기대를 걸 수

---

1) 이 책 제1권 제35, 40~45장. 제3권 제33장.

있다는 것이다. 단 한 사람의 경우가 수가 많을 때보다도 훨씬 유리하다는 사실의 예는 얼마든지 들 수 있다. 그러나 이러한 일을 여기서는 살피지 않고 넘어간다. 언제나 우리가 목격할 수 있는 것은, 한 세력이 조금만 술책을 부리면 많은 사람들 사이에 이간이 생기므로, 어느 패거리들의 힘이 매우 왕성하다 해도 그 힘을 잘라낼 수가 있다는 것이다. 이에 대해 옛사람들의 선례는 얼마든지 있으나 여기서 말할 필요는 느끼지 않는다. 다만 현대에 일어난 사례만 들어보기로 한다.

1484년, 온 이탈리아는 베네치아인에게 반기를 들었다. 그런데 싸움에 져서 그 군대로는 접전을 하려고 해도 할 수 없게 되자, 당시 밀라노를 다스리고 있던 영주 로도비코의 매수에 착수하였다. 뇌물을 통해 그들은 협정을 맺었고, 이를 통해 전에 자기들이 잃었던 땅을 모두 되찾았을 뿐만 아니라, 더 나아가 페라라령(領)의 일부까지도 손에 넣었다. 그리하여 전쟁에서 패배한 자가 평화협상에서는 승리자가 되었다. [2]

수년 전, 온 세계가 일어나 프랑스에 대항하여 동맹을 결성했다. 그런데 전쟁이 끝나기도 전에 에스파냐는 동맹 제국에 위배하여 정전협정을 맺었고, 그 때문에 다른 나라들도 휴전협정을 맺어야 했다. [3]
이렇게 해서 많은 세력이 한 세력을 상대로 싸움을 걸 때, 만약 한 세력이 처음 공격을 막아내고 적절한 시기가 도래할 때까지 전쟁을 지연시킬 수 있을 정도로 강력하다면 우리는 의심의 여지없이 언제나 그 세력이 승자가 되리라고 단언할 수 있다. 그러나 만일 한 지배자가 전쟁을 지연시킬 만큼 강

---

2) 《피렌체사(史)》 제8권 1484년 항 참조. 베네치아 외교의 노련함은 마키아벨리가 언제나 칭찬하는 바이다.
3) 1511년의 신성동맹을 가리킨다. 처음에는 프랑스 쪽에 불리했다. 1512년에 들어와 에스파냐가 교황을 지원하여 이탈리아에 세력을 신장시켰기 때문에 더욱더 궁지에 빠졌다. 그러나 같은 해 라벤나에서 에스파냐 세력이 패배하자 밀라노는 프랑스의 손에 들어갔다. 한편 에스파냐는 랑도크 지방에의 진출에 실패했기 때문에 페르난도 5세는 굴복하였다. 이어 베네치아, 스위스는 프랑스의 술책으로 동맹을 탈퇴, 1515년 마리냐노의 회전(會戰)으로 동맹은 결정적으로 붕괴되었다.

하지 못하다면 갖가지 위험을 만나게 된다. 이것은 바로 1508년에 베네치아 사람들이 경험한 일이다. 만약 베네치아인들이 프랑스의 군대를 끌어들여, 상대동맹국 중의 두서너 나라를 자기편으로 끌어들일 수 있는 시기를 기다릴 수만 있었으면, 그러한 몰락을 겪지 않아도 되었을 것이다. 그러나 그들에겐 적의 세력을 저지하여 이를 다룰 수 있을 만큼의 정예병이 없었기 때문에, 단 한 나라도 떼어놓을 틈도 없이 몰락하고 말았다.

세상 사람들이 아는 바와 같이, 교황은 자기 지분(持分)을 돌려받자마자 베네치아의 우방이 되었고, 에스파냐도 마찬가지였다. 게다가 이 두 군주는 모두 롬바르디아에 있는 자기들의 영지를 프랑스의 손으로부터 탈환하였고, 가능하면 그 세력을 이탈리아까지 뻗지 않게 하려고 하였다. 이와 같은 상황이었기 때문에 베네치아인들은 나머지 영토를 유지하기 위하여 그 일부를 양보할 수도 있었다. 따라서 때를 기다렸다가 이런 방책으로 나왔으면, 그리고 할 수 없이 취한 행동이 아닌 것처럼 보이게 했으면, 싸움이 시작되기 훨씬 이전에 저지되었을 것이고, 이것이 가장 현명한 방책이었을 것이다. 그런데 전쟁이 시작되고 난 뒤에 그렇게 하는 것은 경멸받을 만한 일이고 또 대단한 이익도 없는 모험이 되고 말았다. 그러나 이와 같은 수렁에 빠지기 훨씬 이전에 베네치아에서는 몇몇 시민만이 이 위험을 예견했을 뿐이었고, 더 나아가 그 대책을 전망하는 사람은 더욱 적었으며 이를 제의하는 사람은 하나도 없었다. [4]

여기서 논의의 중심으로 돌아가 결론을 내리면, 로마 원로원이 조국의 복지를 위하여 많은 호민관의 분수에 맞지 않는 희망에 대해서 방책을 강구한 것과 마찬가지로, 군주가 다수의 적에게 공격을 받았을 경우, 공격해오는 나라들에 대하여 술책을 써서 서로 사이가 어긋나게 할 수 있으면 승리를 얻는 일은 확실하다고 할 수 있다.

---

4) 같은 해 캄브라이 동맹이 결성되어, 에스파냐 왕 등은 프랑스의 앞잡이로 이탈리아 진출의 방해물이 되어 있던 베네치아 타도에 협력하였다. 이듬해 아냐델로에서 크게 패했으나 외교전으로 필사의 방어전을 전개, 상대방의 이 사람 저 사람에게 자기들의 영토를 할애하여 동맹을 붕괴시키는 데에 성공하여, 반대로 프랑스에 대한 신성동맹을 결성하는 기초를 굳히는 데에 이르렀다.

제12장
현명한 장군은 수단을 다하여 자기 군인들로 하여금 전쟁의 필연성에 놓이게 하고, 적에 대해서는 어떻게 해서든 전쟁을 피하게 하도록 해야 한다

허울 좋은 약속은 다수를 기만하는 것

이제까지 누차 이야기해온 바와 같이, 인간은 언제나 필요에 쫓겨 비로소 일을 하게 되고, 그 덕택으로 몇 번이고 빛나는 명성을 올릴 수 있게 된다. 도학자들이 누구나 말하고 있는 것처럼, 인간의 수완과 언변(이것이야말로 이름을 올리는 데에 더없이 귀중한 수단이지만)이 충분히 발휘되지 않아, 인간이 하는 일이 높고 위대해지지 않는 것은 바로 필요에 쫓기지 않기 때문이다. 고대의 군대 지휘관은 그러한 필연성의 위력과 그것이 전투에서 병사들의 사기를 불러일으킨다는 점을 잘 알고 있었기 때문에, 갖은 수를 다하여 자신의 군대를 그 방향으로 이끌어갔던 것이다. 그런데 다른 한편으로는 모든 책략을 다하여 적의 세력이 접전을 단행하지 않도록 애를 썼다. 이리하여, 당연히 봉쇄할 수 있는 길조차도 적 앞에 여러 번 개방하고, 자기편에 대해서는 개방할 수 있는 길조차도 닫아버린 일을 볼 수가 있다. 따라서 성을 지켜 이를 고수하려고 생각하든가, 또는 군대로 하여금 용감하게 싸우게 하고 싶으면, 무엇보다도 싸움을 해야 하는 사람들의 마음에 꼭 싸워야만 하는 이유를 심어두어야 한다.

따라서 현명한 장군은 어떤 도시를 공격함에 있어, 성 공격의 난이(難易)를 측정할 때, 어떤 필요에 의해서 그곳의 주민이 성을 사수해야만 하게 되었는가에 대해서 생각해 보아야 한다. 만약 그들이 꼭 사수해야 하는 필요가 강하게 느껴질 경우 성의 공격은 어려운 일이고, 그렇지 않으면 손쉽다고 여겨진다.

반란이 일어난 도시를 다시 탈환하는 경우는 처음 점령할 때보다 훨씬 힘이 든다. 왜냐하면 처음 점령될 때 주민들은 처벌받을 일이 없기 때문에 쉽게 항복하지만, 반란을 일으킨 뒤에는 처벌이 두려워 항복은커녕 완강히 저항하기 때문이다.

이러한 완강함은 이웃하는 군주국이나 공화국이 서로 품고 있는 증오심이 원인이 되어 생긴다. 이러한 증오는 그 나라가 품고 있는 정복욕이나 질투심으로 인한 결과로서 공화국끼리는 특히 그것이 심하고 자주 발생한다. 이 안정되지 않는 증오와 분규가 언제나 이들 나라 사이에 있기 때문에 서로 상대를 공격해서 빼앗는 일이 매우 까다로워진다. 그런데 지금 피렌체의 이웃나라와 베네치아의 이웃나라를 견주어 생각해 본다면, 피렌체가 싸움에 막대한 돈을 지불하면서 베네치아에 비해 얻는 것이 적다고 해도 (많은 사람들과 마찬가지로) 전혀 놀라지 않을 것이다. 왜냐하면 베네치아인의 이웃나라는 피렌체가 공격해서 빼앗은 이웃 나라들에 비해 훨씬 온순하기 때문이다. 즉, 베네치아에 굴복한 나라들은 모두 군주의 지배를 받고 있었고 자주 독립의 나라가 아니었다. 본디 예속 생활에 익숙한 나라들은 주인이 바뀌든 별로 신경을 쓰지 않는데다가 대개의 경우 바꿔보고 싶어하기 때문이다. 그리하여 베네치아는, 그 이웃나라가 피렌체보다도 세력이 왕성했음에도, 모두 독립해 있는 나라들에 둘러싸인 피렌체가 경험한 것보다도 훨씬 손쉽게 나라들을 거느릴 수가 있었던 것이다.

여기서 처음 논의로 돌아가서 이야기를 하자면, 성을 공격하는 장군은 모든 수를 동원해서, 농성하는 사람들이 꼭 성을 사수해야만 하는 사정을 해소하도록 노력하여야 한다. 이를 위해 상대가 처벌을 두려워하고 있다면 사면을 약속해야 한다. 또 상대가 독립을 잃는다고 걱정하고 있으면 이를 충분히 설득하여, 자기들은 온 국민의 행복을 유린하려고 하는 것이 아니라 국민을 억압하고 있는 몇몇의 야심가만을 노리고 있을 뿐이라고 납득시켜, 완강한 기분을 풀도록 해야 한다. 이것이야말로 이제까지 싸움이나 성의 공격을 편안하게 만드는 기술이다. 물론 이렇게 말을 꾸며 보여도 현명한 인사는 그 속셈을 꿰뚫어 보게 마련이다. 그럼에도 민중은 손쉽게 여기에 속고 눈앞의 평화에 현혹되어, 막연한 약속 아래 내민 먹이에 끌려간다. 이와 같이 해서 수많은 나라들이 예속 상태로 빠졌으며, 최근의 피렌체가 그러했다. [1] 크라수스와 그 부하의 경우도 마찬가지이다. [2] 물론 파르티아인들의 부실한 약속은 잘 알고 있었다. 그들은 다만 사수하지 않을 수 없는 사정을 해소하는 약속을 한 데에 지나지 않았다. 자기들의 부하에게 완강하게 끝까지 싸울 마음을 가지게 할 수가 없어 적들이 말하는 대로 화목의 제의를 받아들였다. 그간의 소식은 그의 전기를 읽으면 알 수 있다.

나는 또한 삼니움인에 대한 사례를 들어보고자 한다. 그들은 소수 시민의 야심에 의해 움직여, 막 정한 약정을 깨고 로마의 동맹국 영지로 난입하여 마음껏 약탈을 감행하였다. 그러고 나서 로마에 사절을 보내어 이제까지 빼앗은 것을 모두 돌려주고 난리와 약탈을 일으킨 장본인들을 인도하겠다고 제안하였으나 로마인이 이를 거절한다. 화해의 희망을 잃고 사절들은 삼니움으로 돌아왔다. 당시 삼니움의 대장이었던 클라우디우스 폰티우스는 일장

---

1) 1512년부터 27년에 이르는 동안 피렌체는 형식적으로 대(大)로렌초시대의 정치 체제가 주어지고, 자주 독립의 가면 하에 줄리아노 데 메디치의 독재 정치가 실시되고 있었다. 메디치는 이 실체를 시민에게 알리지 않으려고 온 힘을 다하여 민주적 피렌체의 재건 방책을 마키아벨리 등에게 요구하여, 빈번하게 공화주의적인 제스처를 보였다. 또 시민의 유식자들도 실체를 잘 알면서도 이 제스처를 이용하여, 메디치 일가의 권세에 편승한 공화정치 부흥의 기초를 굳히려 하고 있었다. 메디치 일가가 이와 같은 위장을 필요로 한 것도, 에스파냐 세력을 등에 업고 간신히 입성을 한 상태였으므로, 충분한 세력을 수도에 뿌리내릴 틈이 없었기 때문이다. 따라서 1527년 피렌체에서 쫓긴 이 일문(一門)은 3년 뒤 수도 내외에 확고한 실세를 세워 입성하고 나서는 반(反)메디치파인 카포니 등을 철저하게 탄압, 명실공히 메디치 일문의 군주 정치를 건설해서 토스카나 대공국의 기초를 굳힌 셈이다.

2) BC 55년 폼페이우스와 함께 집정관직에 취임하여 시리아를 다스리게 되었다. 크라수스는 당시 보고라고 일컬어진 이 지방의 통치를 위임받고 기꺼이 임지로 부임하였으나, 유프라테스강(江)을 건널 무렵 파르티아 국왕이 되려는 야심을 품게 되었다. 53년 카르라에를 포위하려고 했을 때 파르티아의 장군 스레나스는, 자기 부하에게 싸울 의사가 없고, 밤을 틈타 로마 세력이 유리한 진지로 가는 형세를 보고 크라수스를 속여서 칠 각오를 세웠다. 파르티아 세력은 공격을 그만두고 로마와 화목할 용의가 있다고 선전하여, 스레나스 자신이 무기를 가지지 않고 크라수스를 만나 평화 회담을 제의하였다. 로마 군대는 스레나스의 제의를 듣고 환호하며 이를 맞았다. 그러나 크라수스는 상대의 속셈을 알고 이를 거절하였으나, 부하인 군병들은 스레나스의 제의를 승낙하라고 크라수스에게 강요하였기 때문에 마침내 그는 적과 회담을 할 결심을 하고 적진으로 갔다. 여기서 보기 좋게 스레나스의 꾀에 빠져 크락수스는 파르티아의 잡병(雜兵)에게 죽었다. 플루타르코스 《크라수스전(傳)》 제38~9장.

의 명연설을 시도하여, 로마인들이 어떠한 일이 있어도 결전을 바라고 있으며, 자기들은 화해를 원하고 있지만 이렇게 되면 전쟁을 마다할 수가 없다는 것을 설득시켰다. 그의 말은 이러했다. "피할 수 없는 싸움은 옳고, 무기에 호소할 길밖에 없는 곳에서는 무기가 가장 신성하다.[3] Justum est bellum, quibus neceessarium, et pia arma, quibus nisi in armis spes est." 이러한 필요에 쫓김으로써 그는 비로소 부하인 군병과 더불어 필승의 희망을 품은 것이다.

나중에 다시 이 문제에 되돌아가지 않도록, 나는 여기서 로마 역사상 주목해야 할 것으로 여겨지는 두서너 가지 예를 인용해 보고자 한다.

가이우스 만리우스가 부하를 이끌고 베이 세력과 결전을 하기 위하여 나아갔다. 이때 베이 세력의 일부가 만리우스 세력의 성채로 쳐들어왔다. 이에 만리우스는 정예병 한 부대를 이끌고 급히 대응하며, 베이인들이 탈출할 수 없도록 진지의 모든 출구를 봉쇄해 버렸다. 포위당한 베이인들은 쫓기는 쥐가 고양이를 무는 격으로 싸워 마침내 만리우스를 죽이고 말았다. 만일 호민관의 한 사람이 현명하게도 적의 퇴로를 열어주지 않았더라면, 남은 로마 세력은 오히려 적들에게 모두 섬멸되었을 것이다. 이 예를 보아도, 베이 세력은 필요에 쫓겨 분전하고 용맹한 방어전을 펼쳤지만, 퇴로가 발견되자 곧 도망가는 쪽에 열중했다는 것을 잘 알 수가 있다. 또, 볼스키인이나 아에키인들이 군대를 이끌고 로마령에 침입해 왔을 때 원로원은 집정관들을 보내어 이를 막았다. 접전이 한창일 때, 베티우스 메시우스가 지휘하는 볼스키인의 한 부대는, 정신을 차리고 보니 이미 로마인과 다른 로마 세력이 진지를 점령하고 자기들을 포위하고 있었다. 이제는 모두 싸워서 죽거나, 칼로 혈로를 타개하거나 두 가지 중 한 가지밖에 길이 없다고 여겼다. 베티우스는 군병들에게 외쳤다.[4] "자, 나를 따르라, 방책도 없다. 성도 없다. 다만 무사들이 무사들 앞을 가로막고 있을 뿐이다. 우리는 그 누구에게도 지지 않는 용사이다. 비장의 방책, 배수의 진을 쳤기 때문에 우리는 적에게 이기고 있는 것이다. Ite mecum ; non murus, nec vallum. sed armati armatis abstant ː virtute pares, necessitate, quae ultimum ac maximum telum est, superiores estis."

---

3) 티투스 리비우스 앞의 책 제9권 제1장. 한편 《군주론》 제26장 본문 참조.
4) 티투스 리비우스 앞의 책 제4권 제27장

이와 같이 티투스 리비우스도 이 필연성을 가지고 다시없는 비장의 소득이라고 말하였다.

로마의 장군 중에서 제일가는 카밀루스는 군대를 이끌고 베이의 수도로 쳐들어가려고 하였다. 적이 배수의 진을 치고 방어하지 않게 함으로써 손쉽게 이를 빼앗기 위해, 일부러 아군과 적에게 들리도록 큰 소리로 '무기를 가지지 않은 자는 손가락 하나 해치지 말라'고 일렀다. 그러자 베이인들은 서로 앞을 다투어 무기를 버리기 시작하여 거의 피를 흘리지 않고 이 수도를 점령할 수 있었다. [5] 그 뒤 이 전략은 많은 대장들의 모범이 되었다.

---

5) 티투스 리비우스 앞의 책 제5권 제21장의 원문에 따르면, 카밀루스의 군대가 베이에 돌입하였을 때 패잔병들이 성 안에 가득 차 도처에서 싸움은 계속되었으며, 이들의 우렁찬 외침에 섞여서 여자와 아이들의 아비규환이 천지에 넘쳤다. 여기저기서 살인 사태가 벌어진 뒤 카밀루스의 포고로 간신히 유혈 사태가 수습되었다.

제13장
약한 군대를 거느린 훌륭한 장군과 훌륭한 군대를 거느린 약한 장군 중 어느 편이 더 믿을 만한가

군대가 장군을 훈련, 장군은 군대를 훈련

로마의 망명자 콜리오라누스는 볼스키인에게 몸을 맡기고 있었다. 그 땅에서 군대를 모아 로마의 시민들에게 복수하려고 로마를 포위하는 데 착수하였다. 그러나 로마인의 무용(武勇)보다도 자기 어머니의 자비에 감동되어 로마에서 떠났다.[1] 티투스 리비우스는 이 예를 인용하면서, 로마 공화국이 군병보다도 장군들의 무용에 의해 번영했다는 것을 배울 수 있다고 말하고 있다. 즉, 볼스키인들은 그때까지 계속 패배하고 있었는데 콜리오라누스가 대장이 되자 갑자기 강해져서 싸움에 이기게 되었다고 생각하는 것이다.

제아무리 리비우스가 이와 같은 생각을 가지고 있었다 해도, 역사 속의 수많은 장면에서, 장군 없는 군병들이 놀라울 만한 무용을 나타내고 있고, 집정관들이 죽은 뒤 그가 죽기 이전보다도 훨씬 정연한 군기(軍紀)와 사기를 발휘했다는 점을 지적하고 싶다. 로마인이 스키피오 일문의 명령 아래 에스파냐로 보낸 군대에서 볼 수 있는 것이 이것이다. 군병들은 (두 사람의 대장이 죽은 뒤) 스스로의 무용으로 위기의 땅을 벗어났을 뿐만 아니라, 더 나아

---

1) 티투스 리비우스 앞의 책 제2권 제33장 이하, 특히 제40장 참조. BC 492년 카이우스 마르키우스(콜리오라누스의 본명)는 이 책 제1권 제7장에서도 말한 위법 행위로 민중재판에 회부된 끝에 로마에서 추방당하여, 볼스키인(人)의 나라로 도망갔으나 군대를 이끌고 공격해 올라와, 도중에 라티움을 짓밟고 수도를 5마일 전까지 밀고 왔다. 공포에 몰려 혼란을 일으킨 로마에서는 여자들이 마르키우스의 어머니 웨츠리아와 아내 월무니아 둘레에 모여 상의하였다. 그 뒤 이 두 여인은 마르키우스의 두 아이를 데리고 여자들의 선봉에 서서 적진으로 나아가, 남자의 손으로도 방어하기 어려운 수도를 여자의 눈물과 호소로 구하겠다 결심하고 이를 실행하였다. 그리하여 웨츠리아는 자신의 아들 마르키우스에게 강력하게 호소해 마침내 성의 공격을 단념하게 하였다.

가 적을 타파하고 공화국을 위하여 그 땅을 계속 지켰다. [2]

이와 같은 수많은 사례를 살펴보면, 군병들의 무용에 의해서 영광을 쟁취한 많은 사례들을 발견할 수 있고, 장군의 무용으로 마찬가지 성과를 올렸던 사례들도 많이 발견할 수 있다. 따라서 전자는 후자를, 후자는 전자를 서로 필요로 한다는 것을 알 수가 있다. 그래서 먼저 생각해야 할 일은, 세상 사람들이 헷갈리고 있는 것처럼, 열악한 지위를 받는 정예병을 취할 것인가, 그렇지 않으면 겁이 많은 군병들을 이끄는 명장을 취할 것인가 하는 점이다. 여기서 이 문제에 대해 카이사르의 견해에 따르면, 이 두 가지 경우 모두가 그리 존중할 만한 것은 되지 못한다고 하는 생각에 이르게 될 것이다. 카이사르가 에스파냐로 가서 사기왕성한 군대를 이끄는 아프라니우스와 페토레이우스를 대적했을 때, "우두머리가 없는 군대를 상대로 한바탕 접전을 하는 거다. Quia ibat exercitum sine duce"라고 말하며 장군들의 허약함을 강조하고 이를 호원하였다. 이에 반하여 테사리아로 가서 폼페이우스과 싸웠을 때에는 다음과 같이 말하였다. "군세를 가지지 않는 대장에 맞서는 거다. Vado ad ducem sine exercitu." [3]

---

2) BC 212년 푸블리우스 코르넬리우스(Publius Cornelius)와 크네우스 푸블리수스(Cneus Publisus)의 두 스키피오 형제는 이미 공략한 에스파냐의 땅을 지켜 카르타고 세력에 대항하여 아니토르기스에서 하스둘바르와 마곤을 상대로 싸웠으나, 코르넬리우스가 전사하고 이어 29일에 크네우스도 또한 적에게 포위되어 죽었다. 그런데 크네우스의 직계(直系) 루키우스 마르키우스라고 하는 용맹무쌍한 청년 장군이 나타나, 로마 패잔병을 솜씨 있게 처리하였고, 코르넬리우스 휘하의 기마대 지휘관 티투스 폰테이우스와 힘을 합하여 사기가 왕성한 부하들을 지휘하였다. 하스둘바르는 로마군이 재기한다는 소식에 다시 대군을 보내어 이를 쳤는데, 로마의 군병들은 구석에 몰린 쥐가 고양이를 무는 심정으로 이에 대항, 기습을 성공적으로 감행하여 승리를 얻었으며, 하스둘바르의 군대는 10여만 명의 사상자, 4,000명의 포로를 남기고 흩어졌다. 티투스 리비우스 앞의 책 제21권 제60장 이하, 특히 제25권 제32, 39장에 상세하다.

3) 루키우스 아프라니우스Lucius Afranius는 BC 46년에 죽었다. 폼페이우스 휘하의 무장으로 55년 에스파냐의 대관(代官)이 되어 동료 마르쿠스 페트레이수스(Marcus Petreius)와 함께 다스리고 있었다. 뒤에 폼페이우스와 카이사르의 반목으로 할 수 없이 후자에 대항하였으나, 49년 이레르다에게 패하였다. 플루타르코스 《카이사르전(傳)》 제42장, 《폼페이우스전(傳)》 제49장. 또 카이사르가 폼페이우스에게 추격을 가한 것은 BC 48년, 튀사리아의 파르자루스에서 이를 격파하였다. 플루타르코스 《카이사르전》 제46장 이하. 《폼페이우스전》 제69장 이하.

또 하나 다른 경우를 생각할 수가 있다. 즉, 명장이 정예병을 만들어내는 것은, 정예병이 명장을 만들어내는 것보다 쉬운가 하는 점이다. 이에 대해서는 쉽게 결론을 내릴 수가 있을 것이다. 왜냐하면 뛰어난 사람들이 많이 있으면, 단 한 사람을 찾거나 이를 키우는 것이, 한 사람이 많은 사람을 단련하는 것보다도 훨씬 편하기 때문이다.

루쿨루스가 파견되어 미트리다테스에게 대항했을 때, 그는 싸움에 대해서는 전적으로 아마추어였다. 그럼에도 명령을 받은 군대가 정예병인데다가 백전 연마의 조장들이었기 때문에 곧 그도 훌륭한 대장이 되었던 것이다. [4]

한편, 병력이 부족했던 로마인들은 많은 노예에게 무기를 주어 그 훈련을 셈프로니우스 그라쿠스가 맡게 했는데, 그는 짧은 기간에 그들을 정예병으로 길러냈다. [5] 에파미논다스와 펠로피다스는 (이미 말한 대로) 조국 테베를 탈취하여 스파르타의 굴레에서 해방시킨 뒤, 짧은 시일 동안에 수많은 테베 병사를 길러내어 스파르타를 저지하였을 뿐만 아니라 이를 타파하기까지 했다. [6]

따라서 군인과 장군은 대등한 수준에 있는데, 이는 훌륭한 어느 한 쪽이 훌륭한 다른 한 쪽을 만들어내기 때문이다. 그러나 명장을 모시지 않는 정예병은 대개는 거만하고 위험한 존재가 되기 쉽다. 알렉산드로스가 죽은 뒤의 마케도니아 군대나[7] 내란시대의 고병(古兵) 등[8]이 그 예이다.

---

4) 루키우스 리키니우스 루쿨루스는 로마의 평민 출신 무장으로, 88년 술라가 미트리다테스 싸움의 총대장에 임명되어 아테네를 포위하고 있었을 때, 그는 수군(水軍)에 명하여 이 폰투스왕의 세력을 지중해에서 일소하고, 테네도스에서 적의 세력을 격파하여 그 뒤 폰투스라는 별명이 주어졌다. 그 뒤에는 오직 혼자의 힘으로 소아시아 경영에 전념하였고, 74년 집정관에 임명되어 아시아로 군을 이끌고 이듬해 카페이라에서 적의 왕을 치고 나서(이 책 제2권 제19장) 군정 두 방면에서 수완을 발휘하였으나 로마 민중에 속아 은퇴하였다. 자세한 점은 플루타르코스《루쿨루스전(傳)》에 나와 있다.

5) 티베리우스 셈프로니우스 그라쿠스Tibirius Sempronius Gracchus. BC 215년에 집정관이 되어, 제2차 포에니 전역에서 유명하게 되었다. 한니발과 제휴한 카푸아 세력을 타파하고 이듬해 한논을 상대로 페네멘툼 부근에서 혁혁한 승리를 얻었으나, 이것은 노예 의용군에 의한 것이었다. 그는 군사들에게, 승리하기만 하면 자유의 몸을 만들어주겠다고 약속한 것이다. 티투스 리비우스 앞의 책 제24권 제14장.

6) 이 책 제1권 제17장, 제21장, 이 책 제18장 참조.

그러므로 군인들을 훈련시켜 손쉽게 그들의 무력을 증강시킬 여유와 능력을 가지고 있는 장군이라면, 우쭐한 군대가 야단법석을 떨며 추대한 장군을 가지는 것보다 훨씬 안심하고 믿을 수 있다고 생각하고 있다. 따라서 적을 타파할 뿐만 아니라, 결전에 임하기 전에 적당하게 그 군대를 훈련시켜 훌륭한 병사로 키워야 했던 장군에게 이중의 영광과 칭찬을 주어야 한다. 이러한 능력을 갖기란 쉽지 않기 때문에 이 일을 맡아 평판이 날 만큼 솜씨를 발휘할 수 있는 사령관은 흔치 않았을 것이다.

---

7) 《군주론》 제4장 주석.
8) BC 87~86년의 제1차 내란시대는 마리우스의 폭정을 둘러싼 난리였으며, 제2차 내란시대는 카이사르의 폼페이우스 타도 운동이 일어난 시기로 48~44년이다. 제3차는 44~41년 카이사르의 암살을 중심으로 일어난 옥타비아누스의 변혁기를 가리킨다. 두말할 필요도 없이 이들 시기에는 백전연마의 고병들만의 군대가 추진력이 되어 반란을 일으켰다.

제14장

접전 중 새로운 방책을 보이거나 새로운 명령을 하면 어떠한 효과가 나타나는가

군중과 군대는 어떻게 구별되는가

전쟁에서 접전이 한창일 때 무엇인가 새로운 일을 보거나 귀에 듣게 되는 경우 돌발 사태가 벌어지기 마련이다. 이러한 일은 많은 전투에서 발견되는데, 로마인이 볼스키 세력과 싸우고 있었을 때에도 나타났다. 퀸투스는 접전이 한창일 때 군대의 한쪽 부분이 적에게 압도된 것을 알아차리고 우렁찬 목소리로 격려하여 세력을 회복할 수가 있었다. 이러한 명령이 자기편 군대에게는 용기를 북돋았고, 적에게는 공포심을 갖게 하여 승전을 이룰 수 있었다.[1] 이런 종류의 말을 듣고 정예병들까지도 고무된다고 한다면, 혼란에 빠진 오합지졸들은 더더욱 큰 영향을 받을 것이다. 모든 군대란 언제나 그러한 성향에 따라 움직이기 때문이다.

여기에서 당대에 일어난 유명한 한 예를 들어보기로 한다.

몇 년 전 페루자의 수도는 오디와 바뇰리 두 파로 나뉘어 있었다. 그런데 바뇰리가 천하를 잡았고 오디는 추방되었다. 오디는 일당의 힘을 빌려 군대를 모아, 페루자 근처 자기들의 영지였던 어느 장소에 집합시킨다. 한편 도성(都城)에 남아 있던 배반자의 도움을 받아, 밤을 틈타서 도성으로 들어가 남의 눈에 띄지 않게 광장까지 가려고 하였다. 본디 이 도성의 길이란 길은 모두 쇠사슬로 폐쇄되어 지나갈 수가 없었기 때문에, 오디 일행은 한 사나이를 앞세워 그에게 쇠망치를 들게 하고 그것으로 쇠사슬을 끊어 기마대의 통로를 열게 하였다.

광장으로 들어가는 마지막 쇠사슬을 끊는 일만 남았을 때, 비로소 시민들

---

1) 티투스 리비우스 앞의 책 제2권 제45장 참조.

은 이를 알아차리고 무기를 가지고 모이라며 떠들기 시작했다. 쇠사슬을 끊는 사나이는, 뒤에서 사람들이 너무 밀려와서 마음껏 팔을 뻗어 쇠망치를 휘두를 수가 없게 되자 "뒤로 좀 물러나요" 소리쳤다. 그런데 이 말이 '후퇴'라는 말로 와전되어 뒤에서 오던 사람들은 도망을 가기 시작하였다. 이와 같은 사소한 일이 원인이 되어 오디 일문의 모사는 수포로 돌아갔다.[2]

이 사건을 통해 군대의 명령이란, 훌륭한 작전으로 싸우기 위해서라기보다는 오히려 예상치 못한 사소한 사건으로 인해 군대가 혼란에 빠지는 것을 예방하기 위해 필요하다는 점을 알 수 있다.

그러한 이유가 있기 때문에 무질서하게 모인 사람들은 접전에 아무런 쓸모가 없다. 그러한 대중은 사소한 움직임이나 사소한 말로 이내 혼비백산하여 도망가기 때문이다. 따라서 노련한 장군은, 무엇보다도 먼저 자신의 명령을 받아 다른 사람에게 전달할 사람을 훈련시켜, 자신의 부하들이 오직 그들의 장군을 신뢰하고, 그들로부터의 명령만을 복종하는 습관을 붙여두어야 한다. 이 명령을 잘 지키지 않으면, 그 결과로서 대개의 경우 구제할 수 없는 대혼란이 야기될 것이다.

무엇인가 새로운 방책을 강구할 경우, 노련한 장군들은 누구나 심사숙고하여 아군의 군대를 분발시키고 적군의 간담을 서늘하게 만들 만한 것을 출현시키기 위해 노력해야 한다. 승리를 얻을 수 있는 계기는 많이 있을 테지만, 그 중에서도 특히 이것이 효과가 매우 크기 때문이다. 이에 대한 증거는 로마의 독재관 크네우스 술피티우스의 행동이 잘 보여주고 있다.

갈리아인을 상대로 접전을 시도했을 때, 그는 잡인들이나 싸움에 쓸모가 없는 사람들 누구나 할 것 없이 투구와 무기를 갖추게 하고 말을 태워 여기에 무기를 들게 하여 마치 정규 기마병과 같은 모습을 하게 하였다. 이들을 언덕 뒤에 대기시켰다가, 접전이 최고조에 이르렀다고 여겨졌을 때 명령을 내리면 바로 뛰어나와 적의 시야에 나타나도록 하였다. 이 전술은 계획된 대

---

2) 1487년 페루자는 바뇰리 일파와 오디 일파의 싸움터가 되어, 오디 일파는 쫓겨났다. 1491년에 오디는 130명의 동조자들을 모아 침입했으나 차질을 일으켜 패배, 유혈의 참사가 3일 동안이나 계속되었다.

3) 이 책 제10장 첫머리의 이야기에 계속된다. 티투스 리비우스 앞의 책 제7권 제14, 15장. 또 《병법칠서》 제4권 참조.

로 진행되어 갈리아인은 공포를 느끼고 결국 싸움에 졌다. [3)]

따라서 훌륭한 장군이라면 적어도 두 가지 일을 실천하도록 신경써야 한다. 하나는 무엇인가 새로운 방책을 고안하여 적의 간담을 빼앗는 일이고, 둘째는 적이 꾸밀 만한 계략을 모조리 예견하여 먼저 그 등을 치는 일이다. 인도의 국왕이 세미라미스에게 시도한 것이 이것이다. 그녀는 국왕이 상당한 수의 전쟁용 코끼리를 가지고 있는 것을 보고, 자기는 더 많은 코끼리를 가지고 있는 것처럼 보여 상대를 놀라게 하기 위해 계책을 꾸몄다. 그리하여 물소와 암소를 많이 모아 이에 낙타 가죽을 씌워서 싸움터로 몰아냈다. 그런데 국왕은 이 계책을 이내 알아차렸기 때문에 그녀의 계획은 쓸모가 없었을 뿐만 아니라 오히려 참패를 당하는 원인이 되었다. [4)]

마메르쿠스는 독재관에 임명되어 피데나 세력과 맞섰다. 그러자 상대는 로마 세력의 기를 죽이기 위해, 병사들에게 투창 끝에 불을 붙여 피데나 성에서 일제히 뛰쳐나오라고 명령하였다. 그리하면 로마군은 반드시 이 새로운 사건으로 혼비백산, 전열을 흐트러뜨릴 것으로 생각하였다. [5)]

그런데 이에 대해서 주의해야 할 일은, 이와 같은 새로운 전술이 단지 보이기 위한 것만이 아니라, 보다 진실미를 지니게 하면 그만큼 상대의 눈을

---

4) 세미라미스Semiramis. BC 800년경 아시리아에 군림했다고 하는 전설적 여왕. 시리아의 아스카론의 어신(魚神) 아타르가티스의 딸이었으나, 커서 국왕의 목부(牧夫) 짐마스의 양육을 받은 뒤 박토리아의 성 공격에 무용을 나타내어, 아시리아 초대 국왕 니누스의 무장 온네스의 아내가 되었다. 니누스가 죽은 뒤, 세미라미스는 여왕이 되어 국내를 사냥하고 다녔으며, 바빌론을 비롯한 여러 도시를 세워 기념비를 남기고, 산악 지방에 도로를 냈으나 인도 공략만은 실패로 끝났다. 이 인도는 인도 게르만족인 메도이와 카라다이아오이를 가리키는 것으로 여겨진다. 헤로도토스 디오도루스 시크루스, 이우스티누스 등의 여러 책에 의해 널리 알려진 전설이다.

5) 마메르쿠스 아에미리우스가 세 번째로 독재관이 된 BC 426년의 일이다. 앞서 토벌해서 그 왕을 죽인 피데나 세력을 다시 토벌하기 위해 병사를 진격시키자, 본문에서 인용한 것과 같은 새로운 수로 역습해 왔다. 아에밀리우스는 조금도 당황하지 않고 기마대를 일단 언덕 위로 후퇴시키고, 불길 속에서 서로 옥신각신하는 아군의 우익에 명령하여 상대의 횃불을 빼앗게 하는 한편, 기마대에게 말에서 내려오라고 한 뒤 말 엉덩이를 칼로 쳐서 적의 불길 속으로 돌진시켜 마침내 큰 승리를 거두었다. 티투스 리비우스 앞의 책 제4권 제33장 참조.

교묘히 속일 수가 있다는 것이다. 왜냐하면 대담하게 이를 실행하면 그 약점이 노출되는 일이 적어지기 때문이다. 하지만 카이우스 술피티우스의 노새몰이꾼을 이용한 작전도 이에 실패했다. 그것이 사기라는 것이 바로 간파되어, 마치 세미라미스의 가짜 코끼리나 피데나의 불과 같이 아무런 쓸모가 없었을 뿐만 아니라 오히려 자기들에게 불리한 결과를 가져오기도 했다. 불꽃은 처음 얼마 동안 로마 군대를 놀라게 했다. 하지만 독재관은 진지를 돌아다니며 아군들을 격려하였고, 적에게 대항하게 하기 위해 큰 소리로 외쳤다. "불에 놀라서 꿀벌처럼 도망가는 것은 두고두고 창피한 일이다. 돌아와서 적을 공격하는 것이 무사의 본분이다."[6] "피데나를 그 불로 태워버려라. 인정사정은 싸움에서는 금물이다. Suis flammis delete Fidenas, quas vestris beneficiis placare non potuistis." 이리하여 그 계책은 피데나인에게는 무용지물이 되었고 오히려 패전의 원인이 되었던 것이다.

---

6) 티투스 리비우스 앞의 책.

제15장
군대는 단 한 명의 장군을 따라야 한다
많은 사람의 지시는 위험하다

전쟁에 지휘관이 너무 많으면 패배하기 쉽다

피데나인이 반란을 일으켜 앞서 피데나로 이주한 로마인을 죽였을 때, 로마인은 이것을 수습하기 위해 네 사람의 호민관을 임명하여 집정관직의 권한을 주었다. 그 중 한 사람은 로마의 방위를 위해 남기고, 다른 세 사람은 피데나인과 베이인에게 대항하도록 파견하였다. 그러나 이들은 싸움에 지진 않았지만, 서로 사이가 틀어져 로마의 명예를 실추시켰다. 군병들의 무용 덕택으로 패전의 고배를 마시지 않았던 것이다. 로마 사람들은 이 사정을 보고 재빨리 협력해서 독재관을 임명하였다. 그의 힘으로 셋이서 흩트려 놓은 체계를 바로잡으려고 한 것이다. 이것으로 한 군대나 방위전에 애써야 하는 수도 같은 곳에서는 지휘관이 많아 봐야 쓸모 없다는 것을 알 수가 있다.

티투스 리비우스의 다음과 같은 말은 이에 대한 가장 적절한 명언이다. [1]

"이 집정관직의 권력을 가진 세 사람의 호민관은, 권력을 서로 나누어 가진 그 자체가 싸움에 쓸모가 없다는 것을 입증하였다. 저마다 동료와는 서로 다른 생각으로 움직여서 적이 파고들 기회를 만든 것이다. Tres tiribuni potestate consulari documento furere, quam plurium imperium bello inutile esset ; tendendo ad sua quisque consilia, cum alii aliud videretur, apcruerunt ad occasionem locum hosti."

이것만 보아도 장군의 수가 많으면 싸움에 임해서 난맥 상태가 된다는 것을 분명히 알 수가 있는데, 고금의 예를 더 들어 이것을 더 명백히 해보고자 한다.

1500년, 프랑스 왕 루이 12세가 밀라노 공격을 계획하고 있을 때의 일이

---

1) 티티우스 리비우스 앞의 책 제4권 제31장

아그리파(BC 63?~12). 군인으로서는 공화정 말기의 내란 때에 악티움 해전(BC 31)에서 승리를 거두었고, 행정관으로서는 로마시의 수도 등을 건설하였으며 게르만인인 우비족을 정주시켰다.

다. 군대의 일부를 피사로 파견하여, 그 수도를 피렌체의 손에 되돌려주려고 하였다. [2] 피렌체측에서도 이에 대한 군역(軍役)으로 지오밤바티스타 리돌피와 루카 단토니오 데리 알비치를 임명하고 있었다. 지오밤바티스타는 매우 이름이 알려진 인물인 데다가 상당한 연배이기도 해서 루카는 그에게 모든 일을 맡기고 있었다. 루카는 공공연하게 자기의 야심을 내보이거나 동료의 생각에 반대하는 일은 하지 않았으나, 침묵으로 일관한 채 마치 자기 임무에 마음이 내키지 않은 양 오히려 이를 싫어하는 기색을 보였다. 이렇게 해서 지휘도 하지 않고 군의(軍議)에도 참석하지 않아 마치 무능한 사람처럼 여겨졌다. 그런데 얼마 지나자 이제까지와는 전혀 다른 사람이 되었다. 그것은 뜻하지 않은 사건 때문에 지오밤바티스타가 피렌체로 돌아가야 했을 때 일어났다. 루카는 이내 무용을 드러내고 부지런하게 일을 보고 또 모책을 강구하는 등 매우 유능한 사람됨을 나타냈다. 동료가 옆에 있을 때에는 이 모든 것을 드러내지 않았음에도 말이다.

이 실례를 입증하기 위하여 여기서 티투스 리비우스의 말을 다시 한 번 인용하고자 한다. 그것은 로마인이 아에키인에 대항하기 위해 퀸티우스와 아그리파를 내보냈을 때, 아그리파가 싸움의 모든 권한을 퀸티우스에게 일임해주기를 요구하며 한 말이다. 3) "대사업을 성취하기 위해서는 모든 권력이 한 사람 손에 위임되어야 한다. Saluberrimum in adminitstratione magnarum est summam imperii apud unum est."

현대의 여러 공화국과 군주들은 이와 반대로 한다. 거의 대부분 전투에 두 사람 이상의 군역이나 장군들을 보내어 일을 진행시키려고 한다. 하지만 오히려 그 때문에 이루 헤아릴 수 없는 혼란을 가져오는 것이 보통이다. 현재 이탈리아나 프랑스가 전쟁에 패배하는 원인을 규명하면 이러한 점이 무엇보다도 큰 원인이 되어 있다는 것을 알 수가 있다.

여기서 결론을 내리면, 설령 그가 평범한 사람일지라도 하나의 군대에 단 한 사람을 붙이는 것이, 뛰어난 두 사람에게 권력을 주는 것보다도 훨씬 현명한 일이다.

---

2) 지오밤바티스타(Giobambatista Ridolfi)는 뒤에 메디치 복권 때 피에로 소데리니의 낙향의 뒤를 이어, 피렌체 시민의 여망을 안고 임기 1년의 집권직 수석에 추대된 사람으로, 귀족 출신이기는 하지만 평민들 편으로서 신망이 두터웠다. 루카(Luca d'Antonio degli Albizzi)는 피렌체의 구가(舊家) 알비치가(家)의 일문으로, 1495년 메디치 일문이 코르토오에 근거를 두고 모반을 일으켰을 때 이를 정벌해서 공을 세웠다. 그 뒤 1497년 피렌체가 피사의 공격을 시작하였을 때 그 군역(軍役)에 임명되어, 같은 해 3월 진영에 부임하여 곧 벨루코라의 성채를 빼앗아 용명을 날렸다. 《사화단장(史話斷章)》 145년의 항 이하 참조. 이와 같이 피사의 공격은 1497년 무렵부터 시작되었는데, 1500년 그 뒤를 보고 있었던 미라노공(公)을 루이가 공격하여 멸망시키고, 다시 피렌체를 아군으로 끌어들이기 위해 군사를 피렌체에 빌려주어 피사의 공격을 도왔다. 마키아벨리는 사신으로 피사 공격의 진영에 출장하여 친히 그 국면에 임하여 피렌체와의 연락관 역할을 하였다.

3) 여기서 말하는 퀸티우스(Quintius 또는 Quinctius)는 Capitolimus이고, 아그리파는 Agirippa Uurius를 말한다. 자세한 점은 티투스 리비우스 앞의 책 제3권 제70장 참조.

제16장

평화로운 시대에는 신분이나 문벌로 세상에 빼어난 사람이 인기를 끌지만 어려운 때는 위대하고 참다운 위인이 나타난다

평온한 시대 공화국은 유능한 인재를 무시한다

언제나 그렇듯이 공화국 제일의 비범하고 위대한 인물도 평화로운 시대에는 잊혀져 버리기 마련이다. 왜냐하면 그 위대한 천성으로 명성을 모으면, 그 인물과 어깨를 나란히 한다고 생각하는 사람들뿐 아니라, 그보다도 위에 있다고 자부하는 사람들까지도 포함한 많은 시민들이 이를 시기하고 떠들어 대기 때문이다. 그리스의 역사가 투키디데스가 이에 대해 적절한 예를 들고 있다.

아테네 공화국이 펠로폰네소스 싸움에서 승리를 거둔 뒤 스파르타의 거만한 콧대를 꺾고, 그리스의 거의 모든 것을 자신의 지배하에 두어 승천의 세력을 보였을 때, 이번에는 시칠리아를 탈취하려는 생각을 하게 되었다. 그래서 이 계획에 대해서 아테네에서 토론을 벌이게 된다. 알키비아데스나 몇 사람의 시민들은 그 결행에 찬성하였으나, 그것은 공화국을 위해서라기보다 자기들의 명성을 위해 이 싸움에서 군의 대장이 되려는 속셈이었다. 그런데 당시 아테네의 명망가 중에서도 첫손가락에 꼽히는 니키아스는 이에 반대하며 민중에 충고하였다. 여기서 그는, 자기가 이 싸움을 해서는 안 된다고 주장하는 것은 자기의 이익을 따져보고 나서 한 일이 아니라고 역설했다. 왜냐하면 아테네가 평화로울 때는 수많은 사람이 자기를 넘어서려고 생각하지만 전쟁이 시작되면 시민들 중 그 누구도 자기를 넘어설 수 없을 것이고, 또 어깨를 나란히 할 수조차도 없는 것은 틀림없는 사실이기 때문에 그렇다는 것이다. [1]

이와 같이 평온한 시대의 공화국에서는 덕망이 있는 인사를 그다지 존중하지 않는다는 점을 알 수 있다. 이러한 상황은 유능한 사람들의 마음에 두 가지 불만을 품게 만든다. 하나는 자기들에게 걸맞은 신분을 인정받지 못한다는 것이고, 둘째는 자기들보다 훨씬 뒤떨어진 무능한 사람이 자기들과 어깨를 나란히 하거나 훨씬 윗자리에 있는 것을 목격하게 되는 일이다. 공화국에서는 이러한 폐단이 원인이 되어 수많은 파탄이 생기기도 한다. 유능한 시민들은 자신들이 터무니없이 무시당하고 있다 생각하고, 그것은 바로 위기를 모르는 시대 때문이라고 생각한다. 그들은 어떻게 해서든 나라를 교란하고 공화국에 해독을 끼치는 새로운 전쟁을 일으키려고 애를 쓴다.

이에 대한 방책을 생각해 볼 때 여기에는 두 가지 대책이 있다. 그 하나는 시민들을 가난하게 유지하여 실력을 수반하지 않는 부(富)에 의해서 자타가 부패하지 않도록 하는 것이다. 또 하나는 제도를 모두 전쟁에 적합하도록 만들어 결전에 대비하고, 언제나 숙달된 인사가 필요하다고 느끼도록 해 두는 것으로, 이것은 로마 초기에서 볼 수 있었던 일이다. 언제나 시민들에게 훈련을 독려하고, 인간의 무덕(武德)을 발휘할 수 있는 여지를 남겨두면, 당연히 인정받을 사람이 그 지위를 갖게 되며, 이를 가치도 없는 자에게 빼앗기는 일은 결코 없을 것이기 때문이다. 무엇인가 착각을 하거나 일부러 해보고 싶었기 때문에 이러한 사태가 생기면, 그 결과 공화국에 매우 큰 혼란이나 커다란 위험을 가져오기 때문에, 세상 사람들은 곧 올바른 길로 되돌아가는 법이다.

그런데 이러한 제도에 바탕을 두고 있지 않는 공화국의 경우, 즉 어쩔 수 없는 경우가 아니면 전쟁을 하지 않는 공화국은, 결코 위에서 말한 불편을 피할 수가 없다. 유능하지만 무시되었던 시민이 도시 안에서 좋은 평판을 누리고 추종자들을 거느리고 있을 때 앙심을 품게 되면, 나라는 언제나 한바탕

---

1) BC 421년 '니키아스의 화의(和議)'로 아테네가 지도적 지위를 확보하고 있었을 때, 야심가인 알키비아데스(BC 450~404년)가 '니키아스의 화의' 정책에 반대하며 스파르타와 싸워 패전의 고배를 마셨다. 416년 시칠리아의 세게스타 (오늘의 카스텔라마레 디 코르포)가 시라쿠사와 다투어 동맹국인 아테네에 구원을 구하였기 때문에, 기회를 놓칠세라 알키비아데스 등은 공명심에 날뛰어 민중을 선동하고 니키아스(BC 414년 죽음) 등의 반대를 무릅쓰며 이듬해 봄 원정군으로 출발하였다. 후에 이 알키비아데스는 도망해서 적에 투항하고 아테네군은 패배하였으며 니키아스 등은 적에 붙잡혀 처참한 죽임을 당했다. 이것은 투키디데스의 대저(大著)《펠로폰네소스 전사(戰史)》에 상세히 기록되어 있지만, 플루타르코스《니키아스전(傳)》등에도 자세히 소식을 전하고 있다.

소동이 일어나 혼란을 겪게 된다.

로마는 오랫동안 이 폐단을 막을 수가 있었는데 그 뒤에는 (이미 말한 바와 같이 카르타고와 안티오코스에 이긴 뒤로는) 전쟁의 위협이 없어졌을 때 무덕을 갖추는 일에 별로 중점을 두지 않게 되었고, 민중의 인기를 모으는 솜씨를 존중하게 되었다.

세상 사람들이 보는 바와 같이 파울루스 아이밀리우스는 몇 번이고 집정관직에 취임하려고 했으나, 그때마다 배척되었으며 마케도니아의 전쟁이 시작되자 바로 집정관에 임명되었다. 전쟁이 위태로워지자 시민들은 모두 일어나서 그에게 명령을 맡겼기 때문이다. [2]

피렌체에서는 1494년 이후 여러 번 전쟁이 일어났고, 피렌체 시민 누구나 할 것 없이 비참한 형편에 처하게 되었다. 그러던 중 우연한 기회에 어떤 사나이가 출현하여 어떤 식으로 군대에 명령을 내려야 하는지를 보여 주었다. 그가 바로 안토니오 지아코미이다. 위태로운 전쟁을 계속해야 하는 동안 시민의 야망은 봉쇄당하고, 군역(軍役)이나 군대의 대장을 선출하는 데 있어서도 누구 하나 경쟁자가 없었다. 그러나 아무런 위험이 없고 오직 명예와 지위만 따르는 전쟁을 수행하게 되었을 때에는 경쟁자가 많이 나타나게 되었다. 피사를 공격하기 위해 세 사람의 군역을 골라야 했을 때에는 그는 이미 잊혀진 존재가 되어 버렸다. 두말할 필요도 없이 안토니오를 고르지 않았기 때문에 나라로는 매우 곤혹스런 처지에 놓이게 됐다. 피사인은 그때 이미 병량(兵糧)도 없었고 무기도 없었기 때문에, 가령 안토니오가 나섰다면 그 왕성한 세력에 밀려 전쟁은 피렌체인의 승리로 끝났을 것이다. 그러나 피사인들을 어떻게 봉쇄하고 공격해야 하는지 전략을 모르는 지휘관들이 피사인을 공격했기 때문에 무력으로 손에 넣도록 되어 있었던 것을 황금으로 매수해야만 하게 된 것이다.

---

2) 파울루스Lucius Aemilius Paullus, BC 227~158년. 에스파냐에서 싸워 공을 세웠다. 두 번 집정관직을 노렸으나 실패하고 182년 처음으로 집정관에 임명되어 리그리아인을 무찌르고, 그 뒤 168년 다시 집정관에 선출되어 마케도니아왕 페르세우스를 피도나에서 격파하여 대승을 거두었다. 자세한 내용은 티투스 리비우스 위의 책 제39권 제46장 이하, 같은 책 44권 제17장 이하에 나온다. 또 이 책 제3권 제25장 참조.

이와 같이 세상 사람에게 잊혀졌던 안토니오는 아마도 극렬한 원한을 품었을 것이다. 인내한 끝에 마음을 너그럽게 먹지 않으면 복수를 하고 싶은 생각을 억제할 수 없었을 것이다. 그가 복수를 하면 그 조국은 망하든가 또는 적의 이러저러한 사람들은 목숨을 잃게 된다. 이러한 사정이야말로 공화국이 나서서 막아야 하는 것이므로 다음 장에서 이에 대해 논하기로 한다.

제17장
한번 위해를 가한 사람에게 직책을 주거나
중요한 정무를 맡겨서는 안 된다

예기치 않게 공화국 파멸이 올 수 있다

공화국은 이전에 심한 위해를 가한 사람에게 어떤 역할을 주거나 무엇인가 중요한 정무를 맡기는 일이 없도록 충분히 주의해야 한다.

클라우디우스 네로는 한니발에 대항하기 위해 출동시킨 군대를 거두어들이고 그 일부만을 거느리고 마르카로 가서, 거기에서 하스두르발을 상대로 함께 싸울 다른 집정관의 군대에 합류하려고 하였다. 그 집정관은 하스두르발이 동생 한니발의 군과 합체하는 것을 막고 있었다. 그런데 네로는 전해에 에스파냐에서 같은 하스두르발을 상대로 싸운 일이 있었다. 그때 상대를 매우 불리한 땅으로 몰아붙여, 치고 나오거나 후퇴해서 굶어 죽든가 하는 처지에 몰아넣었다. 그런데 전쟁의 명수였던 하스두르발은 술책을 부려 보기 좋게 네로를 속였기 때문에 네로는 상대를 타파할 기회를 놓치고 말았다. 이와 같은 사실이 로마에 들려오자 원로원이나 민중은 매우 분격하여 수도 안에서는 네로를 비난하지 않는 사람이 없었다.

그런데 뒤에 집정관으로 임명되어 다시 한니발에 대항하게 되었기 때문에 네로는 방금 말한 바와 같은 결심을 한 것이다. 로마는 당시 매우 큰 위험에 노출되어 혼란과 고뇌의 바닥에 가라앉아 있었는데, 마침내 하스두르발의 패보(敗報)가 날라들어 수심에 잠긴 이마를 펼 수가 있었다.

나중에 사람들은 네로에게 어떤 이유로 그러한 위험한 전법을 취했는가, 그 행동은 로마의 자유를 농락하는 처사라며 따져 물었다. 그는 자기가 이번에 잘 하면 에스파냐에서 잃었던 면목을 모두 회복할 수 있다고 알고 있었기 때문에 일부러 그런 계획을 세웠다고 말했다. 만일 잘 성취되지 않았다 해도, 또 자기의 계략이 어긋났더라도 자기로서는 옛날에 그토록 배은망덕한 위해를 자기 몸에 가한 이 도시와 시민들에게 어떻게 하면 화풀이를 할 수

있는가를 잘 알고 있었다고 말했다.[1]

이와 같은 위해에 의한 격정은 로마 시민에게 이렇게까지 큰 영향을 주었다. 더욱이 그것이 로마가 아직 부패하지 않았던 시대의 일이었으므로, 그것과는 취향이 다른 도시에서 같은 일이 일어났다면 그 시민들의 상처가 얼마나 심각했을지 상상할 수 있다. 그리고 공화국에서 발생하는 이런 폐단은 고칠 대책이 손쉽게 발견되는 것이 아니므로 결국 영원히 계속되는 공화국은 결코 존재할 수 없다는 이야기가 된다. 예기치 못한 수천의 길은 모두 다름 아닌 파멸을 향해 모여 있기 때문이다.

---

1) BC 216년, 두 스키피오가 참살된 뒤를 이어 네로는 에스파냐로 파견되었는데, 하스두르발은 아수사에서 진을 치고 있었기 때문에 이를 공격하여 상대의 군대를 골짜기로 몰아넣었다. 하스두르발은 일부러 휴전을 제의하여 에스파냐를 퇴각하겠다고 하자 네로는 이를 믿고 공격의 손을 늦추었고 상대는 약속을 위배하고 밤을 틈타 전군을 골짜기에서 거두어 지형의 이점을 확보한 곳으로 이동하였다. 이리하여 네로는 하스두르발을 멸망시킬 기회를 놓쳤다. (이 책 제3권 제17장, 티투스 리비우스 위의 책 제26권 제17, 18장). 이 오명은 207년 집정관에 임명되어 하스두르발과 싸웠을 때 씻겼다. 그해 하스두르발은 알프스를 넘어 로마에 진군, 동생의 군대와 합세할 태세를 보였다. 우연히 그의 연락병이 로마군에게 붙잡혀 그 내용이 로마에 알려지자 큰 난리가 벌어져 네로를 대장으로 임명하여 대항하게 하였다. 네로는 불과 6,000명의 군대를 거느리고 출발하여 먼저 그루멘툼에 자리잡은 한니발 세력에 대항하여 상대를 견제하면서, 다른 한편으로는 작은 수의 군병을 이끌고 세나에서 하스두르발군(軍)을 저지하고 있는 집정관 리비우스 세력과 합류하여 이와 협력해서 메타우루스 강변서 하스두르발 세력을 타파하고 대장의 목을 잘라 이것을 적진으로 던져 왕년의 원수를 갚았다. 티투스 리비우스 위의 책 제27권 제43장 이하, 특히 제50, 51장. 이 전법에 대해서는 《병법칠서》 참조.

제18장

장군의 가장 중요한 임무는 적의 계략을 간파하는 것이다

다수 통제는 형벌이 효과적

테베의 에파미논다스가 한 말이지만, 대장의 능력이 아무리 뛰어나다고 해도 적의 생각과 병법을 간파하는 것만큼 필요하고 유익한 일은 없다. 그러나 이것은 매우 어려운 일이고, 정확하게 간파할 수만 있다면 그야말로 칭찬할 만한 가치가 있는 일이다. 적의 속셈을 꿰뚫어 본다는 것은, 때에 따라서는 상대의 행동을 손에 잡히도록 아는 것만큼 편한 일이고, 또 실제로 이렇게 해서 눈앞에서 또는 가까운 곳에서의 적의 움직임을 간파하게 되면 먼 곳에서의 행동을 짐작할 때보다, 전술에 훨씬 큰 도움을 준다. 이제까지 여러 차례 있었던 것처럼, 접전이 계속되다가 밤이 되어 소강 상태가 되었을 경우, 싸움에 이긴 쪽이 졌다고 잘못 알고, 진 쪽이 이겼다고 착각하는 일이 빈번히 일어난다. 이와 같은 착각 때문에 잘못 생각한 당사자는 대개의 경우 일신상의 행복에 어긋나는 생각을 품는 법이다. 브루투스와 카시우스의 경우가 그것으로,[1] 브루투스의 진영이 승리하고 있을 때, 자기 진영의 패배를 맛본 카시우스는 전군이 패배한 것으로 믿고, 그런 착오에 따라 전투를 자포자기한 나머지 자결하고 말았다.

현대에서는 롬바르디아의 산타 체칠리아에서 프랑스 국왕 프랑수아가 스위스 세력과 싸운 경우[2]가 그랬다. 접전을 하다가 밤이 되었다. 그때까지

---

1) BC 42년 옥타비아누스와 안토니우스의 추적을 받아 8만 명의 병사를 거느리고 필리포이의 들에서 싸워서 졌을 때의 일이다. 플루타르코스의 《브루투스전(傳)》과 《카시우스전(傳)》 제27, 29장, 《카이사르전(傳)》 제62, 69장 참조.

2) 1515년 8월, 프랑수와 1세의 밀라노 정복에 의해서 일어난 유명한 마리냐노의 싸움에서 베네치아와 제노바는 프랑스 쪽에, 에스파냐·교황·스위스 세력은 밀라노 쪽에 섰다. 9월 13일에 접전이 시작되어, 그날 밤 달빛 아래에서 계속 싸우다가 한 밤중에 휴전. 이튿날은 일출을 신호로 결전을 시도하여 마침내 스위스 세력은 크게 패하고 프랑스 세력은 밀라노를 빼앗았다. 이 책 제1권 제23장, 제3권 제18장 참조.

조금도 손해를 입지 않은 스위스 세력의 한 부대는 저들이 패주하거나 살상된 전말을 전혀 몰랐기 때문에, 아군이 이긴 것으로 생각하였다. 이 착각으로 그들은 아침까지 쉬고 있었기 때문에 도망갈 기회를 잃고 구조될 수도 없는 처지에 빠지고 말았다. 그리고 교황과 에스파냐군(軍) 역시 이러한 착오로 하마터면 전멸의 쓴잔을 마실 직전까지 갔는데, 이것은 아군의 대승이란 거짓 정보에 놀아나 포강(江)을 밀고 건넜기 때문이다. 만약에 그대로 앞으로 나아갔다면 승리로 사기가 오른 프랑스 세력 때문에 독 안의 쥐가 되었을 것이다.

이러한 착오가 로마 세력과 아에키인과의 각 진지에서도 일어났다. 집정관 셈프로니우스가 그때 부하들을 데리고 적에게 맞섰는데, 공격을 받아 격렬한 접전이 계속되어 여러 차례 위치를 바꾸어가면서 옥신각신하였다. 이윽고 밤이 되어 패색이 짙어지자 두 군대 모두 각 진지로 돌아가는 것보다는 안전할 것이라고 생각하고 근처의 언덕에 진을 쳤다. 로마인은 세력을 둘로 나누어 한 조는 집정관을, 다른 한 조는 백인대장 템파니우스를 따랐는데, 이 인물의 무용으로 그 접전에서 로마 세력은 전멸을 면했다.

아침이 되어 로마 집정관은 적군의 상황을 알려고도 하지 않고 로마를 향하여 퇴각하였다. 아에키인도 같은 행동을 취했다. 그들은 서로 적이 이겼다 생각하고 아무런 미련 없이 자기들의 진지를 적의 손에 맡기고 물러갔던 것이다. 그런데 남은 로마 세력을 인솔하던 템파니우스가 막 후퇴하려고 할 순간, 아에키 쪽 두서너 명의 부상병으로부터 장군들이 진지를 포기했다는 사실을 알게 되었다. 그는 로마 세력의 진지로 되돌아가 이를 수습하고, 이어서 아에키 세력의 진지를 습격하여 이를 약탈한 뒤 승리의 함성을 올리며 로마로 돌아갔다. [3]

---

3) BC 434년 카푸아를 중심으로 한 지방의 주민들이 로마에 대항하였기 때문에, 집정관 셈프로니우스(Caius Sempronius Atratinus)가 전투에 나선 때의 이야기이다. 최초의 싸움에서 로마 세력은 모조리 타파되고 대혼란에 빠져 집정관의 질타도 소용없이 붕괴 직전에 이르렀다. 템파니우스(Tempanius)는 부하를 격려하여 쳐들어가 난전을 이룬 끝에 밤이 되었다. 그 뒤에는 본문에서 본 바와 같은 결과가 되었다. 결국 템파니우스는 적과 아군이 모두 내버려두고 가버렸기 때문에 뜻하지 않은 공명을 올리게 된 것이다. 티투스 리비우스 위의 책 제4권 제37장 이하, 특히 제39장 참조. 본문에 '아에키인'이라고 되어 있는 것은 '볼스키인'이 잘못 기록된 것이라고 여겨진다.

이와 같은 승전은, 세상 사람들도 알다시피 무엇보다도 먼저 적의 혼란을 잘 간파한 결과이다. 서로 대치하고 있는 두 군대는 혼란에 빠져 모두 진지를 물러나는 경우가 적지 않다. 따라서 이때 버티고 서서 상대의 상태를 정확하게 파악한 쪽이 싸움에 이기게 된다. 이에 대하여 최근 우리 지역에서 일어난 사건을 한 예로 들어보고자 한다.

1498년, 피렌체인이 대군을 동원하여 피사 세력에 맞서 수도로 육박해오자, 피사는 베네치아인에 의지하여 비호를 구한다. 그러나 구원의 손길이 뻗칠 틈이 없다는 것을 깨닫고 싸움의 선봉을 돌리기 위해, 전혀 방향이 다른 땅으로부터 피렌체 영토로 쳐들어가기로 결정하였다.

유력한 한 부대를 차출하여 라모나 계곡으로 쳐들어가, 일 보르고 디 말라디를 빼앗고, 나아가 성시(城市)를 내려다보는 언덕 위의 라 로카 디 카스틸리오네를 포위하였다. 이것을 들은 피렌체인은 말라디를 구할 결심을 하지만, 피사 세력과 맞서고 있는 군대를 할애하고 싶지는 않았다. 그래서 새로 부대를 편성하고 기마대로 조성하여, 피옴비노의 4대째 영주 자코포 다 피이노와 리누치오 다 마르키아노 백작을 대장으로 삼아 출동시켰다. 이 군대는 마침내 말라디를 내려다보는 문제의 언덕에 이르러, 적은 썰물처럼 카스틸리오네 근처에서 성시로 모두 후퇴하였다. 이리하여 두 군은 며칠 동안 서로 대치하고만 있다가, 병량과 그 밖의 필요한 물건이 결핍되기 시작하였다. 그런데 어느 쪽도 먼저 공격할 용기가 없었고, 어느 쪽도 상대의 곤경을 전혀 알지 못하였다. 그들은 공교롭게도 서로 같은 날 새벽에 후퇴를 결심하고, 베네치아 세력은 베르티겔라와 파엔차로, 피렌체 세력은 카자리아와 무겔로로 철수하기로 했다. 아침 해가 뜰 무렵, 이미 두 군은 저마다 짐을 나르고 있는데, 한 여인이 초라한 모습 때문에 이렇다 할 검문도 받지 않고 말라디라는 고을에서 나와 피렌체 세력의 진지에 있는 친척을 만나러 왔다. 이 여인으로부터 베네치아 진영이 텅 비었다는 말을 듣게 된 피렌체 군대의 지휘관은 이 소문에 새로운 힘을 얻어 자기들이 적을 위협하여 진지를 물러나게 한 것처럼 기를 쓰고 덤벼들었다. 그리고 피렌체에는 자신들이 적을 물리쳤다고 써 보냈다. 이 승전은 단지 재빨리 적이 도망간 것을 알아차렸기 때문이었다. 가령 상대가 먼저 알았더라면 오히려 피렌체 세력이 같을 꼴을 당했을 것이다.

제19장
대중을 통제하기 위해서는 형벌보다도 자비 쪽이 더 필요한가

어떤 유혈사태든 욕망이 결여된 것은 없다

로마 공화국은 귀족과 평민의 반목으로 혼란에 빠져 있었다. 그럼에도 싸움이 시작되자 이내 군대를 퀸티우스와 아피우스 클라우디우스에게 지휘권을 맡겨 내보냈다. 아피우스는 본디 냉혹하고 난폭한 지시를 태연히 하는 사나이였다. 아무래도 군병들은 그가 명령하는 대로 움직이지 않으려 하였고, 마침내 완전히 와해되어 이제까지 차지하고 있던 땅을 내놓아야 했다. 한편, 퀸티우스는 인품도 온화하고 돋보이는 지휘를 하였기 때문에 부하들은 기꺼이 이에 복종하였고 전투에서 승리를 차지했다. [1]

이런즉 대중을 통제하기 위해서는 지나친 엄격함보다는 인정으로 나가고, 잔혹보다는 자비 쪽이 훨씬 좋다는 것을 알 수 있다. 그런데 코르넬리우스 타키투스는 다른 많은 역사가와는 달라서 이와는 반대되는 생각을 말하고 있다. "대중을 통제하기 위해서는 온정보다는 형벌이 훨씬 더 효과적이다. In multitudine regenda plus paena quam obsequium valet."

---

1) 본문에 인용한 클라우디우스는 10인회의 주역과 동명이인으로 아 사비누스 클라우디우스의 아들이다. 아버지보다도 격렬한 귀족주의자로, BC 473년 무렵 평민측 관리들은 부족을 선거 모체로 하려는 법률안이 제출되었을 때, 그 제창자 위레로 일파를 상대로 극력 반대하여 귀족과 평민의 분쟁을 격화시켰다. 결국 평민측의 주장은 통과되었으나 그 분쟁을 틈타 472년 아에키인과 월스키인이 모반을 일으켜 크라우디우스는 후자를, 퀸티우스는 전자를 맡기로 하고 저마다 군대를 이끌고 진격하였다. 그러나 크라우디우스는 본문에 인용한 것과 같은 사정이 되었고, 부하들은 적을 앞두고 장군을 배반하여 싸움을 거절하고 역설적이게도 정적인 윌레로 일당을 초청해서 군병을 달래야 했다. 이 허점을 틈타 월스키인은 공격을 감행하여 로마 세력은 산산이 흩어지고 말았다. 한편 퀸티우스는 큰 승리를 거두었다. 티투스 리비우스 위의 책 제2권 제56장 이하, 특히 제59, 60장.

여기서 이 두 의견을 서로 조화시키고 싶다면 나는 다음과 같이 말할 것이다. 그것은 먼저 여러분이 다스리는 사람이 일반적으로 여러분과 동등한 사람들인가, 여러분의 부하로서 따르고 있는 사람들인가 여부로 결정된다. 동료인 사람에 대해서는 아무런 거리낌 없이, 코르넬리우스가 주장하는 엄벌이나 학정을 실시할 수가 있다. 그것은 로마의 평민들이 로마에서 귀족과 어깨를 나란히 하여 정권을 잡기는 하였지만, 겨우 얼마 동안밖에 군주로서 잔인하고 가혹한 정치를 펴지 못했기 때문이다. 또 여러 차례 볼 수 있는 바와 같이, 로마의 장군들이 부하들로부터 존경을 받아, 명령을 하는 데에도 늘 온당하고 올바르게 할 수 있다면 난폭한 지휘를 하는 것보다 훨씬 좋은 결과를 얻을 수가 있다. 그것은 마치 만리우스 투르쿠아투스[2]와 같이 초인적인 무용을 가지지 않는다면 특히 그러하다.

그러나 부하들을 통제하는 사람이, 지금 말한 코르넬리우스의 말대로, 대중들이 거만하게 되지 않도록 노력하면서도 위엄을 손상시키지 않으려고 생각한다면, 자비로움보다 엄벌주의가 더 효과적이다. 그러나 이 경우에도 온화함을 잃지 않고 미움을 사지 않도록 주의해야 한다. 미움의 대상이 되면 어떠한 군주에게도 이득이 되지 않기 때문이다. 이것을 피하는 길은, 부하들의 몸에 손을 대지 않는 것이다. 피를 보게 되면 트집을 잡히지 않는 일이 없으므로, 어떤 군주도 필요 없이 이와 같은 마음을 먹지 말아야 한다.

그러나 피에 대한 욕망은 그것이 탐욕과 뒤섞여 있을 때 계속해서 나타나게 된다. 내가 이 일에 대해 다른 논문에서 길게 설명한 바와 같이, 어떤 유혈 사태든 욕망이 결여된 것은 결코 없다. [3]

따라서 퀸티우스는 아피우스보다도 칭찬을 받아야 마땅하며, 코르넬리우스의 잠언(箴言)도 일정한 제한이 있다면 찬성할 만한 가치가 있다. 그러나 아피우스의 경우는 이를 적용할 수가 없다.

이렇게 형벌과 관대함에 대해서 이야기하였으므로 다음에 한 예로서 파레리이인(人)이 무력보다도 호의에 강하게 감동을 받았다는 이야기를 해 보겠다.

---

2) 티투스 만리우스를 말한다. 이 책 제1권 제11장 주석 참조.
3) 《군주론》 제17장을 가리킨다. 이 책 제1권 제3장, 《병법칠서》 제4권 참조.

제20장
인정미가 있는 거동이 로마의 모든 무력보다도
파레리이인에게 큰 힘을 느끼게 하였다

흉포한 처사보다 자애심 넘치게

카밀루스가 군대를 끌고 팔레리이인의 도시 가까이에 진을 치고 공격하고 있었을 때, 도성 안에서 제일가는 학교의 교사가 카밀루스와 로마인의 환심을 사기 위한 계획을 세웠다. 그는 실습을 빙자하여 자기 학생들을 데리고 도시의 교외로 나가, 모두 카밀루스의 진지로 끌고 가 그를 만났다. 거기에서 교사는 자신의 학생들을 바치며 그들을 구하기 위해 도시가 그에게 굴복할 것이라고 말하였다. 그러나 이 선물을 카밀루스는 받지 않았다. 오히려 이 교사를 벌거벗기고 그의 손을 뒤로 묶고는 학생들에게 매를 하나씩 주어 배반한 교사를 때리면서 도성으로 돌아가게 했다. 이것이 도성 사람들에게 알려지게 되자 사람들은 카밀루스의 인정과 엄정한 마음에 감탄하여 더 이상 도성을 방어하지 않고 이를 내주기로 하였다. [1]

이를 통해 대개의 경우 흉포한 처사보다도 인정미가 넘치고 자애심이 깃든 행동 쪽이 인간의 마음에 큰 영향을 준다는 것, 군대나 무기 또는 기타 인간의 힘을 기울여도 공략할 수 없던 지역과 도시들이, 사소한 자비와 관대함을 보이면 이내 항복해버린다는 것을 알 수가 있다.

이 외에도 역사상 수많은 사례들이 있다. 우리가 알고 있는 바와 같이, 로마 군대가 아무리 공격해도 피로스를 이탈리아에서 추방할 수가 없었는데,

---

[1] 풀리우스 카밀루스에 얽힌 유명한 일화로, BC 396년 베이를 공략한 직후의 이야기이다. 이 배반 교사의 말이 끝나는 것을 기다리지 않고 카밀루스는 큰 소리로 배반자를 질책하였다. 그리고 베이를 함락시킨 것처럼 무력으로 팔레리이를 빼앗아보겠다고 큰소리 치고, 본문에서 인용한 것처럼 이를 쫓아 보냈다. 티투스 리비우스는 카밀루스의 정의감과 신의에 감탄하여 칭찬하고 있다. 위의 책 제5권 제26~28장. 참고로 파레리이는 현재의 티비타 카스텔라나에서 로마의 북쪽 약 38km에 있는 도시이다.

파브리키우스가 필로스 왕에게 왕의 측근 중 한 사람이 로마인에게 문서를 보내 주인을 독살할 것을 제의했다는 사실을 그에게 털어놓자, 이에 감동하여 곧 물러난 일도 있다. [2]

또 스키피오 아프리카누스가 에스파냐에서 카르타헤나를 함락시킨 공로보다도, 그가 아름다운 여자에게 손가락 하나도 대지 않고 그녀의 남편에게로 돌려보낸 것이 더 훌륭한 행동이라고 에스파냐의 온 국민에게 칭찬을 받은 예도 볼 수가 있다. [3]

그리고 위대한 인물들의 이와 같은 행동을 시민들이 얼마나 열망하고 있는지, 이러한 처사에 대해 저술가(著述家)들, 군주의 전기를 쓰고 군주들이 지켜야할 행동 규준을 적는 사람들이 얼마나 열찬(熱讚)하고 있는지 알고 있다. 그 중에서도 크세노폰은 특히 키루스가 온건한 인품과 뛰어난 솜씨에 의해 얼마나 큰 명예를 얻었고 얼마나 훌륭한 승리는 거두었는지, 또 그가 다른 사람

---

2) BC 282년 집정관직에 취임한 파브리키우스는, 280년 로마 세력이 헤라크레아에서 피로스에게 패배한 뒤 사신으로서 적장과 교섭하여 위협으로 철병시키려고 하였으나 그 효과가 하나도 없었다. 그런데 우연히 상대 시의(侍醫)의 음모를 알고서, 이를 피로스에게 알리자 적장인 그는 크게 감동하여 답례로서 포로를 몸값 없이 돌려보내고 평화 협정을 제의하였다. 파브리키우스를 비롯하여 로마인들은 적의 온정을 물리치고 이듬해 아스쿠룸에서 싸움을 벌였으나 패배하였다. 그러나 로마의 동맹 제국이 동요하지 않는 것을 보고 피로스는 시칠리아로 물러갔다. 플루타르코스 《피로스전(傳)》 제18장 이하, 특히 제25장. 또 필로스에 대해서는 《군주론》 제4, 6장. 파브리키우스에 대해서는 이 책 제3권 제1장 참조

3) 대(大)아프리카누스가 24세의 젊은 나이로 BC 210년 카르타헤나(신카르타고 Cartagine Nuova)를 공략한 직후의 이야기로, 그 싸움에서 잡은 포로의 취급을 관대하게 하여 상대의 명예를 존중하였다. 그때 군병들은 절세의 미인을 잡아왔다. 그녀를 심문한 스키피오는 상대가 포로의 한 사람인 에스파냐 케르티베리아 지방의 호족 알루키우스의 약혼녀라는 것을 알게 되었다. 스피키오는 곧 미래의 남편에게 그녀를 돌려보냈고 여자의 부모와 친척들까지 모두 풀어준데다가 얼마쯤 금품을 주어 나라로 돌려보냈다고 되어 있다. 티투스 리비우스 위의 책 제26권 제50장 참조.

4) 크세노폰은 그의 《크루쉬전(傳)》에서 키루스가 어려서부터 자란 뒤 혁혁한 전승을 거둘 때까지의 일을 쓰고 있다. 그는 이 전기를 빌려 자기의 정치 의견을 말하면서, 플라톤의 국가론에 대항하고 소크라테스의 이론에 입각하여 스파르타의 정치를 추천하고 있기 때문에, 전기로서 사실에 입각하고 있지 않다는 데 흠이 있다. 또 키루스에 대해서는 《군주론》 제6, 14장. 이 책 제2권 제12, 13장 참조.

의 생애에서 볼 수 있는 거만함과 잔인함, 더 나아가서 사치성 등의 악덕을 보이지 않게 하려고 얼마나 주의하고 있었는가를 설명하는 데에 힘을 쏟고 있다.[4] 그런데 한니발은 이와 같은 사람들과는 반대로 행동하면서도 큰 공명과 승리를 얻었다. 이것에 대해서는 다음 장에서 살펴보도록 하겠다.

제21장
한니발이 스키피오와는 다른 행동을 했는데도 스키피오가 에스파냐에서 얻은 것과 같은 명성을 이탈리아에서 수립할 수 있었던 이유는 무엇인가

공포가 사랑보다 효과적

누구나 의아하게 생각하듯, 누군가 어떤 대장이 인류에 반한 행동을 했으면서도 능히, 위에서 말한 행동으로 나왔던 사람들과 같은 성과를 올렸다는 것은 묘한 일이라 할 수 있을 것이다. 그러므로 승전은 위에서 말한 바와 자비에 의해서만 이루어지는 것이 아니라고 생각할 수 있다. 아니, 오히려 그와 같은 행동은 여러분의 무력을 강화하지도 않고, 또 운을 열 수도 없으므로, 오히려 반대되는 행동 쪽이 공명을 세우고 인망을 높일 수 있는 것이 아닌가 하는 생각이 드는 것이다.

그런데 나로서는 위에서 말한 사람들의 이야기로부터 벗어나지 않기 위해 그리고 내가 하고 싶은 말을 더욱 분명히 하고 싶은 마음에서, 스키피오는 에스파냐로 들어가자, 그의 인정미와 자비심 덕택으로 이내 이 나라를 아군으로 끌어들여 사람들의 존경과 사랑을 받게 되었다고 말하겠다. 반면 한니발은 전적으로 그 반대되는 행동으로 즉, 폭행, 잔학, 강도 사태, 그 밖의 갖은 불신을 통해 스키피오가 에스파냐에서 얻은 것과 마찬가지 효과를 얻을 수가 있었다. 이탈리아의 모든 나라들이 한니발의 편이 되어 그에게 기꺼이 복종하였기 때문이다.

그렇게 된 이유는 무엇인가? 거기에는 여러 가지 이유가 있다는 것을 알수 있다. 첫째로, 본디 인간이란 변화를 좋아한다는 것이다. 그리고 사람들은 좋은 시대에는 지루해하고 나쁜 시대에는 불평을 한다. 그래서 누구나 할것 없이 이 욕망에 끌려, 여러 나라에서 혁신을 위한 지도자로 부상된 사람에게 문을 열어 주게 된다. 만약 그것이 외국인이면 아무런 지체 없이 목적을 향해 앞으로 나아가게 되고, 같은 나라 사람이라면 이윽고 패거리가 생겨

스키피오(BC 235?~183). BC 209년에는
카르타고 노바를 공략했으며 206년까지
카르타고 세력을 에스파냐로부터 몰아 내
었다. 에스파냐 원주민의 지배층을 복속
시키고 아프리카에도 건너가 누미디아의
시팍스·마시니사 두 왕을 자기 편에 끌어
들였다.

서 이 사나이를 지지하고 그 세력을 강화한다. 이리하여 이 인물이 어떤 행
동을 하든 순식간에 그 나라에 확고한 힘을 심어버리게 된다.

이에 더하여 인간은 본디 공포심의 자극을 통해 행동을 일으키는 법이다.
따라서 지도자에게 두려움을 느끼고 있는 쪽을 지도자에게 사랑을 느끼고
있는 쪽보다도 훨씬 편하게 지배할 수가 있다. 우리가 자주 보는 것처럼 대
중은 인정미가 있는 사람보다도 두려움을 느끼고 있는 장군에게 복종을 하
게 되고, 자연스레 평판도 훨씬 높아지기 마련이다. 이와 같은 까닭으로 장
군으로서는, 그가 뛰어난 용사이고 그 용명이 널리 알려져 있으면, 위의 두
가지 길 중 어느 쪽을 고르느냐는 그다지 중요한 일이 아니게 된다. 왜냐하
면 한니발이나 스키피오 등과 같이 이름을 날린 사람이라면, 결점은 모두 없
어지고 사람들이 필요 이상으로 존경을 하거나 두려워하는 일도 없어지기
때문이다. 만약 어느 편이든 극단적으로 밀고 가면 모두 큰 손해를 자아내어
군주의 파멸이 되는 원인을 이루기도 한다.

생각건대 남의 환심을 사는 데에 급급한 자는, 오직 세인의 웃음거리가 될
뿐이며, 이와 반대로 나아가 무턱대고 두려워하게 하려는 자는 그 길을 잘못
드는 경우가 적지 않으므로 미움을 받게 된다. 중용의 길을 간다는 것은 더
욱 어렵다. 서로의 천성이 여기에 방해를 하기 때문이다. 따라서 꼭 한니

카르타고의 자마 전투에서 한니발과 맞선 스키피오.
BC 201년 스키피오는 카르타고의 명장 한니발을 무
찔러 제2차 포에니 전쟁을 끝냈다.

발이나 스키피오가 보인 것과 같은, 세상에도 드문 무용을 몸에 지녀 이러한 폐해를 제거해야만 한다. [1]

그러나 알다시피 위에서 말한 두 사람의 행동은, 모두 무도하다는 비방과 함께 명성도 누렸음을 발견하게 된다. 비방을 받은 일에 대해서 말하자면, 스키피오는 그의 자비심 때문에 오히려 에스파냐에서 부하인 군병들로부터 배반을 당하였다. 이 사건은 그를 무서워하지 않았기 때문에 일어난 것이었다. 왜냐하면 군병들은 한시도 가만 있지 못하여 자기들의 야심을 채울 사소한 계기라도 생기면 군주의 선량한 기질에 대한 애정은 바로 잊어버리기 때문이다. 그의 군병들과 친구들의 이 같은 행동으로 스키피오는 더 이상의 불합리를 피하기 위해 이제까지 보이지 않았던 잔학함을 나타내야 했던 것이다. [2]

한니발의 경우 그의 잔학성과 불신의(不信義) 때문에 해를 받은 특별한 실례는 없다. 다만 여기서 생각할 수 있는 것은, 나폴리나 그 밖의 많은 동맹국이 그를 무서워서 편들고 있었다는 점이다. 이에 의해서 알 수 있는 바와 같이, 그의 행동이 로마인에게는 이제까지 이 공화국이 상대했던 어떠한 적보다도 훨씬 격렬한 증오의 표적이었다. 피로스에게는, 상대가 아직도 군대를 이끌고 이탈리아에 주둔하고 있는데도, 독해(毒害)하려고 하는 모사를 알려주었지만, [3] 한니발에 대해서는 결코 너그럽게 봐주는 일은 없었다. 그러기 때문에 로마인들은 한니발이 무기를 가지지 않은 채 도망을 갔어도 이를 용서하지 않았고, 스스로 목숨을 끊을 때까지 압박을 늦추지 않았던 것이다.

이러한 일이 원인이 되어, 한니발은 신의에 어긋나는 잔학한 사나이라는 평판을 받은 꼴을 당했다. 그러나 다른 한편으로는, 모든 저술가들이 한결같이 찬양하는 커다란 이득을 누려온 것도 부인할 수 없다. 그것은 부하들에게, 특

---

1) 이곳의 소론(所論)은 《군주론》 제17장에 자세히 전개되어 있다.

2) 여기에 대해서도 위의 책 같은 장에 자세히 다루었다.

3) 앞장의 피로스와 파브리키우스의 대목에서 본 사건이 일어나기 전 해에, 피로스가 유명한 외교가 키네아스를 보내어 화목을 제의했다. 로마인은 헤라클레아에서의 대패(大敗)에 혼이 나 이를 수락하려고 했다. 이때 검찰관 아피우스 클라우디우스는, 적이 이탈리아에 군대를 이끌고 주둔하고 있는 동안에는 결단코 평화 협정은 꿈에도 생각하지 말라는 격렬한 연설을 시도하여, 화목 승낙의 분위기를 일소했다고 하는 유명한 사례를 가리킨 말이다. 플루타르코스 《피로스전(傳)》 제22장.

한니발(BC 247 ? ~183). 그는 제2차 포에니 전쟁을 일으켜 육로로 피레네 산맥과 알프스를 넘어서 이탈리아로 침입, 각지에서 로마군을 격파했다. 그러나 스키피오가 카르타고를 공격하자 고국에 소환되어 자마 전투에서 대패했다.

히 잡다한 인종을 포함하는 군대 안에서 아무런 내분도 일어나지 않게 하고, 또 그 자신에 대해서도 모반할 마음을 일으키게 하지 않은 것이다. 이것은 그의 인품에 대해 사람들이 느낀 외경(畏敬)의 마음에서 비롯된 것일 것이다. 이 외경의 마음이 매우 뿌리 깊고, 여기에 무용에 의한 이름이 천하에 알려져 있었기 때문에 부하인 군병들은 무서워서 결속을 굳힌 것이다. 4)

여기에 결론을 내리자면, 장군이 이 두 가지 행동이 갖는 결함을 보충할 수 있을 정도의 용맹무쌍한 사람이기만 하면, 어떤 처사를 하든 대단한 문제

---

4) 이곳의 소론(所論)은 《군주론》 제17장에 자상하게 말하고 있다.

가 아니라는 이야기가 된다. 왜냐하면 이미 말한 것처럼 위의 두 가지 행동은 어느 것이나 마찬가지로 결함과 위험이 따르는 것으로, 다만 세상에 뛰어난 무덕에 의해서만 이를 교정할 수가 있을 것이기 때문이다. 따라서 한니발과 스키피오가, 한 사람은 칭찬할 만한 행동에 의해서, 다른 한 사람은 증오할 만한 행동으로 같은 효과를 올릴 수 있었다 해도, 두 사람은 모두 위대한 공적을 세운 사람임에 틀림없다.

제22장
만리우스 토르콰투스는 무자비함으로,
발레리우스 코르우스는 관대함으로 같은 영광을 얻었다

성공은 비범한 능력을

로마에 때를 같이 해서 두 사람의 뛰어난 대장, 즉 만리우스 토르콰투스[1]와 발레리우스 코르비누스[2]가 있었다. 이 두 사람은 무용에서나 승전의 공명에서 어깨를 나란히 하였다. 두 사람 모두 적에 대해여는 서로 뒤지지 않는 무용을 가지고 있었으나, 부하에 대하여 또 군병의 훈련에 대하여 두 사람은 서로 다르게 행동했다. 만리우스는 모든 일에서 준엄했고 끊임없이 군병을 부리며 고역에 허덕이게 하고 있었다. 그에 비해 발레리우스는 모든 일에 인정으로 나가고 격의 없는 태도로 임하고 있었다. 따라서 세상 사람들이 아는 바와 같이, 군병들을 복종시키기 위해 만리우스는 자기 자식을 죽이기까지 했으나, 발레리우스는 한 사람의 시민에게도 결코 위해를 끼치지 않았다.

그런데 이렇게 서로 다르게 행동했음에도, 두 사람은 적에 대항해서나 공화국과 일신의 이익에 대해서 전적으로 같은 효과를 올린 것이다. 만리우스의 명령하는 태도는 다른 사람에 비할 수 없을 정도로 준열(峻烈)했기 때문에, 사람들이 그를 가리켜 '만리우스 식 권한 행사'라고 일컬었을 정도였다.[3] 군병들은 절대 그에게 반항하지 않았고, 그의 명령이라면 적과의 접전도 두려워하지 않았다.

---

1) 디투스 토르콰투스는 '거만한 만리우스'라고도 불리고 있다. BC 363년, 아버지를 붙잡은 폼페니우스를 위협한 일은 이 책 제1권 제9장에, 군율을 중요시하여 자기 아들을 죽인 경위에 대해서는 이 책 제2권 제16장 첫머리와 제3권 제34장에 있다. 자세히는 티투스 리비우스 위의 책 제7권 제3~5장, 제10, 27장, 제8권 제3장.
2) 발레리우스 코르비누스는 이미 이 책 제1권 제60장의 첫머리에 있는 대로 BC 370년에서 270년까지 로마에서 활약한 무장이다. 그의 성질에 대해서는 본문 후단에서도 말하고 있다. 자세한 점은 티투스 리비우스 위의 책 제7권 제26~42장, 제10권 제2~11장.
3) 티투스 리비우스 위의 책 제4장에 있는 말.

여기서 생각해야 할 것은, 어떤 이유가 있어서 만리우스는 이와 같이 준엄한 처사를 해야 했는가, 또 발레리우스는 어떻게 해서 이렇게 인정미 넘친 행동을 할 수 있었는가, 더 나아가 이렇게 전혀 다른 행위에 의해서도 같은 결과를 얻게 된 것은 왜 그런가, 마지막으로 어느 쪽이 뛰어났는가, 어느 쪽이 모범으로 삼을 때 이익이 있는가 하는 점이다.

여기서 누군가, 티투스 리비우스가 만리우스의 이야기를 시작했을 때에 말한 그의 본성을 충분히 생각해본 사람이 있다고 한다면, 그가 매우 용감한 사람이며 그의 아버지나 조국에 대해서는 정이 두텁고 자기보다 뛰어난 사람에게는 매우 경건한 사람이었다는 것을 알 수 있을 것이다. 이러한 예는 갈리아인을 죽였을 때와, 아버지를 옹호하여 호민관에 반항하였을 때 볼 수 있었다. 갈리아인과의 결전에 나아가기 전에 집정관 앞에서 그는 이렇게 말하였다. [4] "각하의 지시가 없으면 필승의 확신이 있더라도 진영에서 뛰어나와 싸우지 않을 것입니다. Injussu tuo extra ordinem nunquam pugnaverim, non si certam victoriam videam."

이러한 부류의 사람이 명령하는 지위에 오르게 되면, 그는 모든 사람이 자기와 같은 인간이기를 바라고 명령을 하는 데에도 준엄해지며 자기가 명령하면 반드시 따라주기를 요구하게 된다. 따라서 결코 예외 없이 준엄한 지시를 하면 반드시 이를 실천해야 한다. 그렇지 않으면 여러분의 몸이 위태로워지게 된다. 여기에서 주의해야 할 일은, 사람으로 하여금 기쁘게 복종하게 만들기 위해 지시를 하는 방법을 잘 알아야 한다는 것이다. 지시의 요령을 알고 있는 사람들은, 자신의 능력과 복종할 사람들의 능력을 비교해서 적당한 균형을 이룰 때 지시를 하겠지만, 그렇지 않을 경우에는 어떤 일에도 참견을 하지 않는다. 따라서 현자들이 말하고 있는 바와 같이, 강제로 공화국을 유지하려면 압제(壓制)하는 자와 압제를 받는 자의 균형이 잡혀 있어야 한다. 이와 같이 균형이 잡혀 있을 때에는 그러한 무력의 사용이 오래 계속

---

4) 티투스 리비우스 위의 책 제7권 제10장. BC 360년 갈리아 세력이 로마 가까이 공격해 왔을 때 독재관 마케르 리키우스가 로마의 젊은 사람들을 모아놓고 격려하며 한 말이다. 또한 같은 장에, 이 싸움에서 만리우스는 갈리아의 거인을 쓰러뜨린 뒤 죽은 자의 명예를 생각하여 단지 그의 목을 벤 데에 그쳤으나 이로써 투르투스의 이름을 얻었다고 말하고 있다. 또 이 호걸의 아버지에 대한 효심에 대해서는 같은 책 제5장에 말하고 있다.

된다고 생각할 수가 있다. 그러나 압제를 받은 쪽이 압제를 하는 쪽보다 세력이 셀 때에는 이 완력 사태가 없어지리라는 것을 예상해야 한다.

　본론으로 되돌아가서 말하고 싶은 것은 강한 상대를 누르기 위해서는 강해야 하고, 이 강건한 마음을 가지고 있는 사람이 지시를 할 경우, 나중에 아무리 자신의 지시에 따르게 하기 위해서라고는 하지만 부드러운 태도를 보일 수가 없다는 것이다. 따라서 이와 같은 강건한 마음을 가지고 있지 않은 사람은 결코 강력한 지시를 해서는 안 되고, 통상적인 명령에서는 모든 일에 인정으로 처리하는 것이 좋다. 통상적인 처벌은 설사 그것이 잘못된 것이라도 군주가 미움을 받지 않고 오직 그 국법이나 국시(國是)가 비난받게 되기 때문이다.

　따라서 만리우스가 가혹한 행동으로 나갔던 것도, 태어난 성격에도 원인이 있겠지만 준엄한 국헌에 의해서 그렇게 할 수밖에 없었다고 볼 수 있다. 이러한 국헌이 공화국에 쓸모가 있었다고 하는 것은, 그 덕택으로 나라의 여러 제도가 건국 정신으로 돌아가 예로부터의 무덕(武德)을 되살릴 수 있었기 때문이다. 여기서 가령 어떤 공화국이 큰 국운의 혜택을 받아 위에서 말한 바와 같이 인재가 배출되고 그 모범으로 국법이 갱신되고 망국(亡國)의 길목에서도 능히 그 멸망의 길을 면했다고 한다면, 그 국가는 영원히 지속될 것이다. 이와 같이 만리우스는 그의 준엄한 명령을 통해 로마 군대 훈련의 풍습을 유지한 사람들 중 한 사람이었다. 처음에는 그의 천성에 의해서, 다음에는 태어나면서 가지고 있었던 국헌을 끝까지 지키고 싶다는 욕망으로 그렇게 된 것이다.

　한편, 발레리우스가 인정 많은 행동을 할 수 있었던 것은, 다만 당시의 로마 세력에 행하여지고 있던 훈련법을 지켜가기만 하면 되었기 때문이다. 그 방법이 매우 잘 실행된 것은, 그 시기가 적절했고 그것만 지키고 있으면 공명을 세우는 데에 충분하였기 때문이다. 게다가 이를 실행하는 데에 그다지 힘이 들지 않기 때문에 발레리우스는 위반자들을 처벌할 필요가 없었다. 위반자가 전혀 없었고 비록 있었다고 해도 이미 말한 바와 같이 이를 처벌하면 원망을 받는 것은 국법이었지 지도자의 잔학성이 아니었다. 이와 같은 사정이었으므로 발레리우스는 아무런 방해도 받지 않고 인정을 보일 수 있었고, 이로써 군병들과 함께 출세할 수도 있었고, 그들을 만족시킬 수가 있었던 것이다. 이리하여 두 사람은 처사는 달랐지만 똑같이 복종을 받고 같은 성과를 올릴 수가 있었던 것이다.

그런데 이 사람들을 모방하려는 자는 앞서 말한 바와 같이 스키피오나 한니발과 마찬가지로, 경멸을 당하거나 미움을 받게 될 것이다. 만약 당신이 남보다 뛰어난 무덕(武德)을 가지고 있다면 이것을 피할 수 있으나, 그렇지 않다면 단념할 수밖에 없다.

그렇다면 이제 남은 일은, 이러한 행동 중 어느 쪽이 칭찬을 받을까 하는 점이다. 이것은 상당히 논란의 대상이 될 것으로 생각한다. 왜냐하면 저술가들은 두 방법 모두를 칭찬하고 있기 때문이다. 그러나 군주가 나라를 다스릴 때 지켜야 할 길로, 저술가들은 만리우스보다는 발레리우스 쪽에 찬의를 나타내고 있다. 그래서 크세노폰은 이미 말한 바와 같이 키루스의 여러 가지 자비와 선행에 대해 언급하고 있는데, 이것은 티투스 리비우스가 발레리우스에 대해서 말하고 있는 것과 매우 비슷하다.

발레리우스가 삼니움인들과의 접전을 위해 집정관으로 임명된 날, 군병들에게 여느 때처럼 정애에 넘친 말투로 말을 걸며 군병들을 이끌었다. 이 이야기를 한 뒤 티투스 리비우스는 다음과 같이 말한다. [5]

"이제까지 한 번도 볼 수 없을 정도로 장병은 마음속으로부터 서로 화목해하였다. 아무런 주저도 없이 매우 담백한 태도로 모든 일을 다 함께 하였다. 군대에서 하는 빠르기나 힘 등의 솜씨 자랑에 참가해도 부드럽고 싹싹했고, 승패에 상관없이 언제나 기분은 변하지 않았으며, 경쟁 상대를 앞에 두고도 조금도 얕잡아보는 데가 없었다. 발레리우스의 거동에는 배려가 깃들어 있었고, 이야기를 할 때에도 남의 자유를 방해하지 않았다. 그렇다고 해서 자기의 위엄을 손상시키지도 않았다. 게다가 무엇보다도 민중을 기쁘게

---

5) 발레리우스 코르우스의 가장 큰 공명(功名)은 약관 27세의 나이로 삼니움 세력과 캄파냐의 가우루스 산에서 싸워서 얻은 승리이다. BC 343년의 일로, 위에서 인용한 말은 발레리우스의 연설을 기록한 뒤에 덧붙인 말이다. 티투스 리비우스 위의 책 제7권 제33장 첫머리의 문장이다. 연설은 같은 책 제32장에 있으며, 정의(情誼)를 다하여 애민우국의 충정을 느끼게 하고 있다.

한 것은 그가 직책을 수행할 때에도 그것을 맡기 이전과 변함 없이 행동한 것이다. Non alias militi familiarior dux fuit. omnia inter infimos militum haud gravate munia obeundo. In ludo praeterea militari, quum velocitatis viriumque inter se aequlales certamina ineunt, comiter facilis vincere ac vinci, vultu eodem ; nec quemquam aspernari parem, qui se offerret : factis benignus pro re, dictis haud minus libertatis alienae, quam suae dignitatis, memor ; et, quo nihil puputarius est, quibus artibus petierat migistratus, iisdem gerebat."

티투스 리비우스는 만리우스에 대해서도 마찬가지로 칭찬을 하였다. 아들의 목숨을 빼앗은 엄격한 처사로 군대가 마음속으로부터 집정관에게 복종하는 마음을 갖도록 만든 일과, 이 일로써 로마인이 라티움인(人)을 타파할 수 있었던 경과를 밝히고 있다. 리비우스는 그 승전과 접전의 전말을 소상하게 말하고, 로마인(人)이 마주하고 있던 위기와 극복해야 했던 곤란에 대해 이야기하며, 오직 만리우스의 무용에 의해서만 로마인은 그와 같은 승리를 거두었다고 말하고 있다. 그는 두 군대의 힘을 비교하면서도 가령 만리우스가 지휘를 했더라면 반드시 이겼을 것이라고까지 말하고 있다. 6)

그런데 이와 같이 저술가들의 여러 가지 의견을 생각해 보면, 어느 쪽을 취해야 할지 판단하기가 힘들 것이다. 그러나 애매한 태도로 끝낼 문제가 아니므로 감히 말하겠다. 어떤 공화국의 국법 아래에서 생활을 하는 시민의 입장에서 보면, 만리우스의 행동이 훌륭하고 위험이 적다고 여겨진다. 이와 같은 처사는 모두가 세상을 위한 것이지 어느 모로 보나 일신의 욕심에 의한 것으로는 여겨지지 않기 때문이다. 그렇게 행동함으로써 그는 앞에서 언급

---

6) BC 340년, 데키우스 무스가 몸을 바쳐서 승리로 이끈 라티움전(戰)에서 아들 만리우스는 기마대를 거느리고 순시하는 동안에, 자기도 모르게 적의 진지에 너무 깊게 들어가고 말았다. 그때 적장의 한 사람 게미누스 메티우스가 이에 도전해오자, 할 수 없이 군법을 위반하면서 단독 승부를 하게 되었고, 만리우스는 적의 목을 잘라 아군의 갈채를 받으면서 진지로 돌아왔다. 그런데 아버지 만리우스는 아들의 군법 위반에 격분하여 여러 사람이 보는 앞에서 아들의 목을 쳤다. 전군은 그것을 보고 아무 말도 할 수 없었다. 티투스 리비우스 위의 책 제8권 제7장에는 이 비장한 정경을 상세히 말하고, 이어 제8장 이하에 로마군의 진지 구조, 진퇴의 모양에서 데키우스가 죽은 상황, 라티움 쪽의 정세, 그 항복에 이르기까지의 경위를 자세히 논술하고 있으며, 제10장에 이르러 만리우스의 무용을 온갖 말로 칭찬하고 있다.

한 바와 같이 이른바 파벌이라고 부르는 어떠한 특별한 친구들도 용납하지 않았다. 공화국에서 그의 처신은 그보다 유익하고 존중할 만한 것이 없으며, 오직 공공의 복지만을 생각하고 조금이라도 일신의 권세를 바라고 있다는 의심을 끼워넣을 여지가 없다.

그런데 발레리우스의 행동은 이와는 전혀 반대였다. 공익에 공헌했다는 것에 대해서는 같은 결과를 낳았지만, 군병의 인기를 모았던 온정(溫情) 때문에 두려움이 발생하기도 했다. 그가 오랫동안 군을 지휘하는 동안에 자유를 위협하는 요소가 나타나지 않을까 하는 의심 때문이었다. 그런데 그 인기에도 불구하고 실제로는 그러한 결과가 되지 않았던 것은, 로마인의 근성이 아직 부패하지 않았고, 오랫동안 계속해서 이 사람들을 통치하지 않았기 때문이다. 그러나 우리가 군주에 대해 생각한다면, 크세노폰의 생각과 마찬가지로 발레리우스에 기울고 만리우스는 돌아보지 않을 것이다. 군주되는 자가 군병이나 민중에게서 꼭 구해야 하는 것은 충성과 경모(敬慕)의 정이기 때문이다. 충성한 마음은 국헌을 존중하고 무덕을 갖추었다는 믿음이 있을 때 비로소 얻어지는 것이다. 경모의 마음은 온정, 자비, 은애, 그 밖에 발레리우스에게서 볼 수 있다. 또 크세논에 따르자면 키루스에게서도 볼 수 있는 여러 가지 마음가짐으로 얻어지는 것이다. 군주에 대한 특별한 애정과 군병의 충성스런 마음은 그 나라의 모든 제도와 전적으로 합치되는 것이기 때문이다. 그런데 군대를 단순히 자기의 도당이라고밖에 생각하지 않는 시민들은 자기들의 의무를 잊어버리고 만다. 의무의 마음이 있으면 오직 국법을 준수하고 관리들의 명령에 따라서 생활할 수밖에 없기 때문이다. [7]

베네치아 공화국의 옛이야기를 읽으면, 한번은 이 도시의 상선이 베네치아로 돌아왔을 때, 우연한 일로 선원과 민중 사이에 분쟁이 일어나 칼부림으로 커진 일이 있었다. 관리의 권세도, 시민들의 말도, 제왕의 위광조차도 이를 가라앉히는 수단은 되지 못했다. 거기에 갑자기 선원들 앞에 그 전해에 그들의 우두머리였던 한 귀족이 나타나자 그에 대한 경애로 싸움이 곧 가라앉고 사람들은 해산하였다. 그러나 이처럼 고분고분한 복종은 오히려

---

7) 마리우스나 카이사르, 기타 인물에 대한 견해를 떠올려 보기 바란다. 예를 들면 이 책 제1권 제37장.

원로원에 커다란 의혹을 품게 하여, 얼마 뒤 베네치아인들은 이 귀족을 감옥에 넣었거나 목을 쳐서, 자기들의 신변에 안전을 도모하였다고 한다.

여기서 결론을 내리자면, 발레리우스의 행동은 군주에게는 쓸모가 있으나 시민의 몸이 되면 조국에 대해서뿐만 아니라 자신에게도 위험천만한 것이 된다. 국가에 대해서는 이와 같은 행동이 참주 정치로 가는 길을 굳히는 결과가 되기 때문이다. 그 자신에 대해서 말하자면 이와 같은 행위 때문에 자신의 마음을 시민들이 의심하여, 그에게 위해를 가함으로써 도시의 안전을 꾀하게 될 것이기 때문이다. 그런데 반대로 만리우스식은 군주에게는 위험이 많고 시민에게는 유익하며 그의 조국에 대해서도 마찬가지라 할 수가 있다. 실제로 당신의 엄격함이 초래하는 증오는, 만약 그것이 당신이 누리는 높은 명성과 당신의 다른 덕이 초래할지도 모르는 의심에 의해 증가하지 않는다면 좀처럼 박해의 원인이 되지는 않는다. 그것은 다음 장에서 카밀루스의 사례를 논할 때 분명히 알 수가 있을 것이다.

제23장
카밀루스는 왜 로마에서 추방당했는가

군주가 민중에게 증오를 받는 이유

앞장의 결론으로서 발레리우스처럼 행동하면 조국과 자신의 일신에 위해를 미치고, 만리우스의 전철을 밟으면 국가를 위한 것이 되지만, 경우에 따라 자기 일신이 위태로워진다고 말하였다. 이것은 카밀루스의 사례를 보면 분명히 알 수가 있다. 이 인물의 행동은 발레리우스보다 만리우스 쪽에 훨씬 가깝다. 그래서 티투스 리비우스는 이 사람 이야기를 하면서 다음과 같이 말하였다. "군병들은 그 무용을 미워하는 동시에 경탄하고 있었다. Ejus virtutem milites oderant et miraban'ur." 이 사람들을 경탄시킨 것은 그의 신중함과 배려, 군대의 이동이나 명령 등에서 보인 뛰어난 솜씨였다. 그가 미움을 산 까닭은 평소 포상을 주는 데에 아끼지는 않았으나 그보다는 오히려 처벌에 가혹한 경우가 많았기 때문이다. 티투스 리비우스는 이 증오심을 다음과 같은 원인으로 돌리고 있다. 첫째, 베이의 땅을 팔아서 얻은 돈을 나라에 납부하여 이것을 노획물과 함께 분배하지 않았다는 것. 둘째, 개선식에서 예식용 마차를 네 마리의 백마로 끌게 하여 자기를 신과 동등하게 여기게 한 일. 셋째, 한때 아폴로에 베이에서의 노획물 10분의 1을 바친다는 맹서를 한 적이 있는데, 이 맹서를 다하기 위하여 이미 분배한 것을 군병들의 손에서 빼앗은 일이었다. [1]

---

1) 여기에 인용한 사례는 이미 이 책 제1권 제13, 55장, 제2권 제29장에서 논의했다. 또 본문에 이른바 백마 네 마리에 끌려서 태양의 신위(神威)를 넘겨다보았다고 되어 있는 것은 티투스 리비우스 위의 책 제5권 제23, 28장, 베이의 땅과 분배에 대해서는 동권 제20~22장, 아폴로에 대한 맹서에 대해서는 동권 제20~25장, 카릴루스의 단죄 및 그가 자진해서 로마를 물러난, 즉, 자진해서 추방의 형(刑)을 찾아 아르데아스로 물러난 경위는 같은 책 제32장 참조. 한편 리위우스는 이 프리우스 카밀루스를 로마 중흥의 원조이며 그 공로는 롬루스에 필적하는 것이라고까지 칭찬하고 있다. 위의 책 제8권 제1장.

이를 통해, 어떤 일로 군주는 민중의 원한을 사게 되는가를 짐작해 볼 수 있다. 특히 그 주된 것은, 이익이 되는 것을 민중에게서 박탈하는 데에 있다는 것을 곧 알 수가 있다. 이것은 매우 중요한 사항이라고 할 수 있는데, 그 이유는 자기에게 이익이 되는 것을 박탈당하면 인간은 결코 이것을 잊지 않고 있다가 무엇인가 사소한 계기가 생기면 곧 이것을 떠올리기 때문이며, 그러한 계기는 언제라도 생길 수가 있기 때문이다. 또 다른 하나는 거만과 허세이다. 이것은 민중, 특히 자유로운 민중의 미움을 촉발하는 데에 자극을 준다. 이와 같은 오만과 과시 때문에 자기들이 무엇인가 눈에 띄는 손해를 보는 것은 아니지만, 그럼에도 이것에 탐닉하는 자들을 미워한다. 그래서 군주로서는 이것을 하나의 암초로 생각하고 경계해야 한다. 아무런 이익도 되지 않는데 모든 사람으로부터 미움을 받는다는 것은 좋지 않은 일이기 때문이다. [2]

---

2) 《군주론》 제15~17, 19장 참조.

지휘권을 연장해주면 위험

로마의 정치를 자세히 살펴보면, 이 공화국의 와해에는 두 가지 이유가 있었다는 것을 알 수 있다. 그 하나는 농지법으로 야기된 내분이고, 또 하나는 지배가 너무 길었다는 것이다. 이와 같은 일들을 처음부터 알고, 적절한 대책을 강구할 수 있었다면 좀 더 오랫동안 자유로운 생활을 하였고 세상도 조용했을 것이다. 임기의 연장이 로마에 폭동을 일으킨 건 결코 아니지만, 그럼에도 시민이 그런 식으로 권력을 자행하면, 경우에 따라서는 얼마나 큰 화근이 되는가는 세상 사람들이 잘 알고 있는 바이다. 가령 임기가 연장된 다른 시민들이 루키우스 퀸티우스와 마찬가지로 현명하고 착한 사람이었다면, 로마가 그러한 폐해를 겪지 않았을 것이다. 이 인물의 선량함이 눈에 띄게 훌륭한 모범이었다고 하는 까닭은 다음과 같다. 민중과 원로원 사이에 휴전 협약이 맺어지고, 민중은 호민관들이 귀족들의 야심을 견제하기에 충분할 만큼 강력하다고 판단했기에 호민관들의 권한을 1년 연장했다. 한편 원로원 쪽에서는 민중에게 끌려가면 안 되겠다고 생각하여 집정관 루키우스 퀸티우스의 임기를 연기해주고 싶어했다. 그러나 그는 처음부터 이 제의를 거부하고, 악례를 없애기는커녕 악례를 하나 더 덧붙이는 일은 있을 수 없는 일이라 해서 새로운 집정관을 선임하도록 요구하였다. [1]

---

1) BC 460년 루키우스 퀸티우스 킨킨나투스는 호민관에 대항해서 싸우는 원로원의 옹호를 받아 집정관에 임명되었다. 그는 테렌틸루스 아르사가 제의한 법률안에 반대하여 엄정한 비판을 국민에게 펴부으며 국민, 특히 평민이 군에 복무할 의무를 강조하였다. 그러는 동안 신점(神占)으로 민중 사이에 자기들이 획득한 권리를 박탈당한다는 소문이 퍼져 모두가 불안해하자, 호민관은 원로원의 의사에 따르기로 맹세하였다. 그래서 원로원령(令)이 공포되어, 호민관의 임기 연장은 국가의 의사에 위배된다고 선언하였다. 그런데 이 법령이 공포되었음에도 호민관 재선되게 되었다. 이에 귀족들은 평민에게 져

이러한 정직과 신중함이 모든 로마 사람에게 있었다고 한다면, 관리의 임기를 연장하는 풍습도 이 나라에 들어오지 않았을 것이다. 그런데 그러한 풍습이 시간이 지남에 따라 공화국을 파멸의 구렁텅이로 몰아넣게 되었다.

맨 먼저 임기를 연장시킨 것은 푸브리우스 피로이다. 이 사나이는 파라에폴리스의 성을 공격하기 위한 진지에 있었다. 그의 임기가 끝나 가고 있었기 때문에 원로원은 잘못하면 싸움에 이길 수 없을지도 모른다고 생각하여, 그의 후임자를 보내지 않고 그를 그대로 지방 총독으로 임명하였다. 이리하여 그는 최초의 지방 총독이 된 것이다.[2] 이러한 일은 설령 그것이 원로원에 의해 국가의 이익이라고 인정되었다고는 하지만, 시간과 함께 로마를 노예화하기에 이르렀다. 그때부터 로마인이 자기들의 군대를 먼 곳으로 내보내게 되면 그에 따라 임기의 연장이 더욱더 필요하다고 생각되어, 그 관례를 더욱더 존중하게 되었기 때문이다.

이로써 두 가지 폐해가 생겼다. 하나는, 아주 적은 몇몇 시민들만이 호령하는 지위에 올라 그 명성이 그들 가운데 몇몇에게만 국한되었다는 것이다.

서는 안 되겠다고 하여, 퀸티우스의 임기를 연장해서 이에 대항하려고 했다. 이때 퀸티우스는 단호하게 이를 거절하여 격렬한 어조로 국법을 중요시해야 하는 까닭을 설파하고, 재선이 위법이라는 것을 역설하였다. 결국 원로원은 결의를 하여 퀸티우스를 다시 집정관으로 추대하는 것을 금하고, 그 득표는 모두 무효라는 취지를 선포하였다. 티투스 리베리우스 위의 책 제3권 제21장. 또 퀸티우스의 고결한 인격에 대해서는 같은 책 제12, 19장에 이를 찬양하고, 대중의 여망을 안고 독재관이 되어 456년 아에키 세력을 하루에 해치우고 개선한 다음 날 그 영직(榮職)을 그만두고 마을로 돌아가 농부 생활을 즐겼다고 해서 명리(名利)에 밝은 풍격을 칭찬하고 있다. 이에 대해서는 동권 제26장 참조. 또 제3권 다음 장 참조.

2) BC 327년 남(南)이탈리아 캄파니아의 팔라에폴리스에 농성하는 그리스인을 정벌하고 있었을 때, 그 총대장 피로(Quintius Publilius Philo)의 임기가 다 되었으나, 도시의 함락도 목전에 다가왔기 때문에 집정관의 대리직이라는 명의로 임기를 연장하였다. 327년 처음으로 그 직이 설치되어 264년에 이르기까지 차차 이 임기의 연장이 상례가 되었다. 본래는 임시 관리로 임무도 집정관직의 하위에 있었으며, 이것이 '지방총독' 지위로 변화하여 공화국에서의 최고관이 된 것은 훨씬 그 뒤 이야기이다. 이미 피로의 경우에서 볼 수 있는 것처럼, 작전 지역도 넓어지고 군대의 인원수도 늘어나 군병의 성질이 변화하자 임기가 긴 전임(專任) 지휘관이 필요하게 된 것이다. 티투스 리비우스 위의 책 제8권 제23장.

또 하나는, 시민의 한 사람이 군대의 인망을 모아 무리를 만들면 오랫동안 한 군대의 지휘관으로 있을 수 있게 되었다는 점이다. 그러한 군대는 시간과 함께 원로원으로부터 멀어져, 오직 그 지휘관을 자신의 우두머리라고 여기게 된다. 이로써 술라와 마리우스는 공화국을 멸망시킬 수 있는 군병을 찾아낼 수 있었으며, 아무런 주저도 없이 그들이 따르게 했다. 카이사르 또한 이렇게 하여 조국을 탈취할 수가 있었던 것이다. [3] 만약에 로마인이 단 한 번도 관리나 장군들의 임기를 연장하지 않았더라면 그들의 출세가 그토록 빠르지 않았을 것이다. 이는 그 정벌에 더 시간이 걸렸을 것이기 때문이다. 그리고 아마도 훨씬 오래도록 노예 상태로 떨어지지 않았을지도 모른다.

---

3) 아는 바와 같이 BC 104년 마리우스가 집정관직에 취임할 무렵이 되어 군대의 본질이 일변하여, 시민병, 즉 유산자인 군병뿐만 아니라 널리 무산자도 수용하여 그 생활을 보장하지 않을 수 없게 되어 군대는 통솔자의 사병(私兵)으로 변하였고, 이것을 사용해서 마리우스 일파의 참주 정치가 실현되었다. 다시 그의 적수인 술라의 출현으로 이 경향은 결정적인 것이 되어, 82년 마리우스 일파에 대한 대학살을 감행해서, 종래와는 달리 임기나 권한에 아무런 제한이 없는 독재관에 임명되었다. 이 변혁은 율리우스 카이사르에 이르러 참된 군주 정치가 되어 공화 정치의 숨은 끊어졌다. 로마인의 건국 정신인 공화주의에 입각해서 말하자면 '조국을 탈취한 것'이 된다. 마키아벨리는 《병법칠서》 제4권 이하에서 카이사르의 군사적 수완을 인정하면서도 한편으로 그를 정치상의 원수라고 노리고 있던 생각에 대해서는 《군주론》 제16장, 이 책 제1권 제11, 17, 33장 등을 참조.

제25장
킨킨나투스와 많은 로마 시민들의 청빈에 대하여

청빈은 명예를 가져온다

이미 말한 대로 자유로운 정치 생활에 확립되어야 할 것들 중에서 특히 유익한 것은 시민들의 청빈을 유지해 두는 일이다. 워낙 농지법이 격렬한 반대를 받았던 것으로 보아, 로마에서 이와 같은 제도가 과연 소기의 효과를 올리고 있었던가에 대해서는 확실히 인정되지는 않았지만 경험으로 보아 알 수 있는 것은, 로마가 시작된 이래 400년 동안 로마인들은 가난의 밑바닥에 가라앉아 있었다고 하는 점이다. 무엇인가 특별한 제도 덕분으로 이와 같은 결과가 되었다고는 여겨지지 않지만, 국가는 가난하다고 해서 그 사람의 출세나 공적의 길을 막은 적도 없고, 언제라도 청빈(淸貧)을 즐기는 사람의 집으로 가서 능력있는 인재를 찾았다는 것을 알 수가 있다. 이러한 생활양식 때문에 세상 사람들은 부(富)를 바라는 마음을 전혀 가지고 있지 않았다. 실례가 이를 잘 나타내고 있다.

집정관 미누티우스가 부하와 함께 아에키인에게 포위되었을 때, 이에 놀란 로마는 국난에 대처하는 마지막 수단으로 독재관 선임을 결심하고 루키우스 퀸티우스 킨킨나투스를 추천하였다. 그때 그는 초라한 시골집에서 살며 손수 쟁기로 땅을 갈고 있었다. 티투스 리비우스는 이에 대해 명언을 토했다. [1] "이것이야말로 모든 사람, 즉 이 세상에는 부만이 가장 귀중한 것으로 여기고 영예는 무덕에 의하는 게 아니라 호화로운 생활에 있다고 믿는 사람들에게 다시없는 훌륭한 교훈이다. Operae pretium est audire, qui omnia prae divitiis humana spernunt, neque honori magno locum, neque virtuti putant esse, nisi effuse affluant opes."

---

1) 위의 책 제3권 제36장에 있는 말. BC 456년의 일이다.

킨킨나투스는 손수 얼마 안 되는 땅을 갈고 있었는데, 거기에 로마로부터 원로원의 유명 인사들이 와서 독재관에 추대했다는 사실을 전하고, 지금 로마 공화국이 어떤 위험에 처해 있는가를 말하였다. [2] 그는 서둘러 예복을 입고 로마로 들어가 군대를 이끌고 미누티우스를 구하기 위해 달려갔다. 이리하여 적을 무찌르고 그를 구출하였으나 부하들이 노획품에 눈독을 들여 앞을 다투는 꼴을 한심하게 생각하고 말하였다. "너희를 하마터면 먹이로 삼을 뻔했던 상대로부터 빼앗은 것에 눈이 어두어서 되겠는가."[3] 그래서 미누티우스를 집정관직에서 일개 조장의 지위로 강등시킨 뒤 그에게 말했다. "집정관이 어떤 자리인가를 알 때까지 그 자리에 있으라."

그 대신 가난했기 때문에 맨발로 분전한 루키우스 타르퀴티우스를 기마대 우두머리로 출세시켰다. [4] 여기서 눈에 띄는 것은, 이미 말한 바와 같이 청빈함이 로마 가문의 자랑으로 여겨졌다는 것과 킨킨나투스와 같은 훌륭하고 유능한 사람이 얼마 되지 않은 땅을 갈아 그날의 양식을 얻고 있었다는 점이다.

이와 비슷한 청빈은 마르크스 레굴루스[5]의 시대가 되어도 볼 수가 있었다. 그는 로마의 군대를 데리고 아프리카로 건너가 있으면서 원로원에 휴가원을 냈다. 자기 밭의 소작인들이 게을러서 손수 경작하겠다는 것이 그 이유였다.

---

2) 미누티우스는 매우 겁이 많아 원정을 나가면서 적을 두려워하여 진지를 굳히는 데에 급급했다. 이 때문에 적이 이를 얕잡아보고 그를 포위하였다. 결사대 5명의 기사가 이 포위를 돌파해서 로마에 급보를 알린다. 큰 난리가 되어 로마인은 킨킨나투스에게 구원을 청하자 농부의 모습으로 흙투성이가 되어 땅을 갈고 있던 장군은 땀을 닦으면서 명사들의 호소를 듣고 곧 궐기한다. 리비우스의 이 제26장은 특히 힘찬 명문이다.
3) 티투스 리비우스 같은 책 제29장. 이 장에서 퀸티우스는 로마에 개선한 뒤 사직하였다. 6개월의 임기가 주어졌는데 전후 16일밖에 그 자리에 있지 않았다.
4) 타르퀴티우스가 출세한 것은 같은 책 제27장에 의하면 퀸티우스가 관직에 오른 이튿날의 일로서, 이미 당시에 용명을 날린 타르퀴티우스가 가난해서 말을 먹일 수가 없어 보졸(步卒)로 있었던 것을 안쓰럽게 여겼기 때문이라고 되어 있다.
5) 이 책 제3권 제1장 참조. 여기에 인용한 사례는 BC 256년 로마가 원정군을 카르타고에 상륙시키자 큰 성공을 거두었기 때문에 그 집정관의 한 사람 만리우스 우르소는 귀환 명령을 받아 레굴루스만이 남아서 카르타고를 굴복시켰을 때의 일이다.

였다.

여기서 특히 주의해야 할 일이 두 가지가 있다. 첫째, 로마 시민들은 청빈을 달게 받고 전투의 승리로 인한 명예에 만족했으며, 그 밖의 노획물은 모두 나라에 바쳐 후회가 없었다는 점이다. 만약 마르크스 레굴루스가 전쟁으로 한몫 벌려고 생각했다면 자기의 논밭이 황폐하게 되는 것쯤은 아무렇지도 않았을 것이기 때문이다. 둘째, 이 시민들의 거룩한 마음을 생각해 보는 일이다. 이 사람들은 군대의 우두머리에 추대되어 존경을 받으면 그 어떤 군주들도 미치지 못하는 위대함을 드러냈지만, 국왕이나 공화국의 권위를 거들떠보지 않았고, 어떠한 일이 있어도 혼란이나 두려움에 빠지지 않았다. 그러다 다시 평민으로 돌아가면 자기의 얼마 안 되는 땅을 갈면서 관리에게는 온순하고 손윗사람에게는 예의 바른 사람이 되었다. 같은 사람이 이렇게 성질이 완전히 바뀐다는 것은 전혀 불가능하다고 여겨질 정도이다.

이러한 청빈은 그 뒤 파울루스 아에밀리우스[6]의 시대에도 볼 수 있었다. 그 무렵은 이 공화국이 거의 마지막으로 행복했던 시대였다. 로마 시민은 자신의 부(富)를 쌓으면서도 청빈에 만족하고 있었다. 그러한 청빈이 대단히 존중되었기 때문에, 파울루스가 전쟁에 뛰어난 공을 세운 사람에게 명예를 수여하기 위해 사위에게 은 한 덩어리를 주었다고 하는데, 자기 집에 은을 들여놓은 최초의 예였다.

나는 청빈함이 부유함보다 어떻게 뛰어난 결과를 가져오는가에 대하여, 즉 가난이 어떻게 공화국이나 왕국, 더 나아가서 종문에 영예를 주었는가, 또 부유함이 어떻게 해서 그와 같은 영예를 망하게 했는가에 대해서 더 논의할 수도 있지만, 이미 잘 알려진 인사들이 이 문제를 여러 차례 다루고 있으므로 여기서는 더 이상 논의하지 않기로 한다.

---

6) 이 책 제3권 제16장 참조. 여기서 인용한 사례는, 파울루스가 BC 168년 마케도니아의 페르세우스를 타파하고 호화로운 개선식을 거행한 뒤의 이야기로, 티투스 리비우스 위의 책 제45권 제41장, 그 청렴한 심사(心事)에 대해서는 같은 책 제38장 이하. 또 플루타르코스 《파울루스 아에밀리우스전(傳)》 제39장 이하. 특히 제41, 43장에는 그 고결한 인격을 전하면서 칭찬하고 있다.

제26장
여자는 어떻게 해서 나라를 망치는가

아리스토텔레스의 의견

알디아스라는 도시에서 귀족과 평민 사이에 다툼이 일어났다. 그것은 혼기에 이른 아가씨에게 동시에 청혼을 한 것이 원인이었다. 딸의 아버지가 돌아가셨기 때문에 후견인들은 평민 남자를 사위로 삼기를 원했고, 딸의 어머니는 귀족에게 시집을 보내려고 하였던 것이다. 이로 인해 다툼이 커져서 마침내 칼부림까지 났다. 귀족들은 귀족 젊은이를 위해 무기를 들고 일어나 궐기를 하였고, 평민 쪽에서도 똑같이 들고 일어났다. 결국 평민들은 귀족들에게 패배하여 알디아스를 물러나게 되었으나 월스키인에 의지하여 그 도움을 얻었다. 그러자 귀족들도 로마에 구원을 요청했다. 월스키인들은 선수를 쳐서 알디아스에 진을 쳤다. 거기에 로마 세력이 뒤늦게 와서 월스키 세력을 도시 외곽에서 포위하여 굶주린 그들을 항복시키고 말았다. 이리하여 로마 세력은 알디아스로 들어와 소동의 주동자들을 모조리 죽이고 도시의 질서를 바로잡았다. [1]

이 이야기에 대해서는 여러 가지 일을 생각할 수가 있다. 먼저, 여자가 원인이 되어 많은 소동이 벌어졌다고 하는 점, 그래서 한 도시를 다스리고 있는 많은 사람에게 수많은 위해를 끼쳤다는 점, 나아가서는 그 도시에 심한 내분을 일으켰다는 점 들이다. 또 유명한 사서(史書)에서 볼 수 있는 바와 같이, [2] 루크레티아를 향해서 폭력을 휘둘렀기 때문에 타르퀴니우스가(家)의

---

1) BC 443년 무렵의 일이다. 문제의 아가씨는 절세의 미인으로 그 신분은 평민이었기 때문에, 평민파의 콧김이 셌다. 논쟁 초기에 도시의 관리들이 중재하여 어머니의 의견을 거들었기 때문에, 평민측은 그 딸을 집에서 납치하여 사건은 커졌다. 월스키 세력은 아에쿠스 크라우리우스를, 로마 세력은 집정관 마르쿠스 게가니우스를 대장으로 하여 싸우게 되었다. 티투스 리비우스 위의 책 제4권 제9, 10장.

로마 여성의 복장. 로마인의 결혼식을 묘사한 석관
의 돌을새김. 가운데의 유노 여신 왼쪽에 신부가 보
인다. 당시 여성의 복장을 엿볼 수 있다.

왕좌는 뒤집히고, 한편 윌기니아에 대해 같은 일을 했기 때문에 10인회는
그 권력을 박탈당하는 처지가 되었다. 따라서 아리스토텔레스는, 거의 모든
참정이 몰락하는 주요 원인은 부녀자나 딸을 폭행하거나 정조를 유린하거나
또는 부부생활을 문란케 하는 것들이라 말하고 있다.[3] 이 문제에 대해서는,
이미 모반에 대해 논한 대목[4]에서 자세히 말해두었다.

이와 같은 사정이므로 말하는 바이지만, 전제군주나 공화국의 지배자들은
결코 이 문제를 가볍게 보아서는 안 된다. 이와 같은 사건이 원인이 되어 난
리가 일어났을 때는 충분히 고려를 하여, 때를 잘 보고 대책을 강구해야 한
다. 더욱이 그 대책이란 어떠한 일이 있더라도 자기들의 조국이나 공화국에
위해를 끼치고 또 그 명예에 상처를 주어서도 안 되며, 알디아스인의 경우처
럼 시민 사이에 난리가 커지는 대로 내 버려 두고, 이를 해결하기 위해 외국
의 힘을 빌려오는 일이 있어서는 안 된다. 이것이야말로 노예로 전락하는 가
장 큰 원인이다.

---

2) 티투스 리비우스의 《로마사(史)》에서 루크레티아 사건은 같은 책 제1권 제58장 이하,
   윌기니아의 일은 제3권 제44장 이하에 자세히 나와 있고, 이에 입각해서 이 책 제1권
   제3장, 제3권 제5장, 제1권 제40장의 소론이 각기 펼쳐지고 있다.
3) 《군주론》 제17장, 《피렌체사(史)》 343년 아테네공(公)에 대한 대목에서도 같은 논의가
   있다. 아리스토텔레스 《제국론(諸國論)》 1314가 그 원전이다.
4) 이 책 제3권 제6장 참조.

선동을 유발한 자는 반드시 처형되어야 한다

로마의 집정관들이 알디아스인을 중재한 전례를 보고 알 수 있는 것은, 분열된 도시를 통합하는 방책이다. 그것도 쉬운 일은 아니었다. 일거에 소동의 주동자들을 때려죽여야만 했다. 여기에는 세 가지 대책밖에 없었다. 즉, 그들이 단행한 것처럼 상대를 때려죽이든가, 수도에서 내쫓든가, 그렇지 않으면 패거리들을 길바닥에 눕히고 폭력을 쓰지 않겠다고 맹세하게 하는 것이다. 이 세 가지 방책 중에서 맨 마지막 것은 너무 위험할 뿐 아니라 효과도 적은데다가 전혀 쓸모가 없어 보인다. 이미 사건이 일어나거나 유혈 사태가 벌어진 뒤에는 강제로 맹세하게 해봐야 오래 가지 않고, 언제나 적의 얼굴을 맞대고 있느라면 화목 같은 것은 불가능하다. 사소한 말만 주고받아도 싸움으로 번지는 상태에서 서로 자제한다고 하는 것은 매우 어려운 일이기 때문이다.

이에 대해서 무엇보다도 적절한 실례는 다름 아닌 피스토이아라는 수도(首都)의 일이다. 15년 전 이 수도에서는 마치 현재와 같이 판티아키와 칸첼리에리가 다투고 있었다. [1] 지금은 무기를 손에 들지는 않지만, 당시에는 칼부림 사태가 일어났다. 오랜 분쟁으로 파벌들은 피를 흘리게 되었고, 가택의 파괴가 시작되고 강도질도 횡행하여 온갖 폭력을 적에게 휘둘렀다.

그래서 피렌체 사람들은 이를 가라앉히려고 언제나 제3의 방책을 사용했으나, 그로 인해 분쟁은 더 심한 혼란에 빠지는 것이었다. 지친 끝에 이번에는 패거리의 두목을 추방하는 제2의 방책에 호소하기로 하여, 몇몇을 감옥에 가두고 나머지 패거리들은 그 땅에서 추방하였다. 그리하여 마침내 화목이 이루어져 오늘날까지 계속 이어지고 있다. 그러나 의심할 여지 없이 제1

---

[1] 《군주론》 제17장, 이 책 제2권 제25장 참조.

의 방책이 가장 안전했을 것이다. 그러나 이러한 거친 치료는 규모가 크고 여간한 각오가 아니면 되지 않는 일이고, 약한 공화국으로서는 도저히 할 수 없는 일이다. 그러므로, 마지막 결단으로 제2의 방책을 택하지 않을 수 없고 보면 그러한 수단을 사용한다는 것으로 만족해야 했다.

그런데 이것이 처음에 말한 바와 같이, 현대의 군주들이 중대한 사건에 대해서 생각할 때 으레 범하는 잘못이다. 일을 처리함에 있어서 옛날에는 같은 사건을 어떻게 처리했는가를 먼저 생각해 보아야 하기 때문이다. 그런데 지금 사람들은 부실한 교육과 사물에 밝지 않은 지식 때문에 고대의 형벌을 불가능한 것으로 생각하고 있다. 그러기 때문에 현재 생각은 전혀 도리에 맞지 않는다고 판단하게 된다. 이것은 마치 수도에서 제일가는 현인(賢人)들이 얼마 전에, "피스토이아는 내분으로, 피사는 성채로 다스리는 것이 중요"[2] 하다고 하면서, 이 두 가지 방법이 모두 무익하다는 것을 알지 못하고 있는 것과 같은 것이다.

여기서는 성채에 대해서는 언급하지 않기로 한다. 왜냐하면 이미 많은 언급이 되어 있기 때문이다. 다만 여러분이 도시를 다스릴 때, 이를 분열시킨 채 끌고 간다는 것은 무익하다는 것에 대해서만 언급해 보기로 한다.[3]

먼저, 다스리는 자가 군주이건 공화국이건, 여러분은 두 개의 당파와 동시에 손을 잡을 수는 없다. 인간의 천성에 입각하여 무엇인가 다른 생각을 품고 도당을 짜게 되고, 또 어느 한 쪽의 도당을 선택하기 때문이다. 이로 인해 그 수도의 한 쪽 당파가 불만을 느끼고 접전이 시작되면, 여러분은 이내 나라를 잃게 된다. 내외에 적을 가지고서는 도저히 다스려갈 수가 없기 때문이다.

만약에 다스리는 주체가 공화국이라고 한다면, 모든 시민을 타락시키고 수도를 분열시키는 것은, 이미 분열되어 있는 수도를 그대로 다스리는 데에 비해서 결코 더 좋은 방책이라고 할 수 없다. 이 경우 두 도당은 서로 보호받기 위해서 신경을 쓰고, 갖가지 부패의 씨를 뿌려 환심을 사려고 하기 때

---

2) 《군주론》 제20장에도 쓰이고 있는 말이다.
3) 《군주론》 제20장, 이 책 제2권 제24장 등.

문이다. 이리하여 여기에 커다란 해악(害惡)이 생긴다. 여러분이 결코 민중의 편이 될 수 없다는 것이다. 어떤 때에는 한 쪽의, 또 다음에는 다른 쪽의 서로 다른 생각에 영향을 받아, 정치가 수시로 바뀐다면 좋은 정치를 할 수 없기 때문이다. 비온드4)가 피렌체인과 피스토이아인의 이야기를 했을 때 다음과 같이 말한 것은 이 때문이다.

"피렌체인은 강제로 피스토이아인을 단결시키면서 자기들은 내부의 분열을 꾀하고 있었다."

1501년에 알레초, 데베레, 키아나의 각 계곡 지방이 비테를리 일문과 바렌티노공(公)에게 점령되어 빼앗겼을 때, 란 각하가 프랑스 국왕의 명을 받아 출장을 와서, 빼앗긴 영토를 모두 피렌체에 반환하도록 힘을 썼다. 그때 란이 성을 방문하자, 곳곳에서 주민들이 자신들은 마르조코당(黨)이라고 주장하는 것을 듣고 주민들의 이러한 이간(離間)을 신랄하게 나무랐다. 그러면서 만약 프랑스에서 국민 누군가가 자기는 국왕당이라고 한다면 곧 처벌을 받게 될 것이며, 이러한 일은 국내에 국왕을 적으로 삼고 있는 패거리가 있다는 것을 뜻하는 것이라 했다. 왜냐하면 국왕은 모든 국민을 자기편으로 일치단결시켜 당파 같은 것은 없기를 바라고 있기 때문이다.

그런데 전반적으로 보아 이와 같이 정도(正道)에서 벗어난 방책이나 의견 등은 통치자의 허약함에서 비롯된다. 자기 영지를 실력과 무용으로 지키지 못할 것이라는 것을 깨달을 때 통치자는 이와 같은 잔재주를 부리게 된다. 그것이 평온한 시절에는 얼마쯤 쓸모가 있지만 역운(逆運)이나 폭풍을 만나면 이내 들통이 나고 만다.

---

4) 비온드(Flavio Bionde)는 1388년 프릴에서 태어나 1464년에 죽은 고대 로마 연구가로, 로마 지지(地誌)에 처음으로 손을 댄 사람이다. 로마에 관한 2대 명저 외에 본문에서 인용한 구절을 포함하고 있는 《이탈리아기(記) Italia Illustrata》가 있는데, 풍토기풍(風)으로 이탈리아의 도시나 지방의 설명을 시도하고 있다. 근대 고고학, 사학의 개척자의 한 사람으로서 유명하다.

시민들의 행동에 주의해야 한다. 대개의 경우 덕행이 참주 정치의 시작이 되기 때문이다

인기를 얻기 위한 부적절한 시도

로마의 모든 도시가 기근에 빠져 나라의 비축만으로는 굶주림을 막을 수가 없었다. 그런데 스프리우스 멜리우스라고 하는 (그 당시로서는 매우 부자였다) 남자가 자신의 재산으로 보리를 사모아 이것을 무상으로 평민에게 나누어줄 결심을 하였다. 이러한 거동으로 민중은 이 사나이를 크게 받들었기 때문에, 원로원은 이로 인해 생길 폐해를 간파하였다. 그것이 큰 일로 번지기 전에 선수를 쳐서 뿌리를 뽑기 위해, 임시 독재관을 임명하여 그를 사형에 처했다.[1]

여기서 주의해야 할 일은, 덕행이 많은 경우 그것이 별로 위험이 없는 일일지라도 이를 잘 막아두지 않으면 공화국에 대해 위험천만한 결말을 자아낸다고 하는 점이다. 그래서 이에 대해 특히 논하고 싶은 말은, 본디 공화국이라고 하는 것은 인망이 있는 시민들이 없으면 존립할 수가 없고, 좋은 정치를 실시할 수가 없다는 것이다. 그러나 한편으로 이들 시민들의 인망이 공화국에 있어서는 참주정치의 원인이 되는 것이므로, 이러한 일을 교묘하게 다루어가려면 어떤 일이 있어도 나라의 제도를 갖추고, 그 명사들의 인망이 국가에 쓸모가 있게 하되 결코 해악을 가져오지 않도록 잘 다스릴 필요가 있다. 따라서 평판이 높은 인물에 대해서 충분히 그 거동을 조사해두어야 한다는 이야기가 된다.

일반적으로 인기를 얻는 데에는 공사(公事)에 의한 것과 사사(私事)에 의

---

1) 1501년 발렌티노공(公)이 로마냐공으로 책봉되어 군병을 움직였을 때의 일이다. 《군주론》 제7, 8장 참조. 또 마르조코(Marzocco)는 피렌체의 수호신이라고 숭상된 산 조반니 제(祭) 때 옛 어전(御殿)의 처마에 장식된 사자상. 전하여 피렌체시(市)의 기를 뜻한다. 지금도 우피테의 탑 위에는 이 시장(市章)이 높이 게양되어 있다.

한 것 두 가지가 있다. 공사에 의한 것은, 대중의 이익이 되는 훌륭한 행동을 보여서 인기자가 되는 경우로, 이 길은 언제라도 시민들에게 열려 있어야 하고, 더욱이 그 사람의 진언(進言)이나 일에 대한 반대급부도 매우 호화로우므로, 누구나 크게 명성을 세우고 만족할 수 있어야 한다. 이러한 정직한 길을 걸어 인기를 모아도 그것이 위험한 일이 될 염려는 전혀 없다.

그런데 사사로 모으는 인기는 더할 나위 없이 위험하고 그 해독도 매우 크다. 사사란 이러저러한 사람에게 돈을 꾸어주거나, 딸을 시집보내어 인연을 맺거나, 또는 상대를 옹호하여 관리로 추대하거나, 뒤에서 돌보아 자기편으로 만드는 것을 말한다. 이러한 길을 걸어 인기를 모으면 자연히 엉뚱한 기분이 되어 세인을 부패시키고 국법을 비웃게 되기 때문이다.

사정이 이러므로, 제도가 갖추어진 공화국은 이미 말한 것처럼 공적인 생활로 인기를 모을 수 있는 길은 누구에게나 열어두지만, 사생활에 의해서 인망을 모으는 사람에게는 길을 열어놓지 않도록 해 두어야 한다. 이것은 세상 사람들이 보는 바와 같이 로마가 걸어간 길이다. 무엇보다도 먼저 국가를 위해 행동한 사람에게는 개선식을 올리게 하고, 모든 명예를 주어 시민에게 자랑을 할 수 있도록 돌보았으나, 다른 한편으로는 여러 가지 구실을 붙여서 사사(私事)로 세력을 확대하려고 하는 패거리에게는 형벌을 가지고 임하고 있었다. 이것으로도 부족할 때에는 스프리우스 메이우스를 처벌한 것처럼 민중을 꿈에서 깨어나게 하기 위하여 독재관을 임명하였다. 그리고 그로 하여금 국왕과 같은 솜씨를 발휘하게 하여, 분수를 넘어선 가담자를 담 안으로 끌어들일 역할을 맡게 하였다. 이와 같은 일은 사소한 일 하나라도 방치해두면 공화국을 뿌리째 뒤엎게 된다. 이러한 전례가 생기면 이 이후에는 진실된 길을 걷게 하는 것이 매우 곤란하기 때문이다.

제29장
민중의 잘못은 군주에 의해 초래된다

통치자의 모험

군주는 자신이 다스리는 민중이 잘못을 저질러도 조금도 유감스럽게 생각하지 말아야 한다. 이와 같은 잘못 그 자체가 애초부터 자기 의사나 남의 강요로 인해 저지른 일이 결코 아니기 때문이다. 따라서 지금 당장 강도나 그와 동일한 악덕으로 유명한 민중을 규명해 보면, 이러한 자들은 모두 정무를 맡고 있는 이의 친구이거나 그 패거리와 같은 성향을 갖는 친구들의 하수인이라는 것을 금방 알 수가 있다.

로마냐도 알레산드로6세가 그 땅을 다스리고 있던 영주들을 정벌하기 전에,[1] 이곳의 민중들은 극악 무도한 세계의 표본이 되어 있었다. 사소한 일이 원인이 되어 바로 살인이 일어나거나 심각한 강도가 자행되었기 때문이다.

하지만 이것도 그 속을 들여다보면 군주들의 검은 속셈이 원인이 되었던 것이지, 그 지배자들이 말한 대로 민중이 나빠서 생긴 일은 아니었다. 군주들은 한 푼도 없는 주제에 부자 같은 생활을 하고 싶어서 할 수 없이 강도 사태에 열중하였고, 가진 수를 써서 착취를 하지 않을 수 없었던 것이다. 그 검은 행동 중에서도 특히 심했던 것은, 규정을 만들어서 이러저러한 일들을 금지하고서는, 이내 자기들 스스로가 이 금기를 깨뜨려 보이고, 규칙 위반자를 처치하지도 않고 그대로 묵과하여 그 인원수가 늘어날 때까지 내버려두는 것이었다. 그러다가 막상 규칙 위반에 대해 처치를 할 단계가 되면, 정도(政道)를 바로잡을 생각에서가 아니라, 그 친구들의 어리석은 짓을 트집 잡아 자기들의 배를 채울 궁리를 하였다.

이와 같은 일로 세상은 혼란해질 대로 혼란해져서, 민중은 더욱 가난해지고 일어설 수도 없게 된다. 이렇게 타락한 사람들은 이번에는 자기들보다 더

---

1) 《군주론》 제7장 제5단 참조.

약한 사람을 상대로 밑천을 뽑으려고 한다. 이렇게 해서 위에서 말한 여러 가지 부정 행위를 자행하게 되는 것이다. 바로 군주들이 그러한 원인을 제공하고 있다.

티투스 리비우스의 이야기를 보아도 이 생각이 옳다는 것을 알 수가 있다. 그것은 로마의 사자(使者)들이 베이에서의 노획품을 아폴로 신전에 헌납하는 일을 맡고 있었을 때, 시칠리아에서 리파리의 사략선(私掠船)에 붙잡혀 그들의 항구로 끌려갔던 때의 이야기이다.[2] 그 도시를 다스리고 있던 티마시테오스는 이 물건이 누구에게 바치는 물건인가, 또 어디로 누구의 손으로 운반되어 가는가를 듣고, 본디 리파리 태생인 사나이인데도 로마인인 양 행동을 하였다. 즉, 민중에게 향하여 이와 같은 물건을 가로채는 것은, 그것이 얼마나 도리에 맞지 않는 처사인가를 설득하였기 때문에, 대중의 의견은 일치를 보아 관리들이 그 물건을 가지고 귀국을 하게 한 것이다. 이에 대해서 역사가들은 말하고 있다. "티마시테오스는 언제나 통치자와 같은 기분을 갖는 대중을 설교해서 내세의 안락을 위하는 마음을 생기게 하였다. Timasitheus multitudinem religione implevit, quae sempre regenti est similis."

여기서 로렌초 데 메디치도 다음과 같이 말하여 이 생각을 확인하고 있다.

"그리하여 영주가 하는 일에 대중이 따르고 대중의 눈은 모두 영주의 몸에 모이느니라. E que che fa il signor farmo poi molti, Che nel signor son tuttigli occhi vocti."

---

2) BC 395년 베이가 함락되고 로마의 에트루리아 제패가 이루어져서 카밀루스가 예의 백마로 마차를 끌게 하여 개선했을 무렵, 앞서 맹세한 대로 아폴로에 바친 황금의 술잔을 델포이로 보내기 위해 L. 발레리우스·L. 세르기우스·A. 만리우스가 이를 가지고 큰 배를 타고 출발하였다. 그런데 시치리아의 메시나 해협에 이르렀을 때, 리파리 섬의 해적이 습격을 하여 배를 자기들 항구로 끌고 간 사건이다. 리파리 섬은 같은 이름의 군도 중의 하나로, BC 580년경 로도스 도민들이 왕래하였고 397년에는 카르타고의 영지가 되어 있었다. 도민(島民)은 해적을 생업으로 하고 이른바 사략선(私掠船)을 가지고 해상 교통을 위협하여 뇌획물은 항구로 가져가서 동포에게 나누어주고 있었다. 약탈 행위를 공공연한 생업으로 삼고 있었던 것이다. 일의 경과와 본단 끝에 인용한 글은 티투스 리비우스 위의 책 제5권 제28장에서 볼 수 있다. 또 플루타르코스 《카밀루스전(傳)》에도 자세히 나와 있다.

제30장
한 시민이 공화국에서 자신의 권위로 무엇인가
선한 일을 하고 싶으면, 먼저 질투심을 일으키지 않도록 해야 한다

시기심은 선량함에 굴복한다

로마의 원로원은 온 토스카나가 일제히 연장을 들고 로마로 쳐들어오고 있다는 것과, 또 당시까지 로마인과도 매우 사이가 좋은 친구였던 라티움인과 헬니움인이 로마의 숙적인 월스키인과 합세하여 일을 꾸미고 있다는 말을 듣고, 이번 싸움에는 도저히 승산이 없다고 생각하였다. 그 무렵 카밀루스는 집정관의 권한을 갖는 호민관이었는데, 동료들이 군대의 지휘를 자기에게 맡겨준다면 독재관을 임명할 필요가 없는 일이라고 생각하고 있었다. 그러자 동료인 다른 호민관들은 기꺼이 그의 생각에 따랐다. 티투스 리비우스는 그 이유에 대해 다음과 같이 말했다. "이러한 인물에게 권력을 맡긴다면, 자신들이 권력을 잃었다고는 결코 생각하지 않을 것이다 Nec quicquam de majestate sua detractum credebant, quod majestati ejus concessissent."는 것이다.

그래서 카밀루스는 때를 놓치지 않고 이 양보를 받아들이고, 명령을 내려 삼진(三陣)의 군대를 정비하였다. 자기는 제1진의 지휘를 맡아 토스카나를 공격하기로 결정하고, 제2진에는 퀸티우스 세르빌리우스를 대장으로 임명하여 로마 근교를 지키게 하고, 라티움인이나 헬니움인 등이 움직이는 기색이 있으면 이에 대비하도록 하였다. 제3진에는 루키우스 퀸티움을 대장으로 하여 서울의 방비를 굳히게 하고, 필요하다면 언제라도 성문이나 원로원 의사당을 지키도록 하였다. 한편, 자기 동료인 호라티우스에게 명하여 물자나 병량 등 싸움에 꼭 필요한 모든 것을 마련하게 하고, 마지막으로 원로원과 민중이 모인 석상에서 역시 자기의 동료인 코리네리우스가 매일의 평가나 실행할 방책 등을 알선하는 역할을 하게 해달라고 요구하였다. [1] 전반적으로 당시의 호민관들은 조국의 안녕을 위해 이런 식으로 지휘를 하였고 또 다른 이들도 이에 따를 것임을 잘 알고 있었던 것이다.

　이 이야기에 의해서 총명하고 신중한 인물의 거동을 잘 알 수가 있다. 이러한 인물은 스스로 강력한 원동력이 되어 조국의 발전에 이바지했다. 그의 인덕과 무덕의 힘으로 남의 질투심을 봉쇄했기 때문에 가능한 일이었다.

　질투심이라고 하는 악덕은 대개의 경우 남을 방해하여, 위급존망의 때를 맞이하여 필요한 권력을 그 사람에게 맡기지 않고, 따라서 그 사람이 자유롭게 솜씨를 휘두를 기회를 주지 않는 원인이 된다.

　이 질투심을 극복하는 방법에는 두 가지가 있다. 먼저 질투심을 갖는 자들의 신변에 무서운 위난이 닥치는 것이다. 이와 같은 경우에는 누구나 일신의 위험을 느껴 자기가 품고 있는 야심을 미련 없이 버리고, 무덕과 영예가 높아 자기들을 분명히 구해줄 것이라고 생각하는 인물을 기꺼이 따르게 된다. 카밀루스의 경우가 그것이다. 이제까지 이미 천하제일의 위인이라는 라벨이 붙어 세 번이나 독재관이 되었고, 어느 때나 변하지 않고 공익에 크게 이바지하는 정치를 하되 결코 사익을 꾀하지 않았기 때문에, 세상에서는 누구 하나 그의 위재(偉材)를 인정하지 않는 사람이 없었다. 그의 위세에 수반되는 명성을 가지고 있어도 누구 하나 그를 따르는 것을 부끄럽다고 생각하는 사람이 없었을 정도였다. 사정이 이러했으므로 티투스 리비우스가 위에서 인용된 문장과 같이 말했다는 것도 당연한 일이라 아니할 수 없다.

　질투심을 극복할 수 있는 또 다른 방법은, 당신이 영예와 영광의 길을 걸어오는 동안, 출세를 위해 안절부절 못하는 당신의 경쟁자들이 변사를 하든가 수명을 다하여 죽든가 하는 경우이다. 그들은 당신이 그들보다 더 높은 명성을 누리는 것을 보고 결코 이를 수긍하지 않을 것이기 때문이다. 본디

---

1) BC 383년의 일이다. 푸리우스 카밀루스가 군사 호민관이 되어 있었던 때의 일로서 그의 동료들은 다섯 명이 있었다. 이해 초 폼프티눔의 시민이 로마로 도망 와 에토루리아 (토스카나)의 안티움 시민이 선두에 서서 모반을 일으켰고, 라티움인은 비밀리에 청년 의용대를 보내어 그 세력에 가세했다는 소식을 가져왔다. 그래서 다섯 명의 동료들은 자진해서 카밀루스의 명령에 복종하여 군진(軍陣)을 다시 세우고 모반의 진압에 성공하였다. 본문에 인용한 구절은 티투스 리비우스 위의 책 제6권 제6장. 사건의 자세한 점은 같은 장 이하 제10장까지에서 볼 수 있다.

그 사람이 부패한 수도 생활에 익숙하고, 그곳의 교육이 그들 안의 어떤 선한 재능을 키워내지 못한 사람들이라고 한다면, 설령 어떠한 사건이 일어나도 질투심을 버리지 못할 것이다. 오히려 자기가 노리는 것을 손에 넣어 욕망을 만족시키기 위해서는 자신의 조국이 몰락하더라도 빙긋이 웃고 바라볼 수 있는 패거리인 것이다. 이처럼 짐승 같은 자를 억누르기 위해서는 그 목숨을 빼앗아버리는 것밖에 달리 도리가 없다.

가령 시절을 잘 타고나 덕이 있는 자신의 경쟁자가 목숨을 다하여 죽는 행운을 만난다고 한다면, 그는 아무런 분란도 겪지 않고 성공하여 아무런 방해도 없고 완력을 행사할 필요도 없이 자기 재능을 충분히 발휘할 수가 있게 될 것이다. 그러나 이러한 행운을 만나지 못하는 사람은 가진 수를 다하여 상대를 앞지르고 제치기 위한 연구를 해야 한다. 상대가 무엇인가 일을 일으키기 전에 이 난관을 돌파하기 위해서는 어떠한 일이라도 저질러야 하는 것이다. 성서를 총명하게 읽은 자라면 모세가 자신의 법령과 제도를 강행하여 확립시키기 위해 거친 치료를 해서 수많은 사람을 죽였다[2]는 것을 보게 될 것이다. 그들이 대단한 일을 저지른 것은 아니다. 다만 질투심을 가진 자들의 계획에 반항한 데에 지나지 않은 것이다.

위와 같은 필요성은 지로라모 사보나로라 신부도 잘 알고 있었고, 피렌체의 우두머리 피에로 소데리니 역시 잘 알고 있었다. 전자는 신부였기 때문에 이것을 단행할 권력을 가지고 있지 않았는 데다가, 그의 뒤를 이어 권력을 줄 사람들을 충분히 이해시키지도 못했다. 더욱이 그의 설교는 세상의 현인들의 죄를 폭로하고 비난하는 기세를 보였기 때문에, 이로 인해 질투심을 도발하고 그의 의도에 반대하는 사람들이 궐기하는 결과를 가져왔던 것이다. [3]

---

2) 《구약성서》의 〈출애굽기〉 제32장. 모세가 시나이산(山)에 들어가 '10계'를 받아가지고 산을 내려와 보니, 자기가 없는 사이에 이스라엘 백성은 모세의 소재를 알지 못하고 크게 동요하였기 때문에, 알론은 민중을 선동하여 사교(邪敎)를 선포하고, 인심을 붙잡기 위해 성대한 주연(酒宴)을 베푼다. 돌아온 모세가 민중의 타락을 바로잡으려 동지를 규합하자 레비의 자손들이 모여들었다. 이때 모세는 각자의 형제, 친구, 이웃을 죽이라는 것이 여호와의 명령이라고 말하였다. 그리하여 '레위 자손이 모세의 말대로 행하며 이날에 백성 중에 삼천 명 가량이 죽인 바 된지라.'(32 : 28)는 것이다.

피에로 소데리니는 시간의 경과, 자기의 인격, 또 자신의 재력(財力)으로 질투심은 반드시 해소시킬 수 있을 것이라 생각하고 있었다. 더욱이 자신은 시세(時世)의 파도를 타고 있고, 나날이 자기의 행동에 인망이 높아지므로, 자기를 질투하고 반대하는 사람들로 인한 별다른 모사나 거친 행동 없이 그들을 편안한 마음으로 극복할 수 있을 것이라 생각하고 있었다. 즉 시간의 경과는 믿을 것이 못되고, 인격만으로는 부족하며, 운명은 고양이의 눈처럼 변한다는 것, 또한 속이 검은 사람들은 제아무리 은혜를 베풀어도 얌전해지지 않는다는 것을 전혀 모르고 있었던 것이다. 이리하여 이 두 사람은 모두 일신의 파멸을 초래했는데, 그 근본 원인은 다름 아닌 타인의 질투심을 극복할 수 없었기 때문이다.

또 하나 주목할 만한 것은 카밀루스가 로마의 치안을 위해 수도의 내외에 걸쳐 정한 제도이다. 일반적으로 뛰어난 역사가 리비우스와 같은 사람이 특별하게 어떤 사건을 들추어 화제로 삼는 데에는 이유가 있다. 그것은 자손들이 같은 일을 당했을 때, 자신의 몸을 지키는 수단을 역사상의 전례로 터득할 수 있게 하기 위한 마음에서 나온 것이다. 따라서 지금 여기에서 말하는 논제는 다음과 같다. 몸을 지키는 데에 있어 우왕좌왕하는 방어만큼 쓸모없는 것은 없다.

이것은 바로, 카밀루스가 수도의 방위를 위해 로마에 남겨둔 제3진의 병사들이 실제로 저지른 일이었다. 많은 사람들은 군 편성에 익숙해 있고 싸움을 좋아하는 민중에게 카밀루스와 같은 조치는 졸렬한 방책이라 여겨 필요하다고 여길 경우에는 민중에게 투구를 씌우기만 하면 충분하다고 생각했을 것이다. 그런데 카밀루스는 이와는 다른 생각을 가지고 있었다. 대중에게 투구를 씌운다 해도 무엇인가 확실한 장치와 정연한 질서를 갖추지 않는 한 함부로 이를 허용할 수 있는 일이 아니라고 생각했다.

이러한 전례로 보아, 누구나 한 나라를 수호하려고 하는 자는 혼란스런 와중에 대중에게 무기를 잡게 하는 일은 마치 암소를 피하듯이 회피해야 한다. 먼저 인원수를 골라서 명령에 따르는 군을 편성하고, 지시할 내용과 모이는

---

3) 사보나롤라 신부에 대해서는 《군주론》 제6장, 이 책 제1권 제45장 참조.

장소 등을 정하며 그 밖에 군에 편성되지 않은 자에겐 남아서 집을 지키라고
명령해야 한다. 공격을 받은 수도에서도 이와 같은 조치를 잘 시행할 경우에
는 손쉽게 수도를 지킬 수가 있다. 그러나 카밀루스와 같은 전례를 따르지
않고, 그와는 별도의 방책을 따른 자는 도저히 자신의 몸을 지킬 수가 없을
것이다.

제31장
강한 공화국이나 뛰어난 인물은 어떤 운명이 닥쳐도 변함없는 용맹심이나 위엄을 갖추는 법이다

위대한 인물은 어떤 경우에도 변함없는 마음을

우리의 역사가는[1] 카밀루스에 대해서 여러 가지 대단한 소문을 전하고 있지만, 그 중에서도 카밀루스의 풍모를 여실히 보여주는 그의 말을 다음과 같이 전하고 있다.[2] "독재관이 되었다고 해서 용기가 나는 것도 아니고, 추방당했다고 해서 의기소침한 일도 없었다. Nec mihi dictatura animos fecit, nec exilium ademit." 이 말에 따르면, 위대한 인물은 어떤 경우에서나 변함없는 마음을 가지고 있었다는 것을 알 수가 있다. 운명이 변화하여 어떤 때는 그를 추켜세우고, 어떤 때는 그를 실의에 빠트려도 이러한 인물은 조금도 동요하지 않고 언제나 견고한 마음으로 평소의 삶을 고수하기 때문에 세상 사람들은 운명이 그 사람들을 좌우할 힘을 가지고 있지 않다는 것을 알게 된다.[3]

이와는 달리 기가 약한 사람은 운명의 지배를 받게 된다. 좋은 운수를 만나면 이내 신이 나고 이에 도취되어 자신의 모든 성공이 자신의 인덕 덕분이라고 믿는다. 더욱이 그 인덕이라고 하는 것은 이제까지 한 번도 보인 일이

---

1) 티투스 리비우스를 말한다.
2) 위에서도 말한 바와 같이, BC 383년 월스키, 에트루리아, 아에키 등을 상대로 로마가 싸웠을 때, 카밀루스는 발레리우스와 함께 자토리쿠스를 향하여 출발하였다. 월스키, 라티움 등이 정예병을 구름처럼 모아서 공격하는 것을 보고 로마의 군병들은 겁을 먹고 뒤로 물러난다. 100인조 우두머리의 보고로 이를 안 카밀루스는 아군의 진지를 돌아다니면서 용기를 고무한다. 본문에 인용된 문장은 그 격려의 말 중 한 구절이다. 티투스 리비우스 위의 책 제6권 제7장.
3) 이 장의 소론(所論)에 대해서는 《군주론》 제25장, 이 책 제1권 제59장, 제2권 제29장, 제3권 제9장 등에 제시된 운명관(運命觀)도 참조.

없다는 것을 알아차리지 못한다. 이리하여 이런 사람은 그를 둘러싼 사람들에게 차차 참을 수 없이 얄미운 사람이 되어간다. 이것이 원인이 되어 얼마 뒤 운명은 심한 변동을 보이게 되고, 그것이 원수가 되어 정면으로 부딪치게 되면 이제까지와는 다른 역경으로 가라앉아 비열한 소인배로 전락하는 것이다. 따라서 위와 같은 마음을 가진 군주들은, 역경에 서서 몸을 방어하는 것보다는 이를 피하도록 노력해야 한다. 행운을 만나 그 행운에 거만을 떨고 몸을 지킬 준비를 하나도 하지 않은 사람들의 전철을 밟아서는 안 된다는 이야기이다.

이와 같은 용기와 연약한 마음은 한 인간의 마음에서도 볼 수 있지만 공화국 안에서도 볼 수가 있다. 예를 들어, 로마인과 베네치아인이 그것이다. 로마인은 제아무리 비참한 처지가 되어도 한 번도 비굴해진 일이 없고, 행운을 만나도 거만해진 일이 없다. 칸나에의 붕괴나 안티오코스를 상대로 한 승전 뒤의 행동이 이를 말해주고 있다. 칸나에에서의 붕괴는 그들이 세 번째로 맞은 중대 위기였지만 여전히 그 의기는 시들지 않아, 태연하게 새로운 군대를 파견하였다. 또한 자기들의 규율에 위배하면서까지 포로들을 석방하려고도 하지 않았고, 카르타고에 대해서나 한니발에 대해서도 사자를 보내어 화목을 탄원할 생각은 조금도 하지 않았다. 그들은 비굴한 생각을 모두 물리치고, 자나 깨나 싸움에만 몰두하였다. 인원수가 모자라 나이 먹은 사람이나 노예에게까지 투구를 입히는 실정이었기 때문이다. 이러한 사정을 카르타고인 한논이 알아 (위에서도 말한 바와 같이) 타르타고 원로원에서 로마인들이 칸나에의 패전에 위축될 것이라는 희망을 가질 수가 없다고 지적하였다.[4] 이처럼 로마인들은 역경에 처해 있어도 조금도 동요하지 않고 비참한 심정에 빠지지도 않았다는 것을 알 수가 있다.

또한 행운을 만나도 거만해지지 않았다. 예를 들어 안티오코스가 인사들을 스키피오에게 보내, 접전을 시도하여 패배하기 전에 어떻게든 결말을 내려고 했을 때, 스키피오는 화목의 조건으로 상대가 시리아의 벽촌에 은거하고, 남은 땅은 로마인의 자유에 맡길 것을 제의하였다. 그러나 안티오코스가 이 제의를 거부하여 접전이 되었으나 패배하고 말았다. 그는 다시 사자를 스키피

---

4) 이 책 제2권 제27장 참조

오에게로 보내며 사자에게 이긴 군대가 하라는 대로 받아들이고 어떠한 조건도 승낙하고 오라고 일렀다. 그런데 스피키오의 조건은 승전 이전과 동일했다. 다만 여기에 다음과 같은 말을 첨가했을 뿐이었다. [5] "로마인은 싸움에 져도 의기는 시들지 않고, 이겨도 거만해지지 않는다. Quod Romani si vincuntur non minuntur animis, nec si vincunt insolescere solestn."

베네치아인은 이와 정반대로 행동하였다. 이들은 행운이 다가왔을 때 이에 도취되어 무덕(武德) 하나 갖추고 있지 않으면서도 이 행운이 자신들의 무덕에서 비롯된 것으로 생각하였다. 이처럼 끝없이 교만해졌기 때문에 마침내는 프랑스 왕에게 산 마르코의 아들이라는 이름을 붙이기도 하고, 교회를 멸시하기까지 했다. 그들은 또한 이탈리아가 자기들에게는 좁다고 해서 로마인과 같은 왕국을 만들려고 하기에 이르렀다.

그 뒤 이윽고 행운으로부터 버림을 받고 프랑스 왕이 바이라에서 거의 패전 단계에 이르자, 그들은 이내 모반을 만나 모든 영토를 잃었을 뿐만 아니라 의기가 소침해지고 겁을 먹은 나머지 교황이나 에스파냐에 대해서 나머지 영토의 상당 부분을 양보해야 하는 처지에 이르렀다. 게다가 또 비굴한 태도로 황제에게는 일부러 사자를 보내어 연공(年貢)을 봉납하고, 교황에게는 자비의 눈물을 얻고자 자기 비하로 가득한 서한을 보냈다. 전쟁 나흘 만에 절반의 패색을 보인 것이 그들을 그토록 비참하게 만들어버린 것이다. 그 군대는 접전을 시도하자 곧 떠밀렸으며, 싸우는 동안에 자기편의 태반이 패

---

5) BC 190년 늦가을(일설에는 189년 1월)에 있었던 마그네시의 대결전 전후의 일이다. 스키피오 아프리카누스는 에게해(海)의 패권 확립의 뒤를 이어 대병(大兵)을 거느리고 소아시아에 상륙하였다. 안티오코스왕(王)은 리디아로 진을 빼고 우선 로마 세력에 사자를 보내어 화의를 제의하였다. 그 무렵 스키피오의 아들이 왕의 인질로 잡혀 있는데다가, 로마 세력은 소아시아에 상륙한 뒤 준비를 위해 쉽사리 진군하지 않는 것을 보고, 국왕은 화목의 적기(適期)라고 생각한 것이다. 그런데 결국 접전이 되어 이에 패배, 할 수 없이 국왕의 조카 안티파테르와 세유크시스를 보내어 담판을 시켰더니, 로마 세력은 전전(戰前)에 제의한 조건과 같은 것을 제시했다는 이야기이다. 자세한 것은 티투스 리비우스 위의 책 제37권 제34장 이하에 있다. 본문에 인용한 구절에 해당하는 것은 동권 제45장에 실린 스키피오의 연설인데, 원전에서는 일의 여하에 따라서 신이 나거나 반대의 경우에는 타격을 입는 일이 없다고 하는 뜻의 문자로 되어 있다.

배를 맛보아, 2만 5000명이 넘는 보병과 기마병은 베로나로 뛰어 들어갔다. 이러한 상황에서 만일 베네치아인들에게 참된 용맹과 지혜가 있었더라면, 그들은 쉽게 군대를 재정비하여 다시 한 번 새롭게 운명과 대결할 수 있었을 것이다. 그리하여 승전에 목숨을 걸거나, 화려한 최후를 맞이하든가, 그렇지 않으면 얼마쯤 면목이 서는 약정을 정하든가 할 수 있었을 것이다. 그런데 그들의 군대 체제가 형편없었기 때문에 영토와 용기를 모두 잃는 처지가 되고 만 것이다. 6)

이와 같은 일은, 운명의 지배를 받는 인간이라면 누구나 겪는 일이지만, 위에서 보는 것처럼 운세가 좋으면 거만해지고 나쁘면 기가 죽는 일이 일어나는 원인은 여러분의 생활이나 여러분이 받았던 교육에 있는 것이다. 교육 방법이 연약하고 겉치레가 되면 여러분은 그러한 인간이 될 것이고, 이와는 다른 교육을 받으면 여러분 또한 다른 종류의 인간이 되어, 세상사에 대해서 좀더 풍부한 지식을 얻게 되고, 행운에 취하고 역경에 실망하는 일도 그다지 없게 될 것이다. 이처럼 개인의 일은 더 나아가 공화국에서 사는 대중에게도 해당되는 것으로, 인간을 완성하는 것은 오직 그 사람들의 생활 여하에 달려 있다고 할 수가 있다.

모든 나라의 기초는 정예로운 군사조직에 있고, 이것이 없을 때에는 좋은 법률이나 다른 어떤 훌륭한 것도 없다는 것은 앞서도 말한 바가 있다. 여기서 이것을 되풀이해서 말해도 무익한 일은 아닐 것이다. 왜냐하면 이 사서(史書)7)를 펼쳐보는 곳곳에서 이의 필요를 느낄 것이기 때문이다. 민군이 여러분의 백성을 모아서 육성해두지 않으면 나라가 부강해질 수 없으며, 또 언제나 훈련을 하지 않고 있으면 실전에서 마음대로 사용할 수가 없다. 일 년 내내 전쟁이 있는 것이 아니고, 또 언제나 전쟁만 하고 있을 수도 없으므로 여러분의 백성을 군대로 만들어놓지 않으면, 이를 훈련시킬 때 비용이 많이 든다는 것도 자주 볼 수 있는 일이기 때문이다.

---

6) 캄프라이 동맹을 결성한 뒤 여기에 참가한 프랑스가 1509년 베네치아를 무찌른, 아냐델로 전투의 이야기로, 《군주론》 제3, 12, 20, 26장, 특히 12장, 또 《프랑스 사정 일람》 참조.

7) 물론 티투스 리비우스의 《로마사(史)》를 가리킨다.

위에서도 말한 바와 같이, 카밀루스는 군대를 끌고 토스카나 세력의 공격에 착수하였으나, 그의 군대는 적의 구름과 같은 인원수에 기가 죽어 도저히 그 공격을 견디어낼 수 없다고 생각하였다. 군대가 이와 같은 기분에 휩싸였다는 사실이 카밀루스의 귀에 들어오자, 그는 군대 앞에 모습을 나타내고 진지를 돌아다니면서 격려하였다. 이에 군병들은 그러한 기분을 날려버렸다. 카밀루스가 여느 때와 다른 명령을 한 게 아니었다. 단지 다음과 같이 말했을 뿐이다. [8] "언제나 말한 대로, 늘 해서 익숙한 것처럼 하면 된다."

군대를 격려하여 사기를 북돋게 하기 위해 그가 한 연설이나 방법들을 잘 생각해 보면, 이와 같은 일을 행하고 말하기 위해 군대가 평시나 전시에 훈련이 잘 되어 있어야 한다는 것을 알 수가 있다. 훈련이 잘 되어 있지 않은 군병들이라면 제아무리 대장이라 해도, 좋다고 생각하는 일을 실천에 옮기게 하기란 어렵고 그것을 알게 할 수도 없기 때문이다. 따라서 제아무리 뛰어난 한니발 같은 인물의 명령을 받는다 해도 이런 일이 처음인 경우라면 이와 같은 무거운 짐에 자기가 먼저 지치고 말았을 것이다. 왜냐하면 장군은 접전이 한창일 때 여기저기 모습을 나타낼 수 없는 일이고, 무엇보다도 먼저 그 군대의 병사들이 대장의 기분을 잘 알고 있고, 그의 생각과 용병술(用兵術)을 잘 알고 있지 않으면 패전의 쓴맛을 보지 않고서는 끝나지 않을 것이기 때문이다.

사정이 이러하므로 로마처럼 도시가 항시 무장을 하고 군을 유지하고 있으면, 또 매일 그 시민이 개인으로서나 단체로서 자신의 용기와 운명의 위력(偉力)에 대해서 체험한다면, 어떠한 경우에 처하든지 언제나 같은 용기와 사기를 보일 수가 있을 것이다. 그러나 무장을 하지 않고 변덕스러운 운명에 몸을 맡긴 채 자신의 무덕에 의존하지 않는다면, 운명의 변천에 따라 변화를 겪을 것이며, 베네치아인(人)들이 보인 바와 같은 전례를 따르게 될 것이다.

---

8) 이 책 첫머리에 인용한 말 뒤에 이어지는 말이다. 티투스 리비우스 위의 책 제6권 제7장 끝부분.

제32장
평화를 교란하기 위한 방법

무엇이 화해를 방해하는가

두 식민지 키르케와 웨리트라에는 라티움 사람들이 뒤를 밀어줄 것이라 믿고 로마의 민중에게 반기를 들었다. 그런데 라티움 사람들이 격파되어 그들의 희망이 수포로 돌아가자 많은 시민은 로마에 사죄단을 보내어 원로원에 사과를 하려고 하였다. 그러나 모반의 장본인들은 그렇게 되면 처벌을 받는 것은 자기들뿐이라고 해서 이를 반대하여, 화목의 제의를 못하게 하기 위해 대중을 선동하고, 연장을 들고 로마령을 황폐하게 만들었다. [1]

따라서 민중이나 또는 군주가, 누군가로 하여금 마음으로부터 반목하게 만들고 싶으면 누군가를 선동하여 상대에 대해 무언가 심각한 악행을 저지르도록 만드는 것보다 더 확실한 방법은 없다. 왜냐하면 그들이 저지른 악행으로 인해 응당 받을 처벌에 대한 공포가 언제나 상대와의 화친을 단념하게 만들기 때문이다.

제1차 포에니 전쟁 뒤, 카르타고인이 시칠리아나 사르디니아에서 로마 세력에 공격을 가하고 있던 군대를 아프리카로 철수시킨 것은 화목의 약정을 정한 뒤의 일이다. 그런데 그 군대는 급료에 불만을 품고, 마토와 스펜디우스를 앞세워 카르타고의 여러 도시를 습격하여 황폐하게 만들었다. 카르타고인은 먼저 무엇보다도 접전을 피하기 위해 그들의 동포인 하스드루발을 사자로 삼아 상대에게로 보냈다. 이 인물은 한때 그들의 대장이었으므로 아직도 얼마쯤 효과가 있을 것이라고 생각한 것이다.

그러나 이 사람이 채 도착하기도 전에, 스펜디우스와 마토는 자기 부하들에게 카르타고와의 화목을 일체 생각하게 하지 않고, 기어코 접전해야 할 처지에 몰아넣으려고 가담자를 선동하였다. 그리하여 하스드루발을 자기들

---

1) BC 337년 라티움 전쟁 때의 일이다. 티투스 리비우스 위의 책 제8권 제4장 이하 참조.

수중에 있는 카르타고의 죄수들과 함께 교살해버리는 편이 훨씬 득책(得策)이라고 선동하였다. 그래서 그들은 곧 이를 죽였을 뿐만 아니라, 죽이기 전에 갖가지 고통을 맛보게 하였다. 더욱이 그 잔학함에 더하여 한 가지 규정을 만들어, 장차 여기에 걸리는 카르타고인은 하인을 막론하고 같은 꼴을 당하게 하였다. 이와 같은 규칙과 처치로 그 군대는 더욱더 카르타고인에게 잔인해지고 광포해졌다. [2]

---

2) 《군주론》 제12장 주석과 《병법칠서》 제1권 참조.

제33장
전투에서 이기게 하려면 군대와 장군에 대해
확신을 갖도록 해야 한다

용맹은 필요불가결

군대를 싸움에서 이기게 하려면, 어떠한 일이 있더라도 승리를 확신하는 마음이 필요하다. 군인들 저마다 이러한 확신을 갖게 되는 것도 결국 무기나 편성이 모두 훌륭하고 서로 마음이 통하는 사람들일 경우이어야 한다. 군사들이 같은 땅에서 태어나고 자란 사람이 아니면, 이러한 확신이나 군규(軍規)도 생기지 않는다. 장군이 신망을 모으고, 군대는 그의 전술에 아무런 불안도 느끼지 않고, 훈련을 할 때에도 장군이 용의주도하며 용기에 차고 신분에 어울리는 위엄을 잃지 않는 것을 보면, 신뢰의 정은 언제나 변하지 않을 것이다. 이렇게 되면 장군이 무엇인가 잘못을 저질러 그들에게 벌을 주어도, 쓸데없이 심신을 피로하게 하는 일 없이 기꺼이 그 명령에 따르게 할 수 있다. 그 맹세를 굳게 지키게 할 수 있고, 아무런 방해도 만나지 않고 승전의 길만을 걸을 수 있다는 것을 알게 하며, 먼 장래에 가로놓인 위험으로부터 눈을 돌려 이에 신경을 쓰지 않도록 할 수가 있을 것이다. 이와 같은 모든 일을 충분히 준수하면 군대의 자존심을 양성하는 데에 노력을 기해야 한다. 이러한 자신감으로 싸움에 이길 수가 있는 것이다.

로마 사람들은 종교심으로 그들의 군대에 이 자신감을 지니게 하였다. 그래서 이것을 바탕으로 조점술(鳥占術) 등을 사용하여 집정관들을 임명하고 군대를 모으고 체제를 갖추어서 접전에 동원할 수가 있었던 것이다. 훌륭하고 현명한 장군은 이러한 일을 수행하지 않고는 결코 어떤 작전도 일으키는 경우가 없었다. 즉, 신들이 나는 너희 편이라고 군사들에게 우선 납득을 시키지 않으면 어이없는 패전을 하는 것으로 굳게 믿고 있었다. 따라서 어떠한 집정관, 더 나아가서 어떤 장군이라 할지라도 조점술에 위배해서 접전을 할 때에는 클라우디우스 풀케르[1]처럼 신벌을 받아야 했던 것이다.

본디 이와 같은 행동은 로마사(史) 곳곳에서 볼 수 있는 일이다. 그 중에서도 무엇보다도 그 증거를 가장 분명하게 보이고 있는 것은 리비우스가 아피우스 클라우디우스의 입을 빌려 한 말이다. 이 인물은 호민관들의 오만함을 민중에게 호소하며, 조점술과 그 밖에 종교에 부속되는 행사가 멸시되고 있는 것은 그들의 횡포가 원인이라고 하면서 다음과 같이 말하였다. [2] "원하는 자들은 종교의식을 비웃어도 좋다. 사실 암탉이 모이를 먹지 않는다고 해서, 새 가게에서 어슬렁거리며 나왔다고 해서 그것이 어떻다는 것인가? 우는 방법이 아무러면 어떤가? 모두 대단한 일은 아니다. 그런데 이 하찮은 일이 무시될 수가 없는 것이다. 이것이 있음으로 해서 우리 조상은 나라를 그토록 번성하게 만든 것이다. Eludant nunc licet religiones. Quid enim est, si pulli non pascentur? si ex cavea tardius exierint? si occinuerit avis? Parva sunt hace : sed parva ista non contemnendo majores nostri maximam hanc rempublicam fecerunt." 사실 이와 같은 사소한 일이 그 군대를 일치단결시키고 시기를 강화시키는 힘을 가지고 있었고, 그것이 모든 승전의 원인이 되어 있었다. 그러나 두말할 필요도 없이, 여기에는 무용(武勇)을 빼놓을 수가 없다. 이것이 없이는 제아무리 다른 조건이 갖추어지더라도 아무런 쓸모가 없는 것이다.

프라에네스테인들은 군대를 동원하여 로마 세력을 공격하려고 진격해 가는 도중 알리아강(江) 강변에 진을 쳤다. 그런데 그곳은 이전에 로마 세력이 갈리아인에게 패배를 당한 땅이기도 하였다. 그러한 조치는 그곳이 운명의 장소라는 점을 활용하여 자기 군인들에게는 자신감을 심어주고, 로마 세력에게는 공포를 불러일으키기 위한 것이었다. 참된 용기는 이와 같은 사소한 방해도 물리칠 수 있다는 것을 그 성과가 잘 말해주고 있다. 역사가는 독재관의 입을 통해서 다음과 같이 적절한 명언을 말하게 하고 있다. 그것은 독재관이 기마병 조장에 대해서 한 말이다. [3] "그들이 알리아 강변에 진을

---

1) 이 책 제1권 제14장 말단 참조.

2) BC 365년, 평민이 공직을 점령해서 양보하려고 하지 않으므로 귀족과의 반목이 고조되자, 독재관은 귀족측 군대의 옹호를 받아 평민과의 결전을 하려고 하였다. 이 난리를 당하여, 호민관이 평민을 위해 연설을 한 데 대하여, 10인회의 아피우스 클라우디우스의 손자에 해당하는 클라우디우스 크라수스가 시도한 연설 중의 한 구절이다. 티투스 리비우스 위의 책 제6권 제41장

치고 땅의 이점을 이용하려는 것이 보이지 않느냐? 그러나 너는 자신의 연장과 무용을 믿고 적진 속으로 기마병을 데리고 돌진하라. Videsne tu, loci fortuna illos fretos ad alliam constitisse? At tu, fretus asmisque, concitatis equis invade mediam aciem."

왜냐하면 참된 용기와 훌륭한 규율, 갖가지 승전에 의한 확신만 있으면 위와 같은 사소한 장애 등은 아무런 힘도 없으며, 눈에 띄는 것에 겁을 먹거나 뜻하지 않는 혼란을 일으키거나 하는 일도 없을 것이기 때문이다. 이것은 다음과 같은 예로서 분명해진다. 즉, 두 사람의 집정관 만리우스가 월스키인에 대항하였으나, 그들은 경솔하게도 일부의 군병들에게 진지를 나가서 노획물을 가지고 오라고 하였다. 그러자 순식간에 진지를 나간 부대와 남은 군병들이 다 같이 포위되고 말았다. 그런데 군대를 이 위기에서 벗어나게 한 것은 집정관들의 슬기가 아니라 군병들의 무용 덕택이었다. 그래서 티투스 리비우스는 다음과 같이 말하였다.[4] "대장은 없어도 군대가 용맹무쌍했기 때문이다. Nilitum etiam sine rectore stabilis virtus tutata est."

여기서 파비우스가 취한 방책에 대하여 언급하지 않을 수가 없다. 그는 군대를 이끌고 토스카나로 쳐들어갔으나, 지리를 잘 모른데다가 새로운 적을 만나자, 자기 군대에게 확신을 갖게 하지 않으면 마음먹은 결과를 얻을 수 없다고 생각하였다. 그는 이제부터 시작하려고 하는 접전에 대해 설명하고,

---

3) BC 377년 라티움의 한 도시인 프라에네스테는 미리 라티움 동맹의 일원이 되어 있었으나 로마가 갈리아인에게 짓밟혀 황폐화된 것을 틈타 군사를 일으켰다. 그리고 앞서 BC 390년 로마 세력이 격파된 알리아강의 옛 싸움터에서 진을 치고 사기를 북돋아 한때의 갈리아인과 마찬가지로 로마 세력을 패배시키는 것은 아무 일도 아니라고 군대를 격려하였다. 그러나 이에 대항한 로마의 독재관 티투수 퀸크티우스 킨킨나투스는 기마대 조장 셈프로니우스를 격려하여 손쉽게 프라에네스테 세력을 무찔렀다. 티투스 리비우스 위의 책 제6권 제27장 이하, 특히 제29장

4) BC 376년 집정관의 직권을 갖는 군사호민관을 선정했을 때, 카이우스와 푸블리우스의 두 만리우스도 골랐다. 이 두 사람이 함께 월스키인의 정벌로 나갔을 때, 그 나라의 지세에 통달하지 않았기 때문에 위와 같은 큰 실패를 저지른 것이다. 티투스 리비우스 위의 책 제6권 제30장

또 그 싸움에 이기지 않을 수 없는 이유가 산더미처럼 있다는 뜻을 들려준 뒤 다음과 같이 말하였다. [5]

"아직도 다른 여러 가지 이유를 들어 싸움이 우리의 승리가 되는 까닭을 분명히 할 수 있지만, 이를 공개하는 것이 위험하기 때문에 당분간 이야기하지 않겠다."

이런 방법도 지혜롭게 잘 하면 모범으로 삼을 만하다.

---

5) BC 308년 퀸투스 파비우스 막시무스가 에토르리아의 스토리움을 공격하여 대승을 거두었을 때의 이야기이다. 티투스 리비우스 위의 책 제9권 제32장 이하, 특히 제37장

제34장

어떤 평판, 소문, 여론이 민중을 한 사람의
시민 편에 들게 하는가

좋은 평판 얻기 위한 세 가지 일

나중에 토르콰투스라고 하는 별명을 받은 티투수 만리우스가, 호민관 마르쿠스 폼포니우스에게 고발된 아버지 루키우스 만리우스를 어떻게 구출했는가는 앞에서 말한 바와 같다.[1] 그 구출 방법은 거칠고 보통 수단을 벗어난 것이라고 말하지 않을 수 없지만, 그럼에도 아버지를 생각하는 아들의 진정이 세인들의 가슴에 뜨거운 것을 느끼게 했기 때문에, 아무런 비난도 받지 않고 오히려 군단(軍團)의 장을 선거할 때 티투스 만리우스를 부단장으로 추천했을 정도였다.

이러한 성공 때문에 나는 관직을 임명하는 데 있어 민중이 사용하는 방법을 살펴보고, 우리가 발견한 것에 비추어 볼 때 위에서 결정된 모든 것이 옳은지, 즉 민중이 군주보다 나은 임명권자인지 아닌지 숙고하는 것이 좋다고 믿는다.

그래서 하는 말이지만, 본디 민중이 누군가를 선출할 때, 그 인물이 아직 아무런 일도 해보이지 않았을 경우에는, 세간의 소문이나 평판 등을 기준으로해 그를 판단해야 한다. 또 이 두 가지 일은, 그 사람들의 조상이 원인이 되어 생긴다. 즉, 그의 조상이 도시에서 중요한 직책을 맡았던 위대한 인물이라면 그 자손 또한 틀림없이 그와 같은 인물이 될 것이라고 생각하여, 예상에 위배되는 다른 행동을 보일 때까지 이를 믿고 의심하지 않게 된다. 또 자신의 거동이 원인이 되는 경우도 있다. 이를 위해 무엇보다도 좋은 방

---

1) 이 책 제1권 제11장. 티투스 리비우스 위의 책 제7권 제5장에 티투스 만리우스가 시민으로서나 무인으로서 아무런 직함이 없는데다가, 시골 사람으로서 도시 사람의 사회와는 인연이 멀었음에도, 단지 그 효심으로 세인을 감동시켜 군단의 부단장으로 추천되었다고 기록되어 있다. BC 359년에 일어난 일이다.

법은, 진지하고 엄격한 현인들 틈에 끼어드는 일이다. 자신을 인정받기 위해서는, 자기가 교제하는 사람들의 평판도 좋다는 것을 증명하는 것 외에는 좋은 방법이 없다. 왜냐하면 그 사람들과 어딘지 비슷한 점을 지니게 되지 않을 수가 없기 때문이다. 또 그것이 사사로운 일이더라도 무엇인가 비범하고 눈에 띄는 일로 명예를 얻으면 대중의 신망도 저절로 모이게 되는 법이다.

어떤 시민이 좋은 평판을 얻기 위해서는 위의 세 가지 일이 필요하다. 그 중에서도 마지막 것이 가장 좋은 것으로 이를 활용하면 커다란 명성을 얻게 해준다. 조상의 덕을 보는 첫째 것은, 그 자체가 별로 믿을 수 없는데다가 본인의 재능이 세상에서 생각하고 있는 정도가 아니라고 판명되면 인망은 이내 사라져버리기 때문이다. 두 번째 여러분이 언제나 왕래하는 사람들의 힘으로 세상의 인정을 받는 방법은 첫 번째 것보다는 낫지만 세 번째 것보다는 훨씬 못하다. 여러분이 스스로 재능을 발휘해서 일을 이루어 세상의 인정을 받는 것이 아니라, 여러분의 명성이 타인의 인망에 의해 좌우되기 때문이며, 더욱이 이것은 순식간에 땅에 떨어지는 일이 흔하다. 그런데 세 번째 것은 무엇보다도 먼저 여러분 자신의 재능으로 이룩되는 것이므로 처음부터 큰 명성을 얻고 있는데다가, 몇 번이고 그 명성과는 반대되는 거동으로 나가지 않는 한 이를 실추시키기란 어렵기 때문이다.

이와 같은 사정이므로, 공화국에 태어난 사람은 한결같이 이 길에 의하지 않으면 안 되며, 무엇보다도 먼저 무엇인가 세상을 떠들썩하게 할 만한 일을 해서 명예를 올려야 한다. 따라서 로마에서는 많은 사람들이 그의 청년시대에 공공복지를 증진하는 법령을 제정하거나, 또는 누군가 권문에 있는 사람을 법령에 위반했다고 해서 고소해보는 등 사람의 눈을 끄는 새로운 일을 일으켜서 소문의 재료를 만들었던 것이다. 이와 같은 행동은, 먼저 세상에 평판이 난 사람이 되기 위하여, 또 그 평판을 떨어뜨리지 않고 더욱 왕성하게 하기 위하여 꼭 필요한 것이다.

그런데 이것으로 성공하기 위해서는 티투수 만리우스가 그의 일생을 통해서 행한 것처럼, 몇 번이고 큰일을 해서 소문난 사람이 될 필요가 있다. 이 사나이는 상도(常道)를 벗어난 방법으로 아버지를 구출하여 이름을 올렸다. 몇 년 뒤에는 예의 갈리아 사람과 격투를 하여 금목걸이를 손에 넣어 토르콰투수라는 이름으로 세상 사람들에게 또 한 번 이름을 날렸다. 그것만으로는 만족하지 않고 다시 장년시대에 들어와, 그의 아들이 허가를 받지 않고 싸웠다 해서 싸움에 이겼음에도 그를 칼로 베어 죽인 것이다.[2] 이 세 가지 행동으로 그의 이름은 천하에 알려지고, 또 여러 세기 뒤까지도 그의 이름은 이어졌으며, 다른 로마인 그 누구보다도 그의 명성과 승전이 찬양되었다. 물론 승전에 있어서는 그에 필적할 만한 사람은 많이 있었으나 그 누구도 흉내 낼 수 없는, 그만이 할 수 있는 일을 했기 때문이다.

대(大)스키피오가 명예를 세운 것은 그의 승전보다는 오히려 젊었을 때 행한 두 가지 행동으로 명성을 날렸기 때문이다. 그 하나는 티키누수 강변에서 아버지를 보호하며 싸운 일이다. 또 하나는 칸나에가 모두 무너진 뒤 칼을 휘둘러 로마의 젊은이를 격려하였고, 그들이 이미 그렇게 하기로 결정한 것과 반대로 이탈리아를 버리고 도망가지 않겠다는 뜻을 맹세하게 해서 더 유명해졌다. 그리고 그 뒤 에스파냐와 아프리카에서의 승전으로 더욱더 출세를 하게 되었다. 그런데 이 평판은 에스파냐에서 아버지에게 딸을 되돌려 주고 남편에게 아내를 돌려보냈기 때문에 더욱더 유명해졌다.[3]

이와 같은 행동은, 공화국에서 이름을 올리고자 하는 시민이라면 꼭 행할 필요가 있을 뿐만 아니라, 군주가 그 나라에서 인망을 모으기 위해서도 필요하다. 본디 언행과 비범한 능력으로 세상에 드문 모범이 되려고 해도, 공공의 복지에 합치하는 일 이외에 그 보다 더 큰 명성을 올릴 수 있는 방법은 없기 때문이다. 공공의 복지에 합치되면 영주는 관대하다거나 통이 크다거나 정직하다는 말을 듣고, 마치 속담이나 노래처럼 민중의 입에 오르내리게 된다.[4]

그런데 여기에서 본장 첫머리의 소론으로 화제를 돌려 말하자면, 방금 말한 세 가지 이유에 입각해서 시민으로 하여금 직분을 다하게 하면, 시민은 결코 잘못을 저지를 리가 없다. 게다가 또 민중이 고른 인물이 무용을 자주 보여 더욱더 평판을 좋게 하면, 민중은 잘못을 저지르려고 해도 도저히 할 수 없게 된다. 왜냐하면 이러한 경우 사람을 잘못 판단하는 일은 전무하다고 해도 좋다. 그런데 여기서 이렇게 말하는 것은, 사람을 처음으로 어떤 직무에 앉

---

2) 갈리아의 거인과의 격투에 대해서는 이 책 제1권 제9장, 제2권 제16장, 본권 제22장.
  자기 아들의 목을 벤 일에 대해서는 이 책 제2권 제16장 참조.
3) 이들 사례에 대해서는 이 책 제1권 제11장, 제2권 제32장.
4) 이 곳의 소론(所論)에 대해서는 《군주론》 제21장 참조.

힐 경우에 한한 것으로, 아직 그 사람이 여느 때와 다름없는 행동으로 세인의 주목을 끌거나, 전적으로 정반대 행동을 하기 이전의 경우에만 한한다. 즉, 민중은 잘못된 여론에 대해서도, 또 마음의 부패에 대해서도 군주들에 비해서 훨씬 잘못을 저지르는 경우가 적다는 이야기가 된다.

본디 민중은 명성이나 그 사람의 일솜씨에 쉽게 현혹되는 편이라 실제의 가치보다도 훨씬 높게 평가하는 법이다. 군주에게는 그러한 일도 일어나지 않는다. 이는 조언에 임하는 사람들이 잘 살펴서 경고하는 힘을 가지고 있기 때문이다. 그래서 민중도 이 상담역을 잘 수행할 수 있게 하기 위하여 총명한 공화국 건국자는 규정을 정하여 재능이 없는 사람을 국가 최고의 직무에 임명하려고 할 경우, 또 민중이 자격이 없는 사람을 여기에 앉히려고 할 경우, 시민은 누구나 그 후보자의 결점을 공공연하게 폭로할 권리를 갖도록 하였다.

이것은 로마에서 항상 이루어지고 있던 일로서, 파비우스 막시무스가 제2차 포에니 전역이 한창일 때 민중 앞에서 연설을 한 것이 그 증거로 되어 있다. 그것은 집정관의 선거에서 티투스 옥타키리우스에 인기가 모여 이 사나이가 임명될 것으로 보였을 때의 일이다. 파비우스는 이러한 시국에 이 남자로는 집정관직을 수행할 수 없을 것이라고 생각하였기 때문에, 이에 반대하는 취지를 말하고 그의 무능함을 폭로하여 이 인물보다 훨씬 자격이 있는 사람에게 민중의 인기를 전환시킨 것이다. [5]

이와 같이 민중이 관리를 선정하는 단계가 되면, 인간의 진실을 교묘하게 간파하게 된다. 따라서 군주들과 마찬가지로 진언하는 사람이 있다면, 군주에 비해 과오를 저지르는 경우가 훨씬 적어진다. [6] 따라서 누군가 시민들이 민중의 인기를 모으고 싶으면, 티투스 만리우스처럼 무엇인가 그것에 상당하는 화려한 일을 해 보여야 한다.

---

5) BC 214년 파비우수 막시무스가 네 번째 집정관이 되었을 때의 이야기로, 티투수 옥타커리우스(Titus Octacilius)라고 하는 인물은 이미 일찍부터 로마의 정계에 두각을 나타냈고, 시칠리아의 근무 등에서 공적도 있었으나, 비상시국을 담당하는 정치가로서는 역부족을 느끼게 하는 인물이었다. 티투스 리비우스 위의 책 제24권 제7장 이하, 특히 제8장 참조.

6) 《군주론》 제22장 첫머리의 소론 참조.

선두에 서서 무엇인가를 제의하는 사람은 어떤 위험을 당하는가, 제안이 유별날수록 위험은 더 커진다

조언의 선악은 그 결과로 판단

많은 사람에게 새로운 일을 솔선해서 제의하는 사람이 입는 위험이나, 그것을 수행하고 지도하여 목적을 성취한 뒤 이것을 지켜나간다는 것의 어려움은 매우 광범위하고 어려운 논제일 것이다. 따라서 여기서는 적당한 범위에 문제를 한정해서, 시민들이나 군주의 조언자들이 선두에 서서 중대한 평의(評議)를 지도하고, 그 결과를 모두 자기 혼자만이 짊어지게 되는 경우에 입는 위험에 대해서만 언급해 보기로 한다. 그러한 조언은 매우 위험한 것이다. 사람들은 흔히 그 결과에 따라서만 판단하므로, 일이 나쁘게 흘러가면 조언자를 책망하기 때문이다. 그 결과가 좋아 은상의 영예를 받았다 해도 책망을 당하는 위험에 비하면 미미한 것이다.

현재 대(大)터키 제국을 다스리고 있는 황제 셀림은, 시리아와 이집트를 정벌하려고 준비를 하고 있었다. 그러던 중 페르시아의 국경을 지키고 있던 관리들이 페르시아의 황제를 공격하라고 황제를 부추겼다. 이 진언에 마음이 움직인 황제는 구름떼 같은 대군을 거느리고 출정했다. 그는 광대하기 이를 데 없는 토지를 만나게 되었다. 그곳에는 끝없는 사막이 가로놓여 있었고 물은 구경도 할 수 없었다. 옛날에 로마 세력을 파멸시켰던 것과 같은 방해물을 만난 것이다. 그는 거기서 커다란 고통을 겪은 나머지, 비록 전쟁에서는 승리했지만 군대의 태반을 잃는 결과를 낳았다. 그리하여 그 전투를 진언한 장본인을 사형에 처했다. [1]

---

1) 셀림 1세의 이스마이르 1세를 상대로 한 이란 정벌은 1514년에 시작되어 4개월의 고전 뒤 마침내 성취되었다. 언제나 측근자의 진언과는 반대의 작전 계획으로 큰 승리를 거두어 칭기즈 칸에 필적할 만한 대사업을 수행했다고 역사가들을 전하고 있다. 이 셀림에 대해서 더 알고 싶으면 《군주론》 제19장, 이 책 제1권 제1, 19장, 제19장, 제2권 제17장, 《병법칠서》 제4권 참조.

사서(史書)에서 보면, 특정한 계획을 제창한 많은 시민이 그 결과가 좋지 않아 추방당한 사실을 확인하게 된다. 두서너 명의 로마 시민은, 평민 출신의 집정관을 두려고 하는 대중의 선두에 섰다. 그런데 처음으로 군대를 인솔하고 나간 평민 출신의 집정관이 전쟁에서 지고 말았다. 여기에 만일, 그 혁신을 주창한 사람들의 당파 세력이 강하지 않았더라면 이 조언자들은 틀림없이 그 어떤 조치를 당했을 것이다.[2]

공화국에서 또는 군주에 대해서 무엇인가 조언할 경우, 그 선두에 서는 사람은 매우 곤란한 입장에 서는 것임은 불을 보듯 뻔한 일이다. 만약 그들이 도시에 대해서 또는 군주에 대해서 유익하다고 여기는 일을 눈을 감고 조언하지 않으면 자기 역할을 소홀히 하는 것이 된다. 그렇다고 이를 조언하면 자기 목숨이나 신분이 위태로워질 수 있다. 즉, 인간은 누구나 어리석기 짝이 없는 존재이므로 조언의 선악은 오직 그 결과로만 판단되는 것이기 때문이다.

이와 같은 비난이나 위험을 피할 수 있는 구체적인 방법을 생각해 보자. 무엇이나 열중해서 자기 일처럼 흥분하지 말고 온건하게 생각을 말하며, 군주가 그 생각을 채택한다 해도 스스로 자진해서 이에 따르도록 해야지, 여러분이 너무 귀찮게 굴기 때문에 할 수 없이 여러분 의견에 따르는 결과가 되어서는 안 된다. 이와 같이 하면 군주 또는 민중이 만장일치로 결의해서 채용한 조언에 대해 여러분에게 악의를 품는다는 것은 전혀 이치에 닿지 않는 이야기가 된다. 여러분의 의견에 대해서 반대하는 사람이 많이 있을 때, 그 생각이 실행되어 실패하면 그들은 여러분의 존재를 말살하려고 단결할 것이다. 따라서 앞에 제안한 방법을 따르면 혼자서 여러 사람의 반대를 무릅쓰고 어떤 계획을 제창하여, 그 계획이 성공했을 때처럼 크게 명예를 세우는 일은 없다 할지라도 두 개의 좋은 결과를 얻을 수 있을 것이다. 그 하나는 위험이 없다는 것이고 또 하나는 이것이다. 가령 여러분이 소극적인 태도로 어떤 일을 제창했는데 여기에 반대 의견이 나와 여러분의 조언대로 실시되지 않게

---

2) BC 363년 루위우스 섹시티우스가 처음으로 집정관에 임명되었을 때의 이야기로 티투스 리비우스 위의 책 제6권 제38장 이하, 특히 제42장과 제7권 제1장에 나온다.

되고, 다른 사람의 제안이 채용되었는데 그것이 오히려 나쁜 결과를 초래했다면 여러분은 더없는 명예를 얻게 된다. 명예를 얻는다 해도 여러분의 군주나 도시에 해악을 끼친 뒤의 일이라 이를 의기양양하게 생각할 수는 없지만, 그럼에도 당신에게 상당한 가치가 있다.

나는 이 문제에 대해 더 합당한 대안을 제시할 수 있는 사람이 있으리라고 여기지 않는다. 침묵을 지키며 자기 의견은 말하지 않는 것이 좋다고 권하는 것은, 공화국이나 군주에게 무용지물이 되라고 말하는 것과 마찬가지이기 때문이다. 그러나 이러한 요령을 가지고도 그 사람들은 위험을 피할 수가 없다. 왜냐하면 얼마 지나는 동안에, 그 거동은 의혹의 눈으로 바라보이게 되고 결국은 마케도니아왕 페르세우스의 친구들과 마찬가지 운명에 빠지게 될 것이기 때문이다. 파르세우스는 아에밀리우스 파울루스에게 격파되어 그의 친구들과 피신을 하는 도중에 이제까지 일어난 사건들을 토의할 기회를 갖게 되었다. 그러자 그 중의 한 사람이 입을 열어 페르세우스를 향하여 그가 범한 갖가지 과오를 말하며 이것이 왕의 파멸의 원인이 되었다고 직언(直言)하였다. 그러자 페르세우스는 이렇게 말하였다.

"이 배반자! 나에게 구원의 길이 될 수 있었던 일을 이제까지 하지 않고 있다가 이제 와서 그 말을 하는 거냐?"[3]

이처럼 이 사나이는 무엇인가 말해야 할 때 침묵했고, 침묵해야 할 때 말을 함으로 피할 수도 있었던 위험에 부딪친 것이다. 따라서 무엇보다도 위에서 말한 길을 결코 벗어나지 않도록 해야 할 것이다.

---

3) BC 168년 페르세우스가 루키우스 아에밀리우스 파울루스 때문에 피도나에서 지고 피난을 가면서 펠라로 잠입하였을 때의 이야기이다. 플루타르코스에 따르면 경리 관리로 있었던 에우쿠투스와 에우데우스라는 두 사람이 왕의 패인을 지적하여 그 자리에서 처형되었다고 한다. 《아에밀리우스 파울루스전(傳)》 제24장.

갈리아인은 접전 초기에는 초인과 같지만 그 끝은 썩은 여자와 같다고 말한다. 현재에도 그런 평을 듣고 있는 것은 무슨 이유에서인가

군대에는 세 종류가 있다

예의 갈리아인이 아니오 강변에서 어느 로마인에게 싸움을 걸어 격투에 이르고 다시 티투스 만리우스와 격투한 용맹성[1]을 생각하면, 나는 언제나 티투수 리비우스의 말, 즉 갈리아인은 싸움의 초기에는 초인과 같지만 싸움을 계속하고 있는 동안에 이윽고 썩은 여자처럼 되어간다는 말을 떠올리게 된다. 그래서 이 생각의 원인을 생각해 볼 때, 그것은 이 사람들의 평소 성질과 관련이 있다고 여겨지며, 더욱이 그렇게 생각하는 것이 옳다고 믿어진다. 그런데 그렇다고 해서 접전 초기에는 용맹성을 보이는 성질을 단련해서 싸움이 끝날 때까지 그 세력을 유지할 수 있는 길이 없는 것은 아니다.

위에서 한 말을 실증하기 위해서 우선 나는 군대에는 세 가지 종류가 있다고 말하겠다. 그 하나는, 사기가 왕성하고 군기가 옳은 군대이다. 군기가 엄정하면 마치 로마 세력에서 볼 수 있는 바와 같이 호용(豪勇)의 기가 생기게 된다. 이러한 군대에서는 모든 시대를 통해서 언제나 엄정한 군기가 유지되는데 이것은 오랫동안의 훈련으로 이루어진다. 군기가 엄한 군대에서는 무슨 일을 하든 규율만을 생각하기 때문이다.

이의 적절한 예는 로마 군대에서 볼 수가 있다. 그 군대는 (세계를 정복했지만) 다른 군대에 대해서도 훌륭한 모범이 되어야 했기 때문에 먹는 일이나 자는 일, 물건을 사거나 파는 데에도 집정관의 허락을 받지 않는 어떤 행동도 무엇 하나 하려고 하지 않았다.

---

1) BC 358년, 갈리아 세력이 로마를 떠난 3마일 떨어진 아니오 강가에 쳐들어왔을 때, 티투스 만리우스가 홀로 맨 앞에 서서 갈리아 세력을 육박하여 거인을 쓰러뜨린 이야기. 이 책 제3권 주석 참조.

두 번째는 용기는 있으나 규율이 확립되어 있지 않은 군대이다. 무릇, 이들처럼 행동하는 군대는 참다운 군대라 말할 수 없고, 설사 무엇인가 성취했다고 해도 그것은 무모한 용기이지 참다운 용기에서 나온 일은 아니기 때문이다. 올바른 용기가 있는 곳에서는 군병들은 때와 장소를 생각해서 자신의 힘을 잘 사용하고, 어떠한 곤란에 부딪쳐도 기세가 꺾이는 일이 없으며, 겁을 먹는 일도 없다. 엄정한 군기는 언제나 사기와 용맹심을 북돋고 필승의 확신을 가지게 한다. 이 확신은 엄정한 규율이 유지되고 있는 한 결코 사라지지 않는다.

그런데 이와는 반대되는 일이 갈리아인의 군대에서 일어났다. 이들은 최초의 일격으로 승리를 거두지 못하면 언제나 전투에서 패배했다. 그 용맹함이 올바른 규율에 의해 생기는 용기에 입각한 것이 아니어서, 이 용맹심이 식으면 이내 격파를 당하기 때문이었다. 이에 반해서 로마인은 위기가 닥쳐도 평소의 훈련 덕택으로 이를 견디고, 어떤 경우에도 아군의 승리를 믿어 의심치 않으며, 마지막까지 처음과 같은 기세로 전투를 계속하였다. 연장이나 무기를 들면 더욱더 용맹해지는 것이었다.

세 번째 형태의 군대는 본디 용기도 없고 단련된 규율도 없다. 현재 이탈리아의 군대가 바로 그렇다. 이들은 전적으로 무용지물이어서 어떤 기회에 도망가지 않을 수 없게 된 상대와 마주치지 않는다면 결코 승리하지 못한다. 이 군대가 아무런 힘도 없다는 증거는 우리가 매일 목격하고 있으므로 여기서 새삼스럽게 예를 들 필요도 없을 것이다.

티투스 리비우스의 증언을 살펴보면, 훌륭한 군사적 규율과 나쁜 군사적 규율을 배울 수 있게 되므로, 여기에서 파피리우스 크루소르가 기마대 조장 파비우스를 처벌하려고 했을 때 한 말을 첨가해 두고자 한다. "인간에 대해서나 신들에 대해서 외경(畏敬)의 마음을 가지지 않고, 장군의 명령이나 조점(鳥占)에도 따르지 않는다. 허락을 기다리지 않고 군병들은 우군 또는 적군에게 뿔뿔이 달려가 자신의 맹세를 잊은 채 마음 내키는 대로 행동하고, 멋대로 자기의 위치를 떠나 여러 번 깃발을 버리고 이를 돌보지 않으며, 모이는 것도 명령에 의하지 않고 밤이나 낮이나 제자리에 있지 않을 것이다. 장군이 명령하면 이를 얕잡아보고 멋대로 접전을 시작하여, 엄숙하고 신성한 민군은 온데간데없고, 다만 눈먼 악귀처럼 무법의 약탈과 강도가 횡행하는 꼴이 될 것이다. 2) Nemo hominum, nemo deorum verecundiam habeat : non edicta imperatorum, non auspicia observentur : sine commeatu vagi molites in pacato, in hostico erren', immemores sacramenti, licentia sola se, ubi velint, exauctorent ; infrequentia deserantur signa ; neque conreniatur ad edictum, nec discernatur, interdiu bocte, aequoini quo loco, jussu, injussu imperatoris pugnent ; et non signa, non ordines servent ; latrocinii modo caeca et fortuita, pro solemni et sacrata militia sit."

이 구절로 우리는 현재의 민군(民軍)이 엄숙 신성한가, 또는 단지 오합지졸인가, 더 나아가서 이 무리에 군대라는 이름을 붙여도 남부끄럽지 않은가, 또 로마인처럼 훈련으로 용기를 키운다는 것은 꿈에도 생각할 수 없고, 단지 갈리아인과 마찬가지로 만용만 있는 집단에 지나지 않는가를 곧 알 수가 있다.

---

2) BC 322년 로마 주변의 웨스트니 주민 마르시, 말루키니, 페리나인(人) 등이 로마에 대한 모반에 가담해서 반항했을 때의 이야기로, 인용구는 파비우스 막시무스 룰리아누스가 독재관 파피리우스 크루소르의 명령에 반해서 행동했다고 해서 처벌을 받게 되어 재판에 회부되었을 때 '검사이자 판사'인 독재관의 논고와 판결을 겸한 연설의 한 대목이다. 이 인용구 앞에서 악질의 군대에서는 하극상(下剋上)의 폐풍이 자행된다는 것을 역설하고 있다. 티투스 리비우스 위의 책 제8권 제33장. 참고로, 이 논고에 의해서 파비우스 룰리아누스는 판결에 승복하여 독재관의 관용을 애원했다는 것과, 파비우스의 아버지의 변호로 직책이 면제된 것으로 일이 끝났다. 또 이 책 제1권 제31장과 제3권 다음 장 참조.

제37장
결전을 하기 전 전초전이 필요한가, 또 전초전을 피하면서
그 적에 대해 알아낼 수 있는 방법

새로운 적을 두려워해선 안 된다

이미 다른 곳에서도 논한 바와 같이 인간이 어떠한 일을 하는 데에 있어서 그것을 성취시키기 위해 닥치는 고난은 별도로 치고, 선악(善惡)의 두 가지 면이 동반하지 않는 경우는 절대로 없다고 해도 과언이 아니다. 즉, 한 쪽에서 큰 불편을 참지 않으면 다른 한쪽에서는 쉽사리 선과(善果)를 따먹을 수가 없는 것이다. 더욱이 이것은 인간이 하는 일에는 어디에나 따라다니는 것으로, 참담한 고심 끝에 선과를 얻는 것도 실은 운명이 여러분에게 혜택을 주어 통상적이고 자연적인 어려움을 극복해 주기 때문이다. 이렇게 생각하면 이내 만리우스 토르콰투스와 갈리아인(人)의 승부에 대한 이야기가 떠오른다. 그 이야기에서 티투스 리비우스는 다음과 같이 말하고 있다.[1] "(이리하여 헤라클레스의 가호에 의하여) 승부의 효과는 전국(戰局)에 미쳐 (이튿날 밤이 되자) 갈리아 세력은 당황해서 진지를 물러나 티블의 땅으로 도망갔는데 (티블 사람들은 이를 환영해서 병량을 주었기 때문에 이 친구들과 힘을 합하여 한바탕 싸움을 한 뒤) 곧 캄바누스를 향하여 도망간 것이다. (Et, Hercule,) tanti ea ad universi belli eventum momenti dimicatio fuit, ut Gallorum exercitus (proxima nocte), relictis trepide castris, in Tiburtem agrum, (ataque inde, societate bellli facta, commeatuque benigne ab Tiburtibus adjutus,) mox in Campaniam transierit."

그러므로 나는 한편으로 훌륭한 장군이라면 군대에 나쁜 영향을 준다고 여겨지는 일은 하나도 해서는 안 된다고 생각한다. 즉, 자신의 모든 힘을 기

---

1) BC 357년의 일이다. 티투스 리비우스 위의 책 제7권 제11장 처음에 나오는 구절. 인용문에 괄호로 싼 구절은 마키아벨리가 인용했을 때에 생략한 원문.

울이지 않으면서도 그 접전에서 자신의 모든 운명을 걸려고 하는 것은, 내가 앞서 좁은 길에서 방어전을 하는 어리석음을 말한 것과 같이[2] 더없이 경솔한 행동이다.

이와 동시에 나는 또 다른 한편으로, 지혜로운 장군이라면 새로운 적을 만나 접전을 시도해 볼 때, 특히 상대가 용맹하다는 말을 듣고 있을 경우 결전을 하기 전 가볍게 전초전으로 강적에 대한 군사의 역량을 시험해 보아야 한다고도 생각하고 있다. 이렇게 해서 먼저 상황을 살펴두면, 상대의 용명(勇名)에 부하들이 느끼는 공포심을 사라지게 할 수가 있다. 더욱이 이것은 장군에게 매우 중요한 일이다. 왜냐하면 이것은 꼭 필요한 일로서 이렇게 하지 않으면 적의 용명에 겁을 먹은 군병들의 마음에 깃드는 공포로 말미암아 아군의 패전을 확신하게 되기 때문이다.

발레리우스 코르우스는 로마인의 명령을 받고 군대를 인솔하여 이제까지 한 번도 상대해 보지 않았던 삼니움인(人)과 맞섰다. 이에 대해 티투스 리비우스는 발레리우스가 삼니움 세력과 가벼운 전초전을 하게 했다고 말한다.[3] 즉 "새로운 접전이나 새로운 적을 만났을 때 이를 두려워해서는 안 되기 Ne novum bellum eos novusque hostis terreret." 때문이다.

위와 같이 생각하기는 하지만, 사실 이것은 위험하기 짝이 없는 이야기이기도 하다. 여러분의 정예병이 전초전에서 지면, 공포심이 불같이 일어나 결국 여러분의 계획과는 정반대의 결과를 가져올 것이다. 당신이 애초에 군인들을 안심시키려고 계획했던 일이 오히려 그들에게 더욱더 겁을 먹게 만들기 때문이다. 이러한 사정이므로, 이것은 선과 악이 서로 등을 대고 너무나 밀접하게 얽혀, 선을 얻으려 해도 그 안에서 악이 저절로 도사리게 되는 일과 같다 말하지 않을 수 없다.

이에 대해서 감히 말한다면, 솜씨가 뛰어난 장군이라면 모름지기 신중에 신중을 기하여, 아군의 겁을 자아내는 일은 절대로 해서는 안 된다. 조금이라도 겁을 먹게 되면 그것은 곧 아군의 패전으로 이어지기 때문이다. 따라서

---

2) 이 책 제1권 제23장 참조.
3) BC 340년 삼니움인(人)과 처음으로 부딪쳤을 때, 발레리우스가 전초전을 시도하여 적의 역량을 측정한 뒤 군병들을 격려한 말이다. 티투스 리비우스 위의 책 제7권 제32장.

어떠한 전초전도 해서는 안 되고 어쩔 수 없다면 이를 통해 필승의 확신을 얻을 수 있는 경우만으로 한정시켜야 한다. 모든 군대를 모을 수 없는 좁은 길 등에서 방어전을 해서는 안 되며, 군이 지키려고 한다면 그곳을 당하면 아군이 모두 무너진다고 여겨지는 급소에 한정시켜야 한다. 그 포진에 있어서 이 지점이 적에게 포위될 경우에도 아군의 정규병을 동원하여 곧 구원을 할 수 있도록 해야 하며, 그 이외의 땅은 개방해 두어야 한다. 왜냐하면 자기 쪽에서 버리는 땅을 빼앗길 때에는 어떠한 경우에도 결코 수치가 아니며, 그로 인해 필승의 희망이 없어지는 것도 아니기 때문이다. 그러나 여러분이 지켜야겠다고 마음먹고 있고 누구나 반드시 사수할 수 있을 것이라 기대한 땅을 공략당하면, 그 뒤 커다란 상실감과 위험이 따르게 된다. 마치 갈리아 세력의 경우처럼 아주 사소한 사건이 원인이 되어 재기 불능의 처지에 이르는 것이다.

페르세우스의 아버지인 마케도니아의 필리포스[4]는 용감한 군인이자 당시로서는 유명한 사람이었다. 그는 로마 세력의 공격을 받았을 때 나라를 유린당하면 회복이 쉽지 않을 것이라고 생각하여 일부러 어떤 토지를 버린 채 황폐화시켰다. 이것이야말로 신중한 사람의 행동인바, 그는 어떤 도시를 적의 수중에 놓아두어 결과적으로 포기한 상태에서 잃어버리는 것이, 애당초 방어하려고 계획한 곳을 방어하지 못한 것보다 자신의 명성에 흠이 덜 간다고 판단했던 것이다.

로마인은 칸나에의 패배에 이어 모든 상황이 악화되었을 때, 자신들의 비호를 받는 나라나 속국 등의 가세를 모두 거절하고, 자기들의 힘으로 막을 수 있는 요소만 지킬 준비를 하였다.[5] 이 방책은 무엇인가 한 가지 것을 지킬 작정으로 있다가 지킬 수 없게 되는 것보다 훨씬 낫다. 패배는 동맹국도 군대도 모두 잃지만, 거절은 다만 동맹국을 잃는 데 그치기 때문이다.

다시 화제를 되돌려서 전초전에 대해서 이야기를 계속하자. 가령 어떤 장군이 새로운 적과 할 수 없이 접전을 해야 하고, 더욱이 이 싸움을 하면 매

---

4) 《군주론》 제5, 제24장 참조.
5) 칸나에의 싸움 뒤 혼란에 대해서는 티투스 리비우스 위의 책 제22권 제54장, 그 선후책에 대해서는 제57장 이하에 자세히 서술되어 있다.

우 유리해서 질 염려도 없고, 또 마리우스와 같은 일을 할 수 있다면, 이때 전초전보다 더 뛰어난 방책은 없을 것이다. 용맹하기 짝이 없는 킴브리인들이 이탈리아로 덤벼들었을 때,[6] 그 광포함과 구름 같은 대군에 세상 사람들은 벌벌 떨었고 로마군에 섬뜩한 공포심을 불러일으켜 싸우면 반드시 지는 것 같은 분위기를 조성했다. 마리우스는 아무래도 접전에 이르기 전 적의 평판으로 새겨진 공포심을 군병들의 머리로부터 씻어버릴 필요가 있다고 보았다. 그래서 킴브리인(人) 군대가 지나가는 길을 골라 일부러 거기에 아군의 진지를 차렸다. 이리하여 자기의 군병들을 진지에 대기시키고, 자신의 눈으로 적의 상황을 직접 확인함으로 적의 모습에 익숙해지도록 하였다. 그리하여 그들이 수적으로 우세한 적이지만 진지도 갖추어지지 않는데다가 자질구레한 짐들로 혼잡을 이루고, 쓸모없는 연장을 메고 있으며 그중의 일부는 무기도 없이 서로 얽히면서 앞으로 나아가는 것을 보게 되자, 아군의 군대가 용기를 되찾고 자진해서 접전을 열망하게 되었다.

이 방책은 마리우스처럼 교묘하게 실행하면 모든 사람에게 매우 유익한 모범이 된다. 위에서 말한 위험에 빠지고 싶지 않은 사람들, 또 "사소한 사건으로 당황해서 티블로 도망치고 이어 캄파누스로 더 멀리 도망간 qui ob rem parvi ponderis trepidi in Tiburtem agrum et in Campaniam transierunt" 갈리아인과 같이 되고 싶지 않은 사람들이 어떻게 해서든 본받아야 할 귀감인 것이다.

이 장에서 발레리우스 코르우스에 대해 논했으므로 다음 장에서는 그가 한 말을 생각하면서 대장되는 사람의 자격에 대해 논하고자 한다.

---

6) 가이우스 마리우스가 BC 101년 웰켈라에(지금의 베르세이유 Verceil)에서 킴브리인을 격파했을 때의 이야기로 플루타르코스 《마리우스전(戰)》 제12장 이하, 특히 제22장 참조.

제38장

군사들의 신뢰를 모으기 위한 장군의 자질

관직이 인간을 빛내는 게 아니라 인간이 관직을 빛나게 하는 것

위에서 말한 바와 같이 발레리우스 코르우스는, 군대를 이끌고 로마 사람의 새로운 적인 삼니움인(人)을 상대로 대전하게 되었다. 자신의 군병들에게 자신감을 갖게 하고 또 적의 솜씨를 알게 하려고 처음에는 가벼운 전초전을 개시하였다. 그리고 그것만으로는 충분하지 않다고 생각하여 접전을 앞두고 가진 열의를 다하여 연설하였다. 그는 연설에서 군병들 무용을 추켜세우며 이처럼 허약한 적을 상대로 접전을 한다는 것은 흔히 있는 일이 아니라고 역설하였다.

티투스 리비우스가 그의 입을 빌려 한 말을 생각하면, 장군이 군대의 신뢰는 얻기 위해서는 어떤 자질이 필요한지를 알 수가 있다. 그의 말은 다음과 같다. "더 나아가서 접전이 누구의 명령에 따르고, 어떠한 신의 도움 얻어서 이루어지는가를 생각해야 한다. 그 장군이 단순히 화려한 웅변가로 입으로만 호언장담할 뿐 싸움에는 서툰 자인가, 또는 연장 사용에 제일인자이고 깃발을 맨 먼저 들고 나아가 가장 치열한 난전에도 아랑곳없이 일하는 자인가. 그 여부를 알아두어야 한다. 병사들이여! 나는 입으로써가 아니라 이 팔로 당신들이 따라오게 해보이겠다. 나에게 명령뿐만 아니라 모범을 보여 달라고 말하라. 바로 내가 세 번이나 집정관직에 있었고 승전의 면목을 세운 것도 바로 이 팔이다. 이 팔이 그렇게 한 것이다. [1] Tum etiam intueri, cujus ductu auspicioque ineunda pugna sit utrum qui audiendus dum'axat magnificus adhortator sit, verbis, tantum feros, operum militarium expers ; an qui et ipse tela tractare, procedere ante signa, versari madia in mole pugnae aciat. Facta mea, non

---

1) 티투스 리비우스 위의 책 제7권 제32장. 이 인용구를 포함한 연설 뒤에는 이 책 제3권 제22장에 보이는 긴 인용문이 계속된다.

dicta, vos, milites, sequi volo ; nec disciplinam modo, sed exemplum etiam a me petere. Non factionibus modo nec per coitiones usitatas nobilibus, sed hac dextra, mihi tres consulatus summampue laudem peperi."

이 말을 잘 음미해 보면, 누가 되었든 장군의 입장에 머무르고자 하는 사람은 어떻게 처신해야 되는지 알 수 있다. 또 이와는 반대로 행하는 사람은 시간이 지남에 따라 그 지위가 실은 복운이나 음모 덕택으로 얻어진 것이라고 세상에 알려져, 그 지위를 빼앗기고 명예는 엉망이 된다는 것 등을 알 수가 있다. 왜냐하면 관직이 인간을 빛내는 것이 아니라 인간이 관직을 빛나게 하는 것이기 때문이다.

이제 본장의 처음에서 언급한 논의도 생각해보아야 한다. 즉, 위대한 장군도 익숙하지 않은 적을 상대로 싸우려고 할 때는 예사롭지 않은 방책을 강구하여 군대의 사기를 고무시켜야 한다. 즉 아직까지 한 번도 적과 부딪친 일이 없는 신생 군대의 지휘관에게 독창적인 비책이 필수적이라는 것은 당연한 일일 것이다. 익숙하지 않은 적에게 백전 용사도 주춤한다고 하면 하물며 신병들은 더 겁을 먹을 것이 분명하기 때문이다.

그런데 우리가 이미 언급한 로마인 크라크스나 테바이인 에바미논다스처럼, 많은 경우의 훌륭한 장군들은 이와 같은 난관도 손쉽게 돌파하였다. 이 두 사람은 신병을 거느리고 접전에 익숙한 적을 상대로 싸워 이를 무찔렀다. 이때 채용된 방책이라고 한다면, 여러 개월 동안 그 군대를 훈련으로 단련하고, 명령에 따라 규율을 지키는 습관을 터득하게 하여, 마침내 큰 자신감을 가지고 부하들을 실전에 임할 수 있도록 만들어낸 것이다. 그렇다면 어떤 군주도 백성이 부족한 것이 아니라면 훌륭한 군대를 만드는 일에 절망할 필요가 없다. 실로 군주는 백성은 풍부하나 군인이 부족한 경우에 백성들이 무가치하다고 불평해서는 안 되며, 단지 자신의 나태와 현명치 못함을 한탄해야 한다.

제39장

장군은 지형을 잘 이해하고 있어야 한다

사냥꾼은 지형에 밝아야

군대 지휘관이 알아두어야 할 많은 것들 중 지형과 국정(國情)을 아는 것이 특히 필요하다. 이러한 보편적이고 특수한 지식이 없으면 지휘관은 무슨 일을 하든지 충분한 책임 수행을 할 수가 없다. 일반적으로 학문이라는 것은 오랜 수업을 통해 비로소 획득할 수 있는 것이다. 그러므로 이 특수한 지식을 몸에 지니기 위해서는 그 어떠한 난행과 고행보다도 사냥만큼 이에 어울리는 일은 없다. 따라서 고대 역사가가 전하는 바와 같이, 저마다 자기가 살았던 시대의 세계를 정복한 영웅들은 숲으로 들어가서 사냥을 했던 것이다. 사냥은 위와 같은 지식을 얻을 수 있도록 해줄 뿐만 아니라, 싸움에 꼭 필요한 지식을 가르치기 때문이다.

크세노폰[1]은 《키루스전(傳)》에서, 키루스가 아르메니아왕(王)에게 공격을 가했을 때, 자신의 부하들을 모아놓고 저마다에게 알아야 할 것을 들려주며, 이번 접전은 오늘날까지 사냥터에서 행한 사냥에 지나지 않는 것이라고 말했다고 전한다. 즉, 산악지방으로 군대를 보내어 전초전을 시킨 것은 절벽에 망을 치는 사냥의 역할을 하게 한 셈이고, 들판을 달리게 한 것은 사냥꾼이 사냥감을 구멍에서 쫓아내어 망에 걸리게 하는 역할을 하게 한 것이라고 말한 것이다.

크세노폰이 주장하는 바와 같이, 사냥 원정은 하나의 모의전이 된다. 그러므로 뛰어나고 위대한 인물들에게 사냥은 자랑스럽고 유일한 일이다. 실로 어떤 나라를 다 알기 위해서는 사냥보다 더 뛰어난 방책은 없다. 사냥에 의해서 땅의 형세를 구석구석까지 알 수 있기 때문이다. 이렇게 해서 단 한 지역이라도 완전히 익숙해지면, 그 다음에는 처음 가는 나라도 바로 친근해질 수

---

1) 《군주론》 제4장 소론 참조.

가 있는 것이다. 왜냐하면 어떠한 나라든 또 그 나라 안의 어떠한 땅이든 모두 어딘지 비슷한 점이 있으므로, 한 나라에 통달하면 다른 나라도 손쉽게 그 상황을 알 수가 있기 때문이다. 그런데 어느 한 나라에 대해서 충분한 경험을 쌓지 않은 사람은 새로운 땅의 사정을 알 수 없는데다가, 알 수 있다고 해도 그것은 충분하지 않다. 그러나 경험을 쌓은 사람은 한눈에 들판이 어떤 식으로 펴져 있는가, 봉우리들은 어떤 상태인가, 어디 근처에서 골짜기가 열려 있는가 등을 간파하여 이로써 하나의 확실한 지식을 자기 것으로 만들 수가 있는 것이다.

이에 대해서는 티투스 리비우스가 우리에게 보여주는 푸블리우스 데키우스의 실례가 좋은 증거가 된다. 이 인물은, 집정관 코르넬리우스가 군대를 인솔하여 삼니움 사람들을 공격했을 때 그 군대의 호민관으로 출정하였다.

그때 집정관이 군대를 어떤 계곡으로 진격시켰는데, 여기에 들어갈 경우 로마군은 손쉽게 삼니움의 세력에 포위될 것이 분명하였다. 이때 데키우스가 집정관에게 외쳤다.[2] "아우루스 코르네리우스 각하, 저 적진 위에 있는 언덕을 보십시오! 저기야말로 우리에게 최후의 희망이 될 진지입니다. (안목 없는 삼니움 녀석들은 전혀 그것을 알아차리지 못한 듯하니) 지금 바로 밀고 나아가 점령하시지요. Videsne tu, A. Corneli, cacumen illud supra hostem? Arx illa est spei salustique nostrae, si eam(quam caeci reliquers Samnites,) inpigre capimus." 티투스 리비우스는 데키우스의 이 말을 전하기 전에 이렇게 말하고 있다. "호민관 푸브리우스 데키우스는 가파르게 솟아오른 언덕을 발견하였다. 언덕은 적진의 머리 위에 솟아 있었는데, 무거운 짐을 진 군병에게는 험하고 경무장한 군병들에게는 가능할 것이라고 보았다. Publius Decius, tribunus militum, conspicitunum editum in saltu collem,

---

2) BC 344년 삼니움인(人)과 싸웠을 때의 일로, 이 책 제3권 제38장에 인용한 사례에 이어지는 이야기이다. 본문 인용구는 모두 티투스 리비우스 위의 책 제7권 제34장에서 볼 수 있다. 참고로 그로부터 4년 뒤 데키우스 무스는 다시 삼니움인과 싸웠을 때 자기 몸을 희생하여 로마 세력을 승리로 이끌었다는 것은 같은 책 제8권 제9장에 있다. 같은 이름의 아들 데키우스 무스도 아버지를 따라서 295년 자살하여 아군을 격려, 승리를 가져왔으며 이에 대해서는 같은 책 제8권 제45장 참고. 또 같은 이름의 손자도 BC 279년 아스쿠름의 싸움에서 할아버지와 아버지를 따라 죽었다.

imminentem hostium castris, aditu arduum impedito agmini, expeditis haud difficilem." 집정관도 이 말이 옳다 생각하고 3,000명의 군병을 보내어 로마 세력을 구하였다. 그동안에 어둠이 다가와 이번에는 스스로 진을 물러나 위난을 피하기 위해 군병들에게 외쳤다. "'나를 따르라! 해가 지기 전에 놈들 (적)이 진지를 자세히 살펴 우리의 퇴로를 찾아낼 것이다.' 그리하여 적이 알아챌 수 없도록 겉옷을 입고 따르던 100인조에게도 군병 복장을 하게 하였다. 이리하여 교묘하게 위지(危地)를 탈출하였다. Ite mecum, ut dum lucis aliquid superest, quibus locis(hostes) praesidia ponant, qua pateat hinc exitus, expolremus. Haec omnia sagulo gregali amic'us, ne ducem circumire hostes notarent, perlustravit."

이 구절을 잘 생각해 보면, 장군이 한 나라의 다양한 지역적 속성을 잘 알고 있다는 것이 얼마나 중요한 일인지 알 수 있을 것이다. 가령 데키우스가 이와 같은 지식을 가지고 있지 않았다고 한다면, 로마군에게 그 언덕의 점령이 얼마나 중요한지를 전혀 알 수 없었을 것이고, 적군이 그 언덕을 공격할 것인지의 여부도 알 수 없었을 것이다. 더욱이 그 언덕 꼭대기에 올라갔다가 다시 진을 끌어내어, 자기와 같이 적의 포위에 빠진 집정관의 군대와 합세하려고 했을 때, 적이 지키는 길과 지키지 않는 길을 구별하여 군대를 끌고 나올 수도 없었을 것이다. 데키우스는 위와 같은 지식을 충분히 가지고 있었기 때문에 손쉽게 대책을 강구하였고 로마군을 위험한 곳에서 구해낼 수 있었다. 곳곳에 포진하고 있는 적의 세력에서 퇴로를 발견하여 아군을 구출할 수 있었던 것이다.

제40장
전쟁에서 속임수를 쓰는 것은 명성을 얻을 가치가 있다

어정쩡한 조치는 친구를 만드는 것도 적을 섬멸하는 것도 아니다

일상 생활에서는 남을 속여 공격을 가하는 것은 부끄러운 행동이다. 그러나 전쟁에 임하여 이 방법을 사용하는 것은 명성을 가져다준다. 속임수를 써서 적을 무찌르는 것은 연장을 가지고 승전을 한 것과 마찬가지로 권장할 만한 일이다. 더욱이 이러한 일은 위인전을 저술하는 사람들의 생각에서도 많이 볼 수가 있다. 그들은 한니발을 비롯하여 위에서 말한 것과 같은 행동으로서 이름을 올린 장군들을 칭송하고 있다. 그 실례는 수없이 많으므로 여기서는 이야기하지 않기로 한다.

한 가지 말해 두고 싶은 것은 속임수가 자랑할 만한 일이라고 했지만, 서로 허용한 신의(信義)나 교환한 약정 같은 것을 깨뜨리는 것은 아니라는 것이다. 만약에 여러분이 이와 같은 수를 써서 한 나라나 왕위를 손에 넣었다면 그것은 결코 여러분의 명예가 되지 않는다.[1] 내가 말하는 것은 여러분을 신뢰하지 않는 적에 대해서 사용되는 속임수, 본디 싸움에서 사용되는 계략을 말하는 데에 지나지 않는다. 즉, 한니발의 속임수가 이러한 종류에 속한다. 그는 페루자 호숫가에서 집정관과 로마 군대를 포위하기 위해 달아나는 체했으며, 그리고 파비우스 막시무스의 손에서 빠져나가기 위해 소떼의 뿔에 횃불을 붙여 몰았다.[2]

---

1) 군주론 제8장에 아가토클레스가 자기 생각을 말하는 대목 참조.
2) 이 책 제3권 제10장과 병법칠서 제4권 참조. 한편 본문 끝에서 말한 전법은 트라미메누스의 싸움 뒤 한니발이 월동하기 위한 땅을 찾아 캄파냐로 남하했을 때의 이야기이다. 한니발이 테라키나의 고갯길에서 로마 세력의 저지를 받고 포위되자 화우(火牛)의 계를 사용했더니 로마 세력은 어둠 속 여기저기에서 불꽃이 올라오는 것을 보고 포위당했다고 생각했다. 로마군이 황급히 퇴진했기 때문에 카르타고 세력이 캄파냐의 수도 카시리눔으로 들어갈 수 있었다. 티투스 리비우스 위의 책 제22권 제16, 17장.

이와 비슷한 계략은, 삼니움군의 장군인 폰티우스가 로마 세력을 카우디움의 좁은 길에 가두려고 채용한 전술이다. 그는 군대를 산그늘에 숨겨두고 몇몇 병사들을 양치기로 가장시켜 많은 양을 몰고 로마 세력으로 접근시켰다. 로마군이 이들을 붙잡아 삼니움군의 소재를 묻자 그들은 모두 폰티우스가 하라는 대로 지금쯤은 노케라를 한창 공격하고 있을 것이라고 입을 모아 말했다. 집정관은 이 말을 의심하지 않고 겁 없게도 카우디움 절벽 사이의 계곡에 군대를 진격시켰다. 거기에 이르렀을 때 로마 세력은 삼니움 세력에 속은 것을 알았다.

이 승전은 속임수로 얻은 것이다. 이때 폰티우스가 아버지의 충고를 따라서 로마인들을 관대하게 살려주거나 아니면 모두 죽여 어정쩡한 조치를 취하지 않았더라면, 속임수에 의해 얻어진 그의 명성은 더욱 천하에 유명해졌을 것이다. [3] 어정쩡한 조치란 "친구를 만드는 것도 적을 섬멸하는 것도 아니기 quae neque amicos parat, neque inimicos tollit." 때문이다. 이러한 조치는 내가 앞서 말한 바와 같이 나라 일을 위태롭게 만들기 마련이다. [4]

---

3) BC 319년, 스프리우스 포스티미우스가 집정관이었던 시절, 삼니움인이 헤렌니우스 폰티우스의 아들 크라우디우스를 대장으로 추천하여 로마 세력을 타파했을 때의 이야기이다. 티투스 리비우스 위의 책 제9권 제3장. 한편 이 크라우디우스에 대해서는 이 책 제2권 제15장 참조.
4) 이 책 제1권 제22장 참조.

제41장
치욕스럽게든 명예롭게든 조국은 반드시 지켜야 한다

방법이 어떠했던 방어에 성공하면 된다

이미 말한 대로 로마의 집정관은 군대와 함께 삼니움 세력에 의해 포위되었다. 이때 삼니움군은 로마인에게 더할 나위 없는 굴욕적인 약정을 강요하였다. 그 중에서도 가장 치욕적이던 것은 군대에게 멍에를 지고서 알몸으로 로마에 돌아가게 한다는 것이었다. 이 제의에 집정관은 어이가 없었고, 군대는 모두 절망의 늪에 빠졌다. 그러자 로마의 지방 총독 루키우스 렌투르스는 이렇게 말했다.[1] "조국을 구하기 위해서는 어떠한 방법도 이를 피해서는 안 된다. 로마의 생명은 군대에 달려 있으므로, 어떠한 일을 해서라도 군대를 구해야 하고 또 수치를 참고라도 조국을 반드시 지켜야 하기 때문이다. 만일 이 군대를 구출해 내면 로마는 이 치욕을 씻을 수 있는 기회를 찾을 수 있겠지만, 이를 구출하지 않고 전멸시키면 로마는 자유를 잃게 될 것이다." 이리하여 그의 조언은 받아들여졌다.

조국에 조언할 기회를 가진 시민이라면 이것이야말로 명심해 두어야 할 일이다. 일반적으로 조국의 안위에 관련된 문제를 평의하는 데에 있어서, 그것이 옳건 그르건, 또는 도의에 맞건 잔악하건, 공명정대하건 아니건 전적으로 이를 고려할 필요가 없다. 모든 양심의 가책을 버리고 오직 조국의 명맥과 그 자유를 유지하는 방책에 전념할 일이다.

프랑스인(人)은 자기들 국왕의 권위와 왕국의 위력을 유지하기 위하여 그 언동에서 이 길을 잘 지키고 있다. 그들은 누구 하나 '그러한 결정은 왕에게 수치스러운 일'이라고 말하는 것을 흘려버리지 않기 때문이다. 그들은 어떤

---

[1] 40장 말단에 언급된 이야기에 바로 이어서, 로마 세력은 폰티우스에 싸움을 시도했으나 독 안에 든 쥐와 같아서 마침내 치욕적인 약정이 강요되었다. 여기서 인용한 렌투르스의 생존주의는 티투스 리비우스 위의 책 제9권 제4장에 있으며 개인의 명성이나 이익을 버리고 조국을 방어하자는 명연설이다.

경우라도 국왕이 수치를 당해서는 안 된다고 말한다. 이것은 비록 국왕이 취하는 방법이 좋든 또는 운 나쁘게 실패하든, 왕의 명예를 잃게 하는 일은 반드시 피해야 하기 때문이라고 말하고 있다. 이것은 바로 이기든 지든 모든 일이 국왕의 결의에 달렸기 때문이다. [2]

---

2) 이 생각에 대해서는 《군주론》 제4, 23장, 《프랑스 사정 일람》, 《프랑스인 기질》 등을 참조.

억압으로 이루어진 약속은 그 힘이 제거되었을 때 파기할 수 있다

집정관들이 치욕스럽게 알몸의 군대를 이끌고 로마로 돌아온 뒤에, 집정관 스푸리우스 포스투미우스는 원로원으로 출두하여 카우디움에서 맺은 약정은 지키지 않아야 한다고 가장 먼저 주장하였다. 이 약정은 로마인을 구속하는 힘을 가지고 있지 않으며, 다만 화목을 맹세한 자기들 두서너 사람만이 그 의무를 지고 있는 데에 지나지 않으므로, 맹세를 세운 자기들 두서너 사람을 삼니움인의 손에 넘기기만 하면 된다고 역설하였다. 그의 확고부동한 신념으로 원로원은 이 제의를 채택해서 그와 그 밖의 사람들을 삼니움인에게 죄수로 보내면서 이 약정이 공정하지 않다는 점을 따졌다. 포스투미우스는 이 경우에도 매우 운이 좋아서 산니움인들은 그를 잡아 가두지 않고 돌아가게 하였다. 로마로 돌아오자 이 사람들은 패장이었음에도 로마인의 환영을 받았다. 이는 승리를 거둔 폰티우스가 삼니움인들 사이에서 누린 명성보다 더욱 큰 것이었다. [1]

이에 대해서는 두 가지 일에 주의해야 한다. 그 하나는, 어떤 행동을 하든 이름을 날릴 수 있다는 것이다. 승전으로 이름을 날리는 것은 당연하지만, 비록 패배하여도 그것이 여러분의 과오로 인한 것이 아니라는 것을 명백히 하거나, 때를 놓치지 않고 무용을 발휘하여 수치심을 씻어낼 기회를 만들면 오히려 이름을 날리게 된다. 그리고 또 하나는, 강요에 의해서 맺어진 서약은 이를 지키지 않아도 수치가 되지 않는다는 것이다. 즉, 공적인 문제에서 강요된 서약은 국력이 회복되어 이를 지킬 필요가 없게 되었을 경우, 이를 파기해도 그 사람의 불명예가 되지 않는다. 이에 대한 사례는 여러 역사책에서 볼 수 있으며, 오늘날에도 목격하고 있다.

---

1) 앞장의 이야기 계속으로, 티투스 리비우스 위의 책 제9권 제6장에 자세히 서술되어 있다.

군주 사이에서는, 강요된 약정이 그 강요력의 소멸과 함께 파기된다는 실례를 볼 수 있을 뿐만 아니라, 그 외의 약정에 대해서까지도 이를 교환한 원인이 없어지면 바로 파기되어 버린다. 이와 같은 일이 칭찬을 받을 만한 일인지 아닌지, 군주 되는 사람이 이와 같은 방책을 취할 것인지 아닌지는, 이미 군주에 대한 나의 논문[2]에서 자세히 논했기 때문에 여기서는 생략하기로 한다.

---

2) 《군주론》 제18장 참조.

제43장

같은 나라에 태어난 사람은 비슷한 기질을 가지고 있다

세상에 모든 일은 동일한 열정을

현인(賢人)들은 언제나 다가올 어떤 일을 알기 위해서는 과거를 돌아보라고 말한다. 이것은 근거 없이 하는 말이 아니다. 이 세상의 모든 일이 시대여하를 막론하고 언제나 고대와 비슷하기 때문이다. 그 근본적인 이유를 살펴보면, 사람의 일이란 모두가 고대와 다름없는 생각으로 움직인다는 사정에 입각하고 있는 것이다. 사실, 사람이 하는 일은 이 나라와 저 나라의 차이는 있으나 이것은 각 국민 생활의 양식에 뿌리를 박은 교양의 차이에 의해 달라지는 데에 지나지 않는다.

더욱이 과거를 돌아보고 장래를 손쉽게 알 수 있는 것은, 어떤 국민이 오랫동안 같은 풍습을 지키고 있다던가, 언제나 탐욕스럽고 간악하다던가, 더 나아가서 가지고 있는 또 다른 악덕이나 악습 등을 보이는 경우이다.

우리의 도시 피렌체에서 일어난 사건을 책으로 읽고, 그 밖에 얼마 전에 일어난 일들을 자상하게 고찰한 사람이라면, 게르만인이나 프랑스인이 탐욕·거만·광포·배신으로 가득차 있음을 알 수가 있을 것이다. 이 네 가지 기질이 여러 시대를 통해서 몇 번이고 우리 수도에 위해를 끼쳤기 때문이다.

신의가 희박하다는 점에 대해서는 피사 성채의 점령을 맹세하는 샤를 8세에게 몇 번이고 돈을 주었으나 결국 그것을 점령하지 않은 것을 보아도 알 수 있다.[1] 이 행동에 의해 국왕이 신의가 희박하고 탐욕이 깊다는 것을 알게 해준 것이다. 그러나 여기서는 이와 같이 최근에 일어난 일에 대해서는 언급하지 않기로 한다.

피렌체인이 밀라노공(公) 비스콘티 일가에게 싸움을 걸었는데 그 결과가 어떻게 되었는지 모르는 사람이 없다. 피렌체는 의지할 만한 모든 끈이 잘리

---

1) 《군주론》제5, 13장 참조

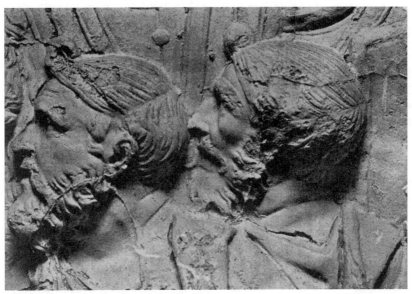

게르만인. 트라야누스 황제 기념주의 돌을새김. 고
대 게르만인은 통일된 국가를 이루지 못하고 부족마
다 갈라져 있었는데, AD 2세기 후반부터 이동을 시
작한 서게르만인은 이동하는 동안에 대부족이 소부
족을 합병하고 각처에 정착하여 왕국을 건설하였다.

자 할 수 없이 황제를 이탈리아로 끌어들여 그의 위세와 군대를 동원하여 롬
바르디아를 공격하려고 계획하였다. 황제는 이를 승낙, 대군을 이끌고 비스
콘티 일가를 공격하여 비스콘티로부터 피렌체를 구해주기로 약속했다. 단,
그 조건으로서 군자금 10만 두카(ducats) 외에, 이탈리아로 쳐들어가면 10만
두카를 더 내라고 요구하였다. 피렌체인은 이 제의를 승낙하고 우선 처음 비
용을 지불한 뒤 얼마 안 가서 두 번째 돈도 내놓았다. 그런데 황제는 베로나
에 도착한 뒤, 피렌체인이 미리 정한 약정을 하나도 실행하지 않았다는 핑계
를 대고 아무런 일도 하지 않은 채 말머리를 돌려 귀국해 버렸다. 2)

그런데 가령 피렌체가 필요에 쫓기거나 걱정에 사로잡히지 않고, 야만족
들이 고대로부터 보여준 습성을 상기했더라면, 이런 경우뿐만 아니라 그 어
떤 때에도 그들에게 속지 않았을 것이다. 즉, 상대가 어디에 불려오든 그들
은 언제나 같은 민족이었으므로 같은 행동을 할 수 있을 것이라는 것은 예측
할 수 있었을 것이다. 갈리아인들은 그 옛날 로마인의 압박을 받아 몇 번이

고 도망가거나 격파되었던 토스카나인에 대해서도 같은 행동을 한 것이다. 토스카나인은 자기들 군대만으로 로마 세력을 막을 수 없다 생각하고, 그 당시 알프스 북방 이탈리아에 살고 있던 갈리아인과 손을 잡기로 했다. 그래서 두 군대를 합하여 로마 세력에 대항하는 것을 조건으로 많은 황금을 주었다. 그런데 갈리아인들은 돈을 받았으면서도 토스카나인에 가세하여 연장을 들고 일어나지 않았다. 그들은 적과 싸우기 위한 것이 아니라 토스카나를 약탈하지 않겠다는 조건으로 돈을 받은 것이라고 강변하였다. [3] 이처럼 갈리아인의 탐욕과 배신으로 토스카나인들은 황금을 잃었을 뿐만 아니라, 그것을 사용하여 손에 넣으려고 했던 군대도 잃는 결과가 되었다.

따라서 옛날의 토스카나인과 지금의 피렌체인의 실례를 함께 생각해 보면 프랑스인은 예나 지금이나 여전히 같은 정신으로 움직이고 있다는 것을 알 수 있다. 또 이것으로 군주되는 사람을 도대체 어느 정도까지 믿을 수 있는가 분명히 알 수 있게 된다.

---

2) 《군주론》 제23장, 이 책 제2권 제11장 참조
3) BC 299년 경, 에트루리아인(人)이 휴전 조약을 무시하고 로마와 싸우려고 했을 때, 자기들 영토에 쏟아져 들어온 갈리아인을 아군으로 끌어들이려다가 손해를 본 이야기이다. 티투스 리비우스 위의 책 제10권 제10장

제44장
완력으로 대담하게 하면 보통의 수단으로는
손에 들어오지 않는 것도 자기 것이 되는 경우가 많다

생각할 시간을 주지 말라

삼니움인은 로마 세력의 공격을 받았으나 자기들 군대로는 로마 세력에 정면으로 부딪칠 힘이 없었기 때문에 삼니움에는 정원만 남기고 당시 로마와 휴전 중이었던 토스카나로 피하기로 결정하였다. 삼니움인들의 군대를 현지에 출동시킴으로써 토스카나인들에게 다시 무기를 잡고 로마와 싸울 것을 촉구하고자 한 것이다. 이전에 삼니움인들의 사신이 에트루리아인들에게 그런 제의를 한 적이 있었지만, 거절당한 바 있었다. 이에 대해 삼니움인은 토스카나인에게 자기들이 왜 연장을 가지고 일어섰는가를 알게 하기 위하여 주목할 만한 말을 하였다.[1] "노예로서의 평화보다도 자유인으로서 싸우는 것이 훨씬 편해서 모반을 일으킨 것이다. Rebllsse, quod servientibus gravior, quam liberis bellum esset." 이와 같이 반은 쫓겨서, 반은 눈앞에 군대가 버티고 있기 때문에 토스카나는 마침내 연장을 들고 궐기한 것이다.

그러므로 현명한 군주는 다른 군주에게 무엇인가 얻고 싶을 경우, 생각할 여유를 주지 않고, 순간적으로 생각을 정해야 한다는 마음이 들게 할 필요가 있다. 그러기 위해서는 상대에게 군주의 제의를 거절하든가 망설이면 이내 그의 몸에 위난이 닥쳐온다는 것을 깨닫게 해야 한다.

현대에서 이와 같은 수를 교묘히 사용한 예는 교황 지우리오와 프랑스인

---

1) BC 295년 삼니움인이 소동을 벌였기 때문에 푸불리우스 데키우스와 퀸투스 파비우스가 이를 쫓아냈더니 패잔병들이 에트루리아로 도망가, 에트루리아인을 선동하였기 때문에 거의 모든 토스카나의 주민은 삼니움의 대장 겔리우스 에그나티우스의 명령 하에 모반을 일으켰다. 그 뒤 로마의 집정관 루키우스 월미니우스는 데키우스를 대신하여 이를 치고 290년 삼니움과 에프루리아는 완전히 로마의 국토가 되었다. 티투스 리비우스 위의 책 제10권 제16장 이하

의 교섭, 프랑스 왕의 장군 드 포아 각하와 만토바 후작의 그것이다. 교황 지우리오는 벤티보리오를 볼로냐로부터 쫓아낼 생각으로 있었다. 이를 위해 프랑스 세력은 자기편이 되고 베네치아 사람은 중립을 지켜야 한다고 보았다. 그러나 두 전략 모두를 시도해 보았지만, 그들의 답변이 불확실하고 믿을 수가 없다는 것을 알았다. 그래서 생각할 틈을 주지 않기 위해 많은 동원할 수 있는 모든 군대를 인솔하여 로마를 떠나 볼로냐로 진격하는 한편, 베네치아 세력에는 사자를 보내어 중립을 지키라는 말을 전하고 프랑스왕에게는 병력을 제공해달라고 말하였다. 이리하여 이 두 나라는 다 같이 촉박한 정세에 생각할 틈도 없이 더 이상 머뭇거리면 교황의 격노는 뻔하다고 느껴, 프랑스 왕은 원군을 내보냈고 베네치아인은 중립을 지키게 되었다. [2]

드 포아 장군은 브레시아 모반의 소식을 접했을 때, 아직 그 군대와 함께 볼로냐에 머물고 있었다. 그래서 그 수도를 탈환하기로 생각했는데 여기에는 두 가지 길이 있었다. 하나는 국왕의 점령지를 지나서 가는 길로 거리가 먼데다가 험난했고, 또 하나는 이보다 훨씬 가까운 길로 만토바령(領)을 지나서 가는 길이었다. 그런데 이 길을 취하면 후작의 영지를 지나가야 할 뿐만 아니라 늪이나 호수 등을 넘어가야 했고, 게다가 후작은 이러한 일에 대비하여 성채 등으로 방비를 굳게 하고 있었다. 포아 장군은 단연코 이 가까운 길을 택하기로 결심하고, 잠깐의 여유도 두지 않고 군대를 그 방향에 진출시킴과 동시에 길안내인을 보내달라고 후작에게 요구하였다. 느닷없는 이 말에 놀란 후작은 당황하여 곧 길안내인을 보냈다. 요컨대 포아가 만일 마음이 약했더라면 이렇게 일이 잘 풀리지 않았을 것이다. 후작은 교황과 베네치아와 동맹 관계에 있었고 그 아들을 교황에게 인질로 내놓고 있었기 때문에 이를 거절할 만한 그럴듯한 이유가 있었던 것이다. 그런데 신속한 결단이 요구되었기 때문에 위에서 말한 이유로 해서 마침내 굴복하게 된 것이다. [3] 마찬가지로 고대의 토스카나인들도 삼니움인들이 군대를 몰고 온 것을 보고 그들의 요청에 거절할 작정이었음에도 갑작스레 무기를 들게 되었다.

---

2) 그간의 소식에 대해서는 《군주론》 특히 제25장의 소론을 참조.

3) 가스통 드 포아에 대해서는 《군주론》 제13장, 프레시아의 모반 때의 작전에 대해서는 이 책 제2권 제17장 참조.

접전에서 적의 습격을 막고 나서 공격하는 것과 처음부터 맹렬하게 공격하는 것 중 어느 쪽이 유리한가

모든 병력을 진격시켜 완벽한 승리를

로마의 집정관 데키우스와 파비우스는 저마다 군대를 이끌고 삼니움과 토스카나의 두 군에 공격을 가해 두 사람은 거의 동시에 전쟁을 시작하였다. 그런데 이 접전에서 주목해야 할 점은 이 두 집정관이 서로 정반대의 전법으로 나왔는데 어느 쪽이 뛰어났는가 하는 점이다.

데키우스는 맹렬하게 전력을 다하여 적을 공격했고, 파비우스는 단지 상대의 공격을 막아내면서 성급하게 공격하지 않고 접전의 마지막 단계까지 부하의 힘을 비축하였다. 적이 전쟁 초기의 왕성한 투지를 잃거나 격분한 마음이 가라앉을 때까지 기다리는 것이 좋다고 생각하고 있었다. 접전의 성과로 보아 파비우스는 데키우스에 비해 훨씬 현명했다는 것이 판명되었다. 데키우스는 처음의 공격을 통해 자신의 군대가 붕괴 직전에 있다는 것을 보고, 자신의 목숨을 버리고라도 아버지가 그랬던 것처럼 자기 몸을 산 제물로 하여 로마 군단을 위험에서 구해낼 결심을 한 것이다.

파비우스는 이를 듣고, 동료가 목숨을 버리고 얻은 명예보다 살아 있는 자신이 더 작은 명예를 얻는 일이 발생하지 않도록 총력을 다하여 혁혁한 승리를 얻은 것이다. [1] 이것으로 보아도 파비우스의 용병술이 훨씬 위험이 적고 모범으로 삼을 만하다.

---

1) 전장 첫머리에 이용한 사례와 같은 이야기로, 티투스 리비우스 위의 책 제10권 제26, 29장. 프부리우스 데키우스 무스가 갈리아 세력과 싸워서 자해(自害)에 이른 상세한 점은 같은 책 제10권 제28장. 한편 이 데키우스 무스는 이 책 제39장 말단에서 말한 바와 같이 2대째 데키우스이다.

제46장
어떤 집안은 왜 한 도시에서 같은 습관을 잃지 않는가

법에 복종하고 나라의 권위에 따르게

도시마다 다른 관습이나 제도를 가지고 있어서, 다른 곳보다도 강하거나 약한 인간을 만들어 낸다. 뿐만 아니라 그러한 차이는 한 도시 안, 거기에 사는 각기 다른 가문들 사이에서도 볼 수가 있다.

어떤 도시에서나 이 차이는 매우 뚜렷해서 로마의 수도에서도 그 실례는 얼마든지 찾아 볼 수가 있다. 이미 널리 알려진 바와 같이, 만리우스의 가문은 그의 성질이 매우 냉혹하고 완고하며, 푸브리코라 일가는 인정미가 넘쳐 민중의 인기를 모으고 있다. 또한 아피우스 일족은 야심가이며 민중의 원수라는 등, 가문들은 저마다 서로 다른 풍격을 갖추고 있다.

이것은 다만 혈통만의 이야기가 아니다. 혈통은 결혼 등에 의해서도 얼마든지 달라진다.

이들 가족을 감싸는 가풍은 저마다 그 취향이 다르기 때문일 것이다. 즉, 아주 어렸을 때부터 어떤 사물에 대해 옳고 그름을 가르치는 것은 매우 중요한데, 이 생각이 영혼에 새겨져 후에 자신의 행동에 대한 기준이 되기 때문이다. 만약 그렇지 않다면, 티투스 리비우스가 아피우스 가의 많은 사람에게서 주목한 것처럼, 그 가문의 모든 사람이 같은 생각으로 야망을 키우고 같은 열정에 의해 움직이지는 못했을 것이다.

그것은 아피우스 가의 한 사람이 감찰관이 되었을 때 일어난 일을 보아서도 알 수 있다. 그의 동료는 나라의 규정대로 18개월이 지나자 그 직위에서 물러났다. 그러나 아피우스만은 그만두는 것에 동의하지 않고 최초에 감찰관이 공포한 법률에 의해 5년간 직책에 머무를 권리가 있다고 우기면서 퇴임을 거부했다.

이에 대해서 크게 물의가 일고 까다로운 분쟁이 일어났다. 워낙 그의 말을 부정할 수단이 없었기 때문에 이 사나이는 완강하게 민중과 원로원 과반수의 의사에 맞선 것이다.

이에 대항하는 푸브리우스 셈브로니우스의 연설을 읽으면 아피우스가 보인 거만한 성격과 많은 시민이 솔직하고 온건한 마음으로 국법과 조국의 복지를 존중했던 경위를 잘 알 수가 있을 것이다. 1)

---

1) 아피우스는 크라디우스 집안의 별명으로, 여기에 인용하는 사례는 BC 312년 감찰관에 취임한 아피우스, 일명 카에쿠스 (장님의) 크라우디우스를 말하는 것으로, 감찰관의 임기에 대해서는 티투수 리비우스 위의 책 제33장에, 이어 방대한 셈프로니우스의 호탕한 연설은 제34장에 있다. 참고로 이 장 첫머리의 푸브리코라가(家)란 발레리우스 집안을 말한다.

제47장
자기가 태어난 도시를 사랑하는 자는
조국애로 사사로운 원한을 잊어야 한다

국가의 이익을 위해서

집정관 만리우스는 군대를 거느리고 삼니움 세력과 싸우다가 접전에서 부상을 입었다. 이 싸움에서 여러 병사들이 위험한 처지에 몰렸고, 원로원은 독재관으로서 파피리우스 크루손을 보내어 집정관의 보좌관으로 근무하게 해야 한다고 생각하였다. 그런데 독재관을 임명하기 위해서는 반드시 파비우스가 입을 열어야 하는데, 이 사람은 그 무렵 토스카나에서 군대를 지휘하고 있었다. 또한 오래 전부터 파피리우스에게 원한을 품고 있다는 것을 세상 사람들도 알고 있었기 때문에 원로원은 그가 이에 쉽게 찬성하지 않을 것이라고 생각하여 유명 인사 두 사람을 보내어 사사로운 원한은 모두 물에 씻고 공공의 복지를 위해 추천해 주기를 바란다고 전했다.

파비우스는 조국애에 움직여 이것을 받아들였다. 물론 침묵과 그의 표정을 통해 큰 고민을 안고 있으면서도 임명에 찬성했다는 것을 짐작할 수가 있었다.[1] 자신이 선량한 시민이라고 자부한다면 이 행동이야말로 누구나 다 따라야 할 실례가 아닐 수 없다.

---

[1] 파피리우스와 파비우스와의 관계는 제1권 제31장과 제37장 참조. 또 독재관 임명의 내용은 BC 309년의 일로 티투스 리비우스 앞의 책 제9권 제38장에 나온다.

제48장
적이 빤히 보이는 엉뚱한 짓을 저지르면 반드시 무슨 계략이 있는 것이라고 의심을 하라

장군은 적이 실수를 저지를 때 그것을 믿어서는 안 된다

대리역을 맡은 풀비우스는 집정관이 제전(祭典)에 참가하기 위하여 로마로 돌아갔기 때문에 토스카나에 남은 군대를 맡게 되었다. 토스카나인(人)은 이를 유인하여 계략에 빠뜨릴 생각으로 로마 세력의 진지 근처에 적은 인원수의 군병을 보내어 싸움을 걸면서 다른 한편으로는 양치기로 변장한 군병으로 하여금 많은 양을 몰고 적의 진지로 접근하게 하였다. 풀비우스는 이 겁 없는 행동을 보고 심상치 않은 일이라고 생각했다. 이리하여 계략은 탄로가 나 토스카나인의 계획은 수포로 돌아갔다.

이 실례를 보면, 적어도 한 군대의 장군이라고 하는 사람은 적이 빤히 보이게 일부러 해 보이는 계략에 빠져들어서는 안 된다는 것을 알 수가 있다. 이럴 때에는 반드시 거기에 계략이 숨어 있다고 생각해야 한다. 아무리 바보라도 상식을 벗어났다고 여기지 않을 수가 없기 때문이다. 그런데 이기고 싶다는 한결같은 마음으로 눈이 멀면 무엇을 보든 아군의 이익이 된다고 여겨지는 일밖에 눈에 들어오지 않는 법이다.

갈리아 사람은 알리아 강 강변에서 로마 세력을 격파하고 로마로 공격을 가했으나, 그 성은 활짝 열린 채 아무도 지키는 사람이 없다는 것을 보고, 그날 밤은 감히 입성할 생각은 하지 않고 기다렸다. 그들은 무엇인가 계략이 있거나, 적어도 로마 사람이라면 조국을 버리고 돌보지 않을 정도로 무책임하지 않을 것이라는 생각에서 망설이고 있었다. [1]

1508년, 피렌체 세력이 피사를 포위하고 있을 때의 일이다. 알폰소 델 무로라고 하는 이 도시의 시민이 피렌체의 포로로 붙잡혔는데, 석방되기를 원

---

1) BC 387년의 일. 티투스 리비우스 앞의 책 제5권 제39장 첫머리에 나온다.

하면 피사의 문을 열고 피렌체군을 입성시킬 것을 약속하라고 했다. 그래서 겨우 탈출해 나왔다. 약속을 실행하기 위하여 이 사나이는 몇 번이고 진지로 와서 군의 간부와 상의를 하였다. 그런데 그때마다 한 번도 남의 눈을 의식하지 않고 온 적이 없고, 언제나 피렌체 시민 이 사람 저 사람을 데리고 대로를 활보했으며 피사인과 담합할 때에만 그들을 멀리 했다. 그의 행동을 보면 배신할 의도가 뻔했다. 왜냐하면 이 행동이 충실한 기분에서 나왔다고 한다면 계략을 까발리는 일을 한다는 것은 애초부터 이상한 일이었기 때문이다. 그런데 어떻게 해서든지 피사를 점령하고 싶은 생각으로 피렌체인들의 눈이 멀어 있었으므로, 마침내 이 사나이의 안내로 도시의 성문으로 밀고 갔으나 보람 없는 패전을 저지르고 알폰소의 겹치는 배반에 많은 군대를 잃는 처지가 되고 말았다. [2]

2) 1509년 6월 피사가 함락하기 직전의 이야기로, 이 배반에 의해 공격군의 장군 파오로
 다 발라노는 대포 포탄을 맞아 크게 부상을 입고, 군병 20명 가량은 죽거나 생포되었
 다. 마키아벨리가 사자로서 공격군의 진영에서 보고들은 사례이다.

제49장

공화국이 자유를 유지하고 싶으면
언제나 매일 무엇인가 새로운 방책을 세워야 된다.
어떠한 공을 세워서 퀸투스는 '위대한' 파비우스라고 불리게 되었는가

10명당 1명을 뽑아 처형시킨 로마군대 엄벌

이미 말한 바와 같이, 큰 도시에서는 날마다 의사를 필요로 하는 사건이 일어나고, 일이 중대하면 솜씨가 좋은 의사가 필요하게 되는 것은 분명한 사실이다. 어떠한 도시에서나 이러한 일이 일어나는 것은 당연하지만, 특히 로마에서는 이제까지 없었던 불의의 사건들이 일어났다. 예를 들어, 로마의 여자들이 너나 할 것 없이 자기 남편을 죽이려고 계획하고 있다는 일이 탄로되었을 때에는, 이미 남편을 독살해 버렸거나 그렇지 않으면 목숨을 빼앗는 독을 준비하고 있는 상태였던 것이다. 바카스(술의 신) 신전에서의 모반 사태가[1] 마케도니아 전역이 한창일 때 탄로가 난 것도 그것으로, 그때 이미 그 일당에는 수천 명에 이르는 남녀가 참가하고 있었다. 더욱이 이 음모가 발각되지 않았거나, 발각되어도 죄를 범한 사람이 많다고 해서 그들에게 형벌을 가하지 않았더라면 그야말로 천하의 일대 사건이 닥쳤을 것이다. 이 공화국이 그 위력을 발휘해서 처벌하지 않았으면, 자기가 처벌해야 할 패거리 앞에 무릎을 꿇어야 할 사태가 일어났을 것임에 틀림없기 때문이다. 공화국은 아무런

---

1) 술의 신 바쿠스에 얽힌 사교(邪敎)로 인해 신전을 중심으로 일어난 이 모반은 BC 186년 마케도니아 전역이 한창일 때 탄로가 난 사건이다. 본디 그리스가 에토르리아에 수입한 것으로, 처음에는 여자만을 신자로 하고 있었으나 나중에 남자도 참가하게 되었고, 밤중에 비밀로 제전을 올려 풍기를 문란하게 하고, 더 나아가서 정치적 책동의 중심이 되어 있었다는 것이 판명되어서 탄압을 받았다. 같은 해에 바쿠스 후손 단속령이라고 할 수 있는 원로원령을 두 번이나 공표하였으나 자손들을 모두 없애지는 못했고, 남이탈리아에서는 오랫동안 이 신앙이 유지되어 왔다. 또 티투스 리비우스 앞의 책 제39권 제8, 19장, 제40권 제19장에는 이 사음(邪淫) 교단의 발단에서부터 탄압에 이르는 상황을 자세히 말하고 있다.

주저 없이 국법에 비추어 한 군단, 또는 한 도시의 인원수와 맞먹는 수의 민중을 사형에 처했다. 또, 한 사람은 물론 많은 사람은 더더욱 따를 수 없는 형벌을 부과하면서 8,000명 내지는 1만 명의 사람을 추방하였다. 예를 들어 로마는 칸나에에서 비참한 패전을 한 군병들에게 반드시 성 밖에서 살아야 하며, 음식은 서서 먹어야 한다고 명령한 뒤 시칠리아로 추방했던 것이다.[2]

이 여러 가지 형벌 중에서 가장 무서운 것은, 군대를 십일형(十一刑)에 처하는, 즉 모든 군대가 제비뽑기를 하여 열 사람에 한 사람의 비율로 사형에 처한 일이었다. 다수를 벌하기 위해 이보다 끔찍한 형벌은 없었다. 사실 많은 사람들이 모두 죄인이고, 더욱이 장본인이 누군지 분명치 않을 때에는 전체를 처벌하려고 해도 인원수가 많아 마음대로 되지 않는다. 그렇다고 일부 사람을 벌하고 나머지를 용서한다는 것은 벌을 주는 데에 공평하지 않고, 벌을 모면한 자는 언젠가 다시 죄를 범하게 된다.

그러나 제비뽑기로 죄인의 10분의 1을 사형에 처하게 되면, 본디 모두 죄인이기 때문에 처형된 자는 자기 몸의 불운을 한탄하고 처벌을 당하지 않은 자는 언젠가 자신의 차례가 될 것이라 생각하며 나쁜 일을 하지 않으려고 마음먹게 된다. 이리하여 바쿠스 축제 때 모반을 꾀한 죄인들도 그 극악무도한 죄에 합당하게 처벌받았다.

질병이 신체에 미치는 영향은 헤아릴 수 없지만, 그것은 어느 때가 되면 가라앉기 때문에 결코 치명적인 화는 아니다. 그러나 나라 일에 대한 질병은 가라앉는 일이 없으므로 현인(賢人)이 나와서 대책을 강구하지 않으면 마침내 나라를 망치게 된다.

로마인이 대담하게도 외국인에게도 시민권을 마구 내주었기 때문에 많은 사람들이 새로 로마에 흘러들어 투표권을 획득함에 따라 선거에서 얕잡아볼 수 없는 세력이 되어, 점차 정책은 변질되고 정치를 지도하는 제도나 인물도 옛날과 같지 않게 되었다. 이와 같은 시대에 감찰관이 된 퀸투스 파비우스는 이점이야말로 국가를 위태롭게 만드는 것이라 깨닫고, 모든 해악의 원천이 되어 있던 새로운 가족들을 모두 네 개의 부족으로 나누어 편입시켰다. 그리

---

2) 칸나에의 패잔병에 대한 처분에 대해서는 티투스 리비우스 앞의 책 제23권 제31장.

고 좁은 세계에 가두어 로마 전체를 부패하지 못하게 하였다. 파비우스는 사태를 충분히 파악하고 있었기 때문에 아무런 혁명적 조치도 일으키지 않고 현명하게 일을 잘 처리할 수가 있었다. 여기서 그는 크게 명예를 세우고 위대하다는 뜻을 지닌 '막시무스'라는 성을 받게 되었다. [3]

---

3) BC 304년 감찰관이 되어 아피우스의 제도를 폐지하고 정치를 혁신하였기 때문에 이 존 칭이 주어졌다고 전해지고 있다(티투스 리비우스 앞의 책 제9권 제46장). 반면 현대의 역사가 중에 '막시무스'는 여기에서 말하는 파비우스 룰리아누스의 손자 파비우스 쿤크타토르가 처음을 딴 이명(異名)이라고 주장하는 사람도 있다.

마키아벨리 생애 사상 저작

마키아벨리 생애 사상 저작
고산

모든 길은 로마로

서양 세계는 7개 언덕을 저마다의 조국으로 하여 지중해 문화에 의해 육성, 성장하였다. 언어, 문자, 도시, 법률제도 등 오늘날에도 전해져서 볼 수 있는 것들을 세상 사람들은 손꼽는다. 그리스 문화를 이식하여 에트루리아 문화와 함께 이를 융합, 승화해서 로마 문화를 만들어 낸 아이네이아스의 자손들이, 그즈음 아직 몽매한 야만 지역을 벗어나지 못했던 서양 여러 나라 조상을 계발하여 문명개화 빛 속으로 끌어들인 위업은 지금도 그 흔적을 여러 분야에 남기고 있다. 그러나 로마가 야만족에게 가르치고 그 야만족의 후예인 서양 제국이 지금도 잊지 않고 유지, 실천하고 있는 것은 위에서 말한 일들만이 아니다. 로마의 정치 실천이야말로 그 문화를 몽매한 백성에게 가르치고 그들로 하여금 오늘을 있게 한 커다란 요소인 것이다.

랑케의 유명한 말에서 볼 수 있는 바와 같이, 동방적 그리스 문화가 로마에서 채택되어 이것이 서유럽으로 유입되고, 그리스도 기원 1세기에 정복된 지방이 모두 문화의 빛을 받게 된 것은 이 시기의 가장 중요한 사건이었다. 만약에 로마의 정복이 없었더라면 독일 주민은 문화에 대해서 아무것도 몰랐을 것이다. 로마가 낳은 여러 정복자들은 혈(血)과 철(鐵)로써 자기들의 야심을, 그리고 로마 민중의 욕망을 만족시키려 하였으며 이에 성공하였다. 로마가 계승한 아리안 문화는 갑옷을 입은 무사들에 의해서, 안개의 브리타니아에, 숲과 늪의 게르마니아에, 기름진 보고 갈리아에, 더 거슬러 올라가서는 셈 문화가 번성했던 카르타고, 에스파냐로 전파되었다.

정복된 지역 주민은 칼에 의해 강제된 문명개화 생활로 오늘날 번영의 바탕을 세웠으며, 번영에 이르는 수단도 동시에 배웠다. 정복자가 가져온 정치의 방침을 잘 다듬어 발전시키고 이윽고는 정복자의 자손을 멸망시켜 저마다 세력 증대와 정복에 이를 활용하였다. 유럽 천지에서 세계로 그 무대가 넓어지고 아메리카, 아프리카 두 대륙은 지칠 줄 모르는 로마 정치의 정복 대상이 되어 순식간에 정복자에게 먹히고 말았다. 아시아 세계도 거의 대부분 그들의 지배하에 놓이게 되었다. 로마는 지금도 살아 있다. 오늘날 로마 제국주의 정치는 현재 그리스도교 민주주의를 적으로 하는 제국주의의 나라에 의해서 실천되고 있다. 이른바 전체주의 정치 원리가 그것이다.

이제까지 로마의 전해 내려오는 제도 중 주된 것의 하나로서 로마법이 중요시되어, 아시아 일각에서도 그 고법(古法)을 배우고 연구하고 있다. 그러나 그 법률을 만들어 낸 로마의 정치 정신에 대해서는 아직 널리 알려지지 않았다. 그 시도조차 충분히 이루어지지 않고 있다. 오늘날까지 많은 학자들은 정치학사 또는 정치사상가의 학문적 영역에서조차도 로마의 정치사상에 큰 가치를 두려하지 않고 있다.

사실, 로마 사람들은 그 철학적 사색면에서는 자기들이 말발굽으로 유린한 헬라스의 세계에도 미치지 못했다. 정치 이론은 동방으로부터의 빛에 압도되고 있었다. 정복자가 정복된 것이다. 따라서 정치학사에서 큰 자리가 주어지지 않는 것은 마땅하다 할 것이다.

그러나 한편, 그들은 정치적 실천에 있어서 자기의 역량을 충분히 발휘하였다. 민주주의적 확신은 왕정, 공화정, 제정으로 바뀌었어도 여전히 힘차게 유지되었다. 이것은 그들이 위에서 말한 세 정체의 시대를 통해서 실천한 내외의 여러 정책을 보면 바로 알 수가 있다. 한 예를 들어 본다. '군신동열(君臣同列)'의 확신은 국왕의 직함을 극도로 저주하게 하였다. 우리에게 친근한 '영웅' 율리우스 카이사르가 실은 국왕이면서도 그 직함을 감히 채용하지 않은 것은 로마 고대로부터의 군주관, 즉 국왕은 '동등자들 중에서의 일인자(Primus inter Pares)'에 지나지 않는다는 확신과 그 실천, 타르퀴니우스 시대 이래의 전통으로 자란 '국왕, 즉 폭군'이라는 신념이 이 '영웅'과 그를 둘러싼 야망을 저지한 것이다. 민주주의적 확신이 뒤에 제정이 확립된 시대에도 언제나 실천되었다는 것, 더 내려가서 현대까지 유럽 군주국에서 자명의 이치로 승인되고 실천되고 있다는 것은 여기에서 더 이야기할 필요가 없는 일이다.

또 국제정치면에서 보아도 로마의 세계 정복 사상과 그 실현을 위한 정복

정책은 이탈리아 반도에서 저 지중해 대제국을 만들어 낸 과정에 충분히 나타나 있다. 이것이 근대 여러 나라 국제정치의 상도(常道)가 되어 아직도 세계는 고난의 길을 걷고 있다. 정복하려는 국민을 서로 모아 어부지리를 차지하려는 정책은 로마의 여러 민족의 정복에서 보는 상투 수단으로, 그것에 대해 누구나 알고 있는 예를 들자면 이내 그간의 소식은 분명해진다. '지배하기 위해서는 사이를 갈라놓아라(Dīdide ut regnes)' 이 유명한 로마인의 좌우명은 모두가 알고 있듯이 세계 구석구석까지 지배하였고, 또는 지배하려고 했던 나라가 현재 실천하고 있는 정복주의 정책의 하나이다.

이와 같이 로마사를 정치 활동의 관점에서 규명하면 할수록 근대의 한 정치 성격이 분명해진다. 정치 실천을 통해서 정치사상을 연구하는 것이 정치사상가의 일이므로, 유럽의 정치사상의 본질을 파악하기 위하여 로마인의 정치 실천이 얻기 어려운 하나의 자료를 제공하고 있다는 것을 결코 간과해서는 안 될 것이다. 이것은 하나의 큰 문제이므로 다시 다른 기회에서 논의하기로 하고, 여기서는 다만 이제까지 정치사상이 나타내고 있는 커다란 결함을 지적하는 것에 그치기로 한다.

학문적인 의미뿐 아니라 일반적으로 로마사의 지식이 유럽을 정말로 이해하고 이를 비판하고 그것이 있어야 할 곳에 있게 하기 위해서는, 서술상의 한두 가지 예에 의해 어느 정도 알 수가 있을 것이다. 사실 로물루스 자손의 내외에 걸친 정치 활동과 그 활동을 하게 하는 정치적 생각을 충분히 규명하면, 제국주의 정치를 극복하는 그리스도교 민주주의의 본질을 더욱더 명확하게 파악하는 데 도움이 되고, 더 나아가서 현재 우리가 직면하고 있는 복잡하고 중대한 국제정치에서도 올바른 판단과 대책을 얻기 위한 확실한 지표가 될 것이다.

《로마사이야기》

마키아벨리는 《로마사이야기=로마사 논고》에서 자기의 조국인 로마 공화국에 대한 격렬한 사모의 정을 토로하였다. 일곱 개의 언덕을 직접 고향으로 삼는 피렌체의 이 정치 실천가는, 자기의 경험과 관찰을 티투스 리비우스의 단편적인 주석을 빌려 현재 눈앞에 전개된 16세기 유럽의 정치 활동을 재료로 하면서 마음껏 논의하고 있다. 정치 민족인 로마인의 정치 생활을 정치가인 마키아벨리가 묘사하고 규명한 데에, 많은 고전 중에서도 특히 이 저작이 우리의 깊은 흥미를 끄는 하나의 저술이라고 단언할 수가 있다.

티투스 리비우스는 알다시피 BC 59년 피소와 가비니우스가 집정관으로 있었을 무렵, 파타비움(지금의 파도바)에서 태어나 기원후 17년 티베르제(帝)의 치세 때에 세상을 떠난 굴지의 역사가이다. 부모나 집안은 잘 알 수 없으나, 후세 역사가들의 연구에 의하면 그가 청년시대에 로마에서 윤택한 생활을 즐기면서 그리스 철학이나 수사학을 연구했다는 것과 정치적 경향에서 귀족주의가 강했던 것으로 보아 상당한 자산가였을 것이라고 여겨지고 있다. 생각건대 파타비움에는 로마의 해방 노예가 넘쳐났다 하고, 리비우스도 그 해방 노예의 자손이었으므로 아마도 그의 아버지는 큰 상인이었을 것이다. 이처럼 유복한 생활은 평생 변하지 않아 청년시대부터 계속해서 유유히 학구 생활을 보내고 있었다. 정치가로서의 경험이 전혀 없었음에도 옥타비아누스의 특별 대우를 받았고, 그 외손(外孫)으로 4대째 황제가 될 어린 클라우디우스의 스승으로서 사학을 가르치기도 하였다. 이 독재자와의 관계는 전적으로 개인적인 우정이었다고 전해지고 있다. 그 우정에 보답하기 위해 철학 해설책과 대화풍의 작품을 만들어 아우구스투스에게 바쳤다고 되어 있으므로 각별한 대우를 느끼고 있었던 모양이다.

그런데 이 파도바 태생의 역사가는 귀족주의적인 경향 속에서도 민주주의에 강하게 마음이 끌려 있었고, 내란시대 그 뒤에도 오히려 폼페이우스 편인 브루투스의 공적을 찬양하는 입장에 서 있었기 때문에, 그와 같은 시대의 대시인 베르길리우스나 호라티우스 등처럼 아우구스투스 제정의 출현에 아부하지 않았다. 이것은 그의 저술을 통해서 분명히 나타나 있는데, 옥타비아누스도 이미 말한 로마인의 민주주의 확신은 충분히 알고 있었고, 실질적으로는 황제였지만 그 직함은 '원로원에서의 박자 맞추는 사람'이라는 의도밖에 없었던 것으로, 뒷날의 네로와 같은 전제군주가 아니라 어디까지나 전통적인 '동등자 중의 필두', 즉 군주와 백성은 동등하다는 사상에 서 있었다. 여기에 내란시대의 뒤를 이어받아 모든 정책은 몸과 마음을 단련함을 주된 목표로 삼고, 문화 정책에서도 복고주의를 취했다. 이와 같은 분위기였으므로 전통적인 민주주의자 리비우스는, 패자(霸者)인 아우구스투스의 로마에서 그의 은총을 입어, 새로 설치된 도서관의 뛰어난 문학자들의 도움을 받아 대저 《로마사》를 완성함으로써 그의 이름을 세상에 날리게 되었던 것이다.

마키아벨리가 이 책에서 전개한 논의의 근본은 물론 리비우스의 《로마사》인데, 이 사서(史書)가 집필 시작된 것은 BC 31년의 악티움대해전을 치른지 얼마 지나지 않은 무렵이었다. 리비우스는 전후 21년 동안 이 저작에 전념해서 마침내 140권의 역작을 완성했다. 제1권이 세상에 나오자마자 큰 인기를 끌었다. 이역만리 에스파냐의 어떤 문인은 이를 읽고 감격한 나머지, 멀리 카디스 시골에서 수십 일의 위험한 항해를 하여 로마로 리비우스를 만나러 왔다는 유명한 일화까지도 전해질 정도였다. 이 대작은 우여곡절 끝에 세상에 전해지게 되었다. 제1권에서 제10권까지와 제21권에서 제45권까지 전해지며, 제11권부터 20권까지는 불에 타 없어졌다. 이 전집은 서기 7세기 무렵부터 한 권씩 없어지기 시작하였으나, 15세기 고서 부흥의 기운을 얻어 간신히 이것만이 세상에 남게 되었다. 더욱이 제41권과 43권은 상태가 완전하지 못했다. 그 뒤 18세기에 이르러 제91권과 그 밖의 서류다발이 속속 발견되었으나, 마키아벨리 시대에는 위에 적은 권수만이 독서인들 사이에서 소중한 대접을 받았다. 이 책은 제1권에서 제10권까지를 주요 테마로 논의를 진행시켰으나, 몇 번인가 그 범위를 벗어나 《로마사》의 현존하는 부분 전체에 미치고 있다. 참고로 《초편 10권》이라고 하는 것은 낙질(落帙) 35권 중 처음의 10권이라는 가벼운 뜻이다.

리비우스는 아이네이아스의 이탈리아 상륙 때부터 붓을 들어 BC 10년 도를루스의 죽음에 이르러 붓을 놓았다. 그는 유명한 머리말에서도 볼 수 있는 바와 같이 '세계에 뛰어난 민중'인 로마인의 무덕과 큰 사업을 찬양하여, 로마가 이 무덕과 멸사봉공(滅私奉公) 때문에 흥하고, 이 미덕이 땅에 떨어졌기 때문에 쇠약의 길을 걸었다는 사정을 자세히 규명하여 세인의 거울로 삼으려고 하였다. 따라서 같은 테마를 다루어도 폴리비오스와는 크게 다른 태도였던 것이다. 이 역사학자의 정밀성으로 로마의 흥륭을 비판하고 세계사적인 견지에서 분석한 데에 대해, 그는 오히려 로마 문학의 전통에 서서 로마 흥륭의 기념비를 세우려는 열의로 무덕을 칭송하고, 무슨 일이든지 로마의 위대함을 나타내는 것이라면 여기에 온갖 정열을 쏟았던 것이다. 이 두 사람에게는 저마다 득실이 있을 것이다. 그러나 리비우스에 의해서 로마인의 감정은 발랄한 생기를 띠게 되고, 읽는 사람에게 다가오는 희열을 느끼게 한다. 후세의 역사가들이 감탄하는 것처럼, 리비우스는 마음 속으로부터 로마 사람이었다는 점이, 불과 최초의 한 권만으로도 그즈음 지식인들을 놀라움으로 몰아넣은 것이다. 그는 로마인과 같은 공기를 마시고 같은 생활 감정으로 일생을 보냈다고 할 수 있다. 폴리비오스의 체계를 능가하는 통찰이 로마 정신을 강하게 재현하고, 이로써 세인의 마음을 움직인 것이다. 이 사서 중 로마인들의 연설에서 느끼는 저 힘과 열은, 결국 리비우스 자신의 로마에 대한 정열 이상의 감정이 반영된 것과 같다. 마키아벨리도 이러한 정열을 로마의 정치적 전통과 흥륭에 대해서 품은 채 유배의 우울을 잊고, 이 리비우스를 주연급 배우로, 폴리비오스를 막후의 인물로 등장시킨 것이다. 그리고 이와 같은 제재와 자료와 필자를 얻었기 때문에 우리는 로마의 근대 정치 생활을 친히 관찰, 반성하고 그 생활 감정을 이 《로마사이야기》에서 바로 알수가 있는 것이다.

《로마사이야기》와 《군주론》과

마키아벨리의 《로마사이야기》는 1513년 산 안드레아의 산장에서 《군주론》과 전후해 집필되기 시작하였다. 오히려 어떤 역사가가 말한 것처럼, 이 저작의 복안이나 원고 쓰기 시작하고 나서 군주 정치에 대한 논의만을 따로 분리시켜 작지만 많은 반향을 일으킨 소책자를 급히 완성했다고 단정하는 편이, 마키아벨리의 생활상이나 이 두 개의 저술 내용에 비추어 올바른 생각이라고 여겨진다. 마키아벨리의 산장 생활을 전하는 편지를 한 예로 보아도, 《군주론》을 다 쓴 뒤부터 밤마다 '고인(古人)의 궁전'에 노닐면서 티투스 리비우스나 폴리비오스 등과 이야기를 나누었다고 했다. 또 이 두 작품의 각 권에 다른 또 하나의 작품이 있다는 것을 명백히 하고 있기 때문이다. 게다가 이 두 가지 저술이 가지는 논의의 입장이나 목적으로 하는 점도 똑같았기 때문이다.

즉, 두 저서의 논의는 한결같이 이교적 세계관에 있다. 그리스도교적 생각보다도 고대 로마인의 신앙에 입각한 생각을 그 입장으로 삼고 있고, 국가의 폐퇴를 고치기 위해서는 실제의 정치 경험에 의해서 정책을 구명해야 하며, 추상적인 이상은 아무런 쓸모가 없다는 확신을 실천하고 있다는 것이다. 다시 말하면 정치는 감미로운 꿈이 아니라 냉혹한 현실이라는 것을 충분히 알고, 로마인의 자손이 조상 대대의 민주주의 정신을 발현하기 위해서는 군주 또는 독재관(獨裁官 : 딕타토르)으로 하여금 마음껏 실력을 발휘하게 하여, 자유를 저해하는 자에게 국헌이나 국법을 존중하도록 깨닫게 해야 한다고 확신하고 있다. 군주는 결코 옛날 폭군의 전철을 밟지 않아야 하며 로마의 독재관과 마찬가지로 군대를 뜻하는 대로 움직일 수 있어야 하고, 주위 사람들에게 현혹되지 않고 자기 신념을 단행해 나라의 이익과 국민의 행복에 기여하여 국민의 자유로운 생활을 확보해야 한다고 밝힌다. 또한 이를 위해서는 국민의 지지를 얻도록 힘쓸 것을 권장하고 있다. 이렇듯 전적으로 같은 내용과 특질을 가지고 있다는 것이다.

군주는 로마인 이래의 전통으로 보자면 '동등자 중의 필두'이며 국민의 승낙과 지지를 얻어 국민의 자유를 옹호함으로써만이 그 지위에 있을 수 있다고 하는 것이 이미 말한 대로 정치상의 공리이다. 따라서 이러한 군주라면 공화국에서의 독재관과 마찬가지로 질서를 회복하고 자유를 옹호하는 지도자로서의 자격이 인정되는 것이다. 즉, 이러한 적격성을 가진 군주는 민중의 공복이며, 민중의 지지를 받는 공화국의 독재관과 본질에 있어서 아무 다를 바가 없다. 이 생각이 바탕이 되어 《군주론》《로마사이야기》두 노작(勞作)이 탄생한 것이다.

요컨대 두 저작은 합해서 하나의 정치학적 작품이 될 성질이 주어져 있는 것으로, 세상의 학자들이 주장하는 것처럼 결코 서로 모순되고 반발하는 성질을 가지고 있는 것은 아니다. 하기야 오래 전부터 많은 연구가들에 의해서 이러한 관점이나 여러 가지 생각이 논해져 왔고, 그 어느 쪽인가를 계승하는 논자들도 여러 의견을 제시하고 있다.

이 책은 주로 공화정시대의 로마를 테마로 하고, 그 정치적 실천을 연구 대상으로 하고 있는데, 논의의 골자는 폴리비오스의 《로마사》에 제시된 정치론의 노선을 따랐다. 그리고 주요한 사례는 리비우스의 《역사서》에서 가져왔으며, 그 해석은 마키아벨리 자신의 체험에 의해 알게 된 지식에 따랐다. 그 바탕이 되는 운명론, 인생론은 폴리비오스로부터 배운 점이 많다는 것을 알 수가 있는데, 그것을 자기 경험으로 더욱 깊이 파내려갔다는 것을 알 수가 있다. 《군주론》에서 제시된 이들 논의가 본서에 이르러 보다 조직화되고 정밀해진 것이다. 이 그리스 태생의 역사가(폴리비오스)가 가르친 논의의 진행 방법은, 일반 국가의 기원이라든가 여러 정체의 순환 법칙, 더 나아가서는 혼합 정체론 등에서 분명히 볼 수 있으나, 이것도 그대로 인용한 데에 그치지 않고 현실적인 정치사 실현상에 비추어서 수정, 보정하여 논의된 것은 물론이다.

이와 같은 골격에 살을 붙인 것이 실은 이 책의 커다란 특질이다. 즉, 이 책의 진수(眞髓)는 리비우스의 격렬한 조국애를 그대로 살려서, 아니 더욱 강렬하게 강조하면서 먼 조상 로마인의 정치사상을 되살려, 조국의 쇠퇴를 초래하고 있는 사회적 부패와 외국의 억압을 극복하려는 열의에 특징을 두고 있다. 한편 이를 극복하는 방책으로, 냉엄한 현실의 직시와 인성의 진실과 인심의 기미(機微)에 대한 깊고 날카로운 통찰로 문제점을 발견하고 수립하려고 하는 데에 있다고 할 수 있다.

로마인의 종교심에 대한 찬탄(讚歎)은, 그리스도교의 권위에 대항하는 시대상의 표현이라고는 하지만, 국가생활과 신앙생활과의 일치를 강조하고 주장한다는 점에 깊은 관심이 끌린다. 물론 마키아벨리가 시종일관 종교를 정치 수단으로 다루는 태도는 엄밀한 비판이 주어져야 하지만, 가톨릭 신학에서 정치학적 고찰을 분리시킨 사실은 그의 다른 저술과 마찬가지로, 근대의 서양 정치학의 길을 개척하는 것으로서 인정하지 않을 수 없다. 그러나 이 로마적 신앙이 직접 현실의 국가 목적에 결합하는 특질을 강조한 것은, 그가 평범한 학자로서가 아니라 진실로 조국이 요구하는 것을 알고 있는 뛰어난 정치가임을 드러내고 있는 것이다.

마키아벨리와 같은 자질은, 본서에 전개되는 여러 논의 중에서도 특히 모반론이나 정치에 있어서의 민중의 성질 등에 유감없이 발휘되고 있다. 정치가에게 특히 필요한 인간 심리에 대한 이해가 이들 논의에서 강조되고 있어, 독자들로 하여금 그가 특이한 '정치심리학자'이며, 투철하고 냉정한 관찰력과 놀라울 정도의 예민한 분석력을 갖춘 '인간연구가'라는 점을 통감하게 한다. 또 그즈음 이탈리아의 부패 원인이 된다고 생각한 귀족이나 대가들을 문제삼아 봉건사회의 잔재가 통일 국민국가의 성립을 저해하는 까닭을 폭로하고, 또한 용병의 해악을 통박해서 자국군의 중요성을 역설하며, 군정론(軍政論)에 이르러 정치의 극치는 성곽으로 방어막을 치는 게 아니라, 군민(君

民)의 믿고 사랑함에 의한 융합이라고 논하는 대목에서는, 이 책이 결코 공화정치만의 연구서가 아니라 군주정치를 포함한 넓은 뜻의 정치학적 논술로서, 마키아벨리의 정치 이론이 총괄적·조직적으로 표현된 역작의 하나라는 것을 알 수 있다. 더욱이 그 내용에 의해서 필연적으로 다른 여러 저술과 항상 유기적인 연관을 가지고 있다는 것을 가르치고 있다.

물론 이 저서에도 커다란 결함은 발견할 수가 있다. 특히 눈에 띄는 것은, 로마 사실(史實)에 대한 리비우스의 오류를 무비판적으로 받아들이고 있다는 점이다. 그러나 우리가 이 책에서 살피고자 하는 것은 '로마의 역사'라고 하는 건조한 미이라가 아니다. 발랄하고 살아 있는 '로마인의 정신'이다. 그런즉 이미 말한 바와 같이 리비우스의 특질이 그 요구를 채우는 데에 충분하고, 다시 이를 발전시킨 《로마사이야기》가 당면한 우리의 요구를 채워주며, 근대 유럽의 정치를 제대로 이해하는 단서의 하나가 될 수 있다고 생각하는 것이다.

마키아벨리는 1513년 여름 무렵에 《로마사이야기》의 집필을 시작하였다. 그러던 중 《군주론》을 떼어내 작은 책자로 구성하느라 잠시 작업은 중단되었다. 그러나 그 소책자도 뜻한 바와 같은 수확이 없었고, 마치 '물 위에 사물을 서술한 것 같은' 허망한 느낌만을 준 데에 지나지 않았기 때문에 그는 다시 이 《로마사이야기》 집필에 힘을 쏟는다.

산골짜기의 밤은 겨울을 보내고 봄을 맞이하며 여러 해가 흘렀다. 산장의 주인은 고대 로마인과 씨름하며, 틈틈이 교황 레오 10세를 둘러싼 문학자들의 예를 모방한 문학 작품을 집필하여 세상에 나갈 기회를 노리고 있었다. 유형(流刑)의 기한도 이미 지난 무렵, 마침내 마키아벨리는 피렌체의 지식인인 메디치 집안사람들에게 어느 정도 관심을 갖게 하는 데 성공하였다. 그의 희곡 《만도라골라》가 그 역할을 해준 것이다. 적적하게 세상에 잊혀졌던 피렌체의 문학자 마키아벨리는 용솟음치는 인기의 파도에 밀려 당당한 희극 작가로서 등장하게 되었다.

매일 축하 편지가 쇄도했다. 피렌체의 대상인들은 이 연극에 취하여 어떤 사람은 자기 집에서 이것을 상연하게 하였다. 교황도 로마에 예술인을 초대하여 이를 즐겼다. 이것이 또한 작자의 이름을 메디치 일문의 마음에 깊게 새기는 커다란 역할을 하였다. 피렌체로 초청된 예술인들은 전부터 이 연극에 손을 대어 주특기로 삼고 있었던 사람들이었다. 이것이 위에서 말한 역할도 했는데, 그중에서도 연극의 주역이었던 발바라라는 여성은 마키아벨리를 세상에 내놓는 주연도 맡은 것이다. 이들에 얽힌 이야기도 있지만 여기서는 해당 사항이 없는 사사로운 일이므로 생략하기로 한다.

여하간 이러한 좋은 운세를 맞이하여 1518년 마키아벨리는 인기작가로서 피렌체에서 문인들 모임에 드나들게 되었다. 그중에서도 그가 가장 기뻐한 일은 유명한 '오리첼라이(일명 오리첼라리)의 정원' 모임에 정식 회원으로서 영입된 것이었다.

문예부흥기 무렵부터 피렌체에서는 그리스풍의 파티 환영을 받았다. 부자들은 자기 집 정원에 자리를 마련하고 문인들을 초청하여 샘가의 나무그늘에서 흉금을 털어놓는 청담(淸談)을 즐겼다. 이 도시에서 알려진 옛가문으로 메디치 일문의 혈연에 해당하는 루첼라이 집안에서도 그 예에서 벗어나지 않았다. 피에소레, 더 나아가서는 볼텔라 부근에서 로마시대의 조각상, 묘비 또는 돌기둥 등을 끌어와 우거진 상록수의 나무 그늘 여기저기에 세우고, 갖가지 과수로 사계절의 색채와 향기를 즐기며, 자연의 물줄기를 끌어와 정원에 한적한 풍미를 더하였다. 그리고 이곳에 '오리첼라이의 정원'이라는 이름을 붙여, 도시의 문인들을 이곳에 모아 풍류담(風流談)에 꽃피게 하였다. 특히 코시모(일명 코시미노) 시대가 되자, 그 모임은 훨씬 더 왕성해지고 도시 사람들에게도 이 이름이 널리 화제에 오르게 되었다.

코시모 루첼라이는 젊었을 때부터 몸이 아팠으나, 숙부였던 시인 팔라나 지오반니 등의 교육과 스스로 타고난 천분으로, 이 문인들 모임의 중심 인물이 되는 존재였다. 부자유한 몸으로 긴 의자에 누워 조용한 정원에 모이는 시인, 철학자, 교당의 강사, 라틴학자, 소설가 등과 로마를 이야기하고 헬라스를 추모하고 이탈리아의 장래를 논하였다. 병자에 어울리지 않는 그의 강한 의기와 투철한 이지가 그곳에 모이는 지식인들의 마음을 끌었을 뿐만 아니라, 그의 부드러운 기질에 사람들은 온화한 분위기를 즐길 수가 있었던 것이다. 이 메디치의 모임에 끌려, 모이는 사람들 중에는 피렌체의 독재자에 속하는 사람들도 많았으나, 모임의 분위기에는 자유 분방함이 넘쳐 있었다. 무엇보다도 먼저 사람들은 강단이 갖는 독기(毒氣)를 피했다. 정신의 참신함을 존중한 것이다. 몸이 아픈 주인의 인품이 그러한 공기를 조성했을 것이다. 마키아벨리는 특히 이 주인의 마음에 호감이 갔고, 주인도 마키아벨리의 재능과 정열에 반했다. 그의 새 희극 작품이 언제나 모임의 화제가 되었을 뿐만 아니라, 그보다도 훨씬 큰 의욕을 기울이며 집필하고 있던《로마사이야기》가 여기에 모이는 사람들의 논의 대상이 되었던 것이다. 마키아벨리에 대한 코시모의 대단한 우정은 그렇게 만들어진 것이다.

로마의 자유 그 열망

마키아벨리의 정치적인 여러 경험과 로마를 향한 조국애, 그리고 인정의 표리(表裏)를 알고, 이를 기발한 표현으로 풀어가는 그의 이야기 솜씨에 사람들은 열중하였다. 특히 청년들은 이 새 나이든 벗을 환대하고, 그를 둘러싸고 활발한 논의를 벌였다.《로마사이야기》의 초고가 낭독되자, 문학적인 청담(淸談)은 자취를 감추고, 군중들은 눈을 빛내며 자기들의 조국 로마의 자유와 융성을 소리 높이 논하고, 그 후예인 자기들 나라의 현실을 개탄하였다. 토론이 끝나면 으레 청년들이 솔선해서 마키아벨리를 격려하여《로마사이야기》의 완성을 열망하는 것이었다.

청년 지아코보 날디의 말을 빌리자면, 이 마키아벨리의 논의는 그가 아는 한 이제까지 아무도 시도하지 않았던 참신한 고찰이며, 그의 이야기 솜씨는 젊은이에게 말할 수 없는 즐거움을 주었고, 그 문장은 그들 마음 속에 깊은 존경을 품게 하여, 다만 마키아벨리 옆에 있는 것만으로도 온화하고 부드러운 마음이 들었다는 것이다.

그즈음 젊은이들 사이에서도 이미 이름을 날리고 있던 문인 차노비 부온델몬티의 존경과 우정은 특히 마키아벨리를 기쁘게 하였다. 고대 로마에 대한 세상 일반의 동경(憧憬)이 높아져 가는 움직임을 민감하게 반영해서, 부온델몬티는 로마의 자유를 피렌체에 재현하려고 하는 열의에 불타고 있었다. 마키아벨리에게는 이 청년과 같은 저돌적 만용은 없다 할지라도 그들에 못지않게 로마의 자유의 전통을 확실한 방책으로 조국에 재현하려고 하는 뜨거운 욕구를 품고 있었다. 그랬기 때문에 메디치 집안사람들 코시모 루첼라이의 모임에 온 문인 중에서도, 특히 순진한 청년을 향하여 대담 솔직하게 서로의 조상인 로마인의 유풍을 찬양하고 로마 공화국에 대한 사모를 털어놓으며, 고대인의 무덤에 대한 감탄의 말로 자기 자신의 창의(創意)를 역설하였다. 청년들은 대부분의 같은 시대 사람들과 마찬가지로, 말하자면 로마병 환자였다. 로마에 취해 있었으나 그것을 현대에 살릴 만한 재치도 없었다. 마키아벨리는《로마사이야기》를 통해서 조상 이래의 전통을 자기들의 세계에 살리는 길을 제시하였다. 온고지신의 소식을 가르치고, 실학이라고 할 만한 산 학문의 방법을 보인 것이다. 이것이 날디 등을 기쁘게 하였으며, 부온델몬티에게 심각한 감화를 미쳤다.

《로마사이야기》는 이렇게 해서 '오리첼라이의 정원' 주인의 정과 부온델몬티를 위시한 숭배에 가까운 젊은이의 깊은 존경심에 도움을 받아 완성의 길을 재촉하였다. 따라서 본서는 코시모와 차노비에게 바쳐졌으며, 다시 이 사람들과의 토론에서 시사를 받아 탄생한《병법칠서》, 즉 마키아벨리에게 출세의 끈을 잡게 한 군학서(軍學書)가 이 모임에서 대화의 형식을 취하게 되었고, 그 안에서 주인 코시모의 요절을 마음 속으로부터 애도하고 있는 것이다.

《로마사이야기》가 완성되어 감에 따라 메디치 집안은 마키아벨리에게 급속히 접근해 왔다. 추기원(樞機員) 지우리오 데 메디치는 이《사론》에 대한 논의와 저자의 사람됨에 흥미를 가지게 되었고, 그 저자에게 피렌체 시정(市政) 방책에 대한 의견을 구하였으며, 책에 제시된 대담한 견해에서 그의 재능을 인정하여 그를 고용하게 되었다. 이리하여 저자는 마침내 숙원을 이루어, 자기 본래의 길인 관리의 세계에서 다시 두각을 나타내기 시작하였다.

《로마사이야기》는 1519년경 전후 6년여에 걸친 노고 끝에 완성되었다. 그러나 이것을 아는 문인들 사이에 강한 관심을 불러일으키면서도 쉽사리 세상에 공표될 기회를 찾지 못하고 있었다. 많은 문인들은 이 노작에 경의를 표했으나, 개중에는 저자와 아주 가까운 친구이자, 같은 관리이면서 훌륭한 역사가였던 프란체스코 귀치아르디와 같이, 마키아벨리의《로마사이야기》를 비판하여, 《티투스 리비우스 초편 10권에 대한 마키아벨리의 논의에 대한 고찰 Considerazioni intorno di Discorsi del Machiavelli sulla prima Deca di Tito -Livio.》이라는 책을 낸 사람도 있다.

프란체스코는 마키아벨리에 비해서 보다 과학적이고 뛰어난 정밀성을 보였으나, 마키아벨리의 종합적인 사물의 취급과 정치적인 전망에는 도저히 미치지 못했다. 특히 프란체스코는 메디치 복권 후에도 계속 높은 자리에서 관리 생활을 하고 있었기 때문에, 마키아벨리와 같이 이탈리아의 정치 동향으로부터 더 나아가서는 유럽 정국의 추세를 넓게 내다보거나, 여러 현상의 글로벌한 의의를 파악할 수가 없었다. 교회의 사회적 의의에 대해서 마키아벨리는 근세인적인 견해를 나타냈으나, 프란체스코는 그렇지 않았다. 여전히 교회가 이탈리아의 존립에 대해서 커다란 기여를 하고 있다는 사실을 확인하였다. 전자가 분명히 중세를 뒤에 두고 근세를 걷고 있는 데 불구하고, 후자는 여전히 중세로부터 벗어나지 못했다고 일컬어지는 것은 이 때문이다.

이와 같이 프란체스코의 비판이 이루어지기는 했지만 공표된 것은 아니었고, 비판의 대상인 《로마사이야기》가 1531년 '브라도'라는 서점에서 공간(公刊)이 되었어도 아직 세상에 나오지 않고 있다가 훨씬 후세에 이르러 간행되었다. 따라서 그즈음으로서는 단지 친구들 사이에서의 비판에 머무르고 있었다.

이 《로마사이야기》의 일반적인 방법론적 입장과, 그에 의해서 주어지는 학문적인 지위는 《군주론》과 같았고, 그 정치사상사에서의 의의는 서두에서 언급했으므로 여기에서는 되풀이해서 말할 필요가 없을 것이다. 출판 후에는 《군주론》에 대한 것과 마찬가지의 정치적 이유로 여러 가지 논의의 대상이 되었다. 그러나 《로마사이야기》에 제시된 사관은, 같은 시대 사람인 피에트로 벤보나 파오로 파르타 등에 계승되어, 특히 후자의 《정치논의》《정치생활의 완성에 대하여》《베네치아사(史)》 등 1500년대의 말엽에 나타난 논의는 이 《로마사이야기》의 부산물이라고 할 수 있을 것이다.

다시 뒷날에 이르러, 특히 프랑스 대혁명 전후에 높아진 로마 숭배열로 루소가 그의 《민약론》에서 본서를 추천한 것은 유명한 이야기이다. 또 같은 시대에 나타난 영향으로서 몽테스키외를 놓쳐서는 안 된다. 이 유명한 《법의 정신》의 저자는 루소보다도 더 본격적으로 마키아벨리의 로마관(觀)을 배워, 예의 딱딱한 사서 《로마인 성쇠원인론》을 써서 공화국 로마의 특질을 밝혔다. 이 밖에 같은 시대의 역사가로서는 기본이나 볼테르 등도 주목할 만한 저술을 남겼다.

적든 많든 피렌체의 서사(書司)들이 제시한 정치관에 관련되는 견해를 나타내고 있지만, 이와 함께 정치적 실천의 세계에서 나폴레옹 보나파르트의 마키아벨리에 대한 생각은 간과할 수가 없다. 이 풍운아는 《로마사이야기》의 저자를 평하여, 마키아벨리는 바로 로마인의 제도와 재간을 터득하고, 특히 로마 종교제도의 기구에 대해 뛰어난 이해를 가지고 있는 학자로서 매우 존경할 만한 인물이라고 격찬하고 있다. 그가 프랑스의 집정관에 취임하여 고대 로마의 '민회결의(民會決議)'의 이름을 답습하는 민중투표에 의해 제위에 올라, 정복한 이웃 여러 나라에 고대 로마의 민족명을 붙여서 리그리아, 에르벨티아, 나아가 바타비아 등의 공화국을 일으킨 것을 생각하면 위에서 말한 말의 참뜻을 잘 이해할 수 있을 것이다.

19세기를 통해서 지금에 이르는 로마 연구는 유럽 제국의 정치적 요구의 자극으로 더욱더 심화되고, 마키아벨리가 본서에서 역설하는 로마 정신이 더욱더 힘차게 실천되고 있다는 것은 세상에 널리 알려진 사실이다. 요컨대 마키아벨리는, 1519년 '오리첼라이의 정원'의 필립 스토로치가 평한 것과 같이, '크게 세상에 이름을 날릴 유능한 인물'이라는 까닭을 훌륭하게 입증했다고 할 수 있을 것이다.

마키아벨리—그 이름을 듣기만 해도 누구나 전율을 느낀다.

이 세상을 떠난 지 480년 남짓, 여전히 마키아벨리의 이름은 강력한 '악'을 상기시킨다.

하지만 현실의 마키아벨리를 보기 바란다. 그는 결코 나쁜 인간이 아니었다. 그의 정치철학만 해도 사상 그 자체가 악에 물들어 있는 것은 아니다. 현실주의에 대한 투철함, 단지 그것뿐이다.

그렇다면 왜 사람들은 마키아벨리를 두려워하는 것일까?

마키아벨리에게 문제가 있는 것은 아니다. 우리 자신의 모습, 우리 자신의 나약함이 투영되고 있는 것이다. 사람들을 어떻게 다스리면 좋을지 그것을 마키아벨리는 가르쳤다. 더구나 냉정하고 과학적인 분석을 행하였다. 알고 있는 바와 같이 정치에는 감상이 끼어들 여지가 없는 것이다. 동정이 끼어들 여지가 없고 도덕이 끼어들 여지조차 없다!

마키아벨리의 명성을 결정적으로 높인 것은 《군주론》이다. 마키아벨리의 이름을 들으면 반드시 이 견고한 작품이 떠오른다.

　그렇다면 《군주론》에서 마키아벨리는 무엇을 역설하고 있을까? 국가를 어떻게 통치하면 좋을지, 그것을 군주에게 가르치고 있다. 마키아벨리가 전개하는 이론을 보기 바란다. 매우 합리적이다. 인간의 심리를 날카롭게 파헤친다. 그리고 문제의 핵심을 찌른다.

　군주라면 읽어서 절대로 손해될 것은 없다. 군주된 자가 진심으로 소망하는 것, 권력을 장악하고 국가를 뜻대로 조종하는 방법을 마키아벨리는 말하고 있는 것이다. 역사 가운데서 수많은 예를 열거해 나간다. 이론에 헷갈림은 없다. 명확하게 단언한다. 그리고 군주들에게 말한다. 이렇게 하면 국가를 자유롭게 다스릴 수 있다.

　마키아벨리의 정치철학에는 당연히 그가 산 시대, 그가 산 환경이 짙게 투영되고 있다.

　마키아벨리가 살았던 르네상스 시대는 도시에 음모와 암살이 되풀이되던 때이다. 그렇기 때문에 마키아벨리도 정치적인 술수에 인생의 태반을 소모하지 않을 수 없었다. 그와 같은 삶 속에서 조금씩 독특한 철학이 고개를 내밀게 된다. 이윽고 갑자기 후원자를 잃고 인생 그 자체라고 해도 좋을 것까지 잃고 만다. 모든 것을 빼앗기고 절망한 그가 불과 수개월 만에 써낸 것이 《군주론》이다. 다시없을 번득이는 재치로 단숨에 자신의 정치철학을 뜻대로 남김없이 기술했다.

　이 마키아벨리의 사상에 접하면 그 가혹함에 놀라게 된다. 확실히 그의 인생은 가혹했다. 그가 보아온 정치의 세계도 가혹했다. 그로 인해 여기에 가혹한 철학을 낳은 것이다. 그러나 마키아벨리의 철학을 한 시대의 사상으로서만 치부해 버릴 수는 없다.

　가혹하고 냉정한 철학은 모든 시대의 정치의 본질을 꿰뚫고 있다. 알렉산드로스대왕에서부터 사담 후세인에 이르기까지 모든 시대 정치철학의 본질을 꿰뚫고 있는 것이다.

　그것만이 아니다. 인간 자체의 내면에 잠재한 진실을 찾아낸다. 인간 자체의 깊은 진실, 그렇기 때문에 인간을 깊은 불안에 빠뜨리는 진실, 그것을 표면화하는 것이다.

마키아벨리(AD 1469~1527). 16세기 르네상스기 이탈리아의 역사학자·정치이론가. 대표작 《군주론》에서 마키아벨리즘이란 용어가 생겼고, 근대 정치사상의 기원이 되었다. 군주의 자세를 논하는 형태로 정치는 도덕으로부터 구별된 고유의 영역임을 주장하였다. 주요 저서로 《군주론》, 《로마사이야기》, 《전술론》, 《피렌체사》 등이 있다.

마키아벨리 청년시절

니콜로 마키아벨리는 1469년 5월 3일, 피렌체에서 태어났다. 집은 토스카나 지방의 유서 깊은 가계이고 일찍이 상당한 영화를 누렸다고 한다. 하지만 같은 피렌체의 명문이라도 은행업으로 번영한 파치 가문이나 메디치 가문만큼 강대한 힘을 지녔던 것은 아니다. 더구나 마키아벨리가 태어난 무렵에 그 가문은 몰락하고 있었다.

부친 베르나르도는 법률가였다. 그런데 세금 건으로 관리와 분쟁을 일으켜 파산선고를 받고 경제 활동이 법적으로 금지된다.

그러나 법률을 문자 그대로 지키는 법률가가 없듯이 베르나르도는 은밀하게 법률가의 일을 계속해 나간다. 비용을 싸게 제시함으로써 곤경에 빠진 사람들로부터 일을 얻었던 것이다.

그 밖의 수입원으로는 부모로부터 물려받은 작은 토지가 있을 뿐이었다. 피렌체에서 10킬로미터 정도 남쪽 시에나에 이르는 가도를 따라서 있는 토지이다. 토스카나 구릉의 중앙에 자리한 이 전원에서는 포도 재배와 양의 치즈를 수확했는데 한 집안의 생활을 꾸려나가기에 충분한 것은 아니었다.

마키아벨리가의 생활은 매우 검소했다. 마키아벨리는 뒤에 이렇게 회상하고 있다.

'어릴 적에 나는 즐기는 것보다 참는 것을 배웠다.'

부친 베르나르도는 마키아벨리에게 정식 교육조차 시키지 못했다. 가끔 가난한 학자 가정교사에게 마키아벨리를 맡기는 것이 고작이었다. 하지만 베르나르도도 한때는 풍요로운 생활을 보낸 적이 있었기 때문에, 집에는 훌륭한 장서가 많았다. 마키아벨리는 이 방대한 서적에 매료되어 잇따라 독서에 흥미를 느끼게 된다. 특히 고전에 몰두하였다. 장대한 로마이야기가 가난한 소년의 상상력을 부추긴 것이다.

이윽고 마키아벨리는 소년에서 청년으로 성장해 나간다. 하지만 그의 고독에는 변함이 없었다. 차츰 곁눈질로 끊임없이 주위에 신경을 쓰는 모습을 보이기 시작한다. 그 때문에 어딘지 모르게 소극적인 인상을 주었다. 그러나 실제로는 자신의 주변 세계를 확실하게 파악하려는 생각을 하고 있었다.

주위의 큰 세계를 마키아벨리는 깨닫기 시작한 것이다. 그리고 냉정하게 헤아렸다. 세계 속에서 자신은 어떤 존재인가. 책 속의 세계와 현실은 같은 것인가.

혼자서 외롭게 사색해 나가면서 깨닫는다. 나는 분명코 커다란 재능을 지니고 있다!

마키아벨리의 날카로운 안목은 시대의 조류도 지나쳐 버리지 않았다. 인문주의가 거리에 보편적으로 침투하고 있었다. 피렌체는 중세의 잠에서 깨어나고 있었다.

피렌체만이, 이탈리아만이 서양문명을 르네상스로 이끌고 있었던 것이다. 온 거리가 활기에 넘치고 사람들의 자신감을 깊게 한다. 이탈리아는 다시 통일되고 로마제국의 영광을 이 손으로 되찾을 수 있다!

마키아벨리도 피렌체의 모습을 로마제국의 전성기와 오버랩한다. 기원 2세기, 스토아파의 철학자이며 장군인 마르쿠스 아우렐리우스 황제에 이르는 시대, 로마는 영광의 나날을 향수했다. 영토는 페르시아만에서 아득히 먼 브리타니아(영국)의 하드리아누스의 장성까지 미친다. 원로원은 아직도 절대적인 힘을 지니고, 시민은 비길 데 없는 번영을 구가했다.

이것이 감수성이 풍부한 젊은이에게 감미로운 광경으로 비치지 않았을까.

역사가 마키아벨리를 인도한 것이다. 부친은 인생의 모델도 행동의 지침도 부여하지 않았다. 오로지 역사만이 고상하고 원대한 꿈을 가져다 준 것이다.

절정기의 로마, 꿈에 그린 로마, 마키아벨리는 그것을 마음 속 깊이 간직했다. 가정교사가 무슨 말을 하건 들으려 하지 않았다.

그래도 위대한 인문주의자들이 공개 강의를 할 때에는 자주 청강을 했다고 한다. 그들이야말로 피렌체를 대표하는 지식인이고, 피렌체를 유럽 지식의 중심으로 삼고 있었던 사람들이었기 때문이다.

그 인문주의자들 가운데서도 보다 뛰어난 사람이 시인인 폴리치아노였다. 단테 이후 최고 시인의 한 사람으로 손꼽히고, 피렌체의 지배자 로렌초 데 메디치의 강력한 후원을 얻고 있었다.

그러면 폴리치아노의 시는 어떤 것이었을까?

기교를 다한 전통적이고 우아한 표현과 피렌체 이탈리아어의 직설적이고 발랄한 표현, 이 두 가지를 훌륭하게 결합시킨 것이다.

피렌체대학에 모이는 지식인들은 이 우아하고 아름다운 형식의 운문을 곧바로 모방해 몸에 익혀 나간다.

그런데 마키아벨리는 달랐다. 지식의 유행 따위에 좌우되지 않고, 자신의 기법을 구축하기 시작한다. 시가 아닌 전통적인 표현과 일상적인 표현을 결합시켜 새로운 산문을 써 나간다. 피렌체의 이탈리아어를 더욱 명석하고 직선적인 산문으로 바꿔 나가는 것이다.

그 무렵 이탈리아어는 아직 요람기에 있었다. 피렌체의 방언에서, 라틴어를 밀어내고 언어로서 사용하게 된 뒤 불과 20년 정도밖에 지나지 않았던 것이다.

하지만 그 짧은 세월의 흐름 속에서도 위대한 시인 단테를 배출하였으며, 지금 마키아벨리란 불세출의 산문작가를 탄생시키려 하고 있었다.

공개 강좌가 끝난 뒤에도 젊은이들은 시노리아 광장에 남아 대화를 나누었다. 논쟁을 벌이는가 하면 이런저런 소문에 흥겨워하기도 했다. 그러나 그런 젊은이들 가운데서 유독 한 사내가 이채를 띠기 시작한다. 마키아벨리였다. 냉정한 면모에 악의에 가득 찬 시선을 지닌 사내의 입에서는 신랄한 비아냥거림과 조소의 언어가 잇따라 내뱉어진다. 특히 성직자들에 대한 비판은 용서가 없었다. 게다가 무엇을 분석하건 그의 말은 날카롭게 급소를 찌른다. 마키아벨리의 이름은 젊은이들 사이에 급속도로 퍼져나갔다.

모든 것은 마키아벨리가 노리던 대로였다. 그는 입신출세를 원하고 있던 것이다(본인은 깨닫지 못하였지만 새로운 자아가 꿈틀거리고 있었다).

'신분이 높아져야 한다. 나는 다른 누구보다도 뛰어나다!'

마키아벨리는 그렇게 생각하고 있었다. 이 오만한 자만심을 숨기기 위해 굳이 얄궂은 사내의 가면을 썼다고도 말할 수 있다.

이윽고 젊은이들은 마키아벨리를 중심으로 움직이게 된다. 마키아벨리는 점차 인기를 얻게 된 것이다.

주위에서 인정을 받아야 한다. 인기를 얻어야 한다. 그것이 성공의 비결이다. 마키아벨리는 깨닫고 있었던 것이다. 가면의 배후에 잠재한 이 냉철한 마음을 깨달은 것은, 그들 중에서도 관찰력이 뛰어난 자 몇몇뿐이었다. 그런 친구도 마키아벨리에게 등을 돌린 것은 아니다. 동정을 했는지도 모른다. 한 수 위로 여겼는지도 모른다. 호기심에 사로잡혔는지도 모른다. 아무튼 더욱 강하게 마키아벨리에게 매료되어 갔다.

마키아벨리는 이채를 띠고 있었던 것이다. 젊은 피가 끓는 르네상스기의 피렌체에서 그처럼 냉철한 마음의 소유자는 틀림없이 드물었을 것이다.

피렌체는 정치력도 군사력도 없는 지방의 한 도시에 지나지 않는다. 그런데 어떻게 르네상스의 중심이 되어 커다란 영향력을 발휘했을까?

대답은 단순하다. 경제력이다.

그 무렵 새로운 은행제도가 크게 발달해 상거래가 활발해지고 있었다. 그 시스템을 관리하고 있었던 것이 메디치가, 파치가, 스트로치가 등 피렌체의 은행가들이었다. 새로운 기술이라고도 할 수 있는 이 은행제도는 14세기 무렵부터 발달해 유럽의 무역과 교류방식을 바꿔 나간다. 사람들의 커뮤니케이션의 모습조차 근저에서 바꿔 나간다.

지난날에는 물물교환을 하거나 현금을 지불하는 것이 아니면 거래를 할 수 없었다. 그것이 어음이나 신용대출이란 방법으로 간단하게 자산을 움직일 수 있게 된다.

또한 멀리 극동에서 육로로 베이루트에 도착한 실크나 향신료를 환어음으로 구입하고, 해로로 베네치아에 송출할 수도 있게 된 것이다.

이렇게 자산이 움직이는 곳에는 반드시 그것을 중개하는 자들이 있어 혜택을 입는다. 지금도 옛날과 변함이 없다(아득히 먼 옛날부터 이 일은 존재하고 있었다. 더 오랜 직업을 말한다면 창녀밖에 없다). 부(富)가 움직일 때마다 그들의 손 안에는 얼마간의 돈이 남는 것이다. 그린란드에서 브뤼주로 운반되어 오는 고래기름이나 바다표범의 모피가, 모습을 바꾸어 마지막에는 교황에게 세금으로 납부하게 되는 것도 중개자가 환어음으로 로마교황청에 보내기 때문인 것이다.

이 점이 중요하다. 모두가 교황청으로 흘러들어간다. 그리스도교를 믿는 모든 도시와 마을에 부가 흘러들어간다. 국경 따위는 관계가 없다. 포르투갈에서 스웨덴, 그린란드에서 키프로스까지, 각지에 있는 수원지의 물이 지류를 흘러 본류에 합류해 바다로 흘러들듯이 마지막에는 교황청에 도달한다.

그것을 중개할 수 있는 것은, 신용이 좋은 지점을 온 유럽의 무역 루트에 설치한 몇 개의 큰 은행뿐이다. 큰 은행은 당연히 사력을 다해 이 커다란 이권을 손에 넣으려고 한다. 치열한 싸움을 되풀이할 수밖에 없다. 정치적인 이면공작, 거액의 뇌물, 장부의 조작, 어떤 수단이건 가리지 않았다.

그리고 1414년 결국 메디치가가 승리를 거두고, 교황청의 이권을 손에 넣는다.

하지만 메디치가의 야망에는 끝이 없었다. 격렬한 이면공작을 구사해 민주적 공화제인 피렌체의 지배권마저 장악하고 만다.

1434년에 코시모 데 메디치는 유럽 제일의 부호만이 아니었다. 그들은 피렌체를 멋대로 지배하고 있었다.

이 시기에 피렌체는 전례 없는 번영을 누리고, 그 이름을 온 유럽에 떨친다. 피렌체에서 주조된 금화(거리의 이름을 본따서 플로린 금화로 불렸다)는 오늘날의 '달러'와 같은 존재가 된다. 유럽 외 나라들의 화폐로 혼란이 절정에 이른 가운데 피렌체의 화폐는, 세계 금융거래에서 기본이 되는 화폐가 된 것이다.

경제가 번영함으로써 피렌체의 방언이 이탈리아의 공통언어로 인정되어 간다. 풍요로움은 여러 가지 자신을 갖게 한다. 이윽고 중세의 전통적인 세계관을 버리고 그리스도 교회의 가르침에도 개의치 않게 된다.

성서는 훈계하고 있었다. '부자가 천국으로 들어가는 것은 낙타가 바늘구

멍을 빠져 나가기보다 어렵다.'

그러나 피렌체에서는 '풍요로움'에 새로운 해석이 주어진다. 메디치은행의 장부 맨 위에 이렇게 쓰여져 있었다. '신과 이익의 이름으로!'

하지만 피렌체가 명성을 높인 것은 결코 부를 지니고 있었기 때문만은 아니다. 부를 소비하는 방법도 뛰어났다. 부를 아낌없이 문화에 투자했던 것이다.

그 이유는 메디치가와 교회의 관계를 살펴보면 잘 알 수 있다. 부가 모이는 교회 안까지 메디치가는 통하고 있었다. 메디치가의 은행에는 추기경의 점잖지 못한 사생활을 위한 비밀구좌까지도 있었다. 이런 현실 속에서도 메디치가 사람들의 신앙에는 흔들림이 없었다. 굳게 그리스도교를 믿고 있었다. 그렇다면 성서의 엄격한 가르침이 문제가 된다. 성서에서는 은행의 가장 중심이 되는 업무인 대부가 명확하게 금지되고 비난되고 있는 것이다. '너는 그에게 이자를 위하여 돈을 꾸어 주지 말고……'(레위기 25장 37절), '……너는 그에게 채주같이 하지 말며 변리를 받지 말 것이며'(출애굽기 22장 25절). 그 때문이었을까. 코시모 데 메디치도 나이를 먹어 감에 따라 자신의 죄가 불안해져 갔다. 지옥의 불로 떨어지고 싶지 않다. 교회를 위해 재산을 희사함으로써 죄에서 벗어나고 싶어졌다.

이윽고 코시모는 거대한 부를 아낌없이 사용하기 시작한다. 낡은 교회를 수리하고 새로운 교회를 건축하며 예술 작품으로 장식해 나간다. 메디치가는 수많은 예술가의 후원자가 되었다. 한 가계(家系)가 이처럼 대대적으로 예술가를 보호한 예는 일찍이 없었다. 회화, 건축, 문학, 학문 등 모든 것은 메디치가가 꽃피웠다고 해도 지나친 말이 아니다.

인간의 힘에 대한 신뢰와 학문과 예술의 보호가 결합하여, 고대 학문이 부활해 나갔다. 지난날의 그리스나 로마의 예지가 되살아난 것이다.

이것이야말로 재생, 즉 르네상스라 할 수 있다.

그리스나 로마의 서책 가운데 유럽에 전해진 것은, 중세 동안에 왜곡되고 있었다. 몇 세기에 걸쳐서 그리스도교의 '해석'이 가해져 변형되어 나갔던 것이다. 하지만 중세에도 고대의 예지가 전해지고 있었다. 그 서책이 서서히 유럽으로 침투해 지난날의 예지를 되살려 나간다.

그 명석함과 지식의 깊이에 유럽인의 눈이 트였다.

철학, 예술, 건축, 수학, 문학 등 유럽의 모든 것이 새롭게 다시 태어났다. 세계를 보는 견해가 모두 바뀌었다. 지난날 이 세계에서의 인생은 다가올 내세에 대비하기 위한 것에 지나지 않았다. 내세를 위해 고난을 견뎌야 했다. 그런데 인생에 대한 견해가 근저에서 변혁이 된다. 세계란 인간이 자신의 재능과 힘을 시험하는 장이 된 것이다. 젊은 마키아벨리는 이를 환영했다.

여기에서 나의 힘을 시험하자!

마키아벨리는 세계를 있는 그대로 받아들이기로 한 것이다.

로마문화의 꽃 피렌체

문화의 꽃이 피고 경제가 활발한 피렌체, 그곳에는 당연히 이탈리아의 뛰어난 지성인이 모여든다. 그 무렵 유럽에서도 가장 문화가 진보되고 있었던 나라의 가장 우수하고 풍부한 재능이 밀려들어온 것이다.

15세기 후반부터 16세기에 걸친 피렌체를 보기 바란다.

레오나르도 다빈치가 있었다.

하지만 그뿐만이 아니다. 미켈란젤로가 있었다. 라파엘이 있고 보티첼리도 있다. 모두 피렌체에서 활동을 하고 있었다. 레오나르도와 어깨를 나란히 할 수 있는 위대한 재능이 피렌체로 몰려들었다.

위대한 재능으로 대성하는 마키아벨리의 친구들을 보아도 알 수 있다.

그중 아메리고 베스푸치가 있다. 그는 신대륙 모험에 나서 그 대륙에 자신의 세례명(아메리카)을 붙이게 된다.

역사가로서 후세에 이름을 남기게 되는 프란체스코 귀치아르디니도 있었다. 이 귀치아르디니와 마키아벨리가 자주 함께 간 곳이 피코 델라 미란돌라의 공개강의이다.

피코(그도 로렌초 데 메디치의 후원을 받고 있었다)야말로 르네상스에서 가장 위대한 철학자라고 해도 지나친 말이 아니다. 눈부실 정도의 재능을 지니고 있었다.

"내가 내세운 논제를 함께 음미하자!"

그들은 유럽의 뛰어난 준재들에게 도전장을 내밀었다. 그러나 이것은 교황청의 주의를 끌게 되고 결국 이단의 선고를 받는다.

이때 피코는 약관 23세. 얼마나 대단한 재능인가! 그러나 이 나이에 그는 교황으로부터 이단선고를 받았다. 신동은 불과 31세로 이 세상을 떠났다.

이 요절한 천재를 존경한 것은 비단 마키아벨리만은 아니다. 미켈란젤로 조차 '신과 같은 사내'라고 그를 찬양하고 있다. 인간의 존엄을 노래하는 피코의 연설과 서책은 르네상스 사상의 본질을 훌륭하게 투영하고 있다. 또한 그리스도교 신학, 고전철학의 뛰어난 측면을 결합시키고 있다. 게다가 신비주의의 자취(연금술, 마술, 유대신비주의)가 있었다. 하지만 다른 한편으로는 고도로 과학적인 접근을 취할 때도 적지 않았다.

점성술에 대한 피코의 비판에 이것이 잘 나타나 있다. 확실히 피코는 점성술을 비판할 때에도 과학적인 시점에서 하지 않고 종교적의 시점에서 비판을 했다. 하지만 이러한 피코의 사고가 계기가 되어, 17세기 요하네스 케플러의 발견을 낳았다. 천문학상의 대발견인 행성의 궤도에 관한 발견이 탄생된 것이다.

그리스도교의 신학, 그리스의 철학, 과학적인 견해의 싹틈, 중세적인 신비주의, 이와 같은 것이 혼연일체가 되고 있었던 사고야말로 르네상스를 특징 짓게 하였다. 르네상스란, 중세에서 이성의 시대로의 이행기인 것이다. 두 시대에 걸쳤다고 표현해도 좋다. 그렇기 때문에 이 시대의 뛰어난 지성에는 중세의 요소와 이성 시대의 요소가 혼재하고 있다.

예를 들어 셰익스피어를 보면 강한 개인주의와 중세의 미신이 대담하게 뒤섞여 있다(고전적인 취향을 지닌 프랑스인들이 19세기에 이르기까지 셰익스피어를 야만으로 간주하고 있었던 것도 이유가 없는 것은 아니다). 또 이 무렵에 대두한 과학에 대해서 생각해 보자. 이 새로운 과학도 방법론에 관해서는 연금술의 방법을 물려받고 있지 않은가.

마키아벨리는 어땠을까? 예외라고밖에 말할 수 없다. 어느 누구의 지도도 받지 않고 스스로 배우고 있었던 탓일 것이다. 그는 주위에 현혹되지 않고 독특한 지성을 구축하고 있었다. 마키아벨리의 편지를 보면, 그 무렵 피렌체에 확산되고 있었던 미신이나 점성술을 믿는 것 같은 말이 보인다(상대에 대한 비아냥에서 비롯된 말로도 해석할 수 있다). 하지만 마키아벨리가 써낸 것에는 미신이나 환상 등을 아주 조금밖에 찾아볼 수 없다.

피렌체를 더욱 번영시키고 르네상스의 절정으로 이끈 것은 로렌초 데 메디치이다. 1478년에 권력의 자리에 올라, 콜럼버스가 아메리카를 발견한 1492년까지 피렌체를 지배해 나간다. 건국의 아버지로 불리게 된 코시모의 손자이고, 그 자신은 그 위대함이 찬양되어 '위대한 로렌초'로 이름붙여지게 된다.

로렌초는 주위의 기대에 어긋나지 않게 정치가, 예술의 지원자, 시인으로서 다채로운 재능을 꽃피웠다. 이 가운데 하나의 재능밖에 결실을 보지 못했다고 하더라도 로렌초는 이탈리아 역사에 찬연한 이름을 남긴 것이 틀림없다.

피렌체 시민들이 로렌초의 위대함을 찬양하면, 로렌초 쪽은 카니발이나 장대한 볼거리를 잇따라 주최해 거리에 활기와 화려함을 더해 주었다.

통찰력이 뛰어난 역사가 귀차르디니는 로렌초를 훌륭하게 특징짓고 있다.

'공화제 나라에 군림하는 정이 많은 독재자!'

하지만 피렌체의 눈부실 정도의 화려함에도 역시 어두운 그림자가 드리우고 있었다. 교활한 음모와 책략이 활개치고 격렬한 다툼이 끊이지 않았다. 사내들은 실크 양복바지를 입고 벨벳 상의를 몸에 걸쳐 우아한 옷차림을 하고 있어도 그 품에는 검이 숨겨져 있었다. 물론 검은 실제로 사용하기 위해서가 아니라 과시하기 위한 것에 지나지 않는다('프로이트'라면 틀림없이 그렇게 주장할 것이다)고 말할 수 있다. 그러나 갑자기 억제할 수 없는 분노가 엄습해 검을 빼드는 사람이 끊이지 않았던 것이다.

이와 같은 음모와 살육 가운데서도 최악의 사건을 마키아벨리는 지켜보았다. 이른바 피렌체 은행가 가문 파치의 반란이다.

1478년 파치가가 교황청 전용 은행을 강탈했다(조부 코시모는 저축가로서 명성이 자자했는데, 로렌초는 낭비가로서 유명을 떨친 것이다. 이는 로렌초에게 충실하게 봉사한 자들조차 인정하고 있었던 것 같다. 로렌초의 기질로 봐서 은행업무를 잘 수행할 리가 없었다).

확실한 부를 잡은 파치가는 피렌체를 탈환하기로 마음먹고, 로렌초와 그의 동생 줄리아노를 다음 부활제 미사 때에 암살하기로 한다. 그와 때를 같이 해 공모자 피사의 대주교가 베키오궁(공식 의회가 개회되는 회의장으로서 공식 지배자의 관저)을 점거하기로 되어 있었다.

드디어 부활제 미사가 시작되었다. 파치가 사람과 메디치가 사람이 팔짱을 끼고 피렌체 대성당으로 들어섰다.

그리고 사제가 미사의 빵을 들었다.

신호다!

파치가 사람이 갑자기 단검을 빼들었다. 줄리아노는 온몸에 칼을 받고 제단 앞에서 절명한다. 상상을 초월하는 혼란이 벌어졌다. 암살자 한 사람은 자기 발에 검을 찌르고 말았다고 한다.

로렌초 쪽은 어떻게 되었을까.

그는 필사적으로 검을 휘둘러 몸을 지켰다. 그때 동료인 폴리치아노가 달려와 주었다. 이 시인의 덕택이라고밖에 할 말이 없다. 로렌초는 성당의 성구보관실로 몸을 숨기는 데 성공한다. 다행히 목 언저리에 찰과상을 입은 게 전부였다.

대성당에서 불과 400미터밖에 안 되는 팔라초 베키오궁에서는 때를 같이해 또 하나의 음모가 단행되고 있었다. 정장으로 몸을 감싼 피사의 대주교가 계단을 올라가 의회 회의장으로 향했다. 그 뒤를 파치 가문의 누군가가 조용히 뒤따르고 있었다. 때마침 그곳에 도시장관이 나타났다. 순간 그들을 수상하게 여긴 장관은 경비병을 불렀다. 대주교는 체포되고 사안의 자초지종에 대한 심문을 받았다. 장관은 무슨 일이 발생했는지 알아내고는 곧바로 대주교를 교수형에 처하라는 단호한 명령을 내렸다.

"대주교를 교수형에 처하라!"

대주교의 목에 로프가 감기고 사제 복장 그대로 창에서 늘어뜨려졌다. 뒤따른 암살 주동자도 곧바로 같은 운명을 걷는다.

창 밑에서는 군중들이 야유를 퍼부으면서 로프에 목매어 버둥대는 두 모습을 바라보고 있었다. 대성당 쪽에서는 분노와 신음이 뒤섞인 소리가 들려온다. 그 소란 속에서 군중들은 메디치 편에 서서 베키오궁으로 진입하여 음모자들의 사지를 갈기갈기 찢고 만 것이다……

이와 같은 광경이 젊은 마키아벨리에게 어떤 영향을 주었을까? 기록은 남아 있지 않다. 하지만 상상은 할 수 있다. 마키아벨리는 사건을 지켜보고 마음에 각인했을 것이다.

얼마나 재빠른 행동인가.

얼마나 단호한 결단인가.

얼마나 무참한 조치인가.

마키아벨리는 가장 재빠르게 행동을 일으키고, 가장 단호한 결단을 내리고, 가장 무참한 조치를 행하는 자야말로 승리를 거머쥘 수 있다는 것을 깨달은 것이다(성서의 황금률을 역으로 한 것이라고나 할까. 타인이 그대에게 하려는 것을 타인에게 하라! 하지만 상대에게 앞서라! 단호한 결의로 일에 임하라!).

정치란 어떤 것인가. 이 사건이 마키아벨리에게 확실하게 가르쳐 준 것이다. 마키아벨리는 그 가르침을 평생 잊은 적이 없었다.

그러나 피렌체의 사람들도 이윽고 이와 같은 정치적 쇼에 싫증을 느끼게 된다. 메디치가의 명성에도 그림자가 드리우기 시작한다. 그리고 밖으로부터의 적이 피렌체의 정치를 근저에서부터 뒤흔든다.

로렌초가 사망한 지 불과 2년, 1494년에 메디치가는 지배력을 잃고 피렌체에서 도주하게 된다. 직접적인 계기가 된 이 사건은 프랑스왕 샤를 8세의 피렌체 침입이다. 피렌체 사람들은 이와 같은 굴욕을 맛본 적이 없었다. 확실히 샤를 8세의 점령은 불과 수일의 일이었다. 그렇기 때문에 말하자면 상징적인 의미를 갖는 데 지나지 않는다. 하지만 이 사건은 피렌체에 큰 정치적 전환점이 된다.

전쟁의 폭풍이 피렌체의 독립을 위태롭게 하고 있다는 것을 시민도 겨우 깨닫기 시작한 것이다. 샤를 8세의 군대가 승리의 개가를 올리면서 입장해 오는 것을 군중은 말없이 바라보고 있었다. 그 가운데 마키아벨리의 모습이 있었다. 마키아벨리는 굴욕을 곱씹고 있었다. 피렌체인으로서 부끄럽다. 이탈리아인으로서 부끄럽다. 외국 군대에 짓밟히다니!

여기에서 마키아벨리는 이탈리아를 통일시키지 않으면, 프랑스군을 몰아낼 수 없다는 깊은 교훈을 얻었다.

메디치가가 떠난 피렌체를 지배한 것은 수도사인 사보나롤라이다. 사보나롤라는 격렬하고 엄격한 설교를 되풀이해 사람들의 마음에 영향을 주어 나갔다. 부패와 타락을 강하게 경고했다. 특히 교황청의 부패상을 강하게 공격해 나갔다(강함을 설득하는 데 인간의 나약함과 육체의 유혹만큼 편리한 소재는 없다. 실례가 넘쳐나기 때문이다).

사보나롤라는 지옥의 고통을 역설하고 엄격한 금욕을 강요했다(이렇게 되면 지상에 있으면서도 지옥과 같은 고통을 맛보지 않을 수 없다). 감시의 눈을 둘러쳐 엄격한 신권정치를 집행했다.

유쾌한 축제와 암살의 드라마가 넘치던 시절은 사라지고 금욕의 시절이 시작되었다. 그것은 '허식의 소각(燒却)'으로 절정에 다다랐다. 격렬하게 타오르는 불길 속에 시민들의 화려한 의상과 훌륭한 회화 등이 던져졌다(물론 가장 훌륭한 의상이나 가장 훌륭한 회화를 재로 만드는 일은 결코 하지 않았다. 또 다른 시대가 온다. 현명한 피렌체인들은 그것을 알고 있었다).

사보나롤라가 통치하고 있는 동안(1494~1498) 피렌체는 보티첼리의 그림 같은 '봄'의 쾌활함은 사라지고, 무겁고 고통스러운 고뇌가 거리를 짓누르고 있었다. 그러나 불과 4년의 통치 뒤 사보나롤라는 활활 타오르는 불길 속에 자신의 몸을 던지는 처지가 된다. 엄격한 예언자가 거치게 되는 순교의 운명, 그것을 사보나롤라도 향수한 것이다. 마키아벨리는 이 사건에서도 많은 것을 배운다.

권력의 그늘

1498년 사보나롤라가 사망한 뒤, 온건한 소데리니가 '정의의 기사'로 시장관에 선출된다. 여기에서 드디어 마키아벨리가 역사의 무대에 등장하게 된다. 이탈리아의 유명한 전기작가인 빌라리는 29세의 마키아벨리를 이렇게 평하고 있다.

'우스꽝스러울 정도는 아닌데 그다지 인상이 좋지 않다. 마른데다가 눈은 작고 둥글다. 머리카락은 검고 머리는 작다. 매부리코 밑에는 굳게 다문 입술이 있다. 그러나 날카로운 관찰력과 두뇌 회전이 빠른 영특함이 온몸에 감돌고 있다. 다만 사람들에게 큰 영향을 줄 만한 인간으로는 보이지 않는다.'

빌라리는 더욱이 이런 말을 남기고 있다.

'빈정거리는 듯한 표정을 보이고 남몰래 냉혹한 계산을 하는 데 풍부한 상상력을 지니고 있다.'

이를 보면 사람들의 관심을 끌 인간으로는 생각되지 않을 것이다. 하지만 중요한 지위에 있는 사람들, 큰 힘을 지닌 사람들에게 마키아벨리는 좋은 인상을 준 것이 틀림없다. 사보나롤라가 권세를 자랑하고 있을 때, 그는 이미 피렌체 정청 제2서기국 서기관 후보에 올라 있었다. 외교 전문가로서 주목받았던 것이다. 이때에는 사보나롤라파 사람들의 반대에 직면해 서기관이 될 수 없었다. 하지만 소데리니가 정권을 잡자 서기관 자리를 획득한다.

그 2개월 뒤에는 10인위원회의 서기관에도 선출된다. 10인위원회란 군사문제를 담당하는 위원회이고, 날로 중요성을 더해 가고 있었다. 그 중요한 자리에 마키아벨리가 발탁된 것이다. 소데리니는 재치가 있고 냉정하며 어딘가 교활한 이 사내에게 무언가를 틀림없이 느꼈을 것이다.

언뜻 보기에 마키아벨리는 교활하게 보였을지도 모른다. 하지만 실제로는 매우 성실하고 충실한 사나이였다. 그리고 냉정을 지녔다. 이것은 실로 드문 성질이었다. 때는 르네상스, 격한 정열이 충돌을 되풀이하고 정치의 미래 따위는 정해져 있지 않았던 시대이다. 마키아벨리와 같은 사내는 드문 것이 뻔하다. 소데리니는 눈앞의 상황을 정확하게 파악하고, 지난날의 상황에 비추어 현상을 평가할 수 있는 마키아벨리의 능력을 꿰뚫어 본 것이다. 그는 마키아벨리가 이 시대에 큰 도움이 되리라 믿었다.

마키아벨리는 곧 근교의 도시국가로 파견되어 외교문제를 처리하게 된다. 대사의 손을 거쳐야만 할 정도가 아닌 교섭이나 용건을 떠맡았다. 그것이 제2서기국의 서기관이 할 일이었다. 이렇게 해서 그는 외교의 흥정이나 책략을 수행해 나간다.

외교에 정통하게 된 마키아벨리. 그가 보내는 보고서는 명석하였으며, 기탄없는 평가도 곁들여져 있었다고 한다. 타인을 함정에 빠뜨려 유혹하는 모함도 했다. 하지만 자기가 할 일은 훌륭하게 해내고 있었다. 외교에 관한 훌륭한 기술을 지니고 있었던 것이다. 그처럼 마키아벨리는 참으로 드문 인간이었다. 임무에 대해서는 교활하면서도 충실하였고, 친구와 피렌체 외에는 충성을 다하지 않았다. 그로부터 몇 해 지나지 않아 마키아벨리에게 중요한 임무가 맡겨진다. 프랑스 루이12세의 궁정으로 가게 된 것이다. 이것은 정말로 중요한 임무였다. 피렌체의 운명을 좌우한다고 해도 지나친 말이 아니었다.

이 15세기 말엽에 중부 이탈리아의 도시국가는 위험한 상황에 놓여 있었다. 작은 도시국가끼리는 항쟁이 그치지 않았고, 북과 남에서 커다란 위협에 노출되고 있었던 것이다. 북으로는 프랑스가 이탈리아 반도 깊숙이 영토를 확대하기 위해 여러 도시를 유린하고 있었다. 남으로는 나폴리 왕국이 에스파냐의 후원을 받으면서 영토를 확대할 야망을 불태웠다. 피렌체로서는 생존할 길이 하나밖에 없었다. 외교의 기술을 구사해 미묘한 국제 균형을 유지하는 것이다.

1500년, 마키아벨리는 5개월간 프랑스에 머문다. 그동안 유럽 강국의 상황을 피부로 느껴 나간다. 한 지배자 밑에서 통일된 나라의 강대함을 직접적으로 깨달은 것이다.

임무는 어떻게 처리했을까?

마키아벨리는 프랑스에 명확한 답을 내놓지 않고 끝낸다. 즉 임무는 성공한 것이다(우선 피렌체는 프랑스와의 동맹을 계속하기로 한다. 프랑스도 그때까지는 피렌체를 삼키려 하지 않았다).

결혼과 정사

1501년 마키아벨리는 피렌체로 귀국한 뒤 얼마 지나서 결혼하게 된다. 상대는 마리에타 코르시니. 마키아벨리와 같은 사회 계층의 출신이었다(코르시니가 쪽이 아직은 마키아벨리가보다도 금전에 여유가 있었다. 그 때문에 마리에타는 부끄럽지 않은 지참금도 가져갈 수가 있었다. 둘은 연애 끝에 맺어진 것이 아니었다. 그 무렵 결혼은 다만 사회적인 것이고, 두 가족의 손을 잡게 하기 위한 정치적 수단에 지나지 않았다. 하지만 다행히도 마키아벨리와 마리에타는 마음이 잘 맞아 곧 친한 친구와 같은 사이가 된다).

마키아벨리는 마리에타에게 언제나 깊은 애정을 쏟았다. 마리에타의 편지를 보면, 그녀도 마키아벨리에게 깊은 애정을 느끼고 있었던 것을 알 수 있다. 둘은 다섯 아이를 갖게 된다. 주위의 결정에 의한 결혼은 흔히 이와 같은 깊은 애정에 도달한다. 서로 배려하고 경의를 표하게 되는 것이다. 정열적인 연애의 경우엔 오히려 이렇게 되지 않는다. 기대가 너무 큰 탓일까. 배려나 경의가 쉽게 시들해져 버리곤 한다.

그래도 르네상스기의 이탈리아에서 남녀가 대등한 관계를 구축하기란 어려운 시절이었다. 마키아벨리 부부도 예외는 아니었다. 외교나 군사의 일로 오랫동안 집을 비울 때, 마키아벨리는 현지 독신 여성과 관계를 가질 때가 많았다. 더구나 친구에게 보낸 편지를 살펴보면, 마키아벨리가 이와 같은 여성들에게도 애정을 쏟고 있었던 것을 알 수 있다. 물론 이런 여성들도 마키아벨리에게 경의를 표하고 애정을 기울이고 있었다.

마리에타 쪽은 어땠을까. 그녀의 정사(情事)를 엿보게 하는 편지는 전해져 있지 않다(또는 역사가의 흥미를 끌고 있지 않다). 만일 정사를 범했다면, 정사가 의심되는 것만으로도 무서운 운명이 마리에타를 기다리고 있었을 것이다(정사의 상대조차 상상하는 것을 거부하는 운명이……). 이탈리아에서는 자유분방한 정사가 흔하다. 하지만 그것은 남성들에게만 해당되는 이야기이다.

마키아벨리의 사상을 고무하는 것이 여기에도 있다. 이 일방적인 관계가 마키아벨리 정치철학의 특징이 되어 갔던 것이다. "군주와 국민 사이에 대등한 관계 따위는 있을 수 없다. 지배자는 국민에게 규율을 강요하지만, 자신은 이익과 관심이 쏠리는 대로 자유롭게 행동할 수 있다."

한편 이 무렵 피렌체는 새로운 큰 적과 맞닥뜨리게 된다. 교황 알렉산드르 6세의 아들(사생아) 체사레 보르지아이다. 그는 프랑스군의 지원을 받아 교황군을 이끌고 중부 이탈리아에 새로운 왕국을 세운 것이다. 더 나아가 그들은 교황령의 확대를 노리고 있었다. 체사레는 로마에서 북으로 진공해 아드리아 해 연안의 도시 리미니까지 그의 지배하에 두었다. 중부 이탈리아 전체가 동요했다.

피렌체를 구해야 한다.

구국의 기운이 고조되고, 소데리니가 종신의 '정의의 기사'로 선출된다. 실로 전대미문의 일이었다. 마키아벨리는 피렌체가 지배하는 지역에서의 반란에 대해 몇 차례 보고를 한 뒤, 특사로서 체사레의 군사본부에 투입된다. 높은 신분의 스파이와 같은 것이다.

마키아벨리가 도착하기 전날 체사레는 전광석화와 같은 공격으로 전략상 요지인 우르비노를 함락시키고 있었다. 이 얼마나 냉혹한 전술이고 뛰어난 재능인가. 마키아벨리는 넋을 잃었다.

마키아벨리가 피렌체에 보낸 보고서 가운데 《키아나 계곡 반군의 처치》란 것이 있다. 체사레와의 교섭 정황을 전하고 있는 것이다. 그것을 보면 마키아벨리의 관심이 이미 정치철학으로 돌려져 있음을 알 수 있다.

'특히 지배자에게 있어서 역사란 살아 있는 행동으로의 길잡이가 된다. …
…인간이란 어느 시대이건 같은 정열을 지니고 같은 행동을 보인다. ……어
느 시대이건 명령을 내리는 인간이 있고, 명령에 따르는 인간이 있다. 기꺼
이 명령에 따르는 인간이 있는가 하면 마지못해 명령에 따르는 인간도 있다.
하지만 어쨌든 명령에 따르는 인간과 명령을 내리는 인간으로 나뉘어진다.'

그러나 여기에 천재적인 재치, 천재적인 통찰이라고 할 수 있는 것은 아무
것도 찾아볼 수 없다. 그러나 곧 알 수 있듯이, 마키아벨리는 환상 따위는
갖고 있지 않았다. 오로지 현실만을 냉정하게 바라보고 있었다. 그리고 역사
의 보편적인 법칙으로 생각되는 것을 끄집어 냈다.

언뜻 보기에 흔해빠진 역사의 보편적인 법칙(작은 돌과 같은 지식)을 수
없이 모아 마지막에는 설득력이 풍부한 정치이론(절대 무너뜨릴 수 없는 성
채)을 구축하는 것이다.

그런데 성채에는 그곳에 사는 인간이 없어서는 안 된다. 상응하는 군주가
필요한 것이다. 이 점에서도 마키아벨리는 체사레 보르지아에게 주목을 하
고 있었다. 젊어서 쓴 《키아나 계곡 반군의 처치》에는 이와 같은 말이 있다.

'위대한 인간을 구성하는 특징의 하나를 보르지아는 지니고 있다. 자신에
게 편리한 좋은 기회를 빈틈 없이 이용한다. 최고의 호기를 놓치지 않고 가
능한 한 자기의 이익을 끌어 내는 방법을 터득하고 있다.'

(체사레가 피렌체에서 시선을 떼지 않는 것을 깨닫고 마키아벨리의 이 확
신은 더욱 깊어진다. 얄궂은 일이 아닐 수 없다)

1502년 10월, 마키아벨리는 새로운 사명을 띠고 재차 보르지아로 가 1503
년 1월까지 교섭을 거듭한다. 여기에서 마키아벨리는 직접 목격한다. 자신
을 배반한 지휘관에게 체사레는 실로 잔학한 복수를 가한 것이다. 이 경험에
서 마키아벨리의 저작 《발렌티노 대공의 비로로초 처형에 관하여》를 낳게 된
다. 이른바 목격자 증언으로 이루어진 보고서와 같은 것이다.

역사의 법칙

우르비노를 함락시킴으로써 발렌티노공 체사레 보르지아는 강대한 지위를
얻는다. '보르지아의 냉혹함을 생각하면 그가 지나치게 강대한 권력을 장악

하는 것은 바람직하지 않다' 지휘관인 비텔로초를 비롯하여 베테랑 장교 가운데서도 이와 같이 생각하는 자가 나타났다. 그들은 보르지아와 결별하고 적진으로 빠져 나갔다. 보르지아의 전력은 크게 줄어들었다. 그는 곧바로 군사행동을 일으켜 획득한 영토를 지키며 동시에 시간을 벌었다. 그는 교황청의 금고에서 막대한 자금을 꺼내 순식간에 강력한 군대를 새로 편성한다. 이와 병행하여 교묘한 외교력을 구사해 적을 분열시키고 비텔로초 등을 고립시킨다. 정황이 역전되었다. 비텔로초 등은 그렇게 감지하고 다시 한 번 보르지아에게 몸을 맡기기로 한다. 아드리아 해에 면한 작은 도시 세니갈리아에서 화해의 회합이 예정되었다.

보르지아는 비텔로초 등을 안심시키기 위해 프랑스에서 온 군대를 해산시키고, 아주 적은 병력과 함께 시니가글리아에 나타났다. 보르지아는 비텔로초 등을 환영했다. '오랜 친구를 맞이하듯 기쁜 듯이 말을 주고 받았다.' 하지만 그렇게 행동함으로써 비텔로초 등을 그들의 군에서 분리하려고 획책하고 있었던 것이다. 이에 성공하자, 그는 곧바로 배반자들을 구금하고 감옥에 처넣고 만다. 그날 밤 '그들은 눈물을 흘리면서 자비를 간청하였고, 그들끼리 격렬하게 욕설을 주고받았다.' 그러나 보르지아는 모두 교수형에 처한다.

마키아벨리는 이 사건을 뇌리에 새겨두고 《군주론》에서 하나의 전형적인 예로서 묘사한다. 제7장을 비롯해서 여러 곳에서 언급해 나간다.

전기작가인 빌라리도 말하고 있다. 자신의 눈으로 직접 목격한 이 사건, 그리고 체사레 보르지아 밑에서 지낸 수개월의 체험, 여기에서 마키아벨리는 '모든 도덕에서 분리된 정치과학'의 착상을 얻었다. 마키아벨리는 비텔로초 등에 대한 처형이 도덕에 어긋나는 것처럼 보여도 그것이 바로 현실적인 정치라고 말한다.

그렇다고 주의를 게을리해서는 안 된다. 현실 정치에 대해서 마키아벨리가 기술하고 있는 것을 현실 그 자체로 받아들여서는 안 되는 것이다. 마키아벨리는 일종의 예술가, 자신의 실력을 믿고 있는 예술가에 다름 아니다. 착상을 교묘하게 구체적인 형태로 묘사해내 치장해 나가는 것이다.

현실로는 보르지아가 프랑스군을 해산하지 않고 있다가 군이 갑자기 프랑스로 소환된 것에 지나지 않는다. 소수의 병력만이 남겨지고 보르지아는 적의 눈을 기만해 어떻게든 계획을 수행하지 않을 수 없었던 것이다(이 중대한 기간에 마키아벨리 일행은 계속 보르지아 밑에 있었다. 마키아벨리는, 피렌체에 보낸 프랑스군이 소환되었을 때 보르지아 등이 얼마나 당황했는지 그 정황을 뚜렷이 묘사했다. 비텔로초 등의 마지막 장면도 저작과 현실은 다르다. 감옥 안에서 살해될 때 그들은 울부짖거나 서로 욕설을 퍼붓지도 않았다. 모든 것은 마키아벨리의 각색에 지나지 않는다. 마키아벨리가 노리는 것은 명확하다. 체사레 보르지아의 성격을 과장하고 싶었던 것이다. 사려 깊게 높은 곳을 응시하는 인간을 묘사하고 싶었을 것이다. 자기의 착상을 구현시켜 주는 영웅, 그것이 정신적 혼란에 빠지는 인간이어서는 안 되는 것이다).

마키아벨리가 기술한 것을 보면, 그가 독자의 정치철학을 발전시키고 있었음을 알 수 있다. 마키아벨리가 '보편적인 역사의 법칙'을 지적하려고 하는 나머지 몇 개의 기술에 흠이 될 만한 것이 있는 것은 틀림이 없다. 하지만 먼 역사의 사건이나 아직도 생생한 수많은 사례가 묘사되어 있다. 옛 로마의 사건에서부터 자신이 목격한 사건에까지 미치는 풍부한 사례가 단순히 이론을 지지하고 있는 것만은 아니다. 이론에 활기와 생명을 부여하고 있다고 해도 좋다. 사실 그대로가 아닌 부분이 있어도 그것으로 이론 그 자체의 가치를 예사로 보아서는 안 된다. 마키아벨리의 정치철학은 독특한 매력과 설득력을 지니고 있는 것이다.

그렇다면 마키아벨리의 이론을 정확하게 정의하려면 어떻게 해야 될까?

이 무렵의 마키아벨리는 자신의 이론이 어떤 형태가 될지 희미하게나마 감지하고 있었던 것이 틀림없다. 그러나 명확하게 의식하고 있지 않아도 마음 속 깊이 자신의 이론을 키우고 있었던 것이 아닐까. 내용 따위는 물론 명확하게 제시할 수 없다. 그 고찰의 형태가 일정한 태도를 취하기 시작했다는 정도의 것이다. 즉 무의식 중에 확신하고 있는 정도의 것에 지나지 않는다. 그래도 마키아벨리는 자신의 철학을 이해하고 있었던 것이 틀림 없다. 자신만의 철학을 구현하고 이해함으로써 이를 배워가고 있었던 것이다. 그리고 우선은 체사레 보르지아가 바로 마키아벨리의 철학 그 자체이기도 하였다.

냉혹한 행동의 사내에게는 많은 사람이 매료된다. 마키아벨리 이전의 지식인도 마키아벨리 이후의 지식인도, 그리고 마키아벨리도 냉혹한 행동의 사내에게 매료되었다. 그리고 체사레 보르지아는 맹렬한 기세로 전진해 가는 괴물의 전형이었다. 오늘날에는 이 같은 인간을 보기 힘들다. 현대의 지휘관들은 불안에 시달리고 있다. 집단 살육의 실행자조차도 벌벌 떠는 음울한 인간들뿐이다. 보르지아라는 인간의 희귀함을 알 수 있다는 것이다.

보르지아 가문은 에스파냐에서 비롯되고 있다. 19세기 한 위대한 역사가의 말에 따르면, 보르지아 가문의 잔학성과 부패상에 대한 설명이 가능할 것 같다(지식의 폭이 엄청나게 확대되는 것과 동시에 인종주의가 석권한 시대의 말이다).

체사레의 부친 로드리고는 1492년 교황 자리에 올라 알렉산드르 6세가 된다. 그는 그 지위를 돈을 주고 샀다. 교황 자리가 돈에 팔린 것은 어쩌면 역사상 처음 있는 일이었는지도 모른다. 하지만 알렉산드르 6세 이후에도 그런 일이 더 있었던 것은 확실하다. 교황이 되었다고는 하지만 알렉산드르는 금욕 생활을 보낼 수 있는 인간은 아니었다. 그리고 그의 많은 아이들 가운데에는 체사레 외에 형인 조반니(로드리고는 이 아들을 가장 사랑했다)와 여동생인 루크레치아가 있었다.

루크레치아는 독살자로도, 바티칸의 성향연 접대역으로도 전설적인 인물로 남아 있다(루크레치아는 사생아인 아들을 낳았는데 아이의 부친은 루크레치아 자신의 부친인 교황일 가능성이 높다. 그렇지 않으면 체사레일 것이다. 하지만 그렇다 해도 알렉산드르도 체사레도 루크레치아도 몰랐을 것이 틀림없다. 누가 진짜 부친인가!).

체사레는 교황의 총애를 자기에게 돌리려고 했다. 이를 위해 강구한 수단은 단순하기 짝이 없다. 이미 교황의 총애를 받고 있는 형 조반니를 이 세상에서 사라지게 하는 것이다. 그는 조반니를 살해함으로써 교황군의 사령관 지위까지 차지한다. 또한 권력의 힘으로 중부 이탈리아에 자신의 영토를 구축하기 위한 전투를 개시하고 잇따라 영토를 수중에 넣고 있었던 것이다.

마키아벨리가 바로 가까이에서 관찰한 이 사내는 극화의 주인공으로밖에 생각할 수 없는 인물이었다. '이탈리아 제일의 핸섬한 사내'이고 사람들의 마음을 사로잡는 데 뛰어났으며, 끝없는 정력으로 지치지 않고 교묘하게 둘러대는 언변과 번득이는 지성으로 부하의 마음을 고무한다. 군사 전략에 있어서도 천재적인 재능을 보였다. 정치가로서도 나무랄 데 없고 세련되고 위풍당당했다(하지만 이 빛의 왕자는 어둠의 왕자이기도 했다는 것이다. 비밀주의로 일관하던 그는 사색이나 언어의 방향이 정해지지 않을 때도 있었다. 곧바로 격한 폭력으로 치닫고 언제 분노를 폭발시킬지 예상도 할 수 없었으며, 며칠이고 절망에 빠져 계속 입을 다문 채로 있을 때도 있다. 누군가가 용기를 내 어둠 속에 틀어박힌 그를 깨우지 않는 한……).

마키아벨리는 생각했다. 이런 사내라면 무엇이건 성취할 수 있다! 아무도 그를 말릴 수는 없다! 도덕이나 동정에 기대지 않고 오직 성공하는 방법을 과학적으로 추구하는 한 무엇이든 할 수 있다!

천부적인 광기를 구사할 방법을 체사레는 터득하고 있었던 것이다. 그러나 시대의 추세가 바뀌었다. 1503년 알렉산드르 6세가 사망하자, 보르지아 가문의 숙적 율리우스 2세가 그 뒤를 잇는다. 체사레는 체포되어, 정복지와 전리품을 내놓겠다는 약속을 하고 나서야 겨우 풀려나게 된다. 그 후 그는 곧장 나폴리로 도주했지만, 다시 체포되어 사슬에 묶인 채 에스파냐에 배로 운송된다. 그는 감옥 대신 성에 갇히는데 그곳에서도 탈출을 감행한다.

도덕을 모르던 거인이 평범한 도망자로 추락하고 만 것이다. 마키아벨리는 곤혹스럽고 불쾌감에 휩싸였다. 하지만 호기심도 자극했다.

그러고 보면 그 시기의 마키아벨리는 '영웅에 매료된 학자'에서 '눈앞의 상황을 분석하는 지식인'으로 탈바꿈한 것이다. 그리고 체사레란 인간 그 자체와 그가 사용한 방법을 구별하게 된다. 지난날의 영웅에게 이와 같은 평가를 내린다. '동정이나 배려가 없고 그리스도에게 반역을 기도하는 사내……. 비참하기 이를 데 없는 최후를 맞이하게 되는 것도 당연.'

그러나 체사레가 사용한 정치론에 대해서는 언제나 높이 평가해 마지않는다. 왜냐하면 체사레의 방법은 과학이었던 것이다. 전혀 새로운 과학, 정치의 과학이었다.

도덕을 초월한 정치과학

체사레가 이탈리아를 뒤흔들고 있는 동안에도 당연히 이탈리아의 정치 세계에서는 동맹과 배신이 변화무쌍하게 되풀이되었다. 피렌체공화국도 위험에 노출되고 있었다. 가장 큰 위협은 추방되었던 메디치 가문이다. 그들은 시의 지배자 자리에 복귀하려 하고 있었다.

마키아벨리는 10인위원회에 속해 피렌체의 군사지휘자였음에도 실제의 군사행동을 체험한 적이 없었다(피렌치인은 선견지명이 있었다고나 할까. 오래 전부터 군사지휘권을 군인에게만 맡기지 않도록 되어 있었다).

여기에서 마키아벨리는 대담한 방책을 내놓는다. 체사레가 착상한 것 가운데 하나를 피렌체에서 실행에 옮기려는 것이다. 피렌체 시와 그 지배하에 있는 지역 구민에게서 병력을 모집해 자신들의 군대를 만들어야 한다. 이것이 마키아벨리의 제안이었다.

체사레가 우르비노에서 이 방책을 실행하고 있었음에도 어찌된 일인지 마키아벨리는 비난의 표적이 되고 만다.

그런 방법은 들은 적이 없다! 그런 새로운 방법이 잘 될 것으로 생각되지 않는다!

이유가 무엇일까? 오래 전부터 이탈리아에서는 용병이 사용되고 있었기 때문이다. 하지만 이 관행도 붕괴의 위험에 직면하고 있었다. 프랑스나 에스파냐에서는 국민을 모집해 군대를 편성하고 있었다. 모국을 지키기 위해 필사적으로 싸우는 군대, 사기가 높고 규율이 잡힌 군대를 조직하고 있었던 것이다. 용병과 국민군은 전혀 다르다. 용병들은 용병을 상대로 싸운다. 피차 일반인 싸움을 하는 것이다. 오늘은 적이었던 용병이 다음 계절에는 동료가 될지도 모른다. 그들에게 있어서 전쟁은 단순한 직업인 것이다. 굳이 위험을 무릅쓰지는 않는다.

1499년 마키아벨리는 그것을 체험으로 깨달았다. 피렌체가 용병을 고용해 피사를 포위하게 하고 공격하려고 했을 때의 일이다. 용병대장이 피사공격을 거부한 것이다. 죽을 지도 모른다는 것이 이유였다.

우리의 군을 만들자. 마키아벨리의 이 제안은 결국 피렌체 정부에서도 지지하게 된다. 마키아벨리는 곧바로 병력모집에 착수한다. 이윽고 국민군이 편성되고 훈련이 실시된다. 새로운 군의 중요성을 인식했던 것이다. 국민군을 컨트롤할 새로운 위원회가 설치되고 그에게 커다란 권한이 부여된다. 소데리니의 뒷받침으로 마키아벨리가 이 위원회의 서기로 임명된다.

마키아벨리는 소데리니와 손을 잡고 피렌체의 안전을 확보하려고 온갖 노력을 기울였다. 그러나 여기에서 역풍이 분다. 피사가 다시 피렌체를 노린 것이다. 이 일로 리구리아 해를 향해 흐르는 아르노 강이 피사에 의해 막히고 만다. 새로운 군대는 훈련이 부족해 피사를 공격하는 것은 무리였다.

마키아벨리는 군사기술 주임에게 의견을 물었다. 그는 보르지아 밑에 있었는데 마키아벨리의 눈에 떠어 피렌체로 데려온 것이다. 백발의 이 노인은 깊은 지혜를 지니고 있었다(마키아벨리는 보르지아 곁에 있을 때에 이 인물과 알고 지냈다. 포도주를 마시면서 다양한 착상을 며칠 밤 이야기했다고 한다. 마키아벨리에게는 실로 즐거운 추억이었다). 노인은 놀랄 만한 제안을 해 왔다. 센세이셔널한 착상, 터무니없는 독창성이었다. 그것은 마키아벨리에게 강한 충격을 안겨 주었다. 그 계획이란 어떤 것이었을까?

아르노 강의 흐름을 바꾸는 것이다. 우선 흐름의 방향을 바꾸어 호수에 물을 쏟아 붓게 한다. 그 뒤, 서둘러 운하를 파 리구리아 해를 따라서 리보르노쪽으로 물을 흘려보낸다. 이렇게 하면 피사는 물이 빠지고 바다로의 통로를 빼앗겨 단숨에 힘이 빠질 것이다. 그렇게 되면 피렌체에 대한 지배력도 소멸한다. 더구나 200명의 사내가 15일 움직인다면 이 계획은 실현할 수 있다는 것이다. '열심히 일하기 위한 미끼나 자극을 주기만 하면 된다.'

마키아벨리는 놀라고 탄복했다. 소데리니도 이 계획에 매료되었다.

이렇게 해서 노인, 바로 레오나르도 다 빈치의 계획에 착수했다. 하지만 피렌체 의회로부터 반대하는 목소리가 높았다. 레오나르도의 계획은 공상의 산물에 지나지 않으며, 현실적으로 도저히 무리라는 것이다. 그리하여 운하를 건설하는 안은 폐기되고 말았다.

마키아벨리의 또 하나의 특징이 여기에서 명확해진다(정치철학의 형성에도 커다란 영향을 주는 것이다).

마키아벨리는 보르지아와 같은 스케일이 큰 인간, 그 대담한 행동에 어찌할 도리도 없이 매료되었다. 세상 사람들은 도덕이나 하찮은 일에 지나치게 신경을 써 중요한 것을 보지 못하고 있다. 이래서는 아무것도 성취할 수 없지 않은가. 대담한 비전이 있어야 한다. 장대한 계획을 눈앞에 두었다면 난관을 극복해 그것을 성취한다. 그것이 필요한 것이다. 그것이 마키아벨리의 신념이었다. 하지만 뜨거운 격정에 사로잡히게 되면, 자칫 중요한 것을 잊고 만다. 사람들을 납득시켜야 하는 것, 마키아벨리는 그와 같은 것에 충분히 배려를 하지 않는 경향이 있었다.

실제의 계획에 설득력을 갖지 못한다면 어떻게 될까. 우스꽝스러운 일로 그칠 뿐이다(집안에서 박식한 체하는 노인이 사려 깊은 듯이 수염을 쓰다듬고 있는 사이에, 수백 명의 굴파기 인부들이 물이 흘러드는 도랑을 비틀거리면서 걸어간다……).

이론의 분야였다면 얘기는 다르다. 마키아벨리의 정치이론도 그와 같은데 이론이라면 실제로 실행에 옮기지 않더라도 비난을 받는 것은 아니다. 이론은 어디까지나 미래를 향한 설계로서의 지위를 유지할 수 있는 것이다. 계속해서 매혹적인 계획일 수 있다.

마키아벨리의 이론, 도덕을 초월한 정치의 과학, 이것도 같다. 언제나 매혹적인 계획으로서 살아남을 수 있다. 그렇기 때문에 언제까지나 매력을 잃지 않는다. 예를 들어 마키아벨리의 이론을 실행에 옮겨 잘 되지 않았다고 하자. 비난의 화살은 행동으로 옮긴 자이다. 모두 탓은 그에게 돌아간다. 이론을 확실하게 현실에 응용하지 않고 있지 않은가! 이런 질타를 받으며 현실로 행동한 인간이 욕을 먹게 된다. 하지만 이론을 내놓은 자는 아무런 상처도 입지 않는다. 이론이 조금도 나무랄 데 없는 형태로 정확하게 현실에 응용될 수 있을까. 그것이 불가능하다 해도 관계 없다. 이론 그 자체는 확실한 것으로 생각되기 때문이다. 이론 자체는 의문에 붙여지지 않는 것이다.

(공리주의에서 마르크스주의까지 수많은 정치이론이 다양한 결함을 지니면서도 오랫동안 인기를 누려온 이유를 이것으로 알 수 있다. 공리주의나 마르크스주의의 이름을 내걸고 정치 변혁을 시도하여 실패해도 비난을 받는 것은 이론이 아니다. 이론의 적용 방법, 현실에 대한 응용 방법이다. '이론을 적용한 인간이 무능했다, 적용 방법이 불충분했다' 그렇게 평가될 뿐 이론 자체는 상처를 입지 않는다)

소데리니는 현명했다. 여기에서 마키아벨리에게 새로운 임무를 부여하고 먼 지방으로 보내게 된다. 실은 이 시기에 이탈리아의 정치를 혼란에 빠뜨리는 커다란 요인이 하나 늘고 있었다. 1507년 신성 로마 제국의 황제 막시밀리안 1세가 독일군을 북이탈리아로 진군시키려 했던 것이다.

마키아벨리는 알프스 저편 막시밀리안 궁정으로 파견되었다(궁정에 주재하고 있었던 대사를 신용할 수 없게 되었기 때문에 소데리니는 마키아벨리를 택한 것이다). 6개월의 긴 시일을 요한 이 임무에서 《독일에 관한 보고서》(1508)가 탄생되었다. 여기에서 마키아벨리의 정치에 대한 이해가 깊어지고 있음을 알 수 있다.

보고서 가운데서 마키아벨리는 독일인의 특징을 들고 있다. 독일인은 성실하고 검소하다. 그런데 거친 면이 있고 몸도 강하다. 마키아벨리가 이와 같은 언급을 한 것은, 이탈리아인의 성격과 비교하여 도움이 되는 것을 끄집어 내려는 의도였다(아직도 외교 보고가 부적절한 인종주의적인 편견에 바탕을 두고 쓰일 때가 있다. 하지만 요즘에는 엄격한 경고를 보내게 되었다. 외교보고를 공상 이야기로 고정해서는 안 된다는 것이다).

또 마키아벨리는 독일인의 도시국가에 대해서도 다음과 같이 언급하며 찬사를 보내고 있다.

'국민에 대한 지출을 낮게 억제함으로써 국가예산에 상당한 여유를 만들고 있으며, 그 때문에 군에 풍부한 무기를 공급하고 있다. 그리고 한 번 사태가 벌어지면 다양한 장비로 무장된 병사들이 힘을 합쳐 싸우며 자신들의 나라를 지키려고 한다.' '독일은 강하다. 인간과 자금과 군비가 풍부하다.'

마키아벨리는 여기에 그치지 않고 더욱 날카로운 분석으로 명석함을 보여준다. '군주는 아니다. 작은 도시국가야말로 독일이 강한 근원이다!'

그리고 이번에는 여기에서 생기는 독일의 약점도 단적으로 지적한다.

'작은 나라들은 자신들의 나라를 지킬 만큼 강한 힘을 지니고 있을 것이다. 하지만 작은 자신들을 한데 묶는 황제에 대해서는 진지하게 돕지 않고 군사적인 강한 힘을 발휘하지 않는다. 황제가 큰 야심을 품고 해외로 향해 군을 출동시키려고 해도 각 도시국가가 출동시키는 군대는 제각각이어서 통일 따위는 막연한 것이다.' '독일의 작은 나라들은 알고 있었다. 이탈리아와 같은 이국땅에서 획득한 것은 모두 황제의 손에 돌아갈 뿐이고, 자신들을 윤택하게 하지는 않는다는 것이다.'

공포의 보수

막시밀리안의 궁정에서 피렌체로 돌아오자, 마키아벨리는 결국 염원이던 국민군 창설에 성공한다. 군사에 관해서 이제까지 경험한 것이라고는 거의 이론적인 것뿐이었다(안내서, 보르지아 곁에서의 관찰, 천재적 군사기술자

레오나르도 다 빈치로부터의 조언 등). 그래도 마키아벨리는 유능했다. 문민으로서 군인을 훌륭하게 통제해 보인 것이다. 1509년 피사 탈환 때에도 중요한 역할을 했다.

그러나 이탈리아의 위험이 사라진 것은 아니었다. 1511년에 마키아벨리는 동맹국 프랑스 궁정에 파견된다. 마키아벨리는 큰 전쟁을 일으키지 않는 것이 좋다고 역설했다. 공격을 가하면 신성동맹(교황과 막시밀리안)뿐만 아니라 밀라노, 베네치아까지도 말려들게 되는 큰 전쟁이 되고 만다. 피렌체도 말려들지 않을 수 없다. 하지만 프랑스는 이 말에 귀 기울이지 않았다. 그래서 '그들은 정치를 모른다!'고 마키아벨리는 공공연하게 비판을 가했다고 한다.

여기에서도 마키아벨리는 하나의 교훈을 얻었다. 무력 외교(power politics)의 한복판에 있을 때 대화 따위로 시간을 낭비할 수는 없었다.

사태는 급속하게 움직이고 있다. 피렌체가 처한 상황을 시민들에게 선명하게 시사하고, 메디치가를 불러들여 다시 한 번 지배자의 지위에 오르게 하는 것이 좋다.

신성동맹의 군대는 에스파냐 등도 한패로 끌어들여 피렌체를 포위하기에 이른다. 피렌체의 국민군 쪽은 강력한 에스파냐군과 정면으로 싸울 생각은 애당초 없었다. 드디어 메디치가의 지원자들이 들고 일어나, 소데리니는 도피하게 된다. 그리고 줄리아노 메디치가 피렌체에 개선한다.

이것으로 마키아벨리는 모든 것을 빼앗기고 만다. 소데리니의 한 팔로서의 일도, 시민권도 세간에 대한 냉혹한 치욕을 받으며 박탈되었고, 1천 플로린 금화의 벌금이 부과되었다. 이것은 사실상 파산이나 다름없었다. 게다가 거리에서 추방되었기 때문에 성벽에서 7마일 정도 떨어진 작은 산장으로 이주하게 되었다. 43세에 마키아벨리의 인생은 파멸한 것이다.

그런데 비극은 몰아치듯이 연이어 그를 추격해 왔다. 4개월 후인 1513년 2월, 줄리아노 데 메디치의 암살계획이 발각된 것이다. 범인 중 한 사람이 소지하고 있던 명부에는, 유명한 시민 20명의 이름이 나열되어 있었다. 음모가 잘 실행되면 자신들 편에 영입하려는 사람들이었다. 불행하게도 마키아벨리의 이름이 그곳에 실려 있었다. 이렇게 해서 마키아벨리에 대한 체포영장이 발부된다.

마키아벨리는 이를 알자, 곧바로 직접 당국에 출두했다. '나는 무고하다!' 그렇게 결백을 주장할 생각이었을 것이다. 하지만 그 역시 악명 높은 감옥에 투옥되고 만다.

감옥에 앉아 있는데 성직자들의 기도소리가 들려 왔다. 울부짖는 소리도 들려 온다. 아무래도 반역자들이 처형장으로 연행되고, 거기에 성직자들이 동행하고 있는 것 같다. 다음은 내 차례다! 마키아벨리는 어두운 감옥 안에서 공포로 몸을 떨었다. 식은땀이 흘러내렸다.

그러나 바로 처형장으로 연행되지 않았다. 기다리고 있었던 것은 '매다는 형'으로 불리는 고문이었다. 그의 두 손목이 등 뒤로 묶이고 그 로프가 도르래에 매인다. 이 도르래로 혐의자를 높은 위치까지 끌어올린다. 그러면 혐의자의 전체 무게가 뒤로 묶인 손목에 무겁게 실리게 된다. 그런 다음 갑자기 로프가 느슨해진다. 혐의자는 지면을 향해 낙하한다. 그러나 지면에 닿기 직전에 끌어올려진다. 격렬한 쇼크와 함께 심한 통증이 몸을 빠져 나간다. 팔이 비틀어질지도 모르는 것이다.

마키아벨리는 몇 번이고 높이 끌어올려졌다가 낙하되었다. 하지만 그 무렵 이러한 고문은 특별한 일도 아니었다. 흔히 하는 고문이었다.

중년으로 접어들어 체력적으로 튼튼하다고는 말할 수 없었을 것이다. 그래도 마키아벨리는 고문을 견디어 낸 자신을 자랑스럽게 생각했다.

고문이 마키아벨리에게 고통스런 기억만 남긴 것은 아니다. 그의 정치이론에 색다른 영향을 미친 것이다. 마키아벨리의 정치이론은 이 '고문'에 커다란 의미를 부여하게 된다.

'언제 벌을 가할지도 모른다. 군주 된 자는 민중에게 그런 생각을 갖게 하여 언제나 두려운 존재가 되어야 한다.' 고통에 대한 공포를 일으키게 하라는 것이다. 도덕을 지키게 하기 위해서, 법률을 지키게 하기 위해서, 그리고 계약이나 조약을 지키게 하기 위해서 고통에 대한 공포가 필요하다. 마키아벨리는 이것을 자신의 몸으로 직접 체험해 잘 알고 있었다. 그렇기 때문에 마키아벨리의 이론에는 자신의 경험이 과격한 형태로 들어 있다.

투옥된지 2개월 뒤 석방된 마키아벨리는, 깊은 절망에 빠져 작은 산장으로 돌아갔다. 토스카나 구릉의 중앙, 주위에 아름다운 광경이 펼쳐지는 이 집에서 그는 올리브와 포도를 재배하고, 양과 염소를 몇 마리 기르면서 살아갔다. 긴 하루가 끝나면, 작은 선술집으로 가 그 고장의 고깃집이나 밀가루 집 주인들과 잡담을 나누곤 했다. 트럼프에 열중할 때도 있었다고 한다.

하지만 마키아벨리는 일순간도 그와 같은 생활에 만족한 적이 없었다. 혐오스러울 뿐이었다. 벗어나고 싶었다. 예전 생활로 돌아가고 싶었다. 사회를 조종하는 생활, 여러 위원회에 출석하고 궁정으로 향하는 정치·외교 지도자의 생활, 권력투쟁이나 음모의 한복판에서 살던 그때의 생활로 돌아가고 싶었던 것이다. 일찍이 누구나 우러러본 자신이 이렇게 보잘 것 없는 존재가 되다니!

어떻게 하면 메디치가에 들어갈 수 있을까? 어떻게 하면 내 진정성을 증명할 수 있을까? 나는 피렌체를 위해 일한 것뿐이다. 어느 정치적 당파에도 속하지 않았다. 더욱이 메디치가를 무시한 적은 없다…… . 마키아벨리는 애국자였을 뿐 자신의 이익을 추구하고 있었던 것은 아니다.

어떻게든 사회로 돌아가고 싶었다. 그는 메디치가에 몇 번이고 편지를 써 간청한다. 《축복받은 정령들의 노래》를 작곡하여 헌정함으로써 메디치가의 자비를 구해 보려 했으나 소용없었다. 또한 시급한 정치적 문제에 대해서 사심 없는 조언을 정중하게 써 보내기도 했다.

그러나 모두 무시되었다. 물론 무시될 것은 알고 있었으나, 그래도 역시 깊은 실망을 느끼지 않을 수는 없었다.

하지만 마키아벨리에게는 마지막 수단이 남아 있었다.

마키아벨리는 사회나 세간의 정세를 환히 잘 알고 있었다. 권력이라는 것의 실제 정황도 잘 알고 있었다. 이탈리아의 여러 궁정을 방문했으며, 교황을 만난 적도 있다. 프랑스로 달려간 적도, 독일로 길을 서두른 적도 있다. 몇 명의 국왕과 황제와도 만났다. 피렌체의 운명, 한 나라의 운명이 마키아벨리의 교섭수완에 달린 적이 있었다. 정치란 어떤 것인가. 권력이란 어떤 것인가. 마키아벨리는 다 알고 있었다. 그렇다면 지금이야말로 절호의 기회가 아닌가? 마키아벨리는 생각했다. 정치 지식을 기록하여 권력의 공식을 세우자! 정치의 일상적인 거래 배후에 잠재한 과학을 발견하자! 정치학의 불변의 법칙을 하나의 서책으로 정리하자! 그렇게 하면 길이 열린다. 그 책을 읽을 만한 자가 보게 되면, 그 저자를 고용하면 자신에게 얼마나 도움이 될지 반드시 깨달을 것이다.

마키아벨리는 선술집을 나서 조용한 어둠속 귀로에 오른다. 헤진 구둣발 소리만이 어둠 속에 울려 퍼졌다. 길 끝에 보이는 산장은 검은 형체로밖에 보이지 않는데 그 위에는 별이 반짝이고 있었다.

'집에 닿자마자 곧바로 서재로 향한다. 문 쪽에서 옷을 갈아입는다. 먼지로 더러워진 옷을 벗고 궁정에서 착용하던 의복을 걸친다. 옷차림을 갖춘 뒤 기억 속의 궁정으로 접어든다. 정중한 환영을 받고 의자에 앉자 나를 위해 준비된 식사를 바라본다. 여기에서 겁먹을 필요는 없다. 묻고 싶은 것은 당당하게 물으면 된다. 행동하는 이유를 묻고 싶다면 물으면 된다. 과거에서 목소리가 들려와 어떤 물음에도 친절하게 대답해 주기 때문에……. 4시간 정도 나는 고통도 불만도 잊고 모든 문제에서 해방된다. 가난 따위는 두렵지 않게 된다. 죽음의 예감에 기죽을 일도 없어진다. 과거와의 대화에 오로지 몸을 바친다…….'

이 고독한 사색 가운데서 마키아벨리는 문득 좋은 생각이 떠올랐다. 그는 1513년 봄부터 가을에 걸쳐 단숨에 《군주론》을 완성한 것이다. 자신이 몸에 익힌 온갖 지식, 서책에서 얻은 모든 지식, 피렌체공화국에서 봉사한 경험 등 모든 것이 간결하면서도 깊은 실천의 철학에 흘러들어 하나로 녹아들었다. 끝없는 절망이 마키아벨리에게서 환상을 몰아내고 정치 밑바닥에 잠재한 냉혹한 진리에 눈을 뜨게 한 것이다. 마키아벨리가 묘사하는 광경은 가차 없다. 냉정하게 세계를 파악하고 있다. 현실 세계의 정황, 결코 변하지 않는 세계의 모습, 그것을 명확하게 표현하였다.

이렇게 해서 완성된 《군주론》은 누구를 향해 쓰인 것인가? 당연히 군주를 위해 쓰인 것이다. 어떻게 하는 것이 가장 효율적으로 나라를 다스리는 것인지 군주에게 가르치려는 것이다. '효율', 이것이야말로 마키아벨리의 정치학의 핵심을 이루는 것이다. 마키아벨리는 이해한 것이다. 과학으로 불리는 한 도덕이나 동정이 관여할 여지는 없다. 물론 과학적인 접근이 잘 되는 경우도, 안 되는 경우도 있을 것이다. 하지만 정치 과학은 잘 기능한다. 그 정치 과학의 메커니즘을 마키아벨리는 명확히 한 것이다.

군주를 위한 군주론

《군주론》의 첫머리에서 마키아벨리는 국가의 종류를 구별한다. 그리고 국가 본디 모습이 통치 방법에 어떤 영향을 주는지를 말해 나간다. 어떻게 영토를 정복할 것인가, 새롭게 획득한 영토를 어떻게 유지해 나갈 것인가, 이에 대한 언급도 빼놓지 않았다. 예를 들어, 언어가 다른 국가를 정복했을 때에는 어떻게 하면 좋은가. 여기서 마키아벨리는 두 방책을 권하고 있다. 하나는 군주가 그 영토에 가서 사는 것이다. 오스만 투르크가 이를 실행하고 있다. 발칸반도를 정복해 동로마제국을 멸망시켰을 때 군주는 콘스탄티노플로 이주해 영토를 오랫동안 유지하는 데 성공했다. 또 하나의 방법은, 새로운 영토의 중요한 거점에 이민병을 파견하는 것이다. '이것이 정복한 영토를 묶는 데 적합하다'고 말한다. 로마제국이 이를 실행했다.

다음에 마키아벨리는 여러 나라의 정부를 비교해 나간다. 먼저 그 무렵의 투르크와 프랑스를 비교하였다.

투르크제국은 오로지 한 사람이 지배하고 있다. 군주 이외의 인간은 모두 군주의 종에 지나지 않는다. 군주는 제국을 행정지구로 나누고 제각기 행정관을 파견하고 있지만, 그 행정관도 군주 마음대로 움직이고 있다.

프랑스는 이것과 대조적이다. 국왕은 수많은 세습 귀족에 둘러싸여 있다. 그 귀족은 자기 영토에서 주민으로부터 주군으로 인정을 받고 흠모되고 있는 경우가 많다. 이와 같은 귀족은 특권을 지니고 있어, 국왕이라고 할지라도 그들로부터 특권을 빼앗는다는 것은 쉬운 일이 아니다. 국왕으로서의 지위나 자신의 생명이 위험에 노출될 것이기 때문이다.

이렇게 두 나라를 비교한 뒤, 마키아벨리는 결론을 짓고 있다. 투르크제국은 정복하기엔 어렵지만 한 번 손에 넣으면 통치하기는 쉽다. 한편 프랑스는 투르크보다도 쉽게 정복할 수 있다. 그러나 통치하기는 어렵다.

더 나아가 '인도에 거스르는 행위에 의해서 군주의 지위에 오른 사람들'이란 장을 마련하고 있다. 마키아벨리는 거리낌없이 태연하게 잔학한 행위에 대한 충고를 하고 있다. '어떻게 잔학한 행위를 하면 좋은가'에 대해서도 조언을 잊지 않는다. '자기의 입장을 지키기 위해 사용되었을 때에는 잔학함을 좋은 형태로 행사한 것이 된다(잔학한 행동에 대해서 좋다는 언어를 사용해도 된다면).'

이 말을 잘 이해하기 바란다. 마키아벨리는 자신을 도덕적으로 생각하고 있음을 알 수 있다. 과연 이 조언 자체는 도덕적이지 않을지도 모른다. 하지만 자신이 하고 있는 일만은 도덕적인 일로 생각하고 있는 것이다.

상당히 흥미로운 모순일 것이다.

그런데 이렇게 마키아벨리를 변호할 수도 있다. 도덕적이지 않은 것을 옹호하는 것은 옳지 않을 수도 있다. 그러나 여기서 꼭 한 가지 점을 강조해 두고 싶다. 이것은 너무나 당연한 사실임에도 많은 사람들이 지나쳐 버리고 있다(경영자, 특히 《군주론》이 비즈니스에서의 성공 비결을 말한 것이라고 생각하는 사람들 가운데에는 오해하고 있는 자가 적지 않다). 마키아벨리의 이 책은 군주를 위해 쓰인 것이다. 개인적인 도덕을 가르치고 있는 것이 아니다. 국가를 어떻게 운영할 것인가, 국가를 어떻게 지배할 것인가, 그것을 군주에게 역설하고 있는 것이다. 특수한 환경에 있는 매우 드문 인간들을 향해 《군주론》은 쓰인 것이다.

물론 요즈음 마키아벨리의 책은 그다지 읽히지 않고 있다. 그렇기 때문에 야심적인 경영자, 젊은 장교나 정치가들은 마키아벨리의 메시지를 오해하고 있다고도 말할 수 있다. 그러나 역으로 이와 같은 평가를 내릴 수 있을지도 모른다. 그들은 《군주론》에 암시적으로 포함되어 있는 중요한 테마(분노와 절망 가운데서 마키아벨리 자신이 확실하게 보지 못했을 주제)를 파악했다고 말이다. 그렇다, 마키아벨리가 리더의 자질을 다루고 있었다고도 해석할 수 있다. 궁극적으로 리더에게 요구되는 자질, 그것을 묘사했다고도 생각할 수 있을 것이다. 물론 아주 낮은 지위의 지도자, 보통 환경의 지도자에게는 다른 자질이 필요할지도 모른다. 사실 현대의 마키아벨리 추종자에게 물어보고 싶은 생각도 든다. 당신은 르네상스의 도시국가와 같은 집단을 이끌고 싶은가? 버트란트 러셀처럼 《군주론》은 갱을 위한 핸드북'이라고 한다면 완벽하게 올바른 것이 된다. 마피아의 일족은 르네상스의 도시국가를 닮았기 때문이다. 마피아들의 소박한 정치적 수단을 보기 바란다. 실로 비슷하지 않은가.

마키아벨리의 냉혹한 이론으로 되돌아가자.

마키아벨리는 이렇게 충고하기도 한다.

'국가를 정복하는 자는 피해서 빠져 나갈 수 있는 부정을 미리 고려해 두어야 한다. 그리고 부정을 일시에 저질러야 한다. 이렇게 하면 매일 부정을 저지르는 일을 피할 수 있고 사람들을 안심시킬 수가 있다. 더구나 한 번은

혜를 베풀기 시작하면 국민을 자기편으로 끌어들일 수 있다.'

날카로운 분석이다. 인간의 마음을 정확하게 꿰뚫고 있다. 하지만 어느 시대에나 통하는 예지는 아니다. 마키아벨리의 본성은 《군주론》의 후반에야 겨우 발휘된다. 마키아벨리는 무엇을 먼저 말하게 될까? 거기에는 국가를 운영하기 위해 군주가 갖추어야할 미덕, 자신의 권력을 유지하기 위해 군주가 피해갈 수 없는 악덕 등이 이야기된다.

가능한 한 오래 자신의 국가를 존속시키는 것, 이를 위한 미덕과 악덕은 무엇인가. 거기에 마키아벨리의 관심이 집중된다.

마키아벨리는 전반 부분에서도, 새롭게 권력을 장악했을 때에는 자신의 지배가 반석처럼 견고하게 오래 계속될 거라는 것을 보여 주어야 한다고 가르쳤다.

'머리를 쓰다듬듯이 부드럽게 민중을 대할 수 없다면 그들은 철저하게 분쇄해야만 한다. 인간은 작은 모욕에 대해서는 복수하려 들지만 커다란 모욕이나 위해에 대해서는 복수할 생각을 일으키지 않기 때문이다.'

이와 같은 분석을 거듭하고 후반에 이르러 이 같은 물음을 들이댄다. '군주는 민중에게 사랑을 받는 쪽이 좋은가, 두려워하게 되는 쪽이 좋은가?'

마키아벨리는 최초에 '사랑을 받지 않는 것보다 사랑을 받는 것이 좋다'고 역설하였다. 그러나 결론은 명확하다. '민중의 사랑을 받고 두려운 존재가 되는 것이 가장 좋다. 하지만 이 두 가지를 동시에 만족시키기는 어렵다. 만일 어느 한쪽을 택하라고 한다면 두려워하게 되는 쪽을 택하는 것이 좋다. 그쪽이 안전하다.'

참으로 실용적이고 현실적인 판단이다. 인간의 본성을 분석할 때에도 똑같이 실용성을 중요시한다. '재산과 명예를 박탈하지만 않으면 대체로 인간은 불만을 느끼지 않는다 ……' 마키아벨리는 정치철학자가 공상의 국가를 묘사해서는 안 된다고 강하게 호소하고 있다. 과거 몇몇 철학자는 자신의 이상을 구현화하는 국가를 묘사해 왔는데 그와 같은 국가를 묘사한다는 건 아무런 소용이 없다.

이른바 유토피아를 이야기하는 역사는 플라톤의 《국가》로까지 거슬러 올라간다. 그 의미를 훌륭하게 말해 주는 서책은 1516년 토마스 모어가 간행하였다. 토마스 모어가 그 서적에 붙인 제목은 바로 《유토피아》이다. 그리스어의 '어디에도 없는 곳'이란 의미에서 만들어진 것이다.

마키아벨리처럼 군주를 향한 조언서를 쓰는 자가 르네상스 시기에는 적지 않게 존재했다. 특히 정치 세계에 꿈을 품은 자라면, 이 같은 책을 썼다 한들 이상할 것도 없었다.

그런데 여기에서 마키아벨리는 특수한 노선을 택한다. 물론 《군주론》에서 마키아벨리가 묘사한 것은 유토피아가 아니다. 군주에 대한 조언임에는 틀림이 없다. 하지만 그렇다고 해서 그때의 상황에 맞추어서 교묘하게 낙관적인 조언을 군주에게 준 것도 아니다. 마키아벨리는 한결같이 경험에 입각한 현실만을 직시하였다. 사람들이 현실에서 어떻게 행동하는가, 거기에 초점을 맞추고 있다.

불행하게도 마키아벨리가 써서 남긴 것은 르네상스 도시국가의 현실이었다. 이탈리아의 역사 가운데서 가장 시끄러웠던 시대, 가장 도덕에서 벗어나 있었던 정치, 그 정황을 묘사해 나갔다. 그렇기 때문에 마키아벨리의 언어에서는 끊임없이 비관주의와 허무주의가 감돌게 된다.

그러나 마키아벨리를 평가함에 있어서, 오늘날의 인간이 정치 현실을 어떻게 생각하고 있는지는 중요하지 않다. 정치 본연의 모습을 구현하고 있는 것은 체사레 보르지아인가, 아이다호주 쿠토팔스의 시장인가, 그렇지 않으면 자체 일에 열중하는 국제연합인가. 그와 같은 것은 여기에서 그다지 중요하지 않다.

왜냐하면 마키아벨리는 궁극의 상황을 말하고 있기 때문이다. 그러면 궁극적인 상황이란 무엇을 말하는 것일까. 행동을 일으킬 때에 도움이 되는 것일까. 정치라는 것에 잠재한 근본적인 현실을 말하고 있는 것일까.

《군주론》은 우화로서 도움이 되는 것일까. 그렇지 않으면 무의식의 단계에서 정치를 몰아세우고 있는 것을 말하고 있는 것일까. 오늘날의 정치에서도 볼 수 있는 굳은 악수, 감동적인 연설의 근저에 잠재한 무의식과 같은 것, 그것을 말하고 있는 것일까.

그러나 지도자가 어떻게 생각하고 어떻게 행동하느냐 하는 것은 결국 그 사람에게 달려 있다. 마키아벨리의 말에 따르면, 지도자가 어떻게 행동할 것인지를 정하는 것은 지도자의 개성이다.

여기에서 '비르투(Virtue : 역량)'란 중요한 개념이 등장한다. 단 주의해야 한다. 여기서 '비르투'란 현대의 언어 사용 방법과는 달리 '미덕'이란 의미로 사용되지 않고 있다. 마키아벨리는 이 언어에 통상의 윤리적인 의미나 종교적인 의미를 부여하지 않았던 것이다.

마키아벨리가 군주에게 권하고 있는 '비르투'는 그리스도교의 '선'과는 아무런 관계도 없다. 신앙, 희망, 박애 등을 표현하고 있는 것이 아니다. 그밖의 전통적인 '덕'과도 관계가 없다. 정의, 용기, 절제, 신중함을 표시하고 있는 것이 아닌 것이다.

마키아벨리는 '비르투'에 그 본래의 모습을 되찾게 하려는 것이다.

'비르투'란 언어는 본디 '사내'를 의미하는 '비르'와 '강함'을 의미하는 '비스'로 되어 있고 '사내다움'이란 의미를 수반한다. 그렇기 때문에 '비르투'는 '힘'이나 '권력'을 나타내게 된다. 그리고 니체의 '권력에 대한 의지'에 근접한다. '비르투'란 역동이나 강함을 표현하고 있는 것이다. 좋은 기회가 오면 일체의 미망에 현혹되지 않고 그것을 쫓는 대담함, 그것을 표현하고 있는 것이다. 여기에서 마키아벨리는 주의를 촉구한다. 상황이 다르면 군주에게 요구되는 '비르투'의 정도도 다르며, 권력의 유지가 어려운 상황일수록 커다란 '비르투'가 요구된다는 것이다.

통상의 경우라면 새로운 군주는 자신이 장악한 나라에 구태여 손을 쓰지 않는 것이 좋다. 사람들 사이에 정착이 되고 있는 제도는 가능한 한 수정하지 않는 것이 좋다. 오랜 습관을 파괴해서는 안 된다. 새로운 언어를 강요하지 않고 종전의 언어로 통하게 하는 것이 좋다. 단절이 커지면 그것을 메우는 것도 어렵기 때문이다. 혼란이나 단절이 새로운 군주를 가져오게 한 것이 아닌가. 그런데 또 한 번 혼란이나 단절을 불러일으킨다면, 또다시 새로운 군주를 맞이하게 될 것이다. 그와 같은 가능성을 안게 해서는 안 된다.

그러나 군주가 커다란 파괴에 나서야만 할 때도 있다. 패권을 확실하게 하기 위해, 정복한 국가를 뿌리째 파괴할 필요가 있을 때도 있는 것이다. 자신의 나라를 잃을 바에는 많은 희생자를 내도 상관이 없다. 마키아벨리의 결론은 그와 같은 것이라고도 말할 수 있다.

여기에서 중요한 사항을 이해할 수가 있다. 국가의 안녕은 그 다음이고, 군주에게 무엇보다도 중요한 것은 '자신의 지배를 유지하는 일'이라는 것이다. 마음이 좁은 이기주의일 것이다. 어린아이 같은 이기주의이라고 해도 좋다(하지만 수많은 지배자가 어린아이 같은 이기주의를 발휘하고 있다. 히틀러를 생각해 보자. 스탈린을 보기 바란다. 사담 후세인을 떠올려 보기 바란다. 제멋대로의 행동을 보이고 있지 않은가. 마치 유치원에 가면 언제든지 볼 수 있는 행동과 같다).

군주라고 해도 약탈 따위를 하지 않고 조용한 생활을 영위할 수 있지 않을까. 그러나 그와 같은 가능성을 마키아벨리는 전혀 생각하지 않았다. 왜, 무엇 때문에? 대답은 간단하다. 르네상스기 이탈리아의 도시국가에서는 군주에게 그와 같은 생활이 가능했을 리가 없는 것이다. 역시 마키아벨리는 현실주의자였다고 말할 수 있을 것이다. 자기 시대의 현실을 꿰뚫어 보고 있다.

국가를 정복함에 있어 그곳을 파괴해야만 한다면, 비교적 커다란 '비르투'가 필요하다. 마키아벨리는 그렇게 생각하고 있었다. 하지만 그렇게 하면 기묘한 결론이 나오게 된다. 도시를 잇따라 파괴하고 거대한 폐허의 황야를 지배하는 군주야말로 최대의 '비르투'를 지니고 있게 되는 것이다(최대의 '비르투'를 지니고 마키아벨리의 마음에 걸맞은 군주는 칭기즈칸이 된다).

이와 같은 마키아벨리의 '비르투'는 군주의 승리와 성공에 꼭 있어야 할 다른 두 개의 것과 밀접하게 결부되어 있다. '운'과 '기회'이다.

마키아벨리의 계산으로 인간은 운명의 50퍼센트밖에 스스로 제어할 수 없다. 나머지 50퍼센트는 '운'(운명)의 손에 맡겨져 있는 것이다.

여기에서도 마키아벨리는 현실주의로 일관하려 하고 있다.

철학자와는 다른 것이다. 정치철학에서도, 이론철학에서도, 철학을 말하는 자는 '운'의 역할을 부정하려고 한다. 하지만 그렇게 하면 자신의 몸을 위험에 노출하게 된다. 역사를 뒤돌아보면 알 수 있다. 역사를 배워 나갈수록 확실해진다. 우연이 얼마나 큰 역할을 하고 있는지(파스칼도 말하고 있다. '클레오파트라의 코가 조금만 낮았더라면 세계의 역사가 바뀌었을 것이다').

틀림이 없다. 히틀러, 나폴레옹, 스탈린…… 누구라도 상관 없다. 그들의 전기를 보면, 운명이 몇 번이나 그들에게 미소를 던지고 있었는지를 곧 깨달을 것이다.

이와 같은 '운'의 역할을 마키아벨리는 강조하려고 한 것이다.

'운'이 '기회'를 가져온다. 군주는 '기회'를 간파하고 이를 훌륭하게 이용할 수 있어야 한다는 것이다.

역으로 적이 '기회'를 이용해 자기에게 맞서지 않도록 주의해야 한다. 모든 힘을 기울여 적을 이롭게 하는 '기회'를 없애 버리고 나아가야 한다. 여러 가지 의미에서 '운'과 '기회'를 이용할 필요가 있다.

금욕주의적인 체념의 경지에 도달하는 것은 군주가 절대로 해서는 안 되는 일이다. 여기에서도 철학상의 미덕은 군주의 악덕으로 바뀌고 있다. 마키아벨리의 명쾌한 언어를 들어보기 바란다. '군주는 틀림없이 깨달을 것이다. 미덕으로 보이는 것을 실천에 옮기면, 자신을 망하게 할지도 모른다. 악덕으로 보이는 것에 충실하게 따르면, 자신의 몸을 구해 줄 가능성이 높다.'

지배한다는 것은 선과 악이 문제가 되는 장이 아니다. 거친 '비르투'와 변덕스런 '포르투나(fortune : 운명)' 사이의 끊임없는 투쟁의 장인 것이다.

운명은 용감한 자를 좋아한다

이탈리아의 전통적인 사고 스타일에 맞추어(이탈리아어로서의 사용 방법에도 맞추어서), 마키아벨리는 이 '비르투'를 본질적으로 남성적인 것, '포르투나'를 여성적인 것으로 이해하고 있다.

'신중해지기보다는 격렬하고 성급한 편이 좋다. 운명이란 여성인 것이다. 그러면 이 여성을 지배하려면 어떻게 할까. 묶어서 채찍질하는 수밖에 없다.'

현대인의 귀에는 케케묵은 말로 들릴지는 모른다. 하지만 마키아벨리의 말에는 설득력이 있다. 이와 같이 에둘러 말해도 주의를 기울여야 한다. 마키아벨리식의 현실주의가 지닌 의미는 남자건 여자건 변함이 없을 것이다(게다가 마키아벨리가 말하는 가혹한 현실은 정치의 진실된 모습을 전하고 있다).

'운명'은 용감한 자를 좋아한다. 하지만 '시대의 조류에 맞지 않으면 성공할 수 없다!' 그렇기 때문에 군주는 상황에 맞추어서 정책을 바꿔 나가야 한다. 원리 원칙에 지나치게 고집을 부리면 자신의 몸을 망치는 처지가 된다. 또 동료에게 의지하는 것도 좋지 않다. '군주는 자기 자신에게만 의존해야 한다. 자기 자신의 강함과 역량 외에 무엇도 믿어서는 안 된다!' 군주는 '자신이 원할 때에만' 조언을 청해야 한다. '타인이 조언을 하려고 할 때에' 귀를 기울이거나 해서는 안 된다.

이와 같이 주장한 뒤 마키아벨리는 이렇게 결론을 짓는다.

'항간에 이런 소문이 자자한 것 같다. 군주의 현명함이 실은 본인의 것이 아니라는 것이다. 주위의 조언이 군주를 현명하게 보이게 하고 있는 것일지도 모른다. 그러나 확실한 것이 하나 있다. 군주 자신이 현명하지 않은 한 적절한 시기에 적절한 조언을 받게 될 리가 없다. 만일 군주가 현명하지 않다면 별도로 현명한 인간이 있어 모든 일에 배려를 하고 있는 것이다. 하지만 이렇게 되면 군주는 적절한 조언을 받을 수 있을지 모르지만 군주의 지위를 오래 유지할 수 없게 된다. 군주를 대신해 일을 보는 인간이, 이윽고 국가를 자기 수중에 넣게 될 것이므로.' 마키아벨리는 인간의 천성에 대한 비관적인 견해를 끝까지 버리지 않는다.

'인간이란 은혜를 모르고 변덕스럽고 겁이 많다. 게다가 탐욕스럽고 질투가 많다. 성공한 군주에 대해서는 자기의 쓸개까지 내보이려고 한다. 재산이건 가족이건 다 내놓으려고 할 것이다. 하지만 군주가 그들의 욕망을 단 한 번이라도 채워주지 못하게 되면 그들은 가차없이 군주에게 등을 돌린다.'

마키아벨리는 인간 자체의 심리를 분석해 보이며, 인간의 냉정한 태도를 설명하려고 했다.

'인간의 욕망은 끝이 없다. 인간은 그 본성의 충동으로 온갖 것에 욕심을 부린다. 하지만 운명이 그들에게 허용하는 것은 아주 조금일 뿐이다. 따라서 인간은 끊임없이 욕구불만 상태에 빠져, 끝내 자기 수중에 있는 것조차 업신여기게 된다.'

이같이 인간의 본성에 엄격한 잣대를 들이대고 있다. 그러나 마키아벨리가 등장하기 이전에도 플라톤에서 아우구스티누스까지 이와 같은 가혹한 결론에 도달한 철학자는 적지 않았다.

그런데 철학자의 그와 같은 비관주의는 마키아벨리만큼 엄격한 것은 아니다. 플라톤만 해도, 성 아우구스티누스만 해도 구원의 가능성이 남겨져 있는 것이다(이데아의 세계나 그리스도교 등에 의한 구원).

마키아벨리는 다르다. 교황이나 교회의 비리를 폭로했기 때문에 그와 같은 타협의 여지가 있을 리 없다. 인간에 대한 이 냉혹한 안목에서 더 나아가 군주에 대한 경계의 말이 나오게 된다. 즉, 군주는 몸을 지키는 데 주의를 게을리해서는 안 된다는 것이다.

마키아벨리는 주장한다. '무장하지 않은 예언자는 망한다.' 당연히 마키아벨리는 문자 그대로 '무장하라' 말하고 있다. 하지만 비유적인 충고란 의미도 있다. '마음을 무장하라' 그렇게 주의를 촉구하고 있는 것이다. 그러나 또 다른 한 가지도 염두에 두고 있다. 사보나롤라와 그의 운명이다.

마키아벨리의 사보나롤라에 대한 태도는 애매하여 실로 흥미롭다. 마키아벨리 안에 있는 빈정대는 면, 호색인 면, 인습을 타파하려는 면은 사보나롤라의 금욕적인 신권정치에 강한 반발을 느꼈다.

그런데 다른 한편으로 마키아벨리는 이렇게 호소하고 있다. '그와 같은 위대한 인간에 대해서 말을 할 때에는 경의를 잊어서는 안 된다.'

사보나롤라는 '정치인'은 아니었을망정 '정신인(精神人)'으로 높이 평가되었을 것이다. 자신이 믿는 정치철학이 아무리 허무주의로 가득 차 있어도 마키아벨리는 그리스도교적인 신앙을 확실하게 지니고 있었다. 그의 정치철학은 그리스도교의 가르침과 훌륭하게 합치되어 있었다.

이와 같은 마키아벨리 그리고 그의 정치철학에는 '도덕'이 끼어들 여지가 전혀 없는 것처럼 보일 것이다. 하지만 헨리 키신저는 마키아벨리에게 잠재한 점을 파헤치고 있다.

'왜곡의 화신과도 같은 그 세기에 봉사하는 것, 그것이 마키아벨리의 사명이었던 것이다. 그래도 마키아벨리는 자신을 도덕적인 인간으로 생각하고 있었다. 그는 자신이 소망하는 세계가 아닌 눈앞에 펼쳐지는 세계를 있는 그대로 써서 남겼다. 마키아벨리는 진심으로 확신하고 있었던 것이다. 강한 도덕적인 확신을 지닌 지배자만이 길을 인도할 수 있다. 생존을 위해서는 유감스럽지만 교묘한 흥정의 세계에 관여해야 한다. 그러나 그와 같은 세계에 끼어들면서도 사람들을 확실하게 인도할 수 있는 것이다.'

헨리 키신저의 이 말에는 명백히 자신이 행한 일을 정당화하는 측면이 있다. 그러나 역시 중요한 점을 지적하고 있는 것은 틀림이 없다. 그것은 마키아벨리의 철학에서 결코 언어로 표현된 적이 없는 요소이다. 또는 이심전심으로 통하는 가정이라고 해야 할지도 모른다. 하지만 큰 소리로 명료하게 말할 수 있는 것이 아니면 이와 같은 가정은 지나쳐 버리게 될 것이다.

어쨌든 마키아벨리가 '교활함'을 존중하고 있는 것은 확실하다. 그는 군주가 동물처럼 행동해야 한다고 말한다.

'군주는 여우나 사자처럼 행동해야 한다. 사자는 덫으로부터 몸을 지킬 수가 없다. 그리고 여우는 늑대로부터 몸을 지킬 수가 없다. 그렇다면 군주는 덫으로부터 몸을 지키기 위해서는 여우처럼 행동하고 늑대로부터 몸을 지키기 위해서는 사자처럼 행동하는 수밖에 없다.'

나라의 안팎에서 발생하는 온갖 위협을 물리치기 위해 군주에게는 사자와 같은 강함이 필요하다. 또한 국민이나 사회와 연관이 될 때에는 여우의 교활함이 꼭 있어야 한다. 그렇게 역설하고 있다.

'미움을 받는 역할은 타인에게 맡겨라. 군주는 감사하게 여기게 되는 역할만을 맡아야 한다.'

자신의 명성을 높이고 국민에게 사랑을 받기 위해서는, 선량하고 인간적이면서 자비심이 많은 것처럼 보여야 하는 것이다. 단 잊어서 안 될 일은, 군주는 역시 두려운 존재여야 할 필요가 있다는 것이다. 혼란을 억지하기 위한 말없는 벽으로서 공포를 언제나 뿌리내려두어야 하는 것이다. 화려함과 삼엄함, 이것을 보여 주면 군주와 국민 사이에 거리를 만들 수가 있다. 거리가 생기면 군주는 성실함과 고귀함을 가장하는 데 도움이 된다.

확실히 군주 가까이에 있는 인간이라면, 군주의 참모습을 간파할 것이다. 그래도 군주가 국민의 사랑을 받고 있는 한, 군주를 물러나게 하려는 자는 나오지 않을 것이 틀림없다. 국민에게 사랑을 받고 있는 인간을 배제하는 것이 얼마나 무익한 일인지 충분히 알고 있기 때문이다,

그렇지만 다른 곳에서 마키아벨리는 이와 같은 속담을 인용하고 있다. '민중에게 의지해 민중을 토대로 하려는 자는 진흙에 의지해 진흙을 토대로 건물을 지으려는 것과 같다.'

이렇게 되면, 마키아벨리에게 모순이 있는 것이 아닌가 하는 생각도 든다. 하지만 전에도 지적한 것처럼, 마키아벨리에게 모순은 군주의 몸을 구하는 미덕 가운데 하나이다. 철학자에게 모순이 어떤 것인지는 여기에서 관계가 없다. 마키아벨리는 체계적인 철학이나 윤리학같은 정합적인 체계를 구축하려던 것이 아니다. 현실 세계에서 도움이 되는 것, 오로지 그것에만 관심을 쏟고 있었던 것이다. 마키아벨리에게 모순 따위는 관계가 없는 것이다. 그러

나 여기에서 독자는 다른 곳 이상으로 의아스런 마음에 사로잡히게 되는 것이 아닐까.

다시 한 번 《군주론》으로 되돌아가 생각해 보자. 이 저작에는 숨겨진 계획이라고도 할 수 있는 것이 잠재하고 있다. 그것은 마지막 장에서 표시된다. '이탈리아를 만족으로부터 해방하기 위한 권고'라는 곳이다(만족이란 외국인을 말하는 것이다. 이와 같은 언어의 사용은 정치 현상을 그대로 전한다는 현실주의에서 오는 것이다).

여기에서 마키아벨리는 불타는 애국심에서 군주에게 호소한다. 이국의 명예를 던져 버리라. 이탈리아를 통일하라. '이로써 그대 자신에게 영광을 가져오고 이탈리아의 민중에게 번영을 가져오게 하라.'

고대 로마에 대한 열렬한 그리움도 이야기된다. '옛 사람의 용기는 이탈리아인의 혼에서 사라지지 않고 있다.' 체사레 보르지아에 대해서도 언급된다. '이탈리아의 명예를 회복하라고 신이 명한 사내' 그리고 군주 자신의 영광에도 언급을 한다. '온 이탈리아 사람들이 어느 정도의 사랑과 친근한 마음을 담아 군주를 맞이할 것인가.'

이 정도면 괴이쩍은 생각이 들지 않을까. 모순을 느끼게 되지 않을까. 다른 곳에서는 군주에게 사람을 기만하도록 권하고 있지 않았는가. 군주에게 경모하는 마음을 표시하도록 국민을 기만하라고 설득하지 않았는가. 무솔리니가 《군주론》의 서문을 직접 쓰려고 한 것도 이유가 없는 것은 아닌 것이다.

그렇지만 마키아벨리의 마음도 이해하지 못하는 것은 아니다. 마키아벨리의 흥정이나 남을 감쪽같이 속이는 일은 용서할 수 없어도 마키아벨리의 애국심은 잘 이해할 수 있다. 로마제국이 붕괴한 뒤 1천 년 이상 되는 동안 이탈리아 군주 밑에 이탈리아가 통일된 적은 한 번도 없었다(가리발디가 등장해 이탈리아를 통일할 때까지, 마키아벨리가 사망한 뒤에도 300년 이상의 세월이 걸렸다).

여기에서 《군주론》이란 장대한 서사시의 배역으로 시선을 돌려 보자.

주역인 스타 '군주'를 연출하는 것은 누구인가? 마키아벨리는 처음에 《군주론》을 피렌체의 지배자 줄리아노 데 메디치에게 바칠 생각이었다. 이탈리아를 구하는 역할은 줄리아노에게 돌려지게 되어 있었던 것이다. 그런데 마키아벨리가 책을 완성하기 전에 줄리아노가 피렌체의 지배자 자리에서 물러나고 만다. 그 대신 권력의 자리에 오른 것은 조카인 로렌초 데 메디치이다. 하지만 이와 같은 교체는 중요한 문제가 아니다. 군주에게 기만당하면서도 '영광으로 가득 찬' 이탈리아인을 '야만족의 취기가 감도는 전제'로부터 구하는 것은 누구인가? 마키아벨리에게는 사실 그것이 정말로 중요한 문제는 아니었던 것이다. 무엇보다도 중요한 것은 군주의 '정치 조언자'가 되는 것은 누구인가이다.

마키아벨리가 《군주론》이란 책을 쓰는 여러 가지 목적 가운데 가장 중요한 것은, 피렌체 지배자의 비위를 맞춰 지난날의 지위로 복귀하는 데 있었다 (하나의 작품을 쓰는 동기가 몇 개 있었다고 해서 작품의 가치가 떨어지는 것은 아니다. 이 책이 '성자'에 의한 것이 아니라는 것뿐이다. 본디 '성자'란 개념이 《군주론》과는 거리가 먼 것이다).

로렌초가 권력을 장악하는 것을 보고 마키아벨리는 어떻게 행동했을까. 그는 단순한 해결책을 택했다. 《군주론》을 바칠 상대를 바꾸고 최소한의 이름을 수정한 데 지나지 않는다. '이탈리아의 구세주'로서 '위대한 로렌초'의 이름이 거론되는 것이다. 이렇게 해서 배역의 문제를 해결하자, 마키아벨리는 《군주론》을 나무랄 데 없는 형태로 완성한다.

하지만 곧 어려운 문제에 직면한다. 이 책을 로렌초에게 건네야 하지만 이것은 쉬운 일이 아니었다. 마키아벨리는 노여움을 사 신용을 잃고 있었으며, 궁정에는 마키아벨리의 적이 우글거렸다. 로렌초에게 직접 알현하는 일 따위는 무리였다.

또 마키아벨리는 충분히 알고 있었다. 《군주론》이 적의 손에 넘어가면 적은 이 책을 어둠 속에 장사지내거나, 자기 작품이라고 주장할 것이 틀림없다. 하나 잊어서는 안 될 것은, 지배자에게 책을 헌정함에 있어서는 《군주론》의 내용 그 자체가 어려운 문제를 들이대고 있었던 것이다. 마키아벨리는 자기 스스로 써서 남기고 있다. '군주는 타인으로부터 도움이 되는 조언을 받아도, 자기 자신의 생각처럼 보여야 한다.' 그렇기 때문에 만일 마키아벨리가 소망대로 책을 바쳤다면 지금쯤 《군주론》의 저자는 로렌초 데 메디치로 되어 있었을지도 모른다.

그러나 명목상의 집필자와 진정한 저자의 엇갈림은 생기지 않았다. 마키아벨리의 노력은 성과를 거두지 못하고 메디치가의 비위를 맞추지는 못했다. 그와 같은 노력을 기울이고 있는 동안에도, 마키아벨리는 몇 권의 책을 저술하였다. 대단한 솜씨, 대단한 문장으로 마키아벨리는 이탈리아 문학의 역사에 찬연한 이름을 남기게 된다.

《로마사이야기》와 본질적으로 별 차이 없는 《군주론》이, 상당한 평판을 누리게 된 데는 문체의 간결성, 넘치는 수사법, 그리고 거침없는 그의 말투가 큰 힘을 발휘했으며, 후세에 이르기까지 널리 읽혀지게 된 것이다. 그는 마지막으로 '인류가 타락하지만 않았어도 이 모든 기술(정치)이 필요하지 않았을 것이다'라는 염세적인 경구를 남겼다. 마키아벨리가 갈망했던 것은 사실 선하고 순수한 사회였다.

희극 《만드라골라》는 오페라에 흔히 있는 이야기이다(정숙한 아름다운 여성, 늙은 남편, 원기 왕성한 젊은이 등 정해진 등장 인물이 나온다). 그 무렵의 수상쩍은 행동, 특히 성직자들의 사악함과 타락이 풍자되고 있다. 물론 작품을 완성함에 있어서는 마키아벨리 자신의 수상쩍은 외교관 시절 사회 경험이 도움이 되었던 것은 말할 것도 없다.

《정략론》의 설득과 절도

《정략론》은 로마의 역사가 리비우스의 《로마사》에 대한 비판이란 간판을 내걸고 있다. 하지만 실제로는 《군주론》과 마찬가지로 마키아벨리의 정치이론을 전개한 것으로 되어 있다. 단 《군주론》 때처럼 심한 절망 속에서 쓰인 것은 아니다. 따라서 《군주론》보다도 잘 짜인 사고가 표현되고 있다. 어쩌면 이쪽이 마키아벨리의 진정한 사상에 가까울 것이다. 《군주론》보다도 신중하고, 설득력이 풍부하며 절도가 있다.

《정략론》에서 마키아벨리는 공화제를 지지한다. 특히 로마공화제의 좋은 점을 호소해 나간다. 이 저작은 시민의 관점에서 묘사되어 있고 시민에게 여러 조언을 주는 형태로 쓰여 있다. 국가 안에서 어떻게 자유를 손에 넣을 것인지, 특히 이 점에 주안점을 두었다. 그때 아리스토텔레스의 주장에 마키아벨리도 따르고 있다.

'개인이 자유를 얻고 자신의 손으로 자신을 다스릴 수 있게 되기 위해서는

국가 그 자체가 자유를 얻고 스스로를 통치하는 것이어야 한다.'

여기에서 마키아벨리는 한 인간에 의한 지배를 권하지 않고 있다. 집단에 의한 통치 쪽을 좋게 생각하고 있는 것이다. 바꿔 말해 '민중'을 향해 쓰고 있을 때에는 민중의 힘을 믿고 있는 것이다.

《군주론》의 말과 비교해 보면 놀라지 않을 수 없다. 《정략론》에서 마키아벨리는 이렇게 주장하고 있는 것이다. '민중은 군주보다도 현명하고 안정되어 있으며 판단에 오류가 적다.'

그래도 어느 작품이건 무게가 두어져 있는 요소가 있다. 그것은 바로 '운명'이다. 어떤 정치이론이라도 손이 닿지 않는 '운명'이 강조되고 있다.

그러나 '운'만으로 채워지는 것은 아니다. 군주와 마찬가지로 민중에게도 '비르투'가 필요하다고 말한다. 물론 이곳에서는 철저한 개인주의란 요소, 도덕을 중요시하지 않는 요소, 곧 니체를 방불케 하는 요소는 자취를 감추고 공공심, 도덕심, 단결의 힘이 구가되고 있다.

1519년 로렌초 데 메디치가 사망하고, 줄리오 데 메디치가 뒤를 잇는다.

이제 마키아벨리에게 '운명'이 미소를 던졌다. 줄리오는 일찍부터 마키아벨리의 활약상을 기억하고 있어, 비록 작은 임무일망정 마키아벨리를 피렌체 근교의 루카라는 작은 도시로 파견한다. 마키아벨리도 훌륭하게 임무를 수행하고 피렌체로 돌아온다.

마키아벨리는 커다란 기대를 안고 있었다. 메디치가에 대한 충성을 표시할 수 있게 되었다. 자기를 높은 지위에 오르게 해 능력을 마음껏 발휘할 수 있게 해 줄 것이다.

그런데 줄리오는 마키아벨리에게 피렌체의 역사를 쓰도록 명한다. 급여는 57 플로린 금화였다.

겨우 먹고 살 수 있을 정도의 매우 적은 액수였다. 마키아벨리는 실망스러움을 감추면서 이 일을 떠맡기로 한다. 하지만 큰 문제가 생기게 된다. 《피렌체사》를 쓴다고 해도 메디치가의 비위를 거스르지 않아야 했던 것이다. 메디치가는 피렌체의 역사에서 커다란 위치를 차지하고 있는데다가 또한 비난받을 만한 행동도 헤아릴 수 없을 정도로 많았다. 진리 추구를 이상으로 삼았던 마키아벨리는 후원자의 심기를 건드리지 않으려는 필요성에 갈등을 느끼게 된다. 어느 때 마키아벨리는 자신과 똑같이 피렌체 정부에 고용되어 있던 동료에게 이렇게 털어놓고 있다.

'교묘한 말로 사실을 숨길 필요가 있을 때에는 결코 타인에게 알려지지 않도록 해야 한다. 만에 하나 사실이 들통날 경우에는, 즉시 몸을 지킬 수단을 강구해야 한다.'

불행하게도 같은 시대에 살고 마키아벨리의 친구이기도 했던 위대한 역사가 귀차르디니는 뒤에 마키아벨리의 말 대부분을 폭로하고 만다. 다만 그때에 이미 마키아벨리는 이 세상 사람이 아니었다. 그렇기 때문에 '즉시 몸을 지킬' 일도 없었다. 그의 《피렌체사》는 오늘날 문학작품으로 널리 읽히고 있다.

마키아벨리가 아직 생존했던 시기로 돌아가자. 1523년, 줄리오는 피렌체의 지배자 지위에서 교황 클레멘스7세가 된다.

이 시기에 이탈리아는 또다시 어려운 시대로 접어든다. 1525년 에스파냐 국왕으로서 신성로마제국 황제인 카를 5세가 이탈리아반도 전체를 위협하기 시작해 이탈리아 전체의 힘의 균형이 무너지고 만 것이다.

마키아벨리는 피렌체의 요새 방비목적으로 설립된 '5인위원회' 위원장이 맡겨져 시의 방위문제에 몰두하게 된다. 그 뒤 카를 5세에 대항하기 위한 동맹군에게로 가 귀차르디니와 힘을 합쳐 문제를 해결하려고 한다. 그때 귀차르디니는 교황의 보좌군으로서 교황군 장교였다.

그러나 모든 노력은 수포로 돌아갔다. 1527년 5월 카를 5세의 군대는 로마를 강탈한다. 이때 피렌체에서는 메디치가에 대한 반대세력이 봉기해 메디치가를 추방하고 새로운 공화국을 건립한다.

이 소식을 들은 마키아벨리는 기뻐했다. 드디어 '운'이 미소를 지은 것이다. 그는 이 '기회'를 놓치지 않으려고 피렌체로 가는 길을 서둘렀다. 그에게는 이전의 지위로 돌아갈 수 있다는 확신이 생겨났다.

하지만 희망은 또다시 좌절되고 만다. 새로운 공화국 정부에서도 마키아벨리를 꺼리고 있었던 것이다.

마키아벨리가 메디치가를 지지했다는 것이 그 이유였다.

이것은 재기불능일 정도로 큰 충격이었다. 마지막이자 가장 큰 좌절을 맞본 마키아벨리는 쓰러지고 만다. 경제적인 곤경에서 벗어나지 못하고 있는 데다가 심한 절망이 엄습한 것이다. 그에게는 친구조차 거의 남아있지 않았다. 마키아벨리는 삶의 힘을 잃어 마지막 성사를 받고 죄의 용서를 빌었다.

그로부터 1개월도 채 되기도 전인 1527년 6월 21일, 마키아벨리는 58년의 생애를 마감했다.

인간이란 정치적 동물

마키아벨리는 교활했다. 책모에 능하고 사람을 속이는 데에도 뛰어났다. 신뢰하기 어려운 인간이었다고도 말할 수 있다. 《군주론》에서는 그와 같은 행동을 스스로 권장하기까지 한다.

그러나 마키아벨리는 이 일로 일종의 진실을 찾아내고 있다. 인간의 약점이라고도 할 수 있는 것을 날카롭게 파헤친 것이다.

그런데 마키아벨리가 이 세상을 뜨자 비난의 대합창이 시작된다.

인간은 그와 같은 것이 아니다. 더 훌륭한 것이다. 마키아벨리가 역설한 군주처럼 행동하는 인간이 있어서는 안 된다. 그와 같은 것을 주장하는 것은 악마의 짓이 틀림없다.

모두가 그렇게 주장하기 시작한 것이다. 특히 그리스도 교회가 소리높이 마키아벨리를 비판하였다.

마키아벨리를 악의 화신처럼 간주하게 된다. '노련한 니크'는 '악마'의 의미로 빈번하게 사용되었다. 문자 그대로 마키아벨리의 존재가 '악마'가 되어 버렸다고 해도 과장이 아니다.

이름만이 아니다. 그의 성도 '악'의 대명사, '악마'의 대명사로서 온 유럽에 이름을 떨친다. 사후 30년이 지나자 멀리 영국에서도 마키아벨리의 이름이 고개를 내밀었다. 16세기가 끝날 무렵에는 '악'의 대명사로서 '마키아벨리'라는 말은 영국 사회에 널리 퍼졌다. 셰익스피어조차도 《윈저의 유쾌한 아내들》 가운데서 '마키아벨리'의 이름을 들먹이는 것이다.

'나는 타산적일까? 나는 교활한가? 나는 마키아벨리와 같은 인간일까?'

《오셀로》의 이아고는 마키아벨리를 본뜬 인물이라고 거침없이 주장하는 사람들도 있다.

하지만 이것으로 끝난 것이 아니다. 마키아벨리는 본의 아니게 더욱 큰 역

마키아벨리가 쓰던 책상. 그의 《군주론》에 나타나는
엄격함이 엿보인다. 그는 위대한 사상가인 동시에
위대한 작가였다. 그의 시는 산문의 형식을 취한 것
이 많지만 이탈리아 문학사상 비견할 수 없는 가치
를 지닌 것들이다.

할을 강요당한다. 16세기부터 17세기에 걸쳐서 유럽을 황폐하게 하고 교회
를 분열시킨 종교개혁에서 마키아벨리의 이름이 제멋대로 이용되는 것이다.

어찌된 일인가. 마키아벨리는 이탈리아 그리스도 교회 부패의 축도로 일
컬어지게 되었다.

'프로테스탄트를 확산시키자. 가톨릭의 격을 떨어뜨리자. 그것을 위해 마
키아벨리의 이름을 이용하자.' 북유럽 사람들이 내건 선전 전쟁 가운데서 마
키아벨리의 이름이 빈번하게 도마에 오르는 꼴이 된다(영국이 가톨릭을 신
봉한 채로 있었다면 셰익스피어도 마키아벨리에 대해서 틀림없이 언급을 하
지 않았을 것이다).

그러면 마키아벨리가 수행한 역할도 이것으로 끝나는 것일까? 그렇지는

않다. 마키아벨리는 인간 정신의 진정한 깊이를 탐구한 것이다.

철학이 탄생한 이래 사상가는 언제나 이렇게 상처받거나 인정받아 왔다.

인간은 본질적으로 같은 것이다. 보편적인 인간성, 변하지 않는 인간의 본질과 같은 것이 확실히 존재한다. 그렇다면 모든 인간이 최선의 생활을 보낼 수 있는 이상적인 사회라는 것이 있게 된다.

플라톤은 《국가》에서 모든 인간에게 좋은 방향으로 사회를 바꾸기 위해서는 어떻게 하면 좋을까. 즉 유토피아를 노래했다. 그 방법을 제시하려고 했던 철학자도 적지 않다.

마키아벨리가 산 르네상스 시대에 이어지는 계몽주의 시대에 사상가들은 낙관적인 사고를 지니고 있었다. 인간이 안고 있는 다양한 가치를 조화시킬 수가 있다고 믿으며, 인간의 본질을 이루는 기본적인 원리를 찾아 이 원리를 표현할 수 있는 사회를 추구했다.

보다 과학적인 접근으로 조화로운 이상향의 사회를 찾으려는 흐름도 나타난다. 마르크스주의, 집산주의(collectivism : 주요 생산 수단을 정부 관리하에 집중 통제하려는 주의) 등 적지 않은 사회 운동에서 그와 같은 움직임을 볼 수 있다. 평화와 사랑과 조화 속에서 인간은 살아갈 수가 있다는 이 같은 신념은 1960년대까지 계속 살아남게 된다. 지금도 그렇게 믿고 있는 사람이 있을 것이다.

그러나 그와 같은 이상이 가능할 리가 없다는 것을, 훨씬 이전에 마키아벨리가 보여 준 것이다.

《군주론》에서 마키아벨리는 보여 주고 있지 않은가. 도덕적인 생활을 하면서 국가를 운영하는(또는 국가에 봉사하는) 것은 모순이라고. 국가를 효율적으로 운영할 생각이라면 도덕을 잊는 수밖에 없다는 것이다.

그렇다면 《군주론》은 이러한 물음도 던지고 있는 것이 된다. 군주는 한 인간일 뿐인데 그리스도교를 믿으면서도 위선을 발휘하여 사람을 기만할 수 있다는 것인가. 사람을 죽일 수도 있다는 것인가.

다시 말해 마키아벨리에게 이렇게 묻고 있는 것이다.

도덕에 따르지 않고 지배하면서 그래도 도덕적인 인간일 수 있을까?

역사는 이 같은 물음에 어떻게 대답하고 있는 것일까. 보르지아 가문 출신의 교황에서부터 캄보디아 폴 포트에 이르기까지 하나의 답밖에 주어져 있지 않은 것처럼 보인다. 불쾌한 답으로밖에 생각되지 않는다.'하지만 아무래도 대답은 '그렇다'일 것 같다. 도덕에 따르지 않는 지배를 하면서 도덕적인 인간으로 있는 것과 같은 것이다.

만일 그렇다면 이번에는 인간이 커다란 모순 앞에 서게 되고 만다.

어떻게 하면 좋을까. 20세기의 위대한 정치철학자 아이자이아 발린이 지적하고 있다. 인간은 어떻게 살면 좋을까. 이 물음에 대한 객관적인 해결책 따위는 있을 수 없다.

우리는 어떻게 행동해야 할 것인가. 그렇게 물어도 아무런 대답도 돌아오지 않는다. 이 침묵이 무섭다고밖에 할 말이 없다.

결국 어떻게 될까. 물론 사람들이 함께 생활할 수 있는 사회를 형성해야 한다. 많은 사람들이 그렇게 느껴 왔다. 그리고 여러 모습의 사회를 만들어 내고 있다. 하지만 온갖 사람들이 함께 살 수 있는 사회란 어떤 것일까. 파시즘일까 공산주의일까 민주주의일까, 전제정치의 국가일까, 무정부상태일까.

역사를 조명해 보면, 인간이 이제껏 얼마나 갖가지 사회를 시험해 오고 있었는지 깨닫게 될 것이다. 많은 인간을 산 제물로 바친 마야민족의 자기 파괴적인 사회에서, 엄격한 고행을 계속하는 '은둔자의 공동체까지', 실로 여러가지 사회가 있지 않은가. 놀랄 만한 창의와 연구, 놀랄 만한 상상력, 이 문제에 관해서 인간은 무한한 재능을 지니고 있다.

하지만 이와 같은 여러종류 여러모습 사회의 좋은 점을 비교해 보려고 해도 이치에 맞는 결정 기준이 없는 것이다. 마키아벨리가 명확히 한 것처럼 도덕과 정치 과학이 분열하고 있다면, 보편적인 판단의 기준 따위는 아무것도 없다. 그와 같은 대답밖에 나오지 않게 된다.

이것은 무엇을 의미하는가. 히틀러의 독일과 의회제 민주주의 영국이 같은 줄에 놓이게 된다는 것이다. 사람들을 깊은 불안에 빠뜨리는 우울한 결론이다. 그러나 이와 같은 결론을 뒷받침하는 다른 증거도 있다. 프로이트의 세례를 받은 현대인이라면 알고 있을 것이다. 인간의 심리란 합리적인 것도 모순이 없는 것도 아니다. 그래도 도덕 체계나 정치 체계 쪽은 당연히 합리적이고 모순이 없어야 한다. 한 인간으로서의 장면, 공공적인 장면, 이 두 가지로 경험하는 것은 아무래도 모순이 아닐 수 없는 것이다.

인간이란 것에 잠재한 이와 같은 불쾌한 진리. 이를 처음으로 지적한 인간은 바로 마키아벨리이다. 마키아벨리는 위대한 철학자가 아니다. 그는 현실주의에 철저한 정치이론가라 할 수 있을 것이다. 마키아벨리는 인류의 눈을 인간핵심으로 주목케 한다. 영원히 해결될 것 같지 않은 끝없는 심연과 같은 모순에 ……

● 《로마사론＝로마사이야기》를 번역함에 있어 이탈리아어 원본에 충실한 번역으로 알려진 앨런 길버트(Allan Gilbert) 영역판과 오이와 마코토(大岩誠) 일역판을 텍스트로 하였다.

한글 번역판으로는 마키아벨리/황문수 옮김, 1976, 《군주론·정략론》(GREAT BOOKS 제63권, 동서문화사)을 참고하였다.

● 《로마사이야기》에서 참고 문헌과 저작을 본문 또는 주에서 인용할 때 번역된 한글 제목은 다음과 같다.

History(by Titus Livius) : 《로마사》

Il Principe(*The Prince*) : 《군주론》

Discorsi sopra la Prima Deca di Tito Livio(*Discourses on the First Decade of Titus Livius*) : 《로마사론＝사론》이라고 약칭 인용하며 제호는 《로마사이야기》로 했다.

● 본문 제목 아래 고딕체 소제목은 길버트와 오이와 마코토가 자신의 영역판 또는 일역판에 독자를 위해 붙인 작은 제목을 한글로 옮긴 것이다.

니콜로 마키아벨리 연보

1469년
5월 3일, 니콜로 마키아벨리는 피렌체 시, 현재의 비아 귀차르디니 16호에서 법률가인 아버지 베르나르도 마키아벨리와 어머니 바르톨로메오 데 넬리의 장남으로 태어났다. 프리마벨라와 마르게리타라는 두 누이가 있었다. 귀족 집안이었지만 선조 중에 피렌체에서 지도적 역할을 한 사람은 없었다. 그러나 이 집안의 생활은 건실했다.

1476년(7세)
마테오라는 사람에게서 라틴어 초보를 배웠다.

1477년(8세)
문법교사, 산 베네데토 교회의 바티스타 다 포피에게 라틴어 문법을 배웠다.

1480년(11세)
수학을 배우기 시작했다. 아버지 베르나르도가 전해부터 유행했던 페스트에 걸렸으나 기적적으로 회복되었다.

1481년(12세)
파올로 다 론실리오네에게서 라틴어 작문을 배웠다.

1486년(17세)
아버지 베르나르도가 장서인 티투스 리비우스의 《로마사》를 제본해 냈다. 니콜로는 새로 제본한 이 책을 애독한 것으로 보인다.

1500년(31세)

5월 9일, 아버지 베르나르도가 사망했다. 5월 10일, 전선 시찰 위원을 따라 피사 전선으로 갔다. 피사 전선에서 프랑스로부터의 원군을 관찰하고, 이에 대하여 불신감을 가졌다. 이 무렵 《피사 전쟁론》을 썼다. 7월~12월에 루이 12세와 피사 문제에 대하여 타협하기 위해 프랑스로 갔다. 당초에 델 라 카사의 보좌역으로 파견된 것이었으나 그가 병에 걸려 도중에 귀국했으므로, 니콜로는 혼자서 프랑스 각지를 돌아다녔다. 이때 르왕의 대주교 조르주 당브와주와 접촉하여 체사레 보르자를 경계하도록 충고했다.

1502년(33세)

11월 8일, 그가 집을 비운 사이에 장남 베르나르도가 세상에 태어났다.

1504년(35세)

10월 초순(?), 아들 루도비코가 태어났다. 이 해에 3행시 형식으로 《10년사》를 써서 알라마노 살비아티에게 바쳤다.

1505년(36세)

4월, 페루지아에 파견되어 피렌체에서 이반의 우려가 있는 발리오니와 회담했다. 경험에 비추어 용병군을 폐지하고 국민군을 창설해야겠다는 생각을 하게 되었다.

1506년(37세)

교황 율리우스는 중부 이탈리아 정복을 위해 피렌체에 용병을 제공해 주기를 요구했다. 8월 말, 이 문제를 절충하기 위해 교황 율리우스에게로 파견되었다. 12월, 니콜로가 마련한 초안에 입각하여 국민군 창설의 법령이 비준되었다.

1507년(38세)

피렌체 국민군 창설에 전념했다. 제노바의 내란을 계기로 4월, 루이 13세가 이탈리아로 침입했다. 막시밀리안 1세도 대관을 위해 남하하여 이탈리아로 들어가 피렌체에 남하 비용으로 5만 플로린을 요구했다. 8월, 피렌체의 부담금을 경감하기 위해 시에나에 파견되어, 황제의 사절과 회견했다. 12월 17일, 다시 황제와의 교섭을 위해 황제를 따라 제노바, 인스부르크, 토렌토 등지를 약 5개월 간에 걸쳐 여행했다.

1508년(39세)

막시밀리안과 교섭 결과, 4만 플로린을 4회에 분할하여 지불하기로 타협했다. 《독일 사정 보고》를 썼다. 12월 10일, 베네치아에 맞서서 캄브라이 동맹이 결성되었다.

1509년(40세)

《독일 및 황제를 논함》을 썼다.

1510년(41세)

국민군 일에 전념했다. 7월, 프랑스에 사절로 파견되었다. 피렌체가 교황 율리우스와 프랑스 왕 루이 중 누구를 따르느냐를 결정하기까지의 시간을 버는 일이 임무였다.

1511년(42세)

프랑스 왕 루이 12세와 피사에서 종교 회의 개최를 계획하고, 교황 율리우스는 신성 동맹으로 대항했다. 피렌체는 중립을 지켰다. 9월 10일부터 44일 간 프랑스 사절로 파견되었다.

1512년(43세)

4월 12일, 라벤나의 싸움에서 프랑스군은 신성 동맹 연합군을 격파했으나, 가스통 드 프와가 전사했기 때문에 퇴각했다. 이 때문에 피렌체는 위협을 받게 되었다. 8월 29일, 에스파냐군은 프라토를 약탈했다. 9월 1일, 피에로 소데리니가 피렌체를 떠나자 공화정이 해체되었다. 같은 날, 로렌초 드 메디치의 3남 줄리아노가 귀환했다. 11월 7일, 마키아벨리가 장관직에서 쫓겨났다.

1513년(44세)

2월 13일, 피에트로파올로 보스콜리에 의한 반(反) 메디치 음모가 발각되어, 니콜로가 이에 가담한 혐의로 스틴케 감옥에 투옥되었다. 2월 20일, 율리우스 교황이 죽었다. 3월 15일, 조반니 데 메디치가 교황 레오 10세가 되었다. 4월 1일, 새 교황 취임의 사면으로 출옥하여 피렌체 근교의 산트 안드레아 인 페르쿠시나에서 살았다. 7월~12월, 단 4개월 만에 《군주론》을 썼다. 《정략론》의 앞부분도 이 무렵 병행하여 착수되었다. 8월에 생후 사흘밖에 되지 않은 딸이 죽었다.

1514년(45세)

11월 4일, 아들 피에트로가 태어났다.

1515년(46세)

루첼라이 토론 모임에 출입하며 피렌체의 지식층에 영향을 미쳤다. 이 해에 《정략론》을 본격적으로 쓰기 시작했다.

1517년(48세)

《정략론》을 완성했다. 이 무렵 루터가 종교개혁의 횃불을 들기 시작했다.

1518년(49세)

4월에 피렌체 무역상의 의뢰를 받고 돈을 징수하기 위해 제노바로 갔다. 희극 《만드라골라》《황금의 당나귀》(미완, 일설에 의하면 1517년에 집필) 등의 문학 작품을 썼다.

1520년(51세)

6월, 피렌체 정부에서 채권 징수의 사절로 루카로 가라는 명령을 받았다. 루카의 사정을 조사하다 보니, 카스루치오 카스트라카니에게 흥미를 갖게 되었다. 《루카 사정개론(事情槪論)》과 《카스루치오 카스트라카니의 생애》를 썼다. 우화 《벨파고르》도 이 무렵에 완성되었다. 11월 8일, 피렌체 정부로부터 피렌체 편년사의 집필을 위촉받아 《피렌체사》를 쓰기 시작했다. 한편, 추기경 줄리오 데 메디치(뒷날의 클레멘스 7세)보다 피렌체에게 적당한 정체에 대하여 자문을 받아 《로렌초 사후의 피렌체 사정》을 썼다. 피렌체에서 〈만드라골라〉가 상연되어 호평을 받았다. 이 해부터 실각 전의 수입보다 반이나 더 많은 수입을 올리게 되어 그의 운명도 어느 정도 호전되었다.

1521년(52세)

4월 13일, 소데리니에게서 서신으로 용병대장 프로스페로 콜론나의 비서관이 되어 달라는 부탁을 받았다. 수입이 4배나 되는데도 피렌체를 떠나는 일이 싫어 거절했다. 추기경 줄리오 및 정부의 의뢰로 카르피에게 가서 피렌체의 프란체스코 수도회의 독립을 위해 운동했으나 성공하지 못했다. 도중 모데나에서 프란체스코 귀차르디니를 만났다. 12월 교황 레오 10세가 죽었다. 1519년~1520년에 쓰기 시작한 《전술론》을 완성했다.

1523(54세)

9월 14일, 전년에 즉위한 교황 하드리아누스 6세가 죽었다. 11월 19일, 추기경 줄리오가 교황 클레멘스 7세가 되었다. 그 때문에 피렌체에서의 보호자를 잃고, 재차 산탄드레아에 들어앉았다. 이 해에 루첼라이 정원의 그룹에 의한 반(反) 메디치 음모가 발각되어 프란체스코 다 디아체토는 처형되고 차노비 본데르몬티는 도망쳤다.

1525년(56세)

1월 13일, 희극 〈클리치아〉를 썼다. 로마 교황청 주재의 피렌체 대사 베틀리의 알선으로 클레멘스 7세를 찾아가 국민군 창설의 필요성을 역설했으나 아무런 성과도 얻지 못한 채 귀국했다. 6월, 로마냐의 귀차르디니에게 찾아가 군사상의 소신을 피력했다. 8월 19일, 양모 조합의 의뢰로 베네치아로 갔다.

1526년(57세)

5월 18일, 새로 설립한 성벽 방위 위원회의 회장이 되어 방위 문제에 전념했다. 9월, 로마의 귀족 콜론나 가문에서 교황에 대해 폭동을 일으키고 로마 시내를 약탈했다. 콜론나 가문을 후원하는 신성 로마 황제군의 위협에 대처하기 위해 크레모나·볼로냐를 동분서주했다.

1527년(58세)

4월, 피렌체로 돌아왔다. 5월 16일, 메디치 정권이 전복되고 공화국이 되었다. 당시 치비타 베키오에 있었던 니콜로에게 새 정부로부터 해고 통지가 있어 실의에 차서 귀국했다. 6월 22일, 며칠간 병상에 누웠다가 사망했다. 산타 크로체에 묻혔다.

고산(高山)

성균관대학교 국문학과 졸업. 성균관대학교대학원 비교문화학전공 졸업. 소설 「청계천」으로 「자유문학」 등단. 1951년 영창서관 소년사원. 1956년~현재 동서문화사 발행인. 1977~87년 동인문학상운영위집행위원장. 1996년 「한국세계대백과사전 총31권」 편집주간. 지은책 「매혹된 혼 최승희」 「장진호·불과 얼음」 「전작소설 이중섭」 「한국출판100년을 찾아서」 「愛國作法·新文館 崔南善·講談社 野間淸治」 「춘원이광수 민족정신 찾아서」 한국출판학술상수상 한국출판문화상수상

World Book 11
Niccolò Machiavelli
DISCORSI SOPRA LA PRIMA DECA DI TITO LIVIO
마키아벨리 로마사이야기
마키아벨리/고산 옮김
1판 1쇄 발행/1988. 8. 10
2판 1쇄 발행/2008. 1. 25
2판 5쇄 발행/2020. 7. 1
발행인 고정일
발행처 동서문화사
창업 1956. 12. 12. 등록 16-3799
서울 중구 마른내로 144(쌍림동)
☎ 546-0331~6 Fax. 545-0331
www.dongsuhbook.com

*

ISBN 978-89-497-0455-5 04080
ISBN 978-89-497-0382-4 (세트)